근-현대 중국사

근-현대 중국사

# 상권
# 근-현대 중국사
## 제국의 영광과 해체

이매뉴얼 C. Y. 쉬

조윤수, 서정희 옮김

까치

# THE RISE OF MODERN CHINA



역자 조윤수(趙倫秀)

1944년 서울 출생. 한국외국어대학교 영어과를 졸업한 뒤 중화민국 국립대만대학교 정치학 연구소에서 석사학위 및 박사학위를 취득했다. 경성대학교 정치외교학과, 부산외국어대학교 중국어학부와 외교학과에서 정치학, 중국 정치, 동양 정치사상, 고급 중국어 등을 강의했다. 논문으로는 「太平天國軍事制度之研究」, 「先秦儒家尙賢思想的研究」, 「공자의 무위사상 연구」, 「노자의 무위정치이론 연구」, 「연변조선족자치주 조선족 대학생들의 정치태도연구」(공동집필) 등이 있다.

서정희(徐貞姬)

1953년 서울 출생. 한국외국어대학교 중국어과를 졸업한 뒤 중화민국 국립대만대학교 중문연구소에서 박사학위를 취득했다. 현재 부산대학교 중어중문학과 교수이다. 주요 저서로는 『西遊記的八十一難研究』, 『兩種三遂平妖傳研究』 외에 다수가 있다.

편집, 교정 _ 김소라

근-현대 중국사 상권 : 제국의 영광과 해체

저자 / 이매뉴얼 C. Y. 쉬

역자 / 조윤수, 서정희

발행처 / 까치글방

발행인 / 박후영

주소 / 서울시 용산구 서빙고로 67, 파크타워 103동 1003호

전화 / 02 · 735 · 8998, 736 · 7768

팩시밀리 / 02 · 723 · 4591

홈페이지 / www.kachibooks.co.kr

전자우편 / kachibooks@gmail.com

등록번호 / 1-528

등록일 / 1977. 8. 5

초판 1쇄 발행일 / 2013. 3. 11
　　　3쇄 발행일 / 2021. 9. 15

값 / 뒤표지에 쓰여 있음

ISBN 978-89-7291-536-2　94910
　　　978-89-7291-535-5　(세트)

이 책을 삼가 J. K. 페어뱅크 교수의 영전에 바친다

# 제6판 서문

> 중국? 그곳에는 단잠을 자고 있는 한 사람의 거인이 누워 있다. 그가 잠들어 있
> 도록 하자. 왜냐하면 그가 깨어나면 세계를 바꾸어놓을 것이니까.　　—나폴레옹

현대 중국을 이룩한 주요 동력은 서양이 이미 중국에 직면하도록 강요한 새
로운 세계 속에서 영예롭게 생존해가는 길을 모색하는 것이었다. 한 세기
반 동안 중국의 쇠락을 초래한 내부의 부패와 외국 제국주의의 치욕적인 약
탈이라는 이 쌍둥이 악마를 극복하기 위해서, 중국은 자기발전을 모색하기
위한 단계를 여럿 거쳤다.

　이 단계들은 1861-1895년의 자강운동, 1898년의 백일유신, 1912년의 공
화혁명, 1919년의 사상혁명, 1928-1948년의 국민당의 건국운동, 1949년의
공산당 혁명 등의 단계였다. 매 단계는 힘든 투쟁이었으며 성공하기도 하고
실패하기도 했지만, 이들을 종합해보면 그 단계들이 중국을 소생시키고 활
력을 불어넣는 데에 공헌한 것은 분명하다. 중국은 마치 폐허 속에서 나래를
마음껏 펼치고 일어선 봉황처럼 건륭제 시대(1735-1795) 말기 이후 최고의
국제적 지위를 누리고 있는 상태에서 21세기에 진입하게 되었다.

　미국의 3명의 대통령과 4명의 고급관리들은 국회에 보낸 1998년 6월 17
일자 서한에서 "중국이 21세기에 위대한 경제 및 정치강국이 되는 것은 필연
적이다"라고 언급했다.[1] 중국이 이 새로운 세기에 어떻게 행동하는가 하는

---

1) 3명의 대통령은 조지 부시(George Bush), 지미 카터(Jimmy Carter), 제럴드 포드(Gerald Ford)
이다. 그 밖의 사람들은 전 국무장관 제임스 A. 베이커(James A. Baker III), 워런 크리스토퍼
(Warren Christopher), 로런스 S. 이글버거(Lawrence S. Eagleburger), 알렉산더 M. 헤이그
(Alexander M. Haig, Jr.), 헨리 키신저(Henry Kissinger), 윌리엄 P. 로저스(William P.
Rogers), 조지 P. 슐츠(George P. Schultz), 사이러스 밴스(Cyrus Vance), 전(前) 재무장관 W.
마이클 블루멘설(W. Michael Blumenthal), 니컬러스 F. 브래디(Nicholas F. Brady), B. 윌리엄

섯은 진 세계에 중대한 영향을 미칠 것이다 마치 미국과 소련의 관계가 이
이전의 반세기를 확정 지었듯이, 미국과 중국의 관계는 미래의 반세기를 확
정 지을 것이다.2)

고대에는 중화문명이 동아시아에서 최고의 지위를 누리고 있었고 그리스-
로마, 유대-기독교 문명은 서양에서 번창했다. 이 두 문명은 각자가 찬란하
면서도 고립된 상태에 처해 있어서 서로에 대해서 별로 알지 못했다. 확실히
동양은 동양이고 서양은 서양이었으며 양자는 만나지 못했다. 오늘날, 세계
는 지구촌으로서 한 국가에서 발생한 일은 즉각 기타 국가에 영향을 미친다.

문화적 의의에서 보면 중국은 중화문명의 계승자로 볼 수 있고 미국은 서
양 문명의 현대적 화신으로 볼 수 있다. 그들은 전례가 없던 방식으로 만나
서 서로 교류함으로써 공생과 적응을 통하여 원래의 문화를 변형시킬 수 있
고 풍부하게 할 수 있다. 쌍방이 평화공존하며 상호간의 차이를 용인하고
상호협조를 증진시키면, 역사상 유례없는 평화와 번영의 신기원이 눈앞에
펼쳐질 것이다. 태평양 양쪽 기슭에서 모두 슬기롭고 현명한 치국책이 절실
히 필요하다.

본인은 본판을 준비하는 과정에서 본인의 연구조교인 에드워드 C. 필즈의
도움을 받았는데, 그는 캘리포니아 대학교 샌타 바버라 분교에서 역사학 박
사학위 과정을 밟고 있다. 그에게 심심한 사의를 표한다.

캘리포니아 주 샌타 바버라,

이매뉴얼 C. Y. 쉬

---

밀러(B. William Miller), 도널드 T. 리건(Donald T. Regan), 윌리엄 E. 사이먼(William E.
Simon), 전 국방장관 해럴드 브라운(Harold Brown), 프랭크 C. 칼루치(Frank C. Carlucci),
딕 체니(Dick Cheney), 윌리엄 J. 페리(William J. Perry), 엘리엇 L. 리처드슨(Elliott L.
Richardson), 제임스 슐레진저(James Schlesinger), 전 국가안전보장회의 고문 즈비그뉴 브레
진스키(Zbigniew Brzezinski), 앤서니 레이크(Anthony Lake), 로버트 C. 맥팔레인(Robert C.
McFarlane), 콜린 L. 파월(Colin L. Powell), 브렌트 스코크로프트(Brent Scowcroft). *The New
York Times*, June 17, 1998.
2) Richard Hattss, "Fatal Distraction: Bill Clinton's Foreign Policy", *Foreign Policy*, fall 1997.
p. 120.

# 초판 서문

이 통사는 주로 현대 중국의 발전과정에 대한 한 중국인으로서의 본인의 관점을 밝힌 것으로서, 과거 30년 동안 거둔 서양과 일본의 풍성한 학술적인 성과를 참조했다. 본서에서는 내부와 외부의 요소가 상호작용하여 유가가 지배하던 제국을 현대 민족국가로 개조시킨, 중국 역사상의 격동의 시대를 고찰했다.

이런 변화는 매우 힘들고 간혹 고통스럽기 이를 데 없었으며, 이 과정에 대한 내재적인 고찰은 오늘날의 중국의 행태를 이해하는 데에 도움이 될 것이다. 이 책은 본인이 오랜 기간에 걸쳐서 서양 역사와 중국 역사를 깊이 연구하면서 얻은 소감을 구체적으로 밝힌 것이다. 본인은 하버드 대학교에서 본인에게 역사학을 가르쳐주신 많은 교수님들에게 이 자리를 빌려 심심한 감사를 표하려고 한다. 그분들은 존 킹 페어뱅크, 양리엔성(楊聯陞), 에드윈 O. 라이샤워, 윌리엄 L. 랭거와 세르주 엘리세프이다.

하버드 대학교 옌징 연구소(燕京研究所)가 제공한 4년간의 장학금을 받으며 아주 고무적인 분위기 속에서 대학원생 단계의 학업을 이수하게 해준 것에 대해서 감사드린다. 본인은 또한 무수한 저자들에게 감사드린다. 그분들의 저작은 본인이 본서를 집필하는 데에 직간접적으로 도움을 주었다. 여기에서 그분들의 이름을 일일이 열거하는 것은 불가능하지만 본인은 본서를 집필하는 데에 가장 많이 도움을 준 몇몇 학자들과 연구 센터를 언급하고자 한다. 샤오이산(蕭一山)의 대작 『청대통사(清代通史)』는 1927-1928년에 제1판이 출판되었을 때에는 두 권이었는데, 1963년에 다섯 권으로 확대되었다.

이 지서는 정말로 자료의 보고로서 본서의 내용을 매우 풍부하게 해주었다. 그리고 페어뱅크의 저작은 한 세대에 걸쳐 학자들의 영감의 원천이 되었고, 그뿐만 아니라 그의 현명한 지도하에 하버드 대학교 동아연구 센터는 수십 종의 전문저서를 출판함으로서 중국 근현대사 연구의 학술수준을 크게 향상시켰다. 타이완의 타이완중앙연구원 근대사 연구소, 도쿄의 동양문고 및 중국대륙역사학회가 출판한 일련의 저작들은 모두 각기 다른 면에서 도움을 주었다. 본인은 인디애나 대학교의 교수 덩쓰위(鄧嗣禹) 박사에게 특별히 감사한다. 본서 원고에 대한 그의 예리하고 명철한 견해 덕분에 본인은 원고를 많이 수정하고 개선할 수 있었다.

또한 과거 10년 동안의 많은 학생들에게 감사한다. 그들은 유익한 질문을 던짐으로써, 본인이 끊임없이 그들이 필요로 하는 것에 주의를 기울이도록 해주었고, 종종 새로운 탐구공간을 개척하도록 했다. 그리고 또 본서의 원고를 타자로 입력해준 앨리스 클라니크 부인과 본서의 색인을 준비해준 리언 한(李恩涵) 선생에게 감사를 드리는 바이다.

마지막으로 본인의 아내인 돌로리스 박사에게 특별히 감사하고자 한다. 그녀의 끊임없는 격려와 정신적인 지원과 사랑이 넘치는 동반이 없었다면 본서는 완성되지 못했을 것이다. 본인은 이런 모든 도움과 영감을 받았지만 본서의 모든 오류는 오직 본인 한 사람의 책임이다. 본서의 원고를 출판사에 넘기며, 본인은 본서가 마치 중국의 옛말인 "벽돌을 던져 구슬을 끌어들이듯이[抛磚引玉]", 다른 학자들이 더욱 가치 있는 공헌을 하도록 촉진시키기를 바란다.

1970년 원단<br>
캘리포니아 대학교 샌타 바버라 분교<br>
이매뉴얼 C. Y. 쉬

# 상권 차례

# 1
# 현대 중국의 개념

4,000여 년의 문헌역사를 가지고 있는 중화문명은 세계에서 가장 오래된 문명 중의 하나이다. 현대에 이르기까지 중화문명은 기본적으로 해당 지역에서 자생하여 스스로 발전했는데, 이것은 한편으로는 중국인의 독립정신 때문이고 다른 한편으로는 중국이 기타 중대한 문명들로부터 고립되어 있었기 때문이다. 그러나 지리상의 발견 시대가 도래함에 따라서 전혀 다른 상황이 나타났다. 16세기에 포르투갈과 에스파냐의 탐험가들과 사절들이 신항로를 거쳐서 중국의 화남(華南) 지역에 도달하기 시작했고 상인들과 선교사들도 잇달아 들어왔다. 그후 얼마 지나지 않아 러시아인들도 17세기 중엽에 시베리아를 횡단하여 만주 접경지대에 도달했다. 이 사건들은 중국의 입장에서 보면 획기적인 일이었는데, 왜냐하면 그들이 중국의 오래된 고립 국면을 타파시켜 동양과 서양 간의 직접적인 접촉의 길을 열어놓았기 때문이다. 이런 교류는 처음 시작할 때는 두드러지지 않았을 뿐만 아니라 순조롭지도 못했지만 19세기에는 중국과 서양이 직접적으로 접촉하는 힘으로 발전했다. 그 이외에 중국 내부발전의 각도에서 보면 유럽인들의 도래는 또다른 하나의 의의를 가지고 있는데, 그것이 만주족(滿洲族)의 흥기와 이민족인 만주족의 청(清) 왕조 건립과 동일한 시기에 발생했기 때문이다. 이런 중대한 내외 형세의 발전은 매우 심대한 영향을 미쳐서 이후의 역사는 과거와는 전혀 다른 특징을 가지게 되었다.

우선, 중국 역사와 서양 역사의 만남이 중국의 쇄국 상태를 종결시킴으로써 중국은 더욱 세계사(世界事)와 연계를 가지게 되어 오늘날에 이르러서는 중국이나 서양에서 발생한 일들이 즉각 서로 영향을 미치게 되었다. 그다음으로, 외래적 요소와 내부적 요소의 상호작용은 중국의 정치제도, 경제제도, 사회구조, 사상경향 등 여러 면에서의 중대한 변화를 야기했다. 그로 인해서 "변화"가 이 시기의 주요 특징으로 자리잡았기 때문에 이 시기는 과거의 어느 시기보다도 더욱 복잡했다. 세 번째로, 이질적인 요소, 즉 외부에서 온 서양인들과 내부로부터의 만주인들이 강제로 한인들의 생활에 끼어들어 강렬한 민족 및 종족의식을 불러일으켰는데, 이런 의식은 중국의 미래의 역사 발전에 지대한 영향을 미쳤다. 이 시기는 과거의 각 시기와의 차이가 매우 크기 때문에 사람들은 이 시기를 단독적인 역사시기로 간주하여 고찰할 만한 충분한 이유를 가지고 있다.

## 현대 중국의 시작은 언제인가?

비록 서양 역사와 중국 역사와의 만남은 16세기에 이미 시작되었지만 그 영향은 19세기에 이르러서야 비로소 뚜렷이 나타나게 되었다. 그 당시 서양의 격렬한 활동은 중국 사회의 급격한 변화를 초래했다. 그 때문에 현대 중국의 시작을 16세기로 볼 것인가 혹은 19세기로 볼 것인가 하는 문제에 대해서 학자들은 상당한 견해의 차이를 보인다. 주로 서양의 역사학자들 및 정치학자들과 마르크스주의 계통의 학자들과 서양에서 교육을 받은 수많은 중국학자들이 포함되어 있는 매우 영향력이 큰 어느 학파는 1839년에서 1842년에 걸쳐 일어난 아편전쟁을 현대 중국의 출발점으로 본다. 이 학파에 속하는 중국학자들은 이 전쟁은 외국 제국주의의 중국 침입의 시작을 나타내고 있으므로 이후의 역사는 주로 제국주의의 중국 침략에 관한 역사라고 본다. 서양의 역사학자들은 이 전쟁은 중국에서 외세의 활동이 활발해졌음을 의미하며, 이 활동들은 중국의 고립 국면을 타파시키고 중국에서 혁명적 변화의 시대를 열어놓았다고 생각한다. 한편 마르크스주의 계통의 학자들은 이 전쟁을 자본주의와 제국주의의 흉악한 모습의 축소판으로서 "반봉건 상태(半封建狀態)"의 중국을 "반식민지(半殖民地)"의 나락으로 몰아넣은 것으로 본다.

두 번째 학파는 주로 비교적 전통적인 중국 역사학자들로 구성되어 있는데,[1] 그들의 의견 중 일부는 이미 서양 학자들이 동의하기 시작했다. 그들은 아편전쟁이 새 시대의 시작이라는 관점에 대해서 이의를 제기했다. 그들의 견해에 의하면 명(明, 1368-1643)과 청(淸, 1644-1911)의 교체기에 유럽의 탐험가들과 선교사들이 중국에 들어온 그 시기를 현대 중국의 출발점으로 삼는 것이 옳다는 것이다. 왜냐하면 내부사태에 대해서 말하면 이 시기는 바로 만주족의 흥기와 청 왕조의 건립에 해당하며, 외부정세에 대해서 말하면 이 시기에 서양의 학문이 중국에 전래되기 시작했기 때문이라는 것이다. 그들은 비록 서양의 영향력이 19세기에 아주 엄청난 작용을 했지만 이것은 오직 2세기 반 전에 이미 시작된 발전과정의 확대와 강화에 불과하고, 그뿐만 아니라 아편전쟁 이후 100여 년 동안의 기간이 4,000년 역사 중의 현대를 대표하기는 어렵다고 강력히 주장한다. 그 외에 현대 중국이 1600년 전후에 시작되었다고 정의하는 방법은 현대 중국의 시작과 현대 유럽의 시작을 일치시킬 수 있다는 견해도 있다.

상술한 두 견해는 모두 일리가 있지만 약간의 결함도 있다. 중국 현대화에 미친 영향 면에서 볼 때, 전통 중국이 현대 중국으로 탈바꿈 하는 데에 19세기 서양의 충격이 야기한 작용은 분명히 16, 17세기 유럽의 탐험가와 선교사들이 일으킨 작용보다 더욱 엄청나다. 사실상 예수회의 선교사들은 천문학, 수학, 지리학, 제도학, 건축학 등의 서양 과학을 들여왔지만 그들의 영향력은 오직 중국의 지배층 내부의 소수의 사대부들에게만 국한되었다. 그들은 중국의 정치체제, 사회구조, 경제제도에 거의 아무런 영향을 미치지 못했으므로 이런 면들에서는 여전히 선교사들이 중국에 오기 전의 모습 그대로였

---

1) 예를 들면 蕭一山, 『淸代通史』, 修訂本(臺北, 1962); 李守孔, 『中國近代史』(臺北, 1961); 李方晨, 『中國近代史』(臺北, 1960)이다.

다. 이런 각도에서 보면 전자의 학파가 제기한 이유는 매우 타당한 것 같다.

그러나 이 이전 시기의 기구 및 제도를 잘 알지 못하면 우리는 19세기와 20세기에 발생한 각종 변화를 전면적으로 평가할 수 없을 것이다. 서양의 충격에 대한 연구를 위해서는 우선 이런 충격을 받은 중국에 대해서 어느 정도 알아야 한다. 그뿐만 아니라 서양과 러시아가 현대 중국의 운명에 영향을 미치는 데에 중요한 역할을 한 것을 감안할 때, 우리는 더욱이 중국과 그들과의 초기의 교류가 가지는 의의 그리고 그들이 취한 진출 방식을 등한시해서는 안 된다. 즉 서양의 해양국가들은 남쪽에서 북상했고 대륙국가인 러시아는 북쪽에서 남하함으로써 일종의 양면공세의 형세를 이루었는데, 목표는 중국의 심장부인 베이징을 겨냥했던 것이다.2) 확실히 역사를 회고하는 각도에서 보면 16, 17세기의 유럽인과 러시아인의 도래는 19세기의 서양 열강들의 활동을 위한 길을 닦아놓은 것이다. 이런 이유에 근거하면 후자의 학파에도 믿을 만한 논거가 있는 것 같다.

그러나 저자는 이 두 학파의 견해는 절충적인 방법을 통해서 조화를 이룰 수 있다고 생각한다. 아편전쟁을 현대의 출발점으로 정한다고 해도 우리는 전통 중국의 국가와 사회형태를 잘 알아야 한다. 왜냐하면 이 형태들이 19세기의 외부의 도전에 대한 중국의 반응을 제약했기 때문이다. 서양 열강의 침입은 전통 중국이 현대 중국으로 전환되도록 만든 촉진제로 볼 수 있다. 그러나 원래의 제도에 대한 상당한 정도의 이해가 없으면 우리는 이런 전환이 가져온 효과를 이해하기가 매우 어렵다.

그러므로 1600년에서 1800년 사이의 내정과 외교의 발전과정에 대한 개괄적인 탐구는 우리가 현대 중국을 정확히 이해하는 데에 필수적인 배경 자료를 제공할 것이다. 이 시기 중국의 정치체제, 사회구조, 경제제도, 사상경향은 본질적인 면에서 여전히 과거 2,000년 동안의 상황과 아주 같기 때문이

---

2) Immanuel C. Y. Hsü, *China's Entrance into the Family of Nations: The Diplomatic Phase. 1858-1880*, 2nd printing(Cambridge, Mass., 1968), p. 108. 또한 蔣廷黻, 「中國與近代世界的大變局」, 『淸華學報』, 제9권 제4기, pp. 783-828(1934. 10)을 보라; T. F. Tsiang, "China and European Expansion", *Politics*, 2 : 5 : 1-18(March 1936).

다. 중국의 정체(政體)는 황실(皇室)이 통치하는 왕조이고, 경제는 기본적으로 자급자족적인 소농경제이며, 사회는 신사(紳士)계층을 핵심으로 한 사회였으며, 통치 이데올로기는 유가학설(儒家學說)이었다. 중국의 이런 전통적 상황을 알게 됨으로써 우리는 19세기에 중국이 서양의 격렬한 활동에 대처하여 취한 행위들을 더욱 용이하게 평가할 수 있다. 이런 절충방법은 1600년 전후를 기점으로 하는 학파의 역사적 완전성을 유지하면서도, 아편전쟁을 기점으로 하는 학파의 현실주의적 사고를 손상시키지 않는다.

어떤 이는 아마도 중국 역사와 서양 역사의 만남은 무엇 때문에 16세기에 이르러서야 비로소 시작되었고 서양의 영향력은 왜 19세기에 이르러서야 비로소 강렬해졌느냐고 물을지도 모른다. 이런 문제들에 대해서 대답할 때 우리는 19세기 이전의 2,000년 동안 중화문명과 서양 문명의 주류는 서로 다른 방향으로 발전했다는 것을 기억해야 한다. 서양 문명은 그리스에서 기원하여 서쪽 로마로 발전했으며 그후 유럽 전체로 전파되고 나서 아메리카로 들어갔지만, 중화문명은 황허 강 유역에서 생겨나 성장하고 남하하여 양쯔 강 유역으로 발전했으며 그후 중국 기타 지역으로 전파되었다. 그로 인해서 이 두 문명의 주류는 서로 접근한 것이 아니라 더욱 멀어졌다. 오직 그중의 한 문명이 충분한 힘과 기술을 획득하고 아울러 자신의 이익을 위해서 자신의 문명을 다른 문명지역으로 확장시켰을 때, 이 두 문명은 비로소 서로 만날 수 있었다.

　물론 지리상의 발견 시대 이전에 일찍이 두 문명 간에는 교류가 때로는 중단되기도 하고 이어지기도 했다. 한(漢) 왕조(기원전 202-기원후 220) 그리고 동시대의 유럽의 로마는 어느 정도 서로 알고 있었다. 중국인은 로마 제국을 대진(大秦)이라고 높여 불렀다. 기원후 73년부터 102년 사이에 중앙아시아 지역에서 활약한 중국의 명장(名將)인 반초(班超)는 심지어 사절3)을

---

3) 깐잉(甘英).

보내어 로마 제국을 찾았는데, 이 사람은 페르시아 만(灣)에 도달했다. 기타 일부 교류 중에는 중국의 비단이 로마에 수입된 것과 120년과 166년에 로마의 마술사와 상인들이 중국에 도달한 사실이 포함된다. 당(唐) 시대 (618-907)에는 네스토리우스교와 이슬람교가 중국에 전래되었다. 그뿐만 아니라 당송(唐宋) 시대(960-1279)에 아랍인들은 중국에서의 대외무역에서 상당한 활약을 했다. 원(元) 시대(1280-1367)에는 베니스의 상인인 마피오 폴로와 니콜로 폴로 및 그의 유명한 아들인 마르코 폴로 그리고 그 외에 수많은 프란체스코 수도회의 선교사들이 일찍이 중국에 왔다. 명 시대에는 정화 (鄭和)가 거느리는 원양 항해단이 아프리카의 동해안에까지 도달하는 대원정이 있었고 중국의 활자 인쇄술이 15세기 중에 유럽에 전해졌다. 여기에서 보면 신대륙 발견 이전의 수 세기 동안 중국과 서양 사이에 이미 산발적인 교류가 있었음을 알 수 있다. 그러나 두 문명이 직접 부딪치기까지는 그중의 한 문명이 상대방에게 도달하기 위해서 **지속적인** 전진을 할 때까지 기다려야 했다는 것도 알 수 있다.

지리상의 발견 시대에 이르렀을 때 유럽은 이미 동양으로 가기 위한 지리에 관한 지식과 조선기술을 충분히 구비했다. 포르투갈인의 항해원정은 탐험가들과 식민제국 건설자들을 아시아로 데려다놓았으며, 상인들과 선교사들은 서양의 과학지식을 가지고 그 뒤를 따라 들어왔다. 동서양 간에 간헐적인 접촉을 넘어선 일종의 항시적인 교류가 시작되었지만 이런 교류는 여전히 이 두 문명이 직접적으로 접촉하기에 충분할 정도로 활발하지는 못했다. 유럽은 산업혁명 이후에야 비로소 강력하고 지속적으로 중국에 도달하려고 노력할 수 있는 힘을 충분히 갖출 수 있었다. 산업혁명의 요람지인 영국이 이런 일을 추진하는 것에서 다른 나라들보다 훨씬 더 앞서서 선두주자가 된 것은 결코 우연이 아니다. 아주 분명한 사실은 중국 역사와 서양 역사의 만남은 지리상의 발견 시대 이전에는 이루어질 수 없었으며 이 두 문명의 직접적인 접촉도 산업혁명 이전에는 이루어질 수 없었다는 것이다.

## 현대 중국 형성의 원동력

어떤 역사시기를 이해하는 관건은 그 시기의 형태를 결정한 주요 원동력을 찾아내는 것에 달려 있다. 현대 중국의 경우 우리는 몇 가지 작용을 일으킨 강대한 원동력을 알 수 있는데, 그중 어떤 것은 명백하지만 어떤 것은 그렇지 않다. 첫 번째는 당연히 정부의 정책과 제도이다. 이것은 국가의 흥망성쇠를 결정하는 데에 매우 큰 역할을 했다. 청나라 시대에 조정의 가장 큰 관심사는 왕조의 권력을 어떻게 유지하느냐에 대한 것이었다. 한족(漢族)의 호의와 승인을 얻기 위해서 청 조정은 중국 전통질서를 받아들이기로 결정하여 명나라의 정치체제와 사회제도를 유지했고, 이학(理學)을 국가의 공식 철학으로 수용했으며, 또한 한족이 관료기구에 진출하는 것을 허용하여 이원 양두체제 형식으로 만주족과 함께 일하게 했다. 한편으로 청 조정은 "문자옥(文字獄)"을 크게 일으켜 이민족 통치를 비난한 사람들을 처벌하고 종인부(宗人府)를 설치하여 만주족 고관귀족의 출신, 학업, 혼인을 감독했다. 만주족과 한족 간의 혼인을 금지했으며, 한족의 만주로의 이주를 엄격히 금지했다. 이런 조치들을 통해서 만주족의 종족특성을 유지하고 보호하기 위해서 노력했다. 일부 특수한 필요에 적응하기 위해서 청 조정은 몇몇 정부기구를 신설했는데, 예를 들면 1638년에 이번원(理藩院)을 설립하여 티베트, 몽골, 서역(西域)과 관련된 사무를 관할하게 했으며, 1729년에는 군기처(軍機處)를 설립하여 정책결정 과정을 집중화했고, 1861년에는 총리아문(總理衙門)을 설립하여 서양 열강과의 외교를 관장하게 했다. 반란 진압과 영토확장을 위해서 청 조정은 아주 멀리 떨어진 변방지역에 여러 차례에 걸친 군사정벌을 행하여 중국 역사상 두 번째로 큰 영토를 가진 왕조가 되었다. 19세기 중엽 이후, 많은 서양인들이 정부관리로 초빙됨에 따라서 만(滿)과 한(漢)의 이원체제가 만, 한, 이(夷 : 서양인)의 혼합체제로 확장되었다.4) 이

---

4) John K. Fairbank, "Synarchy under the Treaties" in John K. Fairbank(ed.), *Chinese Thought and Institutions* (Chicago, 1957). pp. 204-231; "The Early Treaty System in the Chinese

모든 것과 기타 수많은 정책과 조치는 모두 청 왕조의 안정과 태평을 확보하는 데에 그 뜻이 있었으며, 이것들은 1644년에서 1911년까지 이 나라 정치의 주류에 지대한 영향을 미치며 그것을 이끌었다. 청나라 멸망 이후 중화민국 정부의 가장 중요한 관심사는 대내적으로는 국가통일이었고, 대외적으로는 불평등 조약을 폐지하는 것이었다. 1949년 이후의 공산당 집권기에 이르면 사회주의 개조 실현, 신속한 공업화 실행, 대국으로서의 지위 쟁취를 도모하는 강렬한 원동력을 볼 수 있다. 공산당 정부의 이런 중요 정책들은 국가와 인민의 운명을 인도해나가는 면에서 분명히 주요한 역할을 했기 때문에 역사학자들은 지속적으로 관심을 가지고 연구해야 한다.

그러나 우리가 파악하기 더욱 힘든 역사의 저류를 결코 무시할 수 없는 것은, 그것들 역시 중국의 형태를 결정하는 원동력이기 때문이다. 사실 모든 합법적인 반대파 정치단체의 존재를 불허하는 청 왕조의 전제제도 속에서, 비밀활동은 종종 역사발전에 매우 중요한 영향을 미쳤다. 비록 많은 한족인들이 만청(滿淸) 정부에 참여하거나 청 조정의 통치를 묵인했지만, 많은 사람들은 여전히 조용한 저항을 계속하고 있었다. 청 조정이 이민족 왕조라는 변할 수 없는 사실로 인해서, 반청(反淸) 운동은 비밀결사 활동, 민족-종족주의 봉기 및 혁명 등의 방식으로 끊임없이 일어났다.

최초의 반청 감정은 이전의 명 왕조 재건에 대한 갈망을 수반하고 있었는데, 그 예로 남명(南明) 소정부(小政府)의 반청 운동, 정성공(鄭成功)과 그 아들의 타이완에서의 저항, 그리고 삼번(三藩)의 난 등이 있다. 이런 운동이 잇따라 실패한 후, "반청 복명(反淸復明)" 사상은 암암리에 천지회(天地會)와 백련교(白蓮敎) 등과 같은 비밀결사단체로 전파되어 기회가 되면 저항운동으로 표면화되었다. 건륭제(乾隆帝) 말기, 중앙정부의 경계가 느슨해졌을 때인 1796년에 백련교도의 봉기가 발생하여 1804년까지 지속되었는데 이것은 결코 우연이 아니었다. 백련교도의 봉기가 평정된 이후로 민족-종족주의

---

World Order" in john K. Fairbank(ed.), *The Chinese World Order: Traditional China's Foreign Relations*(Cambridge, Mass., 1968). pp. 257-275.

항쟁은 또다시 잠잠해지다가, 1850-1864년의 태평천국(太平天國) 시기에 이르러서야 비로소 다시 부흥했다. 그러나 태평군(太平軍)은 단지 상술한 구호 중 "반청" 부분만 남겨두고 "복명" 사상은 포기했는데, 그 이유는 그들이 자신들만의 왕국을 건설하려고 했기 때문이다. 1864년 태평군의 실패 이후에 민족-종족주의혁명은 비밀결사들의 활동으로 다시 전환되었고, 아울러 쑨원(孫文) 등 혁명가의 투지를 격발시켰다. 쑨원 세대의 사람들이 혁명에 투신했을 때 혁명에 대한 이상은 이미 크게 확장되었는데, 여기에는 외국 제국주의에 대한 복수도 포함되어 있었다. 1912년 만청 왕조가 붕괴됨에 따라서 본래의 "반청"의 목표는 이미 달성되어, 그 때문에 민족주의 혁명은 외국 제국주의에 대한 반대로 전환되었다. 20세기 초 20년간의 중국 혁명의 주요 대상은 유럽 식민주의 열강이었고, 1930-1940년대 전반기의 주요 대상은 일본이었으며, 1950년대 후기부터는 소련이었다. 여기에서 유념할 부분은 중국의 국민당과 공산당은 모두 마찬가지로 소련을 강렬하게 증오했다는 것이다.

이와 같이 현대 중국 300여 년의 기간 동안 외래 요소를 반대하는 민족-종족주의 항쟁이 하나의 뚜렷한 역사주제를 구성했으며, 그것은 때로는 수면 위로 떠올랐고 때로는 수면 아래로 가라앉았다. 이런 동력은 오랜 기간 지속되었는데, 어느 한 저명한 역사학자의 약간 과장된 표현에 의하면 "현대 중국 역사는 한 편의 민족주의 혁명사로 간주할 수 있다"는 것이다.5)

세 번째 원동력은 신천지에서 살 길을 모색하는 것이었는데, 이 신천지란 19세기 중엽 이후 서양 열강들의 일방적인 강요에 의해서 이루어진 것이다. 이상하게도 서양 문명은 다른 지역에서는 대단한 창조력과 활발한 생기를 보였으나, 중국과 직접 대결했을 때는 오히려 건설적인 면보다 파괴적인 면이 더 크게 나타났다. 그것은 구질서의 와해를 가속화시킨 반면, 대체할 새로운 질서를 제공하지 못했다. 이 사실은 중국인들에게 구질서의 폐허 위에

---

5) 蕭一山, 제1권, p. 15.

서 신질서를 구축해야 하는 막중한 임무를 남겼다. 중국인은 전통이라는 무거운 짐을 짊어지고 있었으며, 서양 세계의 본질에 대해서 전혀 몰랐다. 암흑 속에서 그들은 시대의 격변에 적응할 수 있는 생존의 길을 모색했다. 저명한 정치가인 리홍장(李鴻章)은 이런 노력을 "3천여 년 이래 전례 없는 격변을 연 것"6)이라고 말했다. 중국은 지속적으로 생존하기 위해서, 그리고 국제사회에서 한자리를 차지하기 위해서, 옛 중국의 요소들을 다소 포기해야 하고 현대 서양의 것들을 반드시 어느 정도 받아들여야 하는 고통스러운 기로에 직면하게 되었다.

신질서에 대한 탐구는 지극히 어려운 관념 논쟁을 야기했다. 과도한 자존의식과 외래 사물에 대한 경시를 배제하고, 풍요로운 중국은 미개한 오랑캐를 귀감으로 삼을 필요가 없으며 그들과 사귈 필요가 없다고 여기는 뿌리박힌 신념을 버려야만 했다. 그러나 1860년 제2차 아편전쟁의 패배와 영국-프랑스 연합군의 베이징 점령 후, 비교적 선견지명이 있는 청 조정의 몇몇 고위관료들7)은 서양의 도전은 불가피한 사실이므로, 중국이 생존하려면 반드시 변해야 한다는 것을 깨달았다. 그들은 저명한 학자인 웨이웬(魏源)이 제기한 "외국 오랑캐의 우수한 기술을 배워 외국 오랑캐를 제압하자[師夷長技以制夷]"는 구호를 인용하여, 1860년대 초에 "자강운동(自强運動)"(양무운동[洋務運動])을 일으켰다. 이런 사상적 지도하에 "동문관(同文館)"을 설립했고, 아울러 서양식 모델에 따라서 군사산업에 의해서 뒷받침되는 무기공장과 조선소들을 설립했다. 약 35년간 지속된 이 운동은 단지 일종의 피상적인 현대화의 시도였을 따름이다. 이 운동은 단지 서양 문명 중 직접적인 실용가치가 있는 것들만 받아들였을 뿐, 더욱 받아들여야 할 정치체제, 경제제도, 철학, 문학과 예술 등은 완전히 소홀히 했다. 이 시기의 비교적 진보적인 중국인들조차도 견고한 선박과 날카로운 무기[堅船利器] 외에 중국은 서양

---

6) 李鴻章, 『李文忠公全集』(上海, 1921), 「奏稿」, 제19권, p. 45. 1872년 6월 20일의 주고(奏稿 : 상주문 원고).
7) 예를 들면 공친왕(恭親王), 원샹(文祥), 쩡궈판(曾國藩), 쭈어중탕(左宗棠), 리홍장 등이다.

으로부터 별로 배울 것이 없다고 확신했다.

청일전쟁에서의 중국의 참패는 자강운동에 부족한 점이 있음을 입증했다. 중국의 지식인과 관료들은 이 운동의 한계성을 인식하여, 현대화 강령을 반드시 확대하여 그 안에 정치개혁도 포함시켜야 한다고 결정했다. 자신감이 강한 사상가인 캉유웨이(康有爲)와 그의 유명한 제자인 량치차오(梁啓超)는 황제에게 표트르 대제와 메이지 천황의 방식을 따라서 유신변법(維新變法)을 실행할 것을 촉구했다. 그러나 후기에서조차 유신주의자들은 전면적인 서구화를 주장하지 않았고, 단지 중국과 서양의 각종 요소를 하나로 융합한 혼합정치체제의 건립을 고취했다. 이 운동의 정신은 바로 저명한 학자형 관료인 장즈둥(張之洞)이 말한 "중학위체(中學爲體), 서학위용(西學爲用)"이었다. 캉유웨이 개혁방안의 결과는 1898년의 "백일유신(百日維新)"이었지만 실패로 끝났다.

한편 쑨원은 일련의 비밀혁명활동을 개시했다. 그는 서양식 교육을 받은 의사였다. 그는 전면적이 아닌 부분적인 개량에 의해서 중국의 고질병을 고치려는 것은 소용이 없는 일이며, 오직 철저한 혁명을 통해서만 문제를 해결할 수 있다고 믿었다. 그는 민족-종족주의 혁명의 횃불을 이어받아 만청 통치를 전복시킬 것을 제창했다. 그는 사회의 주변부에서부터 활동을 전개하여, 비밀결사와 하층계급과 해외 교포의 지원을 얻었다. 그러나 사대부계층의 지지는 얻지 못했는데, 사대부들은 보편적으로 캉유웨이와 량치차오를 추종했다. 1900년 조정의 체면을 완전히 실추시킨 의화단(義和團) 사건 이후 더욱 많은 사대부들이 쑨원의 사업에 참여함으로써 쑨원의 이미지는 원래의 반란자에서 애국지사로 바뀌었다. 1911년 신해혁명(辛亥革命)이 성공한 다음 해에, 4,000년 중국 역사상 처음으로 제왕이 통치하는 왕조가 폐지되고 서양식 공화국이 건립되었다.

중국이 비록 과거의 정치체제에 종지부를 찍기는 했지만 과거의 어두운 그림자는 계속해서 사회관습과 사상을 무겁게 지배하고 있었다. 정부는 간판만 바꾸었을 뿐이고 그 실질적인 정신은 과거와 다를 바 없이 부패, 군벌할

거, 군주제 회복이라는 망상으로 인해서 통제 불능 상태였다. 중화민국의 창건은 사람들이 기대하는 평화와 질서를 가져오지 못했기 때문에, 중국의 지식인들은 철저한 사상변혁을 실행하지 않으면 정부의 정상화와 사회발전을 이룰 수 없음을 점차 확신하기 시작했다. 일본과 유럽 그리고 미국에서 유학했던 천두슈(陈独秀), 차이위안페이(蔡元培), 후스(胡適) 등이 20세기 초에 귀국하면서 신문화운동(新文化運動)과 사상혁명을 일으켰고, 1919년 5. 4 운동 때 이런 사상이 절정에 이르게 되었다. 이 시기의 시대적 정신은 전통주의와 유가사상에 반대하고, 전면적인 서구화와 "과학"과 "민주주의"를 주창하는 것이었다. 이런 이데올로기가 고조되었을 때 주도적인 자리를 차지한 두 가지 철학이 출현했다. 점진적인 수단으로 사회를 개조하는 것을 신봉하는 존 듀이의 실용주의 철학이 그의 제자인 후스를 통해서 소개되었고, 혁명적인 수단을 숭상하는 마르크스주의 사상이 볼셰비키 혁명의 영향하에 천두슈와 리따짜오(李大钊) 등을 통해서 대대적으로 전파되었다.

19세기 초 서양에 대한 경멸과 배척에서 1920년대의 서양에 대한 숭배에 이르기까지 중국은 기나긴 길을 걸어왔다. 어느 저명한 정치학자는 다음과 같은 말로 이런 변화의 순서를 개괄했는데, 즉 "초기에는 기물(器物)에 영향을 준 기술이었고, 그다음은 국가와 사회에 관한 원리이며, 마지막은 정신생활의 핵심을 건드린 관념이었다. 동치제(同治帝)의 자강운동, 1898년의 유신변법, 1919년의 5. 4 운동은 각각 이런 3단계 사조의 요점이 표출된 것이다"8)라고 했다. 5. 4 운동 이후의 역사를 네 번째 단계인 당대(當代) 중국으로 보는 사람도 있지만, 일반적으로는 이 시기를 현대 중국과 분리하지 않는다.

당대 중국은 국가 최고권력을 쟁탈하기 위한 국민당과 공산당 간의 투쟁의 역사이다. 중국 공산당은 1921년에 창건되었는데, 이때는 바로 5. 4 운동이 전개되던 사상혁명 시기였다. 코민테른의 지도하에 중국 공산당은 1923년에 국민당과 합작을 하기 시작했다. 볼셰비키 혁명의 승리에 강렬한 영향

---

8) Kung-chuan Hsiao, "The Philosophical Thought Of K'ang Yu-wei-Attempt at a New Synthesis", *Monumenta Serica*, XXI(1962), pp. 129-130.

을 받은 쑨원은 자신이 정당과 군대를 재조직하는 데에 소련이 원조해줄 것을 기대했으며, 또한 소련과 중국 공산당의 합작을 절박하게 요구했다. 그러나 1925년 쑨원의 죽음은 운명적으로 국공합작의 불행한 종말을 맞이하게 했으며, 1927년에 양당은 공식적으로 분열되었다. 1928년 국민당 정부가 난징에 세워짐에 따라서 국민당의 군 최고사령관인 장제스(蔣介石)가 새로운 강력한 권력자로 등장하게 되었다.

국공분열 이후 마오쩌둥(毛澤東)과 주더(朱德)는 장시 지역에서 독자적으로 소비에트 정권을 수립하여 사실상 비밀리에 조직된 상하이의 중국 공산당 중앙에서 독립하게 되었다. 장제스는 주더와 마오쩌둥 부대를 다섯 차례 토벌하여 1934년 후반에 이들을 중국 동남 지역에서 축출했다. 중국 공산당 부대는 서사시적인 2만5,000리9)(실제로는 6,000마일)의 대장정을 거쳐 서북 지역에 이르렀고, 그곳에서 다시 한번 기반을 잡게 되었다. 1937년 일본의 침략이 개시되었을 때 중국 공산당 문제는 아직 해결되지 않고 있었다. 공동의 적에 직면하게 되자 국공 양당은 다시 연합전선을 조직하기는 했지만, 그들은 서로를 신뢰하지 않았다. 그들은 1945년 항일 전쟁이 종결되자마자 급속히 내전으로 돌입하게 되었다. 국민당은 장기적인 대외전쟁으로 기진맥진한 상태였고, 통제가 불가능한 인플레이션의 압박을 받고 있었으며, 지주 토지소유제라는 오래된 난제와 엄청난 부담, 그리고 당내 계파 간의 알력으로 여전히 곤욕을 치르고 있었다. 그 때문에 국민당은 분명히 군사적으로 우세했으며 아울러 미국의 원조를 받았음에도, 대륙을 잃고 타이완으로 철수하게 되었다. 마오쩌둥은 1949년 중화인민공화국을 건립했다.

이상의 개략적인 서술은 현대 중국의 발전과정 중 몇 가지 중요한 단계를 보여주고 있다. 즉, 아편전쟁 이전의 서양에 대한 배척에서부터 1861-1895년의 자강운동, 1898-1912년의 정치개조와 혁명, 1917-1923년간의 사상혁명, 마지막으로 1949년 중국 공산당의 집권에 이르기까지이다. 비록 역사가

---

9) 1리(里)는 3분의 1마일이다.

단선적인 형식으로 발전하는 일은 드물지만, 전체적인 발전양식과 주요 이정표들은 역사의 개념적 틀을 세우는 데에 유용한 좌표로 삼을 수 있다.

상술한 주요 정치변화와 동시에 진행된 것이 바로 경제와 사회의 근본적인 변화이다. 19세기 하반기 자강운동 기간에 현대적인 공업과 기업이 발전하기 시작했으며, 반면에 외국인들은 "불평등 조약"의 보호하에 개항장에서 제조업, 항운업, 은행업, 무역회사를 운영했다. 이런 서로 다른 유형의 경제활동들이 아무런 문제없이 병행되면서 반(半)식민주의 기운을 띤 혼합경제가 육성되었고, 이런 기운은 1세기 가까이 중국 경제의 뚜렷한 특징으로 자리잡았다.

사회적으로는 1905년 과거제도(科擧制度) 폐지 이후, 여러 세기 동안 중국 사회를 지배하던 신사계층이 실권을 잃고 암담한 처지에 놓이게 되었다. 전통사회의 사농공상(士農工商)의 계층구조 역시 두 부류의 사람들이 출현함으로써 와해되었다. 이 두 부류의 사람들은 바로 매판(買辦)과 군벌(軍閥)로서, 이들은 새로운 부와 권력을 대표했다. 이 외에 개인주의와 자유 그리고 남녀평등 등의 서양 관념의 유입은 유가의 삼강(三綱)과 오륜(五倫)이라는 가족의 충효 관념10)을 잠식했다. 개개인이 일어나서 가족의 구성원으로서가 아니라 국가의 구성원으로서의 지위를 강조하게 되면 종족사회는 바로 와해되어버린다. 사회변혁의 속도는 1949년 중국 공산당이 정권을 쟁취한 이후 더욱 가속화되었고, 모든 변혁 중에서 가장 큰 변화는 타성에 젖어 있던 농민들이 진취적인 국가구성원으로 전환된 것이다.

현대 중국이 이렇게 특이하면서 다채로운 모습을 나타내고 있기 때문에, 저자는 제국주의와 서양의 영향 혹은 자본주의와 봉건적 착취 등과 같은 제한적인 이론으로는 이에 대해서 만족할 만한 해석을 할 수 없음을 알게 되었다. 변화의 흐름으로 볼 때, 현대 중국 역사의 특징은 결코 서양에 대한 수동적 반응이 아니다. 그것은 중국인들이 국가를 쇄신하고 개조하여, 유가사상

---

10) 삼강(三綱)은 군신(君臣)·부자(父子), 부처(夫妻) 간의 관계를 규율하는 규범이다. 오륜(五倫)은 이 이외에 두 개의 규범이 더 포함되는데, 즉 형제 간과 친구 간의 관계에 관한 것이다.

이 보편화되어 있는 낙후된 제국에서 국제사회에서 당당한 지위를 가진 현대 민족국가로 탈바꿈하기 위해서 국내외의 도전에 대처한 주체적인 투쟁이었다. 이런 견해는 "외부적인 요인"으로 중국 역사를 해석하고 그것이 시사하는 중국은 단지 이에 대한 "반응을 보인 것"일 뿐이라고 하는 사상의 함정에서 벗어나게 해준다.

## 새로운 종합적 사고

저자는 현대 중국을 연구할 때 반드시 1600-1800년 사이의 "전통적인" 국가와 사회에 대하여 고찰할 것을 제의하고자 한다. 왜냐하면 이 고찰은 상술한 몇 가지 발전단계를 검토하는 데에 필요한 전제조건이기 때문이다. 이 방법은 이전에 시도했던 몇 가지 방법과 뚜렷이 다르다. 제1차 세계대전 기간에 개척정신이 풍부한 서양 학자들이 중국의 대외관계에 치중하여 일반적인 저술을 했고, 그뿐만 아니라 그들은 대부분 서양의 자료에 의거함으로써 중국 내부의 상황을 완전히 등한시하거나 간략하게 묘사했다. 다음 세대의 학자들은 연구의 중점을 통사적인 논저에서 전문적인 주제 연구로 바꾸어, 중국의 서양에 대한 반응을 주제로 삼았다. 이 시기의 저술은 중국 측의 시각으로 역사를 연구하고 아울러 서양 자료를 참고하는 동시에, 상당히 많은 중국 자료를 이용하려고 시도했다. 이들은 새로운 연구방향을 제시했고, 우리의 현대 중국에 대한 지식을 지극히 풍부하게 해주었다. 최근 몇몇 학자들은 서양의 영향과는 무관한 중국 사회, 경제, 사상의 기본요인을 탐구하려고 시도하거나, 내부적 환경의 측면에서 중국의 변화를 고찰했는데, 이 연구들은 모두 상당히 높은 학술적 업적을 거두었다.

중국 대륙의 역사학자들도 줄곧 대단한 열정을 가지고 현대 중국의 연구에 몰두해왔는데, 이것은 마오쩌둥이 중국 현대 역사에 대하여 특별한 관심을 가져야 한다는 호소에 영향을 받은 것이 분명하다. 그들은 변증법적 유물론과 계급투쟁 그리고 사회성향 변화의 입장에서 연구를 하고 있다. 현대 중국의 시기를 구분하는 문제에 대해서는 아직 일치된 견해에 도달하지 못했지만, 대부분의 대륙 학자들은 이미 잠정적인 공통적인 견해에 도달한 것 같다. 그것은 바로 (1) 외국 자본주의 침입과 농민봉기 시기(1840-1864), (2) 반(半)식민지와 반(半)봉건주의 형성 시기(1864-1895), (3) 민족위기 심화와 애국주의 흥기 시기(1895-1905) (4) 부르주아 계급의 흥기와 실패 시기(1905-1919)이다. 중국 현대사에서 이 네 시기는 "구(舊)민주주의 혁명시대"라고 부르고, 이와 상대되는 시기인 1919년에서 1949년까지의 중국 당대사 시기를 "신(新)민주주의 혁명시대"11)라고 한다.

중국과 서양 그리고 일본 학술계에서 현대 중국에 대한 연구가 부단히 심화되고 있고, 마르크스주의 계통의 학자들 역시 이 영역에서 후발주자로 나서서 노력하고 있어서 사람들은 현대 중국에 대한 연구가 아주 미숙한 영역에서 나날이 성숙된 단계로 발전되고 있음을 느끼고 있다. 과거 30년 동안 사회과학과 인문과학에서의 새로운 방법, 다양한 문서자료의 참고와 학제간 연구 등의 수단을 통하여, 여러 주요 언어로 된 우수하고 탁월한 견해를 가진 전문적인 주제를 다룬 연구저술들이 쏟아져 나왔다. 풍부한 연구성과와 보편적으로 향상된 학술수준은 역사의 모습이 전면적으로 드러나도록 촉진시킬 것이고, 이 속에는 중국인, 일본인, 서양인들의 학술상의 정수가 완전히 수용되고 흡수될 것이며, 또한 유용한 마르크스주의 계통 학자들의 학술적 성과도 포함될 것이다. 중국 현대사를 집필할 때는 반드시 중국학계의 견해가 반영되어야 할 뿐만 아니라, 중국의 서양과의 밀접한 왕래를 감안하여 외국 학자들이 외부로부터 관찰하여 얻어낸 객관성도 반영되어야 한다. 이런 방법은 절대적으로 필요한 것은 아니지만 적어도 시의에 맞는 것이다. 이런 종합적 방법은 현대 중국의 역사를 정확히 투시하는 일을 가능하게 할 것이다.

---

11) 『歷史研究』 編輯部編, 『中國近代史分期問題討論集』(北京, 1957).

# I
## 전통제도의 연속
## 1600-1800년

# 2

# 청 제국의 흥성

1600년을 전후하여 중국에 새 시대가 도래했다. 많은 서양 탐험가들, 상인들, 선교사들이 최초로 해상을 통해서 신문명의 씨앗을 가져왔고, 일찍이 시베리아를 횡단한 러시아인은 이미 만주 접경지대로 진출했다. 중국 내부에서는 한차례의 중대한 전환기가 서서히 다가오고 있었다. 1368년 정권을 장악한 명 왕조는 일찌감치 전성기[1]가 지나 급격한 쇠락의 길로 접어들었을 뿐만 아니라 환관의 전횡과 도덕적 타락, 정치적 부패, 사대부 기풍의 몰락, 조세 폭등과 대기근 등의 곤욕을 치러야만 했다. 이는 중국의 역사에서 또다른 왕조로 교체될 시기가 도래하고 있음을 의미했다. 장시엔중(張憲忠)과 리쯔청(李自成)이 거느리는 두 무리의 도적들이 20여 년간(1628-1647) 대부분의 지역에서 횡횡하면서 끝없는 재난과 광범위한 불안을 야기했다. 명 왕조 정권이 쇠약하고 혼란한 국면을 틈타 동북 변방에 거주하던 이민족 부락인 만주인들이 일어나 중앙정권에 도전하면서, 결국 중국에 새로운 왕조가 세워졌다.

## 청 왕조의 건립

역사적으로 근면하고 건실한 만주인[2]들은 유목민족인 여진족(女眞族)의 일

---

1) 전성기는 영락제(永樂帝) 통치기(1403-1424)이다.
2) 고대에는 숙신인(肅愼人)이라고 불렀다.

족으로서 지금의 중국 동북 지역에 거주하면서 어업과 수렵으로 생계를 유지했다. 만주족은 이미 12세기에 금(金) 왕조(1115-1234)를 건립하여, 남송(南宋) 왕조(1127-1279)의 존립을 위협했다. 비록 13세기에 여진족은 몽골인에게 정복당했지만, 명 왕조(1368-1643) 황제의 통치하에서 이전의 독자적인 지위를 어느 정도 회복했다. 명 황제는 이들을 건주여진(建州女眞), 해서여진(海西女眞), 야인여진(野人女眞) 등 3부로 분리했다. 이들은 명 조정에 말, 모피, 인삼3) 등을 조공으로 바치고 그 대신 중국 농산물을 하사품으로 받았다. 지정학(地政學)은 이후 여진족의 발전과정에 중요한 작용을 하게 되었다. 이들의 거주 지역은 조선의 북쪽, 랴오둥의 동부와 동북부에 위치하고 있었다. 한족이 일찍부터 랴오둥에 정착하고 있었기 때문에 여진족은 장기적인 관찰을 통해서 한족의 생활과 제도를 어느 정도 인식하고 있었다.4) 그들도 점차 한족의 거주양식과 식생활 방식의 영향을 받게 되었다. 16세기 중엽 이후 점점 더 많은 한인들이 여진족 지역으로 넘어가서 그들에게 경작법과 성 축조법을 전수했고, 이로 인해서 여진족의 경제기술이 향상되어 기존의 유목사회 특성을 크게 변화시켰다. 역사는 이 시기야말로 한 위대한 지도자가 나타나서 여진족을 이끌고 변경속국의 처지에서 벗어나게 하는 절호의 기회였음을 보여주고 있다.5)

건주여진의 영주는 명 왕조를 도와 동부 변경의 전란을 평정한 공로로 명나라로부터 건주위지휘사(建州衛指揮使)의 지위와 이(李) 씨 성을 하사받았다. 그후 명 조정은 건주위(建州衛)를 건주좌위(建州左衛)와 건주우위(建州右衛)로 분리했으며, 이들은 모두 한인 주(駐) 랴오둥 총병관(遼東總兵官)

---

3) 일종의 뿌리로서 중국인은 이를 양기를 돋우는 좋은 약으로 여겼다.
4) Franz Michael, *The Origin of Manchu Rule in China*(Baltimore, 1942), pp. 3, 11; 和田清, 『東亞史硏究(満洲卷)』(東京, 1955), 제15-16장.
5) Wada sei, "Some Problems Concerning the Rise of T'ai-tsu, the Founder of Manchu Dynasty", *Memoirs of the Research Department of the Toyo Bunko*, Toyko, 16 : 71-73 (1957); David M. Farquhar, "The Origins of the Early Manchu State", Paper read before the 62nd annual meeting or the Pacific Coast Branch, American Historical Association, San Diego, August 28. 1969.

의 통제를 받았다. 1574년 좌위도독(左衛都督)인 쥬창(叫場)과 아들 탁시(塔失, 혹은 他失)가 한인 총병 리청량(李成梁)과 연맹을 맺어 흉악무도한 우위도독(右衛都督)을 토벌했다. 1582년에는 또 우위도독의 아들에 대해서 제2차 토벌을 개시했는데, 뒤이은 혼전 속에서 쥬창과 탁시가 피살되었다. 이후 여진족 내부에서 자기편끼리 서로 죽이는 격렬한 내분이 일어났고, 1583년에 와서 탁시의 25세[6]된 아들 누르하치(努爾哈赤)가 종족내분의 승리자로서, 부친을 계승하여 도독 직위의 권한을 획득했다.[7]

**누르하치의 등장** 전하는 바에 따르면 누르하치(1559-1626)는 젊었을 때, 한인 총병 리청량의 집을 자주 드나들면서 중국 소설『삼국지연의(三國志演義)』와『수호전(水滸傳)』에 흥미를 가졌다고 한다. 이 웅대한 이상을 가진 여진족 수장은 변방의 업무에 정통해지면서, 그의 조부와 부친의 억울한 죽음에 대해서 복수를 결심했다. 그는 묵묵히 자기의 사업을 추진하기는 했지만, 천성적인 기민함으로 인해서 당시 자신의 역량이 부족하다는 것을 알고 명 왕조에 대한 적개심을 억누르려고 노력했다. 그는 중국에 대하여 계획적인 공격을 시작하기 전에 우선 여진의 모든 부족이 반드시 통일되어야 한다는 것을 잘 알고 있었다. 치밀하게 계획된 연혼(聯婚)과 연이은 성공적 군사 토벌을 통하여 그의 세력과 지위는 빠르게 상승했다. 한인 포로인 꿍쩡루(龔正陸)가 신임 받는 책사가 되어 문서를 담당하고 통신을 관장했다.[8] 이 시기에 누르하치는 줄곧 명 조정에 극진한 충성심을 보였다. 사실 그는 1590년 친히 베이징에 가서 조공을 바치고, 1592-1593년 사이에 종군을 자청하여 군대를 이끌고 도요토미 히데요시(豊臣秀吉) 휘하의 일본 침략군에게 반격

---

6) 중국인은 수태일부터 나이를 계산하기 때문에 25세는 서양식 계산법에 따르면 사실상 24세이다.
7) Wada Sei, "Some Problems", pp. 41-50. 누르하치의 성씨(姓氏)는 애신각라(愛新覺羅)인데, 그 의미는 "金氏"이다. 稻葉岩吉,『淸朝全史』(東京, 1914)와 但壽 中譯本, 重印本(臺北, 1960), 제7장, p. 71을 참조하라.
8) 和田淸,『東亞史硏究』, pp. 637-649.

을 가하여 조선을 보위하려고 했다. 명 황제는 그에게 사람들로부터의 선망의 대상인 "용호장군(龍虎將軍)" 칭호를 하사했는데, 이것은 여진족 수장이 하사받은 최고의 칭호였다.

누르하치는 젊은 시절의 상업활동의 경험을 살려서 진주, 모피, 인삼 무역을 독점하여 군사적 정복의 경제적 기반을 다졌다. 그는 상당한 부를 축적하는 데에 성공하여, 1599년에 이미 원교근공(遠交近攻)식의 정벌을 할 수 있는 충분한 준비를 갖추었다. 여진의 모든 부족들이 연이어 그의 신하가 되었다. 1607년에 이르러 그의 지위가 상당히 높아지면서 몽골인들은 그에게 콘도론 한(汗)(공경한[恭敬汗])의 존칭을 헌상했다. 1608년에는 명 왕조의 랴오둥 주재 총사령관과 관할 경계지역을 확정하고 한인의 월경(越境)을 금지하는 정식협정을 맺었다. 1613년 누르하치는 이미 모든 여진족을 정복했고, 다만 해서위(海西衛)의 예허[葉赫] 부족만이 명나라 군대의 지원으로 그와 대적하고 있을 뿐이었다. 새로운 국가를 세우는 절차의 하나로서 누르하치는 1599년 여진 문자를 창제하여 1444년부터 사용하던 몽골 문자를 대체했다.9) 또 1601년에 매우 특색 있는 "팔기병제(八旗兵制)"라는 군사제도를 설립했다. 그의 휘하의 병사를 각기 300명으로 된 네 개의 니루[牛錄]에 편입하고, 황(黃), 백(白), 남(藍), 홍(紅)으로 된 네 색깔의 기(旗)를 식별 표시로 삼았다. 1615년에 니루의 수가 200개10)로 증가되어 네 개의 기를 더 설치했는데, 색깔은 이전과 동일하나 각기 붉은 테두리를 두르고 붉은 깃발에만 백색 테두리를 둘렀다. 이후 기의 규모가 7,500명으로 확대되고 각 기에 총

---

9) David M. Farquhar, "The Origins of the Manchus' Mongolian Policy" in Fairbank(ed.), *The Chinese World Order*, p. 203.

10) 많은 자료들은 니루의 수를 400개로 기록하고 있는데, 예를 들면 『大淸會典』, 건륭조의 『實錄』, 명선(孟森)의 『淸代史』(臺北, 1960), pp. 21-22이다. 그러나 이 설은 이미 신뢰할 수 없는 것임이 밝혀졌다. Chao ying Fang, "A Technique for Estimating the Numerical Strength of the Early Manchu Military Forces", *Harvard Journal of Asiatic Studies*, 13 : 195, 208(1950)을 참조하라. 최근 한 연구에 의해서 밝혀진 바에 의하면 기제(旗制)는 몽골의 영향과 만주 수렵전통의 혼합물이고, 니루의 규모는 1615년 이전에는 고정되어 있지 않았다고 한다. Farquhar, "The Origins of the Early Manchu State"를 보라. 이곳에서 인용한 내용은 원저 저자의 동의를 얻었다.

관대신(고산액진[固山額眞])을 설치했으며, 각 기는 다섯 개의 잘란[紮攔] (혹은 쟐라[甲喇])으로 나누었는데, 각 잘란은 다섯 개의 니루로 구성되었다.

팔기병제는 순수한 군사조직일 뿐만 아니라, 부락 봉건제에서 군사관리와 초기 국가체제로의 전환 시기에는 원시적인 행정단위의 효율성을 발휘하는 체제이기도 했다. 몇몇 귀족을 제외한 누르하치 휘하의 사람들은 모두 기에 예속되었다. 각 기 구성원의 등록, 납세, 징집, 동원 등의 모든 업무는 기 조직에서 관장했다. 평상시에 기인(旗人)과 그 가족들은 농사와 수공업에 종사했으며, 전시에는 각 기에서 뽑힌 일정 수의 장정들이 기의 통솔하에 전장에 나갔다. 누르하치는 이 제도를 통해서 백성들을 전쟁기계로 조직하여 높은 효율성을 발휘했다. 초기 전쟁에서 포로가 된 한인은 노비로 전락하여 기의 방식으로 집단에 편성되었지만, 실전에 참가하지는 않았다.[11] 1634년과 1642년에 각각 몽골 팔기(蒙古八旗)와 한군팔기(漢軍八旗)가 첨가되어, 기의 총 수효가 24개에 이르렀다.

1616년 누르하치는 금나라 건립을 선포하고, 스스로 천명한(天命汗)이라고 칭했다. 2년 후 카얼카(喀爾喀) 부 몽골인의 지원으로 그는 중국으로 진격할 준비를 했다. 그는 부친의 피살, 명 왕조가 그를 반대하고 예허를 지원한 것, 한인들에게 그의 국경을 침범하도록 허가한 사실, 명 왕조가 하위급의 사신을 파견한 것 등, 명 조정에 대한 칠대한(七大恨)을 열거했다.[12] 이렇게 공개적으로 원한을 알리는 행동은 사실상 봉건적인 선전포고이다. 누르하치는 빠른 속도로 한인 거주지역인 중국 국경지대로 진격하여, 요충지인 푸순을 공격하여 점령하고, 한인 사대부인 판원청(范文程)을 포로로 잡았는데, 이 사람은 귀순하여 그와 그의 후계자의 심복책사가 되었다.

명 조정은 랴오둥 경략(經略)인 양하오(楊鎬)를 파견하여 9만 병사를 이끌고 누르하치를 공격했지만 무순 동부에 있는 사르후에서 참패를 당했다. 누

---

11) 이런 노예제도의 간명한 서술에 대해서는 Jonathan D. Spence, *Ts'ao Yin and the K'ang-hsi Emperor: Bondservant and Master* (New Haven, 1966), pp. 1-18을 참조하라.

12) Arthur W. Hummel(ed.), *Eminent Chinese of the Ch'ing Period* (Washington, D.C., 1943-1944), I, p. 597.

르하치는 명나라의 주력군을 섬멸한 후 승세를 타고, 그의 명령을 따르지 않는 예허 부(部)로 진격하여 1619년 9월 그곳을 정복했다. 뒤이은 명 왕조 토벌 전쟁에서 그는 1621년 5월 요충지인 랴오양과 선양을 점령했다. 얼마 후인 1625년 누르하치는 그의 수도를 선양으로 옮겼다. 1년 후 승승장구하던 누르하치는 군대를 이끌고 닝위엔을 맹공했다. 명군의 수비대장인 위안충환(袁崇煥)은 예수회 선교사가 주조한 대포를 사용해서 침입자를 일거에 격퇴시켰다. 이는 누르하치 일생 중 처음으로 겪은 대패로, 그의 존엄성이 입은 상처는 몸에 입은 상처보다 훨씬 더 심각했다. 그는 7개월 후 세상을 떠났다.

누르하치의 여덟 번째 아들 아바하이(皇太極, 1592-1643)가 부친이 완성하지 못한 사업을 계승했다. 그는 우선 후방을 공고히 하기 위해서 조선으로 진격하여 조선인에게 매년 은을 조공으로 헌상하도록 강요했고, 그런 후에 중국으로 방향을 돌려 시펑커우에서 명 조정의 장성 방어선을 돌파하여 베이징으로 진격했는데, 그곳에서 대대적인 약탈을 감행하여 수많은 전리품을 가지고 선양으로 돌아왔다. 1631년 아바하이는 선양에서 명 왕조를 모방하여 6부제(六部制)의 정치기구를 세움으로써, 팔기식 군사관리에서 한인 방식의 행정제도로의 전환을 대대적으로 추진했다. 그러나 6부의 구조는 명 왕조처럼 각 부에 상서(尙書)와 시랑(侍郎)을 두지 않았다. 각 부는 명의상으로는 모두 만주 친왕[貝勒]의 관할에 예속되어 있었지만, 친왕은 전쟁에 진력하고 있어서 각 부의 업무를 맡지 않았다. 부의 업무는 3-5명으로 구성된 부수(副手, 즉 승정[承政])들이 관장했다. 부수로는 몽골인과 한인이 각각 1명씩 있었지만, 형부(刑部)에는 예외적으로 두 명의 한인을 승정으로 두었는데, 이것은 아마도 형부에는 복잡한 사법업무를 처리할 경험 있는 한인이 더 필요했기 때문일 것이다. 이것은 만-한(滿-漢) 이원체제, 혹은 더욱 확실하게는 만-몽-한(滿-蒙-漢) 혼합체제의 근간이 되었는데, 이 체제는 268년간 청 왕조 행정조직체제의 큰 특징이 되었다.13)

---

13) Piero Corradini, "Civil Administration at the Beginning of the Manchu Dynasty", *Oriens Extremus*, 9 : 2 : 136-138(Dec. 1962).

**만주와 청의 의미** 아바하이는 한인 부하의 건의를 받아들여 1635년 여진과 건주의 호칭 사용을 금지하고 만주로 대체했다. 1636년 5월 14일 왕조의 명칭을 대금(大金)에서 대청(大淸)으로 바꾸고 황제로 칭했다. 아바하이는 사람들에게 중국 종주권을 연상시키는 모든 흔적을 말끔히 없애버릴 뿐만 아니라 여진의 모든 부족이 명 왕조의 속국의 지위에 있었다는 사실을 감추려고 했다.

"만주(滿洲)"라는 말의 기원은 상당히 흥미롭다. 건륭제의 말에 따르면 "만주(滿洲)"는 한어 "만주(滿珠)"의 오류로, 만주(滿珠)는 여진이 개국 이래부터 사용한 오래된 명칭이라는 것이었다.[14] 일본의 저명한 학자인 이나바이와키치(稻葉岩吉)는 이 해석에 동의하고 더 나아가 만주(滿珠)는 여진인과 티베트인과 몽골인에게 존귀한 봉호(封號)라고 보았다.[15] 또다른 해석에 의하면 만주(滿洲)는 발음이 유사한 불교용어인 만주(曼珠)에서 기원하며, 그 뜻은 "묘길상(妙吉祥)"으로, 이 말은 티베트에 전해진 불교전적에 나오는 것으로서 이 전적들이 여진의 모든 부족들에 전해졌던 것이라고 한다. 네 번째 해석에는 상당히 신비로운 점이 있다. 즉 만주(滿洲)는 누르하치의 존호(尊號)인 만주(滿柱)의 첫 번째 글자와 건주(建州)의 두 번째 글자에 삼수변을 더한 洲에서 기원한다는 것이다. 만주(滿洲)와 청(淸)이라는 두 말에 모두 삼수변이 있는데, 이는 음양오행법에 의거하여 세심하게 만들어졌다는 것이다. 명 왕조의 의미는 "광명(光明)"이며, 황실의 성씨인 주(朱)는 "붉은 색"을 의미한다. 광(光)과 홍(紅)의 형상을 조합하면 바로 불(火)이며, 불은 금 왕조의 금(金)을 녹일 수 있다. 그래서 불길한 금 자를 없애야만 했다. 그러나 새로 만들어진 만주(滿洲)와 청(淸)에는 모두 삼수변이 있기 때문에 장래에 물이 명 왕조의 불을 끄는 길조(吉兆)를 예시하는 것이다.[16]

---

14) 蕭一山, 제1권, p. 49. 캘리포니아 대학교 로스앤젤레스(UCLA) 천꽌성(陳觀勝) 교수는 저자에게 만주(滿洲)의 어원은 산스크리트어인 Mañjusri(문수[文殊])에서 유래한 것으로 그 의미는 "묘길상(妙吉祥)"이라고 일러주었다. 이 자료를 제공한 그에게 감사한다.

15) 稻葉岩吉(中譯本), 제18장, pp. 58-61.

16) 李方晨, 『中國近代史』(臺北, 1960), p. 16.

정치적 역정(歷程)도 왕조의 명칭을 바꾸게 한 또다른 동기를 제공했다. 누르하치는 1616년에 먼저 금이라는 칭호를 사용하여 여진족 각 부에게 강성했던 금나라에 대한 향수를 불러일으켜서, 12세기의 금과 같은 새로운 제국을 창건하려고 했다. 그러나 1630년대에 이르러 아바하이가 정권을 장악했을 때 이런 감정적 호소는 이미 다시는 아무런 역할도 하지 못했다. 수많은 한인들이 이미 그의 정권에 참여했으며, 새로운 정권의 목표는 명 왕조를 전복시키는 것인데 이를 위해서는 한인의 지원이 필요하여, 그들의 민감한 신경을 건드리는 것을 피해야 했다. 금을 왕조의 명칭으로 하는 것은 이 목표를 달성하는 데에 아무런 도움이 되지 않았는데, 그 이유는 한인은 금이라는 글자를 보면 옛날 금나라가 그들의 국가를 침입하여 살인과 방화 및 약탈을 저지른 역사를 떠올리기 때문이었다. 사람들의 혐오를 받는 이런 의미를 없애기 위해서 아바하이는 금을 "순결"을 의미하는 "청(淸)"으로 고쳤다. 이 두 글자는 발음은 비슷하지만 의미는 완전히 달랐다("금"은 중국어 발음으로 "진"이고 "청"은 "칭"이기 때문에 얼핏 듣기에 발음이 비슷하다/역주). 게다가 청(淸)과 한(漢)의 글자 모양이 비슷했기 때문에 한인들에게 더욱 쉽게 받아들여졌다.

또 하나의 설은 역사적 사실에 의거한 것이다. 즉, 금나라는 중국의 북부만 정복했을 뿐 전체 중국을 정복하지 못했기 때문에, 야심 찬 아바하이는 일부분만 정복했던 이 같은 업적에 만족할 수 없어서 새로운 왕조 명칭으로 시작하기로 결심했다는 것이다. 아바하이는 공개적으로 황제라고 칭하고 새로운 왕조 명칭을 채택함으로써 명 왕조를 전복시키려는 의도를 분명히 했다. 그러나 그는 먼저 조선의 국왕에게 압력을 행사하여 명 조정과의 관계를 단절하고 청 조정의 종주권을 수용하게 했다. 그리고 조선과 몽골 사무를 관장하기 위해서 그는 1638년에 이번원을 설립했다.

**베이징 점령**  아바하이는 화북 침략을 준비했다. 1640년 그는 강대한 군대를 거느리고 진저우를 공격했다. 명 조정은 진저우를 보위하기 위해서 홍청처우(洪承疇)를 계요총독(薊遼總督)에 임명했으며, 우산꾸이(吳三桂)를 위시한 8명의 총병이 13만 군대를 집결시켜 이 성을 지원하도록 했다. 아바하이는 완강하게 저항하던 명 군사 5만여 명을 섬멸시켰다. 이리하여 1642년, 진저우 성은 함락되었고, 홍청처우는 포로가 되었다. 그는 후한 대접을 받게 되자 즉시 청 조정에 투항했다. 아바하이는 이때 만리장성의 요새인 산하이꽌까지 영토를 확장했다. 그러나 그는 이곳에 주둔하고 있는 명군의 대병력과의 직접적인 대치를 피하는 방법을 선택했다. 반면, 그는 만주 북부로 방향을 돌려 1643년 헤이룽 강 유역 전체를 청 조정의 통치하에 두었다. 바로 이때 그는 병으로 사망했는데 향년 51세였다. 6세인 아홉 번째 아들 복림(福臨, 1638-1661)이 제위를 계승하게 되었으며, 누르하치의 조카 지얼하랑(濟爾哈郎)과 열네 번째 아들 도르곤(多爾袞)이 섭정했다.

명 조정은 만주인의 핍박을 받았을 뿐만 아니라 심각한 내부반란에도 시달렸다. 도르곤은 일찍이 일부 반란자들과 접촉하려고 했지만 그의 계획이 성숙되기 전에 "촹왕(闖王)"이라고 칭하는 도적 떼의 수령인 리쯔청(1605?-1645)이 1644년 4월 하순에 신속하게 베이징으로 밀고 들어왔다. 랴오둥 총병 겸 산하이꽌 대군통사(山海關大軍統師) 우산꾸이는 명 황제의 명을 받아 회군하여 황실을 구하려고 했으나, 베이징은 우산꾸이가 도착하기 전에 함락되었다. 반군 수령 리쯔청이 4월 25일 베이징에 진입하자, 명 황제는 자금성(紫禁城)이 내다보이는 징산에서 자결했다. 반군은 우산꾸이의 아버지를 포로로 잡은 후, 다시 베이징에서 아들에게 귀순할 것을 촉구했다. 반군과 만주인 사이에 끼이게 된 우산꾸이는 만주인에게 동맹을 요청하기로 결정했다.

도르곤은 이미 산하이꽌 부근에 주둔하여 중국 사태의 발전양상을 관찰하고 있었는데, 우산꾸이의 요청은 그를 기쁘게 했다. 만주군이 산하이꽌 성문으로 물밀듯이 밀려오자 우산꾸이는 관문에서 친히 도르곤을 영접했다. 청군이 베이징으로 진격하자, 리쯔청은 궁전의 일부와 베이징 성 구문(九門)의 탑루(塔樓)를 불살라버렸다. 1644년 6월 4일, 그가 청군이 접근하기 전에 서쪽으로 도주하자, 청군은 6월 6일 베이징에 입성했다.

한족의 지지와 신임을 얻기 위해서 도르곤은 명 조정의 황제와 황후를 위해서 성대하게 장례를 치러주었고, 아울러 동란 중에 목숨을 잃은 명 조정의 관료들을 칭송했다. 그는 만주인은 도적 떼를 타도하여 천하를 안정시키기 위해서 온 것이라고 공언하고, 우산꾸이와 몇몇 만주 장군이 통솔하는 군대를 보내어 리쯔청을 추격했다. 리쯔청은 1645년 6-7월경 사망했는데, 전해지는 바에 의하면 그는 후베이 성에서 식량을 약탈하러 나갔다가 촌민들에게 살해되었다고 한다. 또다른 반란군 수령이자 잔인하고 살인을 일삼은 것으로 유명한 장시엔중은 1647년 쓰촨에서 청군에 의해서 살해되었다. 이로써 약 20년간 계속된 리쯔청과 장시엔중의 반란은 마침내 진압되었다.

만주인들은 그들이 중국에 들어온 것은 명 황제의 원수를 갚고, 폭력을 제거하고 백성을 구하기 위해서라고 공언했으나, 사실 그들의 동기가 결코 그렇게 숭고한 것이 아닌 것은 분명했다. 만주인들은 자신들이 베이징을 점령한 사실을 교묘하게 변명하기를, 그들은 반군으로부터 이 성(베이징)을 해방시킨 것이지, 명 조정 통치자의 손에서 강탈한 것이 아니라고 했다. 1644년 10월, 청 조정은 선양에서 베이징으로 천도했는데, 이것은 바로 새로운 왕조(이 왕조는 1911년까지 지속되었음)의 시작을 의미했다. 청나라의 첫 번째 황제는 복림인데, 군주의 이름을 부르지 않는 관례에 따라서 연호를 따서 순치(順治)라고 칭했다. 정무대권은 섭정왕 도르곤의 손에 쥐어졌고, 그는 국정방침을 결정하고 미완의 중국 정복사업을 주도했다.


## 남명의 항청 운동

비록 만주인이 베이징에서 나라를 건립하기는 했으나, 중국 남부 지역은 여전히 명 왕조에 충성하는 사람들의 수중에 있었다. 1645년, 이들 대명유신(大明遺臣)들은 명 왕조의 남도(南都)인 난징에서 복왕(福王)을 황제로 옹립하여 저항을 계속했다. 그러나 복왕은 아둔한 군주였다. 그는 정사(政事)

는 등한시한 채 오직 향락만을 추구했다.

그 외에 몇 차례의 산발적인 저항운동이 명 왕조의 기업(基業)을 이어나갔다. 대명유신 중 일부는 사오싱에서 새로운 황제로 노왕(魯王)을 세웠으며, 다른 일부는 푸젠에서 당왕(唐王)을 옹립했다. 이 두 명의 왕은 숙질관계였으나, 물과 기름처럼 상극이었다. 그리하여 결국 이 두 사람은 모두 청군에 패배했다. 뒤이어 또다른 명 왕조 유신들은 광저우에서 당왕의 동생(이른바 신[新]당왕)을 황제로 옹립했다. 그러나 그의 통치는 고작 40일밖에 지속되지 못했다(1646). 이런 항청(抗淸) 운동들이 실패하면서, 만력제(萬曆帝, 1573-1619)의 손자 계왕(桂王)이 이끄는 비교적 안정적인 신정권이 광둥 성의 자오칭에서 출범했다. 1648년, 계왕은 남부와 서남부의 7개 성을 성공적으로 되찾았다. 그러나 만주족과 협력한 한인들의 맹공 아래 이 운동도 결국 실패로 돌아갔다. 앞서 언급한 몇 차례의 저항운동이 빠른 속도로 실패를 거듭하는 동안, 대명충신 정성공(1624-1662)은 연해 지역에서 이후 오랜 기간 지속된 항청 투쟁을 조직했다.

정성공은 국성야(國姓爺)로도 불렸는데, 그의 아버지 정지룡(鄭芝龍)은 한때 당왕의 지지자였고, 어머니는 일본 다가와(田川) 가문 출신이었다. 당왕은 젊은 정성공의 재능을 높이 평가하여 1645년 그에게 주(朱) 씨 성을 하사했다. 이후 그는 국성야라는 이름으로 사방에 알려졌고, 네덜란드 사람들은 이 발음 때문에 그를 "코싱가(Koxinga)"라고 불렀다. 당왕은 그를 황실 종친으로 대했고, 1646년 초에 그를 백작(伯爵)과 항청 "초토대장군(招討大將軍)"에 봉했다. 황제의 은혜에 보답하기 위해서 국성야는 평생토록 명 왕조에 충성할 것을 맹세했다. 그러나 1646년 후반, 그의 아버지가 청 조정에 투항함으로써 청군은 지름길로 당왕을 공격할 수 있게 되었다. 국성야는 아버지의 행동을 증오하며 계왕에게 충성을 다할 것을 선언했다. 그는 수천명의 부하를 결집하여 샤먼과 진먼을 공략하여 이를 저항운동의 근거지로 삼았다. 1655년 초에 그는 군정기구를 완비하고, 푸젠에서 소속부대를 72진(鎭)으로 나누었으며, 6관(六官)을 두어서 국사를 나누어 맡아보게 했으며,

휘하의 총병력은 10만-17만 명에 달했다. 국성야는 많은 명 왕조의 사대부들을 비호했으며, 아울러 대외무역에도 종사하여 항청 활동에 필요한 자금을 마련했다.

1658-1659년에 국성야는 해로를 거쳐 저장과 장쑤를 공격하여 요충지인 전장을 점령했다. 그는 본래 양저우를 공략함으로써 청군의 보급선을 차단할 수도 있었으나, 부장의 건의를 듣지 않고 난징 쪽으로 진격하기로 결정했다. 그는 1659년 9월 패전했는데, 이 당시 휘하 500척의 선박이 불타버렸다. 그는 부득이 샤먼으로 철수하여 재정비할 시간을 가지지 않을 수 없었다. 이때 그는 샤먼과 진먼이 작전기지로 삼기에는 너무 협소하다는 것을 알아차렸다. 그리하여 그는 당시 네덜란드인에게 점령된 타이완, 즉 포르모자(Formosa : 포르투갈어로 "아름답다"는 뜻)(포르투갈 선원이 타이완을 발견하고 "아름다운 섬"이라는 뜻으로 붙인 이름이다/역주)에 희망을 걸었다. 1661년, 국성야는 900척의 선박과 2만5,000명의 군사를 거느리고 타이완에 전면적인 공격을 가하여 네덜란드 수비군을 굴복시켰다. 1662년 2월 1일, 국성야는 네덜란드 총독 프레데릭 코예트와 조약을 체결하여 네덜란드인의 타이완 통치를 종식시켰다. 국성야는 타이완을 새로운 기지로 삼아 청군과의 장기전을 준비했다. 청 조정은 정말 그에 대해서 속수무책이었다. 할 수 있는 것은 단지 그의 아버지와 형제를 죽이고(1661), 해안으로부터 30-50리 안에 있는 주민들에게 내륙으로 이주하라는 명령을 내리고(1662), 내륙의 어선과 상선이 바다에 나가는 것을 금지함으로써 국성야에 대한 자원 공급을 차단하는 것이었다. 국성야는 이때 대명유신 중 남아 있는 유일한 희망이었으나, 1662년 6월 23일 갑자기 사망했다. 나이는 겨우 38세였다. 소문에 의하면 그는 말라리아로 사망했다고 하지만, 자살했을 가능성도 있다. 항청 대업은 아들 정경(鄭經)이 계승했으나, 투지는 이미 이전만 못했으며 내분도 끊이지 않고 계속되었다. 1683년, 청군은 타이완을 정복하여 1년 후에 푸젠성의 한 부(府)로 편입시켰다. 이 최후의 대명유신 집단이 실패함에 따라서, 청 조정은 중국 전역에 대한 정복을 완료했다.

## 왕조의 공고화와 영예

**순치제 시대, 1644-1661년**  순치제는 1644년 10월 30일 겨우 6세의 나이로 중국의 황제가 되었다. 정부대권은 도르곤의 손에 쥐어졌고, 그는 애정 어린 "숙부섭정왕(叔父攝政王)"이라는 칭호를 가지게 되었다. 1645년에 도르곤은 추가로 "황숙부섭정왕(皇叔父攝政王)"에 봉해졌으며, 1648년에서 1649년쯤에는 또다시 존귀한 "황부섭정왕(皇父攝政王)"에 봉해지기까지 하여 그 위엄과 명망은 대단했다. 도르곤은 국가의 최대 권력자였으며, 그의 말은 곧 법이었다. 모든 중대한 정책결정은 그가 내렸으며 심지어 옥새조차도 그의 관저에 보관되어 있었다. 황제에게 주접(奏摺)[17]을 올리는 사람은 반드시 부본(副本)을 도르곤에게 올려 회답을 기다려야 했다. 지위가 대단했기 때문에 그는 황제를 배알할 때 고두례(叩頭禮)를 행할 필요가 없었다.

도르곤의 신왕조에 대한 공헌은 의심할 여지가 없다. 그의 지휘하에서 청 군은 산시(陝西), 허난, 산둥 등의 여러 성들을 점령했으며, 1645년에는 또 다시 장난, 장시, 후베이, 저장의 일부분을 점령했고 1646년에는 쓰촨과 푸젠을 점령했다. 내정 방면에서 그는 명 왕조의 관료체계와 조치를 대부분 계승했고, 한족 관리들이 청 정부에 들어와서 관직을 맡는 것을 환영했으며, 심지어 명 왕조의 복식을 착용하는 것도 허락했다. 그는 독일 국적의 예수회 전도사 아담 샬 폰 벨이 천문대 감정(監正)이라는 관직을 계속 맡도록 했다. 그러나 도르곤의 다음과 같은 두 가지 지령은 한족을 크게 분노하게 했다. 하나는 강제로 한인들에게 만주인의 풍속대로 변발을 하게 한 것이었고, 다른 하나는 한인의 양전(良田)에 경계선을 긋고 점거하여 만주 귀족대신 및 기인들에게 상으로 준 것이었다.

도르곤은 젊은 나이에 출세하여 높은 지위에 올랐으나, 사실 이것이 그의 앞길을 해치는 결과를 초래했다. 아마도 그는 더 이상 올라갈 수 있는 관작

---

17) 신하가 황제에게 올리는 보고서.

이 없는 상황을 견디지 못하고 향락에 탐닉하기 시작했던 것 같다. 1650년 말, 그는 사냥을 하던 도중 만리장성 부근의 컬라 성(喀喇城)에서 갑자기 사망했는데, 향년 39세였다.

순치제는 1651년 친정(親政)을 시작하면서, 도르곤이 수립한 정책 즉 한족을 등용하여 내정 사무 처리를 돕도록 하는 정책을 계속 추진해나갔다. 그는 전심전력으로 한문을 연구하고 익혀서, 만문(滿文) 번역 없이도 한문 주접을 읽고 이해할 수 있었다. 그는 일조편법(一條鞭法)[18]을 계속 실행하고 아울러 통계제도를 개선하여 부정부패를 감소시켰고, 불법행위는 엄격한 징벌을 받게 했다. 한인 사대부들의 비밀 저항운동을 근절시키기 위해서, 그는 모든 시사(詩社)와 문회(文會) 등의 단체[會社] 활동을 금지했다. 기구 면에서 그는 일부 관직을 신설했는데, 그중 아문에는 종인부가 설치되었으며, 관직에는 내각학사(內閣學士), 한림원장원학사(翰林院掌院學士) 및 한림원시독학사(翰林院侍讀學士), 시강학사(侍講學士), 시독(侍讀) 및 시강(侍講) 등이 신설되었다. 1653년 내무부(內務府)를 폐지하고, 궁내에 환관[太監]이 관장하는 13개의 아문을 설치하여 이를 대체함으로써 환관들은 이 젊은 황제에게 상당히 큰 영향력을 발휘했다. 황제가 비록 그들에게 정치에 간여하지 말 것을 경고했으나 그들을 조정사무에서 완전히 멀어지게 하는 것은 불가능했다. 그리하여 1660년, 13개 아문은 또다시 폐지되었다. 그러나 순치제의 통치는 매우 짧았는데, 그가 1661년 천연두에 걸려 사망했기 때문이다.


**강희제 시대, 1662-1722년** 순치제가 사망한 이후, 제위는 그의 셋째 아들 현엽(玄燁)이 계승했다. 그는 당시 겨우 8세였고, 연호를 강희(康熙)라고 했다. 그가 황제의 자리를 계승하도록 선출된 주된 이유는 이미 천연두를 앓았으므로 요절하지 않을 가능성이 더욱 컸기 때문이었다. 그가 어린 나이로

---

18) 모든 세수를 일정한 액수로 고정시켰기 때문에 이런 명칭이 붙었다. 자세한 내용은 제3장을 참조하라.

48

즉위했을 당시 4명의 섭정대신을 지정했는데, 즉 소니(索尼), 수커사하(蘇克薩哈), 어삐룽(遏必隆), 오보이(鰲拜)였다. 오보이가 가장 독단적으로 권력을 휘둘렀기 때문에, 비록 어린아이에 불과했던 강희제였지만 그의 행동에 불만을 품었다. 1667년 강희제는 13세에 친정을 시작하자, 황후의 외삼촌 소어투(索額圖)의 도움을 얻어 30개 항목의 대죄를 들어 오보이를 구금했다. 강희제는 이 사건에서 담력과 기지와 결단을 보였는데, 이는 이후 61년 동안 그의 통치의 기본특징이었다.

강희제는 정력이 매우 왕성했으며, 매일 빈틈없이 짜인 일과를 수행해나 갔다. 그는 동트기 전에 일어나 스승[帝師]의 유가경전 강의를 듣고 난 후, 새벽 5시에 매일 열리는 조회(朝會)를 주관했다. 그러나 1682년 10월 21일 이후부터는 황궁 부근에 거주하지 않는 대신들을 고려해서, 조회 시간을 하절기에는 7시, 동절기에는 8시로 바꾸었다. 조회에서 강희제는 먼저 각 부(部) 및 원(院) 대신들의 주접을 받아 그들과 함께 관련 문제들을 토의했다. 이어서 그는 중요하고 긴급한 국사를 조목별로 적어 올린 내각대신들을 만났다. 그후, 내무부 총관대학사(內務部總管大學士)가 와서 궁정업무와 관련된 황제의 어지(御旨)를 청했다. 마지막으로 그는 지방관리나 외국 사절을 친히 불러 접견했다. 조회가 끝난 후, 강희제는 통정사사(通政使司)를 통해서 올려진 하급관원들의 주접을 읽고 처리했는데, 이 관원들은 친히 황상을 배알할 수 없었다. 남는 시간에 강희제는 스승이 행하는 경전 강론을 듣고, 태후에게 문안인사를 드리고, 서예를 익히거나 시문을 지었다. 그리고 궁중에서 일하는 예수회 전도사들과 함께 서양식 과학과 수학을 연구하고 익히기도 했다. 이리하여 강희제는 자정 이전에 잠자리에 들어본 적이 별로 없었다.

군주로서 강희제는 이상적인 모델에 가까웠다. 그는 총명하며 현명했고, 이해력이 탁월했으며, 사람을 대할 때 관대했고, 근면 성실했으며, 신중하고 정직했으며, 성실하게 정사에 임했다. 그는 항상 자신을 훈계하기를, "일을 처리함에 신중하지 않으면 사해에 근심을 남기게 되며, 한시라도 신중하지 않으면 수백 수천 대에 이르는 후환을 남기게 된다"고 했다. 그의 통치의 전형적인 상징은 신중한 공무(公務) 처리와 궁중에서의 근면과 검소였다. 강희제의 통치하에서, 매우 불안정하던 만주의 통치는 안정과 번영의 국면으로 나아갔다.

내정 면에서 강희제는 칭송할 만한 몇 가지 큰일을 했다. 그는 민생의 고달픔을 잘 이해하여, 이전에 마구 자행되었던 권지(圈地)정책을 폐지했다. 권지정책이란, 황폐한 토지를 한인의 양전과 임의로 바꿀 수 있도록 허락해준 정책이다. 그는 황허 강과 화이허 강의 수재(水災)에 관심을 가져, 여러 차례 그곳의 제방공사를 시찰했다. 그는 장쑤와 저장 지역을 여섯 차례 순시했으며, 북쪽 변경은 네 번, 산시(山西) 성에 있는 우타이산 역시 네 번 순시했다. 이 순시들은 모두 그가 지역의 민생을 파악하는 데에 큰 도움을 주었고, 중앙정부와 각 지방의 연결을 강화시켰다.

강희제는 신임하는 한족 출신인 가노(家奴)들을 조운(漕運), 염도(鹽道), 직조(織造), 혹은 안찰사(按察使)로 임명하여 각 지방에 파견했는데, 이는 자금과 곡물이 내무부 국고로 빠짐없이 들어오게 하고 기밀정보를 수집하기 위한 것이었다. 강희제는 그들에게 밀지를 내리고, 그들은 다시 황제에게 "비밀주접"을 올렸으며, 이 비밀주접에 황제는 붉은 글씨로 비주(批註)를 달았다. 이런 방법을 통해서 강희제는 일련의 개인 직속기구와 정보망을 구축했다.[19]

자신의 인자함을 보여주기 위해서 강희제는 여러 차례 세금을 탕감했다. 그는 집권한 후 44년 동안(1662-1705) 9,000만 냥(兩)의 세금을 감면해주었고, 1712년 한 해에만 3,300만 냥의 조세를 면제해주었다. 강희제는 1712년에 유명한 유지를 내렸다. 즉 "해당 연도의 『전량책(錢粮册)』에 기록된 가구별 인원수를 증감하지 않고 영원히 고정시켜 그후에 증가된 인원에 대해서는 더 이상 징세를 하지 않는다"는 것이었다. 강희제는 공정하고 엄격한 사

---

19) Spence, pp. 14-16, 222-240.

법조치의 시행을 통해서 정부 내부의 부패행위를 제거했고, 과거시험에서 발생하는 부정행위를 엄벌에 처했다.

강희제는 학문을 적극적으로 장려한 황제였다. 전하는 바에 의하면, 그는 중국의 고전전적과 철학저서에 매우 정통했다고 한다. 1679년 박학홍사 특과(博學鴻詞特科)를 개설하여, 50명의 박식한 학자들을 채용하여 『명사(明史)』를 편찬했다. 이 학자들은 한림원에서 많은 봉록을 받았기 때문에 일반 과거시험을 통해서 공명(功名)을 얻은 사대부들에게 질투를 받았다. 그래서 사대부들은 이 50명의 행운아들을 "야한림(野翰林)"이라고 불렀다. 강희제의 남서방(南書房)에는 여러 문인학사, 유명한 서화가들이 모였고, 그는 때때로 저명한 학자들과 재사(才士)들을 위해서 연회를 베풀어 석상에서 그들과 함께 자유로이 술을 마시면서 시문을 지었다.

강희제의 학문 장려로 인해서 불후의 거작(巨作)들이 탄생했다. 그중 가장 유명한 것으로는 『강희자전(康熙字典)』, 『패문운부(佩文韻府)』, 『주자전서(朱子全書)』와 5,020권으로 이루어진 백과전서 『고금도서집성(古今圖書集成)』 등이 있다. 많은 저작에는 모두 황제의 친필서언이 있기 때문에 이 책들은 영향력이 크고 권위가 있는 "흠정판본(欽定板本)"이라는 표지(標識)를 얻었다. 그러나 대부분의 서언은 강희제가 거느리고 있던 박학한 한족 출신의 학자들이 대필한 것이 분명했다.

학문을 사랑하는 것으로 널리 인정받는 이 황제는 예술과 과학에도 광범위한 흥미를 가졌다. 그는 대량의 서화(書畵) 명품을 수집했고, 그의 전용 가마에서 오늘날 값을 매길 수 없을 정도로 귀중한 정교한 자기(瓷器)를 수없이 제조해냈다. 중국과 유럽의 많은 예술가들이 궁중에서 봉직했는데, 전해지는 말에 의하면 예술적 재능을 가진 수많은 예수회 선교사들이 "여의관(如意館)"에서 지냈고, 그들은 황제를 위해서 그림을 그리고 조각을 했다고 한다. 강희제는 선교사들로부터 수학을 배웠는데, 그의 숭배자들은 그가 수학에 조예가 깊었다고 한다. 강희제는 학습에 심취하여 책을 손에서 놓지 않을 정도였다고 전하지만 그의 학업성취의 정도는 아마도 과장된 것 같다.

사람들은 그의 "주접의 비주"[20]가 매우 유치하고 필체도 평범함을 발견했다.[21] 궁중에서 30년간 봉직했고, 1718년에 강희제를 위해서 중국 지도를 제작한 적이 있는 마테오 리파 신부는 그의 회고록에서 황제를 이렇게 평가했다. 즉, "이 황제는 음악과 수학에 정통했다고 자부심을 가졌는데, 사실 과학 및 기타 학문을 좋아했지만 음악에 대해서는 아는 바가 없었고 수학은 조금 아는 정도였을 뿐이다"[22]라는 것이었다. 그러나 여하튼 강희제는 관심 분야도 매우 넓고 지모도 갖춘 군주였다. 그는 학문과 지식을 선정(善政)의 기초로 삼았고, 백성의 행복을 국가안정의 근본으로 보았다. 그는 시종일관 이 두 가지 표준을 참조하여 자기 자신과 그의 통치를 점검했다. 어느 저명한 청대 사학가는 강희제 61년간의 통치의 특징을 다음과 같이 훌륭하게 개괄했는데, 즉 "근정(勤政), 애민(愛民), 학문숭상[崇正學]"[23]이라는 것이다. 강희제는 확실히 중국 역사상 가장 위대하고 가장 칭송받을 만한 황제 중 한 사람이다. 어떤 이는 그를 루이 14세나 표트르 대제와 비견하기도 했다.

군사정벌 면에서 강희제는 선대 황제들이 이루지 못한 사업을 완성했고, 몽골 왕조 이래 가장 방대한 판도를 가진 중화제국의 기초를 마련했다. 그의 가장 큰 성과는 삼번의 난을 진압한 것이었다. 청 왕조가 중국을 정복하는 과정에서 항복한 많은 한인들의 도움을 받았다는 사실을 우리는 모두 알고 있다. 우산꾸이는 산하이꽌의 문을 열고 도르곤을 맞이했고, 그후 그는 만주인을 위해서 동정서벌(東征西伐)했으며, 또한 계왕을 버마로 내쫓아서 청 조정은 그에 대한 포상으로 그를 추가로 평서왕(平西王)에 봉하여 윈난 지역에 주둔하게 했다. 상커시(尚可喜)와 껑지마오(耿繼茂)는 원래 명나라의 랴오둥 주둔 군대의 통수(統帥)였으나, 만주에 투항하여 각각 광둥을 관할하

---

20) 주사필(朱砂筆)로 주접의 여백과 행간에 쓰는 평어.

21) Jonathan Spence, "The Seven Ages of K'ang-hsi(1654-1722)", *The Journal of Asian Studies*, XXVI : 2 : 206(Feb. 1967).

22) Matteo Ripa, *Memoirs of Father Ripa, during Thirteen Years′ Residence at the Court of Peking in the Service of the Emperor of China*, tr. from the Italian by Fortunato Prandi(London, 1855). p. 63.

23) 蕭一山, 『清代史』(重慶, 1945), p. 64.

는 평남왕(平南王)과 푸젠을 관할하는 정남왕(靖南王)에 봉해졌다. 이 세 사람이 이른바 삼번이다. 우산꾸이는 10만여 명의 군대를 통솔했고, 나머지 두 사람도 각각 약 2만여 명의 군대를 통솔했다. 1667년 이전에 삼번의 군사비용은 매년 약 2,000만 냥으로, 이는 청 조정의 총지출의 절반 이상을 차지하는 액수였지만 동시에 그들은 각자의 관할 지역에서 완전히 자기 멋대로 행동했다.

삼번(三藩)은 청 조정에게 목구멍에 걸린 생선가시와 같은 존재였지만 순치제가 부득불 그들을 용인할 수밖에 없었던 이유는 신왕조로서 내전을 감당할 여건이 아니었기 때문이다. 그러나 강희제 집권 시에 청 왕조는 이미 상당히 안정되었으므로, 번을 폐지하고 삼번왕의 병권을 박탈하기로 결정했다.

이에 우산꾸이는 1673년 12월 28일에 공개적으로 반란을 일으켜 천하도초토병마대원수(天下都招討兵馬大元帥)라고 자칭하고, 신왕조인 주(周) 왕조의 건립을 선포했다. 그는 다시 명 왕조의 복장과 두발로 바꾸고, 군대는 백기를 달고 병사들은 흰색 군복을 입을 것을 명령했으며,[24] 반청 복명을 선포했다. 다른 두 번의 왕들도 합류하여 청 조정은 거의 전복될 뻔했다. 만주 기인들은 그들을 물리칠 방법이 없었기 때문에, 강희제는 한인 장군 몇 명을 기용했다. 8년간의 고전을 겪고 난 1681년에 이르러서야 삼번의 난이 평정되었다. 2년 후 국성야의 손자[25]가 통치하던 타이완도 수복하여 푸젠성의 한 부(府)가 되었다.

내전에서 벗어나자마자 강희제는 바로 서북부에 있는 오이라트[厄魯特]몽골인과 동북부에 있는 러시아인들이 야기한 두 가지 난제에 직면하게 되었다. 오이라트인과 러시아인들이 반청 동맹을 결성할 가능성이 매우 큰 것 같았으므로, 이 두 난제는 서로 관련된 문제였다. 러시아인들은 이미 시베리아를 정복하고 헤이룽 강에 이르렀으며, 1640년대에서 1650년대 중엽에 이

---

24) 백색은 장례를 치르는 데에 사용하는 색깔인데, 백색 옷을 입은 것은 아마도 명 왕조의 멸망을 애도하기 위해서였을 것이다.
25) 쩡커솽(鄭克塽).

르러 시베리아에서 온 코사크인(Cossack)은 이미 끊임없이 헤이룽 강 지역을 침범하고 있었는데, 1666년에 그들은 알바진 성을 구축하여 전초기지로 삼아 만주인의 옛 영토에까지 위협을 가했다. 이와 거의 같은 시기인 1670년대에 오이라트인의 일족인 준갈[准葛爾] 부족 서부 몽골인 갈단(葛爾丹, 1644?- 1697)이 왕권을 장악하여 중앙 아시애[中亞] 제국의 건립을 도모했다. 갈단 은 1679년 동(東)투르키스탄을 정복하고 1687년에는 외몽골을 침입하고 이 어서 칼카족[喀爾喀人 : 동부 몽골인]을 무찌르고 케룰렌 강까지 진출했다. 이리하여 오이라트인과 러시아인들의 연맹은 불가피한 상황인 것 같았다.

이런 사태를 방지하기 위해서 강희제의 전략은 우선 알바진에서 러시아인 을 무찌르고 회유적인 성격을 띤 조약을 맺는 것이었다. 1685년, 그는 장군 펑춘(彭春)을 보내어 알바진을 공격하여 그곳을 초토화시켰다. 이듬해에 러 시아는 증원군을 보내어 새로운 요새를 구축했다. 청 조정은 정벌군을 파견 하여 알바진을 포위하고 있던 중 페도르 A. 골로빈이 인솔하는 러시아 외교 사절단이 이미 출발했다는 소식을 듣자, 강희제는 러시아인의 호감을 사기 위해서 포위망을 풀고 이 사절단과의 협상을 준비했다.

이 협상의 결과가 바로 1689년의 네르친스크 조약 체결이었다. 이것은 중 국이 서양 국가와 체결한 최초의 협정이었다. 이 조약에서 러시아는 알바진 에 있는 요새를 철거하고 그곳에 거주하는 러시아인들을 철수시키는 것에 동의했고, 중국 측은 국경문제로 논란이 되고 있던 일부 영토를 할양해주고 일부 무역특권도 러시아에 부여하는 것에 동의했다. 이런 외교적 교환을 통 해서 강희제는 러시아가 청과 갈단과의 전쟁에서 중립을 지키리라 믿게 되어 비교적 안심했다. 결국 1696년 강희제는 차오모드에서 갈단을 무찔렀다. 다 음 해에 오이라트 부족의 지도자인 갈단이 세상을 떠나자, 강희제는 청 왕조 의 통치를 외몽골과 하미까지 확장함으로써 1750년대에 이르러 그의 손자인 건륭제가 동투르키스탄을 완전히 정복할 수 있도록 길을 닦아놓았다.26)

---

26) 강희제의 갈단과의 전쟁과 초기 중-러 관계에 대해서는 제5장을 자세히 보라.

그러나 갈단의 죽음이 결코 오이라트 문제를 철저하게 해결하지는 못했다. 그의 조카인 처왕아랍단(策旺阿拉布丹)이 점차 득세하여, 18세기 초에 이르러 청 왕조에 새로운 위협이 되었다. 처왕아랍단은 1630년에 러시아에서 이주해온 투얼바터[土爾扈特] 부족의 영주인 아위치(阿玉斎)의 딸과 결혼했다. 이 결혼으로 인해서 처왕과 아위치는 합세하여 청 왕조에 대항할 가능성이 있었다. 이 가능성을 근절하고 아울러 청조와 투얼바터 부족의 연결을 강화하기 위해서, 더 나아가 투얼바터 부족을 중국에 귀순하도록 권유하기 위해서, 강희제는 1712년에 아위치에게 외교사절단을 보냈다. 툴리센(圖理琛)은 이 사절단을 이끌고 시베리아를 지나 1714년에 볼가 강에 도착했다. 툴리센은 아위치를 알현하고 이번 사절의 목적을 대체적으로 달성했다. 그는 귀국 후 『이역록(異域錄)』이라는 기행문을 썼는데 이것은 아마도 청 왕조 시대에 중국인이 러시아의 실제 상황을 기록한 최초의 저작일 것이다.

내정과 외교에서 강희제는 확실히 위대한 업적을 이루었다. 그는 안정되고 효율적인 일련의 행정체제를 수립했으며, 학술을 장려하고 삼번의 난을 평정하고 타이완의 저항운동을 진압하고 러시아와 외교관계를 맺고, 갈단이 이끄는 오이라트 부족을 격파했다. 초창기의 불안정을 극복하고 휘황찬란한 시대를 맞이한 왕조는 제국의 위상을 갖추었다. 1722년 강희제는 아주 훌륭한 군주로서 통치를 마감했다.

**옹정제 시대, 1721−1735년** 옹정제(雍正帝)는 45세에 제위에 올랐다. 그의 성격은 엄숙하고, 의심이 많고, 질투심이 강했지만 매우 유능하고 정력적이었는데, 그의 이런 성격은 통치에 뚜렷하게 나타났다. 옹정제는 아버지인 강희제의 통치가 지나치게 관대하다고 생각했는데, 특히 그의 말년에는 더욱 그랬다고 생각했다. 그래서 그는 등극하자마자 권력을 자신의 수중으로 집중시켰다. 그는 종실의 여러 왕들이 봉지를 받고 번으로 부르게 해달라는 요구를 기각했을 뿐만 아니라 나아가 그들의 병권마저 박탈했다. 청 초기의 황제들은 오직 만주족의 상삼기(上三旗, 정황기[正黃旗], 양황기[鑲黃旗], 정백기[正

白旗])만 직접 장악했지만 옹정제는 팔기 모두를 자기 수중에서 관장했다.

옹정제는 성실하게 모든 행정관리 사무를 관장했고, 매일 수많은 주접을 처리했으며, 밤늦게까지 국가대사를 고민했다. 그는 아마도 청 제국에서 가장 근면한 황제였을 것이며, 관리 및 통제에 대해서는 매우 엄격하고 독단적이었다. 즉 법 집행은 엄격하고 냉혹했으며, 지방관원이 직무에 충실한지 감시하기 위해서 각 지방으로 밀정을 파견했다. 은밀한 반항을 방지하기 위해서 사대부들의 붕당 활동을 단호히 금지했는데, 1725년 옹정제는 「붕당론(朋黨論)」이라는 글을 직접 작성하여 대담하게 붕당 활동을 하는 사대부들에게 경고했다. 옹정제는 인두세와 토지세를 하나로 통합했다. 옹정제는 또한 관리에게 "양렴금(養廉金)"을 수여하는 제도를 확립했지만, 동시에 관리들이 세금을 과다하게 징수하고 뇌물을 받는 범법행위를 엄격히 금지했는데, 이런 행위가 일단 발각되면 가차없이 엄벌에 처했다. 사회적으로, 옹정제는 평등주의 조치를 시행하여 걸인, 세습 노비, 단민(蜑民 : 강 혹은 바닷가에서 수상 생활하는 사람들/역주)등 차별받는 천민들을 평민으로 그 지위를 승격시켜주었다.

제도 면에서 옹정제는 두 가지 새로운 제도를 창안했다. 하나는 타인이 황위 계승절차를 함부로 고치는 것을 막기 위해서 황태자를 비밀리에 세우는 제도를 제정한 것이다. 황위 계승자의 이름을 비밀상자에 넣어 건청궁(乾淸宮) 대전 앞에 걸려있는 큰 편액(扁額) 뒤에 숨겨두는 것이었다. 황제 붕어 시에 계승자의 진위를 확인하기 위해서 황태자를 세우는 밀지 부본을 마련하여 다른 안전한 장소에 두었다. 이런 조치는 청대 말년까지 시행되었다. 또 하나의 제도는 1729년 오이라트 부족을 정벌하는 기간에 황제 유지(諭旨) 작성과 군정대계에 관한 정책결정을 돕기 위해서 군기처를 설립한 것이다. 군기처는 처음에는 세 명의 구성원이 언제든지 황제의 질문에 응답하기 위해서 궁중에서 근무했다. 이렇게 빈틈없이 짜인 소집단은 신속한 결정을 내릴 수 있었고 신속하게 자문에 응할 수 있었으며 고도로 비밀을 유지할 수 있었다. 뛰어난 효율로 인해서 군기처는 전쟁이 끝난 후에도 계속 유지되었다. 군기처는 내각대학사의 직권을 빼앗았기 때문에 대학사의 권력은 단지 일상사무를 처리하는 수준으로 낮추어졌다.[27]

군사와 외교업무는 강희제 때와 비교하여 별로 큰 변화는 없었는데, 즉 오이라트 부족과 러시아인들로부터 오는 이중의 위협은 여전히 존재했다. 러시아와의 네르친스크 조약은 시베리아와 외몽골 사이의 국경을 정하지 못했으며, 한편으로는 오이라트 부족의 지도자인 처왕아랍단과 러시아인 간의 교류로 인해서 청은 그들 사이의 음모를 다시금 근심하게 되었다. 옹정제는 부친이 취한 정책, 즉 몽골과 러시아를 이간시키는 정책을 계승했으며 새로운 협정을 통해서 러시아와의 모든 현안 문제해결을 서둘렀다. 그래서 체결한 1727년의 캬흐타 조약은 중국이 몽골과 시베리아 사이의 명확한 국경선을 확보하게 했으며, 한편 러시아는 상(上)이르티시 강과 사얀 산맥 사이에 위치한 바이칼 호 이남 및 서남의 4만 제곱마일에 달하는 영토를 획득하게 되었다. 그 외에 러시아는 또 몇 가지 무역 특권을 획득했고, 베이징에 교회를 설립할 수 있는 허가를 받았다.

러시아 문제 해결 이후 옹정제는 오이라트 정벌을 감행했다. 그러나 이 기간에 러시아 측이 몽골인의 국경 침략행위를 규탄하는 각서를 보내왔다. 즉 몽골 비적단은 끊임없이 말, 낙타, 양, 소를 약탈했다는 내용이었다. 옹정제는 중국과 러시아의 관계가 파괴되는 것을 원하지 않았고 또한 러시아가 중립을 유지하기를 희망했기 때문에 1729년 시랑 투어스(托時)가 인솔하는 사절단을 러시아에 파견했는데, 이것은 서양 국가에 파견한 첫 공식사절단이었다. 사절단의 공식적인 사명은 황제 표트르 2세의 대관을 축하하는 것이었다. 그러나 투어스는 러시아 도착 후에 표트르 2세가 이미 죽고 신임 군주는 표트르 대제의 질녀인 안나 이바노브나인 사실을 알게 되었다. 만주 사절단은 새로운 신임장을 받기 위해서 베이징으로 돌아왔다가 1731년에 다시

---

27) Alfred K. L. Ho, "The Grand Council in the Ch'ing Dynasty", *The Far Eastern Quarterly*, XI : 2 : 167-182(Feb. 1952). 또한 Silas Hsiu-liang Wu, "The Memorial System of the Ch'ing Dynasty(1644-1911)", *Harvard Journal of Asiatic Studies*, 27 : 30(1967)을 보라. 군기처에 대한 더욱 자세한 논의는 본서 pp. 70-73을 보라.

러시아로 출발했다. 그는 만일 오이라트 부족이 중국의 토벌로 인해서 러시아 국경 안으로 도망가면, 러시아 정부는 그 부족의 영주 및 왕공귀족 등을 중국에 인도해주고, 그 부족민들을 억류하며, 그들이 중국에 들어와서 소란을 피우는 것을 단속해주고 중국은 그 보상으로 오이라트 부(部)를 점령하여 얻은 영토 일부를 러시아에 할양하겠다고 러시아 궁정에 제의했다. 러시아 정부는 승낙하지 않고 단지 만일 문제가 생기면 다시 인도에 관한 문제를 논의하겠다고만 언급했다. 비록 이번 사명은 별 구체적 성과를 얻지는 못했지만 진상이 곧 명확하게 드러났는데, 그때 마침 러시아는 폴란드 왕위계승 전쟁에 휘말려 있어서 오이라트 부를 원조할 의사가 전혀 없었다. 오이라트 부족 정벌에 파견된 청군은 처음에는 처왕아랍단의 아들인 갈단처링(葛爾丹策零)에게 패배했지만, 청군은 1732년 에르데네트 전쟁에서 승리함으로써 중국의 위엄과 명망을 크게 손상시키지 않는 강화조약을 맺게 되었다.

옹정제는 자주 사람들로부터 지나치게 독재적이고 전제적이라는 비난을 받았는데 특히 문자옥을 크게 일으킨 것 때문이었다. 뤼류량(呂留良)이 연루된 유명한 문자옥 사건이 있었는데, 그는 만주인을 배척하는 책을 써서 중국인은 오랑캐(만주인)와 다르다는 것을 선전했다는 혐의로 고발당했다. 뤼류량은 "능지처참"이라는 극형에 처해졌고, 그의 아들과 많은 제자들은 참수형을 당했다. 옹정제는 심지어 친히 논설문[28]을 씀으로써 만청의 중국 통치를 변호했고 한인에게 종족반란을 부추김으로써 야기될 위험을 경고했다.

강희제 시대의 특징이 관용과 너그러움과 느슨함이었다면 옹정제 시대의 특징은 엄격한 통제와 엄벌과 고도의 효율성이었다. 그의 이런 치국의 방법은 그가 가장 신임하는 대학사 겸 군기대신(軍機大臣)인 어얼타이(鄂爾泰)의 태도에 반영되었는데, 그는 고집스럽고 독단적인 것으로 유명했다. 참으로 옹정제 본인도 관용과 엄격함을 함께 사용하는 것이 선정(善政)의 요결이라고 공언했지만 그의 뜻은 결코 너그러움과 엄격함을 조화시켜서 중용을

---

28) 「대의각미록(大義覺迷錄)」.

추구하는 것이 아니었다. 그와는 반대로 시기와 상황을 관찰하여 너그러워야 할 때에는 너그럽고 엄격해야 할 때에는 엄격해야 하며, 양자를 조화시키는 것은 결코 아무런 이득이 없고 결국 너그러움과 엄격함을 "적절하게" 사용해야 한다는 것이었다.

옹정제는 확실히 법치(法治)를 숭상한 정치가로 볼 수 있는데, 그의 통치하에서 군주의 전제가 절정에 이르렀으며 모든 국가권력은 그의 수중에 집중되었다. 그의 정권은 어떤 때에는 잔혹하고 독재적이며 독단적인 것으로 묘사되는데, 이는 강희제 시대와는 완전히 상반되지만 이런 상반된 통치는 상호보완 작용을 하여 두 시대의 장점을 더욱 부각시킴으로써 그들 이후에도 만청의 훌륭한 통치가 이어지게 할 수 있었다.


**건륭제 시대, 1736-1795년** 옹정제가 세상을 떠난 후에 그의 넷째 아들인 홍력(弘曆)이 황제의 지위를 계승했는데 연호는 건륭이다. 그는 어릴 적에 조부인 강희제의 총애를 많이 받았으며 조부를 본받겠다고 결심했다. 성격에 대해서 말하면 이 두 사람은 서로 아주 비슷했는데, 두 사람 모두 솔직하고 명랑하며 상당히 너그러웠다. 1735년 후반기에 건륭제가 25세의 나이로 등극했을 때 그는 가능한 한 자기 할아버지처럼 오랫동안 재위하기를 바라지만 자기 할아버지가 재위했던 61년은 넘지 않기를 바란다고 하늘에 기도했다.

건륭제는 제왕이 되기에 훌륭한 자질을 가지고 있었다. 왜냐하면 그가 왕자였을 때 이미 완벽한 군왕으로서의 역할에 대한 훈련을 받았기 때문이다. 그는 10세 6개월 때 강희제의 명령으로 상서방(上書房 : 청대 황제의 자손들이 독서하던 곳)에 들어갔는데, 그곳에서 10명의 한족 스승과 5명의 만주족 스승이 전심전력을 다하여 그에게 유가의 윤리와 만주의 병술(兵術)을 전수했다. 강의 시간은 새벽부터 정오나 오후까지 계속되었는데 경전, 역사, 문학, 철학, 궁중의 예절, 효도, 예법 등의 연구가 포함되어 있었으며 이후에는 치국술이 첨가되었다. 그리고 별도로 그는 말 타기와 활 쏘기를 연습했다. 건륭제는 역사를 매우 좋아했고 특히 편년사(編年史)를 즐겨 읽었다. 왜냐하면 이런 서적들은 역사상 매우 훌륭한 제왕들의 통치모범을 제공했기 때문이다. 그가 평생 동안 가장 좋아했던 통치자는 영민하고 용맹스럽기 이를 데 없는 황제인 당 태종(627-647)이었으며, 당 태종 통치시기의 혁혁한 무공(武功)과 물질적 번영과 태종 본인의 겸손함과 인자함은 이 젊은 왕자의 마음을 사로잡았다.29)

수업을 받는 동안 건륭제는 훌륭한 군주는 마땅히 "재능이 있는 자를 식별하고 현자를 등용하며 유능한 신하를 임용하는 능력"을 갖추어야 하며, 아울러 "그들의 지혜를 충분히 활용하여 국정을 보좌하게 할 수 있어야 한다"는 것을 인식하게 되었다. 또 편애하지 말고 붕당의 알력과 환관의 권력독점을 막고 귀천을 가리지 않고 현자를 등용해야 하며 지혜로운 자를 스승으로 받들며, 작위를 주고 상을 내리는 데에 인색해서는 안 된다는 것을 배웠다.30)

그래서 건륭제는 등극할 때 이미 군왕의 통치술에 완전히 정통해 있었다. 그는 일을 할 때 진지하고 책임감이 있었지만 약간 자만심이 있었다. 그의 부친이 강희제 시대는 너무나 너그럽고 느슨했다고 생각한 것처럼 건륭은 자기 부친의 통치는 지나치게 엄격하고 가혹했다고 생각해서 자기는 중용의 방법을 지향하겠다고 공언했다. 그의 통치 초기에는 어얼타이(1680-1745)와 장팅위(張廷玉, 1672-1755) 등과 같은 일부 노련한 대신들이 보좌했다. 선왕(先王)이 시작한 사업이 그의 시대에 꽃피고 열매를 맺게 되어 나라가 평온하고 백성들이 평안을 누리게 되었고, 오곡이 풍성하게 열려 곡식창고가 가득 찼다. 그리하여 왕조는 유례가 없을 정도의 번영과 풍요로운 모습을 보여주게 되었다.

1745년 어얼타이가 세상을 떠나고 4년 후에 장팅위가 사직한 후에 건륭제는 친히 정사를 관장하기 시작했다. 그는 조부가 하던 대로 전국을 순행했다.

---

29) Harold L. Kahn, "Some Mid-Ch'ing Views of the Monarchy", *The Journal of Asian Studies*, XXIV : 2 : 230-231(Feb. 1965).

30) Harold L. Kahn, "The Education or a Prince : The Emperor Learns His Roles" in Albert Feuerwerker, Rhoads Murphey, and Mary C. Wright(eds.), *Approaches to Modern Chinese History*(Berkeley, 1967). pp. 15-44.

남방으로 순행을 6차례 했는데 명의상으로는 치수공사를 시찰하는 것이었지만 사실은 남방의 풍요로움과 번화함을 누리기 위해서였다. 그리고 동쪽으로 4차례 유람했고 서쪽으로 5차례 유람했으며 산둥 성의 공부(孔府 : 공자의 자손들이 대대로 살아온 장원/역주)를 여러 차례 참배했다. 이르는 곳마다 황제의 어가를 영접하는 정교하고 성대한 의식이 마련되었기 때문에 온통 사치스럽고 화려한 분위기였다.

건륭제는 스스로를 문학의 최고의 비호자라고 생각했다. 그는 강희제 시대의 제도에 따라서 박학홍사 특과를 시행하여 은둔하여 살고 있는 이름난 유학자들을 불러서 정치에 참여하게 했다. 그 자신의 문학과 예술상의 업적은 그다지 두드러지지 않았지만 그는 4만3,000수의 시(詩)와 사(詞)를 지었다고 스스로 자랑했는데, 진위를 따지지 않는다면 확실히 상당히 많은 양이다. 그중 일부는 의심할 여지없이 그의 수하에 있는 한인 학사들의 도움으로 완성된 것이다. 그 이외에 건륭제는 역사가 오래된 우수한 서화작품에 시를 짓고 간단한 글을 쓰거나 도장을 찍는 것을 좋아했는데 이는 사람들에게 그의 안목에 의문을 가지게 했다. 그가 한 폭의 족자에 54개의 간단한 글을 빽빽하게 쓰고 다른 한 폭의 족자에는 13개의 도장을 찍을 때 그는 이와 같은 행동에 대한 예술계의 반응을 전혀 고려하지 않았다.[31] 그러나 어쨌든 건륭제는 예술에 대해서 매우 큰 흥미를 보였으며 수많은 회화와 서예, 도자기와 우수한 경태람(景泰藍 : 명나라 대종[代宗], 즉 경태제[景泰帝] 때 만든, 에나멜 페인트 같은 푸른색 물감/역주) 공예품을 소장했다. 그의 도자기 가마는 세계에서 가장 정교하고 아름다운 몇몇 도자기와 경태람 공예품들을 구워냈으며, 그 조형도안은 유럽풍의 영향을 받았음을 때때로 나타냈는데, 그 이유는 수많은 선교사들이 중국의 궁정 예술가들에게 서양 회화를 전수해주어 이런 성과들로 건륭제를 기쁘게 해주었기 때문이었다. 예를 들면 미셸 브누아스트는 1747년에 서양식 분수(噴水)를 건조했고 카스틸리오네는 베이징

---

31) Kahn, "The Education of a Prince", pp. 30-31.

성 서북쪽 약 5마일 지점에 있는 원명원(圓明園)에 이탈리아식 건물 몇 개를 설계했다.

건륭제가 발기한 최대의 문자도서 사업은 『사고전서(四庫全書)』를 편찬한 것이었다. 이 책은 모두 3만6,000여 권으로서 경(經), 사(史), 자(子), 집(集)의 4부로 분류되어 있다. 오직 이 대형 문고를 위해서 편집하고 인쇄한 『총목제요(總目提要)』만으로도 대단한 학술상의 작업인데 이는 1만230권의 도서에 대한 간단명료한 평론을 모아놓은 것이다. 『사고전서』는 모두 7부를 필사하여 전국 각지에 나누어서 보관했다.

건륭제가 각종 문자도서 편찬사업을 발기한 것은 어느 정도 정치적 동기에 의해서 추진된 것으로서, 이 사업들은 글로 쓰인 모든 것을 효과적으로 통제하고 만주인을 겨냥한 반청의 성격을 띤 자료들을 철저히 제거하기 위한 것이었다. 의문과 이단의 관점이 보이면 즉각 제재를 가했으며 저자의 이름을 별도의 문건에 기록해두었다. 군기처의 보고기록에 의하면 1774-1782년 사이에 모두 24번에 걸쳐 "금서(禁書)"를 소각한 사건이 발생했으며 소각된 도서는 538종 1만3,862권에 이르렀다고 한다. 많은 사람들은 건륭제의 분서(焚書)는 기원전 213년 진시황(秦始皇)이 분서를 한 이후 최대의 재난이라고 생각했다. 확실히 건륭제 시기에는 학술에 대한 통제로 인해서 60여 차례의 문자옥이 발생했다.

건륭제의 군사상의 공적은 대단히 뛰어났다. 그는 청 초기부터 줄곧 청 왕조를 괴롭혀왔던 오이라트 부 문제를 단번에 완전히 해결했다. 사실상 오이라트 부를 격파할 자신이 만만했기 때문에 러시아의 간섭 여부에 대해서는 전혀 상관하지 않았다. 1759년 동투르키스탄 전역이 평정된 후 군사적인 점령을 실시하여 이리(伊犁)에 이리 등의 지역을 총체적으로 관장하는 장군을 두어서 톈산 남북로를 관할하게 했다. 그리고 중요 요충지에 대규모의 군대 및 군사책임자들과 판사대신(辦事大臣) 및 협판대신(協辦大臣)을 파견하여 주둔시켰다. 1768년에는 서역으로 불리던 이 지역을 신장으로 개명했다. 중국의 통치를 중앙 아시아의 심장부인 타림 분지까지 뻗치게 한 건륭제의 혁혁한 공적으로 인해서 청 왕조는 한, 당, 원과 같은 위대한 왕조의 반열에 오르게 되었다.

신장 지역을 정복한 이외에도 건륭제는 일부 소규모 군사정벌에서도 대단한 성공을 거두었다. 그는 자신이 이룬 업적에 대해서 대단한 자부심을 가졌고, 1792년 이런 업적들을 자랑하는『십전기(十全記)』라는 한 편의 글을 지었다.『십전기』에는 베이장에서 두 차례에 걸쳐 준갈 부를 평정한 것(1755, 1756-1757)과 난장에서 한 차례 위구르 부를 평정한 것(1758-1759), 두 차례에 걸쳐 진촨의 반역자들을 섬멸한 것(1747-1749, 1771-1776), 타이완의 반란을 진압한 것(1787-1788), 버마를 항복시킨 것(1766-1770), 베트남을 정복한 것(1788-1789) 그리고 두 차례에 걸쳐 구르카족의 항복을 받은 것이 기록되어 있다. 만일 이 사건들을 정확하게 평가하면 우리가 알아야 할 것은 어떤 기준에서 보든 간에 신장을 정복한 것만이 거대한 군사적 업적이며 그 이외에『십전기』에 열거되어 있는 기타의 승리들은 오직 일련의 치안 유지의 성격을 띤 행동이거나 국지적인 전투에 불과하므로 특별히 찬양할 만한 것이 못 된다는 것이다. 그러나 건륭제가 이런 기록을 편찬하고 자신을 "십전노인(十全老人)"이라고 부른 행위 자체는 그의 득이양양함과 자랑하기를 몹시 좋아하는 그의 성격을 잘 나타낸다.

확실히 건륭제에게는 자부심을 가질 만하고 사람들이 그의 은덕을 칭송할 만한 점이 있었다. 그는 북쪽의 외몽골로부터 남쪽의 광둥 성까지, 동쪽의 대해변(大海邊)에서 서쪽의 중앙 아시아에까지 이르는 대제국을 통치했다. 제국 내부는 모두 안녕과 번영을 누리고 있었고 또 무수한 주변 국가들이 와서 조공을 바쳤다. 제국의 동쪽 및 동남쪽과 중앙 아시아의 수십 개 국가들이 그들에 대한 중국의 종주권을 인정했다. 즉 이들은 동북쪽의 조선에서부터 남쪽의 베트남, 버마, 시암(태국의 옛 이름/역주) 그리고 서남쪽의 부탄, 네팔과 구르카의 여러 부와 중앙 아시아의 일부 한국(汗國)들, 예를 들면 코칸드, 부하라, 부루트, 바다크샨, 아프카니스탄, 하사크까지였다. 건륭제는 자부심을 가지고 이 방대한 제국을 다스렸는데 이 제국의 판도는 한 왕조와 당 왕조를 훨씬 더 능가했으며 13세기의 몽골 제국 다음으로 방대했다. 건륭제 시대는 청 왕조 역사상 그리고 중국 역사상의 황금시대였다.

그러나 바로 이 왕조가 최성기에 이르렀을 때 결정적인 청조 멸망의 요소들이 나타났다. 건륭제의 노쇠함과 판단력의 감퇴는 왕조의 쇠퇴와 매우 큰 관계가 있다. 건륭제는 65세 때 나이가 겨우 25세이며 용모가 뛰어난 어전시위(御前侍衛)인 허선(和珅, 1750-1799)을 특별히 총애했다. 1년 사이에 허선은 잇달아 승진하여 호부시랑(戶部侍郎)이 되었고 2개월 후에는 군기대신으로 승진했으며 또 1개월 후에는 더욱 승진하여 내무부 대신이 되었는데, 이런 직위들은 일반적으로 공훈이 가장 뛰어난 대신들이 맡는 직위였다. 1777년 겨우 27세의 나이인 허선은 자금성 내에서 말을 달릴 수 있는 보기 드문 특권을 부여받았는데, 이 특별한 영예는 일반적으로 연로하여 거동을 하지 못하는 최고의 공신에게 부여되는 것이었다. 이후에 그는 또 호부(戶部)와 공부(工部)를 장악함으로써 제국의 세수입을 좌지우지할 수 있었고 심복과 측근을 일부 요직과 부수입이 좋은 관직에 심어놓을 수 있었다. 1790년 허선의 아들이 건륭제의 막내딸을 맞아들임으로써 연로한 황제에 대한 그의 영향력은 한층 더 강화되었다. 황제의 은총을 받는 것을 배경으로 허선은 충분한 행동의 자유를 누렸다. 그는 공개적으로 뇌물을 받았으며 돈과 재물을 착복했다. 관계(官界)에 있는 그의 부하들은 그의 방법을 그대로 모방했으며, 군대를 거느리는 그의 동료들은 끊임없이 추가되는 군수품을 통하여 큰 이득을 보기 위해서 전혀 쓸데없이 작전을 지연시켰다.

건륭제 시대 말기는 참으로 망신스러웠다. 그는 비록 60년 동안 재위한 이후 1795년에 자리에서 물러났지만 여전히 태상황(太上皇)의 명의로 수렴청정(垂簾聽政)을 했으며, 1799년에 그가 세상을 떠난 후에야 비로소 아들인 가경제(嘉慶帝)가 허선을 처단할 수 있었다. 1775년 건륭제의 총애를 받기 시작한 후부터 1799년 세상을 떠나기까지 허선은 조정의 기강을 파괴하고 사람들이 도저히 믿기 어려울 정도의 거액의 재산을 축적했다. 몰수당한 그의 가산은 모두 8억 냥에 이르렀는데 이 액수는 대략 미국 화폐로 15억 달러에 해당했다.

허선의 행위는 마치 진한 남색 물감이 물에 녹는 것처럼 사방으로 확산되어, 수도에서든 외성(外省 : 지방)에서든, 문신(文臣)이건 무장(武將)이건, 관직의 고하를 막론하고 삽시간에 부정부패가 만연되었다. 기인들은 걷잡을 수 없이 방탕해졌고 신선놀음에 빠져 도끼자루 썩는 줄 모르는 격이 되어버려서 다시는 행군이나 전투의 임무를 전혀 맡을 수가 없게 되었다. 한군(漢軍)인 녹영병(綠營兵)들도 각종 부당한 조처의 괴롭힘을 받아 과거의 예리한 기개를 크게 상실하여 변방지역의 군사방어 임무[軍務]는 완전히 방치되어버렸다. 향락의 추구와 엄청난 낭비의 습성이 도덕의 타락과 왕조의 쇠퇴를 초래했다. 건륭제의 6회에 걸친 남순(南巡)은 최소한 2,000만 냥을 소비했으며 동쪽, 서쪽, 북쪽 등으로의 기타 여러 차례의 순행에 도대체 얼마만큼의 은량(銀兩)을 소비했는지는 아직도 알 수 없다. 그의 십전무공(十全武功)에 1억2,000만 냥의 대가가 지불되었는데, 그 당시의 평균 세수입은 약 4,000만 냥 정도였다. 이 거액의 지출과 사치와 호화로움을 추구하는 보편적인 풍조가 이후의 정부체계를 작동시키는 데에 거대한 재정적인 곤란을 남겨놓았다.

이리하여 건륭제의 시대가 막 종식되려고 할 때, 청 왕조는 쇠퇴의 길로 들어섰다. 예전의 휘황찬란한 번영은 표면상으로는 여전히 지속되었지만 이 표면 밑에서는 실질적인 강성함이 이미 상실되었다. 바로 이 중대한 시기에 서양인들이 대(對)중국 무역 및 외교의 대문을 열려는 노력을 강화함으로써 새로운 역사국면이 시작되었다.

# 3

# 정치와 경제체제

## 정치구조

청 왕조는 비록 이민족 왕조이지만 전통적 유가질서를 받아들이고 한족 지식인(土人)들을 관계(官界)로 불러들여 만주인과 함께 일을 하게 함으로써 왕권정치 내에서의 일종의 이원 종족체제(二元種族體制)를 이룩했다. 정부는 근본적으로 일종의 전제체제로서 서양에서 의미하는 바의 권력분립은 존재하지 않았으며 행정, 입법, 사법 면에서 황제는 절대적인 통치자였다. 황제는 국가를 통치하며 재상직(宰相職)을 두지 않았기 때문에 정말 "짐이 바로 국가"라고 부를 수 있을 정도였다. 이런 고도의 집권(集權)으로 인해서, 황제에게는 제국 내에 있는 다른 어떤 사람들보다 더욱 많은 것이 요구되었다. 강희제는 일찍이 "신하는 벼슬할 수 있으면 벼슬하고, 그만둘 수 있으면 그만둔다. 연로하면 사직하고 고향으로 돌아가서 자식과 손자들과 만년을 함께 보내며 유유자적할 수 있다. 그런데 군주된 자는 평생 동안 부지런히 일을 해야 하며 휴식하는 일이 없다"고 말한 적이 있다. 청 왕조의 전제주의는 명 왕조를 계승했으며 대다수의 정치체제와 통치방식도 이어받았다. 오직 일부 특수한 경우와 필요에 의한 경우에만 약간 보충을 했을 뿐이다.

**황제와 귀족**  등급제도의 정상에 있는 황제는 과거의 통치자들에게서는 매우 드물게 보이는 진지한 태도로 정사를 직접 처리했다. 황제는 제국 내의 각 지방으로부터 오는, 매일 50-60개에서 100개에 이르는 모든 주접을 읽고서 주사필로 매 주접의 가장자리나 행간에 비주를 달았다. 행정권자로서 황제는 모든 국정방침을 결정하고 관직을 임명하며 작위를 수여하고 관리의 승진과 강등을 인가하며 봉록과 상을 내리고, 군대를 통솔하고 외국과의 조약을 비준했다. 최고입법자로서 황제는 유지와 칙령(勅令)의 형식으로 법률을 반포하고 시행하며 법률을 취소하고 수정했다. 사법적인 면에서 황제는 최고의 상소법정이었으며 사면과 집행유예의 은전(恩典)을 베풀었다. 확실히 전제군주제도는 청조에 와서 최고조에 이르렀다.

황제는 종교의 지도자로서 칙명으로 달라이 라마와 도교의 천사(天師)와 공부(孔府)의 연성공(衍聖公 : 공자의 직계 후손)을 봉했으며 천지(天地)와 공자[孔聖人]와 불교의 시조(석가모니) 등에게 제사를 지냈다. 자연재해는 천지의 진노의 표현으로 간주되었으며 이런 재난이 발생했을 때 황제는 하늘에 자기의 죄를 용서해달라고 기도해야 했다. 왜냐하면 그것이 천지가 진노하게 된 근원이라고 생각되었기 때문이다. 마지막으로 황제는 학술을 창도했는데, 그중 하나의 예를 들면 칙령을 내려 도서(圖書)와 유서(類書)를 편찬하고 반포, 시행함으로써 자신이 신민(臣民)의 정신적 지도자라는 것을 과시했다. 황제는 향시(鄕試)와 회시(會試)를 시행하라는 칙령을 내리고 전시(殿試)는 자신이 직접 주관했다. 그는 자주 직접 시험참가자들에게 질문을 했고 삼갑(三甲)의 등수를 결정했으며 어느 때에는 심지어 국자감(國子監)으로 거동하여 강의를 하는 일도 있었다. 모든 과거의 공명은 그의 이름으로 수여되었는데 이것이 바로 흠점(欽點)이다.

황제는 거의 무소불위(無所不爲)였으나 몇 가지 제한을 받기도 했다. 유가의 법도는 황제에게 덕을 닦고 선을 행하고 신하와 백성들이 필요로 하는 것에 관심을 가지도록 요구한다. 그뿐만 아니라 의식을 거행하는 경우 삼가 예의를 지키고 옛날 제도를 따르도록 하여 일반 백성들의 모범이 되도록 하고 있다. 황제는 전통습속에 위배되는 일을 할 수 없으며 신사(紳士)의 "여론"을 무시할 수 없었다. 긴급한 상황이 아니면 부모상을 당해서 사직한 관리를 도리에 맞지 않게 다시 불러들여 그에게 관직을 줄 수는 없었다. 6부 9경의 대신과 정사를 논할 때 황제는 도의상 그들의 간언을 받아들여야 했다. 황실의 일원으로서 황제는 제실(帝室)의 종법(宗法)을 어기거나 선조의 유훈을 준수하지 않을 수 없다. 이런 것들은 신성불가침의 것으로 간주된다. 이런 제한들을 황제가 무시하면 장차 간관(諫官)의 직간(直諫)을 초래하거나 궁중정변 혹은 심지어 반란을 유발시킨다. 맹자(孟子)의 견해에 의하면 민중은 반항할 권리가 있으며 반란은 바로 이런 관념의 필연적인 결과이고 또한 군주의 행위에 대한 가장 강력한 제재이기도 하다는 것이다. 만일 황제가 최고의 권력을 신중하고 진지하게 행사하고 동시에 또 상술한 각종 조건을 존중하면 자연히 대신들의 존경과 관민의 추앙을 받을 수 있으며, 아울러 그로 인해서 정정당당하게 자기는 천자(天子) 및 천인관계(天人關係)의 중개자의 신분으로 하늘을 대신하여 정도(正道)를 행한다고 선언할 수 있다.

청조 체제하에서의 귀족계층은 세 종류로 나뉘었는데, 즉 제실종친(帝室宗親)과 작위를 받은 귀족 그리고 기인(旗人)이다. 종친은 바로 누르하치 직계의 남성 후예이며 16세기 후기부터 19세기 말까지 전체 인원수가 약 700명이었다. 종친은 종인부의 통제를 받으며 종인부의 직책은 그들의 명적(名籍)을 보증하는 것이다. 종인부는 종친의 탄생에서부터 사망할 때까지에 대한 모든 기록을 관장하며 여기에는 혼인, 작록(爵祿), 상과 승진, 징벌, 파면이나 기타의 사항이 포함된다. 종인부도 학당을 개설하고 종친을 위해서 그들만을 위한 단독적인 과거시험[宗子試]을 실시하고 그들의 불법행위를 심리하며 그들의 활동에 대해서 전반적인 감독을 행한다. 황제는 종친에게 경작지와 저택과 매년 은량(銀糧)을 보조해준다. 그러나 종친은 어느 정도 격리되어 있어서 아마도 속지인(屬地人)들과 사귀는 것이 허락되지 않은 것 같으며, 또한 대학사나 혹은 이후에 생긴 군기대신 등의 요직에도 임명되지 않았다. 이런 규정은 17세기와 18세기에 엄격히 시행되었으며 예외는 극히 드물었다. 물론 청 왕조의 마지막 수십 년 동안에는 이런 제한이 비교적 느슨해졌다. 예를 들면 공친왕(恭親王)이 1853년에 군기대신에 취임한 것이다.

작위를 받은 귀족은 5등급으로 나뉘어졌는데, 즉 공(公), 후(侯), 백(伯), 자(子), 남(男)이다. 이 작위들은 대다수가 이런 특별한 영예를 누릴 만한 공훈을 세운 일부 문신과 무장들에게 하사되었다. 작위를 받은 귀족은 결코 하나의 계층을 형성하지는 못했으며 하나의 집단으로서 사회에 별다른 영향을 끼치지도 못했다.

세 번째 종류의 귀족은 기인으로, 그들도 황제로부터 우대를 받았으며 연봉과 목장(牧場)과 양식과 비단 등의 보조를 받았다. 그들의 체면과 특수한 지위를 보전하기 위해서 모든 기인들은 장사하는 것과 육체노동을 하는 것이 허락되지 않았다. 기인이 법을 어기면 일반관리가 심문하지 않고 팔기장군(八旗將軍)이 처리하게 되어 있었다. 대부분의 기인은 베이징과 베이징 교외 부근에 주둔하고 있었으며 그 나머지는 전국의 각지로 보내어져 수비의 직책을 맡았다.

**중앙정부 기구**　1729년 이전에 중앙정부의 가장 중요한 기구는 내각이었는데 명 왕조의 개국 황제는 1380년에 재상직을 폐지한 후 내각을 만들었다.[1] 청 왕조는 이 기구를 물려받아 4명의 대학사와 2명의 협판대학사(協辦大學士)를 지정하여 내각을 구성했는데 그중 절반은 만주인이고 절반은 한인이었다. 그들은 황제의 자문단을 구성했는데 이는 과거의 재상직과 매우 유사한 것이지만 이 6명 중에 정식 수반(首班)이 없었기 때문에 그들도 6부 아문과 각 성(省)의 총독(總督)과 순무(巡撫)에게 직접 명령을 내릴 수 없었으며 오직 황제만이 직접 명령을 내릴 수 있었다. 내각대학사는 황제의 유지와 칙령과 조서를 기초했으며 황제가 중대한 정책을 결정하는 데에 협조했다. 그들은 주접을 올리는 경로를 장악했고 아울러 주접을 황제에게 올리기 전에 그것에 대한 심사를 할 수 있었기 때문에 황제의 정책결정에 영향을 주는 권력

---

1) S. Y. Teng, "Ming T'ai-tsu's Destructive and Constructive Work", *Chinese Culture*, VIII : 3 : 20(Sept. 1967).

을 가지고 있었다. 별도로 그들은 직책이 권력의 중추에 근접해 있었기 때문에 매우 존경받았을 뿐만 아니라 제국 내에서 최고위관리로 간주되었다. 규정에 의하면 진사(進士)의 공명을 획득한 사람만이 대학사로 임명될 수 있으며 대학사의 임기는 제한이 없었는데, 그 이유는 단순히 그들에게 줄 만한 더 높은 직위가 없었기 때문이다. 대학사의 평균 임기는 8년 9개월이었지만 1644-1773년 사이에 한 대학사는 그 직책을 30년 이상 맡았으며, 또다른 24명은 재임기간이 10년이 넘었다.[2] 모든 내각대학사는 동시에 6부 혹은 기타 중요 아문의 수장(首長)의 직무를 맡았다.

내각은 강희제 시기에 약간의 권력을 상실했는데 그 당시 강희제는 점차 남서방(南書房)의 시신(侍臣)들을 신뢰하여 그들에게 유지와 칙령을 기초하게 했다. 1729년에 이르러 내각은 또 치명적인 타격을 입었는데, 즉 군기처가 창립된 것이다. 이 새 기구는 내각을 대체하여 황제의 가장 가까운 모신(謀臣)의 역할을 하는 기구가 되었을 뿐만 아니라 처음 내각에 부여되었던 대부분의 직능을 빼앗아버려서 내각은 겨우 몇 개의 일상업무만 처리하게 되었다. 그 이후 대학사는 일부 큰 공훈이 있는 문신에게 수여하는 존귀한 칭호가 되어버림으로써 다시는 정규적인 정사를 처리할 필요가 없게 되었다.

최근 학자들은 군기처의 기원에 대해서 깊이 있는 연구를 진행했는데 몇 개의 상이한 의견이 있었지만 다음 한 가지에 대해서는 모두 동의했다. 즉 군기처의 설립은 단번에 이루어진 것이 아니고 몇 년에 걸쳐서 점차적으로 진행되었다는 것이다. 일찍이 1726년 서북 오이라트 부족의 네 부(部) 중 하나인 준갈 부에 대해서 군사정벌을 준비할 때 군기처를 설립하는 결정을 내렸다. 그다음 해에 이친왕(怡親王, 윈샹[胤祥]. 옹정제 심복인 남동생), 내각 대학사인 장팅위와 장팅시(蔣廷錫)를 비밀리에 파견하여 군사 및 기타 관련 업무를 담당하게 했다. 관장 업무에 대한 보안유지 때문에 그들의 임명을 2년이 지난 후에야 공포했다. 그래서 비록 1732년이 되어서야 공식적인 관

---

2) Pao Chao Hsieh, *The Government of China*(1644-1911), (Baltimore, 1925), pp. 74-75.

인을 사용했지만 1729년을 군기처 성립 연도로 본다. 최근의 한 새로운 연구는 1730년에 군기처가 설립되었다는 유력한 증거를 제시했다. 이 연도들은 모두 엄격한 연구를 바탕으로 하고 있어서 이들의 존재는 다음과 같은 점을 밝혀주는데, 즉 서로 다른 각자의 관점에 따라서 1726년, 1727년, 1729년, 1730년 혹은 1732년 중 어느 하나든지 군기처 설립 연도로 볼 수 있다는 것이다. 이런 군기처 설립 연도에 대한 모호함은 다음과 같은 결론을 도출하게 한다. 즉, 군기처는 여러 해 동안의 비공식적이고 점차적인 진화과정을 거쳤으며 옹정제 시대 중기(1723-1735)에 정식 관아가 아직 설립되기 전에 사실상의 군기대신이 이미 직권을 행사하고 있었다는 것이다.

군기처를 설립한 이유 중 하나는 옹정제가 칙령을 기초하는 것을 도와주고 군사업무에 대해서 비밀리에 건의할 긴밀하게 조직된 참모진이 필요했기 때문이다. 또다른 하나는 권세가 대단한 친왕들을 배제하고 나아가 황제의 권력을 공고히 하고 업무효율을 높이기 위한 수단이었다. 그러므로 이 기구의 설립은 청조 전제제도 발전과정의 이정표로 볼 수 있다.

군기대신은 일반적으로 대학사, 육부상서, 시랑과 기타 이품(二品) 혹은 이품 이상의 문관 중에서 선발했다. 그러나 간혹 황제의 은총을 받아 사품(四品) 혹은 오품(五品) 관료를 군기대신에 기용하기도 했다. 최초에는 군기대신의 인원수가 3명이었으나 1745년에 10명으로 늘어났다. 그러나 평균 인원수는 5-6명으로 만인과 한인을 고루 기용했다. 관제상으로 볼 때 군기대신은 서로 평등하지만 실제로는 언제나 1명의 수장이 있었다. 이 수장은 초기에는 통상적으로 만주족 출신 대학사가 맡았으나 19세기 중엽 이후에는 일반적으로 만주족 종실 친왕이 맡았다. 군기대신은 관아가 궁 밖에 있는 내각대학사와 달리 황궁 내에서 근무했기 때문에 황제의 부름에 언제나 쉽게 응할 수 있었다. 그들은 매일 동이 트기 전, 일반적으로 새벽 3시에서 5시 사이에 업무를 시작하고 황제가 열람하고 주사필로 비주를 단 주접을 상세히 검토한 후에 오전 7시부터 9시 사이에 황제를 알현했는데, 1749년 이전에는 단독으로, 그 이후에는 단체로 알현했다. 이 2시간 동안 그들과 황제는 국사를 논의하고 황제가 아직 열람하지 않은 주접에 대한 건의사항을 제출하고 황제의 의사를 기억한 뒤 돌아가서 유지를 기초했는데, 이것이 "정기(廷寄)"이다. 1749년 이후, 정기를 기초하는 힘든 업무를 장경(章京)들이 맡게 되었다. 기초된 유지를 장경의 수장이 심사하고 군기대신에게 올려 더 세심하게 검토하게 하고, 그 뒤에 최후의 완성본을 황제에게 올려 결정하게 했다.

　군기대신은 황제가 신뢰하는 막료와 책사로서 적어도 하루 한 번 황제를 알현하고 군사, 국방, 재정, 세무, 외교 등 각 방면의 문제에 관해서 건의했으며, 또한 국정방침을 제안하고 관리의 임명과 면직에 관한 의견을 제시하고, 중요한 재판 심리에 참여하며, 황제의 특수사명을 집행하고, 때로는 전시의 일을 주관했다. 군기대신은 또한 황제를 위해서 주접과 군사업무 관련 자료를 열람하고, 그것을 황제에게 보고하고 보존하며, 칙령과 정기를 준비하고 황제가 무수한 각종 업무를 처리할 때 황제의 참모 측근 역할을 했다. 황제가 어디에 가든 군기대신들은 수행해야 했고, 설령 휴가, 사냥 혹은 순행 시에도 그들은 통상적으로 저녁 식사 후에 황제를 알현했다. 비록 그들의 권세는 막강했지만, 그들 역시 내각대학사처럼 6부 혹은 외성에 직접 명령을 내릴 권한은 없었다. 이런 권한은 황제에게만 있었다. 그들의 자리는 매우 특수했기 때문에 외성 총독 및 순무와의 사사로운 연락이 금지되었다. 원칙적으로, 친왕과 어전대신(御前大臣)은 군기처에 들어갈 수 없었는데 이것은 그들의 권력집중을 막기 위한 것이었다. 그러나 1853년 공친왕이 군기대신에 임명되면서 이 원칙은 파기되었다. 그후 청조 멸망 때까지 역대 최고 군기대신은 모두 만주족인 친왕이 맡았다.

　군기대신은 일반적으로 모두 겸직이었는데, 그들은 군기처가 아닌 원래 관직의 녹봉만을 받아서 군기처의 한해 지출은 겨우 1만500-1만1,000냥에 불과했다. 군기대신은 정해진 임기가 없었다. 동까오(董誥)는 군기대신으로서 39년(1779-1797, 1799-1812, 1814-1818) 동안 재임했다. 그러나 단 몇 개월만 재임한 사람도 있었다. 청 왕조 때 군기대신은 모두 145명이었는데, 만주족 72명, 한족 64명, 한군 기인 3명과 몽골인 6명이었다. 그 때문에 인원

수로 보면 만주족과 한족의 직위 배분이 매우 균등한 것 같지만 이것은 확실
히 청 조정이 한인을 무마하는 일종의 수단이었다. 그러나 인원수로는 권력
의 균형을 표시할 수 없으며 권력배분은 군기대신과 황제 간의 친밀도에 비
례한다. 이런 점의 증거로 황제는 일반적으로 한인보다는 만주인을 신임하
여 대부분의 특수하고 극비적인 사명은 만주인 군기대신에게 부여했다. 여
하튼 군기처의 한족 인원수는 그들이 중앙정부의 핵심부문에 참여할 기회를
많이 얻었음을 나타낸다고 할 수 있다.

　군기대신 아래에는 16명의 한인, 16명의 만인으로 구성된 32명의 장경이
있었다. 그들은 돌아가며 당직을 섰는데 반은 낮에, 반은 밤에 근무하며 일
상관리와 문서업무를 담당했다. 그들은 국가 중요 업무에 참여했기 때문에
소군기(小軍機)라고 불렸다. 확실히 청조 통치기에 34명의 장경이 군기대신
으로 승진했다. 만약 특별히 황제의 총애를 받는 경우 장경은 어떤 때는 군
기대신보다 더 큰 영향을 발휘할 수 있었다. 한 예로, 1898년 광서제(光緒
帝)는 유신론자 4명을 군기처 장경으로 임명하여 백일유신을 주도하게 했다.

　군기처가 가지고 있는 장점, 즉 업무처리가 효율적이고 신속하고 비밀을
요하는 결정을 내릴 수 있는 능력이 뛰어나고 황권을 향상시키고 황제와 지
방성들 간의 연계를 강화시키는 역할을 한 것으로 인해서 준갈 부의 반란을
평정하는 군사정벌을 끝낸 후에도 군기처는 여전히 존속되었다. 비록 건륭
제는 1735년 군기처를 한번 폐쇄한 적이 있지만 이듬해 다시 설립했으며,
그후에는 영구히 내각을 대체하여 중앙정부의 제일 중요한 기구가 되었다.[3]

　내각과 군기처 아래에는 6부가 있었으며, 그들은 중앙관리체제의 근간이

---

3) 傅宗懋, 『淸代軍機處組織及職掌之硏究』(臺北, 1967), pp. 121, 147ff, 166-167, 182-183,
　213-216, 239-242, 246, 263, 321, 336; 吳秀良, 「淸代軍機處建置的再探討」, 『故宮文獻』,
　臺北, 제2권 제4기, pp. 21-45(1971. 10); Alfred K. L. Ho, "The Grand Council in the
　Ch'ing Dynasty", *The Far Eastern Quarterly*. XI : 2 : 167-182(Feb. 1952); Pei Huang,
　"Aspects of Ch'ing Autocracy: An Institutional Study, 1644-1735", *Tsing Hua Journal of*
　*Chinese Studies*. New Series, VI. Nos. 1-2(December 1967), pp. 123-125, 132; Thomas A.
　Metzger, *The Internal Organization of Ch'ing Bureaucracy: Legal. Normative and*
　*Communication Aspects*(Cambridge, Mass., 1973), pp. 435-436.

되었다. 이 6부는 이부(吏部), 호부(戶部), 예부(禮部), 병부(兵部), 형부(刑部), 공부(工部)로 구성되어 있었다. 각 부에는 2명의 상서, 4명의 시랑이 있고, 만주인과 한인이 관직을 균등하게 나누어 맡았으며, 각 부에는 4개의 사(司)가 있었다. 그러나 호부와 형부는 예외로서, 호부는 14개 사, 형부는 18개의 사가 있었다. 사람들의 주목을 끄는 것은 중앙정부 내에 의외로 외교부가 없었다는 사실이다. 그 이유는 유가식의 천하통일제국은 전통적으로 서양에서 말하는 평등한 외교관계를 유지하지 않았고, 또한 번무(藩務 : 조공을 바치는 업무), 이무(夷務 : 외국인 업무), 상무(商務)를 제외한 대외업무를 모두 인정하지 않았기 때문이다.

6부 중 이부가 가장 중요했다. 내각대학사와 군기대신 외에는 관리의 임기는 보통 3년이었으며 임기가 끝날 때 한 차례의 형식적인 업무평가를 통해서 승진과 파면 및 강등을 결정했다. "회피법(回避法)"에 의하면 선발된 관리는 자신의 본적지에서 요직을 담당할 수 없었고, 게다가 개인적인 친분에 의한 임용과 붕당을 조직하여 개인적인 이익을 추구하는 것을 막기 위해서, 같은 일족 내의 두 사람은 같은 지역 혹은 같은 관아에서 함께 재직할 수 없었다. 이 규정들에는 어느 정도 예외적인 경우가 있었지만, 그렇게 많지는 않았다.4) 퇴직 연령은 1757년에는 55세, 1768년에는 65세로 높여졌으나, 엄격히 시행되지는 않았다.

호부는 이부 다음의 위치로, 2명의 상설상서(常設尚書)와 네 명의 시랑이 있었으며, 그 외에 특간 총리부무대신(特簡總理部務大臣)이 설치되어 있었는데, 통상적으로 만주인이 담당했지만 어떤 때에는 한인이 담당하기도 했다. 호부는 세수업무를 관장했는데 가장 중요한 단일 세금이 토지세였기 때문에 토지등기 업무도 처리해야 했다.

예부는 이름 그대로 예절과 의식을 관장하는 곳이었다. 예의(禮儀)에 궁중의식, 국가제전(國家祭典), 관복(官服), 혼례와 상례 등이 포함되어 있다

---

4) 예를 들면 리훙장은 1865년에 양강 총독으로 임명되어 장쑤 성, 장시 성, 안후이 성의 3성을 통할했는데, 안후이 성은 그의 출신지이다.

는 사실은 분명하지만, 그 이외에도 조공(朝貢) 업무와 교육 및 동시(童試), 향시, 회시 등 각종 과거시험의 관리까지 포함되어 있다는 사실은 아마도 매우 놀라운 일일 것이다. 과거에 급제한 지식인[士人]은 신사가 되어 특권 계층을 형성하게 되었고, 정부는 이 신사계층에서 관리를 선발했다.

병부는 군무와 무관의 임면 심사를 주관하지만 어전시위를 관할하지는 않았다. 8,646명의 어전시위관은 황제의 직접적인 통제를 받았다.

병부는 매우 흥미로운 특징을 한 가지 가지고 있었는데, 즉 관청의 통신연락을 장악하고 있었던 것이다. 이 부서는 전국 각처에 분포되어 있는 역참(驛站)의 관리들이 이용할 수 있도록 말을 사육하여 공급했다. 역졸(驛卒)은 베이징과 각 성을 왕복하면서 문서를 전달했다. 지방 성의 군정대관(軍政大官)들은 일정한 수량의 우부(郵符)를 발급받아 역졸을 동원하는 데에 사용했다. 전송하는 문서의 중요성에 따라서 역졸의 전달 속도를 규정했다. 가장 빠른 속도는 보통 하루 600리를 달리는 것이지만 어떤 때에는 800리를 요구할 때도 있었다. 그 외의 속도는 하루 500리에서 300리까지 일정하지 않았다. 일상적인 통신은 역졸이 도보로 하루 100리를 걸어 전달했다. 이렇게 하여 보통 공문은 난징에서 베이징까지(2,300리, 즉 766마일) 23일이 걸리고, 광저우에서 베이징까지는 56일이 걸렸다. 형부는 법률업무를 담당했는데, 형벌과 면책 그리고 재산몰수 등의 업무가 포함되었고, 아울러 도찰원(都察院)과 대리시(大理寺)와 함께 각 성의 얼사(臬司)가 올린 사형안건을 심의했다.

청대의 법리(法理)와 사법처리는 서양과는 현저한 차이가 있는데, 사법체제는 행정기구에서 독립되어 있지 않았고 단지 행정의 일부분일 뿐이었다. 사건을 심리하는 과정에서 정당한 법률적 절차나 변호사의 변호 등과 같은 것은 존재하지 않았다. 재판관은 종신직의 보호를 받지 못했다. 사건의 재판은 법에 근거한다기보다는 해당 사건의 도덕성에 의거했다고 볼 수 있다. 소송을 제기하는 자체가 좋지 못한 행위로 인식되었고, 그렇기 때문에 법정에 서는 것은 개인의 사회적 위엄과 명망에 심각한 타격을 주는 것이었다. 개인이 법에 호소하는 것은 모든 설득과 윤리적 호소로서도 소용이 없을 때

할 수 있는 최후의 수단이었다.

공부는 6부 가운데 가장 낮은 부서로서 공공건물의 건축, 건조, 수리를 관장하고 정부의 자산을 구매하고 판매하며, 베이징의 도로와 하수도를 정비했다. 강둑과 제방, 관개체계를 보수하는 것은 공부의 가장 중요한 업무였다.

내각, 군기처, 6부는 중앙정부의 중추기구이며, 그 이외에 또 중요한 "좌리(佐理)" 아문들이 있었다.

관리등급[官階]에서 보면 6부의 바로 다음이 이번원인데, 이 기관은 명대에서 계승된 것이 아니며, 또한 어떤 역사적 선례도 따른 바 없이 대략 1636년에 "몽골 아문(蒙古衙門)"이라는 명칭으로 세워진 것이다. 그러나 청조의 영토가 확장됨에 따라서 이 아문은 티베트와 신장 및 러시아 등과의 교류를 관장하게 되어, 건립된 지 2년 만에 이번원으로 명칭을 바꾸었다. 이번원은 승정(이후에 상서로 개칭됨) 1명과 좌우 참정(이후 좌우시랑으로 개칭됨) 각각 1명씩을 수장으로 두었고, 건륭제 연간에 정원 외에 시랑 1명을 더 늘렸는데 일반적으로 몽골 친왕이 이 직책을 맡았다. 이번원의 상서와 좌우시랑은 일반적으로 만주인이 맡았지만 건륭제 이전에는 간혹 몽골 기인이 담당하기도 했으며 건륭제 이후에는 전적으로 만주족이 맡았고, 한족이 이 직책을 맡은 적은 한번도 없었다. 청조 도찰원의 수뇌부는 좌도어사(左都御史) 2명과 좌부도어사(左副都御史) 4명으로 구성되었으며 관직은 일반적으로 만주족과 한족이 똑같이 나누어 맡았다. 우도어사(右都御史)와 우부도어사(右副都御史)의 직위는 일반적으로 각각 지방 성의 총독과 순무가 겸직했다. 6부에는 24명의 어사가 배치되고 외성에는 56명의 어사가 배치되었는데, 역시 만주족과 한족이 각각 나누어 담당했다.

어사는 언관(言官)이라고 불렸다. 그 이유는 필경 그들이 언론의 자유를 누리고 있었기 때문일 것인데, 즉 그들은 모든 사안을 황제에게 진언할 수 있는 권한을 가지고 있었고 황제의 눈과 귀가 되어[耳目官] 반역행위를 감찰하여 보고하는 임무를 맡고 있었다. 또한 모든 관료와 정책에 대하여 탄핵, 질책, 비평 혹은 포상할 수 있었으며, 그들의 의견은 그들이 적절하다고 보는 방법에 근거하여 혹은 공개적으로 발표를 하거나 비공개적으로 진언할 수 있었다. 어사의 직능은 관리의 직무 소홀을 감찰하는 것으로, 정책 자체를 평가하는 것은 아니었지만 그들은 정책의 집행을 주의 깊게 감시할 뿐만 아니라 언제나 책임자를 탄핵하거나 잘못을 지적할 수 있었기 때문에 사실상 현행정책의 수행과 새로운 정책의 수립에 대하여 영향력을 발휘했다. 어사는 자신을 유가예법의 수호자로 생각했지만, 때때로 황제에게 솔직한 간언과 항변을 함으로써 관직을 박탈당하거나 심지어 목숨을 잃기도 했다.

청조 중앙정부의 또다른 현저한 특징은 한림원을 둔 것이다. 한림원의 기능은 주로 문학 방면에 있는데, 한림원의 장원학사 2명(만주인과 한인 각 1명)은 황제에게 경서를 해설하거나, 학자를 추천해서 경서를 강의하게 했다. 장원학사는 황제를 위하여 칙명을 준비하고 경연(經筵)에서 발표해야 할 어론(御論)의 초고를 준비했고, 공자에게 제사 지내는 제전[祭孔典禮]에서 사회(司會)를 담당했다. 그들의 보조원으로 시독학사, 시강학사, 시독과 시강이 각각 6명이 있었는데, 만주인과 한인이 균등하게 나누어 담당했고, 그 외에 수찬(修撰)과 편수(編修)들도 있었다.

한림원은 아주 거대한 도서관을 보유하고 있었는데, 어서방(御書房)에는 각 도서의 복사본이 수장되어 있었으며, 또한 대량의 주접과 공문서가 보존되어 있었다. 한림원 내의 국사관(國事館)에서 각 황제에 대한 실록을 편찬했는데, 해당 황제가 붕어하고 나서야 공개했다. 그 이외에 국사관은 자료를 수집하여 황제와 황후, 귀족, 관리, 학자들의 전기를 저술하기 위한 소재를 준비했다. 그러나 청조 자체의 역사를 기록하지는 않았는데, 이것은 다음 왕조의 임무였다.

한림원의 한림은 회시에 급제한 진사만이 맡을 수 있었다. 한림원은 문재가 뛰어난 젊은 인재들이 모인 기구였다. 한림은 3년 임기 이내에 결원이 생기는 자리에 발탁되어 관계에서 승승장구하기를 기대할 수 있었으며, 한림으로서 10년 내에 최고관직에 오른 사례는 흔하게 볼 수 있다.

문서전달을 처리하는 데에 중요한 역할을 하는 두 기관이 있었다. 통정사는 지방 각 성에서 올라오는 "일상적인 주접(본장[本章])"을 받았을 뿐만 아니라 그에게는 본장을 개봉하여 역졸이 전달 시간을 지체하지 않았는지 확인하고, 또한 주접의 문장 격식과 사용된 어휘가 규범에 적합한지를 검사할 권한이 있었다. 또다른 기구인 주사처(奏事處)는 경성(京城)은 물론 지방의 각 성에서 정4품 이상의 문무관리가 올린 주접을 접수했다. 어떤 상황에서도 주사처는 주접을 개봉할 수 없었고, 단지 주접에 첨부된 문서를 개봉하여 발송인의 신분을 확인하고 주접을 올린 자가 황제에게 진언할 자격이 있는지를 확인했다. 위의 기준에 합당하면 주사처는 바로 주접을 주사태감(奏事太監)을 통하여 황제에게 올렸으며, 황제는 제일 먼저 주접을 개봉하여 읽었다. 황제는 늘 주접의 공란에 비주를 적었다. 황제는 때로는 군기대신에게 구두로 자신의 뜻을 전달했다. 이후 이 주접은 상주인(上奏人)에게 보내져서, 그가 황제의 어지를 배독한 후 다시 경성으로 보내졌다. 황제는 이런 방식을 통해서 나라의 사정을 파악할 수 있었다. 그러나 "본장"제도는 가경제 시대(1796-1820) 이후 점차 쓸모없어져 결국 1901년에 폐지되었으며, 5개월 후 통정사도 폐지되었다.

**지방행정** 중국의 지방행정은 몽골, 만주, 신장, 티베트[西藏], 칭하이 등의 특수 행정구역을 제외하고, 성(省), 도(道), 부(府), 현(縣)의 4급으로 나뉘어 있었다. 전국에는 18개 성,5) 92개 도, 177-185개 부, 약 1,500개의 현과 주가 있었다. 18개의 정규 성은 총독과 순무의 관리를 받았다(총독과 순무는 건륭조에 각각 8명과 15명이었지만, 각 왕조마다 인원에 차이가 있었다). 즈

---

5) 즈리 성, 산둥 성, 산시(山西) 성, 허난 성, 장쑤 성, 안후이 성, 장시 성, 저장 성, 푸젠 성, 후베이 성, 후난 성, 산시(陝西) 성, 간쑤 성, 쓰촨 성, 광둥 성, 광시 성, 윈난 성, 구이저우 성이다. 실제로 청조 초기에는 오직 15개 성만 있었다. 몇몇 성은 면적이 너무 크기 때문에 강희제(1662-1722)는 장난 성을 장쑤 성과 안후이 성으로, 산시(陝西) 성을 산시(陝西) 성과 간쑤 성으로, 후광 성을 후난 성과 후베이 성으로 나눔으로써 상술한 18성을 이루었다. 이후, 1884년과 1887년에 신장과 타이완이 각각 성이 되었지만, 타이완은 1885년에 일본에 할양되었다. 1907년에 만주는 3개 성으로 나뉘었는데, 즉 평톈 성, 지린 성과 헤이룽장 성이다. 이로서 청조 말에 성의 총수는 22개에 이르렀다.

리와 쓰촨에서는 총독 1명이 성 1개를 관리하고, 다른 여섯 명의 총독은 성 2개 혹은 3개를 총괄하여 관리했다.6) 15명의 순무는 각각 한 개의 성을 관할하고, 그 외에 즈리와 쓰촨, 간쑤 3성은 총독이 순무의 직을 수행했다. 총독과 순무의 품계는 각각 정2품과 종2품이었다.

베이징의 조정은 만주족과 한족을 성의 총독과 순무의 직위에 균등하게 배치함으로써 마치 모종의 안전감을 얻은 듯했다. 만주인 총독 아래 한인 순무, 혹은 한인 총독 아래 만주인 순무를 배치했다. 청나라 시기 전체를 통해서 볼 때, 종족의 배치는 매우 공평하게 이루어졌다. 57퍼센트의 총독과 48.4퍼센트의 순무가 만주인이었으며, 상대적으로 43퍼센트의 총독과 51.6퍼센트의 순무가 한족이었다.7)

순무 아래에는 1명의 포정사(布政使), 1명의 안찰사(按察使), 1명의 학정(學政)을 두었고, 이들은 모두 황제가 직접 임명했다. 정부는 그들에게 하급 관리(부하)들을 배치했으나, 그들은 따로 개인적인 막료도 거느렸다. 이상의 관직 외에, 염무(鹽務), 조운(漕運), 세관(稅關), 하도(河道), 수도(水道), 역참(驛站) 등을 관할하는 특수한 관아가 있었다.

성 1급 관아 아래의 행정단위는 도와 부였고, 최말단 행정단위는 현이었다. 몇몇 큰 현들은 미국의 작은 주보다도 컸으며, 현의 평균 인구는 20만 명 정도였다. 지현(知縣)은 세수를 징수하고, 소송을 심판하며, 지방의 질서를 유지했고, 백성과 직접 교류했으며 그들을 돌봐주었기 때문에 "부모관(父母官)"이라고 불렸다. 지현은 대체로 부임한 뒤에 그 지방의 사정을 잘 아는 현지인들과 모종의 양해와 계약관계를 맺었다. 이 사람들은 정부당국이 아닌 지방 상설 민간기구의 역할을 했으며, 그들은 6개 "방(房)"으로 나뉘어져

---

6) 이들은 양강 총독(兩江總督, 장쑤 성, 안후이 성, 장시 성을 관할), 민절 총독(閩浙總督, 푸젠 성과 저장성을 관할), 양광 총독(兩廣總督, 광둥 성과 광시 성을 관할), 호광 총독(湖廣總督, 후베이 성과 후난 성을 관할), 섬감 총독(陝甘總督, 산시 성과 간쑤 성을 관할)과 운귀 총독(雲貴總督, 윈난 성과 구이저우 성을 관할)이었다.

7) Lawrence D. Kessler, "Ethnic Composition of Provincial Leadership during the Ch'ing Dynasty," *The Journal of Asian Studies*, XXVIII : 3 : 496, 500(May 1969); 蕭一山, 제1권, pp. 533-537; Pao Chao Hsieh, p. 294.

〈청 왕조 중앙관제〉

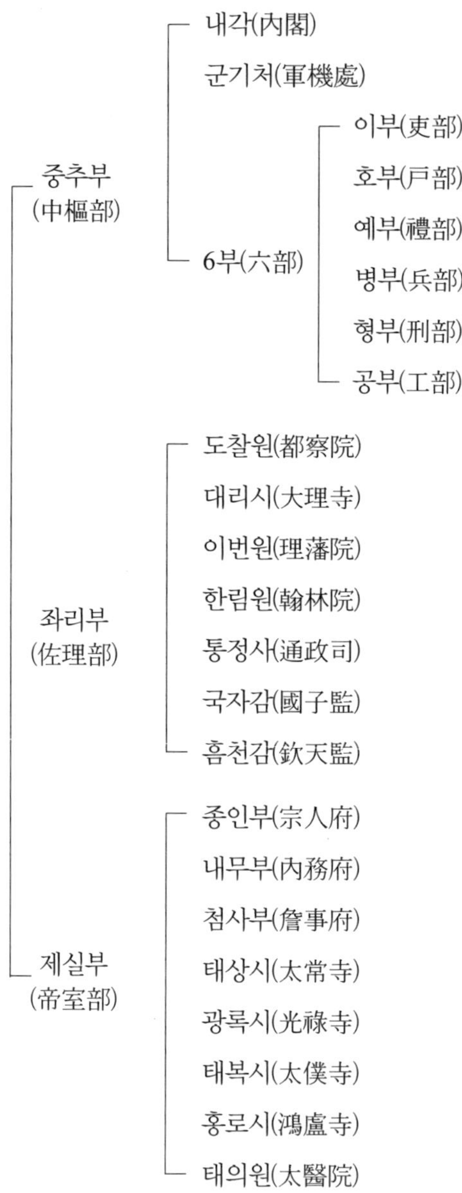



출처 : 蕭一山, 제1권, p. 503, 〈표 1〉에서 인용.

있었는데, 각각 (1) 이방, (2) 호방, (3) 예방, (4) 병방, (5) 형방, (6) 공방이었다. 이 민간기구의 구성원들은 지현에게서 봉급을 수령하지는 않았으나, 그들의 명의로 부가세를 징수할 수 있도록 허가받았다.

그들은 규정상의 일정 액수의 세금만을 납부했으며, 나머지 세액은 자신들이 가졌다. 이들 중앙정부에 속하지 않는 집단은 지현 관아의 번잡한 일상적인 업무를 대부분 맡아서 처리했다.[8]

현과 동일한 등급으로서 좀더 큰 행정단위로 주(州)와 청(廳)이 있었다. 어떤 주는 성에 직속되어 있는데, 일반적인 주의 지위보다 좀더 높았다.

**농촌 하부조직의 통제**  현마다 촌장(村莊), 성(城), 진(鎭), 향(鄕), 집시(集市) 등이 있었다. 이런 향촌구역의 관리는 현지주민들에게 맡겨져 민간인에 의해서 운영되었고, 국가의 행정관리는 현급(縣級)까지만 미쳤다. 그러나 국가의 통제는 여전히 보갑(保甲)과 이갑(里甲)이라고 불리는 향촌의 두 하부조직에까지 미치고 있었다. 보갑은 치안과 통제를 촉진하기 위해서 1644년에 생겼으며, 이갑은 세수징수를 돕기 위해서 1648년에 생겼다.

보갑제도에 따라서 매 10호(戶)를 1패(牌)로 묶었으며 우두머리를 패장(牌長)이라고 불렀다. 매 10패를 1갑(甲)으로 묶어 그 우두머리를 갑장(甲長, 혹은 갑두[甲頭])이라고 불렀다. 매 10갑을 1보(保)로 묶어 그 우두머리를 보장(保長)이라고 불렀다. 이리하여 1보는 1,000가구를 거느리게 되었다. 가구마다 대문에 성명과 정남(丁男)의 수를 적어놓은 관인이 찍힌 종이[印信紙牌]를 붙여놓았다. 보갑은 호적조사와 개인의 행적에 대한 기록을 책임졌으며, 때로는 현지인구를 기록하기도 했다. 보갑의 구성원들은 이웃의 범법행위를 감시하여 보갑장(保甲長)에게 보고해야 했으며, 보갑장은 지현에게 사건을 빠짐없이 보고했다. 보갑 구성원은 기타 구성원에게 잠재적인 밀고자였다. 이로 인해서 생겨난 두려움과 의심은 촌민들이 이웃들과 비밀히 모의

---

8) K. C. Wu, "Local Government in Imperial China" in his *Why Is America Not Better Informed on Asian Affairs*(Savannah, Georgia, 1968), pp. 8-9.

하여 모반을 일으키는 것을 단속시킴으로써 반란의 기회를 감소시켰다. 범죄와 비밀집회를 보고하지 않으면 연좌제가 적용되었다. 매월 말, 각 보장들은 반드시 지현에게 각서를 제출하여 마을의 평안 무사함을 보증해야 했다.

이갑은 종종 보갑과 혼동되나, 사실 양자는 완전히 다른 제도이다. 농촌지역에 110호를 1리(里)로 편성했는데, 그중 정남 수가 가장 많은 10호의 호주(戶主)가 이장(里長)에 선출되었다. 나머지 100호는 10갑으로 나누어, 각각 한명의 장(長)을 두었다. 3년마다(1656년 이후에는 5년마다) 한 번씩 조사를 하여 토지세와 인두세의 세액을 확정했다. 이갑의 역할은 지방의 주민등록을 돕고, 토지세와 인두세를 계산하고 징수하며, 『황책(黃册)』9)의 편찬과 개정을 돕는 것이었는데, 『황책』은 그 지역의 납세 가능한 개인의 명단을 모두 기재한 것이다.

그러나 1712년 이후 이갑의 기능에 약간의 변화가 생겼다. 이해, 강희제는 그해의 정남 수를 정액(定額)으로 묶어, 이후로 태어난 정남은 영원히 세금을 내지 않아도 된다고 선포했다. 1740년에 이르자, 거의 모든 성에서 인두세는 토지세에 병합되었다. 이리하여 『황책』은 원래의 기능을 완전히 상실했다. 이갑의 납세자 명단을 편찬하는 기능이 사라지자, 이를 대체한 것은 보갑의 전면적인 호구조사였다. 1772년에는 5년마다 한번 실시하는 호구등기도 완전히 없어졌다. 이갑의 주요 기능은 『황책』의 편찬과 개정에 자료를 제공하는 것에서 세금을 독촉하는 것으로 바뀌었고 이장과 갑장은 항상 촌민들이 납부하지 않은 세액을 책임져야 했다. 청 정부는 제국의 통제력을 기층사회에까지 확장시키는 교묘한 방법을 시행했다. 이 방법은 기층의 관리(管理)를 통해서 현지주민을 이용하여 현지인들을 단속하고, 이와 동시에 지방정부의 경비를 줄이고 관리를 임명할 필요성도 없게 하는 것이었다.

향촌사회에 거주하는 최하층은 온순하고 소극적이며 근면한 농민이었다. 그들은 1년 내내 생존하기 위해서 노동했다. 농민들은 기본적으로 운명에

---

9) 책 표지가 황색이었기 때문에 이런 명칭이 붙었다.

순응했으며, 사회환경에 복종할 수밖에 없었다. 그러나 만일 세금이 과중하여 생활이 고달파지면, 그들도 비교적 대담한 사대부나 혹은 향신(鄕紳)의 영도 아래에 봉기를 일으켰다. 이로 인해서 정부는 적시에 백성들에게 은전을 베풀어야 한다고 인식했는데, 그것은 통상적으로 풍년(흉년의 잘못으로 보인다/역주)이 들었을 때 조세를 감면하는 방식이었다. 훌륭한 정부는 반드시 그럭저럭 살아갈 만한 생활조건을 제공할 수 있어야 하고, 동시에 통제를 어느 정도 적절하게 조절할 수 있어야 하는 것이었다.[10]

## 경제제도

중국은 농업 위주의 사회로서, 토지와 인력이 국가의 경제적 기초였다. 대부분의 세수는 지정세(地丁稅)였고, 그 나머지는 염세(鹽稅), 차세(茶稅), 현지관세(現地關稅), 아세(牙稅 : 상업허가세) 및 기타 수입으로 보충했다. 요컨대, 청 왕조 초기 150년 동안의 재정수입 증가 폭은 그다지 크지 않았다. 순치제 시대(1604-1661)에는 청 조정의 연간 총수입은 약 2,800만 냥이었고, 강희제 시대(1662-1722)에는 약 3,500만 냥, 옹정제 시대(1723-1735)에는 약 4,000만 냥, 건륭제 시대(1736-1795)에는 약 4,300-4,800만 냥이었는데, 매년 지출은 대략 3,500만 냥 정도였다. 수입이 완만하게 증가할 수밖에 없던 주요 원인은 농경지의 증가량이 너무 적었기 때문인데, 1661년 농경지의 총면적은 5억4,900만 묘(畝, 1묘=6분의 1에이커)였으며, 1766년에는 겨우 7억4,100만 묘로 증가한 것에 불과했다.

**토지와 세수제도**　청조 전반기에는 토지세가 세수 중 가장 큰 항목으로서, 다른 수입보다 훨씬 더 많았다. 토지세는 1646년 출판된『부역전서(賦役全書)』에 의거하여 징수했다. 이 책은 전국 농경지 총면적, 각 성 지정세의 정

---

10) 보갑제와 이갑제의 상세한 상황에 대해서는 Kung-Chuan Hsiao, *Rural China: Imperial Control in the Nineteenth Century*(Seattle, 1960), 제2-4장을 참조하시오.

액, 납세인(정[丁]) 수, 국고에 입고되는 세금 정액을 모두 명문으로 기록하고 있다. 정규적인 토지세는 농가의 농경지에서 취득했는데, 세율은 토지의 비옥함과 척박함의 정도와 재산의 규모에 따라서 결정했다. 면적이 아주 작은 농전(農田)에 대해서는 세금을 면제해주었다. 세금이 면제된 토지에는 학당 소유지, 제사용 토지, 그리고 황실종친 및 기인들에게 분배한 토지들이 포함되었다. 『어린책(魚鱗册)』[11]이라는 전답 측량 기록은 각 지역의 농경지 총면적을 표기했고, 그리고 『황책』은 해당 지역의 총 납세자 수를 기록했다.

1712년 강희제는 역사적인 유명한 유지를 반포하여, 1712년의 납부 정액을 기준으로 인정세(人丁稅)를 고정시켰다. 그의 유지는 다음과 같다.

국가는 오랫동안 평화를 유지하고 나날이 번창했다. 만약 지금의 정남 수를 기준으로 하여 세금을 징수하면 참으로 타당하지 않다. 왜냐하면 백성 수는 계속 늘어나지만 토지는 증가하지 않기 때문이다. 각 성의 총독과 순무에게 명령을 내려 지금 『전량책』에 있는 정남 수를 가감하지 않고 영원히 정액으로 고정하고, 그 이후에 태어난 정남은 징수 대상에서 제외한다. 조사 시에는 단지 증가한 인구의 실제 인원수를 명확히 파악하여 별도로 기록하여 보고하면 된다. 짐은 인구의 실제 총수만 알고 싶을 뿐 세금을 더 징수하려는 뜻은 없다.[12]

이렇게 정남 수 정액을 고정했기 때문에 인두세는 아무 의미가 없어졌고 점차 토지세에 흡수되었다. 1716년 강희제는 광둥 성에 대한 탄정입지법(攤丁入地法) 시행에 동의했다. 1냥의 토지세마다 0.1064냥의 인두세를 추가 징수하여 지정합일(地丁合一)제도를 확립했다. 기타 성들은 잇따라 이를 모방했으며, 19세기 초에 이르러서 지정합일제도는 전국적으로 확산되었다. 원칙적으로 토지세가 무거운 지역의 인두세는 가볍게 책정되었고, 토지세가 가벼운 지역의 인두세는 무겁게 책정되었다. 지정합일제도가 시행된 이후

---

11) 이런 책은 책 표지에 구획된 토지를 상징하는 것으로 여겨지는 물고기 비늘과 같은 무늬가 인쇄되어 있어서 이런 명칭이 붙었다.
12) Kung-ch'üan Hsiao, pp. 89-90. 강조된 부분은 본서의 저자에 의한 것이다.

| 연도 | 세금(냥) | 조량(석, 133⅓파운드) |
| --- | --- | --- |
| 1661 | 21,576,006 | 6,479,465 |
| 1753 | 29,611,201 | 8,406,422 |
| 1812 | 32,845,474 | 4,356,382 |

『황책』의 용도는 나날이 축소되었고, 『어린책』의 용도는 갈수록 늘어났다.

징수 방법은 "일조편법(一條鞭法)"(1581년 처음으로 제정됨)이었으며 이 법은 모든 세금의 항목을 정액으로 통일시켰고 매년 두 차례로 나누어 납부하게 했다. 납부기한은 여름은 2-5월 사이, 가을은 8-11월 사이로 정했다. 이 두 기한을 민간에서는 "상망(上忙)"과 "하망(下忙)"으로 불렀다.

상이한 연도의 지정세의 조세와 곡물세의 총목은 위의 표와 같다.13)

**국가수지** 지정세 이외에 국가에는 기타 몇 가지 작은 규모의 세입이 있었다. 그중 한 가지는 화모(火耗)인데 그것은 은전(銀錢)을 주조할 때 생기는 손실로서, 처음에는 지현이 불법적으로 징수했는데 이것을 막을 방법이 없어서 옹정제는 화모를 정부의 수입으로 귀속시켰다. 화모의 세율은 정규세(즉, 토지세)의 4-5퍼센트에서 20퍼센트 사이였다. 건륭제 때 정부는 매년 이 세목으로 약 450만 냥의 세입을 거두어들였다. 18세기 말 정부의 총수입을 개괄하면 아래와 같다.14)

| | |
| --- | --- |
| 1. 지정은(地丁銀) | 약 30,000,000냥 |
| 2. 화모(火耗) | 4,600,000냥 |
| 3. 조세[漕項] | 2,000,000냥 |
| 4. 염과(鹽課) | 7,500,000냥 |
| 5. 관세(關稅) | 4,000,000냥 |
| 6. 토지임대세[租課] | 260,000냥 |
| 7. 차세[茶課] | 70,000냥 |
| 8. 조량(漕糧) | 4,000,000석 |

13) 蕭一山, 제2권, pp. 386-387.

| 관급 | 연봉 은(냥) | 녹미(석) |
|---|---|---|
| 친왕(親王) | 10,000 | 5,000 |
| 일등공(一等公) | 700 | 350 |
| 일등후(一等侯) | 610 | 305 |
| 일등백(一等伯) | 510 | 255 |
| 일등자(一等子) | 410 | 205 |
| 일등남(一等男) | 310 | 155 |
| 정종일품문관(正從一品文官) | 180 | 90 |
| 정종이품문관(正從二品文官) | 155 | 77.5 |
| 정종삼품문관(正從三品文官) | 130 | 65 |
| 정종사품문관(正從四品文官) | 105 | 52.5 |
| 정종오품문관(正從五品文官) | 80 | 40 |
| 정종육품문관(正從六品文官) | 60 | 30 |
| 정종칠품문관(正從七品文官) | 45 | 22.5 |
| 정종팔품문관(正從八品文官) | 40 | 20 |
| 정구품문관(正九品文官) | 33.114 | 16.557 |
| 종구품문관(從九品文官) | 31.5 | 15.75 |

이 자료들에 의하면, 국가의 총수입은 4,800만 냥과 곡물 400만 석(石) 정도였으며 염세 750만 냥 중 징수 가능한 액수는 종종 50-60퍼센트 정도였다. 때문에 실제 세수는 4,300만 혹은 4,400만 냥 정도였다. 이 수입에 대비하여 정부의 최대 지출은 군비와 관원의 봉록이었다. 만주 기병과 한군(漢軍) 녹영병의 총 수효는 각각 20만 명과 60만 명 이상으로, 그들에게 지출되는 금액은 약 2,000만 냥에 이르렀다. 위의 도표는 매년의 귀족 수당과 관원 봉록의 기준을 제시하고 있다.[15]

---

14) *Ibid.*, pp. 432.
15) *Ibid.*, pp. 411-416.

중앙정부 경비:

| | | |
|---|---|---:|
| 1. | 왕공백관(王公百官) 봉록 | 930,000 |
| 2. | 군인 봉록 | 6,000,000 |
| 3. | 성징과 러허의 관병(官兵) 봉록 | 1,400,000 |
| 4. | 외번왕공(外藩王公) 봉록 | 120,000 |
| 5. | 경관(京官) 공비 식비 | 110,000 |
| 6. | 내각(內閣) 등 처(處) 식비 | 18,000 |
| 7. | 이부, 예부, 양렴비(養廉費) | 15,000 |
| 8. | 외번 몽골, 조선 조공인원 하사금 | 10,000 |
| 9. | 각종 잡비 | 900,000 |
| | | 9,503,000 |

상기 표를 통해서 문관의 봉록은 매우 적다는 사실을 알 수 있다. 정1품 대학사의 봉록이 1년에 겨우 180냥이었으며, 정2품인 총독의 봉록은 155냥이었다. 이런 적은 봉록에 대한 보조금으로 정부는 완곡하게 "양렴비(養廉費)"16)라고 불리는 금전을 관원들에게 지급했는데, 이 액수는 흔히 정규 봉록의 100배나 되었다.

정규 봉록으로 155냥을 받는 총독은 "양렴비"로 1만3,000냥에서 2만 냥까지 받았다. 그 외에 "판공비[辦公費]"도 받았다. 문무백관의 "양렴비" 총액이 년 400만 냥을 초과했고 또 "판공비"도 25만 냥에 이르렀다. 1765년 중앙과 지방정부의 대략적인 경비 지출표는 아래와 같다.

지방 경비:

| | | |
|---|---|---:|
| 1. | 군인 봉록 | 15,000,000 |
| 2. | 관원 봉록 | 1,000,000 |
| 3. | 양렴비 | 4,220,000 |
| 4. | 판공비 | 200,000 |
| 5. | 수리비 | 4,000,000 |
| 6. | 각종 잡비 | 1,400,000 |
| | | 25,820,000 |

---

16) 때로는 "부패 방지비(anticorruption fee)" 혹은 "청렴 장려비(honesty-fostering allowance)"로 번역한다.

중앙정부의 지출 총액은 약 950만 냥이었고, 지방정부 지출 총액은 약 2,580만 냥으로서, 총지출액은 3,500만 냥이었다. 이에 비해서 수입은 4,300만 냥 혹은 4,400만 냥이었다. 건륭제 시대의 잉여자금은 매년 800만 냥 혹은 900만 냥이었다.[17]

**인구** 농업사회에서 토지와 인구는 분리해서 논할 수 없다. 토지세와 인두세의 통합이 이 사실을 뒷받침하고 있다. 청조 초기에는 3년 혹은 5년마다 이갑장이 16-60세 사이의 정남을 대상으로 인구를 조사했으며 각 성의 포정사는 이 자료에 근거하여『황책』을 편찬했다. 탈세를 목적으로『황책』명단에서 빠지기 위해서 사람들은 왕왕 갖은 방법을 사용해서 조사를 피했다. 인두세에는 화폐지불로 바뀐 몇 가지 부역세가 있었는데, 일부 지역에서는 부역 대신 지불한 돈의 액수가 1년에 8-9냥이나 되었다.

1712년에 강희제는 각지를 순찰하면서 다음과 같은 사실을 알게 되었다. 즉, 한 가구에 5-6명의 정남이 있을 경우 1명분의 지세(地稅)만 납부하고, 또한 9-10명이 있는 가구에서는 오직 2-3명분만 납부한다는 것이었다. 각 성의 관리들은 세액이 증가할 것을 우려하여 정남의 숫자를 정확하게 보고하지 않았다. 1712년, 인두세액을 그해의 정남 수로 고정하라는 강희제의 어지는 백성들의 황책[丁籍] 조사에 대한 부담을 다소간 덜어주었다. 그러나 조사를 기피하는 습관은 여전히 뿌리 깊이 남아 있었다. 건륭제 시대에 탄정입지법을 지속적으로 강화함에 따라서『황책』은 갈수록 필요성이 떨어졌다. 한편으로 보갑조사의 중요성은 갈수록 커졌다. 그런데 건륭제 시대까지만 해도 인구증가율이 그다지 뚜렷하지 않았다. 연도별 인구수는 다음 표와 같다.[18]

---

17) 蕭一山, 제2권, pp. 432-435.
18) Ping-ti Ho, *Studies on the Population of China, 1368-1953*(Cambridge, Mass., 1959), pp. 281-282.

| 1660년 | 19,088,000정(丁) |
| 1700년 | 20,411,000 |
| 1730년 | 25,480,080 |
| 1741년 (제1회 보갑조사에 따르면 143,411,559구[口]) | |
| 1753년 | 183,678,259 |
| 1779년 | 275,042,916 |
| 1800년 | 295,273,311 |
| 1821년 | 355,540,258 |
| 1850년 | 429,913,034 |

상기 표에서 알 수 있듯이 청 초기의 1660년부터 1730년 사이에 인구통계수치는 단지 약간 증가했을 뿐이다. 그러나 1741년도 보갑 수에 의거하여 조사했을 때의 통계수치는 급격히 증가했으며 그후에는 지속적으로 증가했다. 사실상 1660-1730년간의 자료는 총인구수를 표시한 것이 아니고 가구 수나 정남 수를 표시한 것이 아니라 "납세단위"나 화폐지불 방식으로 전환된 강제부역의 배당 수인 "납세정남"의 숫자로 간주되어야 한다.[19] 1741년 및 그 이후의 자료는 남녀노소 각각에 대한 인구 총수였다. 1741년 이후의 인구의 지속적인 증가는 비록 그 자료들 자체가 반드시 완전히 정확한 것은 아니지만 그 원인을 몇 가지 측면에서 살펴볼 수 있다. 그 요소 중의 하나는 탄정입지법 추진 이후 징세 근거는 정남 수가 아닌 토지에 의거했기 때문에 실제 인구수 보고에 대한 백성들의 우려가 크게 줄어들었다는 것이다. 이 현상을 설명할 수 있는 또다른 원인은 건륭제의 타고난 공명욕 때문인데 그는 인구 증가를 이용하여 청 왕조의 번영과 융성을 증명하고자 하여 지방관리들에게 실제 조사 자료를 은닉하지 말라고 여러 차례 경고했다. 이전에는 조사 대상에 포함되지 않았던 부녀, 노인, 아이, 노복과 소작인이 이제는 모두 포함되어서 1741년도의 인구수는 급증했다.

---

19) Ping-ti Ho, p. 35. 그러므로 1660년의 관부(官府)의 자료는 1,900만 명이지만 실제 인구는 아마도 1억-1.5억 명일 것이다.

　중국의 역사학자와 인구학자들은 1741년 이후의 조사자료는 과장 보고된 것이 아니라 적게 보고되었다고 생각하는 경향이 있는데, 그 이유는 향신들이 대부분 가정의 규모를 강제적으로 노출하는 것에 대해서 고집스럽게 저항하는 의식을 가지고 있어서 항상 실정을 은닉하기 위해서 갖가지 방법을 동원했기 때문이라는 것이다. 현대의 한 인구학자는, 1741년에서 1775년 사이의 인구조사 중 은닉되어 신고되지 않은 수치는 아마도 총 수치의 20퍼센트에 이를 것으로 보았다.[20]

　실제로 인구수가 1779년의 2억7,500만 명에서 1850년에 4억3,000만 명으로 증가한 것은 단지 인구가 56.3퍼센트 증가했으며 매년 성장률이 겨우 0.63퍼센트에 불과함을 나타내는 것일 뿐이었다. 이 수치는 현대의 많은 급성장 공업국가의 연 증가율인 2퍼센트에도 훨씬 더 미치지 못하는 것이다.[21] 1741-1779년간의 급속한 인구증가는 건륭제 시기 전반에 걸친 양호한 정치적, 경제적 환경과 장기적 평화에서 비롯되었다고 할 수 있다. 그 이외에 농경지의 증가와 16세기 혹은 17세기에 미주 대륙에서 전래된 옥수수, 고구마, 땅콩 등 몇 가지 외래 농작물들도 인구증가에 기여했다. 우리는 청나라의 인구수효는 실제 상황보다 적으면 적었지 많지 않았다는 박식한 학자인 왕 칭윈(王慶雲)의 관점에 동의하고자 한다.

---

20) Ping-ti Ho, p. 46.
21) Ping-ti Ho, p. 46.

# 4

# 사회와 사상 현황

## 중국 사회

중국 사회의 성격은 역사학자와 사회학자들이 상당히 관심을 가지고 있는 논제이다. 마르크스주의 계통의 학자들은 농민들이 지주, 고리대금업자, 반동적인 만주 통치자들에게 복합적으로 착취당했음을 지적하고는, 청대 사회를 봉건관료사회라고 비판했다. 일부 학자들은 중국 사회의 주요 특징으로 신사계층(紳士階層)을 꼽았다. 최근 몇몇 학자들은 중국 사회를 "동양 전제주의(Oriental despotism)"의 원형으로 평가했다. 그 특징은 고도의 중앙집권을 하는 강력한 정부가 대규모 공공사업의 통제를 통하여 농민을 지배하고, 이 공공사업에는 도로건설, 국경지역의 방어성벽 건설 및 방대한 수리공사체계 등이 있었으며, 농민은 이런 수리공사체계를 이용하여 관개, 홍수 방지, 농작지 배수 등을 해야 했다는 것이다.[1]

이상의 봉건관료제도, 신사계층을 기반으로 하는 엘리트 통치, 동양 전제주의라는 이 세 가지 관점은 언뜻 보기에는 상호모순적인 것 같지만 사실상 전혀 대립적이지는 않다. 그 이유는 각각의 관점은 중국 사회의 중요한 한 단면만을 강조했을 뿐, 결코 다른 두 관점을 부정한 것은 아니기 때문이다.

---

1) Karl A. Wittfogel, *Oriental Despotism: A Comparative Study of Total Power* (New Haven, 1957).

즉 청나라는 확실히 전제독재정권으로서, 관료사회 내의 관료와 관료사회 밖의 신사가 각각 정치와 사회영역을 주도했고 또한 농민들은 정부에 최대 부분의 세금을 납부했으며, 지주에게 최고의 지세를 지불했고, 고리대금업 자에게는 상상을 초월할 정도의 많은 이자를 지불해야만 했다. 이 개개의 관점은 각각 하나의 특징들을 묘사하고 있으므로, 이런 특징들을 모아서 정리하면 중국 사회에 대한 보다 완전한 면모를 제시할 수 있다.

**가정** 중국 사회의 기본단위는 개인이 아닌 가정이었다. 중국인 가정이 대가족 단위일 것이라는 우리의 일반적인 관념과는 달리, 가정의 평균규모는 다섯 식구였다. 몇 대가 함께 모여 산다는 개념은 단지 부유한 집안에만 해당되었을 뿐이며, 일반 가정에서는 이런 호사를 누릴 수 없었다. 가정 내부에서는 어른과 남자가 존중되어, 가족 중 연장자의 지위가 어린 사람보다 더 높았으며 남자가 여자보다 지위가 더 높았다. 아버지는 가장으로서 다른 가족구성원들에게 절대적인 권위를 가지고 있었으며, 집안의 모든 일과 자녀의 결혼을 결정했으며, 부모의 뜻을 거역하는 자녀를 징계하고, 심지어 그들을 팔아넘길 수도 있었다. 아버지의 권위가 매우 높기는 했지만 그는 모든 일을 유가적 윤리규범 내에서 처리해야만 했다. 아버지는 아버지다워야만 했는데, 즉 엄격하면서도 자애롭고, 권위적이면서도 자식을 사랑으로 돌보아야 자녀들이 본분에 맞는 역할을 할 수 있다는 것이었다. 위계질서를 중시하는 의식 때문에 아버지는 자신의 부모를 공경하고 자신을 낮추며, 자식에게 위엄을 갖추고 과단성 있게 말을 해야 했다. 또한 이런 위계질서로 인하여 장자(長子)는 부친 앞에서는 아주 공손하고 겸손하며, 반면 아우들 앞에서는 자신만만한 모습을 보여야만 했다. 따라서 중국 가정은 인간관계의 실험실이었다고 할 만하다.

부녀자의 지위는 서양 세계와 전혀 달랐다. 아내는 마땅히 남편에게 복종해야 했고, 재산권도 없었으며 경제적인 독립을 누릴 자격도 없었다. 과부는 일반적으로 재혼할 수 없었으나, 남편은 법적인 부인이 살아 있는데도 첩을

들일 수 있었다.

**종족** 일정한 지역에 거주하는 같은 조상을 가진 가정들은 종족(宗族)을 형성한다. 이런 습속은 화남 지역에서 상당히 성행했고, 화중(華中) 지역에서는 약간 취약했으며, 화북(華北) 지역에서는 상당히 미약했다. 비록 수많은 종족들은 조직구조에 약간의 차이가 있지만, 대체로 족장을 한 사람 두었는데 일반적으로 나이가 지긋하고 명망 있는 족인(族人)을 족장으로 삼았다. 족장은 구성원들의 지원 아래 종족의 업무를 처리했는데, 특히 일족의 재산과 사당, 구성원들의 상벌 등을 관리했다. 종족의 활동에는 (1) 족보 편찬과 증보, (2) 제례의식 진행, 사당과 제전(祭田), 조상 무덤의 관리, (3) 가난에 대한 구제활동, (4) 아동에 대한 훈도, (5) 어질고 재능 있는 자에게 상을 내리고 불효자를 징계하는 것, (6) 소송쟁의의 해결, (7) 종족의 보위 등이 있었다.

종족은 일련의 종규(宗規)를 가지고 있었는데, 이것은 흔히 유가의 도덕적 가르침을 그대로 반영했다. 이 도덕규율은 사당 안에 붙여놓거나 필요시에 송독했는데 일반적으로 이 규율은 다음과 같은 몇 가지 원칙으로 이루어져 있었다. 즉 "부모를 섬길 것, 어른을 존경할 것, 구성원들과 화목하게 지낼 것, 후손을 가르칠 것, 직무에 충실할 것, 법적으로 금지된 행위를 하지 말 것" 등이었다. 아들은 부모에게 효도하고, 부인은 남편에게 복종하며, 형제는 화목해야 한다는 것이었다. 그 밖에 게으름과 낭비, 폭력, 도박 등 탈선 행위를 경계했다. 종규를 심각하게 위반했을 경우, 사당에 모인 일족들 앞에서 공개적으로 처벌하도록 되어 있었다. 잘못의 경중(불효와 남녀의 간통이 가장 큰 죄목임)에 따라서 위반자는 아래와 같은 징벌을 받게 되었다. 즉, 도덕적 충고, 꾸짖음, 벌금 혹은 벌제(罰祭), 채찍, 종족특권 박탈, 문중으로부터의 퇴출, 족보에서 삭제, 사형 혹은 스스로 목숨을 끊게 하는 것 등이었다. 비록 체형(體刑)이나 처형은 불법적인 것이었지만, 관청에서는 이런 종족의 결정에 거의 관여하지 않았다.

가정과 종족이 이런 특수한 지위와 기능들을 가지고 있었기 때문에 중국

의 전통적인 종족사회가 가장 특색 있는 메커니즘을 가지고 있는 것으로 간주되는 것은 당연한 일이다.2)

**사회계층**  중국 사회는 고도의 계층사회이다. 다양한 사회계층을 분류하는 척도 중에서, 일반적으로 자주 사용되는 척도는 총인구의 80퍼센트를 차지하는 농민과 나머지 20퍼센트의 기타 사람들로 나누는 것인데, 이 기타 사람들은 도시에 거주하는 지식인[士人], 신사, 관리, 부재지주(不在地主), 장인(丈人), 상인, 군인 등으로 구성된 혼합계층이다. 또한 유가적인 신념에 따른 분류방법은 정신적 노동과 육체적 노동의 차이점에 근거하여, 통치집단과 피치집단(被治集團)으로 구분하는 것이다. 맹자는 일찍이 "정신노동을 하는 자는 남을 다스리고, 육체노동을 하는 자는 남에게 다스림을 받는다"라고 했다. 그러나 현실적으로 정신노동을 하는 모든 사람이 관료통치집단의 구성원이 되는 것은 아니었다. 청대에 과거에 급제한 사람들은 모두 110만 명이었는데, 관직은 2만7,000개뿐이어서 급제한 사람들 중 극소수만이 관직을 차지할 수밖에 없었다. 엄밀하게 말해서, 중국 사회는 이제까지 단순히 통치자와 피치자로 구성된 양극체제가 아니라 요컨대 사, 농, 공, 상의 네 가지 "기능성 등급"이 공존하는 다계급체제였다. 이 네 등급 위에는 정부관료가 있었으며, 이들 아래에는 사, 농, 공, 상에 유입되지 못하거나 강등당한 계층인 천민이 있었는데,3) 이들 천민은 전체 인구의 1퍼센트도 되지 않았다. 옹정제(1723-1735)가 정식으로 천민신분에서 벗어나게 해주기 전까지 이들은 일반인들이 누릴 수 있는 권리를 박탈당했다.

---

2) Hui-chen Wang Liu, *The Traditional Chinese Clan Rules* (Locust Valley, N. Y., 1959), pp. 5-6, 8, 23, 40-45; Hsiao Kung-Chuan, "The Role of the Clan and Kinship Family" in William T. Liu(ed.). *Chinese Society under Communism: A Reader* (New York, 1967), pp. 36, 40.

3) Ping-ti Ho, *The Ladder of Success in Imperial China: Aspects of Social Mobility, 1368-1911*(New York, 1962), p. 18. 이들은 전통적으로 소리꾼[賣唱人], 나팔수[吹鼓手], 연예인[耍樂人], 거지[乞丐], 저장 성의 "천민[惰民]", 뱃사공[船戶], 광대[戱子], 세습적인 노비[世僕], 노예[伴常] 및 "사환"이라고 불리는, 관부에서 잡일을 하는 사람들이다.

중국 사회에는 계층의 구분이 있기는 했지만, 카스트(caste, 種姓) 제도가 없었기 때문에 평등한 사회였다고 할 수 있다. 천민은 3대 자손까지는 과거시험에 참가할 수 없었는데, 이들을 제외하고는 집안, 출신, 종교와 상관없이 모든 사람들에게 출세의 길이 열려 있었다. 그래서 각 사회집단 간에는 상당히 큰 유동성이 존재하고 있었는데, 즉 권문세가 혹은 명문가문이 자손이 못나서 몰락하는가 하면, 미천한 출신이 과거에 급제하여 관직을 수여받고 출세하는 경우도 있었다. 가장 관건이 되는 것은 과거시험에 급제하면 개인의 명예가 사회의 인정을 받게 된다는 것이었다.

여기서 주목할 만한 것은 상인이 하층계급에 속한다는 것이었다. 상인에는 부유한 독점상인뿐만 아니라, 소점포 주인과 점원 및 견습생도 포함되었다. 전국의 차(茶)와 비단의 판매를 장악하고 있던 일부 대상인들은 매우 부유했다. 양저우의 염상(鹽商)은 특히 천하제일의 갑부로서, 사치스러운 생활로 이름을 떨쳤다. 18세기 후반기에 이들의 총이윤은 약 2억5,000만 냥에 이르렀다.4) 대외무역에 종사하는 많은 행상들도 거부(巨富)로 이름을 떨쳤다. 예를 들면 광저우의 우하오꽌(伍浩官)은 1834년에 이미 양은(洋銀) 2,600만을 모았는데, H. B. 모스에 의하면 이는 세계 최대의 상업자본이었다.5) 그러나 결과적으로 상업활동은 신사처럼 체면을 세울 수 있는 일이 아닌 것으로 간주되었고, 게다가 유가의 도덕군자들은 이윤을 추구한다는 것에 상당한 불만을 가지고 있었기 때문에, 이런 태도는 상업의 발전을 방해했다.

**신사 : 특권과 기능**  과거에 급제한 지식인[士人]인 신사는 사회적으로 주도적 역할을 행사했으며, 어느 누구도 필적할 수 없는 특권을 누렸다. 예를 들면 관청의 공묘에서 거행하는 제례의식에는 신사만이 참석할 수 있었고, 그뿐

---

4) Ping-ti Ho, "The Salt Merchants of Yang-chow: A Study of Commercial Capitalism in Eighteenth-Century China", *Harvard Journal of Asiatic Studies*, 17 : 149(1954).
5) H. B. Morse, *The International Relations of the Chinese Empire* (London, 1910), I, p. 86. 2,600만 양은은 5,200만 달러에 해당한다. Frederic Wakeman, Jr., *Strangers at the Gate: Social Disorder in South China, 1839-1861* (Berkeley, 1966), p. 44를 보라.

만 아니라 일반적으로 종묘제사도 신사가 주재했다. 신사는 의복과 치장 면에서 평민과는 달랐는데, 그들은 푸른 테를 두른 검은 도포를 입었으며, 동물의 털, 비단, 자수 등 화려한 장식물로 치장한 장화와 허리띠를 착용했다. 평민은 아무리 돈이 많더라도 이런 특권을 누릴 수 없었다. 생원(生員)은 관모에 은비녀를 꽂았고, 거인(擧人)과 진사는 순금비녀를 꽂았다.6) 진사가 고급관리로 진급하면 금비녀에 꽃무늬를 넣고 상단부에는 보석, 중앙부에는 진주를 박고, 비단 도포에는 아홉 마리 용을 수놓았다.

신사는 보호를 받아 평민들의 침범도 받지 않고 관리들의 간섭도 받지 않았다. 만약 평민이 신사에게 모욕을 주었을 때는 평민에게 동일한 행위를 한 것보다 더 무거운 처벌을 받았다. 그 이외에 평민들은 소송에서 연루된 신사를 증인으로 출두시킬 수 없었다. 만약 신사 자신이 이런 소송에 연루되었을 경우, 본인이 직접 법정에 출두하지 않고 하인을 대신 보내면 되었다. 만약 상층계급의 일원인 신사가 불법적인 행위를 했을 경우에는 처벌을 하는 데에 난처한 문제가 발생할 수 있었는데, 왜냐하면 해당 신사의 지위로 인하여 지방관의 처벌을 모면할 수 있기 때문이다. 만약 이 신사를 고발하려면 먼저 그의 신사 지위를 박탈해야만 한다. 그러나 지현은 그렇게 할 권한이 없었는데, 그 이유는 신사는 지현과 동등한 지위를 가지고 있었기 때문이다. 신사의 지위를 박탈하는 것은 오직 학정만이 담당하고 있어서, 지현은 신사에게 어떤 처벌을 내리기 전에 반드시 학정과 의논해야 했으며, 만약 이런 규정을 위반했을 때는 지현에 대한 탄핵까지 초래될 수 있었다.

신사계급은 신분과 문화적 품위를 유지하기 위하여 육체적 노동을 면제받았기 때문에 부역을 면제받을 특권을 가지고 있었다. 또한 신사들은 학문에 전념하여 과거시험과 관직의 수행을 위한 준비를 하도록 인두세[丁稅]를 면제받았다. 1727년 탄정입지법이 시행되었을 때, 신사는 일반인에 비해서 지

---

6) 이들은 각각 동시, 향시, 회시에 합격한 지식인들로서, 합격한 등급에 따라서 "저급신사(低級紳士)"나 "고급신사(高級紳士)"가 된다. 과거와 공명에 대해서는 다음 절에서 비교적 상세히 논술할 것이다.

정세를 적게 낼 방도를 마련했다. 그들은 자기 집안을 "거호(擧戶)", "신호(紳戶)", "대호(大戶)" 등으로 부름으로써 평민들의 "민호(民戶)", "소호(小戶)"와 구분했는데, 이렇게 해서 납세에 구분이 있게 되었다. 신호는 1석(133과 3분의 1파운드)마다 동전 2,000문(文) 혹은 3,000문을 납부했으며, 조량을 내지 않은 경우도 있었지만 민호는 1석당 동전 6,000문 혹은 7,000문을 납부해야 했다.7) 토지문서를 조사할 때 평민과 신사들이 모의하여 속임수를 쓰는 경우가 흔했는데, 즉 농민들은 신사의 명의를 사용하여 농경지를 등기함으로써 세금을 적게 내고 요역을 면제받을 수 있었다. 작황이 좋지 않거나 흉년이 들었을 때 신사는 종종 백성들의 명의로 관청에 조세의 면제나 감액을 요구했다. 이런 요구가 받아들여졌을 때 최대의 수혜자는 백성들이 아닌 바로 신사들 자신이었다.

신사들은 이런 많은 특권을 가지고 있었지만, 이들은 결코 관료집단에는 속하지 않았고, 이들은 지방관과 백성 사이의 중간계층일 뿐이었다. 주현(州縣)의 관원들은 그 지역의 업무에 대해서 신사들의 정보와 건의의 도움을 받아야 했고, 신사는 그 지역의 복지를 증진할 의무를 가지고 있었다. 주현관(州縣官)은 다른 성 출신으로서 과거에 합격한 관원이어서 관할 지역의 업무에 대해서 관심이 없을 뿐만 아니라, 장기적인 건설계획도 세우려고 하지 않았다. 왜냐하면 이런 계획은 그의 짧은 부임 기간에 성과를 얻을 수 없었기 때문이며,8) 그로 인해서 이런 계획은 신사들에게 맡겨지게 되었다. 신사들은 자금을 조달하여 교량과 나루터 등 공공시설을 건설하고, 자금을 모아서 수로를 준설하고, 도랑과 제방을 수축하고, 관개체계를 개량했으며, 자금을 모금하여 지역의 사당과 신전 및 유적을 수리하는 일을 맡았다. 그 외에도 신사들은 항상 가난한 사람들을 위해서 죽붕(粥棚 : 죽을 제공하는 구휼소)을 세우는 등 지역의 자선 및 구제사업에 관여했다.

지역사회에서 신사들이 담당하는 중요한 역할 중의 하나는 법정 밖에서

---

7) Chung-li Chang, *The Chinese Gentry* (Seattle, 1955), p. 43.
8) 1800년 이전의 평균임기는 1.7-4.5년이었지만 1800년 이후는 0.9-1.7년이었다.

중재를 통해서 개인과 지역주민 사이의 민사분쟁을 해결해주는 것이었다. 법정에 서는 것은 개인적인 명예에 관련된 것이었으므로, 민간에서 일어나는 분쟁은 거의 대부분 신사의 지도하에 사적으로 해결되었으며, 재판을 열지 않았다. 신사는 자신을 문화유산의 수호자라고 믿고 있어서 도덕원리를 전파하는 데에 전력을 다했고, 기금을 모아 사숙을 설립했으며, 매월 두 번씩 자신의 향촌사회에서 촌민들에게 강희제에 의해서 반포된 "흠정십육성유(欽定十六聖諭)"9)를 읽어주었다. 또한 과거제도를 지원했으며, 항상 자금을 기부하여 그 지역의 공원(貢院 : 과거시험장)을 수리했다. 충신, 효자, 도덕군자, 의로운 사람이 도덕교화에 도움이 된다고 생각했기에, 신사들은 지방지(地方誌)를 편찬하여 그 지역의 역사와 걸출한 인물의 열전(列傳)을 기록했다. 정세가 불안정한 시기에 관군이 지방을 보호해줄 수 없을 때는 신사가 단련(團練 : 무장조직)과 향용(鄕勇 : 의용병)을 조직하고 훈련시켜서 직접 이들을 이끌고 싸움터에 나갔으며, 또한 자금을 조달하여 요새를 건조하거나 성벽을 보수하여 지역의 방어능력을 강화했다.

소송을 해결하는 것에서부터 공공시설을 지원하고 지역의 방어를 조직하

---

9) 강희제가 강희 11년(1672)에 반포했다. 이 조서는 매월 삭망일(朔望日 : 음력 초하루와 15일)에 동생(童生)이 송독하고 백성들에게 해설했다.

1. 효제를 돈독히 하여 인륜을 중시할 것.
2. 친족의 우의를 돈독히 하여 화목의 미덕을 보일 것.
3. 이웃과 화합하여 소송이나 갈등을 종식시킬 것.
4. 농사와 양잠에 힘써 의식(衣食)을 족히 할 것.
5. 근검절약을 숭상하여 재물의 낭비를 막을 것.
6. 학교를 융성하게 하여 선비들의 풍기를 단정히 할 것.
7. 이단을 축출하여 정통을 숭상할 것.
8. 법률을 적용하여 어리석고 완악한 자들을 경계할 것.
9. 예절과 겸양을 밝혀 풍속을 후덕하게 할 것.
10. 본업에 힘써 백성들의 뜻을 바로잡을 것.
11. 자제들을 훈도하여 비위(非違)를 행하지 못하게 할 것.
12. 허위 고발을 종식시켜 선량한 백성들을 보호할 것.
13. 범법자를 숨겨 연좌로 벌을 받는 일이 없게 할 것.
14. 세금을 완납하여 세금 독촉을 없게 할 것.
15. 보갑을 조직하여 강도나 도적을 소탕할 것.
16. 상호의 원한을 풀어 생명을 존중할 것.

는 것까지 신사는 고향지역에서 중요한 역할을 맡았으며, 정부와 지역주민 사이의 중재자 역할을 수행했다. 그들은 한편으로 관리를 대신하여 지방업무에 대한 기획을 짜고, 관리들이 지역주민들에게 풍요로운 삶을 제공할 수 있도록 했는데, 이것은 일반백성이 할 수 없는 일이었다. 신사는 주현관과 동등한 신분을 가지고 있었기 때문에, 그 지역 지방관[父母官]과 왕래할 때 일반백성들처럼 두려워하지 않고 자유자재로 왕래하면서 관청과 지역민 사이를 마치 고기가 물을 만난 듯이 양쪽을 서로 만족시켰다. 주현관이 공식적 권력을 대표한다면, 신사는 비공식적 권력을 대표했다. 평상시에는 쌍방의 권력의 근원이 동일한 정치질서에서 나오기 때문에, 서로의 이익이 일치했다. 그러나 간혹 이익의 추구에 충돌이 발생했을 때 신사는 그 지역에서 유일하게 힘을 가진 집단이기 때문에 관리와 대적할 수 있었다. 만약 이런 일이 더 이상 수습할 수 없는 지경에 이르게 되면 신사들은 힘을 합쳐 관청의 압박에 항의했다. 그러므로 중국 사회에서 신사가 가장 중요한 집단이었다는 것은 의심할 여지가 없다. 이따금 사람들은 중국을 "신사국가(紳士國家)"라고 했는데, 이는 결코 일리가 없는 견해는 아니다.

**과거시험**　중국 사회에 미친 신사의 거대한 영향력을 고찰하고 난 뒤에는, 한 개인이 신사가 되는 과정을 살펴볼 필요가 있다. 신사라는 명칭을 수여받으려면 과거시험에서 공명을 얻어야 했다. 여기서 팔고문(八股文)을 짓는 능력이 시험통과의 관건이었다. 팔고문은 엄정한 규범을 준수해야 하는 창작 풍격으로 인하여, 과거응시생에게 고도의 문자적 기교만을 요구할 뿐 광범위한 학식은 필요로 하지 않았다. 문장 첫머리는 2구(句)의 파제(破題)로 시작되고, 그 다음은 3구의 승제(承題)와 짤막한 기강(起講)으로 구성된다. 이어서 1구에서 3구 이내로 된, 해당 제목에 관해서 전문적으로 논하는 제비(提比)와 한 단락은 짧고 한 단락은 긴 4언(言) 혹은 6언으로 된 두 단락인 압운변체문(押韻駢體文, 허비[虛比]와 중비[中比])으로 구성된다. 그다음 문장은 천천히 후비단(後比段)으로 이어지다가 다시 힘차게 대결(大結)로 귀결된다. 이런 문자 표현형식의 분량은 360자에서 720자 내외였다. 이런 글을 성공적으로 잘 쓰려는 사람은 반드시 운율, 사조(辭藻), 서예 및 시문에 정통해야 했다. 단어의 빈약한 운용이나 조잡한 글자체는 그 사람이 기초가 부족하거나 심지어 무식하고 우둔하다는 것을 반영했으므로 그런 사람은 반드시 낙방했다. 과거는 동시, 향시, 회시 등의 몇 단계로 나누어 시행되었다. 동시의 참가자격을 획득하기 위해서 과거응시생은 반드시 1명의 신사가 그의 출신과 품행을 증명하는 보증서를 제출해야 했다. 동시는 3년마다 2번 실시되었는데, 매번 세 차례의 시험을 치렀다. 첫 번째 시험은 과거응시생 소재지의 지현이 주관했고, 사서(四書)[10]를 토대로 한 두 편의 "팔고문"과 12행으로 된 오언격률시(五言格律詩) 한 수를 지어야 했다. 대부분의 수험 생들은 첫 번째 시험에서 부적절한 단어 사용, 부적합한 운율, 유치한 글씨 체 등의 이유로 불합격되었고, 현시(縣試)에 합격한 수험생, 즉 동생(童生) 은 두 번째 시험을 치렀다. 두 번째 과거시험은 지부(知府) 혹은 즈리저우의 지주(知州)가 주관했다. 시험문제는 첫 번째 시험과 동일했는데, 그 이유는 요행히 현시에 합격하는 사람이 있는지를 확인하기 위해서였다. 이 관문을 통과한 동생은 뒤이어 각 성의 학정이 주관하는 원시(院試)에 참가했다. 관 부(官府)는 제3차 과거시험에 통과할 수험생의 정원을 미리 정해두었는데, 예를 들면 전국적으로 매번 2만5,089명만이 원시에 참가할 자격이 주어졌다. 이 정원 중에서 즈리 성의 수험생이 차지하는 비율이 가장 높았고(2,845명), 구이저우 성의 수험생이 차지하는 비율이 가장 낮았다(753명).[11] 이 수험생 중의 1퍼센트 내지 2퍼센트만이 원시의 관문을 통과하여 생원(세칭 수재[秀 才]) 명칭을 획득했다. 이 명칭이 있으면 신사계층에 들어갈 수 있었으나, 그들은 "하급신사"에 불과했고 평균연령은 24세였다. 가령 수명이 57세였다 고 가정하면, 그들은 신사의 신분을 33년 동안 누릴 수 있었다. 1850년 이전, 전국에는 52만6,869명의 문과 생원과 21만2,330명의 무과 생원이 있었으므

---

10) 『논어(論語)』, 『중용(中庸)』, 『맹자(孟子)』, 『대학(大學)』.
11) Chung-li Chang, pp. 73, 141-142.

로, 평균 74만 명의 생원이 상시 존재했던 셈이다.12)

생원은 부(府), 주(州), 현학(縣學)의 학생이 되었으며, 그들은 성의 관청에서 녹미(祿米)와 수당을 수령하여 한 단계 높은 과거시험을 준비하는 데에 썼다. 그리고 그 지방의 신사들은 그들에게 향시를 치르러 성부(省府)로 가는 데에 드는 여비를 제공했다. 3년마다 한 번 실시되는 향시는 주임 시험관 한 사람과 부주임 시험관 한 사람이 주관했으며, 이 두 사람은 황제가 진사에 오른 관료 중에서 선발했다. "회피법"에 따라서 이들 시험관들은 반드시 다른 성 출신이어야 했다. 그들은 8-18명의 과거시험관(방고관[房考官]이라고도 부름)의 협조하에 직무를 수행했고 과거시험관은 총독 혹은 순무가 본성(本省) 관리 중에서 선발했으며, 그들은 적어도 거인이어야 했다. 정부는 전국에 걸쳐 1,400명의 생원만이 향시에 합격할 수 있도록 허용했기 때문에 향시의 경쟁률은 매우 치열했다.

향시도 동시와 마찬가지로 세 차례의 시험을 쳤다. 시험은 대개 음력 8월 9일에 시작됐다. 시험일 하루 전날, 수험생은 공원에 들어간 후, 3일 동안 고사장에 갇혀 제목의 출처가 사서인 3편의 문장과 16행으로 된 오언시 한 수를 지었다. 8월 10일에 고사장을 나와서 11일에 다시 고사장에 들어가 두 번째 시험을 쳤다. 이 두 번째 시험은 제목의 출처가 오경(五經)13)인 5편의 문장을 짓는 것이었다. 13일에 그들은 다시 고사장을 나와 14일에 또다시 들어가 세 번째 시험을 쳤다. 세 번째 시험은 정무(政務)에 관련된 문장 5편을 짓는 것이었다. 16일에 그들은 기진맥진한 채 고사장을 나왔다. 과거시험의 결과는 그후 30일에서 45일 내에 발표되었다.

공원에서는 각종의 부정행위(특히 인맥을 이용하는 폐단)를 방지하기 위해서 아주 엄격한 조치를 취했다. 수험생의 모든 시험지는 밀봉되었고, 모든 과거시험관들은 채점 기간 동안에 격리되었다. 과거시험관은 비교적 우수한 시험답안을 정(正), 부(副) 주임 시험관에게 추천했으며, 그들에 의해서 최종

---

12) *Ibid.*, pp. 97-98.
13) 『시경(詩經)』, 『서경(書經)』, 『예기(禮記)』, 『역경(易經)』, 『춘추(春秋)』.

결정이 내려졌다. 시험결과를 발표하는 날, 주임 시험관은 순무 혹은 총독의 배석하에 합격한 수험생에게 황제의 명의로 거인 명칭을 수여했으며, 다음 날 총독 혹은 순무는 연회를 베풀어 그들을 환대했다.

향시의 시험지는 즉시 베이징의 예부로 송부되어 심의를 거쳐 보관되었다. 향시에 낙방했지만 상당한 조예를 보인 사람에게는 공생(貢生)이라는 명칭이 수여되었고, 그들은 고향에 돌아가 지역사회의 지도자 혹은 교사직을 맡으면서 다음 차례의 과거시험을 기다렸다. 거인은 금의환향했으며, 이로 인해서 가족들과 주현 사람들에게 영예를 안겨주었다. 이 행운아들은 고급 신사의 반열에 올랐고, 평균 연령은 31세였다. 거인은 성 아문[省衙]으로부터 제공된 여비로 3년에 한 번 베이징에서 실시되는 회시에 참가했다. 회시는 보통 이듬해 3월에 시행되었다.

회시도 세 차례 시험을 치렀다. 첫 번째 시험에서 수험생은 역사를 소재로 한 4편의 문장, 즉 3편의 논술문과 1편의 평론을 지었다. 두 번째 시험에서는 경전의 뜻에 관한 문장 4편과 오언율시(五言律詩) 한 수를 지었고, 세 번째 시험에서는 한 편의 정치논문, 즉 책론(策論)을 썼다.

회시의 결과는 30일 후에 발표되었고, 합격자에게는 공사(貢士)라는 명칭이 수여되었으며, 한 달 반 뒤에 치러지는 전시에 참가할 자격이 주어졌다. 전시는 황제가 직접 주관했으며, 14명의 고위관료들이 황제를 도와 시행했다. 이 시험은 한 차례만 치러졌으며, 수험생은 1,000여 자로 된 시무책(時務策) 1편을 썼다. 비록 문책(文策)의 내용이 중요하기는 했지만, 훌륭한 서예와 빼어난 문풍이 도입부에서 채점관의 주의를 끌어 좋은 인상을 줄 수도 있었다. 채점관은 가장 훌륭한 답안지를 황제에게 올리고, 황제는 주필(朱筆)로 답안지에 총평과 수험생의 등수를 기입했다. 전시 합격자에게는 진사의 명칭이 수여되었다. 그들은 세 갑(甲)으로 나뉘었는데, 일갑(一甲) 3명은 최고의 영예를 차지한 사람들이었으며, 이갑(二甲)은 나머지 합격자의 30퍼센트였고, 그 외 합격자는 삼갑(三甲)이었다. 황제는 어연(御宴)을 열어 그들을 축하했다. 일갑 3명은 상금 80냥을 받았으며, 나머지는 30냥씩 받았다.

진사의 평균연령은 34세 내지 35세였다. 정부는 10명당 1명만 회시에 합격할 수 있도록 정원을 제한했다. 1644년에서 1911년까지 모두 112번의 회시가 시행되었고, 2만6,747명에게 진사 명칭을 수여했다. 매번 회시마다 평균 238명을 선발했으므로, 매년 100명 정도를 선발한 것이다.[14]

보통 사람들은 부잣집 자제들만이 시험에 필요한 장기간의 학습을 준비할 수 있을 것이라고 생각한다. 물론 부유한 사람이 수업비용을 지불하기가 훨씬 더 수월하기는 했으나, 많은 빈천한 집안도 온갖 방법을 강구하여 과거에 합격한 지식인[士子]을 배출했다. 최근의 연구에 따르면, 명청 시기에 과거의 공명을 획득한 사람들의 사회분포는 매우 다양했던 것으로 밝혀졌다. 명대에는, 진사 중 47.5퍼센트가 조상 3대 모두 과거 공명이 없는 집안에서 배출되었으며, 2.5퍼센트는 조상 3대 모두 생원 이상의 관직을 해보지 못한 집안에서 배출되었고, 50퍼센트가량은 조상 3대가 모두 고위관료인 가문에서 배출되었다. 청대에는 진사 중 19.1퍼센트가 조상 3대 모두 공명이 없는 집안에서 배출되었으며, 18.1퍼센트는 1명 혹은 여러 명의 생원만을 배출한 집안에서 나왔다. 이 자료들에 따르면, 총 37.2퍼센트의 진사는 조상 3대의 교육 정도가 매우 낮거나 완전히 평민가문 출신이었고, 62.8퍼센트의 진사는 조상 3대 중 과거 공명이 없는 학자가문이나 관료가문 출신이었다.

과거 공명을 가장 많이 배출한 성은 장쑤 성과 저장 성이었는데, 청대에는 총 2만6,747명의 진사 중 장쑤 출신이 2,920명, 저장 출신이 2,808명이었다. 그다음은 즈리 성(2,701명), 산둥 성(2,260명), 장시 성(1,895명)의 순서였다. 저장에는 100만 명당 대략 130명의 진사가 있었고, 장쑤에는 100만 명당 93명이 있었다. 성내에서 과거 합격자가 가장 많은 부(府)는 저장의 항저우 부(杭州府)였는데, 청대에 1,004명의 진사를 배출했다. 강소의 쑤저우 부는 785명을 배출했다.[15]

출세와 영광의 관건은 재능과 학식에 달려 있었기 때문에, "모든 것은 다

---

14) Ping-ti Ho, *The Ladder of Success*, p. 189.
15) *Ibid.*, p. 114, 228~229, 247.

하품이고, 오직 독서만이 최고"라고 보는 경향이 점차 만연하기 시작했다. 어떤 학생은 과거시험 준비에 온 청춘을 바쳤고, 어떤 사람들은 불운하여 3년에 한 차례 치르는 과거시험에 열 번이나 낙방하기도 했는데, 이렇게 되어 사실상 자신의 일생을 바치게 되는 경우도 적지 않았다. 설사 과거에 합격한 사람이라고 하더라도 사고의 경직화와 정력의 소진 그리고 시달림으로 인해서 순종적이 되어 소심하고 평범한 관리가 됨으로써, 어떤 사건을 선동할 수 있는 위협으로 작용하지 못했다. 그래서 군왕이 매우 만족스러운 모습으로 "천하의 영재(英才)가 모두 나의 손안에 있다!"라고 말한 것도 이상하지 않다.

과거제도의 가장 큰 결함은 범위가 협소하고 실용성이 결여되었다는 점이다. 문재와 행정능력은 전혀 별개의 것으로, 한 가지 분야에 정통했다고 해서 다른 분야에서도 뛰어난 것은 아니었다. 팔고문 형식의 엄격한 준수는 사고를 경직화시켜 사상의 자유로운 발전을 억제했다. 아마도 가장 주된 원인은 과거시험이 유가의 가치관만을 강조했기 때문일 것이다. 과학, 기술, 상업, 공업 방면의 지식을 희생시키는 대가로 문학과 인문 영역의 성취를 장려했다.

한편, 과거제도는 비교적 지능이 높고 공무에 익숙한 사람을 선발하여 관리 승진을 위한 객관적이고 공정한 기준을 수립했고, 능력에 관계없이 가까운 사람만을 임용하거나 기타 사적인 영리를 도모하는 폐단을 감소시켰다. 과거제도는 사회의 모든 구성원들이 가문이나 재산이 아닌 자신의 노력으로 상류층에 진입할 수 있게 했으며, 이로 인해서 사회는 비교적 평등해질 수 있었다. 과거제도는 사회계층 간의 이동을 촉진하고 계급 간의 경계선을 약화시켰다. 전국 각지에서 온 각양각색의 생활배경을 가진 지식인들이 정부 안에 모여듦으로써 통일된 힘을 탄생시킬 수 있었다. 중국의 지식인들은 교양을 갖춘 관료집단을 조직했는데, 이 집단은 서양의 사상전통처럼 정부를 비판한 것이 아니라 정부를 지지했던 것이다. 곰곰이 따져보면, 과거제도의 우월성은 아마도 그것의 결점을 능가했던 것 같다.

　과거시험 합격은 신사의 신분을 취득하는 정도(正道)였으나, 그것이 결코 유일한 길은 아니었다. 감생(監生 : 국자감 학생 신분)은 돈으로 살 수 있었다. 어떤 경우에는 공생도 돈을 주고 살 수 있었다. 공생 등과 같은 학위를 산 사람들은 대개 돈이 많은 문인들이었으며, 그들은 정상적인 통로로 공명을 얻지 못했거나, 첩경을 통해서 사람들이 갈망하는 신사의 지위를 얻기를 희망하는 사람들이었다. 이렇게 학위를 산 사람들은 신사계층의 "비정규" 성원이어서 그들은 정규 성원들과 똑같은 명성과 영예를 누리지 못하고, 일반적으로 하급관직에만 머물 수밖에 없었다. 그러나 그들은 향시와 회시에 합격하여 신분을 정식 신사로 바꿀 수 있었다. 간혹 자질이 뛰어나고 부유한 동생들은 동시의 고난을 피하기 위해서 감생 학위를 돈으로 사서 향시에 참가할 자격을 얻기도 했다.

　그 외에 한 가지 더 언급해야 할 사실은, 청나라 때도 문관 과거의 공명과 대응되는 무과 과거의 공명도 있었다는 것이다. 그것들은 시험을 통해서 획득할 수도 있었고 돈으로 살 수도 있었지만 대부분의 군관은 군대 출신으로서 무과의 과거를 통해서 관직을 얻은 경우가 아니었으며 이들 군관들도 자신의 관직에 따라서 신사의 신분을 취득할 수 있었다.

　1850년 이전에 신사의 총수는 대략 110만 명이었는데, 그중 4,000명은 문무진사(文武進士)였고, 그 나머지는 다른 공명과 학위를 가진 사람들이었다. 동시에, 전국에는 총 2만7,000개의 관직, 즉 2만 개의 문과직과 7,000개의 무과직이 있었다. 정규절차를 밟은 공명 취득자들이 2만 개의 문과직 중 절반가량의 중요한 직위를 차지했고, 그다지 중요하지 않은 나머지 절반의 직위는 돈으로 공명을 산 비정규 인원에게 돌아갔다. 과거에 급제한 지식인의 수가 임명받을 실제 관직의 수보다 훨씬 더 많았기 때문에 대부분의 공명 취득자들은 오직 재야에서 대기하는 수밖에 없었다. 그러나 거의 모든 진사와 거인의 3분의 1가량은 모두 결원을 채울 수 있었고, 일부분의 공생과 생원도 결원을 채울 수 있었다.[16] 공명을 취득했으나 관직을 받지 못한 사람들은 신사 및 그 지역사회의 유지(有志)가 되었다.

## 사상조류

**청대 초기의 명대 심학에 대한 반격**  청대 초기의 사상계는 두 영역으로 나뉜다. 관부는 11세기와 12세기에 정씨(程氏) 형제와 주희(朱熹)[17]가 제창했던 송대 이학을 공개적으로 지지하고 후원했으며, 청 조정에서 관직을 맡은 한족 관리와 관직을 희망하는 한족 지식인들은 "송학(宋學)"을 공식철학으로 삼아 존중하고 숭배했다. 다른 한편으로, 중국에는 수많은 대명유신들이 있었는데 이들은 만주인을 위해서 일하기를 거부하고 "한학(漢學)"을 숭상했으며, 한학을 통해서 새로운 사상을 수립하여 반청 복명 대업을 추진하려고 했다.

청 왕조의 통치자들은 이학을 지식인[士人]을 끌어들이는 수단으로 삼았다. 지식인들은 일반적으로 중국의 지배계급이었기 때문에 그들을 통제하기만 하면 곧 백성들을 통제할 수 있었다. 모든 관료와 백성들에게 낭독하도록 요구했던 "흠정십육성유"는 충(忠), 순(順), 경(敬), 덕(德), 예(禮) 등의 유가 관념으로 충만했다. 청나라 통치자들은 만일 모든 사람이 잠언(箴言)을 따르고 사대부들이 다른 사람에게 본보기가 된다면 정부는 일을 잘 수행할 수 있다고 생각했다. 강희제는 송나라 사상가인 주희가 유가경전에 대해서 서술한 원만하면서도 법통에 맞는 주석을 특별히 추앙했다. 과거시험을 치를 때 사서오경에서 출제되는 문제와 답안은 모두 주희의 해석에 반드시 부합해야 했다. 강희제는 주희의 주석은 "천백년 절학(絕學)의 집대성이며, 우매한 자에게 지혜의 문을 열게 하며, 만대의 참뜻을 세울 수 있다"고 칭송했다.

서양에서는 일반적으로 성리학을 신유학이라고 칭하는데, 이는 유가, 불교, 도교의 각 요소를 조화시킨 사상으로서 구(舊) 유가의 윤리질서를 옹호하는 형이상학체계를 제공했다. 송대 학자들은 이기이원론(理氣二元論)을

---

16) Chung-li Chang, pp. 116-118, 대다수의 공명 획득자는 10-20년을 기다려야 관직을 받을 수 있었다. John R. Watt, "Leadership Criteria in Late Imperial China", Paper read before the 62nd annual meeting of the Pacific Coast Branch, American Historial Association, San Diego, August 28, 1969.

17) 정호(程顥, 1031-1085)와 정이(程頤, 1032-1107); 주희(1130-1200).

주장했는데, 그들의 주장에 따르면 만물은 모두 그것이 그렇게 된 바의 이
(理)를 가지고 있으며 그래서 미미한 나무 한 그루와 풀 한 포기라도 각기
그 나름의 이(理)를 가지고 있다는 것이었다. 만물의 이(理)는 모두 하나의
근원에서 나왔지만, 처한 위치에 따라서 이(理)의 쓰임[氣]은 달라진다는 것
이다. 인(仁)의 개념을 예로 들면, 군주는 반드시 인자해야 하고, 신하는 반
드시 윗사람을 공경해야 하며, 아들은 반드시 효도해야 하고, 아버지는 반드
시 자애로워야 한다는 것이다. 이처럼 인(仁)의 이(理)는 하나이나, 인(仁)의
쓰임[氣]은 아주 많다는 것이다.

주희는 이학사상을 하나의 체계적인 철학사상으로 만들었으며, 이(理)를
태극(太極)이라고 불렀다. "모든 천지만물의 이(理)는 곧 태극"18)이라고 했
다. 이(理)와 기(氣)의 이원 개념에 관해서, 그는 이(理)를 "만물의 근원", 기
(氣)를 "만물의 쓰임"이라고 칭했다. 양자는 결코 분리될 수 없고, 상충하지
도 않으며, 천하에 이(理) 없는 기(氣)가 없고, 기(氣)를 떠난 이(理)가 없다고
했다. 분명한 것은, 주희가 이(理)와 기(氣)의 이원 개념을 제기하기는 했으
나, 많은 사람들이 말하는 것과 같은 사물의 이원성(二元性)을 주장하지는
않았다.

송대 이학자들은 비록 형이상학적 경향을 띠고 있었으나, 그렇다고 유가
의 실천 방면을 소홀히 하지는 않았다. 그들은 이(理)를 반드시 준수해야 하
는 도덕법칙으로 보았고, "격물(格物 : 사물의 본질을 탐구하는 것)"과 역사
서를 읽고 경전을 익히는 것을 통해서 "궁리(窮理 : 이[理]를 인식하고 장악
하는 것)"할 것을 주장했다. 그들은 나아가 지식인[士人]들에게 "수신제가
치국평천하(修身齊家治國平天下)"의 포부를 실천하라고 독려했다. 설령 추
상적으로 이(理)를 토론할 때라도, 그들은 독서와 격물의 중요성을 강조했
다. 이 양자는 모두 실천을 요구하는 것이었다. 그러나 이학이 그 추종자를
흡수할 수 있었던 것은 주로 그것의 참신하고 계도적인 형이상학적인 면 때

---

18) Wing-tsit Chan, "The Evolution of the Neo-Confucian Concept Li as a Principle", *Tsing
Hua Journal of Chinese Studies*, New Series, IV : 2 : 139-141(Feb. 1964).

문이었지, 실천적인 면 때문은 아니었다.

이학은 결국 내용이 빈약하고 공허해지고 말았다. 명 시대(1368-1643)에 들어온 이후 이 학파의 이학자들의 경향은 총체적으로 추상적인 연구와 형이상학적인 논쟁에 치우쳐 있었다. 유가의 실천적인 면은 홀대받았으며 고전경서들은 방치된 채 도외시되었다. 학자들은 "심(心)"과 "성(性)"의 토론에 몰두하고 독서의 필요성은 강조하지 않았다.

철학자인 왕양명(王陽明, 1472-1529)은 자기의 심학(心學)체계를 세워서 주희의 이학에 대항했다. 왕양명은 불교의 선종(禪宗)과 송대 철학자인 육상산(陸象山, 1139-1193)의 영향을 받았는데, 육상산의 견해에 의하면 "우주는 바로 나의 마음이고 나의 마음은 바로 우주이다.……만물은 마음속에 빽빽하게 들어 있다. 마음을 가득히 채우고 발현하여 우주를 가득 채우고 있는 것 가운데 이(理) 아닌 것이 없다"는 것이다. 왕양명은 "마음이 곧 우주"라는 사상이 자신에게 아주 잘 맞는다고 여겼으며, 더 나아가 이 마음이 사욕에 의해서 가려지지 않으면 바로 이것이 천리(天理)이며 이것으로서 선과 악을 알 수 있다고 주장했다. 이로부터 왕양명의 "양지론(良知論)"이 발전되어 나왔으며, 이 이론은 천지만물은 모두 일체(一體)가 되는 인(仁)(천지만물이 하나가 된 상태를 인이라고 지칭/역주)을 가지고 있으므로 사람은 본심을 분명하게 드러내기만 하면 "양지"에 도달한다고 말한다. 이와 같이 왕양명은 고요한 가운데서 깨달은 것과 절실한 자기반성을 통해서 얻은 양지의 본성을 강조함으로써 주희의 "격물치지(格物致知)"를 대체했다. 그러나 반드시 지적해야 할 것은 왕양명은 결코 행(行 : 실천 활동)의 의의를 소홀히 하지는 않았다는 것이다. 천지만물의 주인인 마음[心]은 "항상 움직이는 것으로", 인간사에 적극적으로 개입해야 한다는 것이다. 효도의 양지는 양지에 이르는 것이 목적이 아니라 사람들에게 부모에게 효도를 하라고 촉구하는 것에 있다. 그러므로 지행합일(知行合一)이 매우 중요한데 즉 "지는 행의 시작이고 행은 지의 완성"으로서 지행합일은 자율(自律)과 자기 수양[自修]을 통해서 이룰 수 있다고 했다.[19] 왕양명은 행의 중요성을 강조했지만, 그의 철학은 형이상학적인 연구와 토론으로 나아가는 전체적 추세를 약화시킨 것이 아니라 오히려 한층 더 강화시켰다. 제자들은 독서를 가증스러운 것으로 생각하여 책을 버리고 아무런 목표가 없는 추상적인 대화에 깊이 빠지게 되었다. 훗날 왕양명의 추종자들은 주색(酒色)과 재물욕이 심지(心智)를 여는 데에 아무런 장애가 되지 않는다고 주장할 정도로 그의 가르침을 왜곡했으며 성과 술에 대한 탐닉이 양지의 자유로운 발휘라고 찬양했다. 이들 추종자들은 관계(官界)로 들어가기 위해서 결국 궁중의 태감(太監)에게 아첨했다. 사회의 도덕행위가 이처럼 땅에 떨어지게 되었을 때, 이 학파에 대한 반격은 필연적인 것이었다.

장쑤 성 우시의 동림서원(東林書院)의 일단의 엄격하고 진지한 학자들은 그들의 주의력을 추상적인 것에서 현실적인 것으로 환원시키고 개인의 반성에서 공적 업무로 환원시켜 사상계의 무책임과 도덕적 타락의 조류를 반전시키려고 했다. "도덕토벌"을 통하여 그들은 정치적 부패를 정정당당하게 규탄했는데, 불행하게도 이런 규탄으로 인해서 그들은 유력한 태감인 웨이중시엔(魏忠賢)으로부터 정치적으로 악랄한 박해를 받았지만 적어도 공공업무[公事]에 대한 학자들의 관심을 환기시켰다.[20]

청대 초기의 대유학자[大儒]들은 명 시대의 지식인[士人]들을 강렬하게 반대했을 뿐만 아니라 이들이 명대 말기의 사회풍조와 도덕적 타락 그리고 명나라의 멸망에 대해서 궁극적인 책임을 져야 한다고 생각했다. 대학자들은 지식인[士人]들을 일깨워서 송명학파(宋明學派)의 구속에서 벗어나게 하고, 직접 고대 경전을 통해서 진리를 탐구하도록 했다. 그리고 그들이 경세치용(經世致用)과 학풍을 바로잡을 것을 고취한 데에는 그들 자신의 현실적인 목표가 있었는데, 즉 만주족인 청조의 통치를 전복시키는 데에 유리한 건전한 학술분위기를 조성하는 것이었다.

---

19) Wing-tsit Chan, pp. 142, 213.
20) 동림당 운동에 대해서는 Charles O. Hucker, "The Tung-lin Movement of the Late Ming Period" in Fairbank(ed.), *Chinese Thought and Institutions*, pp. 132-162를 참조하라.

장쑤 성 쿤산의 꾸옌우(顧炎武, 1613-1682)는 명나라의 퇴폐적인 학술경향을 맹렬히 규탄한 인물이다. 그는 왕양명이 경서와 역사서를 도외시하고 사회현실에도 관심을 가지지 않고 문도들을 규합하여 심(心)과 성(性)을 강조했다고 주장했다. 그는 왕양명의 제자들을 "남의 말을 도용하여, 자신의 무지함을 숨기는 무식한 무리들"이라고 통렬히 비난하고 명대 지식인[士人]들의 저작은 모두 "남의 것을 도적질한 것"이라고 조롱했다. 그는 "양지론"이 사실상 혼란과 무질서의 근원이라고 비평했다. 그런데 주의해야 할 것은 꾸옌우가 주희 및 정이(程頤)와 정호(程顥) 형제를 직접적으로 비난한 적은 결코 없다는 것인데, 그 이유는 그는 이들 몇몇 학자들이 독서를 권장하고 격물치지를 제창한 것에 대해서 극찬했기 때문이다.21)

꾸옌우는 화북 지역을 두루 돌아다녔고 지리, 변방, 농경, 장사 등에서의 실제적 문제를 연구했다. 그의 10여 권의 저서 중에서 가장 큰 영향력을 가진 것은 『일지록(日知錄)』이다. 이것은 필기체로 쓰인 저작으로서 학문연구 분야에서 그의 필생의 역작이다.

청대 학술에 대한 꾸옌우의 중요한 공헌은 혁명적인 연구방법을 만들어낸 것으로 그것은 세 가지 뚜렷한 특징을 가지고 있다. (1) 창조성 : 꾸옌우는 『일지록』의 서문에서 "나는 어려서부터 글을 읽다가 깨달은 바가 있으면 기록해두었다. 그것이 타당하지 못하면 계속해서 고쳤으며 옛 사람이 이미 말한 것이라면 삭제해버렸다"라고 썼다. 꾸옌우의 저술 속에는 확실히 다른 사람의 것을 차용한 부분이 없다. (2) 실용성 : 공자가 백성들을 고난으로부터 구하려는 마음에서 육경을 저술한 것과 마찬가지로 꾸옌우는 "대저 글을 쓰며 육경의 취지 및 현세의 일과 관련이 없는 일은 일체 쓰지 않기로" 결심했다. 그는 학문과 세상사를 긴밀하게 서로 관련시키는 실용성을 강조함으로써, 명대 지식인[士人]들의 현실사회를 이탈한 공리공론(空理空論)의 태도와 선명한 대조를 이루었다. (3) 방대하고 상세한 인증 : 꾸옌우는 사실 하나

---

21) Liang Ch'i-Ch'ao, *Intellectual Trends in the Ch'ing Period* (『清代學術概論』), tr. from the Chinese by Immanuel C. Y. Hsü(Cambridge, Mass., 1959), p. 30.

하나를 철저히 따져서 인증할 만한 확고한 증거를 찾아내기 전에는 결코 함부로 결론을 내리지 않았다. 이리하여 그의 저작에는 주석이 대단히 많고 논술은 아주 깊이가 있으며 매우 해박하고 또 앞뒤가 잘 연결되어 있었다. 그는 원시자료와 2차 자료의 증거를 지극히 중시했으며 이 두 자료가 모두 없을 때는 차선의 방법을 모색했다. 그의 연구방법은 현대의 역사고증의 기준에 접근해 있었다.[22]

꾸옌우는 명대 학술사조를 광범위하게 비판하고 일종의 건설적인 새로운 연구방법을 제시함으로써 청대 학술[淸學]의 창시자로 추앙받았다. 바로 그의 창조적인 노력의 기초 위에서 일종의 새로운 박학(樸學)과 고증학(考證學)이 발전하기 시작했다.

또 한 사람의 중요한 인물은 왕푸즈(王夫之)인데 그는 인욕(人欲)과 천리(天理)의 관계에 대해서 매우 심오한 견해를 발표했다. 즉 "천리는 인욕 속에 있으므로 인욕이 없으면 천리를 볼 수 없다"는 것이었다. 청대의 가장 위대한 학자이고 사상가라고 부를 수 있는 따이전(戴震, 1724-1777)도 왕푸즈의 이런 관념에 근거하여 이후에 그의 유명한 인욕론(人欲論)을 제기했다.

왕푸즈의 역사와 정치에 대한 관념은 매우 현대화된 경향을 띠고 있어 사람들의 안목을 새롭게 한다. 그는 초자연적인 힘, 운수(運數)와 천명(天命) 또는 운세(運勢)가 역사의 전개과정에 영향을 미친다는 것을 부인하고 대담하게도 일종의 진화론과 점진론의 관점을 제기했다. 그의 견해에 의하면 역사는 질서가 있는 쪽으로 부단히 발전해나가며 이런 질서 정연한 전개과정은 필연적으로 이후의 역사시기에 영향을 미치지만 이전의 시기에는 영향을 줄 수 없다는 것이었다. 사람들이 당대(當代)의 일들을 처리할 때 시대마다 그 시대 자체의 특성과 필요성이 있기 때문에 과거의 제도와 조치를 회복시킬 필요가 없다는 것이다. 이러한 사회가 지속적으로 진보한다는 관념은 전통적인 역사순환론과는 뚜렷이 상반되는 관념인데, 역사순환론은 매우 잘

---

22) Liang Ch'i-Ch'ao, pp. 31-32.

다스려진 후에는 반드시 큰 혼란이 있게 마련이며 큰 혼란이 있은 후에는 반드시 잘 다스려지게 된다고 주장한다.

왕푸즈가 유물론자로 불리는 이유는 경제가 번영한 상태에서 가장 진보할 수 있다고 믿었기 때문이다. 그는 생활의 안녕과 기본요구의 만족, 천연자원 개발과 대내 및 대외무역을 제창했다. 국가는 인민의 행복을 주요 임무로 삼아야 할 뿐만 아니라 국가는 인민에게 속해야 하며 어떤 영웅이나 왕조에 속해서도 안 되고, 이민족 왕조에 속해서는 더욱 안 된다는 것이었다. 이민족이 중국을 통치하는 것은 절대 용인할 수 없고 불법적인 것이지만 한족이 오랑캐들을 억압하거나 살육하는 것은 아주 정당한 것이라고 했다. 왕푸즈의 풍부한 저작 속에는 민족주의와 반만(反滿)의 색채가 내포되어 있기 때문에 200년 동안 출판되지 못했다. 19세기 말엽에 이르러서야 비로소 개량파와 혁명파들이 이들 저작들을 공개적으로 배포했다.

청대 초기의 꾸옌우에서 왕푸즈에 이르는 이들 대가들은 명대의 공리공론과 형이상학적인 사조를 맹렬히 반대하여 일종의 새로운 학술분위기를 조성했다. 이런 분위기 속에서 고대 경전에 대한 연구, 많은 자료를 널리 인용하여 고증하는 것, 지식을 사회에 활용하는 것에 중점을 두게 되었다. 이들은 강한 회의 정신을 가지고 있었는데, 이로 인해서 그들은 역대의 학자들이 이미 인정한, 그 진실성에 아무런 의문의 여지가 없어 보이는 저작들을 자세히 점검하게 되었다. 고대 경전을 새로 연구하면서 그들은 이런 고대 서적들을 정확하게 이해하는 것에 대한 문제에 직면하게 되었다. 고대 어휘의 의미와 글자의 발음을 명확히 밝혀 그 음운을 재현하기 위해서 그들은 음운학, 문자학, 훈고학(訓詁學) 및 고대의 규정과 제도에 대한 연구에 몰두했고, 이 학문들은 경서를 연구하는 데에 불가결한 전제조건이라고 생각했다. 그들의 고찰은 그들을 고대 경문의 연구에 더욱 깊이 몰입하도록 했으며 청대 중기 고증학의 흥기를 위한 길을 닦아놓았다.

**청대 중기의 고증학**　고증학의 의미는 "그 사실을 고증한다"는 의미인데 어떤 때에는 "교감학(校勘學)"으로도 번역된다. 고증학은 고대 서적의 진위를 규명하고 그것의 원래 문자를 교감하는 학문이므로 실증연구학(實證研究學)이라고 번역하는 것이 더욱 적절하다. 이 학파의 학자들은 귀납식 고찰 방법을 사용하여 광범위한 자료 속에서 증거를 수집하고 이 증거에 불리한 각종 가설을 검증한다. 그들의 격언은 "확실하게 증명한 후에 믿고, 근거가 없는 것은 결코 쉽게 믿지 않는다"는 것이었다. 이 학파는 청대 초기에 흥기하여 청대 중기에 전성기를 이루었다. 수많은 고증학자들 중 가장 두드러진 두 사람은 오파(吳派)의 후이통(惠棟)과 휘파(徽派)의 따이전이다.

후이통(1697-1758)은 명문 경학자 집안에서 출생했고 그의 학풍은 한대(漢代) 저작에 대한 박식함과 그것의 전면적인 수용으로 유명했는데, 그는 한대는 고대에서 그다지 멀지 않기 때문에 한대의 서적을 비교적 믿을 만한 것으로 생각했다. 혜파(惠派) 학문의 지도사상은 "옛것은 반드시 진실된 것이고 무릇 한대의 것은 모두 훌륭하다"는 것이었다. 이런 사고방식에 따라서 후이통은 고서연구에 관한 몇 권의 저서를 냈다.23) 한학에 대한 숭상과 신뢰로 인하여 그는 한대의 대가들의 관점이 경전의 반열에 들어가도록 시도했다.

안후이성 슈닝 출신의 따이전(1724-1777)은 아마도 청대 학자 중 가장 위대한 학자일 것이다. 그와 후이통과의 관계는 스승과 벗의 사이지만 그의 학문하는 방법은 후이통과는 크게 달랐다. 후이통은 한학을 편애하여 기타 모든 저작들을 배척했지만 따이전은 어느 학파의 속박도 받으려고 하지 않았다. 그는 강력한 회의 정신을 품고 어떤 진술도 그대로 받아들이지 않았는데, 다시 말하면 "만일 믿기에 충분한 근거가 없으면 비록 성철(聖哲)이든 스승이든 아버지든 누구의 말도 믿지 않았다"는 것이다. 그는 자신의 저술에서 고도의 객관성을 유지했으며 사실의 진위를 규명할 때는 어떤 학파의 편도 들지 않았다. 그의 연구원칙은 "타인에 의해서 가려지지 않고 자신에 의해서도 가려지지 않는" 것이었다. 따이전은 학자들이 모든 사물에 대한 의존

---

23) 『구경고의(九經古義)』, 『역한학(易漢学)』, 『고문상서고(古文尚書考)』가 포함된다.

에서 벗어나기를 희망했다. 그는 한대 학자의 학문하는 방법을 존중했지만 어느 누구에게도 그것을 맹목적으로 추종할 것을 요구하지 않았다. 회의가 생길 때는 반드시 면밀히 고증하여 만족스러운 결과를 얻어야만 비로소 안심했다. 따이전은 투철한 분석과 비평적인 감별을 통한 고증 능력을 구비하고 있었기 때문에 연구수준을 새로운 지점으로 향상시킬 수 있었다. 다음 말은 그의 학문하는 정신을 아주 잘 반영하고 있다. 즉, "열 개를 알더라도 모두 거짓인 것보다는 진실인 하나를 아는 것이 더 낫다"는 것이었다.

따이전의 학식은 매우 광범위했으며 깊이가 있었다. 그의 전문연구 분야는 소학(小學, 傳統漢語學), 역산(曆算), 수리공정(水利工程)과 지리(地理)였다.24) 따이전은 만년에 고증학의 범위를 초월하여 대씨 철학(戴氏哲學)을 세우려고 했다. 그는 『맹자자의소증(孟子字義疏證)』이라는 걸작을 완성했는데, 이 저서에서 그는 정주(程朱)의 이학을 상대로 자기의 "욕학(欲學)"을 제기하려고 시도했다. 그는 송대 철학자들이 두 가지의 큰 죄를 지었다고 비난했는데 첫째는 도교와 불교교의를 유가학설 속에 혼합시킨 것이고, 둘째는 욕(欲)을 소멸하고 이(理)를 일으켰다는 것이다.

성인의 도(道)란 천하 사람들이 모든 정(情)을 표현하도록 하고 그들의 욕망[欲]을 만족시켜 천하가 다스려지게 하는 것을 말한다. 후대의 유학자들은 정을 유감 없이 완벽하게 발휘하는 것, 그것이 "이(理)"라고 하는 것을 몰랐다. 그들이 말하는 "이(理)"라는 것은 혹리(酷吏)가 말하는 "법(法)"과 동일하다. 혹리는 "법"으로 사람을 죽이고 후대의 유학자들은 "이(理)"로서 사람을 죽였다.

군자가 천하를 다스릴 때는 사람이 각기 그 정을 표현하도록 하고 또한 그 욕망을 실현하게 하면서 "도의(道義)"에 어긋나지 않게 한다. 군자는 자기를 다스릴 때 정과 욕이 도의와 일치하도록 했다. 대체로 욕을 억제하여 생긴 해독은

---

24) 그의 수많은 업적 중에서 다음 저작들은 특별히 중요한데, 즉 『성운고(聲韵考)』, 『이아문자고(爾雅文字考)』, 『원상(原象)』, 『고역사(古歷史)』, 『수지기(水地記)』, 『교수경주(校水經注)』이다.

하천을 막음으로써 생기는 해악보다 커서, 정을 끊고 지(智)를 제거하며 인의(仁義)를 질식시킨다.25)

따이전의 "욕학"이 왕푸즈의 영향을 받았다는 것은 의심할 여지가 없다. 따이전은 자신의 철학에 대해서 자부심이 대단했을 뿐만 아니라 『맹자자의소증』을 자신의 가장 만족스러운 저작이라고 말했다. 그러나 불행히도 그의 제자들 대부분은 이 책을 이해하지 못했기 때문에 이 책을 진지하게 연구하지 못했다. 그의 이 저서는 비록 청대 중기에 그다지 큰 영향을 끼치지는 못했지만, 따이전의 고증학에 대한 방법과 음운(音韻), 역산, 수리공정 등의 학문에 대한 공헌은 지대했으며 그의 고증은 한학의 범위를 훨씬 더 뛰어넘었다. 그러므로 따이전의 학파를 "한학"이라고 부르는 것은 그다지 적절하지 못하며 그것을 "청학(淸學)"이라고 부르는 것이 더욱 정확하다고 생각한다.

고증학은 청대 중기에 절정에 이르렀으며 중국의 학술계를 완전히 주도했다. 청 조정조차도 시의(時宜)에 맞지 않는 송학을 다시는 주창하지 않았다. 건륭제의 명으로 『사고전서』를 편찬한 사고관(四庫館)은 300명의 한학자들의 대본영(大本營)으로서 따이전도 그곳에 속해 있었다. 그들은 3,457부의 저작을 7만9,070권으로 편찬했다. 『사고전서총목제요(四庫全書總目提要)』 속에 있는 개요(槪要)들은 하나하나가 모두 한학자들의 소중한 연구성과를 나타내고 있다.

고증학자들은 투철하고 객관적이고 예리하고 개방적인 태도로 중화문화 유산의 거의 모든 방면을 새로 고찰했다. 그들의 착실한 연구와 소박한 문필로 인해서, 그들 역시 자신들의 저술을 "박학"이라고 불렀다. 고증학자들의 연구의 핵심은 여전히 경서였지만, 훈고, 음운, 역사, 지리, 제도나 위서변별(僞書辨別) 등의 학과에도 관여함으로써 한대(심지어는 더 오래 전의 시대) 이후의 헤아릴 수 없이 많은 고전문헌들에 대한 엄격한 고증이 이루어졌다.

---

25) Liang Ch'i-ch'ao, pp. 59-61.

그 결과 일부 해독하기 어려운 고대 서적들을 읽을 수 있고 이해할 수 있게 되었고, 일부 위서들의 실체가 밝혀졌으며, 일부 유실되었던 전적(典籍)들이 세상에 새롭게 모습을 드러내게 되었다.

청대 학자들은 늘 자신들을 한학자라고 불렀으며 그들이 하는 학문을 한학이라고 불렀다. 그들이 한(漢)이라는 인상적인 명칭을 사용한 이유는 의심할 여지없이 송학을 억누르기 위한 것이었다. 그러나 실제로 경서를 존중하고 많은 서적을 널리 읽고 주해(註解)를 다는 그들의 습관은 송대 학자들의 독서 정신과 상당히 일치했다. 만일 완전히 객관적인 입장에서 보면 청학과 송학이 뚜렷이 상반된다고 말할 수 없는데, 양자의 구별은 주로 연구방법의 상이함에 있지, 학문하는 정신에 어떤 실질적인 차이가 있는 것은 아니었다. 사람들은 또한 청학의 범위가 한학보다 훨씬 더 광범위하기 때문에 청학과 한학을 동등하게 간주하지 않는다. 어떤 사람은 청학은 한학의 기치를 내걸고 송학의 정신을 실행했다고 암시적으로 말하고 있다.

사람들은 고증학파의 공과우열(功過優劣)을 고찰할 때, 그들의 목표가 급격히 전환된 것으로 인해서 놀라움을 금하지 못할 것이다. 청대 초기의 대유 학자들은 경세치용학을 제창했지만 청대 중기에는 완전히 학문을 위한 학문에 치중하여 경세치용의 관념은 도외시되었다. 이런 태도의 전환은 물론 대부분 반만 저술(反滿著述)로 인해서 발생한 문자옥에 기인한 것이었다. 학자들은 순수한 학문과 고서들의 더미 속에서 피난처를 찾았으며 이렇게 하여 정치적으로 비교적 안전했고, 학술적으로도 더욱 많은 수확을 거두었다. 고증은 일찍이 청대 초기의 학자들이 이를 일종의 명 왕조의 부흥[復明]의 수단으로 삼았지만 청대 중기에 이르면 그 자체가 일종의 목적이 되었다. 재능과 지혜가 있는 인사들이 고전경문에 대한 탐구와 평론과 주석에 몰두했을 때, 그들은 사회현실과의 접촉을 포기하게 되었으며 그 결과 국가는 실천경험을 갖춘 지도자를 상실하게 되었다. 이렇게 다시 조성된 사상적 무책임은 간접적으로 정치적인 부패를 부추기게 되었지만, 정치부패는 바로 청초의 학자들이 서둘러서 바로잡으려고 하던 폐단이었다.

　　총체적으로 보아 청대 학자들은 풍부한 중화문화유산을 새로 평가하고 정리했지만 새로운 사상을 건립하지도 못했고 어떤 중요한 철학학파도 창립하지 못했다. 그들은 근면하고 헌신적인 중국문화의 해석자이며 정리자들이었지만 창조적인 건설자는 아니었다. 량치차오는 복고사조를 명에서 송, 한, 선진(先秦)으로 한걸음씩 거슬러올라가면서 평하기를 "청대 학술은 그 이전의 2,000여 년간의 학술을 실제로는 거꾸로 거슬러올라가 전개한 것이다. 마치 봄의 죽순을 벗기는 것처럼 벗기면 벗길수록 중심에 가까워졌다"26)고 했다. 량치차오는 복고운동을 유럽의 문예부흥에 비유하고 있는데, 이런 비교는 물론 약간 무리라고 생각되지만 청대 학자들의 노력에 의해서 우리들이 중화문화유산의 보고(寶庫) 속에 들어가는 일이 비교적 용이해졌다는 사실은 부인할 수 없다.

---

26) Liang Chi-ch'ao, p. 14.

**5**

# 대외관계

명말 청초에 유럽인들이 중국에 들어오기 시작했다. 거의 같은 시기에 러시아인들도 시베리아를 넘어 만주 접경지대에 도달했지만 이 둘 사이에는 어떤 연관성도 없었다. 동서양 간의 이런 미증유의 접촉이 이루어짐에 따라서 중국과 외부세계가 관련된 새로운 시대가 시작되었다.


## 서구인의 도래

지리상의 발견 시기의 유럽은 새로운 모험정신이 충만했으며 제국의 탐욕, 비기독교 세계를 향한 기독교의 선교에 대한 열정, 향료무역의 상업적 추구 등이 유럽인들의 모험정신을 더욱 고취시켰다. 항해가 헨리 왕자(1394-1460)의 후원 아래 포르투갈 선장들은 사람들에게 잘 알려지지 않은 아프리카 대륙을 탐험하기 시작했다. 1487년 바르톨로메우 디아스가 희망봉을 돌았다. 수년 후인 1492년에 에스파냐의 후원을 받은 콜럼버스가 반대 방향으로 항해했는데, 이 항해에서 뜻하지 않게 아메리카 대륙을 발견했다. 포르투갈과 에스파냐 간에 경쟁이 아주 격렬해지자 교황 알렉산더 6세가 나서서 1493년 5월 3일과 4일에 유명한 칙령을 발표했다(이 칙령들은 1년 후에 토르시델라스 조약에서 정식으로 확정되었다). 이 칙령에 의해서 두 나라는 아직 탐사되지 않은 지역을 나누어 가졌는데, 포르투갈은 브라질과 대부분의 동양의 비기독교 세계를 획득했고, 에스파냐는 아메리카 대륙의 대부분, 태평양, 필리핀과 말루쿠 제도를 얻었다. 이 탐사범위의 분할에 따라서 바스쿠 다 가마가 희망봉을 돌아서 인도에 도착하여 동양 세계로 가는 항로를 개척했고, 이로 인해서 포르투갈인, 에스파냐인, 네덜란드인, 영국인들도 잇따라 아시아로 들어왔다.

**탐험가와 상인**  그 시대에 지리탐험가와 제국건립자 사이에는 별 차이가 없었다. 아폰수 드 알부케르크는 1510년에 고아, 1511년에 말라카를 점령하여 동양에서 포르투갈 제국의 초석을 마련하고, 말레이시아와 동인도제도의 향료생산지로 통하는 항로를 장악했다. 포르투갈인은 말라카에서 중국 상인들을 처음 만났는데, 이 중국 상인들은 비단, 도자기, 진주를 싣고 와서 향료, 생강, 방향제, 금사(金絲)와 교환했다. 포르투갈인들은 중국으로 갈 계획을 세우기 시작했다. 1516년 라파엘 페레스트렐루는 유럽식 범선을 타고 중국에 도착했고 이 무역에서 큰 이익을 얻었는데, 아마 그는 중국에 모습을 드러낸 첫 번째 포르투갈인이었을 것이다. 중국인은 포르투갈인을 “퍼우랑지[佛狼機]”라고 불렀는데, 이것은 아라비아인들이 유럽인들을 부르던 “페링기(弗林吉, Feringhi)”가 와전된 것이다. “페링기”라는 명칭은 십자군 운동 시기에 이슬람 교도들이 십자군을 칭한 “프랑크스(Franks)”에서 유래했다.

 1517년 포르투갈 국왕이 토메 피레스를 사신으로 명나라에 파견하고, 고아 시장인 페르낭 단드라데에게도 중국 연해를 측량조사하도록 명령했다. 그래서 이 두 사람은 그해 9월에 함께 배 8척을 거느리고 중국 광저우에 도착했다. 그들은 중국에 도착하자마자 배 위에서 우레와 같은 예포(禮砲)를 쏘았는데, 이것은 그들이 중국에 도착하고 나서의 첫 번째 행동이었으며, 중국인들은 이 예포의 의미를 몰랐기 때문에 몹시 놀랐다. 그럼에도 불구하고 중국 총독1)은 상당히 우호적으로 그들을 맞이하고, 상촨다오(서양인들이 부

---

1) 천진(陳金).

르는 성 요한 섬)에 정박하는 것을 허락했다. 많은 포르투갈인들이 잇따라 상촨다오, 랑바이와 마카오에 들어와 거주했다. 1535년, 포르투갈인은 중국 관리에게 로비를 하여 마카오에서 화물을 건조할 수 있는 정식 동의서를 얻어냄으로써 그 지역에서 거주하며 무역할 수 있는 법적 인가를 획득했다. 포르투갈인은 매년 선박화물에 대한 2만 냥의 관세를 납부하는 것에 동의했으며 해마다 1,000냥의 임대료를 지불했고 1582년(?)에 이르러서는 그들의 수차례의 요구에 따라서 임대료를 500냥으로 낮추었다.[2] 중국은 결코 마카오 영토를 할양하지 않았지만 1557년에 포르투갈은 마카오를 식민지로 간주하여 스스로 관원을 임명하여 관할했다. 명 정부는 이에 항의하지 않고 오히려 1573년에 마카오의 좁은 지협을 따라서 성벽을 구축하고 군사를 파병하여 수비하도록 했다. 표면적으로는 중국 노동자 납치를 방지하기 위한 것이었으나 실제로는 포르투갈인들을 감시하고 그들의 근거지 확장을 제한하기 위해서였다. 이런 행동은 포르투갈인들의 마카오 점거를 승인한 것이나 다름없었다. 포르투갈인들이 마카오를 확실하게 점거하면서 그들은 광저우에서의 중국의 대외무역을 독점했으며, 다른 외국인들이 그 가운데에서 이익을 함께 나누는 것을 배제하려고 노력했다.

포르투갈 선단이 말라카와 동인도 지역의 향료무역에서 가지고 돌아간 부(富)는 에스파냐인들에게 군침을 흘리게 했다. 콜럼버스의 신대륙 발견으로 에스파냐인들은 서쪽으로 계속 항해하여 신대륙의 최남단을 돌면 동양에 이를 수 있다고 믿었다. 1519년 에스파냐 국왕 카를 5세에게 충성하는 포르투갈 탐험가 페르디난드 마젤란은 5척의 배를 거느리고 신대륙 동해안을 따라서 남쪽으로 항해하여 태평양으로 진입했다. 33개월 동안 항해하여 루손 섬(이후에 필리핀 군도로 칭함)에 도달함으로써 유럽 선박으로서는 처음으로 미주 대륙에서 동양에 이르는 항행노정을 완성했다. 마젤란과 그의 대부분의 수행원들은 현지 원주민들에게 살해당했으며 요행히 살아남은 사람들만

---

2) 郭廷以, 『近代中國史』(臺北, 1963), 제1권, pp. 117-118.

이 1522년에 인도양과 희망봉을 거쳐서 에스파냐로 돌아갔다.

이어 에르난 코르테스가 멕시코를 정복함에 따라서 에스파냐인들은 아시아로 통하는 거점을 마련했다. 1564년 미구엘 로페스 데 레가스피는 펠리페 2세의 명을 받들어 멕시코를 출발하여 루손을 점령한 뒤 그 지역의 지명을 필리핀 군도로 바꾸었고 마닐라를 수도로 정했다.

이때 많은 중국인들은 에스파냐가 점령한 이 지역에서 이윤이 풍부한 무역업에 종사하고 있었다. 그러나 해적과 관련된 문제가 갈수록 심각해졌는데, 1574년 중국 해적인 린펑(林鳳)은 62척의 전함과 2,000명의 부하를 인솔하고 마닐라를 공격했다. 에스파냐인들은 그들을 물리치고 더 나아가 그들의 선박들을 모두 불태워버렸는데, 이리하여 이 해적을 추격하여 섬멸하기 위해서 어명으로 푸젠을 출발한 중국 수군제독은 매우 감격했다. 에스파냐는 이 기회를 놓치지 않고 중국과의 관계를 발전시키기 위해서 중국 제독을 마닐라로 초청했다. 1575년 두 명의 성 아우구스투스 수도회의 선교사3)로 구성된 에스파냐 사절단은 중국 수군을 따라서 함께 푸젠으로 돌아왔는데, 이것이 양국 간의 첫 번째 공식적인 접촉이었다. 중국 당국은 에스파냐 사절단을 융숭하게 대접했다. 아울러 에스파냐인들의 푸젠과 저장의 연해 지역에서의 상거래를 허락했지만 마카오에 있는 포르투갈인처럼 거주지를 가지는 것은 허락하지 않았다. 그때부터 푸저우, 샤먼, 취안저우, 마닐라, 멕시코 그리고 에스파냐 사이의 무역은 번창하기 시작했다.

필리핀은 멕시코의 관할로 귀속되었기 때문에 교역에 쓰이는 화폐로 멕시코 은화를 사용했다. 에스파냐와 페루의 은화도 사용된 적이 있지만 수량이 비교적 적었다. 이것이 멕시코 은화가 중국의 개항지에 유입된 것의 시작이다. 에스파냐인들이 루손으로부터 왔기 때문에 중국인들은 그들을 "루손인[呂宋人]"이라고 불렀고 때로는 "퍼우랑지"(즉 프랑크스[Franks])라고도 했다. 왜냐하면 주로 중국인들이 에스파냐인과 포르투갈인을 구별하지 못했기

---

3) 헤로미네 마린(Geromine Marin)과 마르틴 드 라다(Martin de Rada).

때문이다. 1626년, 에스파냐는 타이완의 지룽을 습격하여 이 땅을 빼앗았고, 단수이에 무역과 선교활동의 근거지를 세웠다. 이들은 1642년에 네덜란드인들에게 쫓겨나기 전까지 줄곧 이곳에 있었다.

네덜란드인은 1604년 중국에 들어왔는데, 이는 에스파냐보다 약 30년, 포르투갈보다 90년이나 늦은 것이다. 네덜란드인들이 적극적으로 중국에 진출하게 된 요인은 바로 그들의 민족주의 정서와 프로테스탄트 개혁정신이었다. 네덜란드는 일찍이 에스파냐의 통치를 받았지만, 1581년에 이들의 통치에서 완전히 벗어났다. 그 때문에 포르투갈도 통치했던 에스파냐 국왕 펠리페 2세는 1594년 네덜란드인이 리스본 항구에 들어가는 것을 금지하는 벌을 내려 이들이 향료무역에서 얻는 이윤을 빼앗아버렸다. 그래서 네덜란드인들은 직접 동인도에 진출하기로 결정했고, 오랫동안 동양에서 포르투갈인과 일하던 네덜란드인 J. H. 판 린스호텐은 이들에게 상업활동에 필요한 자문을 제공했다. 1595년 암스테르담 상인은 민영의 성격을 띤 동인도회사를 설립하고 동양으로 가는 항로를 탐사했다. 1596년, 코르넬리위스 하우트만은 가장 먼저 수마트라 섬과 자바 섬을 향해서 출항했다.

1602년 네덜란드 동인도회사가 정식으로 설립되면서, 정부로부터 군대 보유와 해외 영토 식민지화, 그리고 동양 여러 나라와 개전할 수 있고 강화를 맺을 수 있는 권리를 부여받았다. 네덜란드는 포르투갈에게서 수마트라 섬, 자바 섬, 몰루카 제도를 빼앗았으며, 도쿠가와 막부 정부가 통치하던 일본과 통상할 수 있는 권리를 획득했다. 1619년 위대한 기획가이자 제국 창건자인 얀 피터르스존 쿤은 자바 섬에 바타비아 정부를 세웠으며, 이 정부는 네덜란드의 동양 무역의 중심지가 되었는데 네덜란드의 사업은 인도에서 일본에 이르는 방대한 지역에 걸쳐 이루어지고 있었다.

명 왕조 시기에 네덜란드인은 포르투갈인에 의해서 광저우에서 배제되었지만, 1644년 청 왕조가 세워지자 네덜란드인은 무역을 재개할 수 있을 것이라고 기대했다. 1656년 네덜란드는 자바 섬에서 두 명의 사절4)을 베이징으로 파견했다. 두 사람은 조공사신의 신분을 받아들이고, 순치제에게 머리를 조아려 절하고 예물을 공물로 진상했다. 청 조정은 네덜란드인들이 8년에 한 번씩 광저우를 거쳐서 중국으로 들어와 조공할 수 있도록 윤허하고, 사절단의 규모는 선박 4척과 사절 100명으로 제한했으며, 그중 20명은 베이징에 들어올 수 있도록 허락했다.

네덜란드의 타이완 통치는 1642년에 시작되었지만, 1662년에 갑자기 종료되었다. 이해에 줄곧 샤먼을 근거지로 중국 연해지역을 공략하던 대명유신 정성공이 타이완을 공격하여 네덜란드인을 쫓아냈던 것이다. 1683년에 청 조정은 타이완을 평정한 이후 네덜란드인들에게 광둥과 푸젠에서 상업활동을 할 수 있도록 허가했으며, 5년마다 한 번씩 조공을 바치도록 했다.

엘리자베스 1세 시대의 영국인들은 영토 확장의 야심으로 가득차 있었기 때문에, 향료무역 경쟁에서 낙후되고 싶지 않았다. 영국 여왕은 1600년에 영국 동인도회사의 발기인들로서 동인도무역에 종사하던 런던 지사와 상인들에게 15년을 기한으로 하는 특허장을 발급해주었다. 이후 제임스 랭커스터와 존 데이비스는 선박 5척으로 이루어진 함대를 이끌고 수마트라 섬과 자바 섬으로 들어갔는데, 이것은 바로 동양에서의 영국 상업제국의 시작을 알리는 것이었다. 이로부터 동인도회사는 신속히 주된 무역거점에 "상관(商館)"이라는 기구를 세웠다. 영국인들은 동인도에서 네덜란드인과 이권 때문에 충돌했고, 마카오에서는 포르투갈인과 대적하고 있었기 때문에, 주의력을 인도에 집중했다.

중국인이 포르투갈인과 에스파냐인을 구분하지 않고 "퍼우랑지"(프랑크스)라고 했듯이, 영국인과 네덜란드인 모두를 "홍모(紅毛)"라고 불렀다. 그래서 중국인들은 네덜란드인들이 공해상에서 저지른 노략질임에도 불구하고 영국인에게 분노를 표출했다. 그 밖에도 마카오에 있는 포르투갈인들은 오랫동안 광저우 무역을 독점하려고 온갖 계략으로 영국인들을 비방했다. 이리하여 중국인은 처음부터 영국인에게 극단적인 반감을 가지게 되었다.

---

4) 피터르 데 호이어(Pieter de Goyer)와 야콘 데 케이서르(Jacon de Keyser).

강희제는 타이완을 평정한 후 항해금지령을 해제했고, 1685년 광저우, 장저우(푸젠 성 소재), 닝보, 그리고 윈타이산(강소 성 소재) 네 곳에 세관을 설치했다. 이 항구들 중에서 광저우는 동남 아시아에 근접해 있었기 때문에 가장 번성했으며, 1699년 이곳에 영국 상관이 설치되었다.

프랑스는 동양에서 이익을 얻어보려고 시도했지만 내부 알력으로 어려움에 봉착했다. 1604년에 국왕 앙리 4세는 프랑스 인도회사에 15년간 동인도와 독점무역을 할 수 있는 특허장을 발급해주었다. 이 회사가 아무런 성과도 내지 못하는 상황에서, 얼마 후 이 회사와 경쟁하는 조직이 등장했다. 이 조직은 주로 네덜란드인을 고용하여 그들의 선단을 운영했다. 1719년에는 모든 동양 무역을 인도회사라고 불리는 새로운 기구에 위임했다. 1728년 이 조직은 광둥에 상관을 설립했지만, 18세기 내내 프랑스의 무역업은 보잘것없었다.

요컨대, 중국 내의 외국 상인들은 대부분 이익만을 좇던 모험가들과 교양 없는 거친 사람들이었으며, 체면도 없고 난폭하고 방자한 이들의 행동거지로 인하여 외국인은 문명의 교화를 받지 못한 오랑캐라는 관념을 중국인들에게 강하게 심어주게 되었다. 비록 이들을 달가워하지는 않았지만, 중국이 그래도 이들을 용인해준 주된 이유는 그들을 이용하여 황제가 먼 나라에서 온 외국인을 덕(德)으로서 회유하는 표시로 삼으려고 했기 때문이다. 자급자족으로 자만심에 가득 찼던 중국인들은 외래 상품에 대한 필요성을 인정하지 않았다. 연해의 몇몇 작은 지역에 국한되어 활동하던 외국 상인들은 중국 사회에 아무런 긍정적인 역할을 하지 못했다. 중국인들에게 비교적 큰 영향을 주었던 사람들은 오히려 선교사들, 특히 예수회 선교사들이었다.

**선교활동** 동양으로 향하는 신항로가 발견됨으로써 종교개혁 이래 줄곧 침체기에 빠져 있던 천주교회의 교인들도 외국으로 나가서 신앙을 전파하려고 했다. 1540년 성 이냐시오 데 로욜라가 창립한 예수회(Society of Jesus)는 특히 동양에 복음을 전파하는 데에 열중했으며, 이런 열정은 신설된 수도회라면 당연한 것이었다. 성 프란시스코 사비에르는 일본에 먼저 천주교를 전파한 이후에 중국인들을 천주교에 귀의시키고자 하는 꿈을 안고 중국으로 갔지만, 희망으로 가득 찼던 그는 1552년에 중국의 문턱에서 죽음을 맞이하게 되었다. 민법 박사학위를 가진 이탈리아 국적의 예수회 선교사인 알레산드로 발리냐노는 교황 바오로 4세의 로마 교황청에서 봉직한 바 있으며, 1573년에 (중국과 일본도 포함한) 동인도의 모든 예수회 선교단의 포교장으로 임명되었다. 1574년, 그는 41명의 예수회 수사들과 함께 리스본을 떠나 1577년에 마카오에 도착했다. 발리냐노는 특출한 자질과 뛰어난 재능을 가진 사람으로, 중국 선교활동에 필요한 규정을 새로 제정했다. 그는 당시의 선교활동과는 다르게 기독교를 외래 종교로 간주하여 귀의자들에게 세례명과 서양식 복장을 강요하지 않고, 오히려 기독교가 효모처럼 서서히 중국에 스며들어 내부로부터 중국을 개조해야 한다고 생각했다. "유럽 지상주의"는 문화의 수용에 자리를 양보해야 했다. 재중 예수회 선교사들은 스스로 "중국화[漢化]"되고, 중국인 신자들이 "포르투갈화"되지 않게 하기 위하여 중국어로 읽고, 쓰고, 말하라는 명령을 받았다.[5] 이탈리아 국적의 선교사인 미켈레 루지에리와 마테오 리치가 선두 주자로 파견되어, 이런 정책과 사비에르의 미완의 사업을 이어나갔다.

　루지에리와 마테오 리치는 1583년 광둥 자오칭(肇慶)에 정착했다. 이들은 효과적으로 선교활동을 펼치기 위해서 중국식 복장으로 갈아입고, 중국어를 배웠으며, 중국식 행동거지를 받아들이고, 유가의 도덕신조를 연구했다.[6] 이들의 가장 중요한 목적은 신도를 얻기 위한 것이 아니라, 중국 사회에서 기독교가 수용될 수 있는 기반을 확보하는 것이었다. 그들은 매년 세례 받는 사람들의 수가 몇 배로 증가하는지 하는 통계적인 성과를 억지로 추구하지 않았으며, 오히려 널리 인간적인 공감대를 형성하여 기독교의 이상과 관념

---

5) George H. Dunne, S. J, *Generations of Giants: The Story of the Jesuits in China in the Last Decades of the Ming Dynasty*(Notre Dame, 1962), p. 17.
6) 그러나 지적해야 할 것은 그들은 송대 이학을 반대하여 그것은 거짓이 뒤섞인 철학형식으로서 공자의 가르침을 왜곡했다고 여겼다는 것이다.

을 전파하는 데에 주력했다. 중국어와 중국 문화에 대한 지식, 천문과 산술과 지리, 그리고 다른 과학적 영역에 대한 조예를 바탕으로 그들은 비교적 개화한 중국 사대부들과 친교를 맺었다. 중국인들은 자명종과 천문관측기구 등 서구식 기계와 투시 회화기법 및 서양식 조각에 대해서 깊은 인상을 받았다. 마테오 리치는 중국인들이 우주의 구조에 대하여 무지하다는 것을 알고는 세계지도를 제작했는데, 부주의하여 미국 대륙을 왼쪽에, 유럽을 중앙에, 아시아를 오른쪽에 그렸다. 그러나 이것은 실수였는데 왜냐하면 이것은 중국이 세계의 중앙이라는 국가관에 도전한 것이었기 때문이다. 그래서 이 지도는 바로 인정을 받지는 못했다. 다행히 이런 잘못은 쉽게 시정되었는데, 즉 마테오 리치는 당시 중국인들처럼 지구가 평평하다(네모이다)고 굳게 믿은 것이 아니라 지구가 둥글다는 것을 알고 있었기 때문에 지도를 수정하여 중국을 중앙에 그려넣었다. 결국 이 지도가 중국인들의 높은 칭찬을 받으면서 중국에서 널리 전해지게 되었으며, 동시에 선교사들에게도 높은 명성을 얻게 해주었다.

이와 동시에 루지에리는 포교를 위해서 라틴어로 『교의문답록(敎義問答錄)』이라는 책을 썼다. 이 책은 마테오 리치와 다른 한 사람의 중국 학자의 도움하에 중국어로 번역되어, 1584년 『천주성교실록(天主聖敎實錄)』이라는 제목으로 출판되었다. 이 책은 아마도 중국에 등장한 최초의 기독교 문헌일 것이며, 하느님의 존재 및 그 특성, 영혼불멸, 자연법, 세례성사(洗禮聖事) 등을 논하고 있다.

루제리와 마테오 리치는 내방한 중국인들과 종교문제를 성심성의껏 토론하기는 했으나 처음에 두 사람은 매우 신중하게 학자와 과학자로 행세했는데, 그들은 다른 사람을 귀의시키는 것은 최종 목표이므로 급히 서둘러서는 안 되며 그럴 시에는 일을 그르치게 될 수도 있다는 사실을 분명히 알고 있었기 때문이다. 마테오 리치는 중국 문화에 정통한 박식한 학자, 저명한 세계지도 제작자, 산술 및 천문과 기타 과학진리의 교사 역할을 성공적으로 해냈고, 천주교 전도사 신분은 맨 나중의 일이었다. 마테오 리치는 자오칭과 사오저우에서 15년 동안 머물고, 난창과 난징에서 5년 동안 머물면서 수많은 사대부 유명인사들과 친분을 맺었다. 그후 1601년 황제의 은총을 구하러 베이징으로 갔다. 그는 황제에게 많은 선물을 바쳤는데 그중에는 누가(路加)가 성모(聖母)를 가리키고 있는 성화의 복제품, 성모의 품에 안긴 아기 예수와 세례자 요한이 함께 있는 성화 한 점, 천주교 기도책 한 권, 진주가 상감된 십자가 하나, 망원경 두 개, 피아노 한 대, 시간을 알려주는 시계 두 개와 만국지(萬國志 : 세계지도) 한 폭 등이 포함되어 있었다. 아울러 마테오 리치의 친구와 추종자7)의 윤색을 거친 한문으로 된 상주서가 이상의 선물과 함께 헌상되었다. 이 상주서는 찾을 수 있는 가장 훌륭한 서예가를 초빙하여 옮겨 쓴 것으로, 마테오 리치는 상주서에서 이렇게 밝혔다. "멀리서 중국의 덕화(德化)와 문물에 관한 명성을 듣고, 제가 그 은혜를 조금이라도 받고자 고국을 떠나 먼 항해 길에 올라 3년 후에야 비로소 광둥에 도착했습니다. 중국 각지에서 어언 20여 년이나 머물면서 중국 문자와 경전을 익혔습니다. 오늘 직접 궁궐로 와서 멀리서 온 저의 의(義)를 숭상하는 진심을 전하며 귀국을 위해서 일할 수 있기를 바랍니다." 그는 또 덧붙이기를, "어린 시절부터 도(道)를 구하여 아직까지 결혼하지 않았기 때문에 얽매이는 것이 전혀 없고 달리 바라는 바도 없습니다"라고 했고 또한 "저의 나라에서 뛰어난 학자로서의 명성과 지위를 획득했으며 천문과 지리와 지도 제작과 역법과 수학에 정통했습니다. 만일 황상께서 보잘것없는 저를 버리지 않으시어 황상의 앞에서 저의 우매함을 펼칠 수 있다면 그 부름에 감격을 이기지 못할 것입니다!"라고 했다. 마테오 리치와 그 일행은 회동관(會同館)에서 훌륭한 예우를 받았다. 그들은 비록 황상을 만나지는 못했으나, 베이징 거주를 허가받아 황제에게 중국에서의 포교활동을 비준해주도록 요청할 수 있게 되었다.

마테오 리치의 전략은 평화적인 문화침투 방식이었으며, 이로써 중국인의 편견 및 의심에서 발생하는 쓸데없는 충돌을 피할 수 있었다. 그는 이런 방

---

7) 류둥싱(劉東星). 이 사람은 공부상서(工部尙書)와 도찰어사(都察御史)의 직함을 가지고 있었다.

법을 통하여 우수한 천주교인을 얻어내는 데에 목적이 있었기 때문에 실효성 없는 세례의식을 행하지 않았다. 현실주의적인 사고방식에 따라서, 그는 하느님의 은혜는 결코 거저 얻을 수 있는 것이 아니라 인간의 활동을 통해서 얻을 수 있는 것이라고 생각했다. 따라서 그는 태감의 비위를 맞추는 행위도 타당하며, 이는 기독교 사업에 도움이 된다고 생각했다. 이 방법을 통해서 마테오 리치는 베이징의 지위가 높은 사대부들 중에서 친구와 추종자를 급속하게 얻어냈다. 그 안에는 내각대학사[8] 한 사람, 이부상서[9] 한 사람과 예부상서[10] 한 사람 등의 고관귀족이 포함되어 있었다. 가장 잘 알려진 귀의자는 물론 공부사사(工部司事) 리즈짜오(李之藻, 세례명 레오, 1630년 사망)와 한림원학사 쉬광치(徐光啓, 세례명 폴, 1562-1633)이다. 쉬광치는 이후 내각대학사로 승진했다.

학자와 과학자라는 명성을 가진 마테오 리치의 집에서 수많은 추종자들이 과학, 철학, 종교에 관한 해박한 강의를 들었다. 그를 방문하는 사람들은 매일 20-100명에 달했고, 그의 거처는 손님들로 북적거렸다. 그의 일생 중 마지막 9년간은 최고의 전성기였다. 그는 중국인들과 벌써 매우 친숙해졌기 때문에 중국인들은 그를 더 이상 서양인으로 대하지 않고 중국인으로 대했다. 그러나 그는 이런 명망과 영예로 인한 대가를 지불했다. 그는 베이징에서 매일 계속되는 과중한 업무로 건강을 잃어 1610년 사망했다. 그의 사명은 몇몇 독실하고 포교사업에 열성적인 예수회 전도사들에 의해서 계승되었다.[11]

천주교는 중국에서 매우 번창해갔다. 신도 수가 1640년의 6-7만 명에서 1651년에는 15만 명으로 급증했다.[12] 1642년에 50명의 봉호를 받은 귀부인들이 기독교인이 되었다. 계왕이 칭제(稱帝)하며 청에 항거할 당시, 그의 황

---

8) 선이꽌(沈一貫).
9) 리타이짜이(李泰載).
10) 펑치(馮琦).
11) 그들 중 가장 저명한 인물로는 디에고 데 판토이아(Diego de Pantoia), 사바티누스 데 우르시스(Sabbathinus de Ursis), 율리우스 알레니(Julius Aleni), 아담 샬 폰 벨, 페르디난트 페르비스트, 토마스 페레이라, 장-프랑수아 제르비용, 미셸 브누아스트가 있다.
12) Dunne, pp. 212, 314.

후와 왕자, 동태후 및 서태후 그리고 고급관리 몇 사람도 천주교를 신봉했다. 태후 중 한 사람인 세례명 헬레나는 1650년 교황 인노첸시오 10세에게 서신을 보내기까지 했으며, 또다른 태후는 예수회 회장에게 서신을 보내어 대명(大明)의 사직을 위해서 기도해줄 것을 부탁했다.13)

청 왕조는 예수회 전도사들이 명 왕조를 위해서 일했다는 이유로 그들을 징벌하지는 않았다. 사실상 종교에 크게 경도되어 있던 순치제는 여러 해 동안 전도사들과 밀접한 관계를 맺었고, 특히 아담 샬 폰 벨에게 호의를 보여 그를 궁중 역법사에 임명하고 많은 은혜와 존호를 하사했다. 1653년 아담 샬 폰 벨은 영광스럽게도 "통현교사(通玄教師)"라는 봉호를 수여받았고, 1657년에는 "흠천감감정(欽天監監正)"이라는 관작을 하사받았다. 1656-1657년 간, 순치제는 그를 24번이나 방문했으며, 1657년에는 아담 샬의 관저에서 연회를 베풀어 자신의 생일을 경축했다. 이듬해에 아담 샬은 일품광록대부(一品光祿大夫)에 임명되었다.

강희제 초기에 상황은 다소 반전되었는데, 이때 본국의 조정백관들은 서양인이 중국에서 고위직을 차지한 것을 매우 불만스럽게 생각했다. 그리하여 섭정대신 오보이는 아담 샬의 흠천감감정 직위를 한족 역법사 양광시엔(楊光先)으로 대체했다. 그러나 강희제의 친정 후, 1669년에 양광시엔을 해임시키고 F. 페르비스트를 흠천감감정에 임명했다. 강희제는 서양 과학과 수학에 열중하여 예수회 전도사들을 자주 불러 이 분야에 관한 강의를 들었다. 이때는 서학과 기독교가 중국에서 가장 창성한 시기였다. 전국 각지에 교회가 세워졌고, 신도 수도 꾸준히 증가했다. 물론 전망이 매우 밝았지만, 그럼에도 얼마 가지 않아 교회 내부의 분열로 인해서 지금까지의 모든 성과가 모두 수포로 돌아갈 가능성이 있게 되었다.

**예수회 영향의 쇠락 : 예절풍속 분쟁**　마테오 리치와 그의 추종자들은 중국인의

---

13) 서신을 전달해준 사람은 폴란드 국적의 예수회 선교사인 미하우 보임(Michał Boym)이었다.

정감과 습속이 교회의 기본교리와 상충하지만 않으면 중국인과의 마찰을 피할 수 있을 것이라고 생각했다. 그들은 이미 있는 중국어 용어로 기독교 개념을 표현했으며, 유가의 도덕개념과 기독교 학설을 연계시켰고, 중국인의 공자제례와 조상 제사의식에 간여하지 않으려고 애썼으며, 신도들이 존경을 표하는 의미를 띤 고두례를 행하는 것을 허용했다. 기본적으로, 그들은 지리상의 발견 이래로 기타 대다수의 종교단체에서 유행했던 "유럽 지상주의"를 거부하고 문화적 조화 원칙을 채택했다.

프란체스코와 도미니크 등 일부 "유럽 지상주의" 수도회는 비기독교 문화를 사악한 것으로 간주하여 이런 문화상의 용인은 기독교 원칙에 대한 배반이라고 보았다. 이 수도회들의 전도사들은 예수회 전도사들이 로마 천주교 신앙의 완전성을 손상시키고 중국의 기독교인들을 오도했다고 비난했다. 프란체스코와 도미니크의 신부와 수녀들은 중국인의 민감한 정서 및 현지환경을 감안하려고 하지 않았고, 유럽과 에스파냐의 속지(屬地)에서 준수한 교회 법률과 습속 일체를 신앙원칙과 함께 신도들에게 요구하려고 했다.

1634년, 도미니크 수도회 수사 프란시스코 디아스와 프란체스코 수도회 수사 프란시스코 데 라 마드레 데 디오스가 중국에 들어왔다. 3년 후 그들은 프란체스코 수도회의 또다른 수사인 가스파르 알렉스다와 회합했다. 그들은 그들이 보고 들은 것에 대해서 크게 놀랐는데, 즉 베이징 예수회 교회에 걸린 예수와 12사도의 그림 속에서 예수와 12사도들이 신발을 신고 있는 것, 그리고 교회 안에 예수를 받들어 모시는 제단과 황제를 위한 제단이 2개 마련되어 있는 것이었다. 그들은 예수회의 수사들이 예수와 사도의 모습을 왜곡했으며 이교의 황제를 구세주와 동등한 위치에 놓았다고 비난했다. 그들은 중국인들이 맨발을 한 사람들에게 어떤 느낌을 가지는지 전혀 알지 못했고, 이 교회를 지은 것은 황제가 마테오 리치에게 하사한 하사품으로서, 예수회 수사들이 황제에게 감사를 표시하기 위하여 "황제 만세"라고 쓰인 나무판 편액을 탁자 위에 놓아두었다는 사실을 이해하려고 애쓰지 않았다. 프란체스코 수도회와 도미니크 수도회 수사들은 다음과 같은 죄상을 들어 예수회 수사를 비난했다. (1) 기독교의 용어를 적절하게 사용하지 않은 것, (2) 조상과 망자 그리고 공자에게 제사 지내는 것과 같은 중국인의 이상한 의식을 용인한 것, (3) 공자의 축출을 거부한 것, (4) 교회법을 공포하지 않고 예수의 수난 사적을 널리 알리지 않은 것 등이었다.

중국어로 기독교 사상을 표현하는 문제가 논쟁의 주요한 쟁점이었다. 마테오 리치는 서양의 용어를 음역하지 않고, 중국어에서 가장 비슷한 어휘를 선택하여 기독교의 개념을 표현했다. 예를 들면, 라틴어 "gratia"는 "꺼라지아"로 음역하지 않고 천은(天恩) 혹은 성은(聖恩)으로 번역했다. 그는 중국어의 천(天)의 개념을 기독교의 God의 개념과 동일시했는데, 이렇게 됨으로써 천주(天主) 혹은 상제(上帝)는 God 혹은 Lord와 같고 천사(天使)는 angel과 같으며, 영혼은 soul과 같게 되었다.[14]

의례와 풍속에 관한 쟁론은 더욱 첨예한 문제였는데, 마테오 리치와 예수회 수사들은 조상의 위패 앞에서 행하는 예는 경애와 존경을 표시하는 방식으로 간주해서 집 안에 조상의 이름을 적은 위패를 놓고 그 주위에 꽃, 향촉, 향로를 놓는 것을 허용했다. 그들은 중국인들이 결코 그들의 조상이 이 위패에 깃든다고 생각하지 않았으며, 조상에 대한 의례와 풍속은 다만 개인의 존경과 효를 표현하는 하나의 예절행위일 뿐 그 안에 어떤 미신적 성분도 들어 있지 않다고 생각했다. 마찬가지로 마테오 리치는 분향 역시 다만 종교적 의미를 가지지 않은 사회적 습속으로 생각했다. 기타 수도회의 수많은 선교사들은 조상의 위패와 망자의 관 앞에서 절을 하는 것은 일종의 숭배행위로 오직 하느님만이 향유할 수 있다고 생각했지만, 예수회 수사들은 이것을 하나의 의식을 존중하고 예를 표시하는 상징으로서 그 뜻은 슬퍼하는 유가족을 위로하고 애도를 표하는 것이며 어떤 종교적 의미도 가지지 않는다고 해석했다. 그들은 자녀들이 부모에게 절을 하거나 신하가 황제에게 절을

---

14) 여기에서 덧붙여 설명하려고 하는 것은 이 방법은 그 자신의 수도회 내에서 약간의 반대에 직면했는데, 롱고바르도 같은 소수의 예수회 수도사들은 차라리 라틴어 Deus의 음역으로 상제(上帝)를 택하기를 원했다는 것이다.

하는 행위는 아무런 종교적 의미나 신을 모독하는 뜻을 포함하고 있지 않다고 보았으며, 예수회 수사들 역시 황제가 하사하는 상품을 받을 때나 황제의 성지(聖旨)를 받을 때도 절을 했던 것이다. 그들은 수재라는 칭호를 수여할 때 만세(萬世)의 사표(師表)인 공자에 대한 관례적인 존경을 나타내기 위해서 공자에게 지내는 간단한 제사의식을 허용했다. 그러나 예수회 수사도 넘어서는 안 되는 한계를 그어놓고 있었는데, 그것은 중국의 천주교 신자들이 정중하게 거행되는 공자의 제사의식에 참여할 수 없다는 것이었다. 왜냐하면 공자에게 제사를 지낼 때 희생의식을 치르기 때문이었다. 조상에 대한 제사를 성대하게 거행하는 것은 가로막지 않았으나, 지전(紙錢)을 사를 수 없었으며 망자에게 기도를 하거나 호소해서도 안 되었고, 망자의 영혼이 올린 공품을 흠향(歆饗)함으로써 이익을 얻게 된다는 생각을 표시해서는 안 된다는 조건을 반드시 붙였다.[15]

예수회 수사들이 이런 결의를 하게 된 까닭은 중국 지식인 계층의 대부분의 사람들이 예규(禮規)를 준수하는 것을 신하의 도리를 엄격하게 지키는 구성부분으로 간주한다고 믿고 있었기 때문이다. 예수회 수사들은 의례와 풍속을 금지하는 일은 사람들이 기독교도가 되는 것을 가로막을 것이고, 평화적으로 침투하는 책략을 무효화시킬 것이며, 기독교는 중국 사회 내부에서 묵묵히 작용하는 효모가 되지 못하고 오히려 중국의 생활방식과 서로 적대적인 관계에 놓이게 될 것이라고 생각했다. 그리하여 1656년에 교황은 예수회 수사가 규정한 조건 아래서 예의와 풍속을 지켜나갈 수 있음을 윤허하는 칙령을 내렸다.

그러나 의례와 풍속 문제는 조용해지지 않고 계속하여 유럽의 사상계와 종교계를 곤혹스럽게 하는 뜨거운 논란거리가 되었다. 일단의 가장 주요한 신학자들과 철학자들도 논쟁에 참여했으며, 이 논제를 둘러싸고 262부의 저서가 출간되었고 그 밖에도 책으로 출판되지 않은 저서가 100여 부에 이르

---

15) Dunne, pp. 292.

렀다. 1704년 교황은 입장을 바꾸어 의례와 풍속을 금하고, 천 혹은 상제라는 용어를 사용하여 "God"을 표시하는 것을 금지시켰으며 "천주"라는 용어를 사용하는 데에 동의했다.

1715년 교황 클레멘스 11세는 「엑스 일라 디에(Ex Illa Die)」("이날부터"라는 의미/역주) 칙서를 공포하여 의례와 풍속을 금하는 입장을 다시금 밝히고, 위반자는 교회에서 제명시키겠다고 경고했다. 이 칙서로 인하여 황제와 교황 사이의 긴장이 더욱 고조되었다. 분쟁이 심화되는 것을 피하기 위하여 강희제는 과학자와 궁정 역법사 등과 같은 장인을 제외한 모든 선교사들을 일률적으로 본국으로 돌려보내기로 결정했다. 비록 이와 같은 조칙이 비록 엄격하게 시행되지는 않았지만, 선교사의 지위는 점점 더 불리해졌으며 옹정조에 이르러서는 더욱 악화되었다. 새로 황위에 오른 옹정제는 선교사들이 일찍이 강희제의 아홉째 아들을 지원하여 그와 제위를 다투도록 했기 때문에 예수회 선교사들을 좋아하지 않았다. 그는 선언하기를 "중국에는 중국의 종교가 있고, 서양에도 역시 서양의 종교[敎法]가 있다. 서양의 종교를 중국에 전파할 필요가 없으니 이는 마치 중국의 종교를 서양에 전파할 이유가 없는 것과 마찬가지이다"라고 했다. 옹정제의 통치하에서 천주교 금지령이 훨씬 더 엄격하게 시행되었다.

1742년에 교황 베네딕토 14세는 재차 의례와 풍속을 금지하는 입장을 천명하여, 중국에 거주하는 선교사들이 비록 생존할 수 없을 정도는 아니지만 지극히 곤란한 지경에 처하도록 만들었다. 그리하여 그들의 사업과 영향은 침체 상태에 빠졌다. 1773년 예수회가 해산됨에 따라서 중국에서의 천주교가 보여준 감동적인 정신은 깨끗이 사라져버렸다.

**서양 과학기술의 도입** 명 왕조 말기에서 청조 중기에 이르는 사이에 약 500명의 예수회 수사들이 중국에 들어왔으며 그중 80명은 문화교류에 중대한 공헌을 했다. 중국인들은 그들로부터 대포 주조법, 역법, 제도법, 산술, 천문, 대수, 기하, 지리, 예술, 건축, 음악을 배웠다. 이와 동시에 예수회 수사들도 중화문명을 유럽에 소개했다. 이것은 근대시기에 이루어진 중국과 서양의 첫 번째 접촉으로서 중국에 현대화의 기회를 제공했다. 예수회 수사들의 과학기술에 대한 중요한 공헌을 열거하면 아래와 같다.

  1. 대포 주조 : 중국인들은 네덜란드인들로부터 처음으로 대포를 알게 되었고 곧 그것을 홍이포(紅夷炮 : 붉은 오랑캐의 포)로 명명했다. 중국인들은 너무도 오만했기 때문에 이런 서양 무기를 채용하려고 하지 않았다. 그 결과 1592-1597년 일본이 조선을 침략한 전쟁에서 낭패를 보았는데, 그 당시 일본 침략자들은 대포를 사용했다. 얼마 후에 만주인의 세력이 부상하는 위협을 받자, 명 조정은 교만함을 거두고 1622년에 마카오에 있던 예수회 수사를 초빙하여 명나라 군대를 위해서 대포를 주조하도록 했다. 천주교 활동에 대한 금지는 자연히 완화될 수밖에 없었다. 1642년 아담 샬은 초청을 받고 대포를 주조하러 왔으며, 대포 주조의 책임자인 중국 관원에게 기술을 가르쳤다. 그는 20문의 시험용 대포를 주조하여 황제에게 칭찬을 받았으며 다시 황제의 명을 받고 500문의 대포를 주조했다. 아담 샬은 또 화포(火炮) 주조와 조작, 포탄, 광산 개발 및 화포 등에 관한 책을 저술했다. 그의 지도 아래 쉬광치, 리즈짜오 등의 중국인들이 대포 주조의 기술을 습득했다.

  2. 역법 : 예수회 수사들은 중국인에게 화포 외에도 새로운 천문과 역법에 관한 지식을 전수해주었다. 중국에는 병용했던 역서(曆書)가 두 가지 있었는데, 하나는 류지(劉基)가 원대 역법을 기초 삼아 수정한 대통력(大統曆)이었고, 다른 하나는 회력(回歷)이었다. 마테오 리치는 이 두 가지 역서의 내용이 모두 부정확하며 시대에 뒤떨어졌다고 지적했다. 마테오 리치의 몇몇 일행도 역법술에 능통했다. 1629년 쉬광치의 추천에 따라서 조정은 예수회 수사 롱고바르도와 테렌츠를 역서(曆署)에서 근무하게 했다. 테렌츠가 1630년 봄에 사망한 뒤에 아담 샬이 그의 후계자로 임명되었는데, 그의 업적은 테렌츠보다 훨씬 더 뛰어났다.

  선교사들은 천문기기를 만들었으며 중국 관원들을 지도하여 천문도표와 대수표를 번역했다. 1643년 일식이 발생했을 때 그들의 계산 결과가 조정의 역법사들보다 훨씬 더 정확하다는 것이 증명되었다. 그래서 조정은 예수회 수사의 역서(曆書)를 받아들이는 데에 동의했지만, 암암리에 이에 반대하는 조신(朝臣)들도 적지 않았다.

청이 명을 대체한 후, 새로운 왕조의 첫 황제인 순치제는 아담 샬을 궁정 역법사로 임명하고 역서(曆署)를 흠천감에 귀속시켰다. 이 직책들을 맡은 예수회 수사들은 봉록과 관저를 하사받았고, 아담 샬은 앞서 언급한 것처럼 오랫동안 황제의 총애와 존중을 받았다. 그런데 아담 샬이 강희제에게 200년간의 역서를 올린 것으로 인해서 큰 불행이 초래되었다. 서양에 배타적이었던 역법사 양광시엔이 아담 샬의 역서는 청조가 오직 200년밖에 유지될 수 없다는 것을 암시하는 것이라고 탄핵했다. 양광시엔은 이 구실을 계기로 삼아, 아담 샬의 역법 계산에는 오류가 있으며 백성들에게 그릇된 설을 유포한다고 비난했다. 강희제의 유년기에 전권을 휘둘렀던 오보이는 아담 샬의 행위가 극히 타당하지 않다고 선포하고, 1664년 말에 그를 감옥에 가두었다. 황태후의 간여로 인해서 아담 샬은 겨우 목숨을 보전할 수 있었다. 한편, 양광시엔은 이때 흠천감감정으로 승진하여 옛 역법을 다시 사용했다. 그러나 얼마 후에 그는 일식이 일어나는 시간을 계산할 때 큰 실수를 저질렀다. 1665년 5월 아담 샬은 출감했으나 그는 이미 노쇠한 데다가 중풍에 걸려 1년 후 세상을 떠났다. 1669년 양광시엔이 해직된 후 페르비스트가 흠천감감정을 맡았다. 그 이후 1838년까지 이 관직은 계속해서 서양인이 맡았다.[16]

3. **지리조사 및 측량가 지도제작**: 1708년에서 1715년 사이에 강희제의 지원을 받은 프랑스인 예수회 수사 조아심 부베는 일단의 선교사를 이끌고 청 제국의 지리를 조사, 측량했다. 그들이 수집한 자료를 근거로 1716년 중국

---

16) 양광시엔은 『不得己書』라는 논저에서 그의 입장을 변호하고 있는데, 그는 이 글에서 솔직하게 "중국에 좋은 역법이 없는 것이 중국에 서양인이 있는 것보다 더 낫다"고 말하고, 또 "그들의 측량기구가 우수하고 또한 무기가 우수한 것은 우리의 잠재적인 걱정거리가 되기에 충분하다"고 운운하고 있다. 이런 논조는 물론 불합리한 말이지만 에스파냐가 필리핀을 정복하고 도쿠가와 막부 초기에 천주교의 일본에서의 영향력이 급격히 상승한 사실을 보면 이해할 수 있다.

각 성의 상세한 지도 한 권이 제작되었다. 강희제는 이 지도를 매우 자랑스럽게 여겨 『황여전람도(皇與全覽圖)』라고 명명했다. 이 지도는 경도와 위도가 표시된 최초의 중국 지도이다.

4. 기타 활동 : 예수회 수사들은 기타 서양 학문도 소개했다. 마테오 리치와 쉬광치는 유클리드의 『기하학원론(幾何學原論)』을 번역했으며, 마테오 리치와 리즈짜오도 수학책을 번역했다. 로, 그리고 쉬광치는 아르키메데스의 평면 및 구면삼각법에 관한 저서를 번역했다. 알레니는 기하학, 삼각법, 지리학에 관한 책을 썼다. 테렌츠는 인류생리학론을 썼고, 토마스 페레이라는 음악책을 썼으며, 아담 샬은 광학과 망원경의 원리에 대해서 저술했다. 아리스토텔레스의 철학과 투시 회화기법도 소개되었다.

그리고 또 선교사들은 한학을 유럽에 소개했다. 마테오 리치가 사서(四書)를 이탈리아어로 번역한 후에 이그나티우스 데 코스타, 프로스페르 인트로센타, 필리프 쿠플레가 라틴어로 번역하여 1687년 파리에서 출판했다. 1682년 쿠플레가 교황에게 예수회 수사들이 번역한 400여 부의 중국 전적을 헌상했다. 유럽인들은 처음으로 중국 문화가 광범위하고 심오하다는 것을 깨달았다. 스피노자, 라이프니츠, 괴테, 볼테르, 애덤 스미스 등과 같은 대학자들과 대사상가들은 중화문명의 숭배자가 되었다.17) 계몽운동 시기에 볼테르, 돌바크, 디드로는 중국인의 생활에 대한 이성적 태도, 그리고 종교와 완전히 분리된 정부에 대해서 칭찬했다. 예술방면에서 로코코(Rococo) 운동은 루이 14세 시기의 부자연스럽게 만들어진 바로크 예술형식에서 유럽을 해방시켰는데, 이는 어느 정도 중국의 영향을 받은 것이었다. 이탈리아인들, 네덜란드인들, 독일인들은 중국식 도자기를 모조(模造)했다. 프랑스에서 생산된 중국식 양단은 당시 유행하는 진품이었다. 석교(石橋)와 인공 산 그리고 금붕어가 있는 중국식 정원이 크게 사랑받았다. 특히 켄트 공작의 큐 식물원은 우아한 중국 풍격으로 인해서 유명해졌다.

---

17) David E. Mungello, *Leibniz and Confucianism: The Search for Accord*(Honolulu, 1977).

**중국의 현대화 기회 상실**  예수회 수사들은 서양 문명의 견본을 중국에 가져왔지만, 중국의 현대화를 추진시키는 촉매 역할은 하지 못했다. 선교사들은 서학을 대표하는 한 줄기의 희미한 빛으로 일부 진보적인 사대부들 사이에서 미약하게 깜빡이는 존재였을 뿐, 다른 어떤 곳도 비추지 못했다. 그들은 기껏해야 변화시킬 수 없는 중화문명에 미미한 진동을 가져다주었을 뿐이었다. 중국의 사대부는 전체적으로 자국 문화유산의 비범함을 자부했기 때문에 외래 학문을 흡수해야 할 필요성을 인정하지 않았다.

그 밖에도 이런 과학기술이라는 신지식을 가지고 들어온 예수회 수사들은 사실 과학자가 아닌 종교인이었다. 천부적인 자질을 가진 수십 명의 선교사 외에, 대다수의 선교사들은 문화전도자로서의 능력에 한계가 있었다. 그들은 유럽 문명을 광범위하게 보여주었다기보다는 오히려 단지 중국인의 관심을 끌 수 있는 서양 과학의 일부를 소개했을 뿐이다. 이런 단편적인 소개조차도 18세기 중엽의 선교운동이 제재를 받으면서 가로막혀버렸다. 이로 인해서 예수회 수사들의 노력의 미약함과 유가 사대부들의 종족중심적인 자만심 그리고 외래로부터의 자극에 대한 중국 문화의 둔감성은 이 시기에 중국의 모든 현대화의 진전을 가로막아버렸다.[18]

아이러니컬하게도, 마침 서학이 중국에서 쇠약해진 이후 서양에서는 정치, 경제, 사회, 과학 영역에서의 거대한 진전이 있었다. 미국 혁명, 프랑스 혁명과 영국에서의 중대한 개혁들은 근대 민주제도 흥기의 근간을 마련했다. 그리고 산업혁명은 기술발전, 민족주의, 해외로의 확장, 자본주의와 제국주

---

[18] 선교사의 한계성은 그들 자신이 보기에도 너무나 뚜렷했다. 사바티누스 데 우르시스와 롱고바르도는 저명한 천문학자와 수학자들을 모집하려고 많은 노력을 했지만, 예수회 회장은 이런 천재들을 유럽에서 모집할 수 없음을 느꼈다. 예수회 회장은 3명의 뛰어난 수학자인 그레고리 세인트 빈센트(Geogory St. Vincent, 1584-1667), 크리스토퍼 샤이너(Christoper Scheiner, 1575-1650)와 존 사이샛(John Cysat, 1588-1657)이 중국에 가서 선교활동을 하겠다는 신청을 거절하면서 말하기를 "하느님의 더욱 큰 영광과 본회의 이익을 위해서 그들은 유럽에 거류하면서 수학 연구에 전념하는 것이 더욱 바람직한 일이다. 그렇게 함으로써 그들은 중국에 있는 그들의 제자들에게 힘입어 그들이 친히 할 수 없는 일을 할 수 있을 것이다"라고 했다. 이에 대한 상세한 상황에 대해서는 Pasquale M. D'Elia, *Galileo in China*(Cambridge, Mass., 1960) pp. 21-24를 참조하라.

의의 신시대를 예시했으며 유럽에는 진보의 기운이 충만했다. 이와 반대로, 중국의 사대부들은 과거의 번영 속에서 행동의 지침을 찾기 위해서 고대 경전의 연구에 몰두했다. 유럽은 진보를 거듭하여 엄청난 발전을 하고 있을 때 중국은 휘황찬란한 꿈 속에서 단잠을 자고 있었다. 중국을 꿈에서 깨어나게 하는 데에는 예수회 수사들의 노력보다 더욱 크고 더욱 맹렬한 자극이 필요했다. 우리가 이후의 몇 장(章)에서 보겠지만 산업혁명에서 선두주자였던 영국은 조금도 주저하지 않고 이 도전을 받아들였다.

## 러시아의 진출

서구인들이 일반적으로 해상을 통해서 중국으로 들어왔을 때, 러시아인들도 시베리아를 거쳐서 중국으로 들어왔다. 그래서 중국은 육로와 해로 두 방향에서 유럽 세계와 만나게 되었다. 남쪽에서는 멀리 바다를 건너 들어온 유럽의 탐험가와 상인들, 그리고 북쪽에서는 육로를 통해서 들어온 러시아인들이 마치 집게처럼 굳게 닫혀 있던 이 제국으로 다가옴에 따라서, 중국의 운명은 더 이상 이전과 같지 않게 되었다.

**시베리아 횡단** 러시아의 시베리아 정복은 주로 탐험가, 모험가, 사냥꾼의 공적이었다. 16세기 중엽 러시아인들은 우랄 산맥에 이르렀고, 에디거(시비르 칸)와 쿠춤 칸과 같은 몇몇 부락 추장의 항복을 받아냈으며, 1554년에는 이반 뇌제가 "전(全)시베리아의 주인"이라는 칭호를 채용했다. 1558년에 거상인 스트로가노프 가문은 차르에게서 우랄 산맥 밖의 지역을 개발할 수 있는 허락을 얻어냈다. 1581년, 일찍이 토비(土匪)였다가 스트로가노프 가문의 개인용병 부대를 통솔하게 된 예르마크(바실리 티모페예프)가 800명의 코사크인들을 거느리고 동쪽으로 출발해서 다음 해에 이르티시 강에 이르러 시비르 시를 점령했는데, 시베리아라는 명칭은 바로 여기에서 유래하게 된 것이다. 그는 과거의 잘못을 속죄하기 위해서 점령한 지역을 모피 조공품과 함께 차르에게 헌상했다. 예르마크는 훈장을 얻는 동시에 영웅이라는 칭호를 받게 되었으며, 그는 계속해서 이르티시 강과 오비 강을 따라서 전진해나갔다. 비록 1584년 그는 익사했지만 동진(東進)은 계속되었다. 1587년에 토볼스크 시가 세워졌으며, 1590년에 러시아 정부는 농가 3,000가구를 시베리아 서부로 이주시켰다. 1604년에 오비 강변에 톰스크 시를 세웠으며, 이곳을 시베리아의 정부청사 소재지(府治)로 삼았다. 1619년에는 또 예니세이스크 시를 건설했다. 1628년에 코사크인들은 시베리아 동부의 레나 강에 도착했다. 1632년과 1638년에 각각 야쿠츠크 시와 오호츠크 시를 건설했으며, 이곳에서 계속 동쪽으로 탐험대를 수차례 보냈다. 1648년 러시아인들은 캄차카 반도와 오늘날 베링 해협이라고 불리는 곳에 도착했다. 이와 같이 예르마크가 우랄에서 출발한 지(1581) 70년도 안 되는 기간에 태평양으로 진출하는 러시아인의 탐험이 완성되었으며, 400여 만 제곱마일의 지역을 정복하게 되었다. 1651년 이들은 다시 전진해서 바이칼 호수에 이르러 이르쿠츠크 시를 건설했다.

코사크인들은 시베리아 사람들에게 전해 들은 소문을 통해서 "동아시아의 황금 나라(Eldorado of Eastern Asia)"라는 미칭(美稱)이 있는 헤이룽 강 유역이 비옥하고 풍요롭다는 것을 알게 되었다. 즉, 이곳은 금은이 도처에 널려 있으며, 면과 비단이 바다처럼 펼쳐져 있고, 소와 말이 무리 지어 다니고, 곡식이 산더미처럼 쌓여 있는 곳으로 소문나 있었다. 그래서 그들은 이런 매력적인 땅을 탐색하기 위해서 원정대를 수차례 파견했다. 1658년 예니세이스크의 총독 파시코프는 헤이룽 강의 지류인 실카 강에 도착하여 네르친스크 시를 세웠다. 1666년 폴란드 망명자인 니키토르 헤르니고프스키가 알바진 요새를 세웠으며, 그는 1669년 차르에 의해서 총관에 임명되었다. 이때 코사크인들은 헤이룽 강 유역에서 견고한 기반을 마련해나갔는데, 중국인들은 코사크인들을 로사(Lo-ch'a)라고 불렀으며, 이들은 한층 더 만주 깊숙이 침투하겠다고 결심했다.

러시아인들의 진출과 만주인들의 중국에서의 부상은 동시에 이루어졌다.

비록 청 왕조의 창건자는 로사의 위협으로 매우 어려움을 겪어서 근심 걱정이 쌓여가기는 했지만 대대적인 징벌조치는 다음으로 미룰 수밖에 없었는데, 그 이유는 그들은 당시 중국을 정복하여 왕조를 공고히 다지는 데에 전심전력을 다하고 있었기 때문이었다. 1681년에 이르러 삼번의 난을 평정한 이후, 강희제는 비로소 러시아 문제를 처리할 수 있는 여력이 생겼다.

**초기에 중국으로 파견된 외교사절단**　러시아인들은 시베리아를 정복하고 헤이룽 강 지역으로 진입하게 되자, 탐색적인 성격을 띤 외교사절단을 파견했다. 당시 러시아인들의 중국에 대한 이해는 상당히 적었고, 일부 러시아인들은 중국이 그렇게 방대하지도 부유하지도 않은 것으로 생각하여 "완전히 하나의 벽돌담으로 둘러싸인 것으로 보아 그렇게 넓은 지역이 아닌 것이 분명하다"라고 했다.[19] 1618년에 차르 미하일 표도로비치는 톰스크의 이반 페틀린을 베이징으로 파견하여 이 신비로운 나라의 정황을 탐방하도록 했는데, 그는 황제에게 올리는 진상품을 가져가지 않아서 황제의 알현을 거절당했다.[20]

1654년 러시아는 최초의 외교사신인 표도르 바이코프를 중국에 파견해서, 중국에 도달하는 가장 좋은 경로, 양국 간의 거리, 중국인이 교역하는 물품의 유형에 관한 것을 조사하게 했으며 그 외에 중국의 군사력과 경제력을 정탐하고, 그곳의 농산물과 보석을 조사하려고 했다. 그는 차르가 보그드칸(Bogdikhan, [大汗])에게 보내는 서신을 가지고 갔는데, 소위 보그드칸이란 러시아인들이 몽골인으로부터 알게 된 만주 황제에 대한 호칭이었다. 바이코프는 이 서신을 보그드칸에게 직접 전달해야 하며, 황제를 만났을 때 고두레를 행하지 말라는 명령을 받았다. 대단히 우스꽝스러운 것은 그에게 내린 훈령에는 또한 "어떤 상황에서도 (중국인들처럼 그렇게) 보그드칸의 발에 입을 맞추어서는 아니 되며, 그러나 만약 손에 입을 맞출 것을 요구한다면 거부할 필요는 없다"고 운운하고 있는 것이다.[21] 중국인이 요구하는 예를 단호

---

19) John F. Baddeley, *Russia, Mongolia, China* (London, 1909), II, pp. 67-68.
20) Baddeley, p. 83.

히 거절했기 때문에 바이코프는 황제를 알현할 수 없었으며, 예물도 단호하게 거부당했다. 비록 바이코프는 외교관으로서는 실패하기는 했지만, 중국에 관한 "중요한" 정보를 가지고 돌아왔다.

1675년, 러시아는 또다시 자신감에 가득 찬 외교사신인 니콜라이 G. 스파타리(원래 성은 밀레스쿠)를 파견하여 중국과 왕래할 수 있는 경로를 찾고, 중국의 러시아에 대한 반응을 정탐하며, 시베리아와 중국 간의 거주민과 관련된 상황을 파악하도록 했다. 박식한 학자인 스파타리는 황제의 명령을 욕되게 하지 않겠다고 결심했다. 그는 차르의 서신을 중국 관리에게 전달하지 않고 직접 황제에게 전달할 것을 고집했으며, 그가 가지고 온 선물을 공물이라고 부르는 것을 거부했다. 그는 26일 동안 예부와 대치한 끝에 결국 양보하여 강희제에게 고두례를 행했으며, 뒤이어 강희제는 궁중에서 연회를 베풀어 그를 대접했다. 스파타리는 베이징에 약 3달 반을 머무르면서도 그의 사명을 완수하지 못했지만, F. 페르비스트로부터 강희제가 알바진과 네르친스크를 빼앗기 위해서 전쟁을 시작할 것이라는 중요한 정보를 얻어냈다.[22]

**1689년의 네르친스크 조약** "삼번의 난"이 평정되고(1681), 타이완의 항청 운동이 종식되고(1683), 청 왕조의 중국 통치가 안정됨에 따라서 강희제는 로사 문제를 해결하는 데에 착수했다. 수년 동안 치밀한 준비를 거친 후, 1685년 펑춘 장군이 치치하얼에서 사병 1만 명과 수군 5,000명, 화포 200대를 거느리고 출발했다. 알렉세이 톨부진이 이끄는 450명의 코사크 수비군은 이와 같은 방대한 적군을 만나게 되자 전의를 완전히 상실했으며, 예상한 바와 같이 철저하게 섬멸되었다. 45명의 러시아인은 포로로 잡혔으며 알바진은 폐허가 되었지만 톨부진은 방법을 강구하여 네르친스크로 도망가버렸다.[23]

펑춘은 알바진을 평정한 후 철수했지만 얼마 후 톨부진은 336명의 코사크

---


21) Baddeley, pp. 134, 442.
22) Baddeley, pp. 395-411.
23) 何秋濤(輯), 『朔方備乘』(北京?, 1881), 제6권, pp. 16-17.

인의 도움으로 폐허 위에 다시 웅거했다. 새로운 요새가 축조되었다. 1686년 3월에 톨부진은 헤이룽 강에 대한 습격을 재개했다. 강희제는 다시 한번 군대를 파병하여 알바진을 토벌했다. 이번에 러시아인들은 중국인의 공격을 1년 이상 버텨냈지만, 이전과 마찬가지로 쌍방의 군사력의 현저한 차이로 인하여 러시아는 아무런 희망이 없었다. 톨부진은 전투 중에 전사했으며, 수많은 부하들은 질병으로 사망했다. 결국 1687년에 66명의 코사크인들만 남았을 때, 중국인들은 다시 한번 공격을 하면 알바진을 점령할 수 있었지만 강희제는 돌연 포위를 풀라는 명령을 내렸다. 그의 휘하의 싸뿌쑤(薩布素) 장군은 심지어 애처롭게 구원만을 기다리는 코사크인들에게 양식을 제공했다. 황제가 이렇게 선처를 베푼 이유는 표면적으로는 러시아의 차르가 보낸 외교사절단이 이미 출발했다는 것을 들어서 알았기 때문이지만, 사실상 그가 러시아의 호감을 얻고자 했기 때문이었다. 강희제는 러시아인이 중국에게 항복하지 않은 서부 몽골족인 오이라트 부와 결맹하도록 몰리는 지경에 이르게 되는 것을 원하지 않았다. 아울러 삼번을 평정하는 수년간의 내전을 겪은 후, 중국은 휴식을 통하여 원기를 회복해야 할 필요도 있어서 러시아인과 전쟁을 계속하는 것은 중국의 이득에 부합하지 않는 것이었다.

러시아 역시 추호도 전쟁을 시작하고 싶지 않았는데, 그 이유는 아직 대제에 오르지 않은 열 살밖에 안된 표트르가 오랜 병을 앓아오던 형과 황위를 함께 장악하고 있었고, 러시아는 발트 해 전쟁에 전념하고 있어서 군비지출과 국내경제의 쇠락으로 국고가 텅 비어 있었기 때문이었다. 러시아의 입장에서 보면, 헤이룽 강을 따라서 곧바로 침략하여 **영토를 확장하는** 것보다 무역을 통해서 중국에 **평화적으로 침투하는** 정책이 훨씬 더 유리했고, 이런 이유로 러시아는 외교사절단을 파견했다. 이 사절단의 단장은 표도르 A. 골로빈이었는데, 그는 토볼스크 총독의 아들이었다. 그는 셀린긴스크에서 중국인을 만나 국경선을 헤이룽 강과 비스트라 강으로 확정하도록 힘쓰고 만일 그것이 여의치 않으면 적어도 헤이룽 강과 제야 강을 국경선으로 삼으라는 임무를 맡았다. 1687년 10월 22일, 골로빈은 셀린긴스크에 도착했다.

중국 측 외교사절단은 일등공(一等公) 소어투와 고관 몇 명이 인솔했으며, 통역은 이들을 수행했던 예수회 수사 장 프랑수아 제르비용과 토마스 페레이라가 맡았다. 그들은 1688년 5월 베이징을 떠났으나, 오이라트 부 추장 갈단이 동몽골인인 칼카족 부락을 침입함으로써 셀린긴스크로 향하는 길이 차단되자 외교협상 지점을 네르친스크로 선정했다. 강희제는 서둘러 러시아의 호의를 얻고 갈단과 러시아인의 동맹을 단절시키기 위해서, 소어투에게 중국은 네르친스크를 러시아에 할양할 것이며, 아르군 강을 국경선으로 정하는 것을 승인한다는 훈령을 내렸다. 협상에서 골로빈은 헤이룽 강(아무르 강)을 경계로 삼을 것을 제시했고, 소어투는 러시아에게 네르친스크와 알바진에서 철수하고 셀린긴스크 밖의 영토를 포기할 것을 요구했다. 쌍방이 각자 자신의 의사를 굽히지 않아 교착 상태에 접어들었다. 두 명의 예수회 수사는 양측 진영을 오가며 조율했는데, 중국 사절단은 무력을 행사하겠다고 위협했다.[24] 중국 측은 1만 명의 사병과 90척의 전함을 가지고 있었으나, 골로빈에게는 1,500명으로 구성된 군대밖에 없었다. 결국 러시아인들이 양보했다. 1689년 9월 7일 네르친스크 조약이 체결되었다. 중국어, 러시아어, 만주어, 몽골어, 라틴어의 5종의 언어로 된 조약문을 작성했으며, 라틴어본을 정본(正本)으로 삼았다. 6조로 된 조약문은 아래와 같다.

1. 시베리아와 만주의 경계는 헤이룽 강의 아르군 강 부근으로 흘러드는 케르비치 강과 이 강의 수원을 따라서 저 멀리 동해안에 끝없이 뻗어 있는 와이싱안링 산맥을 경계로 한다.

2. 알바진 지역에 건조한 요새는 모두 파괴해버리고 그곳에 거주하는 러시아인은 그들의 재산을 모두 가지고 돌아간다. 월경하여 수렵하는 사냥꾼은 엄벌에 처한다.

3. 양 국민들이 통행증을 가지고 있을 시에는 어느 영토에 있든지 간에 서로 왕

---

24) 예수회 수사의 조약협상에서의 역할에 대해서는 Joseph Sebes, S. J., *The Jesuits and the Sino-Russian Treaty of Nerchinsk*(1689)(Rome, 1961)를 참조하라.

래하며 교역에 종사할 수 있다.

4. 양국은 상대국의 도망자 및 탈주병을 받아들여서는 안 되며, 즉시 체포하여 국경선에 소재하는 관청에 넘겨야 한다.

5. 상대국 영토에 현재 거주하고 있는 거주민은 원래 지역에 그대로 거주할 수 있다.

6. 양국 간의 과거의 일은 모두 영원히 잊고 기억하지 말아야 한다.

이 조약은 중국과 서양 국가 간에 맺은 최초의 협정이었으며, 중국과 러시아 양국의 평등한 기초 위에 체결된 것으로서 쌍방은 모두 대체로 흡족해했다. 러시아는 네르친스크 시와 약 9만3,000제곱마일에 이르는 영토에 대한 지배권을 획득했으며, 이 외에도 무역특권을 획득했다. 중국은 알바진의 문제가 완전히 해결됐으며, 러시아는 장차 중국과 갈단 사이의 대결에서 아마도 중립을 유지할 수 있으리라는 것에 상당히 만족했다. 그러나 이 조약에는 하나의 큰 결함이 있었다. 그것은 몽골과 시베리아 간의 국경을 확정하지 못한 것으로, 그 이유는 골로빈이 이 문제에 대한 협상권한을 부여받지 못했다고 끝까지 버텼기 때문이다. 분명 러시아는 이 문제에 관한 처리를 교묘하게 회피하고 있었는데, 그 이유는 청 왕조가 아직 외몽골을 완전히 장악하고 있지 못했기 때문이었다.

네르친스크 조약이 체결되고 로사 문제가 일시적으로 사라지자, 강희제는 방향을 바꾸어 오이라트 문제에 대처하기 시작했다. 그후 수년간 출정을 하여 이 기간에 황제의 군대는 군사와 영토에 막대한 손실을 입었다. 한때 갈단은 베이징에서 80리그(240마일)도 안 되는 지점인 우란푸통까지 진격해왔다. 그러나 어느 한쪽도 우세한 지위를 점하지 못함으로 인해서 전투는 대체로 제자리걸음 상태에 놓이게 되었다. 결국 갈단을 소탕하기로 결심한 강희제는 수년간의 준비 끝에 1696년 8만 명의 군사를 이끌고 정벌에 나섰다. 그해 6월 12일 갈단은 어쩔 수 없이 차오모드에서 결전을 치르지 않을 수 없었다. 그의 기병이 청군의 화포와 화창(火槍)에 완전히 분쇄되자 자존심이 강한 갈단은 투항하지 않고 몇몇의 부하를 이끌고 도망쳤다. 이듬해인 1697년 그는 급사했는데, 아마도 독약을 마시고 자살했을 것이다. 이리하여 강희제의 통치권은 외몽골과 하미까지 확대되어, 손자인 건륭제가 1750년대에 서역[25] 전체를 정복하는 것의 기초를 다져주었다.

네르친스크 조약이 가지는 가장 큰 의의는 중·러 관계를 규범화시킨 것이다. 이 조약이 체결된 이후, 러시아 대상(隊商)과 외교사절단이 중국에 들어왔다. 1693년, E. 이즈브란트 이데스를 단장으로 하는 러시아 사절단은 중국 측의 동의를 얻어 3년마다 한 번씩 대상을 베이징에 파견하기로 했다. 대상의 규모는 200명 이내로, 베이징 체류기간은 80일로 정해졌으며 그들의 화물은 수입품이건 수출품이건 간에 모두 관세를 물지 않았다. 1698-1718년에 이런 대상들이 모두 10무리가 왔다. 1720년, 레온 V. 이즈마일로프가 이끄는 사절단이 베이징에 도착하여 세 번 무릎을 꿇고 아홉 번 머리를 조아리는 대례(大禮)를 행했는데, 조건은 장래 중국 사절단이 러시아에 가면 똑같이 러시아 궁정의 예의에 따르는 것이었다.[26] 비록 러시아 사절단은 강희제의 예우를 받았지만, 상거래 확대와 베이징의 총영사관 설립 요청은 받아들여지지 않았다. 이즈마일로프는 베이징에 3개월 체류한 후 귀국길에 오르면서 수행원 로렌츠 란게에게 계속해서 협상을 진행하도록 했다. 17개월 후(1722) 란게는 행실이 무례하다는 이유로 추방당했다.

**1714년, 툴리센이 외교사절로서 러시아의 투르구드 부에 체류**  러시아는 몇 개의 사절단을 중국에 파견했으며, 중국도 두 개의 사절단을 러시아에 파견했다. 그러나 첫 번째 사절단은 상트페테르부르크의 러시아 궁정으로 파견한 것이 아니라 볼가 강의 투르구드 부로 파견했다. 투르구드 부는 오이라트 부의 일족으로, 원래는 타르바가타이 지역에 거주하다가 1630년 러시아로

---

25) 서역은 1768년에 다시 신장으로 개명되었다.
26) Ripa, pp. 105-107.

이주했다.

1654년, 그들은 러시아의 신민이 되었으나 투르구드 부 추장은 계속 정기적으로 중국에 공물을 바쳤다. 1712년, 투르구드 부 추장 아위치는 조공사절단을 베이징에 파견했으며, 아위치의 딸은 오이라트 부의 새 수령, 즉 갈단의 조카인 처왕아랍단에게 시집갔다. 강희제는 사신을 보내어 답방하기로 결정했는데, 이는 표면적으로는 아위치의 충성을 칭송하기 위한 것이었으나 사실은 중국과 오이라트 부의 관계를 강화하고 아위치와 처왕아랍단이 결맹할 가능성을 단절하기 위해서였다. 그리고 강희제는 투르구드 부가 중국에 귀순하도록 유도할 생각이 있었던 것으로 보인다(투르구드 부는 결국 1770-1771년 사이에 중국에 귀순했다).

이 사절단은 내각시독 툴리센이 인솔했으며, 그는 1712년 베이징을 떠나 몽골과 시베리아를 통과했는데, 그곳에서 시베리아 총독의 환대를 받았다. 1714년, 사절단은 볼가 강에 도착했고 툴리센은 그곳에서 아위치를 만났다. 상호의 선의를 우호적으로 전달하고, 중국이 아위치의 조카를 돌려보낼 것을 논의한 것 외에는 그들이 회담 중 무엇을 논의했는지 알 수 없다. 귀국 후, 툴리센은 이 여행의 기록을 담은 『이역록(異域錄)』이라는 책을 썼다.27)

**1727년의 캬흐타 조약**  툴리센 사절단은 분명 중국과 오이라트 부족과의 연계를 강화함으로써 아위치와 처왕아랍단 사이의 동맹을 아마도 저지했을 것이다. 그러나 오이라트인의 청 왕조에 대한 위협은 여전히 존재하고 있었다. 처왕아랍단과 러시아인 사이의 지속적인 내왕은 중국인들에게 그들 사이에 어떤 밀약이 이루어지지 않았을까 하는 걱정을 불러일으켰다. 이로 인해서 외몽골과 시베리아 사이의 국경을 정하는 문제(네르친스크 조약에서 해결되지 않은 문제)가 더욱 중요해졌다. 중국의 새 황제인 옹정제는 몽골과 러시아를 격리시키는 자기 부친의 정책을 집행하며 새로운 조약을 통한 러시아

---

27) Tulisen, *Narrative of the Chinese Embassy to the Kahn of the Torgouth, 1712-1715*, tr. by George L. Staunton(London, 1821)

와의 미해결 사항들을 일괄적으로 해결함으로써 러시아가 오이라트 부족을 지원하거나 그와 동맹을 맺을 모든 구실을 없애기로 결정했다.

러시아인도 중국과의 일련의 문제들을 급히 해결하려고 했다. 예를 들면 국경의 확정, 육로무역의 확대와 베이징에 종교사절단을 두는 문제 등이었다. 1725년 표트르 대제의 뒤를 이은 예카테리나 1세는 1723년 옹정제의 등극을 축하한다는 것을 구실로 사바 블라디슬라비치 루구진스키를 특명전권사절의 신분으로 중국에 파견했다. 이 방대한 사절단은 100명이나 되었으며 1,500명의 병사들이 이들을 호위했는데, 이 사절단은 13개월간에 걸친 여행 끝에 1726년 10월 21일 베이징에 도착했다. 루구진스키는 성격이 원만하고 참을성이 있고 탁월한 식견을 가진 인물이었으며, 1726년 10월부터 1727년 4월에 이르는 6개월 동안 그는 툴리센 및 기타 3명의 중국 측 협상대표와 30차례 회동했다. 프랑스 국적의 예수회의 수사인 파레닌이 두 협상사절단 사이의 연락원이 되어 끊임없이 루구진스키에게 중국 측 사절단의 의향을 전달했다. 이 이전에 베이징에서 조약을 체결한 선례가 없었기 때문에(러시아와의 첫 번째 조약은 국경지역의 소도시인 네르친스크에서 체결되었다) 쌍방의 사절단은 셀린긴스크 강 지류인 부라 강 지역으로 자리를 옮겨서 그 곳에서 부라 협정의 초안에 서명했는데, 이 협정 초안은 1727년 10월 21일에 정식문건이 됨으로써 캬흐타 조약이라는 명칭을 가지게 되었다. 11개의 조항이 들어 있는 이 조약의 중요 내용은 다음과 같다.

1. 몽골과 시베리아의 국경은 중-러 공동위원회가 측량하여 확정한다. 국경은 서쪽의 사얀 산맥과 사삐내이 산맥에서 동쪽의 아르군 강까지로 확대시킨다. 동쪽의 우다 강에서 와이싱안링 사이의 지역은 정확한 자료가 부족하여 잠시 결정을 보류하지만, 기타 지역은 위원회가 즉시 경계를 확정하기로 한다.

2. 네르친스크에서 있어온 기존의 무역거래 이외에 러시아인이 국경지역인 캬흐타에 무역을 개설하는 것을 허용한다.

3. 월경한 범죄자는 엄격히 조사, 체포하여 상대측 변방관리에게 인도한다.

4. 200명을 넘지 않는 러시아 대상이 3년에 한 번씩 베이징에 오는 것을 허락하
   며 이들에 대해서는 수출입관세를 면제한다.
5. 러시아가 베이징에 자체 소유의 교회가 있는 종교사절단을 유지하는 것을 허
   용하며, 러시아 선교사 및 학생들이 베이징에 거주하는 것을 허용한다.
6. 중국과 러시아 사이의 통신에는 쌍방 정부의 관인을 사용해야 한다. 중국의
   경우는 이번원의 관인이고 러시아의 경우는 원로원(Senate)의 관인 혹은 토볼
   스크 총독관아의 관인이다.


영토배분에서 중국은 상(上)이르티시 강과 사얀 산맥 사이와 바이칼 호
이남 및 서남의 약 4만 제곱마일의 영토를 상실했지만 러시아와 몽골의 제
부족을 격리시킴으로써 안심하게 되었다. 또다른 한편으로 러시아는 무역상
의 양보와 중국에 종교사절단을 두는 권한을 획득했다. 그러나 이전부터 줄
곧 몽골인과 행하던 변경무역은 이제는 네르친스크와 캬흐타 두 곳으로 한
정되었다.


**사절 투어스와 더신의 러시아 방문, 1729-1732년**  캬흐타 조약은 비록 수많은
중대한 문제들을 해결했지만, 그것은 양국 간의 더욱 밀접한 내왕을 허가함
으로써 새로운 문제들을 야기했다. 러시아 측은 몽골의 비적들이 국경을 침
입하여 말, 낙타, 소와 양들을 약탈해간다고 끊임없이 불평했고 중국 상인이
채무를 갚지 않는다고 호소하는 불평들도 있었다. 러시아를 안심시키기 위
해서 옹정제는 1729년에 러시아에 사절단을 파견했다. 이 사절단은 상트페
테르부르크 궁전으로 파견되는 명실상부한 외교사절단으로서 중국이 서양
국가로 파견한 첫 번째 사절단이었다.

사절단은 만주족 기명시랑(記名侍郎)인 투어스가 인솔했는데, 사절단 파
견의 명목은 러시아의 차르 표트르 2세의 대관(戴冠)을 축하하는 것이었다.
투어스는 1731년 1월 모스크바에 도착했을 때 차르가 이미 세상을 떠났고
새 군주는 표트르 대제의 조카딸인 안나 이바노브나(1730-1740)라는 사실을

알게 되었다. 러시아는 31발의 예포를 울려서 그를 환영했으며 그를 크렘린 궁에서 친절하게 맞아들이고 러시아 군주를 알현하도록 했다. 투어스는 러시아 궁정에 중국 황제가 증정하는 18개 상자 분량의 정교하고 아름다운 예물을 바치고 러시아 여황제에게 고두례를 행하고는 러시아 원로원에 중국 황제의 친서를 전달했다. 이 친서에는 중국이 오이라트 부족을 정벌할 때 러시아가 중립을 지켜줄 것을 요구하는 내용이 들어 있었다. 그는 러시아인에게 구체적으로 다음과 같은 것을 요구했다. (1) 중국 병사들이 공격을 하다가 무의식 중에 러시아 국경을 넘었을 때 적대적인 태도를 취하지 말아줄 것, (2) 중국에게 러시아 영토 내로 도망한 오이라트 부족의 군대를 추격하여 섬멸할 특권을 부여할 것, (3) 오이라트 부족의 추장과 귀족들을 중국에 인도하고 러시아 영내에 있는 오이라트 부족민들을 엄격히 단속하여 그들이 장래에 중국에 대해서 소란을 피우지 못하게 할 것, (4) 중국이 대표단을 파견하여 볼가 강-돈 강 유역에 정착해 있는 투르구드 부를 방문하여 그 부족이 그들의 원래의 고향으로 돌아가도록 촉구하는 것을 허가해줄 것. 그리고 중국은 그 대가로 오이라트 부족으로부터 빼앗은 영토의 일부를 러시아에 할양하겠다는 것이었다.

러시아 여황제는 러시아는 중국과 평화로운 관계를 유지하기를 희망하며 청군이 러시아 영내로 들어온 오이라트 군사들을 추격하여 섬멸할 수 있는 권한을 주겠다고 했다. 그 이외에 그녀는 러시아에 피난해 있는 오이라트 부족민들을 엄격히 단속하겠다고 약속했지만 그 부족의 우두머리와 귀족들을 중국에 인도하는 것은 거절했다. 또한 그녀는 중국이 투르구드 부락에 사절단을 파견하는 데에는 동의했지만 투르구드인들이 이미 정식으로 러시아의 신민이 되었기 때문에 장래에 또다시 사절단을 파견하는 것은 승인하지 않았다.

투어스는 러시아 수도에 2개월간 머물렀다. 귀국 도중 그는 톰스크에서 러시아 원로원 비서 바쿠닌을 방문하고 러시아가 중국 사절단의 터키 방문을 도와줄 것을 부탁했다. 그 목적은 중국이 터키 소속의 회교민을 관할하는 것을 지지해달라고 터키에 요구하기 위해서였지만, 바쿠닌은 이에 대해서 입장을 밝히지 않았다.

투어스 사절단의 진정한 목적은 분명 중국이 머지않아 오이라트 부락에 대해서 일으킬 전쟁에서 러시아가 중립을 지키도록 하기 위함이었고 또다른 장기적인 목표는 중국의 사절단이 터키에 갈 수 있도록 러시아의 지원을 확보하는 것이었다. 이런 것들은 모두 청 왕조가 오이라트 부족이 통제하고 있는 영토를 병합하는 대전략의 구성부분이었다. 달성된 목표에서 보면, 비록 중-러 서로의 태도가 확실히 개선되었고 러시아가 오이라트인을 원조할 가능성은 감소되었지만 투어스의 사명은 오직 일부분만 성공했을 뿐이다. 이후의 사태로 밝혀진 것과 같이 당시 러시아는 폴란드 왕위 계승전에 바빠서 도저히 오이라트인을 지원할 수 없었다. 청 왕조의 원정대군은 연이은 곤란을 겪은 이후 결국 1732년 에르데네트 전투에서 승리를 거두었는데, 이로 인해서 중국은 협상을 통해서 평화조약을 맺을 수 있었지만 오랜 기간에 걸친 오이라트 문제를 철저히 해결하지는 못했다.

투어스가 귀국하기 전에 청 조정은 이미 러시아 여황제에게 보내는 합당한 중국 황제의 친서를 휴대한 사절단을 다시 러시아에 파견하기로 결정했다. 이 사절단은 예부의 만주족 시랑인 더신(德新)이 인솔했으며 그는 러시아 국경지대에서 우호적인 접대를 받았지만, 투르구드 부족에게 대표를 파견하는 것은 거절당했다. 더신은 1732년 러시아의 새 수도인 상트페테르부르크에 도착하여 성대한 황제 알현식에서 중국 황제의 친서를 전달하고, 고두례를 행하고 중국 황제가 보내는 19개 상자의 진귀한 예물을 바쳤다. 그는 투어스가 했던 요구를 거듭했지만 러시아 측으로부터 투어스에게 한 것과 비슷한 답변을 들었다. 두 차례에 걸친 중국 사절단을 접대하기 위해서 러시아 궁정은 상당히 많은 비용을 지불했는데, 각각 2만6,676루블과 2만2,460루블이었다.[28]

---

28) Caston Cahen, "Deux ambassades chinois en Russie au commencement du XVIIIe siècle, *Revue Historique*, 133 : 82-89(1920); 李直方, 「淸雍正皇帝兩次遣使赴俄之迷 ― 十八世紀

**중국에서의 러시아의 특수지위**  청대 초기의 중국과 러시아의 관계는 중국과 여타 서구 해양국가와의 관계와는 확연히 달랐다. 사실상, 중국에서 러시아는 매우 특수한 지위를 차지하고 있었다. 러시아는 중국과 외교관계를 유지하고 외교사절단을 파견한 유일한 서양 국가였으며, 게다가 베이징에서 종교와 무역 그리고 교육상의 특권을 가진 유일한 국가였다. 청대 초기의 통치자들은 중국의 북부와 서북부 변경의 안정을 공고히 하기 위해서는 러시아의 중립이 매우 중요했으며, 이런 중립을 확보하려면 반드시 러시아에 기타 국가는 누릴 수 없는 우대와 특권을 부여해야 한다고 인식했다.29) 비록 청 조정은 집요하게 러시아 사절이 중국 황제에게 고두례를 행할 것을 요구했고, 중국의 기록에는 외교사절을 조공사절로 표현했지만,『대청회전(大淸會典)』의 다섯 판본 중 어디에도 러시아가 번속국가[藩國]라는 기록은 없다. 사실 강희제는 명확하게 러시아는 번속국가가 아니라고 다음과 같이 말했다. "다른 나라(러시아)가 와서 조공하는 것은 훌륭한 일이지만 짐은 후세에 이런 행위가 이루어짐으로써 분쟁의 소지가 될까 우려된다." 강희제는 여러 차례 러시아에게 독립된 국가로서 마땅히 받아야 할 존중을 했다. 예를 들면 그는 1712년 사신 툴리센을 러시아로 파견하면서 "일을 진행하는 동안 상대방의 예의를 따르라"고 명했다. 이런 훈령은 번속국가에 파견된 어느 중국 사신에게도 내려진 적이 없었다. 이와 반대로, 모든 번속국가의 왕들은 중국 사절을 맞을 때 반드시 중국의 예로 맞이해야만 했다. 이와 같은 러시아에 대한 특별한 존중은 1720년 강희제와 러시아 사절인 이즈마일로프와의 교류 속에서 찾아볼 수 있다. 황제는 이즈마일로프에게 만약 그가 중국 궁정 예절에 따라 고두례를 올리면 향후 중국 사신도 러시아 방문 시에 러시아 예절을 따를 것을 약속한다고 말했다. 이즈마일로프가 황제의 뜻을 따랐기 때문에 강희제는 그를 3개월 사이에 10여 차례 초청하여 총애를 표했다. 회견 시에

---

中葉中俄關係之一幕」,『近代史研究所學報』, 台湾中央研究院, 제13기, pp. 39-62(1984. 6).
29) Immanuel C. Y. Hsü, "Russia's Special Position in China during the Early Ch'ing Period", *Slavic Review*, 13 : 4 : 688(Dec. 1964).

강희제는 이즈마일로프에게 표트르 대제를 "그와 동등한 사람", "이웃", "광대한 영토를 장악하고 있는 최고의 지존"이라고 치켜세웠다.30) 이런 표현—이런 정감—은 어느 번속국가의 왕 또는 기타 외국의 군주에게도 표시한 적이 없었다. 투어스와 더신은 1731-1732년 러시아 방문 시에 러시아 여황제에게 고두례를 올렸는데, 이것은 중국 사절들이 어느 번속국가의 왕에게도 행하지 않았던 예절이었다.

중국의 러시아에 대한 특별한 존중으로 인해서 매우 재미있는 결과가 파생되었는데, 러시아 전쟁포로에 대한 대우를 한 예로 들 수 있다. 약 100명에 이르는 이 전쟁포로들은 모두 알바진 포위 이전의 몇 차례 전쟁에서의 포로로서, 그들은 사면을 받고 청나라 군대 중의 한 니루인 만군황기양제사갑나제십일우록(滿軍黃旗鑲第四甲喇第十一牛錄)에 편입되었다. 그들은 기인(旗人)이 되어 군작을 받고 군영 주둔지도 소유하게 되었다. 그들은 매년 일정한 봉록을 받았고 종교의 자유도 누렸다. 그들은 강희제가 하사한 불교사찰을 러시아 교회로 개조하여 성 니콜라이 교회라고 불렀고 후에는 성모승천교회로 개칭했다. 중국인들은 이를 로사묘라고 불렀는데, 북러시아관이라는 호칭으로 잘못 불리는 경우가 더욱 많았다.

러시아 상인들이 처한 상황도 좋았다. 그들이 최초로 중국에 들어온 시기는 1693년 이데스 사절단을 따라서였으며, 200여 명의 대상이 3년에 한 차례씩 베이징에 들어올 수 있도록 허락받았다. 그들은 물론 중국에 오는 비용은 스스로 해결해야 했지만 가지고 오는 모든 화물의 관세를 면제받았다. 베이징에서 그들은 남러시아관(명대의 구 회동관[會同館])에 머물렀다. 규정에 따라서 그들은 80일 이내에 상거래를 마치고 베이징을 떠나야 했다. 그러나 이런 규정은 단지 형식적인 것에 불과할 뿐이었는데, 예를 들면 1698년 리안구소프와 사바티예프가 인솔했던 대상은 300여 명의 상인과 200명의 경리, 하인과 일꾼으로 구성되어 있었다. 1698-1718년 사이에 10무리의 대

---

30) Gaston Cahen, *Histoire des relationsl de la Russia avec la Chine sous Pierre le Grand, 1869-1730*(Paris, 1911), p. 165.

상이 베이징에 왔었는데 그들은 청 조정에서 규정한 3년에 한 번이 아니고 평균 2년에 한 번씩 방문했다. 그리고 그들은 자주 체류기간인 80일을 초과하여 머물렀다. 심지어 청 조정은 손실을 입은 러시아 상인에게 대출을 해주기도 했다.

1727년 캬흐타 조약 이후 청 조정은 러시아 선교사 단체에게 10년에 한 차례 베이징을 방문하여 이곳 러시아인들을 위한 포교활동을 할 수 있도록 허락해주었으며, 그들의 여행경비와 숙식비도 제공했다. 1729-1859년 사이에 총 13개의 이런 종류의 사절단이 베이징에 왔다. 선교사들은 남러시아관에 머물렀는데 그곳에는 성촉암(聖燭庵)이라는 교회가 있었으며 이 교회는 나중에 성모척죄교당(聖母滌罪敎堂)으로 불렸다. 1729년 이후 종교사절단의 선교사들도 성 니콜라이 교회에서 미사를 행했다.

캬흐타 조약을 통해서 러시아는 베이징에 학생들을 파견하여 중국어와 만주어를 배울 수 있게 되었다. 1728년 러시아인을 가르치는 어학당이 남러시아관 내의 하나의 독립기구로서 설립되었다. 러시아 학생의 학습기간은 10년이었고 중국 정부는 그들의 여행경비와 숙식비를 제공했다. 단, 조건은 이번원이 제공하는 중국식 복장을 착용하는 것이었다. 예부는 음식을 제공했고 국자감은 한인과 만주인 각 한 사람씩을 지정하여 언어를 가르치도록 했다. 이 학당에는 또 몇몇 개인교사도 있었다. 마찬가지로 청 조정도 러시아어를 학습할 필요성을 느꼈다. 이번원은 팔기 자제 중에서 24명의 학생을 선발하여 5년 동안 러시아어와 라틴어를 배우도록 했다. 5년의 학습기간이 종료되었을 때 시험을 치러 학습 최우수자 2명에게 8품 혹은 9품의 관직을 주었다.

이런 종교, 교육, 무역 방면의 특권들로 인해서, 러시아는 유일무이하게 중국의 수도에서 거점을 마련했다. 이런 특권과 특수지위는 오랫동안 지속되었다. 1750년대에 건륭제가 제국의 안녕을 공고히 하여 러시아의 중립이 더 이상 필요 없어졌지만 이들의 특권을 취소하지는 않았다. 1861년에 이르러 베이징이 영국, 프랑스, 미국의 외교대표에게 개방되었을 때 비로소 러시아의 독점적 지위는 파기되었다.

중국에서 러시아가 누렸던 특수지위의 의미는 과소평가되어서는 안 된다. 베이징 주재 러시아 종교사절단의 단원들과 어학당의 학생들은 내부로부터 중국을 관찰하고, 중국의 언어, 정치, 사회, 경제의 구조를 직접적으로 연구할 수 있었다. 그들은 기타 서양인들보다 더 일찍 청 왕조의 역량과 약점을 파악할 수 있었다. 그들은 아마도 중국인을 이해한 유일한 외국인이었을 것이다. 그들은 만청 정부가 점차적으로 쇠약해지는 과정을 목격하고 이를 자국정부에 보고하여 러시아의 대중국 정책을 결정하는 데에 도움을 주었다. 그들은 귀국 후 유럽에서 최초일 수도 있는 체계적인 중국학 연구를 시작했다. 이는 다른 서양 국가들보다 수십 년이나 앞선 것이었다.[31]

---

31) R. K. I. Quested, *The Expansion of Russia in East Asia, 1857-1860* (Kuala Lumpur, 1968), pp. 24-29; 吳相湘 『俄帝侵略中國史』(臺北, 1957), pp. 20-21. 그 외에 Eric Widmer, *The Russian Ecclesiastical Mission in Peking during the Eighteenth Century*(Cambridge, Mass., 1976)를 보라.

# 6

# 국운의 역전 :
# 번성에서 쇠락으로

우리가 이미 언급한 것과 같이, 기원후 1800년 이전의 중국은 동아시아에서 찬란하고 비할 데 없는 방대한 제국이었다. 중국의 판도는 중앙 아시아 고원에서 시작하여 동해에까지 이르렀으며, 몽골 사막에서 남쪽의 밀림과 해변에까지 이르렀다. 18세기 중엽, 중국은 최선진국가 중의 하나였다. 그리고 시행된 정치와 사회제도는 유럽의 많은 저명한 철학자들[1]의 찬사를 받았다. 그런데 1775년부터 중국은 쇠락의 길을 걷기 시작했다.

## 청 세력의 쇠락

1795년 건륭제가 퇴위할 즈음, 청 왕조는 최전성기를 지나 쇠락의 씨앗이 자라나고 있었다. 건륭제의 15번째 아들 가경제는 "겉으로는 강해 보이지만 내부적으로는 나약한" 국가를 물려받았다. 가경제의 25년간의 통치는 심각한 행정, 군사, 도덕상의 문제로 몹시 홍역을 치렀는데 이는 청조 쇠락의 분명한 표시였다.

**무능한 행정**　만주 조정의 한족 관원에 대한 의심과 이로 인해서 채택된 상호

---

1) 스피노자, 라이프니츠, 괴테, 볼테르, 애덤 스미스.

견제 정책은 행정의 효율을 떨어뜨렸다. 당대(當代)의 한 저명한 정치학자는
이런 부정적인 결과에 대해서 "관원들은 적극적이고 주동적으로 독립적인
견해를 제시하거나 적당한 권력을 행사하여 직무를 원만하게 수행할 기회가
거의 없었다. 그와 반대로, 모든 관원들은 일련의 엄밀한 규정, 제한과 견제
의 망 속에서 자유롭지 못했다. 심지어 그들 관할 범위 외의 일에 대해서
소홀히 하거나 과실을 범해도 징벌을 받을 수 있었다. 결국 출현한 보편적인
현상은 일반 관원의 입장에서 가장 신중한 방식은 가능한 책임을 적게 지는
것이라는 자세였는데, 즉, 형식상 성문(成文)의 규정을 준수하는 데에만 주
의를 많이 기울이고, 군주에게도 유리하고 백성에게도 혜택이 가는 일은 적
게 하는 것이었다"2)라고 평했다. 이런 평가는 아주 적절하다. 강희제가 1711
년 순무에게 하달한 지침에서 이런 점을 증명할 수 있다. 즉, "지금 천하는
태평무사하다. 일을 만들지 않는 것이 상책이며, 이익이 하나 생기면 폐단도
하나 생긴다. 옛사람의 말에 의하면 '일을 하나 많이 하는 것보다는 일을 하
나 적게 하는 것이 낫다'고 했는데, 이는 바로 이 때문인 것이다"3)라고 했다.
그래서 관료사회의 지침은 일을 만들지 않는 것이었다. 한 고위 조정대신이
밝히기를 진급의 비결은 바로 "고두(磕頭)는 많이 하고 말은 적게 하는 것"
이라고 했다. 관료사회에는 사단을 일으키지 말고 형식적으로 그럴듯하게
꾸미고 일을 대충 처리하는 경향이 생겨났는데, 즉 모든 일은 현 상황을 파
괴하지 말아야 한다는 것이었다. 이런 특징들은 관원들이 열정적인 행동을
취하고 도전에 대하여 상상력이 풍부한 반응을 하는 것을 제한했다. 조정은
이런 상황에 대해서 별로 걱정하지 않았는데, 그 이유는 조정의 최고 관심사
는 결코 활력이 있거나 적어도 효과적인 행정관리를 하는 것이 아니라 왕조
의 안전에 관심을 두었기 때문이었다.

---

2) Kung-ch'üan Hsiao, Rural China, p. 504.
3) 王先謙, 『東華錄』, 康熙五十年(1711), 제18권 제2책, 순무 반시충(范時崇)에게 내린 유지
(諭旨).

**부패의 만연**　건륭제 후반 20년간은 상당히 부패했다. 제2장에서 어전시위 허선의 입신출세에 대해서 이미 언급한 것과 같이, 그는 약 25년에 걸쳐서 상상하기 어려운 액수인 8억 냥(약 15억 달러에 해당)이라는 국가재산을 횡령하여 천문학적인 부를 축적했는데, 이것은 20년간 국가 총수입의 절반보다도 더 많은 액수였다고 한다. 허선의 몰수된 재산 목록을 보면 금 접시 4,288개, 은제 타구(唾具) 600개, 금 세숫대야 119개, 황금 580만 냥, 자본금이 3,000만 냥인 전당포 75개, 자본금이 4,000만 냥인 은호(銀號, 전장[錢莊] : 은행의 전신/역주) 42개, 시가 약 800만 냥에 해당하는 농지 80만 묘 등 흥미로운 항목들이 기재되어 있었다.4) 가경제가 1799년에 그를 처형했을 때 민간에서는 "허선이 몰락하니, 가경이 배부르게 되었네"라는 말이 떠돌았다.5)

그러나 여기서 우리가 반드시 짚고 넘어가야 할 것이 있는데, 허선은 당시 보편화된 부패현상을 보여주는 전형적인 사례일 뿐이었지 그가 부패의 근원은 아니었다는 것이다. 심지어 허선이 부상하기 전에도 부패는 이미 일반적인 현상이었다. 그러나 어찌되었든 허선은 부패현상을 심화시켰을 뿐만 아니라, 그의 악영향은 계속해서 기승을 부렸다. 문무관리들의 뇌물수수, 갈취, 불법수탈은 일반적으로 흔히 있는 일로서 거의 도처에서 자행되었다. 지방관은 공공연히 중앙의 관리들을 받들어 모셨으며[孝敬], 지방관은 또다시 아랫사람들의 재물을 갈취했다. 이들 관리들은 대부분 호화로운 저택에 가노와 가복, 교자꾼을 두고 있었으며, 상주(常住)하는 식객을 먹여 살리고, 가난한 친척을 도와주는 등 수입보다 지출이 많은 생활을 했다. 1품 고관들이 매년 받는 180냥, 9품 소관(小官)의 매년 33냥이라는 낮은 봉급으로는 자신의 신분에 부합하는 지출을 감당할 수 없었다. 그래서 결국 뇌물을 받아서 부족한 부분을 채울 수밖에 없었다. 이들 봉급의 50-100배의 양렴비가 제공되었지만 착취를 근절시킬 수는 없었고, 이런 행위는 사실상 이미 제도화되

---

4) 蕭一山, 제2권, pp. 264-267.
5) 사실상 허선의 재산 중 관부에 몰수된 수량은 아주 적었으며 신하들에게 상으로 내린 것도 얼마 되지 않았다. 대대수는 황제가 있는 궁궐로 들어갔다. 같은 책, 제2권, p. 268.

어버렸다.

예를 들면 지정세를 징수할 때 각 지역마다 일정한 액수가 있었는데, 이 정액을 초과하는 지세는 지방관이 모두 차지해버렸다. 그래서 징수되는 세액이 정해진 액수보다 몇 배 더 많은 상황은 결코 드문 일이 아니었다. 불법적인 징수액은 농민들에게 부과했는데, 농민들은 징수인과 지방신사의 독촉을 받으면서 항상 확정된 세액보다 50-80퍼센트 높은 현금과 250퍼센트에 달하는 부량세(賦粮稅)를 지불해야 했다. 그래서 당시 10퍼센트 부가세만을 징수하는 관리가 청렴한 관리로 인식되었다는 것은 전혀 이상한 것이 아니었다. 그래서 일반적으로 "청렴한 지부(知府)는 3년 동안 은 10만 냥을 모은다"라는 계산이 나왔다.

**만주족과 기인의 타락**  만주족은 정복자의 신분에 걸맞아야 했기 때문에 문벌이나 사회적 지위 고하를 막론하고 상업이나 농업에 종사할 수 없었다. 그래서 이들은 한인을 고용하여 농사를 지었으며, 소작농으로부터 지세를 거두어들였다. 하는 일 없이 놀고먹는 이들은 게으름과 방종의 습성에 물들었다. 일찍이 청 왕조가 개국했을 때, 만청 군대의 핵심인 기인(旗人)들은 한족 병사 급료의 3배를 받았다. 이들은 특권적인 지위와 이에 수반되는 부유한 생활로 인해서 원래 가지고 있던 그들의 상무(尙武) 정신은 놀랄 정도로 급속히 퇴화되었으며, 그들은 옹정제(1723-1735) 시대에는 이미 전쟁터에 나가 싸울 수 있는 능력을 상실했다. 기인들은 무술을 익히지 않고, 도박이나 전통극 관람, 투계(鬪鷄)를 하는 등 방탕한 생활을 했으며, 부업으로 고리대를 놓고 전당포를 운영하여 생활했다. 이들은 왕조를 보호하는 직무를 이행하지 못했고, 심지어는 사회의 기생충 같은 존재가 되었다. 그것도 수효가 가장 많은 기생충들이었는데, 즉 만주 군기, 몽골 군기, 한 군기 등의 기인들과 이들 식솔들을 합해서 대략 150만 명이었다.

군대 내에서의 부패도 충격적일 정도였다. 전해지는 바에 따르면 건륭제의 사생아인 만주족 장군인 푸안캉(福安康)은 군비를 더 많이 착복하기 위해서 금천의 반란군을 토벌하는 데에 일부러 시간을 더 끌었다고 한다. 한족으로 편성된 녹기(綠旗) 군영의 부패 또한 심각했는데, 백련교도의 난(1796-1804) 진압에 사용될 군비(軍備)의 대부분이 장수들의 사복을 채우는 데에 쓰였다. 시일을 질질 끈 이 대규모 토벌전쟁은 바로 군대에 만연한 부패와 무능을 증명하는 것이었다.

**재정 궁핍**  청조 초기의 통치자들은 일찍이 제국을 위하여 튼튼한 경제기반을 확립했는데, 강희제는 후세들에게 800만 냥, 옹정제는 2,400만 냥, 건륭제는 7,000만 냥을 물려주었다. 그러나 건륭제의 재위기에 이미 사치스럽고 화려하며 겉치레에 치중하는 풍조가 시작되었다. 건륭제는 십전무공에 1억 2,000만 냥의 국비를 낭비했으며, 가경제는 백련교와 기타 비밀결사들을 토벌한 9년 동안 2억 냥을 소비했다. 이런 무절제한 군비 지출과 관료사회의 뇌물수수로 인한 부패로 국고가 바닥났으며, 은의 가치는 지속적으로 상승했다. 건륭제(1736-1795) 초기에 은 1냥이 700문(동전)이었던 것이, 가경제(1796-1820) 때는 1,300-1,400문까지 올랐다. 1800년에 이르러 청 제국의 경제기반은 이미 심각한 손실을 입었다.

**인구의 압력**  청대 인구의 증가는 경작지의 증가를 훨씬 더 능가함으로써 생활수준의 저하를 초래했다. 1660년, 중국의 인구는 1억에서 1억5,000만 명 사이였을 것이며, 1800년에 이르러 3억 명으로 증가했다. 그러나 농지면적은 상대적으로 그만큼 증가하지 못했다. 1661년 5억4,900만 묘였던 전국의 경작지가 1812년에는 겨우 7억9,100만 묘 정도에 이르렀다. 그로 인해서 경작지의 증가는 50퍼센트 미만이었지만, 인구의 증가는 100퍼센트를 초과했다. 이에 고향을 등지고 떠난 자, 가난한 자, 실업자들이 도적으로 전락하거나 난을 일으키는 무리에 들어가기도 했다.

**지식인[士人]들의 무책임**  당시 학자들은 빈번한 문자옥의 위협으로 정치에 관심을 두지 않고 고서(古書) 더미에 파묻혀 보신을 꾀한 결과 학문과 현실 사이의 괴리를 낳았다. 그들은 학문을 위한 학문을 하는 것이라고 뽐내면서, 더 이상 경세치용을 추구하지 않았다. 과거에 급제하여 관리가 된 사람들은 이런 분위기 속에서 훈련을 받은 사람들이었다. 수많은 관리들은 나약한 인물들이었고, 나라를 위한 유능한 신하이기를 결코 원하지 않았다. 1799년 한림원 2품 편수 홍량지(洪亮吉)는 황제에게 솔직하게 사대부의 도덕적 타락을 상주했는데, 그는 몇몇 상서시랑 등 고관들이 군기대신과 대학사에게 머리를 조아리고 아첨을 일삼고, 일부 지식인[士子]들은 같은 목적을 위하여 고관의 하인과 결탁하고 있으며, 또 일부 관리들은 황제의 관심을 끌기 위하여 뻔뻔스럽게 궁중의 시종과 어사에게 뇌물을 주고 있음을 열거했다. 지식인들의 도덕성이 이 정도로 타락했다는 것은 이들이 이미 사회에 대해서 져야 할 책임을 잊어버렸고, 학이치용(學以治用)의 중요성을 망각하고 있었음을 의미하는 것이다. 중국 사회는 진정한 지도층을 상실한 것이다. 따라서 관료사회에서 만연했던 도덕적 타락이 최소한 어느 정도는 이들 지식인들의 나태하고 경솔한 행동에 의한 것임은 필연적이었다.

행정의 무능과 지식인들의 무책임함, 만연된 부패, 군대 전투력의 쇠퇴, 인구증가에 대한 부담과 텅 빈 국고 등의 모습들은 모두 소위 왕조윤회(王朝輪回)를 반영하는 내부적 작용이었다. 1800년에 통치력은 이미 번성이 극에 달해서 쇠퇴의 길로 접어들었고, 국가는 내우외환이라는 이중의 불운을 맞게 되었는데, 이것은 수많은 왕조들의 말기에 나타난 전형적인 특징들이다.


## 회당(會黨)의 봉기

청 왕조의 전제제도하에서는 반역이란 존재할 수 없었는데, 공개적인 봉기 이외에 유일하게 조직적인 반항의 형식은 비밀결사였다. 1683년 타이완의 반청 운동이 실패하자, 명 왕조에 충성을 맹세한 사람들은 지하조직으로 들어가거나 비밀단체에 들어가서 계속적으로 항쟁했다. 가장 중요한 비밀조직으로는 (1) 천지회(天地會), 즉 삼합회(三合會) 혹은 삼점회(三點會), (2) 화남 지역의 가로회(哥老會), (3) 백련교 및 백련교의 화북 지역 지부인 천리교(天理敎) 등이 있었다.6) 일반적으로 화남 지역의 비밀결사는 자칭 회(會)라고 했으며, 북방에서는 자칭 교(敎)라고 불렀다. 회는 종교적 색채를 가진 비밀정치조직인 반면 교는 민족주의적인 경향을 지닌 비밀종교 집단으로, 양자는 모두 반만(反滿) 조직이었다.

천지회는 1670년대에 창시되었다. 많은 대명유신들은 그들의 사업이 이미 실패한 것을 알고는 푸젠 성의 소림사에 들어가서 승려가 되었다. 1674년, 이 가운데 다섯 명인 "오조(五祖)"가 비밀리에 천지회를 결성하여 반청 복명을 제창했다. 이 결사의 명칭은 "천부지모(天父地母 : 하늘은 아버지이고, 땅은 어머니이다)"라는 말에서 유래했다. 서양 문헌에서는 이 조직이 어느 때에는 삼합회로 불리었는데, 왜냐하면 이것은 천지인(天地人)이 하나라는 것을 강조했기 때문이었다. 삼합회는 각 성마다 전오방(前五房)과 후오방(後五房)을 설치하고 있었는데, 공제회(共濟會)의 회관(會館)과 유사한 것이었다.7) 삼합회의 지부와 회중은 연해지역인 타이완, 장쑤, 저장, 후난, 광둥 등지에서 빠르게 확산되었으며, 이들은 삼수변이 부수인 한자 이름을 암호로 사용했다. 그래서 이들을 삼점회라고도 불렀다. 이런 삼수변은 한자 "홍(洪)"의 부수이며 "홍(洪)"은 명조 개국황제 연호인 홍무(洪武)의 한 글자로서, 이것은 결코 우연한 것이 아니었다.8) 이렇게 보면 천지회의 회원들이 그들 조직을 "홍문(洪門)"으로 부른 것은 이상할 것이 없다.

이런 비밀결사 조직은 반청 복명에 전력을 기울였고, 만주족에게 살해된

---

6) 1965년 영국의 리즈에서 개최된 제17회 국제 중국학 대회 이후 중국의 비밀결사를 연구하는 국제적인 프로젝트가 조직되었는데, 파리센터의 장 셰노(Jean Chesneaux)가 책임자로 임명되었다. 『清史問題』, 제1권 제4기, pp. 13-18(1966. 11)을 참조하시오..

7) Jean Chesneaux, *Les sociétés secrètes en Chine*(XIXe et XXe siecles)(Paris, 1965), p. 50 (Avec la collaboration de Marianne Rochline).

8) 衛聚賢, 『中國的幫會』(重慶, 1945), 제2부, pp. 2-3. 그러나 또다른 해석은 홍(洪) 자는 한(漢)에서 中土를 제거해버림으로써 생긴 것으로서, 이는 명 왕조에 충성하는 사람들이 자신들을 만주인에게 중국 영토를 빼앗긴 한인(漢人)으로 여기고 있음을 표시한 것이라고 말한다.

한족의 복수에 뜻을 두고 있었다. 어떤 사람이든지 간에 이런 포부를 가진 사람이라면 출신, 교육수준, 사회적 지위의 고하를 막론하고 가입시켰다. 그러나 전체적으로 보면 이 조직들에 가입한 사람들은 하층계급의 사람들이었다. 새로운 회원들은 기존 회원의 소개로 입회했는데, 이들은 본회의 암호와 은어를 알아야만 했다. 입회의식에서 새 회원들은 조직의 비밀을 지킬 것을 맹세하고, 한 장의 36구절로 된 선서문을 읽고 나서 이 종이를 재로 태워서 술과 설탕을 섞어놓은 한 그릇의 닭 피 속에 넣었다. 이어서 왼손 중지를 따서 피 몇 방울을 닭 피가 담긴 그릇에 떨어뜨리고 그것을 마셨다. 이런 의식이 끝난 뒤 모든 사람들은 피로써 굳게 맹세한 형제가 되어, 각자 자신의 경제력에 따라서 회비를 지불하고 회원증을 받았다.9)

가로회는 건륭제 시대(1736-1795)에 탄생했는데, 천지회에 비하면 회원을 선택해서 받아들였다. 이발사, 광대, 마부와 "출신 불명"의 사람들을 제외한 반청 복명에 뜻을 둔 사람들을 받아들였다. 이들의 우두머리인 "용두(龍頭)"는 회원들에게 절대적인 권위를 가지고 있으며, 회원들 간에 형제결의를 맺고 서로 도와주며 기회가 있으면 봉기를 일으켰다.

백련교는 유구한 역사를 가진 단체이자 반종교성(半宗敎性)을 띤 조직으로, 1250년 전후 혹은 더 이전에 창건되었다.10) 원나라 시대(1280-1368)에, 백련교는 몽골 왕조를 전복시켜 대송강산(大宋江山)을 재건하려고 했다. 청대에 와서 백련교는 반청 복명할 것을 맹세했다. 백련교도들은 불교와 도교 사상을 흡수하여 민중의 지지를 얻었다. 1781년 백련교 수령 중의 한 사람인 류송(劉松)이 잡혀 변방으로 유배되었다. 그후 관부는 교도들을 끊임없이 학대하여 그들은 결국 1793년에 반란을 일으키고야 말았다. 이 반란은 일련의 대규모 구금과 박해를 초래했으며, 화중 지역의 백련교도는 1796년에 봉기하여 "관의 핍박으로 민중이 들고 일어났다[官逼民反]"는 기치 아래 반항투

---

9) 관련된 세부사항에 대해서는 L. F. Comber, *Chinese Secret Societies in Malaya: A Survey of the Triad Society from 1800 to 1900*(Locust Valley, N.Y., 1959), ch. 1; Chesneaux, pp. 29-43을 참조하라.
10) Comber, pp. 19-20; Chesneaux, pp. 57.

쟁을 벌였다. 반란은 쓰촨, 후베이, 산시(陝西), 간쑤, 허난으로 급속히 번져 나갔다. 부패한 관군은 이 반란을 평정할 능력이 없었다. 그리하여 지방신사와 관원들은 스스로를 보호하기 위해서 단련을 조직하고 보루와 요새를 수축했다. 9년 동안 군량을 소모하면서 벌인 정벌 끝에, 장기간에 걸친 이 반란은 1804년에야 비로소 완전히 진압되었다.

이때 규모가 비교적 작은 봉기들도 발생했다. 가경제의 총 25년에 걸친 통치 기간에는 참으로 온 나라가 편안할 날이 없었다고 할 수 있다. 왕조가 극심한 쇠락의 국면으로 접어들었을 때, 서양 열강, 그중에서 특히 영국은 산업혁명으로 얻은 국력을 바탕으로 중국에게 국제무역과 외교개방을 하도록 강요했다.


## 서양의 진출과 조공체계

비록 청 왕조는 내부적으로 쇠퇴했으나, 거대 제국의 면모를 여전히 유지하고 있었고 과거의 번영을 소중히 했다. 청 왕조는 일종의 순진하면서도 헛된 관념을 가지고 있었는데, 즉 중국은 지구상에서 중앙에 있는 나라로서 이미 알려진 문명세계의 중심이므로, 청 왕조와의 관계를 발전시키기를 희망하는 모든 국가는 반드시 번속의 지위를 받아들여야 한다는 것이었다.11) 조공[封貢]체계의 이론과 실천은 중국의 세계관을 반영하며, 청 왕조와 서양의 원활한 관계를 제약하는 데에 지대한 역할을 했다.

2,000년 동안 중국은 우월한 문화, 부유한 경제, 군사력 및 광활한 영토를 배경으로 동아시아에서 군계일학의 지위를 차지해왔다. 명대(1368-1643) 초기부터 동아시아와 동남 아시아에서 위계를 바탕으로 하는 국제관계체계를 확립하여 중국이 지도적 지위를 차지했으며, 조선, 류큐, 안남(프랑스 지배

---

11) 중국인의 세계관에 대한 탁월한 연구는 John K. Fairbank(ed.), *The Chinese World Order: Traditional China's Foreign Relations*(Cambridge, Mass., 1968)을 참조하라.

하의 베트남, 더 정확히는 식민지가 되기 이전 츠엉키[중부 행정구]로 알려 졌던 지금의 베트남 중부 지방/역주), 시암, 버마와 동남 아시아 및 중앙 아 시아의 기타 주변 국가들은 번속국가로서의 지위를 받아들였다.12) 유럽에서 의 "국제가정(family of nations)"이라는 말은 중국을 중심으로 하는 국제사회 에 더욱 적합한 것 같다. 이런 사회에서의 국제관계는 개인 사이의 합당한 관계에 관한 유가관념의 확대였는데, 즉 모든 개인이 사회에서 각기 특수한 위치를 차지하고 있는 것처럼 모든 국가 역시 국제사회에서 적절한 위치를 가진다는 것이었다. 조선의 두 단어가 이런 관념을 아주 잘 설명하고 있다. 중국과의 관계를 일러 사대(事大)라고 하고, 일본과의 관계에서는 교린(交 隣)이라고 했다. 중국을 중심으로 하는 국제가정의 초석을 이루는 기본원칙 은 근대 서양과 같은 국가 간의 평등이 아니라 국가 간의 불평등이었으며, 국제가정 성원 간의 관계는 국제법이 아니라 이른바 조공체계에 의해서 지 배되고 있었다.13)

조공체계는 중국이 고대에 실시했던 방법을 연상시키는데, 즉 황제가 중 국 국내외의 "번(藩)"속을 봉하고, 아울러 그들은 보답으로 토산물로 된 공품 을 바쳤다. 이른바 공품이란 겉모습만 바뀐 일종의 조세였다.14) 명청 시기의 조공관계는 이미 일종의 고도로 의례적인 행위로 바뀌었고, 참여한 쌍방은 권리와 의무를 명확하게 정했다. 중국은 동아시아와 동남 아시아라는 국제 가정에서 정당한 질서를 유지시키는 직책을 부여받았다. 중국은 번속 국왕 에게 사절을 파견하여 책봉의식을 주관하고 황제의 책봉조서를 반포함으로 써 이들 국왕들의 합법적 지위를 승인했다. 중국은 이들 번속국가들이 외부 의 침략을 당했을 경우 원조해야 했으며 그들이 재난을 당하면 선위사절(宣 慰使節)과 안무조령(安撫詔令)을 보내야 했다. 한편, 번속국가 측은 정기적

---

12) 일본도 한동안(1404-1549) 중국에 조공을 바친 적이 있었다.

13) 이에 대한 상세한 상황에 대해서는 Immanuel C. Y. Hsü, *China's Entrance into the Family of Nations*, chapter I; John K. Fairbank and S. Y. Teng, "On the Ch'ing Tributary System", *Harvard Journal of Asiatic Studies*, 6 : 2 : 135-246(June, 1941).

14) Fairbank(ed.), *The Chinese World Order*, p. 7.

인 조공, 책봉의 요청, 중국의 정삭(正朔 : 중국 황제의 연호 및 날짜에 근거하여 그들 국가의 사건을 기록하는 것) 봉행(奉行) 등의 방식을 취하여 중국을 상국(上國)으로 받들었다.

조공사절단의 규모와 빈도 및 노선은 중국의 규정—관계가 친밀한 번속국가일수록 사절단의 규모는 크며 빈도도 더욱 높음—에 근거했다. 예를 들면 조선은 매년 네 번 조공을 바쳤는데, 공물은 연말에 한꺼번에 바쳤으며, 류큐는 3년에 한 번, 안남은 2년에 한 번, 시암은 3년에 한 번, 버마와 라오스는 10년에 한 번이었다. 사절단은 대상(隊商)을 이끌고 왔으며, 그들의 화물은 관세를 면제받았다. 사절단의 중국 내에서의 노비(路費)와 숙식비 일체는 중국 정부가 부담했다. 사절단은 베이징에 도착한 후에 회동사이관(會同四夷館)에 머물렀고, 길일을 택하여 사신이 황제에게 공품과 토산물을 헌상했으며 헌상의식에서 그들은 무릎을 세 번 꿇고 머리를 아홉 번 조아리는 대례를 행해야 했다. 그후 며칠 뒤—대개 3일에서 5일—사신과 상인들은 투숙한 회동사이관에서 시장을 열어 물건을 팔 수 있었다. 이 무역은 사절단에게 상당한 이익을 가져다주었다. 한편, 황제는 인자함과 넓은 사랑을 표시하기 위해서 번왕과 사절단에게 후한 선물을 하사했다. 그러나 일반적으로 황제가 내린 하사품의 가치는 그가 받은 공품과 선물보다 훨씬 더 낮았다.

조공관계를 유지하기 위해서 치른 대가는 매우 컸다. 중국으로 사절단을 한번 파견하는 것은 번거롭기도 하고 막대한 돈이 드는 일이었다. 예를 들면, 조선은 반드시 세심하게 200-300명의 사절단을 조직해야 했으며, 한양에서 750마일 떨어진 베이징에 도착하는 데에는 40일에서 60일이 걸렸다. 1808년의 공품과 "토산물"의 가치는 동(銅) 10만 냥으로,[15] 이는 중국 황제가 조선 국왕과 그의 가속에게 하사한 선물의 10배나 되는 액수였다. 중국의 책봉사절을 접대하는 데에는 더 많은 비용이 들었다. 관례에 따라서, 번속국왕이 즉위한 후 특사를 베이징에 보내어 책봉을 요청하면 청 조정은 천사(天使 : 조정사

---

15) 1냥의 동은 당시에 3분의 1냥의 은(銀)으로 환산되었고, 1725-1776년에는 반량은(半兩銀)이었다.

신)를 파견했는데, 이 천사는 조선, 류큐, 안남의 세 중요 국가에만 파견했다. 비교적 작은 번속국의 번왕은 자국의 사절이 가지고 돌아온 책봉조서만 받았을 뿐이었다. 책봉사절은 대개 400-500명으로 구성되었으며, 그들을 접대하기 위해서 조선은 평균 매번 동 23만 냥을 부담해야 했는데, 이는 중앙정부연 지출액의 6분의 1에 해당하는 엄청난 액수였다.16) 이런 부담은 류큐와 같은 작은 국가에게는 더욱 컸는데, 중국 사절단은 보통 류큐에 5개월 정도 체류하면서 호화로운 천사관(天使館)에 머물렀다. 류큐 정부는 부득불 먹고 입는 것을 줄여서 매번 책봉에 필요한 비용인 은 32만 냥을 마련했다. 번속국 왕은 책봉의식에서 최소한 일곱 번 머리를 조아렸다. 조서를 받을 때 한 번, 오색 가마에 보관된 어필(御筆) 성지를 받을 때 한 번, 황제께 망배(望拜)할 때 한 번, 황제가 내린 하사품을 받을 때 한 번, 황제의 은혜에 감사할 때 한 번 등이었다. 모든 의식이 끝나기 전, 번속국왕은 또다시 중국 사절에게 세 번 무릎을 꿇고 아홉 번 머리를 조아리는 대례를 행해야 했고, 중국 사절 역시 동일한 대례로 답례했다. 매번 책봉 때마다 세심한 준비와 막대한 비용이 요구되었기 때문에, 류큐 국왕은 보통 책봉의식을 즉위 후 2년이 지나서 거행했고, 몇몇 국왕은 심지어 17, 18년 뒤로 미루기도 했다.17)

조공관계는 번속국에게 막대한 재정과 물질적 고통을 야기했지만, 중국에도 아무런 경제적 이익을 가져다주지 못했다. 수많은 조공[進貢]사절단의 중국 영토 내에서의 의복비, 숙식비, 교통비 등을 제공하기 위해서 중국이 지출한 비용은 황제가 받은 공품과 선물의 가치를 훨씬 더 초과했다. 그러면 왜 이런 체계가 필요하게 되었을까? 아마도 순수한 경제적 동기가 그 이유는 아니었을 것이다. 번속국왕 측에서 봤을 때는 책봉을 통해서 그의 통치가 합법화되었고, 백성들 앞에서의 위신이 서게 되었으며, 외침을 당했을 때 중국 황제의 보호를 받을 수 있었고, 자연재해가 발생했을 때 원조를 받을 수

---

16) Hae-jong Chun, "Sino-Korean Tributary Relations in the Ch'ing Period" in Fairbank(ed.), *The Chinese World Order*, pp. 95-97, 104-106.

17) Ta-tuan Ch'en, "Investiture of Liu-ch'iu Kings in the Ch'ing Period" in Fairbank(ed.), *The Chinese World Order*, pp. 136-137, 144, 148.

있었으며, 아울러 황제로부터 사치품을 얻을 수 있었고, 자국과 중국 간의 문화적 연계를 강화시킬 수 있었으며, 천조상국(天朝上國)과 상당한 이익을 얻을 수 있는 무역을 할 수 있었기 때문이다. 중국 황제 측에서는, 세계의 주인으로서의 지위를 확인받고, 주변 국가가 기꺼이 외번(外蕃)으로 자처하여 중국을 중심에 둠으로써 오랑캐의 침략을 면하려고 하는 것을 알고 이를 매우 만족스럽게 생각했다. 총괄하면, 조공체계의 유지는 주로 유가의 예의 관념을 드러내고, 등급제를 바탕으로 한 세계질서를 확인하기 위해서였고, 중국은 그 속에서 우월한 지위—반석같이 든든하고 침범할 수 없는—를 누렸다.[18]

　서양이 동아시아에 침입했을 때 맞닥뜨린 것도 이런 국제관계체계였다. 청 조정은 조공체계를 아시아의 주변 국가에만 적용한 것이 아니라, 기타 중국과 관계를 맺으려고 하는 모든 국가에게도 적용하기를 고집했다. 실제로, 강희제, 옹정제, 건륭제가 다스리던 청조 전성기에 수십 개의 아시아 국가들이 이 체계를 따르고 있었고, 포르투갈, 네덜란드, 러시아 사절은 원하지는 않았으나 중국 황제에게 고두례를 행했다. 비록 러시아와 서유럽 국가는 이 체계 속에 정식으로 편입되지 않았으나, 중국인은 이들 나라의 사절을 번속국가의 사신으로 대했다. 이 사절단들이 번속국의 규정에 따르지 않고 어쩌다 우연히 오는 원인을 『대청회전(大淸會典)』에서는 이들 서양 무역국가들이 중국과 너무 멀리 떨어져 있어서 그들이 고정적인 조공계획을 세우는 것을 방해했다고 해석하고 있다. 아주 재미있는 사실은 1655-1795년 사이에 서양의 17개 사절단 중 하나만 제외하고 모두 중국의 요구에 따라서 중국 황제에게 고두례를 행했다는 점이다.[19] 외국에서 온 **공식사절단**에 관한 청 왕조의 정책은 매우 엄격했으나, 서양의 **민간상인**에 대해서는 매우 융통성 있는 태도를 보였다. 서양 민간상인들의 마카오 거주 및 광저우에서의

---

18) Wang Gungwu, "Early Ming Relations with Southeast Asia: A Background Essay" in Fairbank(ed.), *The Chinese World Order*, p. 61, 또한 pp. 110-111, 160.

19) John K. Fairbank, *Trade and Diplomacy on the China Coast: The Opening of the Treaty Ports, 1842-1854*(Cambridge, Mass., 1953), I, p. 14.

무역활동을 허가한 것은 바로 망극한 황제의 은혜의 상징이었다. 이들 상인들은 신속하게 막대한 이윤을 얻었으나, 그들의 활동 및 무역방식은 몇몇 제한 규정의 구속을 받았다(자세한 사항은 다음 장에서 논할 것이다).

19세기 초 서양 국가의 정부와 상인들은 중국 체계의 구속을 더 이상 받아들이지 않았다. 상인들은 더욱 많은 행동의 자유를 요구했는데, 당시 서양 국가들은 막 나폴레옹 전쟁으로부터 벗어났으며 산업혁명으로 인하여 국력이 크게 증대되어 있어서 더 이상 번속국가의 대우를 받으려고 하지 않았다. 그들은 유럽의 법규와 외교관례에 따라서 국제관계를 발전시켜가기를 고집했다. 그러나 중국인은 그들이 소중하게 생각하는 체계를 포기하려고 하지 않았다. 사실 중국인들은 "우리가 너희들에게 오라고 요청한 것이 아닌데, 너희들이 온 이상 마땅히 우리의 규정에 따라야 한다"고 주장했지만 이에 대해서 서양인들은 "당신들은 우리들이 오는 것을 막을 수 없으며, 그리고 우리들은 우리들의 방식으로 오겠다"고 대답했다. 이후에 중국과 서양 관계의 발전은 충돌의 연속이었으며 결국에는 청 제국의 굴욕을 야기했다. 사실, 서양 국가들이 협력하여 중국의 대외관계의 틀을 파괴했을 때 조공체계는 크게 퇴색되었다. 이미 18세기 중엽부터 조공체계는 중국과 동남아 범선무역의 흥기와 광둥 지역에서의 유럽 무역의 증대라고 하는 두 가지의 영향을 받아 파괴되고 말았다. 수백 척의 중국의 범선—배 1척의 평균 크기는 150톤이며, 가장 큰 배는 1,000톤에 이른다—들이 시암, 안남, 말레이 반도, 자바 섬, 말라카 제도 등에서 무역을 했다. 이들 지역의 많은 작은 번속국가들은 더 이상 종속체계에 의존할 필요가 없음을 알게 되어 중국에 조공을 바치는 것을 중단했다.[20] 이미 광저우에서의 무역활동을 인가받았던 독립적인 유럽 무역은 또다른 파괴적인 영향력을 초래했는데, 이 영향력은 가공할 만큼의 빠른 속도로 증가하고 있었다. 영국은 가장 선두를 달리는 공업국이자 대외무역의 선두주자로서 현행 중국체계를 파괴하기 위하여 갖은 노력을 다했다.

---

20) 중국의 범선무역에 대한 자료는 田汝康, 「十七世紀至十九世紀中葉中國帆船在東南亞洲航運和商業上的地位」, 『歷史硏究』, 제8권 제1기(1956), pp. 1–21을 자세히 보라.

# II

# 내우외환
# 1800-1864년

7

# 광저우 무역체계

중국이 1842년 서양에 문호를 개방하기 이전 85년간, 광저우는 유일하게 대외적으로 개방된 무역항구로서 이 시기의 중국의 대외관계는 기본적으로 광저우 무역과 관련되어 있었다.

## 단일 무역항으로서의 광저우 무역의 유래

광저우는 중화제국의 남단에 위치하며 당나라 때부터 줄곧 대외무역의 중심지였다. 명말 청초에 광저우의 무역은 실제로 포르투갈 사람들이 독점하고 있었으며, 제5장에서 상술한 것과 같이 그들은 마카오를 차지하고 있었다. 기타 국가의 선박과 상인들은 광저우에 들어갈 수 없었으며 단지 어쩌다가 인가를 받아야만 들어갈 수 있었다. 매우 진취적인 영국 상인들은 광저우로의 진입이 저지당한 후에 다른 지역에서 기회를 찾고 있었는데, 그들은 타이완을 점거하고 있던 명나라 유신 정성공 및 그의 아들과의 관계를 발전시켰으며 무기를 판매함으로써 타이완과 샤먼에서의 상권을 획득했다.

정성공의 연해 지구 침투로 인하여 곤혹스러워진 청 정부는 1662년에 모든 항구에 대외무역을 금지하고, 연해에 거주하는 모든 백성들은 해안으로부터 30-50리 떨어진 내지로 철수하라는 명을 내려 정성공의 보급원을 차단했다. 그러나 외국 상인에 대한 특혜로서 마카오는 이런 조치의 제한을 받지 않았고, 광저우는 비록 표면적으로는 항구를 폐쇄했지만 그다지 엄격하게 시행하지는 않았다. 1683년 청 정부는 성공적으로 타이완을 통일함에 따라서 항구 폐쇄를 해제하고, 1685년에 광저우, 장저우(푸젠 성 소재), 닝보와 원타이산(장쑤 성 소재)에 세관을 개설했다. 이 몇몇 항구 중 광저우가 가장 번성했는데 그 이유는 그곳이 유구한 대외무역의 역사를 가지고 있었을 뿐만 아니라, 광저우의 위치가 중국인이 남양(南洋)이라고 부르는 동남 아시아에 가장 근접해 있었기 때문이었다.

오래된 항구인 광저우에는 많은 낡은 규칙과 오랜 악습이 있었으며 부패가 횡행했다. 1689년, 광저우 항구에 제일 처음 들어온 영국 동인도회사의 선박에 2,484냥이라는 엄청난 관리비가 부과되었다. 그러나 관리비는 여러 차례에 걸친 세관관원들과의 홍정을 거쳐 1,500냥으로 줄었는데 그중 1,200냥은 톤세(ton稅) 이고 300냥은 호부(戶部)(Hoppo, 광둥 세관감독)에 바치는 규례은(規禮銀 : 이른바 사례비)이었다. 이와 같은 불규칙적인 갈취와 아열대에 위치한 광저우의 영국의 모직품에 대한 적은 수요량으로 인해서 동인도회사는 좀더 북쪽에 위치한 항구를 찾아 원활한 상거래를 모색하지 않을 수 없었다. 영국인들은 만약에 차와 비단 생산지인 장쑤, 저장 지역에서의 장사가 가능하다면 상품구입에 대한 비용이 줄어들 것이라고 생각했다. 그리하여 동인도회사는 1698년에 닝보 근처인 딩하이에 일종의 상무 대리기구 혹은 무역사무처인 상관을 설립하고 앨런 캐치풀을 상관의 대표로 삼았다. 그러나 사실이 증명해주듯이 닝보 역시 광저우보다 나을 것이 없었는데, 이곳 역시 관청의 간섭, 부당한 징세, 모직물에 대한 수요의 미미함 및 그 지역 상인들의 자금 결핍 등등의 요소로 인해서 상당한 어려움을 겪고 있었다. 동인도회사는 결국 다시 광저우로 눈을 돌려 1699년에 그곳에 다른 상관을 개설하고 1715년을 전후하여 이곳에서의 무역을 정례화하기로 결정했다. 동인도회사는 화물관리 위원회(council of supercargo)를 조직하여 상관의 상설 기구로 삼았으며 이 조직은 1758년에 이르러서 비록 규모는 비교적 작지만 효율성이 더 뛰어난 상설 특선 위원회(Select Committee)로 대체되었는데,

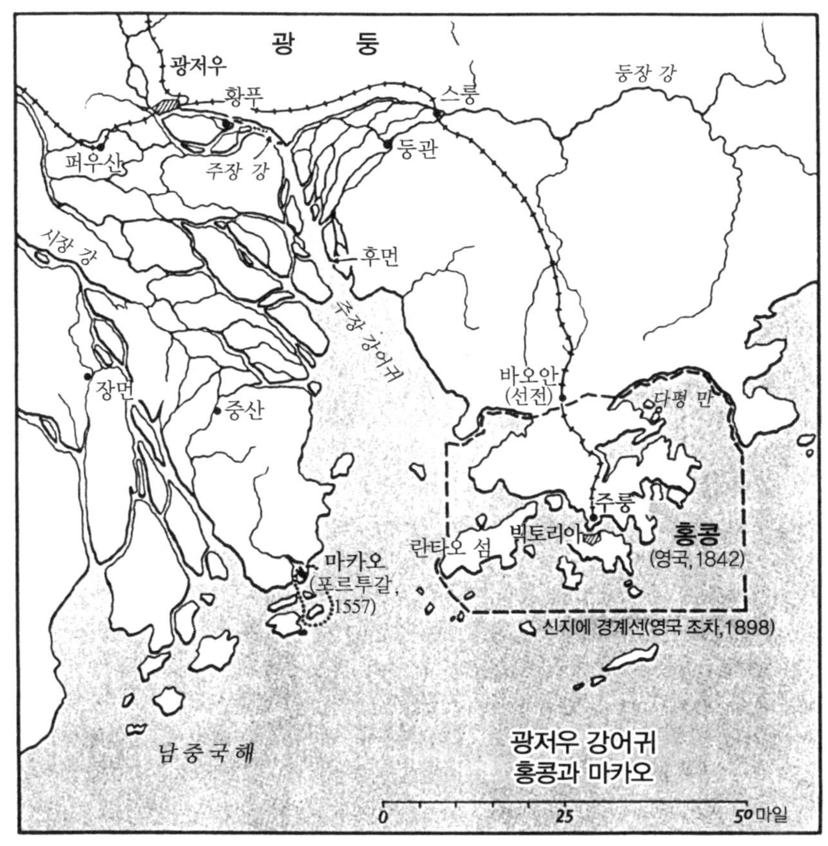


이 위원회는 3명의 베테랑 위원으로 구성되었으며 동인도회사의 중국에서의 상업과 무역업무[商務]를 조정하고 지도했다.

광저우 지역의 난폭하고 독단적인 태도와 황당무계한 사기와 착취, 그리고 가격이 비싼 차와 비단으로 인해서 동인도회사는 1753년경에 또다시 닝보에 관심을 가지게 되었다. 1755년 새뮤얼 해리슨과 제임스 플린트는 2척의 선박을 거느리고 딩하이로 갔다. 플린트는 줄곧 중국어를 배우고 있었다. 그들은 그 지역 고위관리의 환대를 받았으며 저장 성 관아는 조정에 "홍모(紅毛)"—영국인과 네덜란드인의 별명—의 선박들이 여러 해 동안 오지 않고 있으니 그들을 특별히 생각해주어야 한다고 보고했다.

무역활동이 닝보로 옮겨감으로써 자연히 광저우로 가는 영국 선박의 수량이 감소했는데, 1754년에는 27척, 1755년에는 22척, 1756년에는 15척, 1757년에는 7척이었다. 양광 총독(兩廣總督)은 무역이 북방에 편중되는 것을 우려하여 1757년 조정이 닝보의 관세를 100퍼센트 올려줄 것을 호소했다. 베이징의 조정도 서양 선박이 빈번히 내방함으로써 닝보가 또 하나의 마카오가 되지 않을까 걱정하게 되었다. 그밖에도 조정은 닝보, 샤먼, 상하이 등 북쪽에 위치한 항구들이 광저우보다 더 바다에 인접해 있기 때문에 관부가 서양 선박의 출입을 통제하기 어려워 외국인과 내지의 간악한 백성들의 결탁을 조장하지나 않을까 걱정했다. 그리고 만일 개항지가 광저우에 있으면 관부는 황푸 및 후먼의 요새에서 서양인과 그들의 선박을 감시할 수 있을 것으로 생각했다. 또 광저우에는 과거부터 대외무역을 생업으로 삼고 있는 사람들이 많았으므로 무역이 북방으로 옮겨지면 그들의 생계에 심각한 타격을 주게 될까 우려했다. 이런 상황들을 고려한 후에 조정은 닝보와 기타 북방 항구의 관세를 올려서 이곳들의 관세를 광저우의 관세보다 더 무겁게 하여 미래의 무역을 막기에 충분할 정도로 하기로 결정했다. 그래서 서양인들은 북상하려던 생각을 단념하는 수밖에 없었다. 이리하여 비록 닝보, 샤먼, 상하이의 무역은 결코 정식으로 금지되지는 않았지만 실제적으로 1757년 이후 광저우는 서양 상인에게 개방된 유일한 항구가 되었으므로, 북방 항구에 대한 무역은 금지된 것은 아니지만 금지된 것이나 마찬가지[不禁之禁]가 되었다.

그러나 플린트는 1759년에 무거운 관세를 아랑곳하지 않고 닝보로 갔다. 그는 입항이 거절되자, 톈진으로 가서 광저우의 부패 및 갈취와 불법적인 징세행위를 고발했다. 조정은 플린트의 언행이 거칠었기 때문에 그를 체포하여 마카오 감옥으로 보내 3년 동안 구금시켰지만, 조사단을 광저우로 파견하여 광둥의 세관감독을 해임시켰다. 그러나 플린트 사건이 가져다준 더욱 심각한 결과는 조정이 명확한 칙령을 내려 이후 광저우가 서양 상인에게 개방된 유일한 개항지임을 규정해버린 것이었다. 이 칙령은 무역이 중국의 기타 지역으로 확대될 가능성을 없애버렸으며 그로 인해서 광저우 체계는 1842년 아편전쟁이 일어날 때까지 존속되었다.

# 광저우 무역

중국인들의 대외무역에 대한 태도는 조공을 받는 심리에 기초하고 있었는데, 중국인들은 상국(上國)으로서의 중국은 물자가 풍부하여 외래 물품이 필요하지 않지만 인자한 황제가 통상을 허락한 것은 서양인에게 베푸는 은혜의 표지인 동시에 그들을 감사하게 생각하도록 만드는 방법이라고 생각했다. 따라서 통상은 하나의 특권이었고 중국은 서양인이 과오를 저지를 경우 이 특권을 언제든지 회수할 수 있었다. 그 밖에도 광저우 무역은 외국 상인과 중국 민간인 사이에 전개되었기 때문에, 정부 차원의 외교관계는 필요가 없었고 단지 민간 사이의 상업적 왕래만 있으면 되는 것이었다. 이로 인해서, 외국 상인과 중국 관리 사이에 어떤 직접적인 접촉도 허락되지 않았으며, 외국 상인들은 단지 그들과 무역을 할 수 있도록 지정받은 중국 특허상인을 통해야 총독, 순무 혹은 호부에 의견서를 올릴 수 있었다.

광저우 무역의 주요 특징은 정부가 "13개" 행(行)에게 유일한 대외무역 대리인으로서의 특권을 부여한 것이다. 이런 행의 주인들, 즉 소위 행상(行商)들은 그들 사업의 독점적 특권을 유지하기 위해서 정부에 많은 돈을 기부해야 했는데, 그들의 기부금액은 대략 은 20만 냥, 즉 5만5,000영국 파운드였다고 한다. 과거에 어떤 사람들은 행상이 1720년부터 시작되었다고 잘못 생각했지만 사실은 이보다 훨씬 더 이전에 행상이 이미 존재했고, 1720년은 광저우에서 행상이 하나의 행회(行會)를 조직한 해이며 명대 만력 시기(1573-1619)에는 약 36개 행상이 14개 국가와 무역을 했다고 한다. 명대 말기에 이르러서 행상의 수가 13개로 줄어들어 "13행"이라는 명칭이 있게 되었으며 이는 청대까지 이어졌다. 사실상 청대의 행상 수는 기복이 매우 컸으며, 13개 행상이 있었던 해는 오직 1813년과 1837년 두 해뿐이었다.[1]

행에는 세 가지 유형이 있었다. 구미(歐美) 전문 무역상은 외양행(外洋

---

[1] 1720년에는 16개, 1757년에는 20개, 1781년에는 4개, 1790년에는 5개였다.

行), 동남 아시아 전문 무역상은 본항행(本港行), 푸젠과 차우저우 지역 전문 무역상은 복조행(福潮行)이라고 불렸다. 우리가 여기에서 논하려는 것은 첫 번째 유형인 외양행이다.

13행과 나란히 놓여 있는 것은 광저우 성 밖의 주장 강 연안에 있는 13개 외국 "상관"이었다. 상관의 토지와 건물 면적은 약 21에이커였고 행상으로부터 임차하여 평균 연간 600냥의 세를 냈다. 중국인들은 영국, 미국, 프랑스, 네덜란드, 벨기에, 스웨덴, 덴마크, 에스파냐 및 기타 서양 국가들의 상관들을 모두 "이관(夷館)"이라고 불렸다.

영국의 상업무역은 모든 서양 국가들 중에서 선두를 차지하고 있었는데, 동인도회사가 이 사업을 독점하고 있었지만 그 외에도 상당히 활발하게 활동하는 개인무역상도 있었다. 동인도회사는 일부 개인상선들에 특허장을 수여하여 이 회사의 사업증을 가지고 인도와 중국 간의 무역을 할 수 있게 허락해주었다. 이런 형식의 무역은 "항각무역(港脚貿易)" 혹은 "산상(散商)"으로 불렸으며, 그 선박은 "회사선(公司船)"과 구별하여 "항각선(港脚船)"이라고 불렸다. 항각선의 60퍼센트는 출발지가 봄베이였고, 벵갈과 마드라스가 각각 20퍼센트를 차지했다. 항각상인은 주로 인도에서 장사하는 영국인이었는데, 이 사실은 그들의 성(姓)을 통해서 어느 정도 알 수 있다. 그러나 그들 중에는 일부 인도인과 인도의 배화교(拜火敎) 신도들도 있었다. 1764-1800년 사이에 항각무역은 광저우에서의 영국 상인의 무역총액의 30퍼센트를 차지했다.

또다른 부류의 개인무역은 회사의 한 정책으로 인해서 생겨났다. 동인도회사는 고급선원들의 적은 봉급을 보조하기 위해서 그들이 일정량의 황금과 화물을 휴대하는 것을 허락했다. 당시 선장의 월급은 10파운드였고, 1등 항해사는 5파운드였다. 예를 들면 1730년에 적재량이 495톤인 선박의 선장은 개인화물 13톤을 휴대하는 것을 허락받았다. 사실상 동인도회사 측은 고급선원들이 일부분의 개인화물을 가지고 배에 오를 수 있다면 그들이 더욱 열심히 항해하여 일을 성공적으로 마무리할 수 있을 것이라고 생각했다. 또한

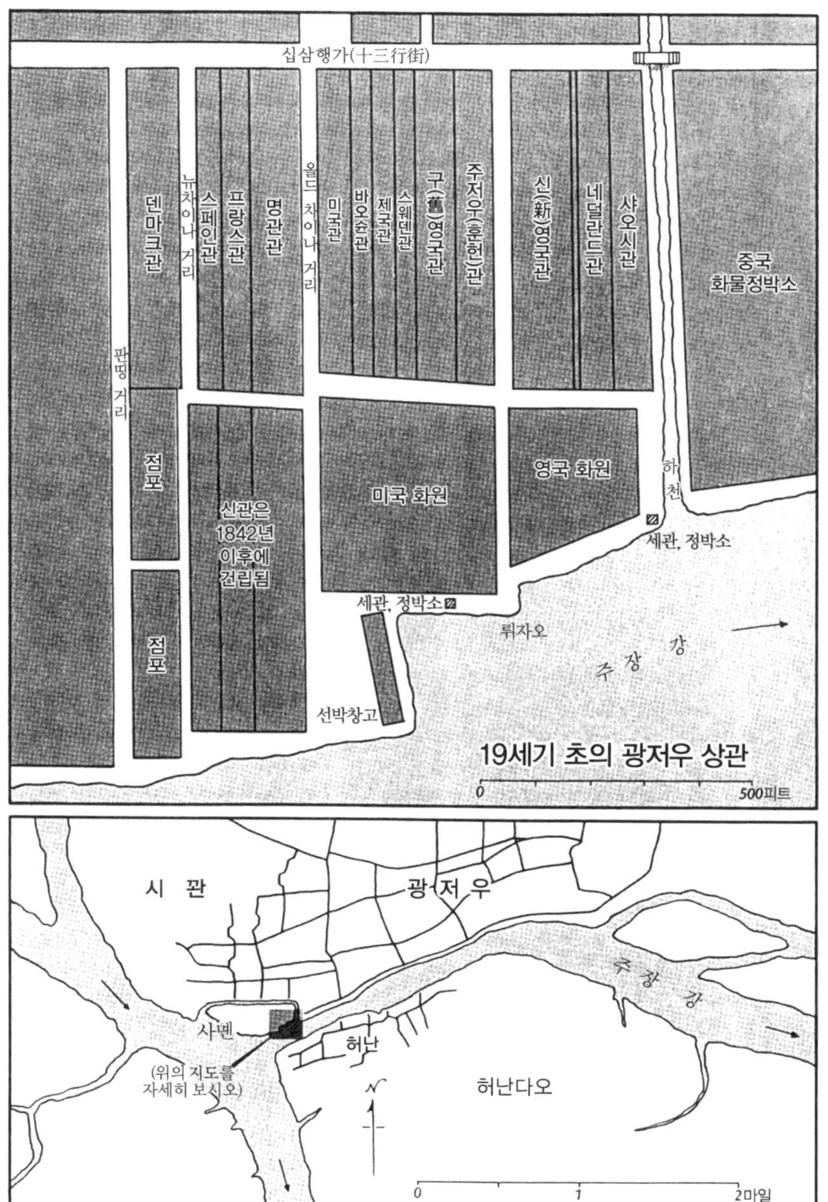

십삼행가(十三行街)
덴마크관
뉴차이나거리
스페인관
프랑스관
명관
올드차이나거리
미국관
바오슌관
제국관
스웨덴관
구(舊)영국관
주저우(훈헌)관
신(新)영국관
네덜란드관
샤오시관
중국 화물정박소
판띵거리
점포
신관은 1842년 이후에 건립됨
점포
미국 화원
영국 화원
하천
세관, 정박소
세관, 정박소
선박창고
뤼자오
주장 강
19세기 초의 광저우 상관
0
500피트
시 꽌
광저우
주장 강
사몐
(위의 지도를 자세히 보시오)
허난
허난다오
N
0
1
2마일

동인도회사는 어떤 방법으로도 밀수를 두절시킬 수 없었기 때문에 금지하기 보다는 차라리 공식화하는 것이 낫다고 생각했다. 개인무역의 유형 외에도 동인도회사는 광저우에 파견된 하급 대반(大班)의 적은 봉급을 보조하기 위해서 개인무역을 허락했다. 1764-1800년 사이에, 이런 개인무역은 광저우에서의 동인도회사의 무역총액의 약 15퍼센트를 차지했지만 19세기 이후부터는 급속히 증가했다.[2]

**행상** 행상은 수많은 어려움을 겪은 뒤에야 비로소 존귀해질 수 있었다. 한동안 그들은 "황상(皇商)"의 배척을 받아 상업계에서 쫓겨날 뻔했다. 황상은 대외무역을 독점하는 직권을 부여받았고, 1702년 광저우, 샤먼, 저우산에 모습을 드러냈다. 광저우에 주재하는 황상(전하는 바에 의하면 염전관원을 한 적이 있었고, 4만2,000냥의 은전을 기부하여 황제로부터 이 새로운 관직을 수여받았다고 함)은 실로 많은 자금도 없었고 판매할 수 있는 주력상품도 없었다. 황상들은 주문을 빠른 시간 내에 소화할 수 없었기 때문에 외국 상인들의 불만을 샀고, 그 이외에 행상도 이윤이 높은 거래를 빼앗겼기 때문에 외국 상인의 불만에 동조했다. 1704년 영국에서 온 5척의 상선은 황상과의 거래를 거부하고, 현지의 행상과 비공식적인 거래를 했다. 행상들은 호부에 뇌물을 바친 후 공개적으로 황상과 경쟁하여 황상을 상업계에서 밀어냈다. 자신의 지위를 강화하기 위해서 행상들은 1720년에 공행(公行)이라고 불리는 행회를 설립했으며, 아울러 가격과 거래 절차를 조정하기 위해서 13개 조항으로 구성된 규약을 만들었다. 최초의 공행 구성원은 16명이었고, 3등급으로 나뉘어 있었으며, 동시에 신입회원은 반드시 1,000냥의 회비를 납부해야 한다고 규정했다. 모든 매매 금액의 3퍼센트를 떼어서 저축했는데 이는 공소비(公所費)라고 불렸고, 채무상환에 쓰였다. 비록 이 공행은 일개 민간

---

2) Earl H. Pritchard, *The Crucial Years of early Anglo-Chinese Relations, 1750-1800*(Pullman, Washington, 1936), pp. 170-174; "Private Trade between England and China in the 18th Century(1680-1833)", *Journal of Economic and Social History of the Orient*, I, p. 109(Aug. 1957-Apr. 1958).

178

기구였지만 정부와 외국 상인 사이에서의 완충기능을 하는 편리한 기구로서 정부의 지지를 얻었다. 공행이 있었기 때문에, 외국어를 모르는 관원들은 중국 규정을 모르는 외국 상인들과의 직접적인 만남을 피할 수 있었다. 그리고 공행은 정부를 위해서 세금을 거두었고 서양 상인들을 대신하여 세금을 납부하는 두 가지 직능을 가지고 있었다.

공행은 공행에 속하지 않은 모든 상인들을 배척하고, 광저우 무역을 독점했다. 공행에 소속되지 않은 상인들은 당연히 항의했고 일부 서양 상인들도 이런 자유롭지 못한 규정에 불만을 가졌다. 이런 저항세력 때문에 공행은 1년 뒤에 해체되었다. 1745년 호부는 20개 행상 중 가장 재력이 뛰어난 5개 행상을 선발하여 "보상(保商)"으로 임명하여 모든 상업거래를 책임지고, 외국 상인의 행위를 책임지도록 했다. 1754년에 모든 행상들은 이미 보상이 되었다. 부유한 행상인 판치꽌(潘啓官)의 간청으로 1760년에 공행이 다시 회복되었지만 얼마 가지 않아 내부분쟁 및 서양 상인에 대한 부채를 장기 상환하지 않는 등의 문제로 인해서 곤경에 빠졌다. 1771년 동인도회사는 판치꽌에게 10만 냥을 주어 중국 정부에 로비를 함으로써 공행을 해산하는 데에 성공했다. 그러나 결국 1782년에 공행은 다시 회복되어, 1842년 아편전쟁이 끝날 때까지 존속했다.3)

18, 19세기에 행상 중에서 가장 재력이 있고 유명한 상인은 동문행의 판치꽌과 광리행의 루마오꽌(盧茂官) 그리고 이화행의 우하오꽌이었다. 여기에서 한 가지 덧붙여 언급해야 할 것은 그들의 이름에 모두 관(官) 자가 들어간 것인데, 이는 그들이 조정에 거액의 금전을 기부하여 이름뿐인 관직을 얻었기 때문이다. 상행의 구성원은 다음과 같다. (1) 매판(買辦). 그들은 거간꾼과 회계와 경리 역할을 겸했다. (2) 통사(通事 : 통역). 없어서는 안 되는 중개인이었지만 서양인들에 의하면 그들은 사실상 "중국어 이외의 어떤 외국어도 모른다"고 말했다. (3) 은사(銀師). 그들은 "가격제시인(가격견적인)의 자격으

---

3) 郭廷以, 제1권, p. 343.

로 은, 말굽은, 은원(銀元)의 순도를 검사한다. (4) 서기와 점원이었다.

부유한 행상은 관료들의 가혹한 착취를 받았는데, 1786년부터 조정은 그들에게 매년 5만5,000냥의 세금을 납부하도록 요구했고 그밖에 서양 시계(서양 괘종시계와 회중시계)를 구입하여 순무와 호부를 통해서 조정에 헌상해야 했다. 그들은 황족들의 생일과 혼례 등의 경사에 선물을 헌상해야 했다. 예를 들면, 가경제의 50세 탄신일에는 12만 냥을 헌상했다. 조정은 그들에게 종종 군사와 하천 중수공사에 기부금을 납부하도록 명령을 내렸는데, 즉 1773년 판치꽌은 진촨 공사에 20만 냥을 기부했고, 1787년 타이완을 진압하는 데에 또 30만 냥을 기부했으며, 행상 집단은 백련교 봉기(1796-1804)를 진압하기 위해서 60만 냥을 헌납했고, 이후 1820년대에는 신장의 회교도인 장거얼(張格爾)이 일으킨 봉기를 정벌하기 위해서 상당한 액수의 은전을 헌납했다. 하천 중수공사에 헌납한 금액은 1801년에는 55만 냥, 1804년에 20만 냥, 1811년과 1820년에는 각각 60만 냥이었다. 1773년부터 1832년 사이에는 행상이 "기부한" 금액이 400만 냥에 이르렀다.4) 그 외에도 행상은 그 지역의 부호였기 때문에 지역 교육기구, 공공 구휼사업[賑濟], 병원과 심지어 종두 진료소로부터 기부금을 요청받았다. 서양 상인들의 불법행위와 무례한 행동 때문에 보상(保商)인 행상들이 때때로 벌금을 물었다. 행상에 대한 지속적인 갈취와 행상 업무가 가지는 고도의 모험성으로 인해서 파산할 가능성이 매우 높았지만 그들은 사업을 쉽게 포기할 수는 없었다. 왜냐하면 그들은 정부가 지정한 대외무역 대리인이었기 때문이다. 많은 행상들은 서양 상인들로부터 돈을 빌려야만 겨우 유지할 수 있었다.5) 그러나 총괄적으로 말하면 행상들은 그럭저럭 잘 꾸려나갔으며 그들 중에서 판치꽌, 루마오꽌, 우하오꽌 등과 같은 이들은 많은 부를 축적하는 데에 성공했다.

---

4) 梁嘉彬, 『廣東十三行考』(上海, 1937), p. 368.
5) 1782년 당시에 그들이 외국 상인[洋商]에게 진 채무는 380만8,075파운드였다. Morse, I, p. 68.

**교역절차** 교역철은 초가을 서남 계절풍이 그칠 때 시작되어 겨울의 동북 계절풍이 부는 기간에 끝남으로써 대략 10월에서 1월까지 3-4개월 동안 지속된다. 장사철이 시작되면 찾아오는 선박은 우선 마카오에 이르러 항로 안내인 한 사람, 통역관 한 사람과 매판 한 사람을 고용해야 한다. 매판은 선박 및 선원의 급양(給養)을 도맡아 하며 그런 후에 후면으로 달려가서 측량과 비용지불에 대한 수속을 하고 그곳에서 모든 수속을 완료한 후 비로소 황푸에 정박 허가를 받을 수 있다. 황푸에서 화물이 그중 한 행상에게 넘겨지면 행상은 경쟁상대가 없는 상황에서 화물의 가격을 확정하고, 마찬가지로 외국 상인은 이 지정된 행상을 통하여 물품을 구매하며 모든 매매 계약은 1년 전에 이루어진다. 외국 상인의 업무를 담당하는 행상은 외국 선박에 대해서 전적으로 책임을 진다. 그는 외국 상인이 적합한 상관에 묵을 수 있도록 안배해주고 그들에게 매판, 통역, 환전상, 하인을 추천한다. 행상에게는 담당 선박에 있는 화물들을 모두 팔아버릴 책임은 없고, 그중 일부분을 인수하며 동시에 나머지 화물들은 다른 행상에게 넘긴다. 사실상 공행의 최초의 협정에 의하면 한 행상은 한 척의 외국 선박의 전체 화물량의 반 이상을 독점할 수 없도록 되어 있다.

예를 들면 동인도회사가 물품을 구매할 때는 주식의 비율에 따라서 행상에게 나누어주는데 호관에게는 14주를 나누어준다. 나머지는 다른 사람들에게 주는데 다른 사람들은 겨우 1주 심지어는 2분의 1주밖에 가질 수 없다.[6] 모든 것을 엄격한 절차에 따라서 행하면 1척의 외국 선박은 3주 내에 화물을 하역하고 선박 1척분의 화물을 적재해야 하지만 흔히 1개월 혹은 2개월이 걸려야 비로소 상술한 절차를 완성할 수 있었다. 외국인은 상거래가 끝나면 즉시 광저우를 떠나 귀국하든지 마카오로 가서 겨울을 보내야 했다. 그러나 "예의 바른 외국 상인"에 대한 배려로 인해서 그들은 교역철이 지난 후에도 여전히 광저우에 머물 수 있는 허가를 받을 수 있었다.

---

6) 李守孔, p. 82.

**징세와 비용 지불**  중국에 와서 무역을 하는 상선들은 각종 가혹하고 잡다한 세금을 부담해야 했는데, 주로 세 부류로 나누어진다. 즉, 톤세, 각종 규례은, 화물의 관세이다. 톤세의 계산 방법은 앞 돛대에서 뒤 돛대까지의 길이에 선폭의 넓이를 곱하여 10으로 나누어 선량(船量), 즉 선박의 측량단위를 산출했다. 선박은 3등급으로 나뉘는데 최대 등급의 선박은 매 측량단위에 7.777냥의 세은(稅銀)을 부과하고, 중등 선박에는 7.142냥을 부과하고, 소선에는 5냥을 부과했다. 이와는 반대로 규례은은 매우 복잡한 지극히 비정규적인 징수금으로서 여기에는 선체 여는 비용, 선체 검사비, 은량 검량과 순도의 차액비 그리고 수많은 기타 명목의 착취가 포함되어 있었다. 1726년 지방관청이 규례은을 인수하여 관할하기 전에 규례은은 호부, 측량관원, 환전상 및 그곳에 소속된 기타 사람들의 수중으로 들어갔는데 그 당시 규례은의 제시가격은 이들이 마음대로 확정했다. 그러나 1727년 규례은은 1,950냥으로 고정되었는데, 이 액수는 대략 1세기 동안 지속되었다. 1810년 당시에 규례은과 톤세는 1등 대형선박은 약 3,315은량, 2등 선박은 약 2,666은량이었다. 선박은 광저우에서 닻을 내리고 정박하는 것이 아니라 직접 마카오로 가서 약 절반 정도의 톤세와 규례를 지불해야 할 뿐만 아니라 따로 2,520냥을 공행에 지불하고 공행지역 밖에서 교역하는 특권을 얻어야 했다. 그 이외에 또 각종 봉사료가 있었는데, 예컨대, 항구에 들어오고 나갈 때 각각 60달러를 항로 안내인에게 주고 400달러를 매판에게 주고, 통역에게 주는 비용은 정식으로 규정된 75달러의 급여 이외에 200달러를 추가로 지급해야 했고, 선장에게는 따로 50달러 혹은 60달러의 수당을 지급해야 했다. 이리하여 1등 대형선박은 광저우에 머무르는 3개월 동안에 모두 대략 4,500냥을 지출했다.[7]

정규관세는 상당히 낮은데 대략 상품가격의 2퍼센트와 4퍼센트 사이였지만 세관관리들은 종종 이보다 2배나 되는 금품을 요구했으며 3, 4배에 이르는 금품을 갈취하는 경우도 드물지 않았다. 이런 비용들은 일반적으로 행상

---

7) Morse, I, pp. 77-78; 郭廷以, 제1권, pp. 457-472.

이 외국 상인을 대신하여 지불했다.

**교역항목** 18세기 후기에 광저우, 인도, 영국 사이에는 일종의 활기가 넘치는 삼각무역이 존재하고 있었다. 영국으로 수출되는 물품 중 가장 중요한 것은 찻잎(무역총액의 90-95퍼센트 차지), 생사(生絲), 자기(瓷器), 대황(大黃), 칠기(漆器), 육계(肉桂)였고 영국에서 수입되는 물품은 방모직물, 납, 주석, 철, 구리, 모피, 아마 및 각종 작은 장식품들이었다. 인도로 수출되는 상품 중에는 난징 토포(土布), 명반(明礬), 장뇌(樟腦), 후추, 주사(朱沙), 설탕, 사탕, 약품, 자기가 있었고 인도에서 수입되는 물품으로는 원면(原綿), 상아(象牙), 단향목(檀香木), 은, 아편이 있었다.

대규모적인 찻잎 수출은 아마 몇 가지 원인에서 비롯되었을 것이다. 즉, 쌀 수출금지와 생사 수출을 한 선박당 140단[擔](175꾸러미)으로 제한한 규정으로 인해서 찻잎이 자연히 수출의 주요 품목이 된 것이다. 유럽, 특히 영국에서는 찻잎에 대한 수요가 끊임없이 증가했는데, 그 이유는 유럽에서는 찻잎이 생산되지 않아서 1550년 이전에는 찻잎에 대해서 아직 아무것도 몰랐기 때문이다. 네덜란드 상인이 1640년에 처음으로 홍차를 조금 유럽으로 가지고 돌아간 후 얼마 되지 않아서 찻잎이 영국에서 모습을 드러냈다. 1684년부터 시작하여 동인도회사는 매년 광저우에서 5-6상자를 구입하여 선물로 증정하는 데에 사용했으며 1705년에는 녹차가 처음으로 런던에 모습을 드러냈다. 18세기 상반기에 이 회사는 점차적으로 찻잎의 구매량을 1년에 40만 파운드로 높였는데, 그중의 일부 견본품은 왕실과 귀족들에게 바치는 데에 사용했다. 얼마 지나지 않아 차를 마시는 것을 상류사회가 매우 선호하게 되었고 이후에는 대중계층으로까지 확대되었는데, 대중들은 차를 마시는 것으로 세금이 높은 주류를 대체했다. 영국인의 찻잎에 대한 수요가 매우 커짐으로써 동인도회사는 1800년에 2,330만 파운드의 찻잎을 수입했으며 1808년 이후, 영국의 연평균 찻잎 수입은 2,600만 파운드에 이르렀는데, 이는 기타 국가들의 찻잎 수입 총량의 2배였다. 이 당시 차를 마시는 것이 영국

| 연도 | 항각선 | 회사선 | 프랑스 | 네덜란드 | 스웨덴 | 덴마크 | 미국 | 기타 | 총계 |
|---|---|---|---|---|---|---|---|---|---|
| 1751 | 3 | 7 | 2 | 4 | 2 | 1 | – | – | 19 |
| 1780 | 12 | 12 | – | 4 | 3 | 3 | – | – | 34 |
| 1787 | 33 | 29 | 3 | 5 | 2 | 2 | 2 | 5 | 81 |
| 1792 | 23 | 16 | 2 | 3 | 1 | 1 | 6 | 5 | 57 |

국민의 일종의 풍조가 되어, 차를 마시는 것을 애호하는 사람들은 심지어 차의 부드러운 품성은 인간의 성격에 대해서 좋은 영향을 끼치지만 술은 폭력과 단정하지 못한 행위를 야기한다고 했다. 찻잎의 판매량이 증가함에 따라서 영국의 찻잎에 대한 수입세도 높아졌는데 놀랍게도 100퍼센트에 이르렀고, 이런 높은 세율은 대륙(특히 네덜란드)으로부터의 밀수를 부추기기에 충분했으며 전해지는 말에 의하면 밀수금액이 매년 700만 파운드에 이르렀다고 한다. 마지막으로 1784년의 감면법안(減免法案)은 찻잎 수입세를 12.5퍼센트로 낮추어, 수익이 많은 찻잎 밀수를 종식시켰다. 그렇지만 중국 찻잎은 여전히 영국에 10분의 1의 국고수입을 가져다주었다.[8]

중국의 찻잎 생산지는 푸젠 성(홍차), 안후이 성(녹차), 장시 성(홍차와 녹차 모두 생산)이다. 매년 12월, 1,000여 명의 차상(茶商)이 광저우로 가서 행상과 납품업무를 협의했다. 1755년에는 100근[9]당 가격이 19양은(兩銀)이었다. 육로를 거쳐서 차를 생산지에서 광저우로 운송하는 데에 1-2개월간의 시간이 걸렸는데, 거리는 약 2,400리, 즉 800마일이었지만 연해의 선박으로 운송하는 데에 걸리는 시간은 이보다 훨씬 더 적었다. 1813년, 일부 영국 증기선은 푸저우에서 100만 파운드의 찻잎을 광저우로 운송하는 데에 13일 걸렸다.

광저우 무역의 성쇠의 상황은 광저우에 정박하고 있는 외국 선박의 수효를 통해서 알 수 있는데, 1751년의 19척에서 1787년에는 81척으로 증가했으며 그후 1792년에는 57척으로 다시 하락했는데 상세한 상황은 위와 같다.

위의 표에서 밝혀진 것과 같이 18세기 마지막 20년 동안에는 항각무역이

---

8) Michael Greenberg, *British Trade and the Opening of China*(Cambridge, 1951), p. 3.
9) 대략 133과 3분의 1파운드에 해당함.

184

증가했으며, 미국이 중국 무역에 참여했는데, 그 신호가 1784년 뉴욕에서 출발한 중국 여황 호(Empress of China)의 도래였다. 독점성을 띤 동인도회사와는 달리, 미국인은 자유상인이었다.

18세기 당시 광저우 무역의 수지균형은 중국에게 대단히 유리했는데 그 이유는 중국은 외국 물품이 전혀 필요하지 않았지만 서양 상인들은 대량의 차, 비단 및 대황을 구매했기 때문이었다. 외국 선박은 반드시 말굽은을 가지고 와서 중국의 물품을 구입해야 했기 때문에 동인도회사의 선박들은 런던에서 출발할 때 종종 화물의 90퍼센트가 말굽은이었다. 1775년에서 1795년 사이에 동인도회사가 중국으로 들여온 물품과 말굽은은 3,150만 냥이었지만 중국에서 가지고 나간 물품은 5,660만 냥에 이르렀다. 이 2,510만 냥의 무역 적자는 부분적으로는 항각무역과 개인무역을 통해서 보충되었는데, 이 무역들은 비교적 많은 흑자를 냈다. 같은 시기에 항각무역의 흑자는 1,360만 냥이었고, 개인상인의 흑자는 170만 냥이었다.[10] 항각과 개인상인의 수입이 광저우에 있는 동인도회사의 계좌로 전이되어 런던에서 지불할 수 있는 수표로 바뀌었다. 상술한 이 시기에 동인도회사가 광저우에서 물품을 구입하는 데에 사용할 수 있는 자금 중 대략 3분의 1이 항각무역에서 벌어들인 것이었다.


## 외국인의 광저우에서의 생활

외국인 관리에 대한 광저우 당국의 입장은, 무역은 단지 중국이 서양인에게 부여한 특권일 뿐이지 그들의 고유한 권리가 아니며 따라서 이런 황은(皇恩)은 그들이 모범적으로 행동할 때에만 주어진다는 것이었다. 이로 인해서 서양인에게는 행동규칙을 따라야 할 의무가 생겼고, 이 규칙들은 상관에서 정기적으로 낭독해야 했으며, 이 규칙을 위반하면 무역이 중단될 수 있었다.

---

10) Pritchard, *Critical Years*, p. 180.

**행동규칙**  5조 규정(五條規程)은 1759년 플린트 사건 발생 때 양광 총독 리스야오(李侍堯)에 의해서 처음으로 반포되었다. 이후 수차례의 증보와 수정을 거쳐서 19세기 초에 이르러 아래와 같은 일련의 행동규범이 최종적으로 마련되었다.

1. 외국 군함은 반드시 강 밖에 정박해야 하고 후먼에 들어올 수 없다.

2. 외국인 부녀자들은 상관에 함부로 들어와서는 안 되며, 총기와 기타 무기 역시 가지고 들어올 수 없다.

3. 모든 항로 안내인과 매판은 중국 마카오 관청의 동지(同知 : 지부[知府]의 보좌관/역주)에게 특허등록을 해야 한다. 매판의 직접 감시를 받지 않은 상태에서 외국 선박과 기타 상인은 거래할 수 없다.

4. 각 외국 상관은 8명 이상의 중국인을 고용할 수 없으며, 여자 노복 역시 고용할 수 없다.

5. 공행의 수속을 거치지 않고서는 외국인은 중국 관리와 직접 교섭할 수 없다.

6. 외국인은 배를 강에 띄워 유람할 수 없다. 단 매월 8일, 18일, 28일은 화지해당사(花地海幢寺)를 한 차례 유람할 수 있으나, 한번에 10명을 초과할 수 없으며, 다른 촌락이나 시골 장에 대한 구경은 금지한다.

7. 외국인은 가마와 깃발 꽂힌 삼판선(三板船 : 항구 안에서 사람이나 짐을 실어 나르는 중국식의 작은 돛단배/역주)을 사용할 수 없으며, 차양이 없는 작은 배만 사용해야 한다.

8. 외국인의 무역활동은 반드시 공행의 손을 거쳐야 하는데, 즉 공행의 허가를 받지 않은 상인과의 비밀교역 행위를 방지하기 위해서 상관에 거주하는 자 역시 마음대로 출입할 수 없다.

9. 통상기간이 지나면, 외국인은 광저우에 거주할 수 없다. 통상기간 내에 물건을 모두 구매하여 선적해서 돌아가야 한다. 그렇지 못할 시에는 마카오로 갈 수 있다.

10. 외국 선박은 곧바로 황푸로 가서 강 밖에서 머물러야 하며 다른 곳에 정박해

서는 안 된다.

11. 중국 서적을 구매할 수 없으며, 중국의 언어와 문학을 배울 수 없다.

12. 공행 행상은 외국인에게 진 채무가 있어서는 안 된다.[11]


노복 고용에 관한 제4조를 제외한 나머지 각 조항들은 모두 엄격히 지켜졌다. 그중에서도 부녀자와 관련된 조항은 더욱 그랬다. 1830년에 3명의 외국인 부녀자가 영국 상관에 몰래 들어왔을 때, 중국 관청은 무역을 중단하겠다고 위협하여 그녀들은 부득이 마카오로 떠날 수밖에 없었다. 외국인 부녀자들[番婦]의 광저우 진입을 제한하는 엄격한 규정 때문에 서양 상인들은 보통 가족들을 마카오에 머물게 했다. 1830년 당시 마카오에 있던 외국인 4,480명 중 백인 여성은 2,149명, 백인 남성은 1,201명이었고, 나머지는 노예와 하인들이었다. 반면 광저우의 외국인 사회는 전부 남성으로만 이루어져 있었으며, 1836년에는 그곳에 307명의 남성이 있었는데 그중 213명은 아시아인이 아니었다.

서양인의 행동을 규제하는 규정은 물론 이들 상인들의 불편을 초래했으나, 돈을 빨리 벌 수 있다는 기대로 잠시의 고통을 다소 잊을 수 있었다. 대체로 서양 상인은 넓은 공간을 갖춘 상관에서의 생활에 매우 만족했으며, 행상과의 관계도 매우 화목하고 사이가 좋았다. 1825년 광저우에 와서 오랫동안 머문 미국인 윌리엄 C. 헌터는 행상은 "장사할 때 신뢰할 만한 사람이며, 계약을 준수하며 성격도 관대한 사람들이다"라고 말했다.[12] 행상과 서양 상인은 의기투합했으며, 심지어 곤란에 직면하거나 파산했을 때도 서로를 도왔다. 우하오꽌은 근검절약하면서도 호방하고 대범하며 남의 어려움을 기꺼이 도와주는 사람으로 칭송받았다. 한번은 미국 상인이 장사에 실패하고 3년이나 광저우를 떠돌며 고국에 돌아가지 못하고 있음을 알고, 그 미국인을 찾아내어 그의 7만2,000달러의 어음을 소각시켜 채무를 말끔히 정리해주었다.

---

11) 萧一山, 제2권, pp. 836-837.

12) William C. Hunter, *The "Fan Kwae" at Canton before Treaty Days, 1824-1844*(Shanghai, 1911), p. 40.

우하오꽌은 피진 영어(pidgin English)—당시 중국 상인들이 사용한 영어—로 말하기를, "You and I are No. I 'olo flen'; you belong honest man, only got no chance(당신과 나는 가장 친한 오랜 친구입니다. 당신은 성실한 사람이오, 단지 운이 없었을 뿐입니다)"13)라고 했다.

피진—혹은 피전(pigeon)—영어는 중국 연해 상업사회에서 사용되던, 영어와 포르투갈어 그리고 인도어 어휘가 섞여 있는 혼합언어로서, 말할 때 대개 영어 문법에 따르지 않고 중국어 어법에 따랐다. 포르투갈어에서 온 단어, 예를 들면 mandarin은 명령이라는 뜻의 mandar에서 기원했고, compradore은 구매라는 뜻의 compra에서 기원했으며, maskee는 개의치 말라는 뜻의 masque에서 기원했다. 인도어에서 온 단어, 예를 들면 bazaar는 "시장"을 말하고, schroff는 "은(銀) 감정사"를 말하며, go-down은 ka-dang의 잘못된 발음으로 "창고"를 가리키고, lac은 "10만"을 가리키며, cooly(coolie)는 "노동자"를 가리켰다. 호관이 어음을 소각했을 때 했던 다음과 같은 말은 전형적인 피진 영어였다. "Just now have settee counter, alla finishee; you go, you please(지금 우리는 장부를 깨끗이 정리했으니 모든 것이 끝났소. 당신은 떠나고 싶으면 떠나도 좋습니다)."14)

**사법권 문제**  서양인의 활동에 관한 많은 제한 이외에도 법률실시의 문제 역시 충돌의 근원이었다. 중국의 사법개념과 실천은 서양과 매우 큰 차이가 있었다. 중국에는 서양인들이 생각하는 "정당한 법률절차"가 존재하지 않았고, 변호사의 법정변호 같은 것도 없었다. 사법부는 정부의 독립적인 기구가 아니고, 지방법관은 다른 사람이 아닌 주현관(州縣官) 본인이었다. 소송은 정당한 권리를 지키는 것이 아니라, 덕이 없는 사람이나 행하는 것으로 생각되었다. 형사사건에서 피고는 결백함이 밝혀지기 전까지는 유죄로 간주되었고, 살인사건에서는 "목숨을 해친 자는 목숨으로 배상한다"는 원칙을 따랐

---

13) H. F. MacNair, *Modern Chinese History: Selected Readings*(Shanghai, 1913), I. p. 42.
14) H. F. MacNair, pp. 42-43.

188

다. 중국인들은 아버지가 아들을 감싸고 아들이 아버지를 감싸는 것은 정의로운 행동이며, 사법기관으로 보내어 심판하는 것은 정의롭지 않다고 생각했다. 그리고 한 사람의 범죄사건이 이웃 몇 가구까지 연루될 수도 있었다. 광저우와 마카오에 있던 외국인들의 눈에는 이 모든 것이 모두 기이하고 야만적인 것으로 비추어졌다.

"책임원칙"은 마찰을 초래한 또 하나의 원인이었다. 마치 이론상 천하에 발생한 모든 일을 황제가 책임지듯이, 총독은 관할 구역 내에서 발생한 모든 사건―수재(水災) 혹은 외국인의 소동 등을 포함하여―을 책임졌다. 자신을 보호하는 차원에서 총독은 가장 엄격한 규정에 의거하여 외국인을 냉정하게 관리했다. 이 원칙을 널리 확대하면, 행상은 서양 상인의 모범적 행동을 보장해야 하는 책임이 있고, 외국 사회의 지도자는 자신의 동포를 관리하고, 구체적인 사건에서 그들 자신들의 입장이 여하하든 간에 중국 관헌(官憲)의 요청에 따라서 범인을 넘겨줄 의무가 있었다. 중국 정부는 중국에서 범죄를 저지른 외국인들은 중국 법률에 따라서 심판받아야 한다는 입장을 견지했다. 그러나 한편 외국인들은 중국 법률의 제재를 받지 않기를 원했다. 이는 결코 그들이 속지 관할이라는 보편원칙을 부인했기 때문이 아니라, 중국 법정에서 이루어지는 사건 처리의 기이한 방식과 판결의 가혹함 때문이었다. 사실, 서양인들이 연루된 민사사건은 매우 적었는데, 왜냐하면 서양 상인과 중국 백성은 별다른 접촉이 없었으며, 행상과 서양인 간의 분규는 기본적으로 협상과 중재를 통해서 해결되었기 때문이다. 마찬가지로, 형사사건에 연루된 서양 상인 역시 매우 드물었으며, 이런 사건은 대부분 선원들에게서 발생했다. 형사사건이 정말 발생했을 때, 쌍방은 모두 서양인이 연루된 사건을 다음의 세 방식 중 하나를 통해서 처리했다. (1) 사건 심리는 중국 법정이 하지만 범죄인은 본국으로 보내져 처벌받는 것이다. 예를 들면, 1754년 프랑스인이 영국 선원을 살해한 사건에서 그 프랑스인은 중국 법정에 의해서 교수형을 선고받았고, 형은 프랑스로 보내진 후 프랑스 정부에 의해서 집행되었다. (2) 중국 법정이 사건을 심판하고 중국에서 판결을 집행하는 것이다. 예를 들면, 포르투갈 선원을 죽인 영국 선원은 즉각 교수형에 처해졌다. (3) 범인이 도망간 경우, 중국 법정은 이 사람에 대해서 형량을 선고하며, 그 판결을 그 사람의 본국 정부에 보내어 집행하게 하는 것이다. 예를 들면, 1830년 일단의 영국인들이 네덜란드 선원 한 사람을 때려죽인 후에 인도로 도망친 사건에서, 양광 총독은 주범에게는 교수형, 공범들에게는 곤장 100대를 선고했고, 판결을 영국으로 보내어 집행하게 했다.

중국인과 외국인이 모두 연루된 사건일 경우, 만일 범죄인이 중국인이면 가차 없이 법률을 집행했으며, 그 속도와 공정성은 논란의 여지가 없었다. 이를 입증할 수 있는 사례는 1785년 중국인이 영국 선원을 살해한 사건으로, 그 중국인은 즉시 교수형에 처해졌다. 만일 범죄인이 서양인이어도 똑같이 처리했다. 1784년 영국 선박 레이디 휴스 호 사건이 좋은 예이다. 그해 11월 24일, 레이디 휴스 호가 예포를 쏘았을 때 뜻밖의 사고가 발생하여 3명의 중국 하급관리가 부상을 당했는데, 그중 2명은 나중에 사망했다. 광저우 당국은 포를 쏜 사람을 내놓으라고 명령했으나, 포를 쏜 사람이 이미 도주한 사실을 알고는 이 배의 책임자 조지 스미스를 구류시키고, 상관을 포위하고 무역을 중단했다. 포를 쏜 사람을 레이디 휴스 호 안에서 찾아내어 중국 관헌에게 호송한 후에야 책임자는 풀려났고 무역도 재개되었다. 이후 포를 쏜 사람은 교수형에 처해졌다.

중국 측은 한 명의 목숨으로 두 명의 목숨을 배상했기 때문에 이 판결은 그래도 관대했다고 생각했다. 레이디 휴스 호 사건 자체에 관한 이런 입장은 서양 사회를 경악하게 했다. 서양인들은 장래에 일어날 사건에서의 자신들의 신변 안전에 대해서 우려했으며, 중국인들이 책임자 혹은 사회지도자에게 다른 사람이 범한 범죄를 책임지게 하는 태도에 대해서도 매우 분개했다. 이 외에도, 중국식 판결의 가혹함, 명백한 비인도적 경향(판결 후에 즉각 교수형을 집행하는 무수한 사례), 유럽식 공정원칙에 부합되지 않는 부당한 심판, 범죄자 인도를 강요하기 위한 잦은 무역의 중단 혹은 항구를 떠나는 선박의 재고정리 판매 금지 등 이 모든 것들은 외국인을 분노하게 했으며, 그들의 우려를 심화시켜 광저우 당국을 향한 빗발치는 항의를 초래했다.

## 광저우 체계를 변화시키려는 영국의 기도

레이디 휴스 호의 사건으로 인해서 외국인의 불안감은 절정에 이르렀으며 또한 광저우 무역체계에 대한 보편적인 불만을 격화시켰는데, 소위 광저우 체계는 바로 무역을 하나의 항구에 한정시키고 신체의 자유에 대해서 일련의 모욕적인 제한을 가하고 부당한 갈취를 했다. 영국인은 광저우에서의 수많은 폐단과 악습은 베이징에 별로 알려지지 않았다고 여겼다. 영국 정부는 마찰을 감소시키고 무역을 발전시키며, 중국의 중앙정권과 직접적으로 접촉하고 중영 관계를 정상적인 외교기초 위에 놓기 위해서 중국에 정부사절단을 파견하기로 결정했다. 이 결정을 서둘러 성사시킨 사람은 헨리 던다스였는데, 그는 피트 내각이 신설한 인도관리부의 대신이었다. 동인도회사는 이 행위에 대해서 별로 만족스러워하지 않았는데, 그 이유는 이 행위가 현재의 무역을 위태롭게 할 가능성이 있지 않을까 하고 걱정했기 때문이었지만 그럼에도 사절단의 비용을 부담하고 중국 궁정에 헌상하는 선물을 준비하는 데에 동의했다. 특사의 직책은 찰스 캐스카트 중령에게 맡겨졌는데 그는 국회의원으로서 뱅골 주둔군 군수사령관 직위를 맡고 있었으며 던다스의 친구였다. 영국이 캐스카트에게 내린 훈령은 다음과 같은 것으로, 즉 영국과 중국의 무역을 개선하고, 현재의 제한을 취소하며, 영국이 영토를 점령하려고 한다고 생각하는 중국인의 염려를 불식시키고, 중국에 대해서 영국의 목적은 오직 평화적으로 상업활동을 하는 것이라는 것을 보증하고, "광저우의 지리적 위치보다 더욱 편리한 작은 근거지나 외딴 섬"을 얻어서 영국의 사법치하에 있는 무역화물 저장소로 충당하라는 것이었다. 만일 이 목적들을 달성하지 못하면 그는 광저우에서의 직접적인 곤란과 난처한 상황을 개선하도록 노력해야 하며, 만일 사명이 달성될 수 있으면 영국과 중국 사이에 상주사절을 두도록 요구하라는 것이었다.[15] 이 사절단은 1787년 12월 21일에 출발했지만 시작이 순조롭지 못했다. 캐스카트가 심한 폐결핵에 걸렸고, 사절단이 탄 선박도 폭풍과 역풍을 만났다. 이듬해 2, 3월 사이에는 학질이 만연되기 시작했고, 결핵 말기에 있던 이 특사는 자기는 기침할 힘조차도 없다고 썼다. 캐스카트는 부단히 변화하는 해상 기후가 자기의 건강을 회복시키는 데에 도움이 된다는 입장을 고수했지만 결국 6월 10일에 도중에서 객사하고 말았다. 결국 이 단명한 사절단은 영국 본토로 되돌아왔다.

사절단을 다시 파견하는 것에 대하여 논의를 했음에도 정부는 행동을 취할 수가 없었는데, 그 원인은 동인도회사의 태도가 애매했고, 프랑스 혁명이 유럽 사태의 불안정을 야기했으며, 1789년 후반기에는 인도에서 티푸 술탄과의 전쟁이 발생했고, 사절단을 인솔할 적임자를 찾기가 매우 어려웠다는 것 등 때문이었다. 1791년 6월에 이르러 던다스는 원래의 관리부대신 직위를 맡은 것 이외에 내정대신 직위도 겸임하게 되었는데, 이때 사절단을 다시 파견하는 견해를 제기할 수 있었다. 던다스는 피트의 지지를 얻었는데, 피트는 중국에서 더욱 광활한 시장을 획득하려는 실업가들의 나날이 고조되는 요구를 만족시킬 수 있기를 희망했다. 수상의 동의를 받은 후 던다스는 친구인 매카트니 경을 중국에 가는 특사로 선정했는데, 매카트니는 리사누어 남작이자 영국 왕의 사촌 형이었다.

**1793년의 매카트니 사절단**  매카트니 경은 1737년 5월 14일 벨파스트 부근에서 출생했는데, 그는 대단히 학구적이고 고상하고 장중한 사람이었으며 경험이 풍부한 식민지 관원이고 외교관이었으며 러시아 주재 대사, 아일랜드와 영국 국회의원, 아일랜드 수석대신, 서인도의 그라나다와 마드라스 총독을 역임했다. 그는 벵골 총독 직위의 임명을 사절하고 1786년 이후 줄곧 집에서 쉬고 있었다. 그가 중국에 외교사절로 파견되기에 가장 자격이 있는 적임자라는 것은 분명했다. 1792년 5월 3일, 그는 정식으로 "중국 황제에게

---

15) Pritchard, *Critical Years*, pp. 255-258.

파견하는 대영제국 국왕 특명전권대사"로 임명되었다. 그의 사명의 위엄을 증가시키기 위해서 매카트니에게는 추가로 추밀원대신의 칭호와 자작의 작호가 봉해졌다. 그의 평생 친구인 조지 L. 스탠턴 경이 "사절단의 비서 겸 대사 대리 전권공사"로 임명되어, 대사가 서거하거나 직무를 수행할 수 없을 때 사절단을 인솔하는 권한을 부여받았다. 보수는 규정에 따라서 매카트니는 연봉으로 1만5,000파운드를 받고 스탠턴은 3,000파운드를 받게 되었다.

1792년 9월 26일 사절단은 런던에서 출발했는데, 사절단의 구성원은 모두 84명으로서 그중에는 기계공 1명, 화공(畫工) 1명, 기능공 1명, 몇몇 해군장교들이 포함되어 있었다. 이와는 별도로 사절단은 중국 궁정을 위한 훌륭하고 진귀한 선사품을 준비했는데, 그 값어치는 1만5,610파운드로서 그 안에는 천상의(天象儀), 지구본 몇 개, 기계공구, 천문시계, 망원경, 측량기구, 화학 및 전기도구, 진열창 유리, 카펫, 버밍엄 제품, 셰필드 제품, 동기(銅器)와 웨지우드 도자기가 들어 있었다. 매카트니는 전력을 다해서 중국의 사상, 정치, 군사, 사회, 경제, 철학 등에 관한 정보를 수집하라는 명령을 받았으며 그 이외에도 다음과 같은 6개의 구체적인 목표를 달성해야 했다.

1. 중국에 대해서 찻잎과 생사 생산지 및 모직물 생산지역에 한두 곳의 토지를 할양하여 영국 상인이 그곳에 거주할 수 있고 영국의 사법관할권을 실시할 수 있도록 요구한다.
2. 무역을 가능한 한 중국 전역으로 확장시키기 위한 통상조약을 교섭한다.
3. 광저우의 현존하는 각종 폐단을 완전히 없앤다.
4. 중국의 영국 제품에 대한 흥미를 야기한다.
5. 베이징에 외교대표를 두는 것을 교섭한다.
6. 일본, 코친 차이나 및 동부 군도가 영국에 대해서 무역을 개방하도록 한다.

요컨대 매카트니의 사명은 동양과 영국 간의 무역을 열고 중국과 정식조약에 근거한 관계를 수립하는 것이었다.

매카트니는 영국 국왕의 명예와 그 자신의 존엄을 손상시키지 않는 모든

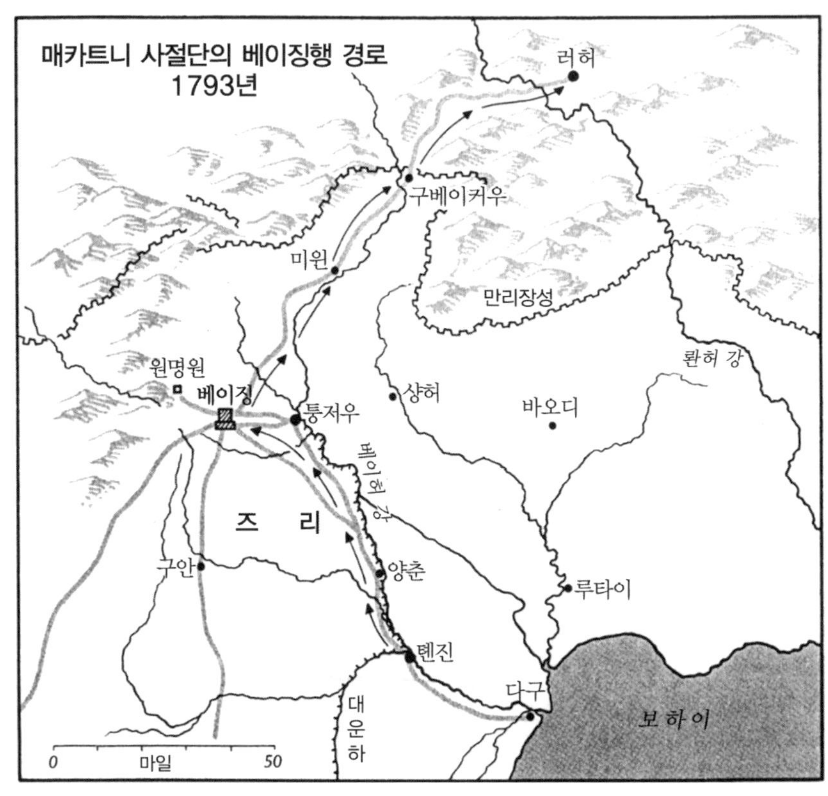



중국 궁정예의에 복종하라는 명령을 받았다. 이 사절단의 도래를 준비하기 위해서, 동인도회사는 1792년 9월에 비밀감독 위원회를 광저우로 파견하여 양광 총독에게 이 일을 통보했다. 매카트니 사절단의 명의는 영국 국왕이 건륭제의 80세 탄신일을 축하하는 것이었다. 사절단은 라이언 호라는 한 척의 군함과 재칼 호라는 쌍돛대 범선과 힌두스탄 호라는 동인도회사 증기선에 나누어 타고 1793년 6월 19일 광저우 항에 도착했으며, 뒤이어 사절단은 저우산과 다구를 거쳐서 계속 북상했다.

건륭제는 첫 번째 영국 "조공"사절단이 그의 천조를 흠모하고 그의 생일을 축하하러 왔기 때문에 매우 기뻐서 이 사절단을 성대하게 환영하여 체면을 세워주라고 명령했다. 1793년 7월 24일 청 조정이 발포한 조칙은 "이번 영국 조공사절단이 도착한 후의 모든 접대는 물론 이전의 접대보다 더욱 낫게 해

194

줄 수는 없지만, 이 조공사절단이 먼 곳에서 항해해왔고 처음으로 상국을 관광하는 것이므로 버마, 안남 등의 지역이 해마다 입공하는 것과는 비교할 수 없다"고 했다. 한 칙명16)에서는 매카트니는 적절한 예우와 대접을 받아야 한다고 했다. 8월 1일에 반포된 또다른 조칙에서는 자비로운 은혜를 보여주기 위해서 적절하게—굽실거리지도 않고 거만하지도 않게—이 조공사절을 접대할 것을 거듭 천명했다. 조정은 베이징으로 가고 있는 사절단을 위해서 하루에 5,000냥이라는 많은 액수의 경비를 배정했고, 사절단이 수도(베이징)에 머무르는 동안 하루에 1,500냥을 접대 비용으로 지급하기로 했다.17)

사절단은 톈진에서 총독의 열정적인 접대를 받고 마차, 손수레, 마필 및 쿨리(coolie)에게 600상자의 선사품을 실리고 도도하게 베이징으로 갔다. 매카트니가 탄 선박에는 "영국 조공사절단"이라는 문구가 적힌 조그만 깃발이 꽂혀 있었지만 그는 항의를 하지 않기로 했다. 베이징에서 그는 이화원(頤和園)에서 5일간 머문 후, 뒤이어 9월 2일 베이징에서 북쪽으로 약 100마일 떨어져 있는 만리장성 밖에 있는 러허로 갔는데, 황제는 그곳에서 피서를 하고 있었다.

건륭제는 허영과 과시를 좋아하는 연로한 군주로서 영국 사절단의 내방에 대해서 매우 만족해했지만, 매카트니가 고두례를 올리기를 원하지 않는다는 소식을 듣자 불쾌하게 생각했다. 8월 14일자의 칙서에서 그는 "각 지역 번봉(藩封)이 천조에 와서 공물을 진상하고 관광을 할 때 신하만이 세 번 무릎을 꿇고 아홉 번 머리를 조아리는 예를 올리는 것이 아니라 국왕이 친히 온다고 하여도 이와 동일한 예를 올리는데, 그대(매카트니)의 국왕이 그대를 파견하여 축하하는 것이니 마땅히 천조(天朝)의 법도를 준수하여 그대 국왕이 예를 올려 공물을 진상하는 성의를 잃지 않아야 할 것이다"라고 했다. 사절단과 동행한 중국 관원은 영국 사절에게 만일 그가 각반 때문에 무릎을 꿇고 엎드

---

16) 톈진에 주재하고 있는 즈리 총독인 량컨탕(梁肯堂)과 장로염정(長盧鹽政)인 정루이(徵瑞)에게 내려졌다.
17) 郭廷以, 제1권, pp. 231-232; 蕭一山, 제2권, p. 811.

릴 수 없다면 황제를 알현할 때 잠시 풀고, 예를 올리고 난 후에 다시 묶도록 건의하라는 명령을 받았다. 매카트니 본인은 고두에 대해서 그다지 신경을 쓰지 않은 것 같았지만 그는 자기 국가의 존엄을 손상시키거나 중국의 번속이 되는 것을 나타내는 일은 어떤 것이든지 하고 싶지 않았다. 매카트니는 그가 영국 왕에게 행하는 것과 동일한 예절을 황제에게 행할 수 있으며 만일 그와 관직이 같은 중국인이 영국 왕에게 고두례를 올린다면 자기도 황제에게 고두례를 올릴 수 있다는 의사를 밝혔다. 결국 당시 기분이 아주 좋은 상태였던 건륭제는 양보를 하여 매카트니가 자기 국왕에게 하는 것처럼 한쪽 무릎을 꿇는 것에 동의했지만 군주의 손에 입 맞추는 것과 같은 영국 예절은 허락하지 않았다.

이 유명한 알현은 1793년 9월 14일, 대형집회를 수용할 수 있는 한 거대한 장막 안에서 거행되었다. 매카트니와 스탠턴은 성장(盛裝)을 하고 출석했다. 매카트니는 몸에 백조를 수놓은 우단 옷을 입고 겉에는 배스 훈위(Order of the Bath)의 망토를 걸치고 다이아몬드 배지와 다이아몬드 별을 달고 띠를 둘렀으며, 스탠턴은 백조를 수놓은 우단 옷을 입고 겉에는 붉은 비단으로 된 옥스퍼드 대학교 법학박사복을 입었다. 그들은 사전에 이야기된 대로 수정된 예절, 즉 무릎을 하나만 꿇는 것을 행했지만 이후에 중국 측 기록에는 아무런 근거도 없이, 매카트니는 황제가 들어오자 몹시 황공한 모습을 보이며 "자신도 모르게 두 무릎을 꿇었다"고 쓰여 있다. 뒤이어 영국 국왕의 국서를 제정했는데, 매카트니는 직접 국서가 들어 있는 황금 우편함을 황제에게 올렸다. 이어서 선물을 교환했는데 황제는 매카트니를 통하여 약 1.5피트 정도 되는 옥여의(玉如意, 평화와 흥성을 상징하는 물건)를 영국 국왕에게 하사하고 영국 국왕이 자기와 마찬가지로 장수하기를 희망한다고 말했다. 이 연로한 통치자는 뒤이어 두 사절에게 은총을 표시하기 위해서 각각 녹여의(綠如意)를 하나씩 하사했다. 매카트니는 다이아몬드가 박힌 금시계로 황제에게 답례하고 스탠턴은 정교한 공기총 한 쌍을 황제에게 헌상했다. 사절단의 기타 구성원들도 황제가 하사하는 선물을 받았다. 이어서 성대한 어연을 베풀어 사절단을 환대했는데, 연회석상에서 황제는 친절하게 자기 자리에 있는 몇 접시의 요리를 사절들에게 하사하고 심지어 손수 두 사절에게 각각 술을 한 잔씩 따라주었다. 매카트니는 건륭제에게서 높은 곳에서 아래를 내려다보는 것 같은 대단한 기개가 있으면서도 매우 부드럽고 장엄하며 정신이 맑고, 83세의 노인인데 마치 60세처럼 보인다는 것을 발견했다. 건륭제의 피서행궁(避暑行宮)의 광대함, 호화로움, 정교함은 매카트니에게 "전성기에 있던 솔로몬 왕"[18]을 상기하게 했다. 건륭제는 연회석을 떠난 후에 이 성대한 일을 기억하기 위해서 손수 다음과 같은 시를 한 수 지었다.[19]

> 과거에 포르투갈이 조공을 바쳤고,
>
> 이제는 영국이 정성을 다하고 있구나.
>
> 그들은 수해(竪亥)와 횡장(橫章)[20]보다도 더 멀리 여행했으니
>
> 우리 조상의 공덕이 아득히 먼 곳까지 이르렀구나.
>
> 그들의 조공은 평범하지만 그들의 마음은 참으로 가상하구나.
>
> 그들이 만든 물건들이 진기하고 정교하다고 보지는 않는다.
>
> 그들이 가지고 온 것은 비록 보잘것없지만
>
> 호의를 베풀어 먼 곳에서 온 사람들에게 후한 답례를 하고
>
> 이 넉넉한 상태로 태평세월을 유지하고 싶구나.

다음 날 매카트니는 만수원(萬樹園)을 유람하고 다시 한번 황제를 알현할 수 있는 허락을 받았다. 이후 2일 동안 그는 또 황제의 명령에 따라서 관광을 하고, 선물을 받고, 인형극과 희극 관람 초대를 받았다. 9월 17일은 황제의 탄신일이어서 매카트니는 수많은 만주족과 한족의 조정대신들과 함께 황제에게 축수(祝壽)하라는 허락을 받았다. 9월 26일 사절단은 베이징으로 돌아왔고 황제도 4일 후 베이징으로 돌아왔다.

---

18) J. L. Cranmer-Byng, "Lord Macartney's Embassy to Peking in 1793", *Journal of Oriental Studies*(Hong Kong), IV : 1-2 : 163(1957-1958).
19) Tr. by J. L. Cranmer-Byng, pp. 164.
20) 수해와 횡장은 중국 신화에 나오는 원거리 여행자이다.

매카트니는 권세가 막강한 군기대신이자 수석대신인 허선과 상거래 확장과 사절교환 사항에 대해서 협상하기 시작했으나 아무런 결과도 얻지 못했다. 러허와 베이징에서 허선은 아무런 답변도 하지 않고 어떤 협상의 시도도 회피했다. 매카트니는 이때 이미 대단히 피곤했고 류머티즘의 통증으로 인해서 심하게 고통 받고 있었다. 그의 강요를 받자, 허선은 마지막에 애매모호하게 영국 사절은 그들의 요구사항을 비망록으로 작성하여 올려야 할 것 같다고 말했다. 매카트니는 즉시 10월 3일에 영국 왕의 명의로 각서를 올려 다음과 같이 청구했다.

1. 무역을 저우산, 닝보, 톈진으로 확장한다.
2. 러시아인의 선례에 따라서, 영국 상인이 화물을 판매하기 위해서 베이징에 화물보관소를 하나 설치할 것을 허락한다.
3. 저우산 부근에 방어시설을 설치하지 않은 조그만 섬을 지정하여 영국 상인이 거주하고 화물을 보관하고 선박을 정박시키게 한다.
4. 광저우 부근에 한 조그만 지역을 지정하여 영국 상인이 거주하게 하고 그들이 광저우와 마카오를 자유로이 왕래하도록 한다.
5. 마카오와 광저우 사이의 화물통과세를 폐지하거나 적어도 세율을 1782년의 관세수준으로 낮춘다.
6. 영국 상인이 중국이 지정한 세율에 따라서 성실하게 납세할 것을 허락하고 세율 이외에는 따로 징수하는 것이 없도록 하며, 중국의 납세증명서 1부를 영국 상인에게 제공하여 참조하게 한다.

청 조정은 외교적인 협상을 하는 것은 완전히 부적합한 것이며 매카트니는 황제의 탄신을 축하하러 온 것으로서 그가 이미 이 일을 해냄으로써 그의 사명이 완성되었다고 여겼다. 매카트니가 이미 체면이 서는 융숭한 대접을 받았기 때문에 충심으로 감사하고 만족스러운 마음으로 돌아가야 한다는 것이었다. 여태까지 어느 조공사절도 베이징에 40일 이상 머문 적이 없었기 때문에 조정은 매카트니에게 10월 9일 이전에 서둘러 베이징을 떠나게 했다.

허선은 매카트니에게 추운 겨울이 곧 닥쳐오기 때문에 황제가 특사의 건강을 걱정한다고 넌지시 알려주었는데, 이것은 주인이 이미 손님이 떠나야 한다고 암시하는 것이 분명했기 때문에 매카트니는 더 억지를 부리고 떠나지 않으려고 해도 소용없다는 것을 인식하고 있었다. 그는 실망하여 일기에서 다음과 같이 썼다. "내가 이번에 중국행 사절단을 인솔하도록 선출되었는데 이는 대영제국의 이런 종류의 첫 번째 사절단이었다. 많은 사람들이 이 사절단의 성공에 대해서 간절히 기대하고 있었는데, 기대가 가장 큰 사람은 나 자신이었기 때문에 나도 모르게 지극히 크게 실망하게 되었다. 나는 단지 나의 최초의 기대가 어그러진 것을 무한히 유감스럽게 생각한다."21)

사절단은 10월 7일 베이징을 떠났다. 매카트니는 1793년 12월 19일에서 1794년 1월 10일까지 광저우에 체류한 뒤 마카오로 가서 3월 8일까지 머물렀으며 9월 4일에야 런던으로 돌아갔다. 동인도회사 이사회의 비서인 피터 오버는 사절단의 전체 노정을 다음과 같이 해학적이고 예리하게 총괄했다. "방금 전해진 보도에 의하면, 특사는 극진한 접대와 정성스러운 환대를 받았지만, 경계심을 늦추지 않는 중국 측에 의해서 본국으로 돌려보내졌다"는 것이었다.22)

중국 측은 매카트니에게 직접 회답을 주지는 않았으나, 영국 왕 조지 3세에게 두 차례에 걸쳐 칙서를 보냈다. 1793년 10월 3일자로 된 첫 번째 칙서에서 건륭제는 자부심에 가득 차서 말했다. 중국은 비록 영국이 "중국을 흠모하여" 사절단을 보내온 정성을 매우 어여삐 여기기는 하지만 외교대표를 베이징에 거주하게 해달라는 요청은 받아들일 수 없다는 것이었다. 왜냐하면 이것은 천조의 체제에 부합하지 않기 때문이라는 것이다. 즉, "서양에는 그대 국가 외에도 수많은 국가가 있는데 만일 모두 그대 국왕처럼 사람을 파견해와서 베이징에 머물게 해달라고 간청한다면 어떻게 일일이 다 들어줄 수 있겠는가? 따라서 이 일은 절대 안 된다. 어찌 그대 국왕 한 사람의 부탁으로

---

21) Cranmer-Byng, p. 176.
22) *Ibid.*, p. 183.

천조의 100여 년간 지속된 법도를 바꿀 수 있겠는가?”이 외에도 사절단이 베이징에 거류하면 광저우에서 너무 멀리 떨어져 있어 상인들을 관리할 방법이 없다고 하면서, “만일 천조를 앙모(仰慕)하여 그 규범을 익히고 배우려고 한다고 한다면 천조에는 그대의 나라와 다른 천조 스스로의 예법이 있지만 그대의 나라가 파견하여 상주하게 하는 사람이 설사 그것을 익히고 배울 수 있다고 할지라도 그대 나라 스스로의 풍속제도가 있으므로 결코 중국을 모방할 수 없다. 그러니 배워도 무용지물이 될 것이다”라고 했다. 상거래 확대의 요구에 관해서 건륭제는 말하기를, “천조에는 없는 것이 없으며 그래서 기교(奇巧)한 것을 귀하게 여기지 않았으므로 그대 나라에서 만들어 보낸 것도 아무런 필요가 없다”고 했다. 칙서 말미에 거만하게 이르기를, “그대 국왕이 짐의 뜻을 잘 헤아려 더욱 정성을 다하고 영원한 공경과 순종을 약속한다면 그대 나라에 가호가 내려 함께 태평의 복을 누릴지어다”라고 했다.[23]

위와 같은 강경하고도 매우 도전적인 칙서는 해상의 맹주를 자임하던 국가의 군주에게 보내졌다. 이것들은 18세기 말엽 중국인의 대외관계에 대한 태도를 분명하게 보여주고 있다. 영국 철학자 버트런드 러셀은 유머러스하게 평하기를 “이 문건이 사람들의 눈에 황당무계하게 보인다면 그는 아직 중국에 대한 이해가 부족한 사람이다”라고 했다.[24]

조지 3세에게 단독으로 보내진 또다른 칙서에서 건륭제는 총 6항으로 된 매카트니의 요구를 전부 거절했으며, 이런 요구는 받아들일 수 없고 또한 어떤 좋은 결과도 기대할 수 없다고 말했다.

이상 언급한 각 조는 본래 그대 사신들의 망언 때문에 나온 것으로, 그대 국왕은 아마도 천조의 체제를 잘 알지 못할 수도 있으며, 결코 고의로 함부로 한 것은 아니로다.……하물며 그대 국왕은 멀리 바다 건너 궁벽한 곳에 거하면서도 성의를 다하여 조공을 바치니 짐은 다른 나라보다 훨씬 더 어여삐 생각하노라. 지금

---

23) MacNair, I, pp. 2-4.
24) Cranmer-Byng, pp. 182.

7만8,522파운드를 소모했던 이번 영국의 외교는 철저히 실패한 외교였다. 베이징에 대표를 두는 목적을 달성하지 못했고, 무역을 확대시키지도 못했으며, 일본과 중국 인근 지역 및 동쪽의 섬들이 문호를 개방하게 하지도 못했다. 그러나 중국이라는 신비로운 국가에 관한 매우 귀한 정보를 성공적으로 수집할 수 있었다. 매카트니는 이 나라는 과학 및 의학지식의 수준이 매우 보잘것없으며, 지식인계층은 물질진보에 관해서 전혀 관심이 없고, 군대는 근대적 화기(火器)를 구비하지 못한 채 아직도 활을 사용할 정도로 낙후되어 있으며, 민중들의 생활은 빈곤하고, 관계(官界)는 보편적으로 부패했다는 사실을 발견했다. 예를 들면, 매카트니는 그의 사절단이 조정이 배정한 일당 1,500냥의 비용을 모두 사용했다고는 믿지 않았고, 일부분은 접대를 책임진 관원의 개인 주머니로 들어갔을 것이라고 추측했다. 그는 동양의 공자의 후손들 역시 서양 재신(財神, Mammon)의 후예들과 마찬가지로 행동이 바르지 못하다고 생각했다. 청 왕조의 미래에 관해서 그는 상당히 예리한 평가를 내렸는데, "중화제국은 한 척의 노후하고 괴이한 일류 전함으로, 과거 150년간 유능하고도 경각심을 가지고 있는 관원들이 대대로 온갖 궁리를 짜내어 그 전함을 떠다니게 하면서, 그 거대함과 외관으로 이웃나라들을 두려움에 떨게 했다. 그러나 무능한 조타수가 이 전함의 키를 잡고 항해를 인도할 경우, 즉시 규율과 안전을 상실하게 될 것이다. 그것은 아마 즉시 침몰하지는 않을 것이고 마치 난파선처럼 한동안 표류하다가 해안에서 산산조각이 날 것이지만, 낡은 기초 위에서 다시 건조되지는 못할 것이다"라고 했다.[26] 외교상의 결과가 어떻든 간에, 동인도회사의 한 고위간부는 평하기를 "이 사절

---

25) MacNair, I, pp. 4-9.
26) Cranmer-Byng, p. 181.

단을 통해서 얻은 정보만 해도 지출한 경비를 보상하고도 남는다"고 했다.[27]

영국 정부는 비록 특사 본인을 책망하지도 표창하지도 않았으나 사절단이 가져온 암담한 결과에 대해서 실망했던 것은 분명하다. 매카트니는 최선을 다했으나 실패했다. 아마도 그의 유일한 과오는 그가 중국 정부는 결코 대외 교류를 거절하지 않을 것이라고 여긴 것에 있을 것이다. 이때 그는 스탠턴을 영국 사절 겸 광저우 주재 영국 상사의 대표신분으로 중국에 다시 파견할 것을 강력히 제의했다. 비록 정부는 이런 생각에 상당한 관심을 보이면서 이를 실천할 절차를 실제로 밟았으나, 스탠턴이 갑작스럽게 중풍에 걸려 1801년에 사망함으로써 이 계획은 유보되었다. 사절단을 이끌 적임자가 없고, 영국이 나폴레옹 전쟁에 휘말리게 됨으로 인해서 이에 관한 모든 행동은 무기한 연기되었다.

**1816년의 애머스트 사절단**  그후, 광저우 무역은 예전과 다름없었으나 중영 관계는 몇 가지 새로운 사건으로 인해서 긴장 국면에 접어들었다. 첫 번째 사건은 영국인이 프랑스가 포르투갈인으로부터 마카오를 탈취하여 동남아 무역에서 주도적 지위를 획득할까 걱정한 것에서 연유했다. 이런 가능성을 방지하기 위해서 영국 군대는 마카오는 중국 영토이며 프랑스의 점령 우려 가 없다는 중국 측의 항의에도 불구하고 1802년과 1808년 두 차례에 걸쳐 마카오를 점령했다. 1802년에 아미앵 조약이 체결되었다는 소식이 전해지자 영국의 제1차 군대 철수가 이루어졌다. 그러나 제2차 군대철수는 훨씬 더 복잡했다. 영국군 사령관 겸 해군대장인 드러리가 군대 철수를 거절하자 양 광 총독은 그에 대한 보복으로 통상을 중단했는데, 이 행동은 모든 외국인들 사이에서 불편과 원망을 불러일으켰다. 드러리는 양광 총독과의 회동을 제 안했으나 거절당했다. 이에 그는 도발적으로 3척의 전함을 이끌고 후먼을 뚫고 진입하여 황푸에 닻을 내리고 면담할 것을 요청했다. 뒤이어 중국인과

---

27) Pritchard, *Crucial Years*, p. 375.

무력충돌이 발생하여 영국인이 사망했다. 긴장 국면은 그해 12월까지 지속되었다. 동인도회사의 특선 위원회가 포르투갈인에게 배상금 60만 달러를 내게 하고 영국군의 철수를 보증함으로써 비로소 사태는 완화되었다.

중영 관계를 긴장 국면에 접어들게 한 기타 사건으로는 영국이 중국의 번속국인 네팔을 공격한 것과 1814년 4월 광저우 해역에서 영국 군함 도리스 호가 미국 증기선 헌터 호를 납치한 사건을 들 수 있는데, 이때 영국은 마침 미국과 전쟁을 개시한 참이었다. 광저우 당국은 영국이 중국의 관할권을 침범했다고 항의하면서 도리스 호가 광저우를 떠나지 않으면 영국과의 무역을 중단하겠다고 위협했다. 광저우에 주재하고 있는 영국인 사회가 양보를 거절하면서 중국 측의 위협은 실패로 끝났다.

이런 일련의 사건과 광저우 무역체계에 대한 날로 증폭되는 불만으로 인해서 동인도회사는 다시 사절단을 베이징에 파견해주도록 런던에 요청했다. 1815년 빈 회의 이후, 유럽은 평화를 되찾았으며 영국도 유럽 분쟁에서 벗어났다. 그리하여 영국은 인도 총독 애머스트 경을 청 조정에 사절로 파견하기로 결정했다. 수행하는 두 명의 부사(副使)는 헨리 엘리스와 조지 토머스 스탠턴 경으로, 스탠턴 경은 매카트니의 비서였던 스탠턴의 아들로서 광저우 주재 특선 위원회의 위원장이었다. 영국이 애머스트 훈작에게 내린 훈령은 다음과 같다. 즉 광저우에서의 각종 어려움 제거, 중국과 영국 상인 간의 자유무역 실현, 공행제도 폐지, 상관에서의 자유로운 거주, 시간제한 및 중국인 노복 고용에 관한 제한 철폐, 상관과 중국 관헌의 직접적인 연락체계 구축, 광저우 이북 항구의 확대 개방, 베이징 주재 외교사절 파견 권리 등이었다. 그 이외에도 그는 영국의 네팔에서의 행동에 대한 중국의 우려를 종식시키고 도리스 호 사건의 원인을 설명해야 했다. 사절단은 1816년 2월 8일 포츠머스를 출발하여, 중국인이 광저우에서 사절단을 막아 북상하지 못하게 할까봐 광저우에 머무르지 않고 곧바로 톈진으로 갔다.

성격이 명랑하고 활달한 부친인 건륭제와는 달리, 가경제는 천성이 신중하고 조심스러웠으며 외국 사절을 접대하는 것을 그다지 원하지 않았다. 그는 영국이 새로운 요구를 제시할까 걱정이 되어서 새로운 사절단에 대한 반응은 매우 냉담했으며 "요컨대 짐은 이런 일을 좋아하지 않는다"고 말했다. 조정은 지시를 하나 내렸는데 이 지시에는 사절단을 지나치게 화려하게 접대할 필요는 없으며 이 조공사절이 말투가 공순하면 데리고 들어와서 황제를 알현시키고, 그가 자기 고집대로 하거나 고두례를 올리려고 하지 않으면 톈진에서 연회를 베풀어주고 본국으로 돌려보내며 대황제(大皇帝)께서 가을 사냥을 하시고 계시는데 돌아오시려면 아직 수 개월이 있어야 한다고 알리도록 하라는 등의 내용이 들어 있었다.

1816년 8월 13일 애머스트는 52개의 "진상품"을 가지고 톈진에 도착하여 공부상서(工部尙書)의 영접을 받고 연회를 베풀어 주는 환대를 받았다. 애머스트는 고두례를 올려 황은에 감사하라는 요구를 받자, 그는 그대로 따를 수는 없지만 모자를 세 번 벗고 아홉 번 허리를 굽힐 수는 있다고 대답했다. 이어서 쌍방 간에는 끊임없는 논쟁이 있었지만 문제는 해결되지 못했다. 사절단이 베이징으로 가는 도중에 조정은 "만일 영국 사절이 한사코 거부하면 황제를 알현하는 것을 허락하지 않는다"는 조서를 내렸다. 그 때문에 사절단은 베이징에서 10마일 떨어진 퉁저우에서 멈추었으며 두 명의 대관인 이번원상서와 예부상서가 베이징에서 와서 애머스트에게 고두의 중요성을 이야기했다. 애머스트 본인은 사실상 이런저런 방식을 취하는 것에 대해서 결코 그다지 개의하지 않았으며, 그는 런던에 있을 때 고두에 대해서 임기응변으로 대처하며 만일 고두가 그의 사명 수행을 촉진시킬 수 있으면 이 예절을 행할 수 있다는 지시를 받았다. 그러나 동인도회사의 이사들은 그에게 영국의 존엄과 명망을 손상시키지 않기 위해서 중국의 예절을 거절할 것을 건의했다. 그의 두 명의 부사 간에도 견해 차이가 있었는데, 엘리스는 중국의 요구를 받아들이는 쪽으로 기울었고 스탠턴은 이를 단호히 반대했다. 대립된 의견에 좌우되어 애머스트는 일순간 망설이며 결단을 내리지 못했지만 결국에는 고두에 반대하기로 결정했다. 사절단은 퉁저우에서 10일 동안 체류했고 그후 조정에서 내용이 개선된 황제의 지시가 내려왔는데, 그 대의는 "외국인"은 무릎을 꿇고 머리를 조아리는 것이 익숙하지 못하기 때문에 이 조공 사절의 무릎을 꿇는 동작이 예의에 맞지 않아도 상관없다고 운운한 것이었다. 그러나 줄곧 애머스트와 논쟁을 벌여온 이번원 상서는 황제의 호감을 사려는 열망에서 8월 27일 상주하여 말하기를, "비록 그(애머스트)가 무릎을 꿇는 것이 대단히 부자연스럽지만 그래도 예를 올릴 수 있다"고 했다.

8월 28일 밤에 가경제는 이 상주문을 보고 애머스트의 꿇어앉아 머리를 조아리는 연습이 "진보했다"고 말하면서 만족을 표시하고 다음 날 만나기로 결정했다. 사절단은 밤새 길을 재촉하라는 독촉을 받았는데, 다음 날 새벽녘에 베이징에 도착했을 때 애머스트는 황제가 즉시 그를 이화원에서 만나려고 한다는 사실을 알게 되었다. 그러나 그는 몹시 울퉁불퉁한 길로 왔고 날씨가 무더워 몹시 피곤했을 뿐만 아니라 국서와 관복이 뒤편에 있는 짐 속에 들어 있었기 때문에 잠시 휴식을 취할 것을 요청했다. 동행한 중국 관원과 격렬한 언쟁을 벌린 후 애머스트는 화가 나서 몸을 돌려 그 자리를 떠나버렸다. 얼마 지나지 않아 황제는 사람을 보내어 그를 불렀는데, 애머스트를 데려올 수 없었던 이번원 상서는 영국 사신이 병으로 몸져 누워 있다고 허위보고를 했다. 황제가 뒤이어 부사를 부르자, 상서는 또 부사도 병에 걸렸다고 허위보고를 했다. 황제는 몹시 화가 났으며 사절들이 속임수를 쓰고 있지 않은가 하고 의심하여 "우리 중화제국은 당당한 천하공주(天下共主)로서 어찌 이렇게 오만불손하고 모욕적인 태도를 용인할 수 있겠는가?" 하고 선언하고 명령을 내려 영국 사절을 베이징에서 축출하고 그들의 "진상품"을 사절하고 알현을 취소했다.

그러나 황제는 다음 날 사신들이 확실히 곤경에 처해 있었음을 알고 노기가 약간 가라앉아 영국 사절의 진상품을 거두어들이고 영국 국왕에게 진귀한 노리개를 몇 개 하사하라고 명령했다. 그는 또 난징에 있는 양강 총독(兩江總督)에게 애머스트에게 모욕을 주는 일을 절대로 삼가고 그의 관작 품위에 걸맞도록 그를 환대하라고 지시했다. 사절단은 결국 1817년 1월 28일 광저우에서 출발하여 영국으로 되돌아갔다.

그들이 축출된 유일한 원인은 애머스트가 중국의 예절을 따르는 것을 거절한 것이었는데, 이것은 유럽에서 상당한 관심을 불러일으켰다. 그 당시 유배 중이었던 나폴레옹은 애머스트가 성 제임스 궁정(서양식을 의미함/역주)의 예절을 베이징 궁정에 적용했다고 비난했다. 나폴레옹의 견해에 의하면, 사절이 파견국에 이르면 반드시 그 나라의 풍속을 따라야 하고 자기 군주가 가지고 있는 것과 같은 특별 대우의 특권을 누릴 수 없음을 인식하고 당지의 궁정에서 그의 관작에 상당하는 자가 받는 대우를 받아들이는 것에 만족해야 한다는 것이었다. 그러므로 나폴레옹이 보기에 만일 중국 정부가 장래에 자국의 사절에게 런던이나 혹은 상트페테르부르크의 예절에 따르도록 훈령하는 데에 동의하면 영국이나 혹은 러시아의 사절은 중국의 예절을 받아들여야 한다는 것이었다.

매카트니와 애머스트의 두 번에 걸친 평화적인 협상에 대한 노력이 모두 실패했기 때문에 영국 왕은 다음 세 종류의 행동 중에서 선택하는 일에 직면하게 되었다. 즉, (1) 중국과의 무역을 포기하는 것, (2) 중국의 대응에 따르는 것, (3) 군사적인 수단을 사용하여 현상을 바꾸는 것이었다. 세계 최대강국이고 해상의 지배자의 입장에서 보면, 앞의 두 종류의 선택은 상상할 수 없는 것으로서 세 번째 선택인 무력만 남게 되었다. 한편 중국 측에서 보면 애머스트가 보여준 매우 불경스러운 태도는 용인하기 어려울 뿐만 아니라 중국이 선언한 천하공주의 취지와 양립할 수 없는 것이었다. 가경제는 심지어 영국과의 관계를 단절하고 광저우 무역을 철저히 중단할 것을 고려했지만 양광 총독의 권유로 그런 생각을 포기했는데, 양광 총독은 그렇게 하면 상대방의 보복을 초래하고 영국과의 전쟁을 야기할지도 모른다고 걱정했다. 이 두 나라 사이의 최후의 대결의 순간이 아주 빠르게 닥쳐오고 있었다.

이와 동시에 개인상인과 항각무역의 신속한 성장 및 인도에서 중국으로의 아편밀수의 급증으로 인해서 광저우 무역의 성질에 급격한 변화가 생겼다. 광저우의 개인상인의 무역이 1780-1781년의 6만8,880냥에서 1799-1800년의 99만2,444냥으로 상승했으며, 같은 기간의 항각무역은 102만12냥에서

374만3,158냥으로 상승했다.[28] 세기가 바뀐 이후 양자의 성장은 더욱 신속해졌다. 1817-1834년 사이에 양자는 영국의 대(對)중국 무역총액의 4분의 3을 차지했다. 수많은 개인상인들은 동인도회사의 간섭을 피하기 위해서 기타 유럽 국가의 영사 직위를 획득하여 광저우에 머물면서 그들의 상업활동을 확장했다. 그들은 몇몇 런던과 인도의 상회의 대리상을 맡아 링띵다오와 홍콩 등의 "외양(外洋)" 정박지에서 "행외(行外)"(공행 소속이 아님) 상인들과 수익성이 높은 아편밀수거래를 하여 폭리를 취했다. 개인상인들의 재력은 매우 막강해져서 그들은 동인도회사의 무역독점권을 취소하도록 획책할 수 있게 되었다.

1820년에 이르러 광저우 무역의 상황은 이미 변모했는데, 즉 개인상인의 무역이 이미 동인도회사의 무역을 능가했고, 아편은 이미 합법적인 화물을 넘어서 주요 수입품목이 되었다. 이 두 가지 형세의 발전은 심하게 파괴된 광저우 체계의 붕괴를 초래했고, 영국과 중국 간의 이미 오랫동안 지연되었던 충돌의 도래를 가속화시킴으로써 역사의 새로운 한 페이지가 곧 시작되게 되었다.

---

28) Pritchard, *Crucial Years*, pp. 401-402.

# 8
# 아편전쟁

18세기의 광저우 무역의 흑자는 중국 쪽으로 매우 심하게 편향되어 있었다. 외국 상인들은 중국에 와서 찻잎, 생사, 대황 및 기타 물품을 구매할 때 금은(金銀)으로 대금을 지불해야 했는데, 그 이유는 중국인들은 서양의 공업제품이 필요하지 않았기 때문이다. 즉, 건륭제가 영국 왕 조지 3세에게 말한 것처럼 "천조에는 없는 것이 없기" 때문이었다. 중국으로 향하는 동인도회사의 선박들은 항상 적재량의 90퍼센트가 황금이었고(어떤 때에는 98퍼센트였다) 겨우 10퍼센트의 물품이 상품이었다.

1781-1790년에 중국에 유입된 백은(白銀)은 1640만 냥에 이르렀고, 1800-1810년간에는 2,600만 냥에 이르렀다. 이런 중국에 유리한 무역흑자는 1820년대 중기까지 지속되다가 비로소 균형을 이루게 되었다. 1826년 이후 무역균형은 반대쪽으로 기울어지기 시작했는데, 즉 1831-1833년 사이에 거의 1,000만 은량이 중국에서 유출되었다.[1] 시간이 흐름에 따라서 이런 무역수지의 적자는 한층 더 확대되었다. 무엇이 이런 무역수지 균형의 급속한 역전을 초래했는가? 그것은 오직 한 가지였는데 바로 아편이었다.

## 아편무역

아편을 추출하는 양귀비는 서기 7세기경이나 혹은 8세기 초에 아라비아인과

---

1) Hsin-pao Chang, *Commissioner Lin and the Opium War*(Cambridge, Mass., 1964), p. 41.

터키인을 통해서 중국에 전래되었는데 중국인들은 이것을 양귀비, 미낭(米囊), 아부용(阿芙蓉) 혹은 약칭하여 백피(白皮)라고 했으며, 주로 통증을 멈추게 하고 신경을 안정시키는 약을 제조하는 데에 사용되었다. 즐기기 위해서 아편을 피우는 상황은 오랜 세월이 지난 후에야 비로소 생기게 되었다. 전해오는 말에 의하면 일부 타이완인들이 1620년에 아편을 담배와 섞어서 피웠으며, 이런 방법은 1660년대에 푸젠 성과 광둥 성에 전래되어 그곳에서 피우는 방식이 더욱 개선되었는데, 아편을 피우는 사람들이 등불을 켜서 아편을 태웠으며 대나무 관을 이용하여 피웠다고 한다.

아편을 피우는 것은 신속히 유한계층의 시대적 유행이 되었으며 얼마 지나지 않아 심지어 가난한 사람들조차도 이런 습관에 물들게 되었다. 아편에 대한 수요로 인해서 외국에서 수입되는 아편의 양이 증가되었고, 또한 쓰촨 성, 윈난 성, 푸젠 성, 저장 성, 광둥 성에서 양귀비를 재배하게 되었다. 옹정제(1723-1735)는 도덕상의 교화에 대한 고려에서 1729년에 아편의 판매 및 흡연을 금지했고, 가경제(1796-1820)는 1796년에 아편의 수입과 재배를 금지하는 법령을 반포했다. 이후 1820-1830년대에는 경제적인 문제가 나타났는데, 그 이유는 아편무역이 백은의 신속한 국외유출을 야기했기 때문이다.

1773년 영국인은 포르투갈인을 대신하여 아편무역의 주도자가 되었고, 그해에 동인도회사는 인도에서 아편재배의 독점권을 획득했는데, 즉 벵골 정부가 파종에서부터 캘커타에서 완제품을 판매하기까지의 모든 사무를 관장하게 되었다. 동인도회사는 중국에서 아편이 금지된 사실을 안 이후 아편의 판매권을 자기 회사의 허가를 받아 운송업무를 하고 있는 항각선에 넘겨버렸다. 동인도회사의 허가증에는 이런 선박들이 동 회사의 아편을 적재할 것을 요구하는 조항이 있지만, 공개적인 운송지령 속에는 "본사가 관련되어 있음을 면하기 위해서" 아편을 구입하여 운송하는 것을 금지한다는 문구가 있었다.[2] 동인도회사는 이와 같이 인도에서 염가(廉價)의 아편을 대량으로

2) Greenberg, p. 110.

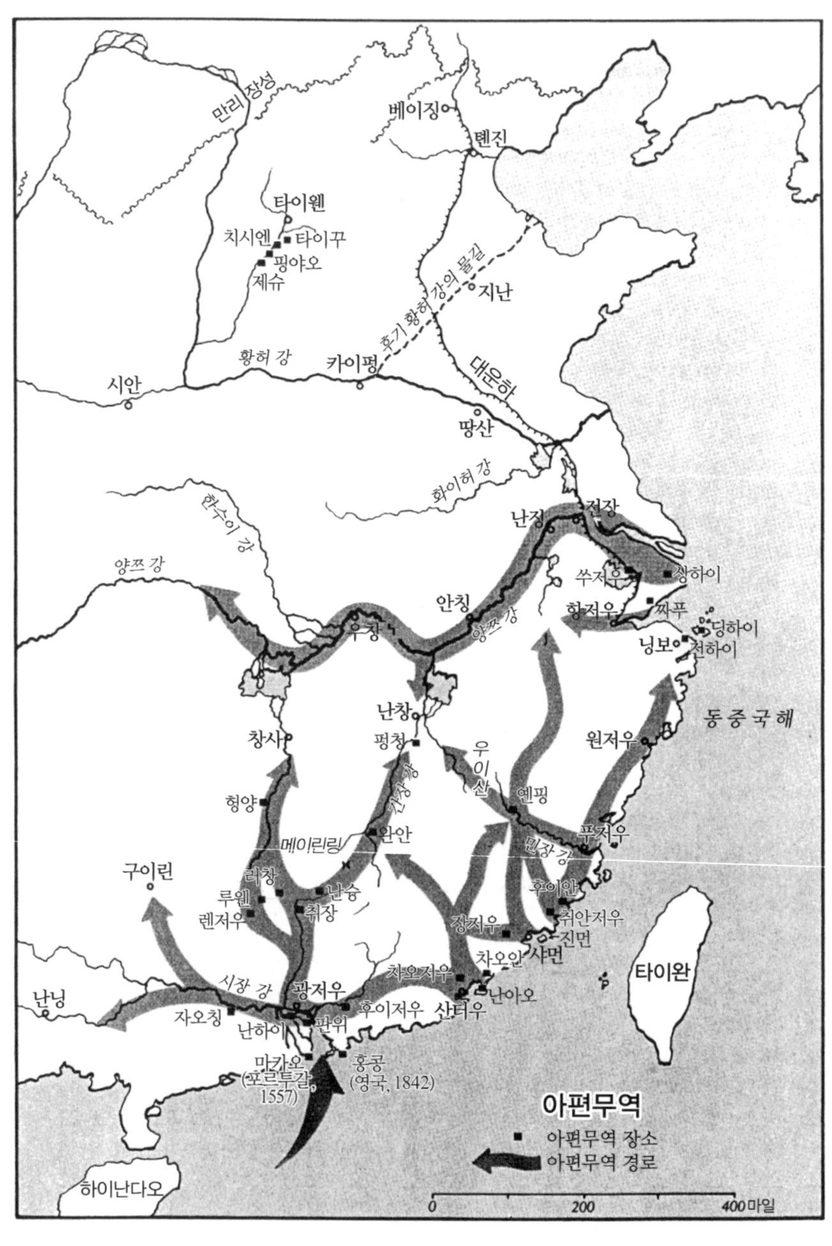

만리 장성
베이징
톈진
타이웬
치시엔
타이꾸
핑야오
제슈
지난
후기 황허 강의 물길
황허 강
시안
카이펑
대운하
땅산
화이허 강
한수이 강
양쯔 강
난징
전장
쑤저우
상하이
안칭
양쯔 강
항저우
찌푸
딩하이
닝보
쩐하이
난창
원저우
동 중 국 해
창사
펑청
우이산
형양
옌핑
메이린링
완안
푸저우
구이린
민장 강
후이안
러창
난슝
장저우
취안저우
루웬
취장
진먼
렌저우
샤먼
타이완
차오저우
차오안
시장 강
난닝
광저우
차오저우 산터우
난아오
자오칭
난하이
판위
마카오
(포르투갈, 1557)
홍콩
(영국, 1842)
하이난다오
아편무역
아편무역 장소
아편무역 경로
0
200
400마일

생산하고 동시에 또 중국에서는 점잖게 회사가 아편무역과 관계가 있다는 것을 부인했다. 법률과 공식적인 각도에서 보면 이 회사는 확실히 이런 불법무역에 관여하고 있지 않았다.

아편은 대체로 3가지 유형으로 나누어지는데, 즉 파트나[公班土 : 뱅골산 아편], 백피(서인도의 말와산 아편)와 금화(金花 : 터키산 아편)이다. 그것들의 가격은 시간과 장소에 따라서 변화했다. 마카오에서는 1801년에는 파트나 한 상자3)의 가격이 560-590달러 사이였고, 1821년에는 가격이 2,075달러였고, 1835년에는 744달러였으며, 이와 같은 기간에, 백피는 한 상자에 각각 400달러, 1,325달러와 602달러였다.1729년 제1차 아편금지령 때는 매년 아편 200상자가 수입되었지만, 1767년에 이르러서는 이미 1,000상자로 늘었다. 아편수입의 증가는 신속하고 또 지속적이었는데, 즉 1800-1820년 사이에, 매년 평균 수입량은 4,500상자였지만 1820-1830년 사이에는 1만 상자를 초과했다. 1830년대에 이르러서, 아편의 수입량은 급증했는데, 1838-1839년 사이에 절정에 이르렀다. 이런 급증의 원인은 1834년 동인도회사의 대(對)중국 무역독점권이 취소되었고, 개인상인들이 몰려들었으며 아편거래가 광저우에서 중국 동남 연해수역 전체로 확장된 것에 있었다.

정규무역은 물물교환이나 외상거래의 방식을 통해서 이루어졌지만 아편무역은 이와는 달랐는데, 즉 이런 무역이 불법적인 성질의 것이었기 때문에 은밀히 이루어졌을 뿐만 아니라 현금으로 거래해야 했다. 아편무역의 풍성한 이윤은 거의 모든 외국 상인들을 매료시켰는데 오직 D. W. C. 올리펀트 같은 사람은 예외로서 그는 "예수 그리스도의 독실한 신봉자이자 중국의 친구"였다. 영국의 민간상회인 이화양행(怡和洋行)은 가장 중요한 아편무역상으로서 1829-1830년에 5,000상자의 아편을 취급했는데 이는 대략 중국에 수입된 아편 전체 양의 3분의 1이었다. 그러나 자딘이 1839년에 언급했듯이 "모든 밀수와 밀수자의 원조(元祖)는 동인도회사"였다.4) 미국 상인들은 터

---

3) 아편은 포장하여 상자 속에 넣었는데, 백피 1상자당 무게는 약 100근, 즉 133과 3분의 1파운드였고 파트나 1상자당 무게는 약 120근, 즉 160파운드였다.

키산 아편을 취급했고 인도산 아편을 위탁판매했는데, 인도산 아편은 그들의 물품 전체량의 약 95퍼센트를 차지했다. 1800-1839년 사이에 미국인은 중국에 1만 상자의 아편을 들여왔다.

아편거래를 하는 기구인 이른바 "요구(窯口)"는 2만-100만 달러의 자금을 보유하고 있었다. 그들은 외국 상관에서 아편구매대금을 청산하고 항행 속도가 매우 빠른 "밀수정(密輸艇)"을 몰고 링띵다오에 정박하고 있는 외국 "돈선(躉船)"으로 가서 물품을 가져가는데, 이 밀수정들은 "쾌해(快蟹)"와 "배룡(扒龍)"으로 불린다. 이 선박들은 완전무장을 하고 있으며, 60-70명의 선원들이 노를 젓고 양쪽에 20여 개의 노가 있는데, 이 선박의 항행 속도는 놀라울 정도로 빨랐다. 1831년 당시 약 100-200척의 이런 밀수정들이 광저우 주위의 수역을 빈번히 드나들었다. 아편은 서쪽으로는 광시 성과 구이저우 성으로, 동쪽으로는 푸젠 성, 북쪽으로는 허난 성, 장시 성, 안후이 성 심지어는 멀리 섬서(陝西) 성까지 운송되었다. 아편상들은 종종 지하조직 즉 비밀결사 및 토비들과 교분을 맺었으며 자금을 송금하기 위해서 산시(山西) 성의 전상(錢商)들과 연계를 유지했다.

아편수입의 신속한 증가는 물론 중국의 이런 마약에 대한 수요의 증가와 연계되어 있었다. 19세기 초엽의 아편중독자들은 주로 부잣집 자제들이었지만 이런 악습은 점차 각양각색의 사람들 속으로 확대되었는데, 즉 정부관리, 상인, 문인, 부녀, 하인, 병사, 더 나아가서는 스님과 도사들에게까지 확대되었다. 1838년 당시 광둥 성과 푸젠 성의 아편방은 잉글랜드의 술집처럼 대단히 많았다. 아편중독자들은 아편을 얻기 위해서 어떤 대가도 아끼지 않았는데, 그 이유는 이런 종류의 마약을 피우는 것을 중단하면 초조하고 불안해지며 춥고 떨리며 열이 나고, 속이 메스꺼우며, 근육경련증이 일어나고 근골이 아프게 되는 등의 증세를 일으키게 되기 때문이었다. 아편중독자들은 굶어서 배에서 꼬르륵거리는 소리가 나도 음식을 먹지 못하며 나른하고 피곤해

---

4) Hsin-pao Chang, pp. 31, 49; Greenberg, p. 137.

도 잠들 수 없었다. 일반 쿨리 한 사람은 하루에 1-2전(錢)의 은자(銀子)를 버는데, 그러나 그가 아편중독자라면 자기 수입의 절반을 마약에 소비하게 되었다. 일반 아편중독자들은 매일 반 시전(市錢) 은자5)의 아편연고를 피워야 하지만 수많은 아편중독자들은 이 분량의 2배를 피워야 했다. 1838-1839년 사이에 수입한 4만 상자의 아편은 240만 근의 연고로 정제되어 210만 명의 아편중독자들에게 공급되었다. 전해지는 말에 의하면 중앙정부관원의 10-20퍼센트와 지방관원의 20-30퍼센트가 아편을 피웠다고 한다. 당시 아편중독자의 총 인원수는 200만-1,000만 명 사이로 추산되었다. 저명한 정치가인 린쩌쉬(林則徐)는 중국인 100명 중 한 사람이 아편을 피우면 400만 명의 아편중독자가 있게 될 것이라고 했다. 중국인의 추산에 의하면, 매년 아편에 소비한 은량은 1823-1831년에 약 1700-1800만 냥 정도이고, 1831-1834년에는 약 2,000만 냥이었으며 1834-1838년 사이에는 3,000만 냥에 이르렀다고 한다.6)

아편흡연이 경제에 미친 영향은 매우 심각했는데, 그 이유는 금전을 아편에 소비하게 되면 기타 상품에 대한 수요의 위축을 초래하여 그 결과로 시장의 보편적인 위축을 가져왔기 때문이었다. 그 이외에, 아편의 지속적인 유입으로 인해서 백은은 부단히 외부로 유출되었다. 1828-1836년 사이에 영국인은 광저우에서 3,790만 달러의 백은을 벌어들였고, 1837년 7월 1일부터 시작되는 연도에서는 890만 달러의 백은을 벌어들였다. 그러나 여기에는 하나의 상쇄적인 요소가 존재하고 있었는데, 즉 미국인과 기타 국가의 상인들이 금은을 중국으로 들여온 것이었다. 1818-1834년 사이에 미국인은 6,000만 달러의 백은을 들여왔는데, 영국인이 5,000만 달러의 백은을 가져가버렸다. 그러나 아편무역이 증가함에 따라서 미국 현금의 유입이 갈수록 적어지고 동시에 중국 백은의 해외 반출이 갈수록 많아졌다. 1828-1833년 사이에 영국인이 2,960만 달러 상당의 귀금속을 반출하여 미국인이 반입한 금은은 겨

---

우 1,580만 달러에 불과했다. 1830년대 중반기와 후반기에 이처럼 백은이 해외로 유출되는 상황이 가장 심각했는데, 매년 400만-500만 달러의 백은이 유출되었다.[7] 백은의 고갈은 국내경제를 교란시켰으며 시중의 백은과 동전의 태환율에 충격을 주었다. 1740년 당시에 1냥의 은은 800문의 동전으로 태환되었고, 1828년에 이르자 1냥의 은의 가치가 즈리 성에서는 2,500문의 동전이었으며, 산둥 성에서는 2,600문의 동전이었다. 이 경제위기에 대처하기 위해서 정부는 동전의 순도를 낮추고 매년 동전 주조 수량을 증가시켰다. 아편무역은 비록 상술한 바와 같은 경제적인 영향을 끼쳤지만 일련의 완벽한 세관체계와 효율적인 밀수단속 수군(水軍) 그리고 공공행정에서의 도덕적인 책임감이 결핍되었기 때문에, 철저히 금지될 수 없었다. 마약거래를 단속하는 책임을 맡은 관리들은 종종 밀수업자와 한통속이 되어 일부 무료인 아편 "샘플"을 몰수한 아편으로 둔갑시켜 관아에 제출했다.

중국 측의 아편금지가 효과를 거두지 못한 것은 바로 영국인이 대대적으로 아편무역을 추진한 것과 연관이 있다. 동인도회사가 아편생산을 통해서 얻은 이윤은 1832년에는 1,000만 루피였고, 1837년에는 2,000만 루피였으며, 1838년에는 3,000만 루피였다. 아편에서 얻은 수입은 1826-1827년에, 이 회사의 인도에서의 재정수입의 5퍼센트를 차지했고, 1828-1829년에는 9퍼센트를 차지했으며 1850년대에는 12퍼센트를 차지하여 총액수가 거의 400만 파운드에 이르렀다. 영국 국회의 하원 특별 위원회는 1830년과 1832년에 "동인도회사의 벵골에서의 아편독점과 같은 이런 중요한 수입원을 포기하는 것은 바람직하지 못한 것 같다"고 보고했다. 영국인은 1836년, 중국에 1,800만 달러 상당의 아편을 판매하고 중국으로부터 1,700만 달러 상당의 찻잎과 생사를 구입했다. 만일 아편무역이 없었다면 그들은 심각한 무역수지의 적자를 겪었을 것이 분명하며 아편은 이미 영국 무역의 불황을 극복하는 특효약이 되었다. 총명한 웰링턴 공작은 1838년 5월에 국회가 아편무

---

7) Greenberg, p. 142; Hsin-pao Chang, p. 42.

역에 대해서 불쾌감을 표시하지 않았을 뿐만 아니라 이 무역을 보호하고 확장하고 촉진시켰다고 주장했는데8) 이것은 놀라운 일이 아닌 것이다.


## 1834년의 네이피어의 사명

1834년에 이후 지대한 영향을 미칠 사건이 발생하여 중영 관계를 크게 악화시켰는데, 바로 동인도회사의 중국에 대한 무역독점권이 취소된 것이었다. 18세기 중엽 이후 자유방임과 무역자유 등의 신념이 줄곧 영국에서 적극적으로 발전함으로써 동인도회사의 독점특권은 세력이 날로 상승하고 있는 상인계급의 격렬한 공격을 받았는데, 이 계급은 수익성이 높은 아시아 무역에서 줄곧 배척되어왔다. 1813년 동인도회사의 특허장 갱신 시, 국회는 무역자유의 목소리를 고려하여 인도 무역을 모든 사람들에게 개방했지만 결국 여전히 이 회사에게 또 20년간의 대(對)중국 무역을 독점할 권한을 부여했다. 이 부분의 양보는 결코 맨체스터, 글래스고, 런던 등지에서 영향력이 나날이 커지고 있는 제조상과 기업가들의 요구를 만족시키지 못했고, 광저우에 있는 개인상인들도 미국 상인의 사례를 인용하여 다시 자유무역을 호소했다. 영국 국회 내부에서도 여러 차례 토론을 하고 1830년에 한 소형 위원회를 지정하여 이 문제를 조사하게 했다.

1830년, 동인도회사의 독점권이 머지않아 종식된다는 소식이 광저우에 전해졌다. 중국에서 100여 년 동안 영업을 해온 한 회사가 곧 해산되리라는 전망은 현지의 관원들을 매우 골치 아프게 했다. 그들은 앞으로 서양 상인들을 어떻게 통제할 것인가 하는 문제에 관심을 기울였는데, 그 이유는 이들 서양 상인들은 "개와 양"처럼 탐욕스럽고 포악하고 은밀하여 종잡을 수 없는 무리로 생각되고 있었기 때문이다. 양광 총독9)은 영국에 대해서 동인도회사의 독점권이 종식된 이후에 대반 1명을 파견하여 광저우에 주재시킬 것을

---

8) Hsin-pao Chang, p. 48.
9) 리훙빈(李鴻賓).

요구했다. 영국 국회는 1833년 8월 28일 3명의 상무감독을 임명하기로 결정하고 별도로 몇 가지 결정을 내렸다. 즉, 1834년 4월 22일에 동인도회사의 대중국 무역독점권을 정식으로 종식시키고 모든 영국 신민들에게 희망봉과 마젤란 해협 사이에서 자유로이 상업에 종사할 권리를 주며, 영국 신민의 중국 및 그 해안선 100마일 이내에서 범한 죄행을 재판할 법정을 세운다는 것이었다. 1833년 12월 10일 스코틀랜드 귀족인 윌리엄 존 네이피어 경이 중국 주재 영국 상무총감독으로 임명되고 H. C. 플로든과 동인도회사 특선위원회의 마지막 위원장이었던 존 프랜시스 데이비스가 각각 제2감독 및 제3감독으로 임명되었다. 플로든이 취임하지 않아, 데이비스가 제2감독으로 승진하고 다른 회사원인 조지 B. 로빈슨 경이 제3감독을 맡게 되었다. 찰스 엘리엇이 선무총관(船務總管)으로 임명되어 "후먼 구내의 모든 영국 선박 및 선원"과 관련된 사무를 관장하게 되었다.

이런 조처들은 중영 관계의 근본적인 변화를 초래했는데, 영국 정부가 동인도회사를 대신하여 교류하게 됨으로써 정부관계가 비정부관계를 대신하게 되었다. 무역상의 이익이 여전히 정책을 좌우하고 있었지만 국가의 존엄과 위신에 대한 고려는 과거보다 더욱 직접적인 의의를 가지게 되었다. 이 변화는 이미 지극히 위험해진 광저우 체제에 대해서 매우 중대한 타격이 되었다. 아편밀수무역의 연해에서의 확장은 사실상 이미 독점적인 광저우 무역체계의 종결을 초래했다. 공행과 동인도회사는 다시는 이미 확장된 상업활동을 통제하지 못하게 되었고 특선 위원회는 이제 새로 임명된 영국 관리에 의해서 대체되었다. 불행한 것은 중국인은 이 변화의 함의를 조금도 알지 못했으며 또한 이런 새로운 정세에 대처할 준비가 전혀 되어 있지 않았다는 것이다.

바로 이런 상황에서 네이피어는 그의 사명을 수행하기 시작했다. 영국이 그에게 부여한 훈령에서 강조한 것은 다음과 같다. 중국 문제에 대해서 화해적이고 온건한 대응책을 취하고 "가능한 모든 방법을 동원하여 일종의 우호적인 양해를 유지할 것을 연구하고", 모든 영국 신민들에게 그들이 "중화제국의 법률과 습관을 준수할 의무를" 명심하게 하도록 해야 하는데 "오직 이 법률들이 (영국 신민들에 대해서 실시될 때) 공평하고 진지한 태도에 바탕을 두고 있고" 똑같이 중국인과 기타 외국인에게 실시되는 경우에만 그렇게 하라는 것이었다. 영국은 특별히 그에게 다음과 같은 사항을 지시했다. (1) 위협적인 말을 사용해서는 안 되고, 중국인의 민감한 부분을 건드려서는 안 되며, (2) 부득이한 경우가 아니면 무력을 사용해서는 안 되고, (3) 중국에 주재하고 있는 영국인이 연루된 사건을 심판한다는 것이었다. 1834년 1월 25일 외교대신 파머스턴 경은 한걸음 더 나아가 네이피어에게 서신을 통해서 그가 중국에 도착한다는 사실을 양광 총독에게 알리고 아울러 무역을 광저우 이외의 지역으로 확대할 수 있는 가능성을 연구하라고 훈령했다. 어쨌든 네이피어는 영국이 중국과 동등한 지위를 얻도록 하고 또 우호적인 정책을 취하도록 하라는 자기 모순적인 명령을 받아들였다.

그러나 성가신 일을 자초한 것은 이 훈령들만이 아니었다. 즉 네이피어의 오만한 개성과 좁은 이해력도 그의 사명이 실패하도록 하기에 충분했다. 한 영국의 관원으로서 그는 지나치게 자기 개인의 존엄과 국가의 명예를 간절히 지키려고 했다. 그는 중국에 도착한 이후 곧바로 광저우로 가서 영국 상관에 투숙하고는 양광 총독에게 서신을 보내어 자신의 도착을 공표했다. 그의 이런 행위는 여러 가지 점에서 중국 측의 규정을 위반한 것이었는데, 즉 마카오에서 기다리면서 광둥 성 입경(入境) 홍패(紅牌)를 신청하여 받지 않았고, 허가를 받지 않고 상관으로 이주했으며, 행상용 "품첩(稟帖)"의 격식으로 총독에게 서한을 보내지 않은 것이었다.

예측한 대로 양광 총독10)은 그의 서한을 접수하는 것을 거부하고 그에게 즉각 광저우를 떠나라고 명령했다. 네이피어는 총독의 이런 조처를 일종의 모욕으로 간주하고 양광 총독은 "우매하고 완고하며 무지하다"고 비난하고, 아울러 영국은 전쟁을 할 의사는 없지만 "충분한 준비를 갖추고 있다"고 주

---

10) 루쿤(盧坤).

장했다. 그는 또 보충하여 말하기를 자기의 직책수행을 가로막는 것은 마치 "주장 강의 물살을 가로막는 것"처럼 어려울 것이라고 했다. 양광 총독은 이에 대해서 영국 상관으로부터 모든 중국인 고용원을 철수시키고 상관의 음식물 공급을 차단시키며 무역을 중단시키는 것으로써 보복했다. 네이피어는 2척의 영국 구축함을 불러와 그들에게 성벽으로 직행하도록 명령하겠다고 위협했다. 그는 인도에 주재하고 있는 그레이 백작에게 서한을 보내어 말하기를 "활과 화살, 긴 창과 방패를 사용하는 군대가 오랜 전투경험을 가지고 있는 일단의 영국 사병들을 맞이하여 무슨 일을 할 수 있겠습니까? 나는 그들이 영원히 감히 우리와 한 번도 싸우지 못할 것이라고 확신합니다. 후면의 포대는 완전히 무시해도 좋습니다. 이곳에는 사람의 그림자도 없습니다"라고 했다. 네이피어는 "중화제국의 광활한 벌판을 영국의 정신과 공업으로 개방시킴으로써 후대에 길이 이름을 남기려는" 공상을 했다.[11]

양광 총독은 군사를 보내어 상관을 포위하고 네이피어가 이 사건의 장본인이기 때문에 그가 일단 광저우를 떠나면 무역은 정상을 회복할 것이라고 선언했다. 이 이간계책은 과연 효력을 발생하여 화이트먼, 덴트, 브라이트먼 등 몇몇 영국 상인들은 비공식적으로 광둥 성 세관감독에게 무역을 재개하도록 요청했다. 네이피어는 자기 동포에게 버림을 받고 배반을 당했다고 느끼고 9월 11일 마카오로 되돌아갔을 뿐만 아니라, 그곳에서 병으로 앓아누웠다가 1834년 10월 11일에 세상을 떠났다. 당시의 이른바 이 "네이피어 풍파"는 사라져버렸고 무역중단이라는 금지령은 즉각 취소되었다.

네이피어의 실패를 초래한 원인은 그 사람 개인의 자만심과 그에게 내려진 훈령 사이의 모순에 있었다. 그의 행위방식은 마치 국왕의 사절과 같았지만 그의 직함은 상무감독일 뿐이었다. 그는 중국인이 영국 관리 한 사람을 광저우에 오도록 요청한 것이 아니라 오직 한 사람의 대반, 즉 한 사람의 상인 우두머리를 오도록 요구한 것이라는 것을 몰랐다. 중국인은 네이피어

---

11) Hsin-pao Chang, pp. 54-57.

가 왜 이전의 특선 위원회 위원장처럼 행동하지 않았는지 이해할 수 없었고, 신임 대반인 네이피어가 어떻게 감히 새로운 규정을 무시하고 총독과 대등하게 내왕하도록 요구했는지 알 수 없었다. 네이피어 측에서는 그가 무력을 사용할 준비를 하려던 계획은 그에게 내려진 훈령에 위배되는 것이었는데, 훈령은 화해적인 방식을 취할 것을 요구했지만 중국에서 단번에 성공하여 유명해지려는 그의 만만한 패기는 그에게 타협 가능한 것을 모두 배척하는 행동을 취하도록 했다. 웰링턴 공작이 네이피어의 참패의 원인에 대해서 "그는 처음부터 그의 직위가 부여하지 않은 권력을 사용하여 절대적인 권위(영국 국력)로써 광저우의 중국 당국에 전례가 없는 왕래방식을 받아들이도록 강요했고, 중국인은 이 권위적인 성질 및 힘에 대해서 아무것도 몰랐다"고 말한 것은 타당하다.[12]

## 폭풍전야의 고요함

데이비스는 상무감독 직위를 이어받았을 뿐만 아니라 일종의 침묵정책을 취했다. 동인도회사의 장기고용원이자 동 회사의 광저우 주재 특선 위원회의 마지막 위원장으로서 그는 자유무역운동에 대해서 조금도 동정심을 가지고 있지 않았다. 개인상인들은 즉각 그를 비웃고 비난하며 "과거의 무역독점 학교가 배출한 사람이며……자유상인의 대표와 총관 직위를 절대로 감당할 수 없다"고 했다. 1834년 연말 이전에 약 85명의 상인들이 영국 정부가 전함과 사병을 거느린 외교관 1명을 중국에 파견하여 네이피어가 받은 모욕에 대한 배상을 받을 것을 요구했다. 데이비스는 직책을 맡은 지 겨우 100일 만에 압력으로 인해서 할 수 없이 사직하고 말았다. 조지 B. 로빈슨 경이 1835년 1월 신임 감독이 되었는데, 동인도회사의 직원으로서 그는 활기차고 일처리 능력이 뛰어나다는 명성을 가진 적이 없으며 심지어는 총명하다고

---

12) Hsin-pao Chang, p. 61.

할 수도 없었다. 중국인과의 분규에 말려드는 것을 피하기 위해서 그는 1835년 11월 25일 그의 관서를 링띵다오에 정박하고 있는 루이자 호 선상으로 옮겼다. 그의 그런 "평지풍파를 일으키지 않으려는" 정책은 광저우의 관헌들을 만족시켰기 때문에 무역은 정상화되어가고 있었고, 방해를 받지 않아서 순조롭게 번창하고 있었다. 로빈슨의 현상유지 방식은 영국 상인들에게 일반적으로 환영을 받지 못했고 결국 그를 쫓아내려는 압력이 생기게 되었다. 네이피어의 수하에서 선무총관 직위를 맡았고 이후에 또 데이비스 수하에서 제3감독을 맡았던 엘리엇이 그를 대신할 당연한 적임자가 되었다.

찰스 엘리엇은 마드라스 총독의 아들로서 그는 네이피어의 비타협적이며 자만하는 태도에 불만을 품었을 뿐만 아니라 로빈슨의 겁이 많고 온순하며 의기소침한 정책에도 찬성하지 않았다. 그는 신뢰와 힘을 신중함과 화해와 조화시켜서, 광저우 당국을 교묘하게 설득하여 영국이 중국에 대해서 말썽을 일으킬 의도가 없으며 영토에 대한 야심도 없다는 것을 믿게 하는 중도정책이 받아들여질 것이라고 믿었다. 그는 일찍이 비공식적으로 이런 관점을 외교부에 전달했는데 외교부는 이에 대한 인상이 깊어서 1836년 6월에 그를 중국 주재 상무총감독으로 임명했다. 그는 중국 측 대관과 직접 평등한 정부간의 교류관계를 이룩하고 중국 측 관원에게 서한을 보낼 때는 국가의 존엄을 욕되게 하는 품첩 형식을 사용하는 것을 피하도록 노력하라는 명령을 받았다. 그러나 엘리엇은 양광 총독인 덩팅정(鄧廷楨)에게 첫 번째 서한을 보낼 때는 여전히 매우 신중하게 품첩의 형식을 채택했는데, 그 목적은 일종의 좋은 인상을 심고 아울러 영국의 "도량이 넓음"을 보여주기 위함이었다. 중국인은 그의 문장의 어휘 표현이 공순하고 마음에 들어 그가 광저우에 오는 것을 허락했다.

엘리엇은 발판을 마련한 후 한걸음 더 나아가 광저우 당국과 직접 평등하게 내왕하려고 힘써서 부분적으로 성공을 거두었다. 총독은 그가 공행이 아니라 행상을 통해서 밀봉문서를 접수 및 발송하고 언제든지 마카오로부터 광저우에 와서 공무를 처리하는 것을 허락했는데, 그는 사전에 마카오에 있는 중국 관부에 통보만 하면 되었다. 엘리엇은 득의양양하여 영국 정부에 대해서 이런 안배로 인해서 그가 이전의 중국에 주재하고 있던 어떤 외국인과도 다른 위치에 있게 되었다고 보고했다. 그러나 품첩 형식을 폐지하려고 시도한 그의 노력은 성공을 거두지 못했는데, 그는 이 좌절에 대해서 자기와 관직이 대등한 관원이 총독에게 서한을 보낼 때도 품첩의 형식을 취한다고 변명했다.

엘리엇은 취임 초에 중국 측의 몇몇 사람들이 아편무역을 합법화하려고 시도한다는 사실을 알게 되었다. 이런 견해는 광저우의 저명한 서원인 학해당(學海堂)의 몇몇 학자들에게서 유래했는데, 그들은 한편으로는 아편금지 법령의 유명무실함에 대해서 깊은 비애를 느꼈으며 또 한편으로는 백은의 국외유출을 몹시 증오했다. 1836년 5월 17일, 일찍이 학해당과 교분이 매우 두터웠던 현임 태상시(太常寺) 소경(少卿)인 쉬나이지(許乃濟)가 대담하게 조정에 건의했다. 아편수입은 약재와 비교하여 동일하게 정규관세를 징수하고, 아울러 물물교환의 방식으로 거래를 하여 백은이 국외로 유출되지 못하게 하고, 국내에서 아편을 재배하도록 하여 외래수입의 수요를 경감시키자고 한 것이다. 그는 일반 백성들이 아편을 피우는 것에 대해서는 별로 상관하지 않았지만 관원, 지식인[士人], 병사들이 아편을 피우는 것을 엄금해야 한다고 주장했다. 양광 총독인 덩팅정은 이 서원의 관점을 매우 칭찬했을 뿐만 아니라 금지령의 완화를 지지했다. 외국 상인들은 전체적으로 이런 가능성에 대해서 흥분했지만 단지 자딘 같은 소수의 몇몇 아편 밀수상인들은 예외였는데, 그는 냉담한 태도로 "우리가 관심을 가지고 있는 이익의 면에서 보면 이런 방식은 아무런 이로운 점이 없다"는 것을 인정했다. 금지령 완화의 전망은 서양 상인들의 아편수입의 확대를 촉진했다.

이와 동시에 금지령 해제를 격렬하게 반대하는 두 개의 상소문이 황제에게 올려졌다. 첫 번째 상소문[13]은 아편금지가 효과를 보지 못했다고 해서

---

13) 상소인은 내각학사 겸 누부시랑(樓部侍郞)인 주보(朱博)이다.

그것이 아편금지령 해제의 구실이 되어서는 안 된다는 것을 강조했다. 법령은 마치 제방과 같아서 그 일부가 훼손되었다고 해서 완전히 폐지할 수 없다는 것이었다. 엄금하는 법이 있어도 매춘, 도박, 반역, 도적질 등의 모든 일들이 물론 자취를 감출 리는 없다는 것이었다. 두 번째 상소문[14]은 금지령 해제는 민간에서의 아편흡입 금지를 불가능하게 만드므로 아편을 판매하는 간악한 백성들과 중개하는 행상, 이를 전부 구입하는 요구, 이를 호송하는 쾌속정, 이들로부터 뇌물을 받는 군인들을 철저히 색출하여 잡아들이고 법에 의해서 엄벌할 것을 건의했다. 이 상소문을 올린 사람은 9명의 서양의 아편상인의 이름을 일일이 거명했는데 즉 자딘, 이네스, 덴트 등이었으며 이들을 체포하도록 요구했다. 황제 스스로는 명확한 주장이 없었지만 이 두 상소문의 촉구하에 아편금지령 해제의 견해를 기각했다. 1836년 9월 19일 황제는 양광 총독 덩팅정에게 아편을 철저히 소탕하고 장기적인 통제방안을 계획하도록 지시했다. 1836년 5월부터 동년 9월까지 지속되던 금지령 해제 행위는 즉시 정지되었으며 아편금지령이 해제되리라고 예측했던 서양 상인들은 갑자기 지나치게 많은 아편을 비축해두어서 처분할 수 없다는 것을 알아차렸는데, 이 아편들은 그들이 이 기간에 인도에서 운송해온 것이었다.

1836년 2월에 양광 총독 서리가 된 덩팅정은 근면하고 청렴한 관리였다. 그는 상술한 두 상소문에서 언급된 9명의 서양 상인들에게 4개월 안에 광저우를 떠나게 했을 뿐만 아니라 중국의 아편상인들과 아편흡연자들을 조금도 용서 없이 색출하여 잡아들였으며, 1837년 연말까지 성공적으로 광저우 항구 밖에 있는 모든 "아편운반 쾌속정"들과 현지의 밀수망을 분쇄해버렸다. 철저한 소탕의 결과는 광저우의 아편가격의 폭락이었는데, 즉 1832년 2월에 파트나 한 상자의 가격은 겨우 450달러였고, 자반(인도 베나리스 산 아편)과 말와산 아편은 겨우 400달러였다. 봄베이의 아편수출은 1836-1837년의 2,420만 루피에서 1837-1838년의 1,120만 루피로 하락했다. 1838년 12월에

---

14) 상소인은 병부급사중(兵部給事中) 쉬츄(許球)이다.

이르러 이미 2,000명의 중국 아편상인들과 요구의 주인들과 아편흡연자들이 구금되었고 매일 아편중독자들의 처형이 있게 되었다. 자딘은 보고하기를 "이 총독 대인은 줄곧 이 가련한 인간들을 잔인하게 잡아들이고, 심문하고는 목매달아 죽입니다.……우리는 지금까지 아직 이렇게 혹독하거나 혹은 이렇게 보편적인 박해를 본 적이 없습니다"라고 했다. 1839년 1월의 『광저우 실정 속보(廣州實情速報)』는 "그곳에서는 전혀 할 수 있는 일이 없다. 그래서 우리는 우리의 입찰 가격표를 철수시켜버렸다"라고 보도했다.[15] 1838년 연말에 이르러 외국의 밀수선은 종적을 감추었으며 새해가 도래했을 때, 광저우는 이미 아편거래를 완전히 소탕해버렸다. 아편거래의 정체(停滯)는 영국 상인에게 참담한 결과를 가져다주었지만 그들은 이익이 이렇게 큰 무역을 쉽게 포기할 리 없었다.


## 광저우에서의 린쩌쉬

덩팅정이 광저우에서 맹렬한 아편금지 운동을 전개하고 있을 때, 베이징에서는 한 차례의 광범위한 논쟁이 벌어졌다. 의제는 아편거래를 철저히 제거하는 것에 관한 가장 좋은 방법으로, 이런 불법적인 아편거래는 이미 민중의 건강과 풍속교화에 유해한 영향을 끼치고 거액의 백은의 해외 유출을 야기한다는 것이었다. 홍로시경(鴻盧寺卿)인 황쥐에쯔(黃爵滋)는 1838년 6월 2일에 올린 한 상소문에서 격앙된 어조로 1년 내에 아편을 끊지 못하는 자는 모두 반드시 사형에 처하도록 요구했다. 대다수의 관리들은 이 건의가 너무 혹독하다고 판단했지만 소수는 그것을 지지했는데, 그중에는 호광 총독(湖廣總督)인 린쩌쉬가 포함되어 있었다. 린쩌쉬는 100여 년 동안 애국지사들의 많은 찬양을 받은 한 상소문에서 경고하기를, 아편을 엄금하지 않으면 수십 년 후에 중국은 적을 막아낼 군대가 없게 될 뿐만 아니라 군대를 부양

---

15) Hsin-pao Chang, p. 111.

할 은도 없게 된다고 했다. 린쩌쉬는 "이런 생각이 드니 두렵지 않을 수 있겠습니까?"라고 말했다. 그는 구체적으로 6개의 방안을 제시했는데, 아편담뱃대와 아편도구를 불사르는 것, 일정한 기한 내에 아편흡연자들을 개조하는 것, 본국 아편판매상과 흡연자를 처벌하는 것 등과 관련된 것이었으며 다만 외국 밀수업자에 관한 사항은 비교적 신중했다. 린쩌쉬는 공론가(空論家)가 아니라 실무적인 사람으로서 자신의 후베이와 후난의 관할 구역에서 성공적으로 이 방안을 실시하여 5,500개의 아편담뱃대와 1만2,000냥의 마약을 수색하여 몰수했다. 황제는 린쩌쉬의 언사와 성과에 대해서 깊은 인상을 받고 결국 1838년 12월 31일 그를 흠차대신(欽差大臣)으로 임명하고 광저우의 아편거래를 엄금하도록 하는 책임을 맡겼다.

흠차대신 린쩌쉬(1785-1850)는 푸젠 성 허우꽌 출신으로서 유구한 전통을 가진 중국이 배출해낸 전형적인 관원이었다. 그는 1804년에 거인에 합격했고, 1811년에는 진사에 합격했으며, 많은 관직을 역임했는데 그중에는 한림원 편수, 윈난 향시정고관(鄕試正考官), 저장 염운사(鹽運使), 장쑤 안찰사, 장쑤 순무가 있으며 결국 1837년에는 호광 총독에 임명되었다. 그의 강직함과 청렴결백함으로 인해서 그는 린칭톈(林青天)이라는 명성을 얻게 되었다. 54세에 흠차대신으로 임명된 린쩌쉬는 경험이 풍부하고 청렴하기로 유명한 인물이었다. 아편의 폐해로 시달릴 대로 시달린 황제는 일찍이 19차례나 그와 이 문제에 대해서 의논했다. 1839년 1월 8일, 린쩌쉬는 베이징에서 출발하여 3월 10일 광저우에 도착했다.

린쩌쉬는 월화서원(粤華書院)에 행원(行轅)을 설치하고 아편의 폐해를 다스리지 못하면 절대로 광둥을 떠나지 않겠다고 맹세했다. 그의 방침은 과감하게 중국의 아편상인들과 요구의 주인과 아편흡연자를 엄벌에 처하고 동시에 침착하고 강경하게 외국 상인을 상대하는 것이었다. 그는 영국의 위세를 알고 있었기 때문에 가능한 한 영국과의 충돌을 피하기를 희망했지만, 아편은 일전(一戰)을 불사하고서라도 엄금하지 않으면 안 되었다. 그는 중국 아편상인을 소탕하는 데에는 상당한 성과를 거두었는데, 즉 1839년 5월 12일까지 이미 1,600명의 금지령 위반자를 체포했고, 4만2,741개의 아편담뱃대와 2만8,845근의 아편을 몰수했으며 별도로 아편밀수자와 결탁한 일부 부패 관리를 심판하여 엄벌에 처했다.

외국 아편밀수자는 더욱 어렵고 힘든 문제였다. 린쩌쉬는 번역의 도움을 얻어 마카오에서 출판된 외국 신문과 몇몇 외국 지리서를 통하여 서양을 이해하려고 힘을 기울였으며, 또한 미국 선교사인 피터 파커 박사를 초빙하여 그를 위해 바텔이 저술한 『국제법(*Le Droit des gens*)』에서 각국의 금지품 금지 및 선전포고 권리와 관련이 있는 3개의 장절(章節)을 번역하게 했다. 그는 두 차례에 걸쳐 빅토리아 여왕에게 이 문제에 간여해달라고 요청했다. 그의 첫 번째 서신은 광저우에 주재하고 있는 서양인 사회에 배부되었지만 영국으로 보내진 것 같지는 않은데, 이 서신에서 린쩌쉬는 여왕에게 아편의 재배와 가공을 제지해줄 것을 촉구했다. 더욱 유명한 두 번째 서신에서 그는 다음과 같이 선언했다.

뭇 서양인들 중에는 좋은 사람과 나쁜 사람들이 뒤섞여 있어서 결국 아편을 밀수하여 중국 백성들을 유혹하고 각 성에 해독을 끼치는 자들이 있습니다.……중국의 부(富)는 서양인들을 이롭게 하고 있는데, 도리어 유독물질로서 중국 백성들에게 해를 끼치는 법이 어디에 있는 것입니까? 양심이 어디에 있는지 묻고자 합니다. 듣건대 귀국에서는 아편흡연에 대한 금지가 매우 엄격하다고 하는데……어떻게 차마 사람을 해치는 물질로서 함부로 끝이 없는 욕구를 만족시키려는 것입니까? 만일 다른 나라의 아편상인이 영국에 와서 사람들에게 아편을 사서 흡연하도록 유혹한다면 귀국 왕이 이를 증오하는 것은 또한 당연한 일입니다.……귀국 왕은 자신이 원하지 않는 일을 남에게 하려고 해서는 안 됩니다. 왕께서는 간악한 자들을 색출하여 귀국의 의리를 보존하고 공손함의 성의를 밝히시어 태평의 복을 함께 누리도록 하십시오.16)

---

16) S. Y. Teng and John K. Fairbank, *China's Response to the West: A Documentary Survey,. 1839-1923*(Cambridge, Mass., 1954), pp. 24-27, 약간의 수정이 있다.

이 서신은 1840년 1월에 토머스 쿠츠 호 선장인 워너가 런던으로 가지고 갔지만 영국 외교부는 그를 인정하는 것을 거절했다.

린쩌쉬는 천리(天理), 인심(人心), 중국의 금지령과 정부의 정책결정 등 몇 가지 면에서 광저우에 있는 외국 상인들을 설득했다. 그는 그 자신이 푸젠 성 연해 출신이기 때문에 오랑캐의 휼계(譎計)를 잘 알고 있어서 그들의 계략에 걸려들지 않을 것이라고 공언했다. 1839년 3월 18일, 린쩌쉬는 외국 상인들에게 3일 안에 아편을 모두 바치고 이후에는 영원히 불법적으로 아편을 가지고 들어오지 않겠다는 서약서를 쓰도록 명령하고, 만일 서약서를 위반하면 관아에서 물품을 몰수하고 사형에 처할 것이라고 했다. 린쩌쉬는 아편 한 상자를 바칠 때마다 5근의 찻잎을 받는 상을 줄 것을 제의했지만 그는 금전상의 배상을 언급한 적이 없고, 영국 정부의 아편무역에 대한 경제이익을 고려한 적이 없었다.

서양인들이 그가 설정한 3월 21일이라는 마지막 기한을 무시해버리자, 린쩌쉬는 공행의 보상(保商) 두 사람을 처형하겠다고 위협했다. 서양 상인들은 상징적으로 아편 1,036상자를 내놓았는데 이것은 물론 흠차대신을 만족시킬 수 없었다. 두 명의 공행 총상(總商)인 우하오꽌과 연로한 루마오꽌이 칼과 족쇄에 묶이게 되고 우하오꽌의 아들과 루마오꽌의 형제는 감옥에 들어가게 되었다. 이어서 린쩌쉬는 또 영국 상인 덴트에게로 방향을 바꾸었다. 전해지는 바에 의하면 이 사람은 대부분의 아편수입과 백은 수출을 독점하고 있었다고 하며, 광저우 지부에 자수하라는 명령을 받았다. 그러나 그는 흠차대신이 자기가 무사히 돌아가는 것을 보증하지 않으면 자수하지 않겠다고 했다. 우하오꽌은 서양 상인들에게 간절히 애원하면서 그들에게 만일 덴트가 계속 항명한다면 그 자신은 분명히 목이 잘릴 것이라고 주지시켰다. 3월 23일 엘리엇은 마카오에서 상관에 이르러 영국 상인들과 회합했으며, 24일 린쩌쉬는 무역을 중단하라고 명령하고 중국인 매판과 하인들을 철수시키고 영국 상관을 포위했다. 350명의 서양 상인들은 상관 구역 내에 갇혀 있었으며, 요리사와 짐꾼과 하인들이 철수함으로써 몹시 불편했지만 결코 먹을 것이 부족하지는 않았는데, 행상, 중국어 교사 및 과거의 하인들이 자주 몰래 빵, 가금류, 양고기, 계란, 식용기름, 설탕을 보내온 것이다. 가장 큰 불편은 단조롭고 무료하며 기후가 무덥고 미래가 불투명한 것이었으며 연금은 6주간 지속되었다. 엘리엇이 보기에 이것은 영국인의 생명과 자유와 재산에 대한 강도적인 행위였지만 린쩌쉬가 보기에는 중국 법률의 정당한 집행이고 밀수하는 악당들에 대한 정의로운 징벌이었다.

린쩌쉬는 소문을 퍼뜨려 4분의 1의 아편을 바치기만 하면 매판과 하인과 요리사를 즉시 상관으로 돌려보내겠다고 하고, 또 4분의 1을 바치면 황푸와 마카오를 내왕하는 삼판선(舢板船)의 운항을 회복시키고 세 번째로 4분의 1을 바치면 상관의 포위를 풀 것이며 마지막의 4분의 1을 모두 바치면 거래를 회복시킬 것이라고 했다.

여기에서 반드시 지적해야 할 것은 상관을 포위하기 전 수개월 동안 아편무역은 이미 중단 상태였다는 것이다. 1839년 3월 22일 매시선은 "최근 5개월간 광저우에서 아편을 한 상자도 팔지 못했다"고 기록하고 있다. 그런데 약 5만 상자의 아편이 판매를 기다리고 있었고 더욱 많은 아편이 봄베이에서 운송되어오고 있는 중이었다. 엘리엇은 잠시 아편을 린쩌쉬에게 넘겨주는 것이 무역중단을 완화시킬 수 있을 뿐만 아니라 중국인에게 손실을 떠맡게 할 수 있는 묘법이라고 생각했다. 1839년 3월 27일 그는 영국 정부의 명의로 모든 영국 상인에게 아편을 넘겨받아 그가 이를 린쩌쉬에게 전달하겠다는 내용의 공고를 했는데, 그는 다음과 같이 말했다.

본 총감독은 이제……삼가 대영제국의 여왕폐하의 정부의 명의로 그리고 정부를 대표하여 광저우에 있는 모든 여왕폐하의 신민들에게 여왕폐하 정부에 충성을 다하기 위해서 각자가 관장하고 있는 아편을 모두 내놓아 중국 정부에 넘겨줄 것을 명령한다.……그뿐만 아니라 본 총감독은 이제 대영제국 여왕폐하의 정부를 위하여 그리고 정부를 대표하여 본인의 손을 거쳐서 중국 정부에 아편을 넘긴 전체 및 개개의 여왕폐하의 신민들에 대해서 충분히 그리고 조금도 남김없이 책

임을 지려고 한다.[17]

이 선언으로 인해서 아편의 소유권이 바뀌었는데, 즉 아편은 이제는 더 이상 상인의 개인재산이 아니라 영국 정부의 공공재산이 된 것이다. 엘리엇의 결정은 매시선에 의해서 "매우 정치가다운 풍모가 있는 걸작"이라는 칭찬을 받았다. 매시선은 동시에 솔직하게 말하기를 "중국인은 그들 자신을 여왕 폐하와 직접 상대하게 한 계략에 걸려들었다. 만일 중국인이 아편을 받아들이는 것을 거절했다면……우리의 처지는 크게 불리해졌을 것이다"라고 했다.[18] 엘리엇은 린쩌쉬에게 2만306상자의 아편을 바칠 것을 약속했지만 5월 18일에 이르렀을 때, 그는 실제로 2만1,306상자를 내놓았다. 린쩌쉬는 이 아편들을 베이징으로 호송하여 조사한 후 없애버리려고 했지만, 이렇게 많은 덩어리의 아편을 운송하는 것은 매우 복잡한 일이었으므로 현지에서 소각할 수 있는 황제의 윤허를 얻어냈다. 이 아편들을 소각하기 위해서 3개의 큰 구덩이를 팠는데 각 구덩이는 길이가 150피트였고, 넓이는 75피트였으며, 깊이는 7피트였다. 아편소각은 6월 3일에 시작되었는데, 그날 성의 대관들과 외국 참관자가 보는 앞에서 공 모양의 아편덩어리들이 여러 조각으로 부스러져 큰 구덩이 속으로 던져졌다. 구덩이 속에는 깊이가 2피트 되는 물이 있었다. 대량의 소금과 탄소가 큰 구덩이 속으로 던져졌으며, 석회가 물에 닿아 열을 내며 끓어올랐다. 일꾼들이 그 속에 있는 아편들을 그것들이 완전히 녹을 때까지 저어서 혼합한 후 그것들을 옆에 있는 한 시내에 쏟아 부었으며, 시냇물은 석회 반죽 속에 녹아 있는 아편이 있는 채로 대해로 흘러들어갔다.[19] 린쩌쉬는 아편에 대한 도의와 법률 면에서는 완전한 승리를 거둔 것 같았지만 이것은 허무한 승리였는데, 그 이유는 영국인이 절대로 그냥 넘어갈 리 없기 때문이었다.

---

17) Hsin-pao Chang, pp. 264-265.
18) *Ibid.*, p. 166.
19) 아편소각은 23일간 지속되었으며 6월 25일에야 비로소 종식되었다.

연금에서 풀려난 후 엘리엇과 모든 영국인들은 1839년 5월 24일 마카오로 가버리고 린쩌쉬의 서약서 요구를 받아들이지 않았다. 엘리엇은 시기를 놓치지 않고 영국 정부가 중국에 대해서 "신속하고도 강력한 조치"를 취하도록 촉구했고, 상인들도 공동으로 국회가 영국의 이익을 보호하고 아울러 절차를 밟아 몰수당한 아편에 대해서 보상해주겠다는 엘리엇의 보증을 이행해줄 것을 호소했다. 자딘을 단장으로 하는 특별 대표단이 런던으로 파견되어 이런 입장을 밝혔다. 이와 동시에 런던, 맨체스터, 리버풀의 300개의 중국 무역과 관계가 있는 기업들이 행동을 요구하는 선전활동을 전개했고, 도처에 유포되어 있는 무수히 많은 소책자와 이야기책들이 중국인의 영국 신민에 대한 모욕을 비난했다. 한 소책자의 작가는 "당신이 내 아편을 가져가면, 나는 당신의 도서(島嶼)를 가져가겠소. 이렇게 되면 우리 사이에 계산은 끝난 것이며, 만일 앞으로 당신이 원하면 우리는 우호적인 왕래를 하면서 친하게 지냅시다"라고 말했다.[20) 1839년 10월 18일, 파머스턴은 사전에 국회와 협의하지 않은 상황에서 엘리엇에게 통지하기를 정부는 이미 원정군을 파견하여 광저우와 바이허 강을 봉쇄하기로 결정했다고 했다.

1839년 7월 12일 일단의 영국 선원들이 주룽에서 중국 촌민을 한 사람 살해했는데,[21) 이 사건은 광저우 및 마카오 지역의 긴장된 정세에 마치 불에 기름을 끼얹는 격이 되었다. 린쩌쉬는 살인범을 넘겨줄 것을 요구하면서 "사람을 죽인 사람은 목숨으로 보상하는 것이며 이것은 중국과 외국이 동일하다"고 선언했다. 엘리엇은 영국 신민을 중국 법률로 처벌하는 것을 거절하고는 그 자신이 윌리엄 호 선상에서 여섯 사람의 피의자를 심문하고 그중 두 사람에게 영국에서의 3개월간의 강제노동과 벌금 25파운드를 선고하고, 다른 세 사람에게는 6개월간의 감금과 벌금 25파운드를 선고했으며 마지막 한 사람에게는 무죄를 선고하여 석방했다. 그러나 실제로 이 선원들은 영국으로 돌아간 후 처벌을 받지 않았는데 그 이유는 정부가 엘리엇이 그들을 재판

---

20) Hsin-pao Chang, p. 192.
21) 린웨이시(林維喜).

할 권한이 없다고 판정했기 때문이다. 린쩌쉬 측에서는 엘리엇이 한사코 협력하는 것을 거절한 것에 대해서 격노하여 마카오의 포르투갈 당국에 압력을 가하여 이 영국인들을 추방할 것을 요구했다. 1839년 8월 26일 모든 영국 신민은 마카오를 떠나서 홍콩으로 갔는데, 그곳은 광저우에서 90마일 떨어진 곳에 있으며 넓이가 약 30제곱마일인 황량하고 작은 섬이었다. 린쩌쉬는 즉시 총독인 덩팅정과 함께 매우 당당한 모습으로 마카오를 순시했는데, 이 순간까지는 린쩌쉬가 충돌에서 잇따라 승리를 거둔 것이다.

그러나 여전히 해결되지 못한 것이 하나 있었는데, 즉 그것은 바로 서약서를 작성하는 것이었다. 엘리엇은 이것을 완강하게 거부했는데, 이유는 정당한 심문을 거치지 않고 조약을 위반한 자에게 사형을 선고하는 것은 매우 야만적일 뿐만 아니라 영국의 사법관념에 위배되기 때문이라는 것이었다. 사실상 영국인은 1784년부터 그리고 미국인은 1821년부터 중국의 사법관할에 복종하는 것을 거절했다. 엘리엇은 굴복하지 않으려고 했지만 일부 영국 상인들은 엘리엇이 그들이 서약서를 작성하는 것을 저지할 권한이 없다고 여겨서 토머스 쿠츠 호와 로열 색슨 호의 선장은 엘리엇의 명령을 거역하고 자진하여 서약서에 서명했다. 1839년 11월 3일, 로열 색슨 호가 후먼으로 들어와 중국인과 통상하기를 희망했을 때, H. M. S. 볼리지 호의 선장 H. 스미스가 포탄을 한 발 발사했는데, 포탄이 하늘 높이 솟아 로열 색슨 호의 돛을 넘어가버렸다. 로열 색슨 호를 보호하기 위해서, 꽌티엔페이(關天培) 제독이 거느리는 중국 수군과 영국 전함은 촨비양에서 교전을 벌였다. 29척의 중국 병선 중 1척이 즉시 피격되어 산산조각이 났고, 3척은 격침되었으며 또한 몇 척이 심하게 파괴되었다. 전쟁이 발생했는데, 중국 측은 정식으로 선전포고를 하지 않았지만 인도 정부는 1840년 1월 31일 영국 여왕폐하의 명의로 선전포고령을 발포했다.

1839년 12월 6일, 영국인과의 무역은 "영구히" 중단되었지만, 일부 대담한 영국 상인들은 여전히 방법을 강구하여 미국 국기를 달고 계속해서 상업 활동에 종사했다. 수많은 미국 상점들은 이미 서약서를 작성했는데, 기창양행(旗昌洋行)의 로버트 포브스는 "나는 내 건강이나 향락을 위해서 중국에 온 것은 절대 아니다.……나는 한 가지 물품을 팔거나 혹은 1파운드의 찻잎을 구입할 수 있기만 하면 내 직책을 다하게 되는 것이다.……우리 미국인들에게는 우리의 손실을 책임져줄 여왕이 없다"고 주장했다.[22] 1840년 6월 영국 증원부대가 와서 다시 분쟁을 일으키자, 미국인들은 비로소 광저우를 떠나 마카오로 갔다.

## 아편전쟁

해군소장 조지 엘리엇이 통솔한 영국 원정군은 540문의 대포가 배치되어 있는 16척의 군함, 4척의 증기전함, 27척의 운수선, 1척의 병력운수선 및 4,000명의 사병으로 구성되어 있었다. 영국인의 입장에서 보면, 이 전쟁은 보복성을 띤 전쟁이고, 그들의 통상권리를 수호하고 자기 나라의 명예를 지키며, 중국에 주재하고 있는 영국 관원과 신민들이 받는 불공정한 대우를 바로잡고 미래의 개방을 확보하는 데에 필요한 행동이었다. 한편 중국인의 입장에서 보면 이 전쟁은 한 차례의 아편소탕전이었다.

엘리엇 소장은 수석위원이자 대표이자 전권공사로 임명되었고, 그의 사촌 동생인 엘리엇 선장은 부사령관으로 임명되었다. 영국이 그들에게 내린 훈령이 요구한 것은 다음과 같았다. (1) 영국의 상무감독과 영국 신민을 불법적으로 구금한 것에 대해서 전면적인 배상을 한다. (2) 몰수한 아편을 반환하거나 적절한 배상을 한다. (3) 영국 감독과 신민에게 가한 모욕과 모독에 대해서 배상하고 그들의 미래의 안전을 보증한다. (4) 하나 혹은 몇 개의 도서를 할양한다. (5) 독점적인 광저우 무역제도를 폐지하고 행상이 진 부채를 모두 청산한다. 또한 파머스턴은 원정군에게 중국의 모든 중요한 항구를 봉쇄하여 중국인에게 영국의 힘을 과시하고, 군비의 배상을 요구하며 배상이 전부

---

22) Hsin-pao Chang, pp. 206.

청산될 때까지 저우산을 점령하고 중국 정부에게 협상은 다른 곳에서 해도 좋지만 답변은 바이허 강에서 하도록 요구하라고 명령했다. 엘리엇은 또 샤먼, 닝보, 바이허 강에서 파머스턴의 서한을 중국 관원에게 건네주어 중국 조정에 전달하게 하라는 명령을 받았다.

**제1단계** 이 전쟁 자체는 3단계로 나눌 수 있다. 제1단계는 1840년 6월부터 엘리엇이 중국에 도착하여 1841년 1월 촨비 가조약이 체결될 때까지 지속되었다. 린쩌쉬는 영국인이 광저우를 공격할 것으로 예상하고 60척의 병선을 보유하고 있는 수군을 집결시켜 200여 문의 새로 구입한 양포(洋砲)로 후면 포대를 공고히 하고 거대한 쇠밧줄로 강을 막아버렸다. 그러나 영국인은 광저우를 공격하지 않았는데, 그들은 오직 항구만 봉쇄하고 북상했다. 엘리엇 형제가 샤먼에서 파머스턴의 서한을 중국 관원에게 직접 전달하려고 보낸 사자(使者)가 백기를 들었음에도 불구하고 사격을 받았다. 중국인은 백기를 드는 것의 의미를 몰랐던 것이 분명했다. 그들은 계속 북상하여 7월 5일 저우산 군도(群島)에 있는 딩하이를 점령했다. 7월 10일 그들은 닝보에서도 서한을 전달할 수 없어서 그 도시를 봉쇄하고 계속 북상했다. 8월 29일 바이허 강에 이르러 그곳에서 즈리 총독(直隷總督)인 치산(琦善)이 그 서한을 받았다.

이때까지 황제는 줄곧 완전히 린쩌쉬를 신임하여 일찍이 그를 격려하며 "짐은 경등이 경솔하게 행동하지 않을까 하고 우려하지는 않지만 경등이 두려워해서는 안 됨을 훈계하노라"라고 했다. 저우산이 함락되고 닝보에서 우쏭 사이에 있는 여러 항구들이 봉쇄된 이후 각 성의 고관들은 린쩌쉬를 비평하기 시작했는데, 만주족 대학사 겸 군기대신인 무짱아(穆彰阿)도 린쩌쉬의 강경정책을 비난하기 시작했다. 황제의 린쩌쉬에 대한 신뢰는 동요했고 영국인이 톈진 부근의 바이허 강에 이르러 베이징의 안전을 직접 위협하자, 그의 린쩌쉬에 대한 신임은 붕괴되어버렸다. 황제는 린쩌쉬가 아편의 폐단을 막지 못하고 또 새로운 문제를 발생시켰다고 질책하고 린쩌쉬를 다음과 같이 호되게 질책했다. "대외적으로는 [아편]통상을 단절했으나 단절되지 않았고, 대내적으로는 범법자[밀수범]를 체포했지만 또한 소탕하지는 못했다. 빈말로 어물어물 넘긴 것에 불과하다. 결국 이룬 것이 아무것도 없을 뿐만 아니라 도리어 수많은 파란을 야기했을 뿐이니, 생각건대 참으로 분하고 답답함을 금할 수 없도다. 그대는 무슨 말로 짐에게 대답하겠는가?” 린쩌쉬는 중국이 선박과 대포를 주조하는 데에 관세은(關稅銀)의 10분의 1을 사용하면 외적의 재해를 없애는 것은 어렵지 않다는 상소문을 올렸는데, 이에 대해서 황제는 온통 허튼소리라고 회답했다. 파머스턴은 서한을 통해서 린쩌쉬의 광저우에서의 거동을 비난했고 “황제로부터 배상을 받고 억울함을 벗을 것”을 요구했기 때문에, 황제는 그들의 억울한 사정을 해소시켜주면 사태를 수습할 수 있다고 오산하여 톈진에 있는 치산에게 엘리엇 형제를 접대할 권한을 주고 그들이 도대체 무엇을 요구하는지 파악하게 했다.

치산은 교활한 정객이며 술수가 많은 외교가였다. 그는 베이징 궁정이 영국 해군이 보여줄 실력에 대해서 내심으로 매우 걱정하고 있다는 것을 잘 알고 있었다. 베이징의 소재지인 즈리 성의 총독으로서 그는 베이징을 지킬 책임을 지고 있었지만 방어수단이 없었다. 중국의 총과 대포는 낡고 낙후되어 있었고 산하이꽌에 배치되어 있는 대포는 여전히 명 왕조로부터 계승되어 내려온 것이었지만, 이와는 반대로 영국인은 강력한 군함과 위력적인 대포를 보유하고 있었다. 무기와 장비상의 현격한 격차가 있었고 또한 양쯔강 및 연해지역이 이미 봉쇄되었다는 실망스러운 소식 때문에, 치산은 전쟁을 하는 것은 무모한 일이므로 이 외국인들을 잘 달래는 것이 필수적이라고 단정했다. 영국인들은 린쩌쉬가 광저우에서 했던 조처가 잘못되었다고 불평을 했기 때문에, 치산은 마치 지푸라기를 잡는 심정으로 영국인들이 어쩌면 결코 북상하여 전쟁을 하려고 하는 것이 아니라 오직 억울함을 호소하려고 왔을 것이라고 믿었다. 그는 현재의 상황은 엘리엇과 린쩌쉬 사이의 송사로서 황제의 판결을 기다리는 것에 불과한 것으로 생각했다. 이런 판단에 근거하여 치산은 엘리엇을 우호적으로 접대하고 그들의 호감을 사기 위해서 아첨하는 방법을 사용하여 엘리엇에게 황제는 이미 영국인의 억울한 사정을

알고 있어서 이미 한 명의 고관을 광저우로 파견하여 조사하고 있으니 영국
인은 남방으로 돌아가서 그곳에서 분규의 진상을 규명하고 협상을 하는 것
이 가장 바람직하다고 말했다. 협상과 해결의 가능성에 고무되어 엘리엇 형
제는 9월 15일 바이허 강을 떠났는데, 이렇게 되어 치산은 무력충돌을 하지
않고 적을 화북에서 내보낸 것이다.23) 황제는 치산의 외교수완에 크게 감탄
하여 결국 그를 흠차대신으로 임명했고, 반면에 린쩌쉬는 아주 불명예스럽
게 해직되어 신장 성의 이리로 유배되었다.

영국의 관리등급 서열 중 최고사령관의 서열에 변화가 생겼는데, 찰스 엘
리엇의 권세가 부단히 상승하여 그는 1840년 11월 29일 조지 엘리엇을 대체
하여 수석 전권대표가 되었다. 전해지는 말에 의하면 조지 엘리엇은 "급성
중병"에 걸렸다고 한다. 1840년 12월 후반기에 찰스 엘리엇이 치산과 협상
할 때 홍콩의 할양과 배상을 요구하자, 치산은 상황이 찰스 엘리엇과 린쩌쉬
간의 단순한 송사보다 훨씬 더 심각하다는 것을 인식하게 되었다. 그는 비록
화해적인 자세를 취했지만 양보는 하지 않았는데, 그는 조정이 영토를 할양
하는 것에 동의할 리 없다는 사실을 알고 있었기 때문이다. 그러자 찰스 엘
리엇은 촨비 요새를 공격하고 후먼을 점령하겠다고 위협했다. 1841년 1월
20일 그는 촨비 가조약 작성에 동의하라고 강요했는데, 이 가조약의 규정내
용은 다음과 같다. (1) 홍콩을 할양하지만 여전히 중국 정부가 상업세를 징수
한다. (2) 600만 달러를 배상한다. (3) 양국 관원은 직접 평등하게 내왕한다.
(4) 음력 신년 후 10일 내에, 즉 2월 1일 이전에 광저우의 통상을 재개한다.

치산은 가조약에 관인을 찍지 않았지만 황제에게 승인해주도록 상주하는
것에 동의했다. 이와 동시에 그는 영국인이 딩하이에서 철수하여 후먼 부근
의 요새지로 귀환하고 무역을 광저우 한곳으로 한정시키는 것에 대한 영국인
의 동의를 확보했지만, 영국인은 가조약이 조정의 비준을 거치기 전에 홍콩

---

23) T. F. Tsiang, "New Light on Chinese Diplomacy, 1836-49", *The Journal of Modern History*,
   3 : 4 : 578-591(Dec. 1931); 蔣廷黻, 「琦善與鴉片戰爭」, 『淸華學報』, 제6권 제3기, pp.
   1-26(1931. 10).

을 점령해버렸다. 이 소식이 베이징에 전해지자, 몹시 진노한 황제는 치산을 파직하고 칼과 족쇄를 씌워 베이징으로 압송하여, 그가 독단적으로 영토를 할양하고 배상에 동의한 것에 대해서 철저히 조사하도록 명령했다. 조정은 치산이 광저우로 파견된 것은 린쩌쉬가 조처를 잘못 취해서 생긴 사태를 조사하여 그의 과실을 바로잡는 것이기 때문에 외국인과 어떤 협정을 체결할 권한도 없다고 했다. 그는 가산 몰수(모두 1,000만 파운드에 달하는 거액)와 참감후(斬監候 : 참형을 즉시 집행하지 않고 잠시 수감한 후 가을에 다시 판결을 결정하는 것. 이런 처벌을 받으면 재심에서 감형되는 경우가 많다/역주)의 징벌에 처해졌으나 1842년 5월 헤이룽 강 유배로 판결이 바뀌었다.

영국 정부 역시 가조약의 조항에 대해서 불만스러웠다. 손해배상액이 너무 적어 몰수당한 아편의 값을 변상하는 데에 부족하고, 딩하이에서 너무 일찍 철수했으며, 홍콩 주권의 할양이 불완전하다고 생각했다. 파머스턴은 여왕에게 찰스 엘리엇이 자기 수중에 있는 군사력을 충분히 이용하지 못하고 "최대한 가장 낮은 조건"을 받아들였다고 보고했다. 1841년 4월 21일 그는 엘리엇에게 호되게 질책하여 "당신은 당신에게 내려진 훈령을 위반하고 무시했소.……당신의 전반적인 행동에서 보건대, 당신은 처음부터 끝까지 나의 훈령을 휴지조각으로 간주한 것 같소.……당신은 당신 자신의 환상에 근거하여 멋대로 국가의 이익을 좌지우지했소.……당신은 뜻밖에도 저우산에서 즉각 철수하는 것에 동의했소.……당신은 가옥이 거의 한 채도 없는 무인도인 홍콩을 획득했는데, 내가 보기에 이른바 이 할양이라는 것도 그것에 부가된 조건에서 보면 이 섬의 주권의 할양이 아니오, 그런 할양은 오직 중국 황제가 서명해야 비로소 유효할 수밖에 없고, 그것은 단지 우리를 그곳에 거주하게 하는 일종의 허락일 뿐이오. 마치 포르투갈인이 마카오에서 획득한 그런 근거지와 같은 것이오"라고 했다.[24]

---

24) George H. C. Wong, "The Ch'i-shan-Elliott Negotiations Concerning an Off-shore Entrepot and a Re-Evaluation of the Abortive Chuenpi Convention", *Monumenta Serica*, 14 : 539-573(1949-1955).

엘리엇이 감히 훈령을 무시하게 된 것은 이하의 사실에 의해서 설명될 수 있을 것이다. 즉 그는 과거 3년 동안 어떤 훈령도 받지 못했기 때문에 어렵고 복잡한 상황 속에서 자기 마음대로 할 수밖에 없었던 것이다. 그는 이미 자기 주장을 하는 것이 매우 습관이 되어 있어서 결국 특수지령을 받게 되었을 때, 결국 그가 이 지령들을 애매모호함 없이 확실하게 수행해야 한다는 것을 의식하지 못한 것이다. 그는 자기의 입장을 변호하여 말하기를, 사병들 사이에 이질, 발열, 설사 때문에 초래된 높은 발병율과 사망률로 인해서 딩하이에서 철수하는 것은 불가피했다는 것이다. 또한 가조약 체결 이후 무역을 재개함으로써 2만 톤의 남아 있던 물품들이 모두 깨끗이 정리되었는데, 그중에는 3,000파운드의 찻잎이 포함되어 있었으며 이것은 영국 관세에 300만 파운드의 순수입을 가져다주었고, 통상의 회복은 장차 평화로운 분위기를 조성하고 영국의 관대한 도량을 보여줄 것이라고 했다. 그러나 그의 해명이 런던에 송달되기 전에 내각은 1841년 4월 30일 그를 해직하고 가조약을 받아들이는 것을 거절하고서 따로 헨리 포틴저 경을 신임 중국 주재 전권대표로 파견하기로 결정했다.

**제2단계** 쌍방 정부의 찬비 가조약에 대한 부인은 새로운 단계인 전쟁의 시작을 선포한 것이었다. 황제는 이산(奕山)을 정역장군(靖逆將軍) 및 흠차대신으로 임명하고 대군을 거느려 영국인을 대적하게 했다. 포틴저가 도착하기 전에 여전히 영국군을 통솔하고 있던 엘리엇은 공격을 개시하여 1841년 2월 후먼 요새지를 점령하여 방어시설을 파괴하고, 주장 강 연안의 모든 전략요새지를 점령하고 광저우 시를 포위함으로써 많은 중국 군대는 그 안에 갇히게 되었다. 행상과 광저우 지부가 광저우 시를 파멸로부터 구하기 위해서 600만 달러의 광저우 시 포위 해제비를 제시하자, 엘리엇은 이곳에서 손을 떼고 부대를 거느리고 북정(北征)을 하기 위해서 이 돈을 받아들였다. 그 이유는 그는 중국의 변두리 지역에서 힘을 소비할 것이 아니라 조정에 직접 압력을 가해야 한다고 생각했기 때문이다. 1841년 5월 27일 제2차 휴전을 하게 되었는데 조건은 다음과 같았다. (1) 1주일 내에 영국인에게 600만 달러를 지급한다. (2) 중국 군대는 6일 내에 광저우 시 밖 60마일 이외의 지역으로 철수한다. (3) 영국군은 후면에서 철수한다. (4) 포로를 교환한다. (5) 홍콩 할양 사항은 보류한다. 한편 광저우 시 포위 해제비를 모두 지급하자 영국군은 1841년 5월 31일에 철수하기 시작했는데, 이때 당지의 신사(紳士)들이 조직한 1만 명의 분노한 광저우인들이 싼위안리에서 돌격을 가하여 철수하던 영국인들을 크게 놀라게 했지만, 그들에게 별로 큰 손상은 입히지 못했다.[25] 마르크스주의 계통의 사학자들은 이 사건을 중국 민족주의의 최초의 시현(示顯)으로 본다.

**제3단계** 1841년 8월 포틴저는 마카오에 도착했고 엘리엇은 영국으로 되돌아갔는데, 이는 제3단계의 전쟁의 개시를 의미하는 것이었다. 포틴저는 광저우를 피해 북상하여 딩하이를 다시 점령하고 양쯔 강 연안의 몇몇 요충지를 점령하며, 그리고 만약 가능하면 북상하여 바이허 강에 이르러 협상을 재개하고 협상에서 배상금, 통상항구 확대, 영국 신민의 중국에서의 안전보증, 홍콩의 완전한 할양을 요구하라는 명령을 받았다. 포틴저는 그에게 내려진 훈령을 한 치도 어김없이 수행했다. 선박 수 척을 남겨서 홍콩을 지키게 하고, 1841년 8월 21일에 대포 336문과 사병 2,519명을 실은 함선 10척, 증기선 4척을 거느리고 북상을 시작했다. 8월 26일에 샤먼을 점령하고 10월 1일에는 딩하이를 점령했으며 10월 13일에는 닝보를 함락시켰다. 커다란 충격을 받은 청나라 조정은 각 성에서 더욱 많은 군대와 향용을 동원시켰다. 포틴저도 인도에서 증원을 받았는데, 즉 668문의 대포를 실은 25척의 전함, 대포 56문을 실은 14척의 증기선, 9척의 구호 및 급양선, 1만 명의 보병이었고, 그 외에 포병이 있었다. 영국 군대의 행동은 매우 신속하고 민첩하여 1842년 6월 16일 우쑹을 점령했고 6월 19일 상하이를 점령했으며 7월 21일

---

25) 영국군 사병 1명이 피살되고 1명의 장교와 14명이 부상을 입었다. 이 사건의 자세한 상황에 대해서는 Frederic Wakeman, *Strangers at the Gate*, pp. 11-12를 참조하라.

에는 전장을 점령했는데, 전장은 대운하와 양쯔 강이 합류하는 곳에 있는 중요한 교통의 요지로서 조량이 이곳에서 화북으로 운송되었다. 전장의 함락은 총독과 순무들과 같은 고관들을 몹시 초조하게 했다. 그들은 당시 황제에게 평화협상에 동의하도록 요청했는데, 계속 항전하는 것은 무익한 것이 분명했다. 그 이외에 청 조정 역시 한인이 고무되어 반란을 일으키게 되지 않게 하려면 한인 앞에서 절대로 더 이상 체면을 잃어서는 안 되었다. 만주족인 광저우 장군 치잉(耆英)이 흠차대신으로 임명되어 짜푸의 부도통(副都統)이고 전임 흠차대신인 이리뿌(伊里布)와 회동하여 조정의 명을 받아 평화협상을 개시했다. 포틴저는 치잉이 그의 "전권위임장"을 제시하기 전에 협상을 시작하는 것을 거절하고, 8월 9일 전함을 배치하여 난징을 공격할 태세를 취했다. 치잉과 이리뿌는 원칙적으로 평화조건을 받아들인 후에 수일 동안 세부사항을 확정짓고 중국어로 번역했으며, 난징 조약의 원본은 1842년 8월 29일 콘월리스 함상에서 조인되었다. 조약은 모두 13조항으로 이루어졌으며 요지는 다음과 같다.

1. 2,100만 달러를 배상하는데 그중 1,200만 달러는 군비배상금이고, 600만 달러는 아편소각에 대한 배상금이며 300만 달러는 행상의 영국 상인에 대한 부채이다.

2. 공행의 무역독점제도를 폐지한다.

3. 광저우, 샤먼, 푸저우, 닝보, 상하이 등 5개 항구를 개방하고 영국의 영사, 상인 및 그 가족들이 통상하고 거주할 수 있게 한다.

4. 홍콩을 할양한다(조약의 중국어본은 영국 상선이 먼 길을 항해하여 중국에 오기 때문에 종종 배가 파손되어 수리를 해야 하는 일이 있어서, 선박을 수리하고 사용 물자를 보관하기 위한 장소를 하나 제공해야 하므로 황제께서 은전을 베풀어 한 장소를 제공하신다고 완곡하게 언급했다).

5. 양국 관료의 대등한 교섭.

6. 관세를 정하여 추후에 확정한다.

이 조약은 전승자가 패전자에게 대포로 위협하여 강요한 것으로서 이 조약에는 구미 국제협정에서 통상적으로 행해지는 자세한 심의가 없었다. 가장 모순적인 것은 이 전쟁의 직접 원인이 된 아편에 대해서는 의외로 한 마디도 언급이 없었는데, 쌍방은 모두 아편의 미래의 지위에 대한 문제를 언급하는 것을 조심스럽게 피했다. 중국 황제는 고통스러운 심정으로 이 조약을 비준했고 빅토리아 여왕은 1842년 12월 28일에 이 조약을 비준했다.

1843년 10월 8일 5구통상부점선후조관(五口通商附黏善后條款, 후면 조약이라고도 함)을 체결했는데, 이 조약은 수입관세율을 물품가격의 4-13퍼센트 사이인 평균 5퍼센트로 하기로 확정했고 수출세는 1.5-10.75퍼센트 사이로 하기로 확정했다.[26] 이 조약은 또 영국 영사가 자국의 신민을 재판하는 것(치외법권)을 허락했고, 무역을 보호하고 선원들을 단속하기 위해서 영국 군함이 5개 통상항구에 정박하는 것을 허용했으며, 영국에 최혜국 대우를 해주고 이에 근거하여 이후 기타 국가들이 중국에서 어떤 이익을 얻으면 영국도 동일한 대우를 누릴 수 있도록 했다.

영국인에 뒤이어 미국인과 프랑스인들이 잇달아 와서 영국과 동일한 조약을 맺을 것을 요구했다. 말할 필요도 없이 중국인은 아편전쟁에서 패배를 당한 후 새로운 충돌을 피하는 데에 급급했다. 그들은 이 요구들을 거절하면 미국인과 프랑스인들이 영국의 보호 아래 무역을 하도록 이끌게 될 것이고 그렇게 되면 중국인은 누가 어느 나라 사람인지 분별하지 못하게 될 것이라고 추론했다. 그 이유는 그들의 외모가 아주 비슷할 뿐만 아니라 알아듣지도 못하는 언어를 구사하고 있기 때문이었다. 이런 고려 이외에도, 중국인은 이 요구들을 거절하면 미국인과 프랑스인이 그런 통상특권에 대해서 중국인에게 감사하는 것이 아니라 영국인에게 감사하게 될 것을 걱정했다. 중국인은 미국과 프랑스의 호의를 얻으면 금후 중국이 이 3국이 서로 공모하여 한통속이 됨으로써 야기되는 해를 당하지 않도록 보호를 받을 것이고 어쩌면 그들

---

26) Stanley F. Wright, *Hart and the Chinese Customs*(Belfast, 1950), p. 58.

의 도움을 얻어 가일층의 외래침략을 막아낼 수 있다고 생각했다. 그 이외에 각국 서양인들 사이의 이윤투쟁은 어쩌면 그들 사이에 충돌을 야기할 수도 있는데, 그렇게 되면 중국이 이이제이(以夷制夷)라고 하는 전통정책을 추진하는 데에 대단히 유리하다고 보았다. 중국의 대외무역의 잠재력은 한계가 있었기 때문에 결국 영국인에게 이윤의 전부를 독점하게 하든지 기타 국가의 사람들에게 이익을 나누어가지게 해도 결코 상관이 없다는 것이었다. 미국인과 프랑스인의 요구를 들어주면 그들이 영국의 이윤을 분할할 것이고 중국 자체에는 아무런 해가 없을 것으로 생각했다. 왜냐하면 영국인은 그들은 "영국 신민을 위해서 어떤 독점적인 특권을 획득할 의사가 없고 이런 권리들을 기타 모든 국가들에게 평등하게 확대시켜야 한다"고 큰소리쳤기 때문에, 중국인은 영국이 애써서 얻은 과실의 일부분을 프랑스와 미국이 함께 나누게 하지 못할 아무런 이유가 없다고 보았다. 이런 이유들을 들어 중국은 미국과 프랑스의 조약 체결의 요구에 동의하기로 결정했다. 1844년 7월 3일, 칼렙 쿠싱이 미국을 대표하여 왕샤 조약을 체결했고, 테오도르 드 라그렌이 프랑스를 대표하여 1844년 10월 24일 황푸 조약을 체결했다. 중국-미국 조약은 아편무역 금지, 미국의 치외법권 및 최혜국 대우 획득, 미국의 5개 통상 항구에서의 교회 및 병원 설립 권한 보유, 12년 후에 조약을 수정할 것을 명확히 확정했다. 중국-프랑스 조약의 조항에는 천주교를 자유로이 전파한다는 규정이 부가되었다.[27]

이 조약들 중 3개의 규정이 중국에게 끼친 손해가 가장 컸는데, 즉 고정관세, 치외법권, 최혜국 대우였다. 중국인은 이 조항들이 일부분은 임시적인 방편에서 나왔고 일부분은 국제법과 국가주권의 개념을 모른 것에서 비롯되었다는 것에 동의한다. 중국인은 영국인이 제시한 종가세(從價稅) 5퍼센트

---

27) T. F. Tsiang, "The Extension of Equal Commercial Privileges to Other Nations than the British after the Treaty of Nanking", *The Chinese Social and Political Science Review (CSPSR)*, 15 : 3 : 422-444(Oct, 1931); Thomas Kearny, "The Tsiang Document, Elipoo, Keying, Pottinger, and Kearny and the Mose Favored Nation and Open Door Policy in China in 1842-1844, An American View", *CSPSR*, 16 : 1 : 75-104(April, 1932).

의 고정관세를 흔쾌히 받아들였는데, 가장 간단한 원인은 비록 비정규적인 잡비는 매우 높지만 이 세율이 현행의 제국세율보다 높고, 현행의 관세는 오직 종가세 2-4퍼센트이기 때문이었다. 중국인은 그들이 고정관세율에 동의하면 이후에 보호관세를 시행하는 데에 방해가 된다는 것을 인식하지 못했다. 치외법권 조항에 서명한 것은 다음과 같은 편의적인 견해에서 나온 것이다. 즉, 사용하는 언어가 다르고 이상한 습속을 가지고 있는 이 외국인들에게 그들 자신을 관할하는 것을 허가한 이유는, 중국의 관대함을 보여주고 그들을 관할할 임무를 가볍게 하기 위해서였다.[28] 최혜국 대우에 동의한 이유는 황제는 먼 곳에서 온 사람들을 누구나 차별 없이 대우하기 때문이라는 것이었는데, 더욱 실제적인 고려는 이미 앞 구절에서 자세히 논했다.

영국, 미국, 프랑스가 서로 협력하여 중국과 체결한 이 조약들은 하나의 조약체계의 시작이었고, 이 체계는 이후의 몇몇 협정을 거쳐서 한층 더 보충되고 확대되었다. 이 조약들은 결코 서로 평등하게 대우하여 협상이 이루어진 것이 아니라 한 차례의 전쟁 후 중국에게 강요된 것이고, 또한 이 조약들은 중국의 주권을 침범한 것이기 때문에 줄곧 "불평등 조약"으로 불려왔으며 중국을 식민지의 지위로 전락시켰다. 아편전쟁은 중국 인민이 굴욕을 당하는 한 세기를 열었다.

청 왕조의 쇠락과 영국이 산업혁명에서 획득한 새로운 힘을 고려하면, 전쟁의 결과는 불가피한 것이었다. 그러나 전쟁이 진행되던 중 황제의 저항과 타협, 개전과 강화 사이에서의 우유부단한 태도, 해외 이익의 추구에 전념하는 영국 정부에 대한 잘못된 평가 및 적에 대한 정확한 정보의 결핍, 이 모든 것들은 실패를 예시하는 것이었다. 린쩌쉬는 영국 정부가 이렇게 사악하고 부패하고 악명 높은 아편무역에 종사하는 영국 상인을 지지할 리 없다고 확신했지만, 그는 이런 불법적인 무역이 아니고서는 영국인은 거액의 적자를 감당해야 하는 정상적인 무역을 할 수 없다는 사실을 인식하지 못했다. 또한

---

28) 중세에 아랍인이 취안저우와 광저우에 있었던 선례가 있는데, 그 당시 그들은 그들의 족장의 규제를 받았다.

팽창주의를 추구하는 빅토리아 여왕 정부가 그들의 해외 이익을 수호하는
데에 매우 열중하고 있다는 것을 몰랐다. 중국인의 적에 대한 몇몇 잘못된
관념은 사람들이 눈이 휘둥그러지고 우스꽝스럽다고 생각하게 될 정도였는
데, 린쩌쉬는 영국인은 찻잎과 대황이 없으면 살아갈 수 없다고 믿었을 뿐만
아니라 영국 사병의 두 다리는 붕대를 감아서 펼 수 없다고 생각했다. 한
어사는 그들의 다리를 명중시키기만 하면 그들을 죽음에 이르게 할 수 있다
고 주장했고 치잉은 보고서에서 말하기를 이들 서양 오랑캐들은 밤에는 시
력이 매우 나쁘다고 했다.

역사를 회고해보면 아편은 단지 전쟁의 직접적인 원인이지 근본원인이 아
닌 것은 분명하다. 중국과 서양의 국제관계, 무역 및 사법관할에 대한 관념에
현저한 차이가 있었기 때문에 아편이 없었다고 해도 쌍방 간의 충돌은 변함
없이 발생했을 것이다. 아편문제보다 훨씬 더 심각한 것은 몇몇 관념의 충돌
이었다. 즉 중국의 자칭 천하종주의 역할과 서양 국가들의 주권 관념 사이의
충돌, 중국의 조공관계체제와 서양의 외교왕래체제 사이의 충돌, 중국 농업
의 자급자족과 영국의 공업확장 사이의 대결이었다. 애덤 스미스의 자유무
역사상과 중국인의 상업에 대한 멸시적 태도가 공존할 수 없는 것은 확실했
다. 산업혁명이 낳은 힘과 변화를 통해서 얻은 진보사상은 서양의 해외로의
확장을 촉진시켰는데, 이 조류를 저지할 수 있는 것은 아무것도 없었다. 불행
한 것은 만청 궁정과 중국의 사대부들은 이 사실에 대해서 아무것도 모르고
있었으며 이 때문에 중국은 서양과 충돌했을 때, 지극히 고통스러웠다.

아편전쟁은 심대한 영향을 끼친 일련의 폭발적인 사태를 유발했다. 정치
적으로 홍콩 할양으로 인해서 영국은 중국에서 한층 더 확장할 수 있는 근거
지를 획득했고 5개 항구의 개방으로 인해서 외국 특히 영국의 영향력은 중국
의 동부 연안 지역 전체로 확장되었으며 전술한 3종 국가주권(고정관세, 치
외법권, 최혜국 대우)의 손실로 인해서 중국은 반(半)식민지국가로 전락했다.
군사적으로는, 5개 항구에 외국 군함을 정박시키는 것을 허용함으로 인해서
(이 양보는 이후에 또 양쯔 강 연안의 기타 개방항구로 확대되었다) 외국 전

함이 자유로이 합법적으로 중국의 내륙수로를 항행할 수 있게 되었고 중국의 내지를 무자비하게 외래 열강 앞에 드러내게 했다. 경제적으로 고정관세율은 중국의 보호관세를 박탈함으로써 대량의 서양 제품이 쏟아져 들어오게 하고 중국의 수공업을 파산으로 몰고 가서, 사회불안과 반란을 야기했다. 사회적으로, 지속적인 불법거래는 아편문제를 격화시켰고 5개 항구에서의 외국 무역의 증가는 새로운 상업가계급을 만들어냈는데, 이 계급은 간혹 "매판계급"으로 폄하되어 불렸을 뿐만 아니라 사회에 대해서 날이 갈수록 중대한 역할을 발휘하기 시작했다. 외교적으로 중국은 서양 해양국가와 공식관계를 맺음으로써 국제사회로의 진입이라는 기나긴 여정의 첫걸음을 내딛었다.

그러나 아편전쟁은 중국인의 각성을 촉진시키지 못했으며 중국인은 자신이 낙후되었음을 인식하지 못했다. 린쩌쉬가 적과 대결할 기회를 가지기 전에 해직당한 것은 많은 사람들에게 전쟁의 실패는 단지 역사적인 우연한 사건이라고 믿게 했다. 그들은 중국의 군사상의 열세와 정치상의 쇠퇴를 한사코 인정하지 않았으며, 이로 인해서 그들은 자신들을 계속해서 20년 더 깊이 잠들게 했다.

일부 소수의 특별히 민감한 사람들만이 서양을 이해하는 것이 필요하다고 인식했다. 린쩌쉬의 동료이며 금문학파의 뛰어난 학자인 웨이웬은 1844년 유명한 『해국도지(海国圖志)』를 편찬했는데, 이 책은 1847년과 1852년의 수정 및 확충을 거쳐서 100권의 대작이 되었다. 그 외에도 푸젠 성 순무 쉬지위(徐繼畬)가 1850년에 『영환지략(瀛環志略)』이라는 제목의, 세계지리에 관한 중요 저작을 편찬했다. 이렇게 하여 서양에 대한 연구는 작은 한걸음을 내딛었다고 할 수 있는데, 서양을 전면적으로 연구한 것은 서양 국가들이 이 천조제국(天朝帝國)을 다시 수차례에 걸쳐 맹렬히 두드린 후에야 비로소 가능하게 되었다.

**9**

# 제2차 조약 준비

아편전쟁 이후 치잉은 중국과 서양의 첫 번째 조약들을 체결한 사람으로 부각되어 중국의 대외관계에서 가장 다채롭고 활기가 넘치며 가장 성공적으로 활약한 인물이 되었다. 그와 그의 고위 동료인 이리뿌는 영국인을 진정시키고 왕조가 외국인의 맹렬한 공격을 피하게 함으로써 외국인 문제에 가장 정통하다는 명성을 누리게 되었다. 베이징 조정은 점차 그들을 존중하고 그들에 의지하여 외국인에 대처했다. 이리뿌는 흠차대신 겸 광저우 장군으로 임명되었고 치잉은 권세가 대단하며 부수입이 많은 양강 총독에 임명되었다. 치잉이 난징에 배치되고 광저우로 파견되지 않은 것은, 항구개방과 통상장정(通商章程)을 기획하는 책임을 맡고 장쑤 성과 저장 성과 푸젠 성에서의 중국-서양관계를 전면적으로 감독하는 데에는 그와 같은 경험이 있는 사람이 조정에 필요하다는 것을 보여주는 것이었다. 1843년 3월 4일 이리뿌가 사망한 이후 치잉의 지위는 한층 더 강화되었다. 그해 4월 6일, 그는 사람들이 모두 부러워하는 흠차대신의 직함을 부여받고 이 신분으로 광저우에서 이루어지는 중국 대외관계의 중임을 이어받았다. 그는 1848년에 퇴직하기까지 실질적인 중국의 "외교대신"이었다.

### 치잉의 새로운 외교
권세와 직위를 갈망하던 치잉은 사실상 수단을 강구하여 흠차대신의 직함을 얻었는데, 그는 조정에 대해서 영국인이 협상자로서의 자신을 신임하고 있다고 과장하고 몇몇 사항은 자신만이 영국인과 해결할 수 있다고 암시했다. 확실히 치잉은 대외사무를 처리하는 일련의 새로운 방법을 개발했고 이 방법은 매우 효과적이었는데, 즉 그것은 친선 및 개인외교의 정책이었다. 그는 온갖 방법을 다 동원하여 외국 대표에게 그가 성실하고 신뢰할 수 있으며 협력할 수 있다는 것을 믿게 했다. 1843년 6월, 흠차대신으로 임명되고 얼마 지나지 않아 치잉은 영국 소형포함을 타고 홍콩을 방문할 것을 요청하여 현지의 영국인과 성대한 술자리를 벌여 술잔을 주고받으며 친밀하게 교제했다. 치잉이 홍콩에서 재차 포틴저를 만났을 때, 그는 "오랜 친구와 같은 다정함과 성실성으로 포틴저를 포옹했고, 자신이 포틴저가 베푼 환대의 정의(情誼)에 감동되었음을 표시했다."[1] 치잉은 그를 태우고 온 영국 포함과 그 포함의 선장에 대해서 극구 칭찬했을 뿐만 아니라 영국 군대 사령관의 기함(旗艦)을 참관하고 각종 연회에 출석하여 과장된 친선의 자태를 취했다. 또한 영국인과 가위바위보로 하는 벌주 놀이를 하고 개개인에게 행복과 건강을 축원했으며 포틴저에게 자신의 뜻을 굽히고 호의를 표시했다.[2]

**포틴저와의 친분**  치잉의 친선과 개인외교의 정책은 외국 대표에게 보편적으로 적용되었지만 특히 그와 포틴저의 교제 속에서 두드러지게 발휘되었다. 영국 수석 대표의 연봉이 1만 달러라는 것을 알고 있었던 치잉은 포틴저가 본국에서 반드시 고위관리일 것이며, 게다가 중국에서 모든 것을 독단적으로 처리하는 권력을 보유하고 있고, 귀국 후에는 고위층으로 구성된 기구에서 중대한 영향력을 발휘할 것이라고 짐작했다. 따라서 이런 사람과 우의와 신뢰를 쌓는 것은 일종의 시의적절한 계책일 뿐만 아니라 절대적으로 필요한 방침이라고 생각했다. 치잉은 모든 기회를 틀어쥐고 포틴저와의 친밀한 관계를 발전시켰는데, 그는 포틴저 전 가족의 초상화를 보자 포틴저의 아들

---

1) Fairbank, *Trade and Diplomacy*, I, p. 110.
2) *Ibid.*, I, p. 110, 각주 f.

을 크게 칭찬하고 자신은 뒤를 이을 아들이 없어서 그를 양자로 받아들이고 싶다고 했다. 이어서 그는 자기 부인의 초상화와 포틴저 부인의 초상화를 교환하자고 제의했는데, 이것은 만주인에게는 대단히 심상치 않은 행동으로서 아마도 그는 서양인이 부녀자를 존중한다는 것을 알고 이런 요청을 했을 것이다. 포틴저는 치잉의 기분을 상하게 하고 싶지 않아서 그의 두 소망을 이루어주어 그의 아들의 이름을 프레더릭 키잉 포틴저로 바꾸었다. 이런 가족관계를 수립한 후에 두 사람은 예물을 교환했는데, 치잉은 금팔찌를 포틴저에게 주었고 포틴저는 영국 보검 한 자루와 허리띠 하나를 치잉에게 답례로 주었다. 치잉은 심지어 3-4년 내에 베이징으로 돌아간 이후 황제에게 건의를 올려 명성이 자자한 포틴저를 영국에서 중국에 오도록 초청하고, 황제가 화령(花翎)을 단 예모를 하사하는 각별한 영예를 받도록 하겠다고까지 했다. 두 사람의 이후의 서신교환에서 이 만주인 외교가는 이 영국 수석 대표를 "다정한 친구"3)라고 불렀다.

**1844년의 상주문**  치잉의 회유, 친선 및 개인외교정책의 목적은 서양인들의 의심을 없애고 신임을 얻어서 그들이 심리적으로 자신에게 빚을 지고 있다고 느끼게 하는 것이었다. 이런 정책은 때로는 확실히 긴장의 마찰을 감소시켰지만 서양인들의 기본 목표를 변화시키지는 못했다. 치잉이 1843년 권력을 장악한 뒤부터 1848년 퇴임하기까지의 기간에 이런 전략은 크게 성공하여, 대외관계에서 중국은 상당한 평온과 질서를 유지할 수 있었다. 그러나 배외적인 보수파 관료들의 눈에는 이런 정책은 과거의 적에게 아첨하고 환심을 사려고 하는 것일 뿐이었다. 이에 대한 반대의 분위기로 인해서 치잉은 1844년 11월에 상주문을 통해서 자기의 행동을 변호했다. 그는 외국인에게 중화의 교화와 예의에 복종하도록 하여 말썽을 초래하는 것은 불필요하다고 주장했다. 그들은 중국의 훌륭한 습속들을 잘 모른다는 것이었다. 그보다는

---

3) *Ibid.*, I, pp. 111-112.

그들의 신임을 얻고 충돌을 피하기 위해서는 반대로 작은 선심과 외면적인 성실함으로 그들을 상대해야 한다는 것이었다. 그는 다음과 같이 주장했다.

요 2-3년 동안에 외국 오랑캐들의 상황은 변화무쌍하고 일정하지 않아서 그들을 무마하고 통제하는 방법도 또한 바뀌지 않을 수 없습니다. 확실히 우리는 정성으로 그들을 통제해야 하는데 특히 수단을 강구하여 그들을 통제해야 하며, 그들을 따르게 할 수는 있지만 알게 할 수 없는 경우도 있고, 때로는 우리가 그들이 의심하지 않도록 모든 것을 드러내주어야 그들의 불복종을 해소시킬 수 있습니다. 때로는 후하게 대접해야 비로소 그들을 기쁘게 할 수 있고 때로는 그들을 감싸주고 그들과 심하게 논쟁할 필요가 없으며 그래야 일이 생겼을 때 도움을 받을 수 있습니다.

외국 오랑캐들은 외국에서 성장하여 천조에 대해서 모르는 바가 많고 또한 흔히 독단적으로 사물을 해석하는 고로 이치로 알게 하기는 어렵습니다.……그뿐만 아니라 외국에는 여자를 존중하는 풍속이 있어서 귀빈이 올 때마다, 부인을 나와서 만나게 하며……신은 몹시 불안스러웠지만 그들은 몹시 영광스럽게 여기고 있습니다. 이리하여 사실상 서양 각국의 풍속은 중국의 예절로 제약할 수 없으며 만일 갑자기 그들을 준엄하게 꾸짖으면 그들의 무지몽매함을 타파할 수 없을 뿐만 아니라 그들의 의심과 혐오를 야기할 것입니다.……

이들 문명이 닿지 않은 곳에서 온 사람들은 호칭과 격식에 어둡고 깨닫지 못하고 있습니다. 공문의 격식을 놓고 그들과 우열을 따지면 입이 닳도록 이야기해도 귀를 틀어막고 마치 벙어리처럼 행동하고 있기 때문에 그들을 깨우칠 방법이 없을 뿐만 아니라, 즉시 야비함을 드러내어 사실상 그들을 복종시키고 무마시키는 중요한 일에 아무런 도움이 되지 않습니다. 그러니 허명(虛名)을 다투어서 실효를 거두지 못하느니보다 차라리 사소한 일은 생략하고 큰 계획을 달성하는 것이 더 낫습니다.4)

---

4) Teng and Fairbank, *China's Response*, pp. 38-40.

치잉의 방법은 포틴저에 대해서는 아주 효과적이었는데, 포틴저는 점차 자신이 중국에서 친구를 사귈 수 있는 능력을 갖추고 있는 것에 대해서 매우 자랑스럽게 생각했다. 포틴저는 상인이 아니어서 이윤문제를 고려할 필요가 없었으므로 중영 관계에 대해서 비교적 객관적이고 관대한 태도를 가질 수 있었다. 그는 외국인들 사이에서 중국인의 권익을 침범하는 경향이 있다는 것을 알았는데, 그런 방식은 기타 국가에서는 용인될 수 없었던 것이다. 그리하여 그는 영국 정부에 대해서 자기는 영국 신민에게 조약을 준수하도록 명령하는 단호한 조처를 취해서 영국 신민이 조약을 준수하도록 하겠다고 언명했다. 이 밖에 그는 또 영국의 공정함과 절제의식에 대한 중국인의 신뢰를 잃지 않도록 하기 위해서 중국 주재 영국 관리들이 중국인을 업신여기는 경향을 막도록 주의시켰다. 영국 외교부는 이 관점에 찬동하여 식민부, 해군부, 인도 사무부가 그들의 중국 주재 인원들에게 이에 상응하는 훈령을 내리도록 요구했다. 이렇게 되어 치잉의 친선정책과 포틴저의 절제의식으로 인해서 중영 관계는 한동안 상당히 순조로운 시기를 맞이했다.

이런 형세는 1844년 중반에 포틴저가 존 데이비스로 교체된 후에 크게 바뀌었는데, 데이비스는 동인도회사의 전직 고용원으로서 네이피어 수하에서 제2감독을 맡은 적이 있는 인물이었다. 데이비스는 인도에 거주하는 영국 식민자의 전형적인 동양인에 대한 오만한 태도를 가지고 있었으며, 그는 경멸조로 중국인은 "최강자의 신의에 대한 준수를 이해할 능력이 없다"고 선언했다. 그뿐만 아니라 치잉의 외교는 "싫증나고", "매우 유치하다"고 생각해서 치잉이 하고 있는 모든 것에 대해서는 전부 무반응의 태도를 취하여 치잉은 결국 1846년에 그와 교류하려는 노력을 포기해버렸다.[5]

**광저우 시 진입 문제** 전후 시기 가장 골치 아픈 사항은 영국인이 광저우 시에 들어온 후의 권리에 관한 문제였다. 5개 항구 중에서 광저우 이외의 기타

---

5) Fairbank, *Trade and Diplomacy*, I, pp. 269~270.

항구들은 모두 외국인에게 통상, 거주, 영사관 설립을 개방했는데, 상하이는 1843년 11월에 개방했고 닝보는 같은 해 12월에 개방했으며 푸저우와 샤먼은 1844년 6월에 개방했다. 그러나 광저우의 주민은 영국인의 진입을 완강히 거절하고 단지 그들이 원래의 상관 구역에만 거주하는 것에 동의했다. 주민들은 항변하기를, 조약은 광저우 개방을 명기했지만 서양인이 도시에 들어와 거주할 수 있다고 명기하지 않았다고 했다. 조약에 확실히 이 점이 명문으로 규정되어 있지는 않았지만 기타 4개 항구의 주민들은 영국인이 그들의 시내로 들어오는 것을 반대할 권리가 없었다. 사실상 상하이에 있는 서양인들은 시내로 들어오는 것을 허락받은 후에 위생조건과 주택조건이 그다지 좋지 못한 것을 알고 자동적으로 시외로 철수하여 거주지를 건립했다. 그러나 광저우에서 영국인은 거절을 당하면 당할수록 시내로 들어갈 권리를 고수했다. 현지민중이 양보하려고 하지 않고 영국인의 진입을 그들 도시에 대한 일종의 모욕으로 간주함으로써 "광저우 진입 문제"는 논쟁의 초점이 되었다.

역사적으로 광저우는 줄곧 서양인과의 충돌로 유명했는데, 전해지는 말에 의하면 중고(中古) 시기에 아랍인 살육사건이 있었다고 한다. 아편전쟁 기간에 광저우인은 기타 도시의 주민들보다도 더 영국인으로부터 모욕당했으며, 광저우 시는 1841년에 "몸값"을 지불하고 포위에서 해제되었다. 전후 시기에 광저우는 대외무역의 일부분을 상하이에 빼앗기는 고통을 당했는데, 그 이유는 상하이가 차와 비단 생산지와 더욱 가깝기 때문이었다. 광저우의 찻잎 수출액은 1844년의 6,900만 파운드에서 1860년에는 2,700만 파운드로 하락했고, 상하이의 같은 시기의 수출액은 1,100만 파운드에서 5,300만 파운드로 상승했다. 광저우의 생사 수출은 1845년의 6,787단에서 1847년에는 1,200단으로 하락했으며 같은 시기의 상하이의 생사수출은 6,433단에서 2만 1,176단으로 상승했다.6) 광저우 무역의 쇠퇴는 현지인들의 생계에 손실을 주었기 때문에 그들은 자신들의 불만을 인원수가 제일 많은 서양 상인인 영

---

6) Morse, I, p. 366.

국인들에게 쏟아냈다. 이런 대중들의 불만은 그들이 현지 신사(紳士)들의 조직과 지도를 받고 원래 아편전쟁 시기에 린쩌쉬가 향용에게 발급한 무기로 무장하자, 상당히 큰 세력이 되었다.

흠차대신 겸 양광 총독인 치잉은 영국인의 부단히 강화되는 광저우 진입에 대한 요구와 광저우 신민(紳民)의 완강한 저지 사이에 끼어 있었다. 치잉은 중국의 조약 의무를 알고 있었지만 현지민중은 반드시 알고 있었다고는 말할 수 없었는데, 1846년 1월 그는 대담하게 광저우 시 개방을 선언했다. 그 결과 그는 뭇사람들의 공격의 대상이 되었으며, 그의 회유정책을 규탄하고 그가 적에게 아첨하고 빌붙는다고 풍자하는 벽보가 무수히 사방에 널리 유포되었다. 성난 주민들은 친영파(親英派)로 알려진 광저우 지부를 한 차례 습격하는 황당극을 연출하여 그의 관아를 불사름으로써 광저우 시를 온통 혼란 상태에 빠지게 했다. 치잉은 군중의 분노를 불러일으킨 상황에서 그의 공고(公告)를 수정하지 않을 수 없었다. 다행인 것은 영국 정부가 "광저우 진입 문제"로 즉각 중국과 충돌하려고 하지 않은 것이었다. 1846년 4월 데이비스와 치잉은 하나의 협정을 체결했는데, 그 내용은 영국인은 광저우 진입을 늦출 것이며 그 대신 중국은 저우산 군도를 기타 어떤 국가에게도(당시 널리 알려진 프랑스의 의도를 막기 위해서) 할양하지 않을 것을 약속한다는 것이었다.

영국인의 양보에 고무되어 광저우 민중은 이전보다 더욱 대담해졌고, 외출하는 영국인에게 돌을 던지고 모욕을 주는 사건이 자주 발생했다. 1847년 4월 데이비스는 보복을 가했는데, 그는 900명의 병사들을 3척의 무장증기선과 1척의 쌍돛대 범선에 태워 후먼 포대를 공격하여 점령하고, 827문의 대포의 포문을 막아버리고 광저우의 상관 구역을 점령해버렸다. 4월 6일 치잉은 급히 데이비스와 협정을 체결했는데, 즉 청 조정은 영국인이 2년 후에 진입하는 것을 약속하고 영국인에게 무례한 짓을 한 중국인을 처벌하며 영국 상인과 선교사들에게 화물창고와 교회를 건조할 권리를 부여한다는 것이었다.

영국인과의 타협으로 인해서 치잉의 공적 이미지는 만회할 수 없을 정도로 손상되었다. 그는 "광저우 진입 문제"는 조만간에 그 자신이 저지할 수 없는 충돌을 촉발할 것이라는 것을 인식했고 또한 자신은 연해 지역의 나날이 심해지는 해적 문제에 대처할 능력이 없다는 것을 알고 있었다. 그리하여 그는 사태가 수습할 수 없는 지경에 이르기 전에 방법을 강구하여 곤경에서 벗어나려고 했다. 그는 연로하여 기력이 쇠퇴했음을 이유로 하여 그를 소환해줄 것을 요청했다. 그의 요청이 받아들여져, 1848년 3월 치잉은 베이징으로 되돌아왔다. 흠차대신 겸 양광 총독의 직무는 서양인을 적대시하는 관원인 쉬광진(徐廣縉, 약 1786-1858)에게 맡겨졌고, 광둥의 순무 직책은 예밍천(葉名琛, 1807-1859)에게 부여되었다. 치잉이 소환된 후에 이 두 사람이 임명된 것은 아편전쟁에서 패배한 이후 중국 정부 내부에 외세 배척세력이 새로 대두했음을 상징했다. 쉬광진과 예밍천은 광저우에서 온힘을 합쳐 서양인에게 굴복하지 않는 오만한 태도를 취함과 동시에, 은밀히 민중의 반(反)서양인 감정을 부추기고 그들이 영국인의 진입을 저지하도록 격려했다. 영국인을 습격하고 모욕을 주고 영국인에게 돌을 던지고 심지어 그들을 살육하는 사건이 자주 발생함으로써 중영 관계는 급격히 악화되었다.

## 광저우 측의 강경정책, 1848-1856년

중국 측의 광저우에서의 인사 경질은 영국 측의 인사 경질과 동시에 일어났다. S. 조지 보넘 경(1803-1863)이 데이비스를 대신하여 홍콩 총독, 특명전권공사 겸 중국 주재 상무감독을 맡게 되었다. 보넘은 동인도회사의 한 선장의 아들로, 젊은 나이에 뜻을 이루어 20대에 싱가포르 상주참사관으로 임명되었다. 1837년에는 웨일스 아일랜드 공(Prince of WalesIsland), 싱가포르 및 말라카 연합 식민지의 총독이 되었다. 보넘은 중국어를 조금 알고 있었고, 중국의 풍습과 관습에 대해서도 조금 알고 있었을 뿐만 아니라 "실무적"이라는 명성이 자자했다. 그래서 그는 1848년에 파머스턴에 의해서 홍콩 총독으로 임명되었다.

보넘은 흠차대신 쉬광진과 1848년 4월 29일 첫 대면을 가졌다. 보넘은 그의 회견 예절에 대해서는 만족했지만 그가 "말수가 적음"을 발견했다. 6월 7일, 그는 쉬광진에게 서한을 보내서 치잉-데이비스 협정에서 영국인이 1849년에 광저우에 들어가는 일을 허용한 것을 실현시키기 위해서 기본적인 일들을 안배해줄 것을 건의했다. 쉬광진은 답변하기를, 지방여론의 강력한 반대를 고려하여 "전임 총독인 치잉이 1847년에 그들이 광저우에 들어오는 것을 허락하면서 반드시 2년을 기한으로 한 것은, 광저우에 들어오면 반드시 서로 화목하게 지내지 못할 것을 알고 잠시 일시적인 편법으로 한 것이다"라고 했다. 파머스턴은 광저우에 들어가는 허가권을 포기하기 싫었지만, 적대적인 도시에 들어가는 것이 도대체 얼마나 실용적인 가치가 있을지 의심이 되어서 다음과 같은 권리를 건의했다. 즉, 영국 전권공사나 영사가 중국 관원의 동행 아래 들어와 양광 총독을 공무상으로 만나는 것으로 국한시킨다는 것이었다. 실제로, 그는 1848년 12월 30일 보넘에게 분쟁을 피할 수 있는 권한을 부여했다.

1849년 4월 1일, 쉬광진은 보넘에게 황제의 지시를 전달하면서 황제는 광저우 시민들의 자발적인 일치된 여론을 무시할 수 없다고 했다. 보넘은 흠차대신을 알현하려는 모든 노력이 실패한 후, 4월 9일에 서신으로 중국 당국에 상호간에 이견이 있는 문제는 잠시 보류해두지만 현안으로 남겨두어야 한다고 통고했다. 광저우인들은 약 10만 명의 민중과 향용들이 개입했던 무서운 대규모적인 대중시위가 영국 사람들을 두려워 떨게 하여, 그들이 요구를 포기하게 만들었다고 믿었다. 의기양양한 쉬광진과 예밍천이 조정에 상소를 올려 보넘이 이후에는 다시는 광저우 진입에 관한 논의를 하지 않는 것에 동의했다고 하자, 크게 기쁘고 안심이 된 황제는 쉬광진에게 대대로 세습하는 자작 작위를 내리고, 예밍천에게는 대대로 세습하는 남작 작위를 내리고 아울러 광저우 민중의 충군과 애국의 열정을 표창하고 격려했다. 파머스턴의 중국에 대한 분노는 말로 표현하기 어려울 정도였다. 그는 보넘에게 베이징에 서신을 보내라고 훈령했는데, 서신에서 중국 고위관리들에게 "전임 관리가 1839년에 저지른 잘못을 기억할 것"을 상기시키고 또한 경고하기를,

"지금까지 영국 정부가 발휘한 인내심은 연약해서가 아니라 강력한 힘을 가지고 있다는 자신감에서 나온 것이다. 영국 정부는 만약 정세에 따라서 필요하면, 영국 군대가 광저우 시 전체를 기왓장 하나 남기지 않고 파괴하여 그 도시민들이 최대의 징벌을 받을 수 있게 할 수 있다는 것을 잘 알고 있다"고 했다. 조정은 이 경고를 무시하고, 오랑캐들의 응석을 받아줘서 더욱 안하무인이 되지 않도록 하기 위하여, 이렇게 오만불손하고 무례한 서신은 답장을 해줄 가치가 없다고 했다. 보넘은 뒤이어 1849년 8월 24일에 직접 정식 항의 각서를 보냈는데, 그는 각서에서 "광저우 진입 문제"와 관련된 사건의 전 과정을 약술했을 뿐만 아니라, 또한 경고하기를 "장래에 중국에 불리한 어떤 일이 일어나도, 그 과실은 중국 정부에게 있을 것이다"라고 했다.[7]

1850년 완고한 도광제(道光帝)가 서거하고, 20세인 아들 함풍제(咸豊帝)가 그를 계승하여 더욱 비타협적인 대외정책을 실시했다. 무짱아와 치잉 같은 외국 오랑캐와의 타협을 주장하는 몇몇 대신들이 해직되고 강등되거나, 오랑캐 배척을 고취하는 대신들로 대체되었다. 서양을 증오하는 한 관료가 황제에게 "광둥 성 동쪽의 오랑캐에 관한 대응은 린쩌쉬가 시작하고 쉬광진이 종결시켜서 이 두 대신은 영국 오랑캐가 경외하는 인물이므로" 오랑캐에 대한 경고를 표시하기 위해서 아편전쟁의 영웅인 린쩌쉬를 베이징으로 불러들여 직책을 맡길 것을 건의했다. 그러나 1849년 여름부터 린쩌쉬의 건강은 계속해서 악화되었다. 그는 그해 11월 22일 광시 성 순무 겸 흠차대신이라는 새로운 직책을 맡기 위해서 광시로 가는 도중에 세상을 떠났다. 1852년 쉬광진이 태평군을 진압하기 위해서 다른 곳으로 파견되자(다음 장을 참조), 더욱 서양을 배척하고 더욱 완고하며 오만한 예밍천이 쉬광진의 직책을 계승했다. 예밍천은 공개적으로 서양 오랑캐를 멸시하여, 그들의 서신이나 그들과의 대면을 거절하거나 답하지 않았고 아울러 천조의 대관은 국가의 존엄을 지키기 위해서 스스로 몸을 낮추어서 외국 오랑캐를 만나서는 안 되며, 그들을

---

7) Morse, I, pp. 395-398, 402.

피해야 한다고 했다. 프랑스 공사는 줄곧 15개월 동안 접견을 받지 못했다.

그러나 강경해진 중국의 태도에 영국인은 다른 반응을 일으키지 않았고, 영국의 새로운 자유당 정부는 일종의 온화한 태도를 취했다. 보넘이 휴가를 허가받아 존 보링이 그 직무를 계승하며 영국의 온화한 경향은 더욱 강화되었다. 체격이 큰 보링은 박학한 사람일 뿐만 아니라 자유무역의 적극적인 창도자로서 일찍이 『웨스트민스터 리뷰(*Westminster Review*)』지의 편집장을 한 적이 있었다. 또한 제러미 벤담의 개인비서를 한 적도 있었고, 훗날 외교대신을 맡는 클래런던 경인 조지 빌리어스의 친한 친구였다. 보링은 자신의 재정 상황이 곤란한 것을 깨닫고 광저우 영사의 직무를 신청했다. 그는 1849년에 임명을 받은 뒤 그가 광저우에서 본 중화문명에 매혹되었다. 1852년에 보넘을 대신하여 상무감독 겸 전권대표를 맡게 되었을 때, 그는 그랜빌 경으로부터 중국 당국과 분노를 자아내는 협상을 하지 말고 사전에 국내의 동의를 얻기 전에는 무력을 사용하지 말라는 지시를 받았다. 그가 예밍천과의 대면을 요구한 요청이 예상대로 완강히 거절당한 후 영국 정부는 그에게 "영국 주민이 광저우 시에 들어가는 것의 허가와 같은 어떤 문제도 제기하지 말고, 당신 자신조차도 그 도시에 들어가려고 시도할 필요가 없다"고 훈령했다.8)

"광저우 진입 문제" 이외에 몇 가지 문제도 중국과 서양의 관계를 긴장된 방향으로 향하게 했다. 즉 외국인이 무역을 5개의 항구에서 중국 전체로까지 확대시키려고 하는 것, 완고한 광저우 당국을 피하여 베이징에 상주대표단을 설립하는 것에 대한 요구, 전후 상품가격의 보편적인 하락으로 인한 관세인하에 대한 요구였다. 이런 문제들이 하나로 합쳐져서 외국인들 사이에 조약의 수정을 요구하는 일종의 강력한 행동이 야기되었다. 1844년의 중국과 미국 및 중국과 프랑스 사이의 조약에 의하면, 12년 후, 즉 1856년에 조약을 수정하도록 되어 있었다. 한편 비록 1842년의 난징 조약에 조약의 수정에 관한 조항은 없었지만, 영국인은 최혜국 대우로 인해서 그들도 마찬가지로

---

8) Fairbank, *Trade and Diplomacy*, I, p. 278; Morse, I, p. 403.

12년 후 1854년에 조약을 수정할 수 있는 권리가 있다고 주장했다. 공통의 이익에 의거해서 미국과 프랑스 공사는 영국의 요구를 지지했다. 1854년 3국 공사는 조약 수정 문제에 관한 토론을 제안했는데, 예밍천은 그럴 필요가 전혀 없다고 단호히 거절했다. 영국과 미국의 대표는 광저우에서 예밍천을 설득할 수 없었고 상하이에서도 협상을 개시할 수 없어서 결국 1854년 10월 북상하여 만족스러운 회답을 모색했다. 다구에서 그들은 직접 외국인을 접견해서는 안 된다는 조정의 명을 받은 즈리(허베이 성) 총독의 접견을 받지 못하고, 오직 등급이 약간 낮은 관원인 장로염정(長蘆鹽政)인 충룬(崇綸)의 접대를 받았다. 두 명의 공사는 세율 수정, 베이징에 사절을 두는 것, 톈진 개방, 내륙에서의 토지구입 권한 획득, 아편수입 합법화, 내지의 이금(厘金 : 지방 통과세) 폐지 등의 요구를 제기했지만 조정은 그런 요구들은 조금도 일리가 없다고 질책하고 공사들에게 광저우로 돌아가라고 명령을 내렸다.

1856년, 3국 공사는 다시 조약의 수정을 요구했다. 조정은 합리적인 사소한 수정을 하는 것은 허가할 수 있다고 알렸으나 만년 강화조약(萬年講和條約, 난징 조약)이 그 의의를 상실하지 않도록 하기 위해서 중대한 조항은 고려하지 않았다. 그러나 광저우에 있는 예밍천은 완강하게 협상을 거절했다. 그는 작은 융통성조차도 허용하지 않고, 만약 외국 오랑캐에게 한 치를 양보하면 그들은 한 자를 요구할 것이라고 주장했다. 미국 특사인 피터 파커는 물러서기를 원하지 않아 홀로 베이징으로 가려고 했다. 상하이에서, 중국인은 북상하려는 그의 노력을 계속 저지했다. 이런 상황에서 외국, 특히 영국은 점점 참을 수 없게 되었는데 성품이 부드러운 보링조차도 영국과 중국의 관계를 확장하고 개선하기 위해서는 전함을 사용하는 것이 필요하다고 영국 정부에 보고했다.


## 애로 전쟁

영국의 분노 폭발을 유발시킨 것은 1856년의 애로 호 사건이었다. 애로 호는

돛대가 3개 달린 범선으로서 유럽식 선체와 중국식 돛으로 장비된 혼합선박
이었다. 그 배는 홍콩에 거주하고 있는 한 중국인9)이 소유하고 있는 것으로
서 중국 관청이 소멸시킬 능력이 없는 해적으로부터의 보호를 위해서 이미
영국 정부 직할 식민지 당국에 등록되어 있었다. 1856년 10월 8일 아침 8시
에서 8시 반 사이에, 애로 호가 영국 국기를 달고 광저우 시 밖에 정박하고
있을 때, 중국 군관 4명과 병사 60명이 이 배에 올라 악명 높은 해적을 수색
하겠다고 말했는데, 전해지는 말에 의하면 이 해적은 선상에 있었다고 한다.
그들은 12명의 중국인 선원들을 체포했는데 그 와중에 영국 국기가 찢겨져
버렸다. 광저우 주재 영국 영사인 해리 파크스는 보링의 지시를 받아, 10월
12일 중국 측이 영국 국기를 모독하고 영국 영사의 허가 없이 선원들을 체포
했다고 강력하게 항의했다. 그는 이후 영국 국기를 존중하고 12명의 선원을
전부 석방하고 48시간 내에 양광 총독이 서면 사과서를 발부할 것을 요구했
다. 예밍천은 당시 선상에 국기가 걸려 있었다는 것을 강하게 부인하고, 영
사에게 중국 경찰이 중국 항구에 정박해 있고 중국인 소유의 배 위에서 중국
인을 체포한 사건을 왜 간섭하는지 추궁했다. 예밍천은 당시 사건 발생 전에
애로 호의 등록 기한이 이미 지난 것을 전혀 몰랐으며 알았다면 반드시 이
조항을 덧붙였을 것이다. 보링 본인의 관점은 "허가증이 기한을 넘기면 법률
상으로 [영국의] 보호를 받을 수 없다는 것이었다." 그러나 홍콩의 한 법령규
정에는 만약 선박이 바다로 나가 있는 동안 기한이 지나버린다면, 그 선박이
홍콩으로 돌아올 때까지 등록은 효력이 지속된다고 했다. 이 법령에 근거하
여, 파크스는 광저우에 정박하고 있는 애로 호가 홍콩으로 돌아오기 전에는
여전히 영국의 보호를 받으며, 중국 수역에 있는 모든 영국 선박은 완전한
치외법권을 누린다는 입장을 고수했다. 파크스는 예밍천의 답변이 만족스럽
지 못하다고 생각하여, 배상을 강요하기 위해서 중국 병선을 1척 억류하라고
명령을 내렸다. 오랫동안 서로 대치한 후, 예밍천은 10월 22일에 선원 12명

---

9) 팡야밍(方亞明).

을 석방하여 돌려보냈지만, 사과하는 것은 단호히 거절했다. 10월 23일, 시모어 대장이 영국의 소형 포함을 이끌고 들어와 광저우 시에 포격을 가했다. 10월 26일 일요일을 휴전일로 선포한 것을 제외하면 포격은 치욕적일 정도로 규칙적으로 끊이지 않고 지속되었다. 즉, 10분마다 한 번씩 예밍천의 관아에 포격을 가했다. 28일 예밍천은 외국 오랑캐에 대해서 전면적인 공격을 개시하라고 명령했다. 영국인은 29일 그의 관아로 돌진했으며, 격분한 광저우 민중은 영국 군대 앞에서 전혀 속수무책이었지만 12월 14일과 15일에 보복으로 외국 상관을 불태워버렸다.

런던에서는 야당이 파크스와 보링이 또 한차례 영국을 대외적인 전쟁에 끌어들였다고 호되게 비판했다. 1857년 3월 3일, 글래드스턴은 국회에서 과장하기를 "여러분들은 이미 한 영사를 외교가로 변모시켰으며, 외교가로 변신한 영사는 확실히 자유자재로 영국을 이끌고, 전력을 다해서 아무런 방어가 없는 민족의 대중들을 상대했다"고 말했다.[10] 하원에서는, 야당이 263표 대 247표로 정부의 제안을 부결시키는 데에 성공했다. 파머스턴은 국회 재선거를 명령하고, 아울러 선거 중 영국의 명예와 해외에서의 이익을 지키는 것의 중요성을 강조하여 결국 85석의 우위를 차지하고 국회로 복귀했다. 그의 대(對)중국 정책이 명확히 인정을 받은 후, 파머스턴은 1846년부터 줄곧 캐나다 총독을 맡고 있던 엘긴 경(1811-1863)을 파견하여 전권대표 겸 중국 토벌군 총사령관으로 임명했다.

프랑스 정부는 1856년 2월 광시 성(아직 서양에 개방하지 않았음)에서 일어난 선교사 오귀스트 샤프들렌 신부의 살해사건을 이용해서, 30년 경험이 있는 베테랑 외교관 그로 남작을 파견하여 군대를 거느리고 영국 원정군에 참가하기로 결정했다. 미국 정부와 러시아 정부는 이번 영국과 프랑스의 행동에 참가하지는 않았지만 대표를 파견하여 "평화적인 시위"에 참가했다.

영국이 엘긴 경에게 내린 훈령의 내용은 (1) 영국 신민이 받은 상해를 보

---

10) *Hansard Parliamentary Debate*, 144 : 1802(1857).

상할 것, (2) 광저우와 기타 항구에서 조약 규정을 이행할 것, (3) 영국 신민이 최근 동란 중에 입은 손실을 배상할 것, (4) 외교대표가 베이징에 오랜 기간 머물거나 최소한 영국 공사가 정기적으로 베이징을 방문하는 권한을 가지고, 영국 전권대표가 베이징의 중국 측 대관과 직접 상대할 권리를 획득할 것, (5) 상거래를 큰 강 연안의 여러 도시로까지 확장시키기 위해서 조약을 수정할 것 등이었다. 외교대신 클래런던 경은 엘긴에게 그의 주요 사명은 무역을 현재의 속박에서 벗어나게 하는 것이고 그 외에는 예밍천의 행위가 도대체 그 자신의 배외감정 때문인지 아니면 베이징의 의도에서 나왔는지 아직도 확정할 수 없기 때문에, 외교대표를 통해서 중국 정부와 직접 왕래하는 것 또한 매우 중요하다고 강조했다. 프랑스가 그로 남작에게 내린 훈령도 상거래 확장, 자유로운 선교활동 및 베이징 주재 외교대표 파견 등 영국과 대체적으로 같은 것을 요구했다. 미국이 파견한 전권대표는 윌리엄 B. 리드로서 그는 필라델피아 출신 정치가로 주 정부에 재직한 적이 있었고, 펜실베이니아 대학교에서 미국 역사를 가르쳤다. 그는 프랑스인 및 영국인과는 평화롭게 협력하지만 중국인들에게는 미국이 중국에 어떤 영토적 혹은 정치적 의도도 없다고 표명하라는 지시를 받았다. 미국이 그에게 내린 훈령의 내용은 베이징에 외교대표를 상주시키는 것, 새로운 항구 개방, 국내 관세인하, 종교의 자유, 해적 소탕 및 조약의 이익을 모든 문명국가로까지 확장하는 것이었다. 또 하나의 중립국가인 러시아는 해군대장 푸티아틴을 파견했는데, 그는 중국인들 앞에서 영국과 프랑스 간섭자들과 관련이 없는 척하고, 중국-러시아 간의 장기적인 우의를 강조하려고 했다. 그러나 그는 비밀리에 청 제국과 유럽 열강 간의 조정자 역할을 맡아 이 왕조가 망하는 것을 방지하고 정치의 중심을 중국 북방에서 남방으로 바꾸려고 했다. 만약 이런 중심의 전환이 실현된다면 이는 영국인들에게 득이 되는 것이었다.

엘긴 경은 1857년 7월 2일 홍콩에 도착했지만, 세포이 반란(Sepoy Mutiny)이 일어나 그가 군대 일부분을 인솔하고 인도로 가야 함을 알게 되었다. 인도에서의 사명을 완성한 후 9월에 홍콩으로 돌아온 그는 광저우를 공격하여 함락시키라는 클래런던 경의 지시를 받았다. 뒤이어 프랑스인과의 연합행동의 세부사항을 확정짓기 위해서 시일이 한동안 지체되었지만 연합군은 이미 행동을 취할 준비를 갖춘 상태였다. 12월 12일, 엘긴과 그로는 예밍천에게 직접협상과 배상지불에 동의할 것을 요구했지만 예밍천은 완전히 무시해버렸다. 12월 24일에 연합군의 최후통첩 기한이 도래했지만 여전히 예밍천의 답변을 듣지 못하여, 영국과 프랑스 군대는 12월 28일 광저우 시를 맹렬히 공격해서 예밍천을 포로로 잡고 그를 영국 전함인 인플렉서블 호 선상에 가두었다. 영국인은 머지않아 이 행동으로 인해서 이 전함을 전투에 투입할 수 없음을 알게 되어 그를 캘커타로 운송했다. 1년 후 그는 그곳에서 숨을 거두었다. 영국과 프랑스 연합군은 광저우 시를 관리하는 위원회를 설립하고, 파크스를 책임관리로 삼고 일상업무는 만주인 순무 보구이(柏貴)에게 처리하게 했다. 이 괴뢰정권은 3년 동안 유지되다가 1860년 최후의 조약 안배가 이루어진 후에야 비로소 종말을 고했는데, 이것은 아마도 중국 근대사에서의 첫 번째의 괴뢰정권일 것이다.

연합군은 예밍천이 광저우 시의 방어를 강화하는 어떤 노력도 하지 않았다고 밝혔는데, 전해지는 말에 의하면 그는 점을 믿어서, 부계[扶乩] 점(나무막대기가 달린 틀과 모래판을 이용하여 길흉을 판단하는 점의 일종/역주)을 칠 때 영국 오랑캐가 15일 후에 떠날 것이라는 점괘가 나온 것에 따라서 장기간 동안 저항하기 위한 아무런 준비도 하지 않았다는 것이다. 그가 몰락한 후 다음과 같은 말이 유포되어 그의 국사를 처리하는 방식을 풍자했다. 즉, "싸우지도 않고, 화해도 하지 않고, 방어하지도 않고, 죽지도 않았으며, 항복하지도 않고, 도망가지도 않았다"는 것이었다. 사실 예밍천은 사람들이 상상하는 그런 바보는 아니었으며, 그는 아주 타산적인 정치가로서 그의 완고함은 내심의 불안감을 위장한 것이었다. 예밍천은 군사적으로 중국이 영국을 대항할 수 없으며 만약 그가 무력을 행사하여 전쟁을 일으켜 참담한 결과를 가져온다면 자신이 린쩌쉬처럼 유배를 당할 것이라는 사실을 잘 알고 있었다. 반대로 만약 그가 유화정책을 실시하면 그는 또 황제의 불만족과 대중의 질책을 초래하여, 체면이 완전히 떨어진 채 유배를 당하여 심지어 치산과 치잉처럼 되어버릴 것이라는 사실을 잘 알고 있었다. 이러지도 저러지도 못할 지경에 이른 그는 수수방관하는 태도를 취함과 동시에, 서양인에게는 냉담하고, 오만하고 극도로 멸시하는 태도를 취했던 것이다. 개인적으로 그는 이익에만 눈이 먼 오랑캐들이 그들의 상거래의 희생을 대가로 하여 이런 불안한 형세를 연장하지 않기를 간절히 바랐지만, 끝내 그의 미신과 오산의 대가로 그는 포로가 되고 타지로 유배되어 객사했다.11)

**톈진 협상** 광저우 문제를 해결한 후, 엘긴과 그로는 북상하여 조정에 만족스러운 회답을 주기를 요구했다. 그들은 1858년 4월 중순에 톈진 외곽의 베이즈리 만(灣)에 도착하여 즈리 총독과 예비적 접촉을 가졌지만, 그들은 이 총독이 협상을 할 충분한 권한을 부여받지 못했다는 사실을 발견하고는 다구 요새지와 톈진을 공격하여 점령했다. 조정은 적의 빠르고 맹렬한 진격에 충격을 받아 급히 73세의 대학사 구이량(桂良)과 52세의 이부상서 화사나(花沙納)에게 전권을 부여해서 엘긴과 그로를 만나게 했다. 구이량과 화사나는 6월 2일에 톈진에 도착하고 얼마 지나지 않아 세 번째 협상자와 회동했는데, 이 사람은 바로 유명한 치잉이었다.

우리는 치잉이 1848년에 소환을 받아 베이징으로 돌아왔고 1850년 함풍제가 등극할 때 명예롭지 못하게 5품 관직으로 강등된 것을 기억하고 있다. 그는 줄곧 집에만 틀어 박혀 나오지 않았는데, 1858년에 이르러서 성가신 서양 오랑캐 문제는 다시 사람들에게 그의 영리한 외교를 상기하게 했다. 황제는 자신의 총애를 잃었던 그를 소환하고 톈진으로 파견하여 오랑캐를 상대하게 했다. 세력을 잃은 세월 속에 몸이 크게 노쇠해진 치잉은 반쯤 눈이 먼 가운데 6월 9일 톈진에 도착했다. 그의 출현은 영불 연합군 사이에서 관심을 끌었고, 그들은 이것이 일련의 간계라고 짐작하고 의심했다. 그 이유

---

11) Yen-yü Huang, "Viceroy Yeh Ming-ch'en and the Canton Episode(1856-1861)", *Harvard Journal of Asiatic Studies*, 6 : 1 : 37-127(March 1941).

는 그들은 엘긴이 예밍천의 관아에서 노획한 문서에서 치잉이 종잡기 어려운 오랑캐를 적당히 상대하는 그의 수단들을 조정에 어떻게 자랑했는지를 알게 되었기 때문이다. 엘긴은 곧바로 치잉이 오랑캐를 "위로하고", "회유하는" 낡은 술책을 가지고 왔다는 것을 알아차렸기 때문에 그가 톈진에서 활동하는 것을 허락할 수 없었다. 엘긴은 젊은 두 조수인 허레이쇼 레이와 토머스 웨이드를 파견하여 치잉을 만나게 했다. 치잉이 그의 부드러운 회유와 개인의 매력과 두 영국인에게 끊임없이 아첨하는 상투적인 수단을 사용하기 시작하자, 레이는 하나의 문서(치잉의 유명한 1844년의 상주문)를 극적으로 제시하고는, 화사나에게 큰 소리로 송독하게 했다. 그리하여 장면이 매우 어색해졌고 치잉은 부끄러워하며 앞뒤가 맞지 않는 변명을 할 수밖에 없었지만, 두 영국인은 아주 통쾌하게 웃었다. 치잉은 자신의 계략이 영국인에게 받아들여지지 않은 사실을 깨닫고는, 황제의 허가를 받지 않고 협상장소를 떠나버렸다. 황제의 명령을 어기고 협상장소를 떠났기 때문에 그는 칼과 족쇄가 씌워진 채 베이징으로 돌아가 심문을 받고, 자살을 하라는 명을 받았다. 19세기 중엽의 중국의 가장 풍부하고 다채로운 경력을 가진 이 외교가는 이렇게 일생을 마쳤는데, 즉 그는 외국인에 대응하는 교활한 재능으로 인해서 1840년대에 이목을 많이 끌었지만, 이후에는 상대가 더 이상 이런 재능에 현혹되지 않게 되자 생명을 잃었다.

**1858년의 톈진 조약** 톈진에서의 협상은 네 가지 주요한 문제에 집중되었는데, 즉 베이징에서의 공사 상주, 양쯔 강 연안의 새 항구 개방, 외국인의 중국 내지의 유람, 배상에 관한 것이었다. 이 4가지 문제 중 사절의 상주 문제는 엘긴이 관심을 가진 주요 문제였는데, 그 이유는 그들은 만약 광저우에 주재하는 흠차대신이 중국의 "외교대신"의 역할을 맡고 있는 체계를 취소시키고, 베이징의 조정이 친히 대외적 사무를 관장하게 하여 지방관원이 황제에게 나쁜 소식을 보고함으로써 겪는 곤경을 면하게 해주지 못하면 중국과의 평온한 관계를 유지할 수 없을 것이라고 점차 믿게 되었기 때문이었다.

엘긴의 조수로서 주로 협상하는 일을 담당한 레이는 심지어 이 점을 강조하여, 광저우 체계는 외국인을 마치 "제국의 조정과 이 성 당국 사이에 있는 한 쌍의 고무공처럼 이리 차이고 저리 차이게" 만드는 근원이며, 만약 베이징에 외교대표를 주재시킬 권리가 없다면, 새로운 조약은 "한 장의 쓸모없는 문서에 불과할 뿐일 것"이라고 강조했다.12) 중국 측의 협상대표는 주장하기를 외교사절이 베이징에 주재하는 것은 천조의 체제에 맞지 않는다고 했다. 이에 대해서 레이는 단도직입적으로 말하여, "당신들은 분명히 이 조항이 우리에게도 좋은 점이 있고, 당신들에게도 좋은 점이 있을 것이라는 것을 알게 될 것입니다. 좋은 약은 물론 입에 쓰지만, 이후의 효과는 지극히 뛰어날 것입니다. 나의 태도가 매서울수록 당신들에 대한 나의 공헌은 그만큼 더 커질 것입니다"라고 했다. 그리고 그는 중국 측의 사절을 끊임없이 위협하고 괴롭히며 모욕을 주었다. 구이량은 레이의 난폭한 태도 앞에서 전혀 속수무책이어서 결국 상대방의 측은지심에 호소하며 그가 이 조항을 받아들인다면, 73세의 늙은이는 목숨을 잃게 될 것이라고 했다. 엘긴은 이 만주족 늙은이에 대해서 가여운 마음이 드는 것을 견딜 수 없었지만 결국 동요하지 않기로 결심했다. 엘긴은 "지금 나는 완전무장한 군대를 통솔하고서 베이징 가까운 곳에 있습니다. 내가 이런 태도를 취하는 것은 설령 황제가 평화조건에 찬성하지 않더라도 그의 전권대표와 나 사이에 평화를 달성할 의무가 있다는 것을 알게 하기 위해서입니다"라고 공언했다.13) 1858년 6월 11일, 레이는 수일 내로 조항을 받아들이지 않으면 베이징으로 진격할 것이라고 경고했다. 구이량은 다른 방도가 없어서, 영국의 외교대표가 베이징에 주재하도록 하는 것에 동의할 수밖에 없었다. 그의 마지막 순간의 전략은 여하튼 먼저 협정을 체결하여 적의 무리들을 화북으로 쫓아낸 다음에 다시 계책을 세워서 잃어버린 권리를 되찾는 것이었다.

---

12) Horatio N. Lay, *Our Interests in China*(London, 1864), p. 49; and *Note on the Opium Question*(London, 1893), p. 12.

13) Hsü, *China's Entrance*, pp. 52-54.

구이량은 조정의 사전 허가를 받지 않고 양보했지만 황제는 외교대표의 베이징 상주를 조공체계의 종결과 중국의 천하공주를 부인하는 것으로 간주하여 여전히 이 조항을 강렬하게 반대했다. 능숙하고 노련한 정객인 구이량은 모든 수단과 담력과 기교를 동원하여, 이런 고난을 피할 수 없다는 것을 황제가 믿도록 설득시켰다. 그는 근심스러워하는 황제에게 그의 비책을 털어놓았다. 즉, "지금 영국 및 프랑스 양국과의 평화조약은 절대로 확실한 증거일 수 없으며 이 몇 장의 종이를 빌려서 잠시 군함을 항구로부터 철수시키는 것에 불과합니다. 장차 조약을 폐기하고 우호를 포기하려면, 저희들을 일을 잘 처리하지 못한 죄로 다스리기만 하시면 [조약은] 휴지 조각이 될 수 있습니다"라고 했다. 다른 곳에서 그는 참으로 우스꽝스럽게도 황제에게 말하기를, 오랑캐 사절이 일단 베이징에 주재하면 아마도 오래 머물지 않을 것인데 "오랑캐는 여비를 스스로 준비하므로 돈 쓰는 것을 가장 두려워하며 또 고생하는 것을 싫어하니 베이징에 주재하는 것이 무익하면, 반드시 스스로 떠나버릴 것입니다"라고 했다.14)

1858년 6월 26일, 엘긴의 형인 프레더릭 브루스는 날이 어두워지기 전에 조약에 서명하지 않으면, 베이징으로 가서 서명하겠다고 경고했다. "칼"이 목에 걸린 구이량과 화사나는 그날 영국과 톈진 조약을 체결했고, 다음 날 프랑스와도 조약을 체결했다. 러시아와 미국과의 톈진 조약은 각각 이 이전인 6월 13일과 18일에 정식으로 서명되었다. 프랑스, 러시아, 미국과의 조약에는 그들의 외교관이 단지 정기적으로 베이징을 방문할 뿐이라고만 명기되었고, 중영 조약에 명기된 것과 같은 상주 조항은 아니었다. 그러나 최혜국대우 때문에 그들도 모두 영국인이 얻은 모든 성과를 향유하게 되었다. 톈진 조약 중의 기타 조항들의 내용은 다음과 같다. (1) 새로 항구 10곳을 개방한다.15) (2) 외국인은 영사가 발급한 여권을 가지고 중국 관헌의 부서(副署)를 거치면 중국 경내의 각지를 돌아다닐 수 있지만, 개방된 모든 항구 주위 100

---

14) Hsü, *China's Entrance*, pp. 67-68.
15) 난징, 뉴좡, 덩저우, 한커우, 주장, 전장, 타이완 부, 단수이, 차오저우, 충저우이다.

리(33마일) 이내에서는 여권이 필요 없다. (3) 외국에서 수입한 상품에 대해서 징수하는 이금은 그 상품가격의 2.5퍼센트를 넘겨서는 안 된다. (4) 영국에 400만 냥을 배상하고, 프랑스에는 200만 냥을 배상한다. (5) 천주교의 선교사든 개신교의 선교사든 관계없이 중국 전역에서 활동할 자유를 가진다.

조약에 서명한 후, 브루스는 사절로서 여왕의 비준을 구하기 위해서 조약 사항을 가지고 귀국했고, 조약의 문서교환은 체결한 날로부터 1년 이내에 중국에서 실시하기로 했다. 영국과 프랑스의 연합군은 화북에서 철수하고, 엘긴 경은 조약 협상을 위해서 일본으로 갔는데, 그는 수개월 내에 상하이로 돌아와 톈진 조약의 제26조 규정 에 따라서 통상세칙을 상의하여 결정할 것을 약속했다.

**상하이 세칙개정**  엘긴이 중국을 떠나 있는 동안 함풍제는 밀계를 꾸몄다. 그는 영국인에게 그들 상품의 관세를 모두 면제해주고 그 대신 톈진 조약을 폐지하거나, 적어도 이 조약의 가장 반대해야 할 4개의 조항, 즉 공사의 베이징 주재, 양쯔 강 개방, 연안 무역, 내지 편력 및 배상을 폐지할 것을 제의할 예정이었다. 황제가 공사의 베이징 주재를 저지하려고 한 원인 중 하나는 우스꽝스럽게도 서양 사절이 거대한 저택을 건조하여 쌍안경의 도움으로 위에서 궁중의 동정을 정탐할 것을 걱정했기 때문이다. 황제는 구이량과 난징에 주재하고 있는 총독 허구이칭(何桂清, 1816-1862)에게 곧 개최될 상하이 세칙개정에서 엘긴에게 이 방안들을 제의할 것을 지시했다. 이 두 고관은 실제에 맞지 않는 이 방안에 대해서 경악하여 격렬하게 반대하고 황제에게 상주하여 말하기를 서양 상인과 서양 관리는 두 개의 전혀 별개의 집단으로서 전자는 관세면제를 감사하게 생각할 것이지만 후자는 그렇지 않을 것이므로 서양 관리들은 조약의 철저한 이행을 견지할 것이라고 했다. 그들은 교묘하게 황제에게 말하기를 "서양인은 지금까지 조공을 바친 적이 없어서 세금을 납부하는 것을 공헌으로 생각하고 있으며 이 세금으로 배상금을 상환할 수 있습니다. 그 외에 서양 상인에게 면세를 허락하고 중국 상인에게 면세를 허락해주시지 않으면 서양 상인은 지나치게 많이 이익을 얻게 되고 중국 상인을 곤경으로 몰아넣게 됩니다"라고 했다. 이에 황제는 결국 그의 밀계를 포기했다.[16]

1858년 10월에 열린 상하이 세칙개정은 4개월 전의 톈진 협상과는 완전히 다른 분위기 속에서 진행되었다. 일본에서 사명을 완수하고 상하이로 돌아온 엘긴은 기분이 매우 좋았으며 이번에는 레이의 괴롭힘과 브루스의 베이징 진군의 위협도 없었다. 상하이는 베이징에서 800마일 떨어진 곳에 있기 때문에 서양인의 위협이 주는 급박감도 없었다. 이런 편안한 환경에서 구이량은 자신의 외교적 재능을 발휘할 기회를 찾게 되었다. 솔직한 설득과 진지한 해명에 힘입어 구이량은 성공적으로 엘긴에게 신사 협정(紳士協定)을 맺게 했는데, 즉 장래에 톈진 조약의 양해각서를 휴대한 영국 사절이 베이징에서 적합한 대우를 받으면 엘긴은 베이징 교외에 주재할 곳을 선택할 뿐만 아니라 베이징 방문을 공무상의 필요에 의한 정기 왕래로 간주한다는 것이었다.

새로운 세칙에서는 수출입화물 가격의 5퍼센트의 부과원칙이 확인되었고 단지 아편, 차, 비단은 예외였다. 협정은 아편수입의 합법화를 확정했으며 세율은 1상자당 30냥으로 규정했는데, 이것은 그것의 평균가격의 7-8퍼센트에 상당하는 것이었다. 찻잎 수출의 현행세칙은 그대로 지속하고 그 세율은 1단당 2.5냥으로 했는데, 이것은 1파운드당 1.5펜스에 상당하는 것이며, 반면에 영국에서의 수입세는 이보다 훨씬 더 높아서 1단에 1실링이고 1파운드에 5펜스였다. 협정은 생사는 1단당 10냥이라는 기존의 세칙을 그대로 유지하여 기본적으로 5퍼센트의 표준보다 낮았다.


## 제2차 협정

**다구에서의 격퇴**  1859년 3월 1일 브루스는 중국 주재 영국 특명전권대사로

---

16) Hsü, China's Entrance, pp. 71-75; T. F. Tsiang, "The Secret Plan of 1858", *CSPSR*, 15 : 2 : pp. 291-299(July 1931).

임명되었는데 베이징에서 비준교환은 하지만 상하이에 주재하라는 지시를 받았다. 브루스는 1859년 5월 중국에 도착한 후 중국인이 그가 상하이에서 비준교환을 하게 하려고 시도한다는 것을 알아차렸다. 그는 이런 수법에 격노하여 그가 베이징으로 가는 것은 "은전이 아닌 권리와 관련된 것"이라고 했다. 그는 군함과 병사들을 거느리고 북상하여 6월 18일 바이허 강에 도착했다. 베이징 측은 그에게 다구의 이북에 있는 베이탕의 후로(后路)로 갈 것을 요구했으나 브루스는 오직 톈진을 거치는 정로(正路)로 가야만 자기 신분에 부합한다고 완강하게 주장했다. 중국인은 그에게 경고하기를, 톈진으로 통하는 수로는 이미 쇠못, 쇠사슬, 뗏목으로 막혀 있고 양안(兩岸) 포대가 통행을 저지할 것이라고 했다. 강 위의 장애물이 분명하게 잘 보였지만 브루스는 중국 측의 경고를 진지하게 받아들이지 않았다. 그는 해군대장 호프에게 장애물을 제거하여 톈진으로 가는 통로를 개통하라고 지시했다. 1859년 6월 25일에 약 600명의 해군의 해병대원과 1개 공병중대가 장애물을 철거하기 위해서 파견되었다. 썰물과 강기슭이 질퍽거리고 미끄러운 탓에 그들은 발이 묶여서 상륙할 수 없었다. 이때 양쪽 기슭에 있던 중국 포대가 갑자기 놀랄 정도로 정확하게 발포하여 영국인에게 거대한 손실을 가져다주었는데, 즉 434명의 사상자가 났고 4척의 군함이 격침되었으며 호프 대장이 중상을 입었다. "피는 물보다 진하다"는 신념에 기초하여 전장에서 중립 옵서버였던 미국 함대 사령관인 태트널이 영국인을 도왔다. 중국인은 단지 가벼운 손실을 입었을 뿐이었다. 다구에서 격퇴당한 일은 영국인의 위신에 심한 타격을 주었으며 중국인의 외국 배척세력을 고무시켰다.

영국과 프랑스 공사는 상하이로 되돌아갔지만, 리드를 대신하여 미국 공사를 맡은 존 E. 워드는 중국인이 지정한 베이징 진입노선을 받아들이기로 결정했다. 1859년 7월 20일 그가 이끄는 20명의 사절단과 10명의 중국인이 베이탕에서 마차를 탄 후에 널찍한 선박으로 갈아타고 퉁저우로 가서 그곳에서 다시 마차를 타고 나아가 7월 27일에 베이징에 도착했다. 베이징에서 그들은 웅장하고 아름다운 호화주택에서 머물렀는데, 그들의 요구는 "가없

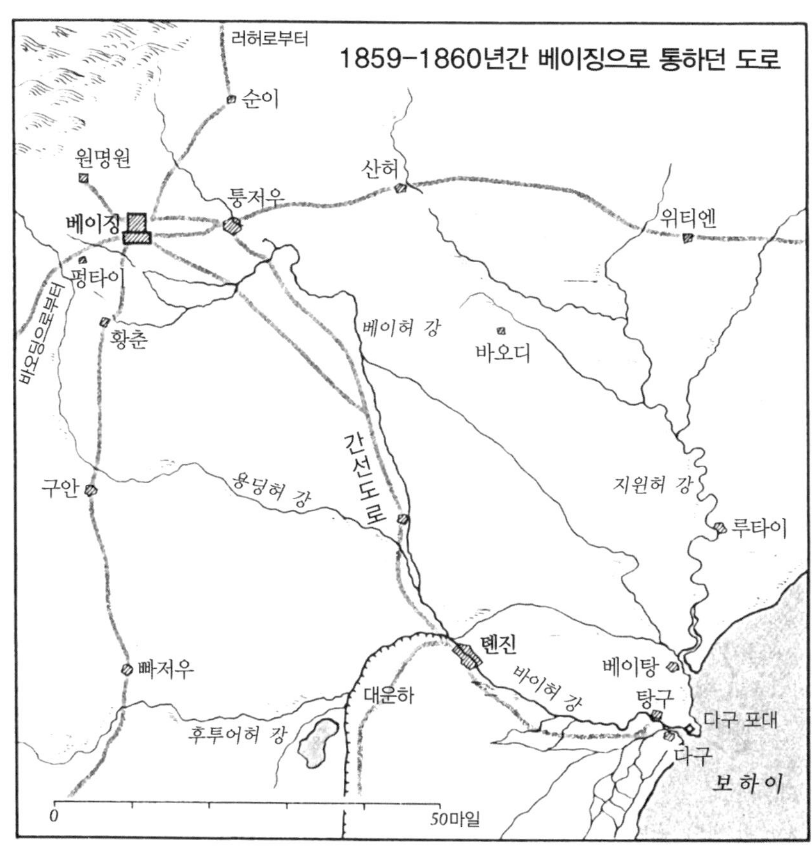



이 넓은 황은"으로 인해서 달성되었다. 그러나 그들은 시내에서 자유롭게 돌아다닐 수 없었고 예정된 날짜 이전에는 베이징에 도착한 러시아 공사인 니콜라이 이그나티예프와도 만날 수 없었다. 중국 측은 워드에게 황제를 알현할 기회를 한 번 주었지만 그가 (하느님과 여인 이외에는 누구에게도) 고두례를 올리는 것을 거절했기 때문에 알현은 행해지지 못했다. 미국의 뷰캐넌 대통령이 중국 황제에게 보내는 서한은 구이량을 통해서 황제에게 전달되었으며, 텐진 조약의 비준교환은 즈리 총독[17]과 베이탕에서 이루어졌다. 전체적으로 보아 중국인의 접대는 "진지하고 개방적이지는 않았으나 예의를 차

---

17) 헝푸(恒福).

린 것"이라고 할 수 있다. 워드 본인도 전체 여정을 통해서 그가 "고도의 보살핌과 존중을 받았으며 예의에 소홀함이 조금도 없었다"고 했으며 미국 정부도 중국의 접대에 대해서 만족스럽다고 했다. 그러나 영국인은 미국인이 베이징에서 받은 대우는 영예스럽지 못한 것이었다고 강력히 주장했다.[18]

브루스는 무력행사를 "너무 경솔하게" 하여 영국에서 혹독한 비판을 받았다. 외교대신인 존 러셀 경은 톈진 조약에 베이징에 들어가서 비준교환하는 노선을 명기하지 않았고, 통용되는 국제관례에 근거하면 평화시기에 내륙하천은 외국 군함에게 개방하지 않는다는 것을 인정했다. 1859년 11월 10일 영국 정부는 브루스에게 질책하는 내용의 훈령을 보냈는데, "일반적이고 가장 편리한 노선을 거쳐 베이징에 들어가는 것을 허락하지 않은 것은 분명히 비우호적인 태도의 표시이지만, 이 일에 대해서 항의를 하고 협상을 했어야지 도로상의 장애물을 제거하기 위해서 무력에 호소해서는 안 되었다"고 했다. 자신의 판단이 잘못되었음을 안 브루스는 옛 조약에 근거하면 그는 베이징에 들어갈 권리가 없으며, 비록 새 조약이 그에게 베이징에 들어갈 권리를 주었지만 이 조약은 아직 효력을 발생하지 못하고 있다는 것을 인정했다.[19]

**베이징 협정**  영국은 브루스의 전술상의 실수를 알았음에도, 여왕은 여전히 베이징에서 비준교환을 하기로 결정했다. 영국 정부의 브루스에 대한 신뢰는 이미 동요했기 때문에 엘긴 경을 다시 중국 주재 사절로 파견하기로 결정했는데, 엘긴은 이 사명을 마지못해 받아들였다. 도중에 포인트 드 갈에서 선박이 침몰하는 사건이 발생하여 엘긴의 기분은 한층 더 가라앉아 있었다. 구조작업을 통해서 샴페인 몇 상자를 건져냈지만 그의 임명장과 관복은 잃어버렸는데, 이것은 반드시 다시 런던으로부터 받아야만 했다. 그의 휘하의 원정군은 41척의 전함과 143척의 운수선 그리고 그의 매제인 호프 그랜트

---

18) S. W. Williams, "Narrative of the American Embassy to Peking", *Journal of the North-China Branch of the Royal Asiatic Society*, 3 : 315-349(Dec. 1859).
19) Hsü, *China's Entrance*, p. 95.

장군이 통솔하는 약 1만1,000명의 사병으로 이루어져 있었는데, 그들은 몬토반 장군이 거느리는 6,700명의 프랑스 군대와 협동작전을 할 예정이었다. 영불 연합군은 화남을 돌아서 1860년 8월에 북상하여 베이탕과 바이허 강을 공격하고 재차 베이징의 안전을 위협했다. 구이량은 황급히 톈진에 이르렀으나 열세를 만회할 수 없었다.

엘긴 경은 400-500명의 사병을 거느리고 베이징에서 비준교환을 하겠다는 입장을 고수하고 아울러 파크스에게 일단의 사람들을 거느리고 도로와 머물 거처를 확인하게 했다. 파크스는 베이징에서 10마일 떨어진 지점에 있는 퉁저우에서 신임 흠차대신인 이친왕을 만나서 논쟁을 하던 중에 그에게 모욕을 주었다. 바로 이때, 톈진 지부가 영국군 사병에게 구금당했다는 소식이 전해지자, 이친왕은 그 보복으로 파크스를 구금하라고 명령을 내렸다. 중국인의 눈에, 이 사람은 광저우의 난을 야기한 원흉이고 난폭한 행위의 화신이며 어쩌면 중국에 주재하고 있는 서양인 중 가장 증오스러운 인물일 수도 있었다. 엘긴은 인내심을 완전히 잃고 군대를 거느리고 베이징을 공격하여 황제는 러허로 피난을 갈 수밖에 없었다. 엘긴은 그와 협상할 조정을 찾아내지 못하자, 결국 파크스를 불법적으로 구금하고 전쟁포로를 학대하는 행위를 징벌하기 위해서 만청 왕조를 한족 왕조로 대체시키고 아울러 궁전을 불사르려고 했다. 그러나 결국 그는 러시아와 프랑스의 외교관인 이그나티예프 장군과 그로 남작의 설득으로 인해서 이 두 가지 생각을 포기하고 그 대신 원명원을 불살라버렸다.[20]

이처럼 심각한 상황 속에서 러시아 대사인 이그나티예프는 영국 및 프랑스 전권대표와 베이징에서 평화회담을 책임지고 있는 황제의 남동생인 공친왕 사이에서 적극적으로 조정자의 역할을 담당했다. 원명원이 불타자 놀란 공친왕이 베이징에서 도주하려고 했을 때, 이그나티예프는 철저한 멸망을 피할 수 있기 위해서 그가 남아서 연합군의 조건을 받아들이도록 설득했다. 이그

---

20) China: Dispatches, Vol. 19, Doc. 26, Ward to Cass, Nov. 28, 1860(National Archives, Washington, D. C.); Quested, *The Expansion of Russia*, pp. 260-262.

나티예프의 외교활동은 다음 절에서 탐구할 것이며, 여기에서 언급하고자 하는 것은 양쪽에서 일을 원만히 잘 처리한 결과 그가 러시아에 커다란 외교적 승리를 얻게 했다는 것이다. 1860년 10월 24일 엘긴은 공친왕에게 베이징 협정에 공식으로 서명하도록 강요했다. 이 협정을 통해서 영국 외교대표는 중국의 수도에 장기 주재할 수 있는 권리를 얻었고, 배상금은 증가하여 영국과 프랑스에 각각 800만 냥을 지불하게 했으며 톈진의 대외무역을 개방하고 외국인의 거주를 허용하게 했다. 그 이외에 영국은 홍콩 건너편에 있는 주룽 반도를 획득했고 프랑스는 천주교 선교사들이 중국 내지에서 토지를 구매할 수 있는 권리를 확보했다. 이런 평화조약을 체결한 후 연합군은 러시아 외교관의 촉구하에 1860년 11월 8일을 전후하여 베이징에서 철수했다.

**러시아의 진출**　1860년 11월 14일에 연합군이 베이징에서 철수한 후 1주일이 안 되어, 니콜라이 이그나티예프는 그의 조정에 대한 포상으로 중러 추가 조약(중러 베이징 조약)을 맺게 되었다. 이 조약에 의해서 러시아는 우수리 강 이동의 새로운 영토를 얻게 되었고, 1858년 아이후이 조약으로 획득한 권익을 합법화할 수 있었다. 니콜라이 이그나티예프는 니콜라이 무라비예프 주관하에 러시아가 헤이룽 강 지역에서 20여 년에 걸쳐 추진한 일에 원만한 종지부를 찍게 하는 데에 성공했다. 니콜라이 1세 시기(1825-1855)의 러시아인은 영국의 아편전쟁에서의 성과에 고무되어 중국에서의 활동을 강화했으며, 동(東)투르키스탄과 헤이룽 강 지역에 동시에 침투했다. 1851년의 이리 조약을 통해서 그들은 신장 북부 지역에 하나의 발판을 마련했다. 이 조약은 러시아에 이리와 타르바가타이에서 무역을 하고, 화물창고를 건조하고 영사관을 설립할 권리를 주었다. 1847년부터 헤이룽 강 지역에서의 러시아의 진출은 동부 시베리아 총독인 무라비예프에 의해서 실행되었다. 무라비예프는 이르쿠츠크에 본부를 두고 헤이룽 강을 따라서 내려가며 여러 차례에 걸쳐 약탈을 하면서, 몇몇 전략거점에 요새를 구축하고 동시에 헤이룽 강 하류지역을 점령했다. 1858년에 이르러 그는 나약한 만주 장군인 이산을 협박하여 아이후이 조약을 체결하기에 충분한 막강한 지위에 있었다. 이 조약은 헤이룽 강과 쑹화 강 북쪽 기슭의 영토를 러시아에 할양해주었고, 우수리 강 이동에서 해안에 이르는 영토를 중국과 러시아의 공동관리하에 두게 했다. 이 세 강에서는 중국과 러시아 이외의 모든 기타 국가의 선박통행을 금지했다. 그러나 이 조약은 1689년 네르친스크 조약에서 확립한 국경선을 완전히 부정했기 때문에, 청나라 조정은 조약 비준을 단호히 거부했다.

이그나티예프는 차르의 호위무관을 지낸 적이 있었고, 1859년 여름에는 푸티아틴을 대신하여 주중 대사를 맡게 되었다. 그는 총명한 기획가이며 교활한 외교관이었다. 그는 중국에 와서 러시아가 중국 문제에 관해서 국제적인 지도권을 장악하여 아이후이 조약이 비준되도록 하고, 러시아와 비교적 유리한 조약 안배를 유지하고 있었던 만청 왕조의 붕괴를 방지하라는 미묘한 사명을 수행하도록 명령받았다. 그는 이런 목표에 도달하기 위한 수단으로 중국인과 영국 및 프랑스 침략자 간의 조정자의 역할을 맡았다. 그는 육로로 캬흐타를 거쳐 베이징에 도착하여 우선 이번원 상서 쑤순(肅順)과 시일을 오래 끌었지만 아무런 성과가 없는 협상을 했다.21) 쑤순은 아이후이 조약의 승인, 무역을 중국 내륙으로 확대하고 신장의 경계선을 다시 긋는 것 등의 사항에 대해서 조금도 물러서지 않았다. 분노한 나머지 이그나티예프는 1860년 5월 베이징을 떠나 상하이로 가서, 영국과 프랑스 전권대표에게 중국이 영국과 프랑스 양국을 의도적으로 괴롭히는 계책을 사용하고 있다고 통렬히 비난하고, 영국과 프랑스가 베이징에 대해서 적극적이고 비타협적인 태도를 취하도록 고취했다. 영국인의 환심을 사기 위해서 그는 영국인에게 중국의 수도의 상황을 통보해주고 이후에는 영국인이 베이탕에 상륙하도록 지도해주었으며, 아울러 영국인의 베이징 공격을 도와주기 위해서 그랜트 장군에게 베이징 지도 한 장을 제공했다. 니콜라이 이그나티예프는 연합군을 뒤따라 베이징으로 되돌아가서, 교활하게도 중국인 앞에서는 어려울 때

---

21) 1859년 7월부터 9월까지, 1859년 12월부터 1860년 4월까지이다.

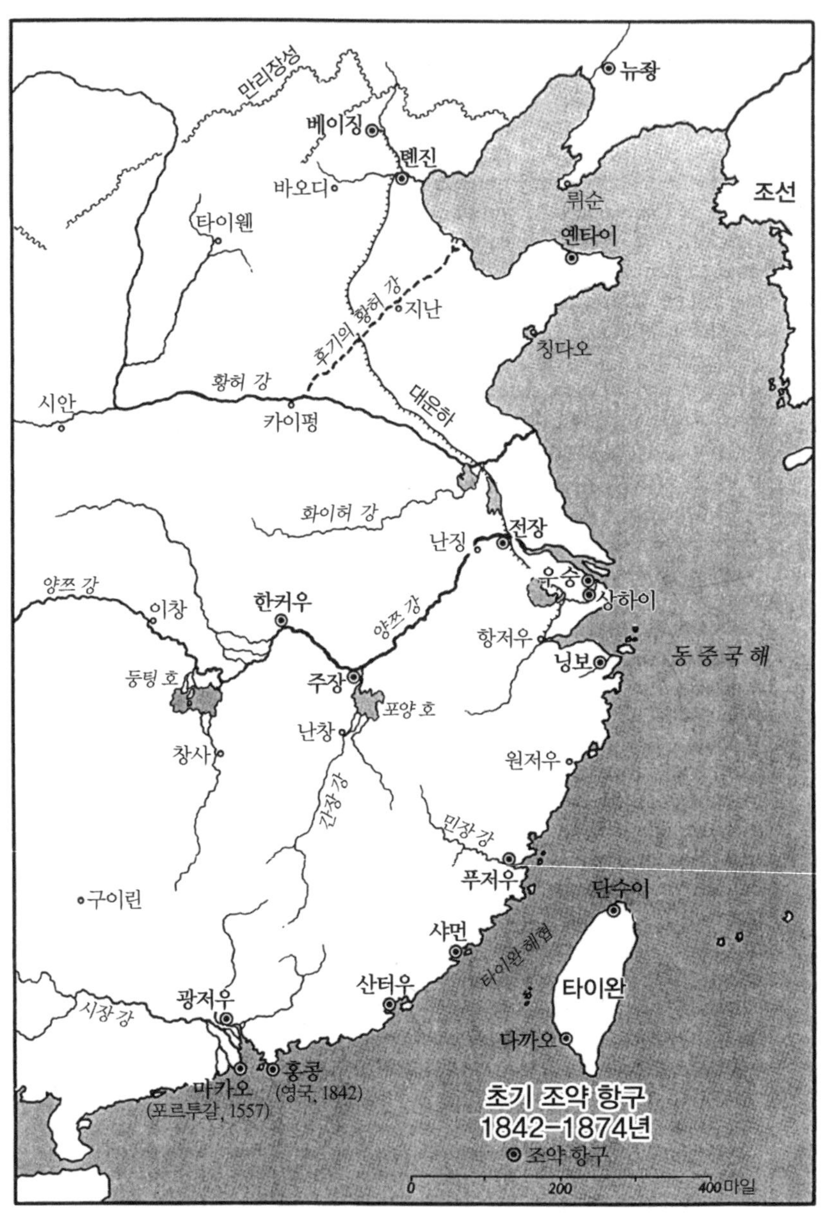

만리장성
뉴좡
베이징
톈진
바오디
뤼순
조선
타이웬
옌타이
황허 강
지난
후기의
칭다오
황허 강
대운하
시안
카이펑
화이허 강
전장
난징
윈슝
양쯔 강
이창
한커우
양쯔 강
상하이
둥팅 호
주장
항저우
닝보
동 중 국 해
난창
포양 호
창사
원저우
구이린
민장 강
푸저우
단수이
샤먼
타이완 해협
산터우
타이완
광저우
시장 강
다까오
마카오
홍콩
(영국, 1842)
(포르투갈, 1557)
초기 조약 항구
1842-1874년
조약 항구
0
200
400마일

꼭 필요한 친구인 척했다. 그는 공친왕에게 아래 조건에 동의하면 자신은 중국과 연합군의 분규를 조정하고 배상금을 줄이도록 노력하고 연합군이 조속히 베이징에서 철수하도록 하겠다고 제의했다. 그 조건은 (1) 아이후이 조약을 승인하고, (2) 우수리 강을 따라서 조선과의 경계선까지 중러 동부 경계선을 확정 짓고, 북쪽으로는 중국의 카룬을 따라 경계선을 확정짓고, (3) 러시아가 카슈가르, 우르가, 치치하얼에 영사관을 설립한다는 것이었다. 러시아인의 이중적 수법을 잘 알고 있는 공친왕은 결코 이런 비싼 대가를 치르고 싶지 않았지만, 그는 또한 만약 러시아의 중재를 거부하면 러시아인을 영국과 프랑스와 한편이 되게 하여 중국이 동시에 세 국가의 적을 만나게 될 것이 걱정되었다. 연합군을 베이징에서 떠나게 할 수 있으리라는 기대를 품고 그는 이그나티예프의 중재 제의에 굴복했다.

1860년 10월 24일 베이징 조약에 공식서명한 후, 니콜라이 이그나티예프는 즉각 화북의 매섭게 추운 겨울이 곧 들이닥쳐 바이허 강을 얼어붙게 할 것이며 그렇게 되면 모든 외국인들은 꼼짝달싹 못하게 되고, 발생할는지도 모르는 중국 폭도들의 습격에 노출될 것이라고 큰소리를 쳤다. 그리고 자신은 머지않아 톈진으로 가서 겨울을 지낼 것이라고 굳게 맹세했다. 그의 영향 하에 그랜트 장군은 일찌감치 베이징에서 물러날 것이라고 하며 11월 8일을 최종기한으로 설정했다. 연합군이 철수하고 니콜라이 이그나티예프가 청 정부와 협상할 때 어떤 외국의 방해도 있을 리 없었다. 11월 14일 중러 베이징 조약이 조인되었는데, 이것은 그가 중국에 한 공로에 대한 포상이었다. 이 조약은 러시아가 헤이룽 강 이북의 영토를 포함하는 아이후이 조약에서의 수확을 확인해준 것인데 이때부터 이 영토는 아무르 주로 변했고, 이뿐만 아니라 이 조약으로 러시아는 우수리 강 이동에서 해안에 이르는 영토를 독점함으로써 이후부터 이 영토는 연해주(沿海州)가 되었다. 게다가 우르가와 카슈가르가 러시아에게 무역을 개방하게 됨으로써, 러시아는 영사관을 설립하게 되는 동시에 러시아인의 거주가 인정되었다. 러시아인은 병사와 총알 하나도 사용하지 않고 약 30-40만 제곱마일의 영토를 획득했으며, 이에는 대량의 상업적 특권이 부가되었다. 이 외에 최혜국 특별 대우 원칙에 의거하여 러시아도 역시 중영 조약과 중불 조약의 이익을 누리게 되었다.22)

두 번째 조약은 아편전쟁 이후 체결한 첫 번째 조약을 공고히 하여 견고한 체계를 이루었기 때문에, 중국은 1943년 이전까지 줄곧 이 체계에서 벗어나지 못했다. 1860년에 이르러, 이 오랜 역사를 가진 중화문명국이 서양에게 철저히 패배를 당하고 치욕을 당한 것은 의심할 여지가 없었다. 구미 해양국가들은 광저우로부터 한걸음 한걸음 북상하여 상하이에 이르고 이어서 베이징으로 진출했으며, 육상국가인 러시아는 시베리아-만주 경계선으로부터 남진하여 베이징으로 진출했다. 서양 국가는 조약 항구를 건립하고 통상을 확장함으로써 무역상의 이익과 경제특권을 추구했고, 한편 러시아는 무역상의 수익 및 영토 취득을 강조했다. 남과 북으로부터 온 이 두 진출세력들은 착실하게 일종의 집게형 활동을 형성하여 날이 갈수록 형편이 나빠지고 있는 청 왕조를 점점 강하게 압박했다. 이후 1세기 동안 서구와 러시아는 중국에 영향을 끼친 주요 근원이었고, 그 여파는 오늘날의 중국에서도 여전히 분명하게 볼 수 있다.

---

22) 이 시기 러시아인의 중국에서의 활동은 Quested, chs. 2-4; A. Buksgevden, *Russki Kitai: Ocherki diplomaticheskikh snoshenii Rossii s Kitaem—Pekinskii dogovor 1860 g.*(Port Arthur, 1902)를 참조하라. 또한 Hsü, China's Entrance, pp. 103-105를 보라.

# 10

# 태평천국혁명,
# 염군 반란 및 회교도 반란

19세기 중엽의 중국은 대외전쟁의 고난을 당했을 뿐만 아니라 소모적인 내부동란의 고통을 겪을 대로 겪었다. 두 차례에 걸친 아편전쟁은 외부로부터의 재난과 굴욕을 가져다주었고 동시에 혁명과 반란은 내부적으로 통치정권에 심한 타격을 주었다. 최대의 동란은 태평천국혁명이었는데, 이것은 거의 청 왕조가 전복되기 일보직전까지 이르게 했다. 이 혁명은 1850년부터 1864년까지 지속되었으며 16개의 성을 석권하고 600여개의 도시를 파괴했다. 한편 염군(捻軍)의 반란은 1851년부터 1868년까지 지속되었으며 8개의 성으로까지 파급되었다. 윈난 성의 회교도 반란은 1855년부터 1873년까지 지속되었으며 서북의 회교도 반란, 즉 동간인(東干人)의 반란은 1862년부터 1878년까지 지속되었다. 이로써 대(大)청국의 국운은 이미 최저점까지 떨어졌다.


## 사회동란의 근원

전통 중국인은 다음과 같은 이론, 즉 중앙정권이 쇠락했을 때 동시 발생하는 내란과 외환은 국가내부의 형세가 위급해져 전복될 징조라는 이론을 믿었다. 통치력이 강대하면 이런 어려움들은 어쩌면 제거되거나 수습 불능 상태까지는 이르지 않는다는 것이다. 19세기 중엽의 만청 정부의 사례는 바로 이 이론이 맞다는 것을 입증하고 있는데, 이 시기의 청나라 정부는 과거의 뿌리 깊은 수많은 사회적 및 경제적 폐단이 누적되어 있었기 때문에 내부의 동란 발생은 불가피했다.

**사회적, 경제적 요소**  19세기 중엽 이전의 2,000년 동안, 중국의 사회구조와 생산방식은 거의 별다른 변화 없이 대체로 농업사회였다. 사회의 질서가 유지되는가 혹은 혼란에 빠지는가의 문제는 대부분 토지분배의 적합 여부에 따라서 결정되었다. 대란이 발생할 때마다 수많은 사람들이 살해되어, 충분한 토지가 요행히 살아남은 사람들에게 경작하도록 제공되었지만, 한동안의 평화시기를 경과하면 인구증가로 인해서 1인당 평균 경작지 면적이 줄어드는 현상이 초래되는 것은 불가피했다. 이것은 민생의 고난을 야기했고 고난은 또한 도적과 봉기를 유발했는데, 이런 혼란을 야기한 상황들은 행정상의 비효율, 정치부패, 도덕적 타락을 수반했다. 뒤이어 한동안 혼란의 시기가 출현하고 혼란 속에서 재차 인구가 크게 감소하여, 이론상으로 토지와 인구가 일종의 새로운 균형을 이룰 정도에 이르게 된다. 그 이후에는 한동안의 평화롭고 안정된 시기가 출현하는데 이는 새로운 순환의 시작을 나타낸다. 요컨대 난(亂)에서 치(治)로 되고 치에서 난으로 되는 것은 사회균형을 유지하는 자연공식으로서 중국인은 상고시대부터 줄곧 이 순서의 지배를 받아왔다. 철학자인 맹자(373-288 기원전)는 일찍이 대치(大治) 후에는 반드시 대란(大亂)이 온다는 것을 깊이 논했으며 중국인들도 보편적으로 매 30년마다 한 번씩 소란(小亂)이 있고 100년마다 한 번씩 대란이 발생하게 된다고 믿었다. 서양 학자들은 때로는 이 현상을 "왕조순환"이라고 부르지만 그것은 더 정확히 부르면 "역사의 자연적인 진화" 이론이라고 해야 할 것이다.

이 관념을 청대에 적용하면 우리는 강희제, 옹정제, 건륭제의 3대의 150년에 걸친 평화와 번영이 이미 인구의 급격한 증가를 촉진시켰지만 경작지는 이에 상응하는 증가를 하지 못했음을 알게 된다. 인구는 1741년의 1억4,300만 명에서 1850년에는 4억3,000만 명으로 증가함으로써 200퍼센트 증가했지만 경작지는 1661년의 5억4,900만 묘에서 1833년에는 7억3,700만(7억 4,200만?) 묘로 겨우 35퍼센트 증가했다. 인구의 증가와 토지의 증가 사이의 차이는 1인당 경작지 면적의 급격한 하락을 초래했다. 1753년의 7억800만 묘의 경작지에 근거하면, 이론상으로는 1인당 3.86묘를 분배받을 수 있지만, 1812년의 7억9,100만 묘에 근거하면 1인당 겨우 2.19묘를 할당받을 수밖에 없었다. 더욱 나쁜 것은 1812-1833년 사이에 자연재해의 요소로 인해서 경작지 면적은 증가하지 않았을 뿐만 아니라 도리어 감소하여 경작지는 7억 9,100만 묘에서 7억3,700만(7억4,200만?) 묘로 감소했지만 인구는 3억6,100만 명에서 3억9,800만 명으로 증가했는데, 이로 인해서 1인당 평균 경작지 면적은 더 한층 하락하여 1.86묘밖에 되지 않았다.[1]

개인 토지소유량의 지속적인 감축은 농민의 부담이 나날이 가중되었음을 의미하는데, 작은 논밭의 산출량으로 더 이상 생계를 유지할 수 없을 경우, 농민은 농토를 팔아버리고 지주의 소작인이 된다. 일단 토지를 팔아버리면 농민은 그것을 돈을 치르고 되찾을 수 없는데, 그 이유는 부유한 토지소유자 는 아주 좋은 가격으로 팔지 않으면 토지를 팔아버릴 리 없고 농민은 그런 좋은 가격을 지불할 수 없기 때문이다. 토지가격이 이렇게 나선형식으로 상 승한 결과, 토지가 지속적으로 부자들의 수중으로 부단히 집중되는 현상이 나타났다. 즈리 성의 하씨 가족은 1766년 당시에 100만 묘의 토지를 보유하 고 있었는데, 이는 대체로 전국의 가경지 총면적의 700분의 1에 해당했다. 지주뿐만 아니라 몇몇 부유한 미상(米商), 고리대금업자 및 전당포의 주인들 까지도 토지를 점유하고 있었다. 토지가격은 갑절로 상승했다. 청대 초기에 1묘의 토지의 가격은 일반적으로 1-2냥이었는데 청대 중기에 이르면 7-8냥 으로 상승했다.

아래에 열거한 현상은 경작지가 고도로 집중되어 있음을 반영하고 있는

---

1) 羅爾綱, 「太平天國革命前的人口壓迫問題」, 『中国社會經濟集刊』, 中央研究院, 제8권 제1 기, p. 39(1939. 1); 또한 George Taylor, "The Taiping Rebellion: Its Economic Background and Social Theory", *The Chinese Social and Political Review*, p. 32 : 545-614(1932-1933); Ping-ti Ho, *Studies on the Population of China*, p. 282을 보라.

데, 즉 50-60퍼센트의 경작지는 부유한 집안의 수중에 장악되어 있었고 10퍼센트는 기인(旗人)과 관장(官庄)이 점유하고 있었으며, 오직 남은 30퍼센트의 경작지가 나머지 4억 명에게 분배되었다. 인구 총수의 60-90퍼센트에게는 토지가 전혀 없었다. 토지가 없는 농민들의 생활은 이루 말할 수 없이 고통스러웠으며, 그들은 산출량의 50퍼센트를 소작료를 지불하는 데에 사용해야 했고 소작료는 일반적으로 실물로 지불하는 것이 아니라 화폐로 바꾸어서 지불했는데, 이 화폐로 바꾸는 과정 중에 또 소작료의 30퍼센트를 더 징수해버렸다. 예를 들면 1묘에서 3섬(1섬=133과 3분의 1파운드)을 산출하는 전답은 일반적으로 1.5섬의 소작료를 납부해야 하지만 30퍼센트의 부가비를 화폐로 바꾸어 지불할 때 소작료는 실제로는 1.95섬에 이르러, 경작자 자신에게는 오직 1.05섬 밖에 남지 않게 된다. 그는 자연히 집안 식구를 부양할 수 없어서 고리대금업자에게 빚을 질 수밖에 없었다.[2] 직업이 없고 고향을 등지고 떠난 수많은 농민들은 도시로 흘러들어가서 짐꾼, 부두 하역부, 선원이 되었고, 또다른 일부 사람들은 바다를 건너 외국으로 가서 새로운 생활을 추구했으며 그 외에 일부 사람들은 떠돌이, 무뢰한, 비적이 되었다. 만일 당시에 중국에 대규모 공업이나 산업이 있었다면 이런 과잉인구들은 아마도 생산 분야로 유입되었을 것이지만, 불행한 것은 당시 중국에는 이런 산업이 없어서 일자리가 없는 사람은 사회불안의 근원이 되었다는 것이다.[3] 이런 사람들은 폭동이나 혁명의 도화선이었다.

**아편전쟁의 영향**　난징 조약의 내용에 아편수입을 금지한다는 조항이 기록되어 있지 않아서, 외국 상인들은 이 점을 이용하여 돈벌이가 잘되는 불법적인 아편판매 활동을 더욱 강화했다. 중국 정부는 전쟁에서 패배한 이후 감히 이런 매매를 금지하지 못했다. 그 결과 아편무역은 사실상 조금도 구속을 받지 않아서 아편의 수입은 1842년의 3만3,000상자에서, 1848년의 4만6,000

---

2) 彭澤益, 『太平天國革命思潮』(上海, 1946), pp. 14-15; 蕭一山, 제3권, pp. 38-39.
3) 羅爾綱, p. 35.

상자, 1850년의 5만2,929상자로 증가했다. 오직 1848년 1년 동안만 해도 1,000만 냥이 넘는 백은이 해외로 유출되어 이미 악화된 경제혼란을 심화시키고 동은(銅銀)의 태환가격 상승을 가속시켰다. 1냥 은자는 18세기 당시에는 1,000문 동전으로 태환되었지만, 1845년에는 시가가 2,000문을 초과했다. 태환율은 갑절로 증가하여 실제로는 사람들의 수입을 절반으로 감소시켰는데, 그 이유는 비록 은량과 동전은 모두 중국에서 통용되는 화폐이지만 시장에서 통용되던 기본화폐는 동전으로, 쌀을 구입해도 동전을 사용하고, 봉급 지불 시에도 역시 동전을 사용하기 때문이었다. 이전에는 3,000문에 팔리던 쌀 1섬은 1,000대 1이었던 기존의 태환율에 의거하면 3냥의 가치가 있었지만 1851년에는 상승한 2,000대 1의 태환율에 근거하여 1섬의 쌀은 단지 1.5냥으로밖에 바꿀 수 없었다. 사실상 이것은 농민의 소작료 부담이 배로 무거워졌음을 의미하는 것이었다.4)

아편의 수입이 야기한 이런 파괴적인 경제의 결과는 조약 항구 지역에 외국제 물품이 보편적으로 대량으로 유입됨으로써 한층 더 심해졌다. 광저우 지역의 재해는 유달리 심했는데, 그 이유는 그곳이 대외무역의 역사가 가장 오래되었으며 대외적 접촉이 가장 광범위하게 이루어졌으므로 현지의 가내 수공업이 파괴되고 자급자족의 농업경제가 와해되어, 그로 인해서 부정적 영향을 받은 사람들이 동란의 잠재적인 근원이 되었기 때문이다.

**정치부패** 바로 제6장에서 논한 바와 같이 정부관리의 특징은 지식이 부족하고, 일을 대충대충 성의 없이 처리하며, 책임을 지지 않고, 민중의 복지에 대해서는 전혀 관심이 없고 심지어 완전히 무시하기까지 하는 것이었다. 비교적 "청렴하고", 그릇된 길을 가지 않는 관원들 중에서도 일부 사람들은 글재주를 부리는 일에 시간을 보냈고, 또다른 일부 사람들은 독경(讀經)을 하고 선행을 했는데 그들은 스스로를 고상하다고 여기고, 정무에 몰두하고 있

---

4) 李守孔, p. 143.

는 관원들을 저속한 사람으로 간주했다. 관료사회의 무책임은 함부로 매관매직을 하고 금품을 강요한 데에서 찾아볼 수 있었부. 3,000냥의 은을 내놓으면 지현 직위를 얻을 수 있었는데, 이렇게 하여 돈을 바치고 관직을 얻은 사람들이 임기 중에 관직을 사는 데에 쓴 돈을 도로 건지지 못하는 경우는 드물었다.

**군비의 허술함**　청 왕조의 건립을 위해서 힘쓴 만주인들은 일찍이 이미 의기와 활기를 완전히 상실하여 강희 연간에 그들은 이미 삼번의 난(1673-1681)을 진압할 힘이 없을 정도로까지 쇠락해버렸다. 그리하여 조정은 한인으로 구성된 녹영병에 의존하지 않을 수 없었다. 1796-1804년에 백련교의 봉기가 일어났을 때는 녹영병도 이미 투지를 상실하여 조정은 지방의 단련을 기용하지 않을 수 없게 되어 기인과 녹영병은 민중의 존경을 잃게 되었다. 그 이외에 아편전쟁에서의 대패는 왕조의 군사상의 쇠퇴를 더욱 드러냈다. 비밀사회와 야심을 품은 한인들은 고무되어 만주족을 반대하는 민족주의적-종족혁명을 계획하는 것에 박차를 가했다.

**자연재해**　1840년대와 1850년대에는 수많은 자연재해가 발생했는데, 그중 비교적 중대한 것으로는 1847년 허난 성의 심각한 가뭄, 1849년 후베이 성, 안후이 성, 장쑤 성, 저장 성 등 양쯔 강 연안 4성의 홍수, 1849년 광시 성의 기근, 1852년 산둥 성 경내의 황허 강이 스스로 물길을 바꾸어 광대한 지역을 수몰시킨 것이었다. 수백만 명의 사람들은 이런 자연재해의 고통을 받았고, 관부의 진휼(賑恤)은 기껏해야 형식적이었으며 구제기금의 대부분은 방출될 때 횡령되었다. 분노하고 절망한 이재민들은 아주 쉽게 반란이나 봉기에 참여하도록 선동되었다.

**객가인과 기독교**　청 왕조가 가장 늦게 정복한 남방 지역은 특히 봉기가 발생하기 쉬웠는데, 그 이유는 그 지역이 정부의 중심부(베이징)로부터 거리가 가장 멀었고, 또 외국의 영향을 받고 외국과 접촉한 기간이 가장 길었기 때문이다. 아편전쟁 이후 많은 광저우 지역의 사람들은 대외무역이 상하이로 이전되었기 때문에 손해를 입었고, 이전에 차 및 생사 운송업과 관련 있던 일부 운송업자들은 밥벌이를 못하게 되었다.

남방의 경제불황은 "현지인들"과 소위 "객가인(客家人)", 즉 외지에서 온 사람[來人] 간의 사회적 갈등 때문에 복잡해지고 첨예화되었다. 객가인은 최초에는 중원 지역에 거주했는데, 그들은 남송 시대(1127-1278)에 광둥과 광시 지역으로 이주했으며 그 시기에 조정은 만족(蠻族)의 위협을 받아 남쪽으로 이전했다. 객가인은 사회의 "외래 집단"으로서 다른 언어, 습관과 생활방식으로 인해서 그들은 현지인과 융화 또는 동화하기가 매우 어려웠다. 그리하여 두 집단 간에는 필연적으로 충돌이 발생하게 되었고, 객가인이 우세한 지역에서는 충돌이 격화되어 잔혹한 패싸움을 할 지경에까지 이르렀다. 19세기 중엽이 되어서 새로운 알력 요인이 또 하나 생겼는데, 즉 많은 객가인이 기독교에 귀의했지만 본고장 사람은 계속 우상과 신령숭배를 유지한 것이었다. 객가인은 본고장 사람들의 미신을 비난하고 본고장 사람들은 객가인이 이단의 외래신앙을 받아들였다고 질책하여 쌍방 간의 긴장 상태가 극심해졌다.

객가인은 매우 깊은 사회적 토대가 없었기 때문에, 그들은 전반적으로 본고장 사람들보다 더욱 독립성이 있고 더욱 대담하며 용감하게 행동했다. 그들의 주요 직업은 작은 토지를 경작하고, 숯을 굽고 광산을 채굴하는 것이었다. 잠재적인 혁명지도자들은 바로 이 지역에서 신도들을 모집했다.

이상에서 서술한 것을 통해서 우리는 중국의 모습을 다음과 같이 묘사할 수 있다. 즉, 당시 중국은 사회 및 경제상의 폐단, 군사적인 쇠약, 정치부패, 인구과잉, 자연재해와 광둥 정세의 긴장 등의 어려움을 심하게 겪었다는 것이다. 중국에서는 대규모의 동란이 발생할 조건이 성숙해져 있었기 때문에 남방에서 태평천국혁명과 같은 규모와 영향력이 큰 동란이 발생한 것은 결코 우연이 아니었다.

## 태평천국혁명의 발발

태평천국혁명의 지도자인 홍슈취안(洪秀全, 1814-1864)은 광저우에서 약 30마일 떨어진 곳에 있는 화 현(縣)의 한 객가 농가의 셋째 아들로 태어났다. 그는 어린 시절에 아주 자부심이 강했고 제멋대로 행동했으며 성격이 조급했으나, 학업상으로는 매우 높은 천부적인 자질을 발휘했다. 은사와 선배 모두 그가 과거에 급제하여 조상과 가문을 빛내고 그 혜택이 고향에도 미치기를 기대했다. 그는 일생 동안 4번(1828, 1836, 1837, 1843) 광저우로 가서 부시(府試)인 수재 시험에 응시했지만, 모두 낙방했다. 그리고 1836년, 두 번째 시험을 보러 간 기간에 그의 이후 생활에 아주 크게 영향을 미친 두 가지 사건이 발생했다. (1) 그는 「예운(禮運)」의 "대동(大同)"편에 구체화되어 있는 유가의 이상에 깊은 인상을 받았는데, 그 당시 저명한 유학자인 주츠치(朱次琦)가 마침 광저우에서 이 사상을 강의하고 있었다. (2) 그는 대로에서 두 명의 개신교 선교사를 만났다. 그중 한 명인 에드윈 스티븐스는 도포를 입고 긴 수염을 길렀고, 다른 한 사람은 9장으로 구성된 『권세양언(勸世良言)』이라는 소책자를 홍슈취안에게 건네주었는데, 이 소책자는 초기의 귀의자인 량아파(梁阿發, 1789-1855)가 집필한 것이다. 량아파는 광저우에 정착하여 성서를 번역했고, 또한 복음을 전파하던 런던 선교회 전도사인 로버트 모리슨 박사의 조수였다. 그러나 과거시험에 낙방하여 마음이 무거웠던 홍슈취안은 단지 이 소책자를 대충 훑어보았을 뿐이었다.

 1837년에 세 번째로 낙방한 이후, 홍슈취안은 이루 말할 수 없이 실망하여 중병을 얻게 되었다. 정신이 혼미한 중에 환각 속에서 한 노부인을 만났는데, 노부인은 바로 천모(天母)로서 그의 몸을 깨끗이 씻어주고 그에게 "내 아들아, 네가 인간세상에서 몸을 더럽혔다. 내가 너를 강가에서 말끔히 씻겨주고, 이후에 다시 너의 아버지를 만나게 해주겠다"고 말했다.5) 뒤이어 그를

---

5) 向達等(合編), 『太平天國』(上海, 1952), 제2권, p. 632; Wakeman, 제12장을 보라.

하늘의 궁전으로 데려갔는데, 그곳에서 오룡포를 몸에 걸치고 금색 수염을 기른 노인이 그에게 요마(妖魔)를 베는 보검과 요마를 압도할 수 있는 옥새를 한 개 주었다. 이후 수차례 하늘의 궁전을 방문하는 기간에 그는 자신이 큰형이라고 부르는 중년 남자를 만났는데, 이 사람은 그에게 요마를 소멸시키는 방법을 가르쳐주었다.

홍슈취안은 또한 공자가 그 존경스러운 노인에게 자신의 죄업을 참회하는 것을 보았는데, 그 이유는 그가 경서에서 진리를 명확히 설명하지 못했기 때문이다. 홍슈취안의 이런 정신의 혼미와 환각 상태는 단속적으로 40일간 지속되었고 한의사든 무당이든 누구도 그를 치유할 수 없었다.

홍슈취안은 혼수 상태에서 깨어난 이후, 성격과 외모가 모두 크게 변했다. 외관상으로 보기에 몸집이 커지고 발걸음은 굳건해졌으며, 게다가 성격도 온화하게 바뀌고 다정해졌으며 전보다 훨씬 더 너그러워져서 그는 완전히 다른 사람으로 바뀌어 있었다. 홍슈취안의 환각을 연구한 한 현대 심리학자는 꿈속의 금색 수염을 한 사람은 분명히 그가 이전에 광저우의 대로상에서 우연히 만난 선교사이고, 40일의 혼수 상태는 예수가 광야에서 시련을 겪은 기간과 연관관계가 있다고 지적했다. 홍슈취안은 그 기독교 소책자를 통해서 이런 사적을 알게 된 것이 분명했다.[6]

그후 6년 동안, 홍슈취안은 계속해서 시골에서 훈장 노릇을 했다. 1834년에 그는 네 번째로 과거를 보러갔으나 또 한 차례 낙방했는데, 이때는 "광저우 진입 문제"를 둘러싸고 대중의 감정이 한참 격분해 있던 때였다. 홍슈취안은 이런 "민족주의" 정신의 표현에 공감했고, 그에게 어떤 발전의 전망도 제공하지 않은 현존제도를 증오했으며, 그의 마음속에는 만청 왕조에 저항하는 민족주의적-종족혁명을 일으키려는 일종의 충동이 생겼다. 그러나 바로 중국 역사상의 수많은 혁명과 마찬가지로, 일종의 종교적 분위기는 이와 같은 한 차례의 운동을 지속시키는 데에 도움이 되었다.

---

6) P. M. Yap, "The Mental Illness of Hung Hsiu-ch'uan, Leader of the Taiping Rebellion", *The Far Eastern Quarterly*, 13 : 3 : 287-304(May 1954).

하루는 이종 사촌동생인 리징팡(李敬芳)이 홍슈취안을 방문했는데, 호기심에서 그는 책꽂이에 놓여 있는 기독교 소책자를 빌려갔다. 리징팡은 소책자의 예사롭지 않은 내용에 크게 감동되어 홍슈취안에게 그 글을 읽어보라고 권했다. 홍슈취안은 그의 말대로 했고, 그는 점차 이 글들 속에 6년 전에 꾸었던 꿈의 의미를 푸는 비결이 들어 있다고 믿게 되었다. 즉 그 노인이 바로 천부황상제(天父皇上帝)이고 그 중년남자는 바로 천형(天兄)인 예수이며, 홍슈취안 자신은 하느님의 둘째 아들이고 예수의 동생이라는 것이었다. 일종의 새로운 삼위일체가 탄생했는데, 적어도 홍슈취안은 마음속으로 그렇게 생각한 것이다. 홍슈취안은 꿈속의 요마는 사원에 있는 우상이라고 단정했다. 홍슈취안과 리징팡은 이 계시로 인해서 기뻐서 어쩔 줄을 몰랐으며, 그들은 소책자에 묘사되어 있는 방법대로 스스로 세례를 행하고 하느님에게 사신(邪神)을 숭배하지 않고 천조(天條)를 준수하겠다고 서약했다. 홍슈취안의 첫 번째 귀의자들 중에는 사촌동생 홍런깐(洪仁玕, 1822-1864), 그의 이웃이고 학우인 펑윈산(馮雲山, 1822-1852)도 있었는데 이들은 모두 뜻을 이루지 못한 서생이었다. 오래 지나지 않아, 홍슈취안의 가족들도 귀의했다.

홍슈취안과 펑윈산은 침식을 잊어가면서까지 몰두하여 기독교 소책자를 자세히 살펴보았지만, 그 속의 수많은 개념을 완전히는 이해하지 못했다. 그들은 "천국"은 곧 중국을 가리키고, "하느님으로부터 선택을 받은 사람"은 곧 홍슈취안 본인과 그의 동포를 가리킨다고 여겼다. 그들은 더 나아가 사원의 소상(塑像)을 때려 부수고, 공자의 위패를 서당에서 없애버렸으며, 결국 홍슈취안은 1844년에 훈장의 직위를 내던져버렸다. 그들은 지금까지 고향과 집안으로부터 존경을 받은 예언자는 없었다는 성서의 말씀에 따라서, 인근에 있는 광시 성으로 가서 포교했다. 그들은 그들이 포교하는 기독교는 단지 성서의 일부분 장절 및 일부 소책자의 제한되고 사적인 해석에 불과하다는 경고를 무시해버렸다. 수개월 후에 홍슈취안은 고향으로 돌아왔으며, 뒤이어 2년간 계속해서 교편을 잡았고, 종교에 대한 단문(短文)과 시가를 집필했으며 아무런 구애도 없이 자유롭게 성서와 유가의 「예운」의 "대동" 편의 사상을 흡수했다. 그는 아편흡연과 도박과 술주정을 비난했고, 모든 사람은 다 형제자매라는 평등주의 관념을 강조했다. 홍수취안이 신종교로 혁명사업을 위한 추종자들을 모집하고 있는 것은 의심할 여지가 없었다. 이와 동시에 광시 성의 구이핑 현에서 북쪽으로 50리 되는 곳에 있는 쯔징산에서는 펑윈산이 이미 배상제회(拜上帝會)를 조직했다.

1847년, 홍수취안과 사촌동생 홍런깐은 광저우로 향했다. 미국 남방 침례회(American Southern Baptist)의 선교사인 로버츠(1802-1871) 목사에게서 성서, 기독교의 예절 및 의식, 교회조직에 대한 가르침을 받았다. 홍수취안은 실력 향상이 매우 빨라서 로버츠의 중국인 조수 두 사람은 그를 질투했으며, 홍수취안이 자기들의 자리를 대신할까봐 두려워했다. 그들은 홍수취안이 솔직하고 꾸밈이 없고 무지한 것을 이용하여, 그의 세례에 대한 보조금을 줄 것을 로버츠에게 요청하라고 홍수취안에게 권했다. 로버츠 목사는 홍수취안이 재물을 탐하는 것에 격노하여 그에게 세례 주는 것을 거절했기 때문에, 홍수취안은 스스로 속임수에 빠졌다는 것을 깨달은 후 세례를 받지 않고 바로 광시 성으로 되돌아갔다. 이때, 배상제회는 이미 광부, 숯을 굽는 노동자, 대다수가 객가인인 빈곤한 농민들 사이에서 3,000여 명의 신도를 모집했다. 이 운동이 확대됨에 따라서 양호한 교육을 받고 비교적 부유한 일부 사람들도 가입했는데, 가장 일찍 가입한 사람들 가운데는 숯 굽는 노동자인 양슈칭(楊秀淸), 농민이며 장래 홍수취안의 매부가 되는 샤오짜오꾸이(蕭朝貴), 약간의 교육을 받았고 이전에 현지의 관리와 교분이 있던 웨이창후이(韋昌輝), 돈이 많고 재능과 학식과 투지를 상당히 갖춘 스따카이(石達開) 등이 있었다. 여기에 홍수취안과 펑윈산이 결합하여, 새로운 종교 및 혁명운동의 핵심이 구성되었다. 홍수취안은 하느님의 둘째 아들의 자격으로서 지도자로 인정되었고, 펑윈산은 하느님의 셋째 아들로 인정되었으며, 양슈칭은 넷째 아들, 샤오짜오꾸이는 다섯째 아들로 인정되었다. 홍수취안은 모세 십계명에 근거하여 10개 조항의 천조를 만들었는데, 그 내용은 다음과 같다. (1) 하느님을 숭배해야 한다. (2) 사신(邪神)을 숭배해서는 안 된다. (3) 하느

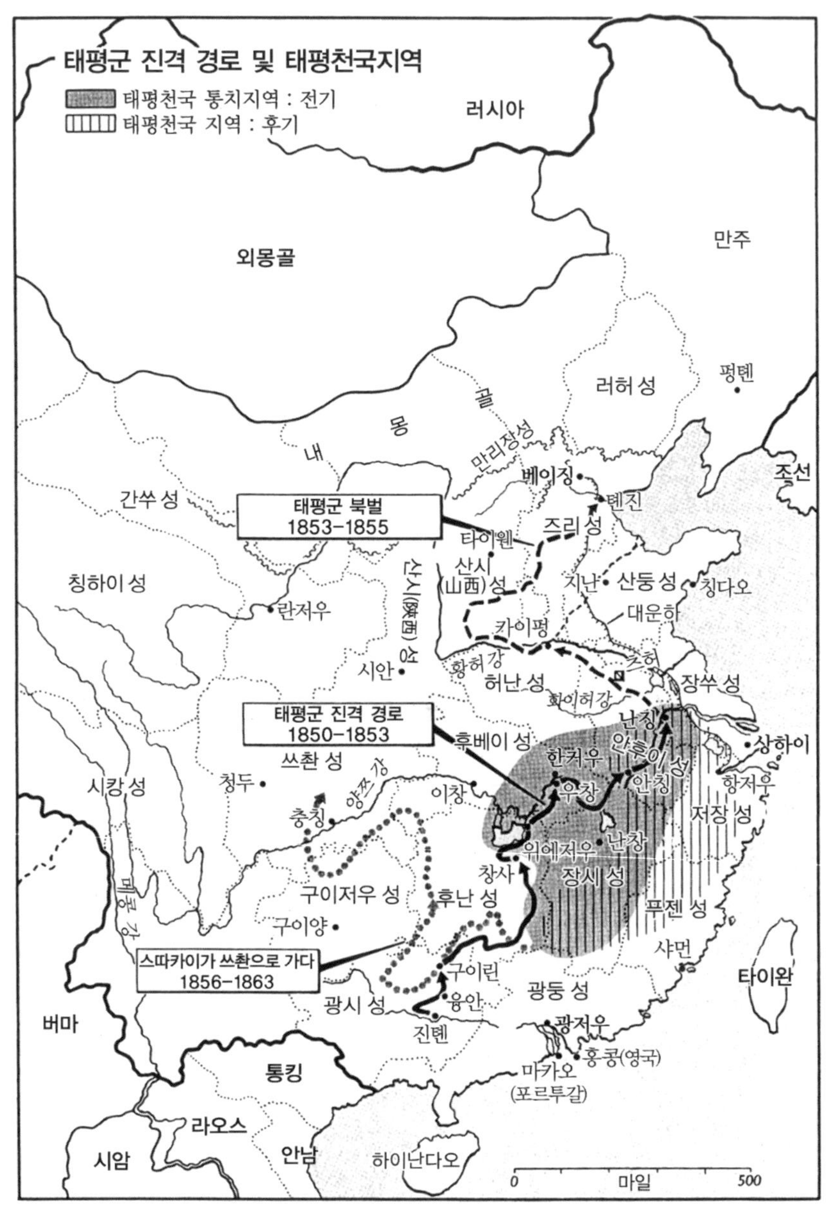


태평군 진격 경로 및 태평천국지역
태평천국 통치지역 : 전기
태평천국 지역 : 후기
러시아
외몽골
만주
러허 성
펑톈
몽
내
골
간쑤 성
만리장성
베이징
톈진
조선
태평군 북벌
1853-1855
타이웬
즈리 성
칭하이 성
산시(山西) 성
지난
산둥 성
칭다오
란저우
카이펑
대운하
시안
황허강
허난 성
즈허
장쑤 성
태평군 진격 경로
1850-1853
후베이 성
화이허강
난징
상하이
쓰촨 성
한커우
양후이 성
청두
양쯔 강
이창
우창
안칭
항저우
충칭
위에저우
난창
저장 성
구이저우 성
후난 성
창사
장시 성
푸젠 성
구이양
샤먼
스따카이가 쓰촨으로 가다
1856-1863
메콩 강
시캉 성
구이린
타이완
광시 성
융안
광둥 성
버마
진톈
광저우
통킹
홍콩(영국)
마카오(포르투갈)
라오스
안남
시암
하이난다오
0
마일
500

님의 명칭을 함부로 언급해서는 안 된다. (4) 매주 일요일에 하느님의 은덕을 숭배하고 찬양해야 한다. (5) 부모에게 효도해야 한다. (6)살인을 하고 사람을 해쳐서는 안 된다. (7) 간사하고 음란해서는 안 된다. (8) 도둑질하거나 강탈해서는 안 된다. (9) 거짓말을 해서는 안 된다. (10) 탐욕스러운 마음을 가져서는 안 된다.[7] 홍슈취안의 기독교 교파는 천주교가 아니라 개신교였다. 그 이유는 개신교의 교의가 본질적으로 현존하는 질서에 대한 일종의 "혁신"인 이 운동의 특징에 더욱 부합되었기 때문이다.

1849-1850년의 대기근 기간에, 광시 성의 천지회의 회중(會衆)이 "부자의 재물을 빼앗아 가난한 사람을 돕자[劫富濟貧]"는 기치를 내걸고 일어나서 행동을 개시했다. 배상제회는 이 변란으로부터 덕을 입었는데, 더욱 많은 객가인들이 본토인의 멸시와 억압을 피하기 위해서 가입했고, 더욱 많은 가난한 사람들이 도적 떼와 가혹한 관리로부터 받는 고통을 벗어나기 위해서 찾아와 보호를 구한 것이다. 수많은 사람들은 순진하게도 배상제회는 서양의 종교를 신봉하기 때문에 관아의 간섭을 받지 않으리라고 믿었다. 1850년 봄에 홍슈취안은 이미 1만 명의 신자들을 거느리고 있었다. 그는 광시 성에서 전략적으로 중요한 위치에 있는 마을인 진티엔을 대본영으로 선택하고 가족들을 데려왔다. 1850년 6월, 각지의 모든 배상제회의 회중은 재산을 모두 처분하여 팔아 환금하라는 요구를 받았다. 환금한 것은 모두 진티엔에 설치된 성고(聖庫)로 보내졌으며, 모든 회중은 성고로부터 보급품을 받았다. 이런 재물을 함께 누린다는 사상은 가난한 사람들에게는 매우 큰 호소력을 가지는 것이었다.

이때 홍슈취안과 그의 동지들은 이미 은밀히 혁명을 일으킬 준비를 하고 있었다. 1850년 11월에 관군이 배상제회 회중인 몇몇 숯 굽는 노동자들에게 세금을 납부할 것을 불법적으로 강요하자, 충돌이 발생했다. 1851년 1월 11일, 즉 홍슈취안의 37세(중국 나이로는 38세) 생일인 이날, 배상제회는 진티

---

7) 李守孔, p. 161.

엔에서 정식으로 혁명을 선포함으로써 그의 생일을 경축했다.8) 홍슈취안은 새로운 "태평천국"의 "천왕(天王)"으로 선포되었으며 5명의 고위급의 동지들이 왕으로 책봉되었지만 아직 구체적인 왕의 명칭은 정해지지 않았다.9) "태평"이라는 어휘는 중국의 고서에 있을 뿐만 아니라 과거의 몇몇 황제의 연호였고, "천국"이라는 어휘는 성서에서 따온 것인데, 두 가지가 합쳐져서 그 의미는 지상에 있는 태평스러운 천국을 가리켰다.

태평군과 비밀결사는 일종의 미묘한 관계를 유지하고 있었는데, 홍슈취안은 비밀결사의 우상숭배는 질책해야 한다고 생각했고 이들의 대명 왕조 회복의 취지는 천국을 창건하겠다는 자신의 계획 및 목표와 어긋난다고 여겼다. 그뿐만 아니라 그는 비밀결사의 회중은 우상숭배를 포기하고 하느님을 경배하고 태평천국의 천조와 기율을 받아들여야만 태평군에 참가할 수 있도록 하기로 결정했다. 태평군에 참가했던 수많은 비밀결사 회중은 이런 요구를 만족시키기 어렵다는 것을 알고 탈퇴해버렸지만 일부 사람들은 그대로 남았는데, 그들 중에는 로다강(羅大綱)과 린펑샹(林鳳祥)이 포함되어 있었다.

머리를 길게 기른 태평군은 앞머리를 박박 깎아버리고 뒷머리를 길러 땋은 당시의 유행과는 다른 모습이었기 때문에 "장모적(長毛賊)" 혹은 "장모(長毛)"라고 불렀다. 태평군은 종교광신자의 왕성한 투지와 기개로 싸웠기 때문에 조정의 군대, 각 성의 군대 및 지방의 단련은 그들의 공격을 견디지 못했다. 태평군은 진티엔 기지에서 북상하여 1851년 9월 25일 중요 도시인 융안을 점령하고 그곳을 새로운 기지로 삼았다. 그들은 이곳에서 거의 반년 동안 머물면서 3-4개월 동안 충분히 사용할 수 있는 양초(糧草)를 축적하고 군대를 3만7,000명으로 확대시켰다. 홍슈취안의 고위급 동지 몇 명은 이미 왕으로 책봉되었다. 이제 왕의 칭호가 추가되었는데, 즉 양슈칭은 동왕(東王)으로, 펑윈산은 남왕(南王)으로, 샤오짜오꾸이는 서왕(西王)으로, 웨이창

---

8) 『金田起義』(南寧, 1975).

9) 이전의 기록은 1851년 9월에 태평군이 융안을 점령한 이후에야 비로소 왕을 책봉했다고 하지만, 좀더 이후의 연구들은 이 견해를 반박한다. 이에 대해서는 S. Y. Teng, *New Light of the History of the Taiping Rebellion*(Cambridge, Mass., 1950)를 보라.

후이는 북왕(北王)으로, 스따카이는 익왕(翼王)으로 봉해졌다. 별도로 3,000년 전의 주(周) 왕조체제에 따라서 새 왕국의 각종 관직을 설립했다. 다수의 기록에 의하면 태평천국은 융안에서 정식으로 건립을 선포했다고 하지만, 이후의 몇몇 연구는 이 설에 대해서 의문을 제시했다.[10] 태평군은 일련의 새로운 역법을 반포하여 시행하고 전국에 정식으로 격문(檄文)을 발포했는데, 그 글에서 그들은 만주인의 한인에 대한 압박을 규탄하고 이민족 정권 내부의 부패를 비난했으며 청 왕조를 타도할 것을 호소했다.

조정의 관군이 융안에서 한 차례의 강력한 포위작전을 전개하여 태평군은 거의 반년 동안 포위를 돌파할 수 없었다. 한동안 태평군은 사기가 크게 떨어져서 동왕의 묘책이 아니었으면 이 혁명은 실패했을 가능성이 매우 높았는데, 동왕은 하느님께서 이미 그에게 현재의 위기는 100일 후에 사라질 것이라고 밝히셨다고 공언했다. 1852년 4월 3일, 태평군은 포위를 돌파하고 북진했다. 뒤이어 후난 성으로 돌입하여, 후난 성 성도인 창사를 점령하려고 시도했다. 이 전투에서 그들은 남왕과 서왕이 전사해버린 두 가지 중대한 손실을 입었다. 그렇지만 혁명군은 계속해서 전진하여 1852년 12월 13일 위에저우를 점령하고 그곳에서 150여 년 전에 우산꾸이가 숨겨놓은 거대한 무기고와 몇 문의 대포를 찾아냈다. 그 이외에도 그들은 5,000척의 선박을 징발함으로써 태평군의 세력은 크게 증가하여 양쯔 강변에 있는 우한 삼진(武漢三鎭)[11]까지 진격하여 그곳에서 1만 척의 선박을 탈취하고 성(省)의 관아의 곳간과 곡식창고로부터 100만 은량과 대량의 양식 및 탄약을 탈취했다. 태평군은 이제 자신들의 수효가 50만 명이라고 자랑하면서 난징으로 진격하기 위한 준비를 완료했다. 난징은 일찍이 많은 왕조의 수도였는데, 명 왕조의 개국황제가 바로 이곳을 기지로 하여 몽골의 정복자를 축출했다. 태평군은 우한을 완전히 약탈하고 양쯔 강을 따라서 동쪽으로 진출하여 1853년 3월 19-21일 사이에 난징으로 쳐들어갔다. 홍수취안은 마치 황제처럼 36명이

---

10) Teng, *New Light*.
11) 우창, 한커우, 한양.

메는 대형 가마를 타고 개가를 울리며 입성했고 동왕이 타는 가마는 16명이 메고 있었으며 난징은 티엔징(天京)으로 명칭을 바꾸었다.

관군은 오직 두 개의 대영을 설립하여 태평천국 수도의 안전을 위협하는 수밖에 없었는데, 그중 하나는 난징 동쪽 교외에 주둔하고 있는 장난 대영(江南大營)이고 또 하나는 양주 성 밖에 주둔하고 있었는데 장베이 대영(江北大營)이라고 불렀다.

홍슈취안은 린펑샹과 리카이팡(李開芳)이 거느리는 부대를 파견하여 화북으로 진군하게 했고 또 한 부대는 로다강이 거느리고 서쪽으로 안후이, 장시, 후베이 및 후난으로 진군하게 했다. 이들 수 명의 장군은 모두 비밀사회의 구성원으로서 유달리 용맹스러웠지만 모두 홍슈취안의 친밀한 동지는 아니었다. 홍슈취안은 아마도 태평천국운동에서 비밀사회의 영향력을 감소시키기 위해서 그들을 다른 데로 돌리려고 했을는지도 모른다.[12] 북벌군은 톈진 시에서 20마일 떨어진 곳까지 도달했지만 결국 후속지원이 없어서 실패했으며 두 명의 통솔자는 1855년 생포되어 베이징에서 처형되었다. 서정(西征) 역시 유학자 출신 장군인 쩡궈판(曾國藩)의 완강한 저항에 부딪치게 되었는데 이 부분의 역사는 다음 글에서 언급될 것이다.


## 태평천국의 제도

태평천국은 신권통치로서, 그 속에는 종교, 군사와 행정의 관리, 문화와 사회가 서로 뒤엉켜 있었다. 수도를 티엔징(天京)이라고 부르고, 최고 지도자를 천왕이라고 불렀으며, 궁전을 천조궁전(天朝宮殿)이라고 불렀다. 또 중요한 문헌은 천조서(天朝書), 국고는 성고라고 불렀다. 아편을 피우는 것, 담배를 피우고 술을 마시는 것, 창기를 상대하는 것, 전족을 하는 것, 노예를

---

12) 그가 태평군과 비밀결사를 분리했다는 것은 그가 왜 소도회를 지원하는 것을 거절했는가에 대한 해석을 제공한다. 소도회는 삼합회의 한 분파로서 1853-1854년에 상하이의 구시가를 1년 반 동안 점령했다.

사고파는 것, 도박, 일부다처 등은 모두 금지사항이었다. 태평천국운동은 초기에는 하나의 명확한 장세니슴(Jansenisme) 정신을 가지고 있었고 지도자들은 많은 가치 있는 제도와 발명을 고안해냈다. 국가의 기본문건을 「천조전묘제도(天朝田畝制度)」라고 불렀는데 이것은 토지제도를 규정했을 뿐만 아니라 군사, 내정, 재정, 사법, 교육제도도 규정한 것으로 태평천국의 헌법과도 같은 것이었다.

**토지제도**  태평천국의 많은 발명 중 가장 중요한 한 가지는 아마도 토지와 재산의 사유권을 폐지한 일일 것이다. 이 발명의 배후에 있는 정신은 모든 하느님의 백성들은 하느님의 은혜를 누려야 하며, 부족함을 없애고 경작할 밭이 있고 먹을 양식이 있으며 입을 옷이 있고 쓸 돈이 있어야 한다는 것이다. 이런 이상적인 상태에 도달하고자 한다면, 분명히 현재의 토지제도에 대해서 근본적인 변혁을 가해야 한다는 것이다. 이 때문에 태평군은 생산량의 많고 적음에 따라서 경작지를 9등급으로 나누었다.[13] 모든 16세 이상의 남녀는 밭 한 뙈기씩을 나누어 받고, 모든 16세 이하의 사람들은 밭 반 뙈기씩을 나누어 받는다. 이렇게 하여, 만약 한 사람이 1묘의 상상전(上上田)을 받는다면, 그의 15세 이하의 아이는 동일한 품질의 밭을 반 묘 받는다. 한 가구에 여섯 식구가 있는 집은 품질의 좋고 나쁨이 똑같은 수량의 토지를 받게 되는데, 즉 3명이 품질이 좋은 토지를 받고, 3명은 품질이 나쁜 토지를 받는다.[14] 모든 토지는 밭을 받은 사람들의 재산이 될 수 없고, 그는 단지 토지를 사용해서 생산을 할 수 있는 권리를 얻을 뿐이었다. 개인의 수요를 초과한

---

13) 1묘당 1,200근(1근은 1과 3분의 1파운드이다)을 생산하는 토지는 상상등(上上等)으로 구분되고, 1,100근을 생산하는 토지는 상중등(上中等)으로, 1,000근을 생산하는 토지는 상하등(上下等)으로, 900근을 생산하는 토지는 중상등(中上等)으로, 800근을 생산하는 토지는 중중등(中中等)으로, 700근을 생산하는 토지는 중하등(中下等)으로, 600근을 생산하는 토지는 하상등(下上等)으로, 500근을 생산하는 토지는 하중등(下中等)으로, 400근을 생산하는 토지는 하하등(下下等)으로 구분되었다.
14) 1묘의 상상전(上上田)은 1.1묘의 상중전(上中田)에 해당하고, 1.2묘의 상하전(上下田), 1.35묘의 중상전(中上田), 1.5묘의 중중전(中中田), 1.75묘의 중하전(中下田), 2묘의 하상전(下上田), 2.4묘의 하중전(下中田), 3묘의 하하전(下下田)에 해당한다.

잉여의 생산품은 반드시 국고에 바쳐야 하고, 축적과 개인재산은 금지되었다. 이렇게 토지를 공동으로 사용하는 사상은 중국 고대의 전적인 『주례(周禮)』에서 볼 수 있는데 한(漢) 왕조의 찬탈자인 왕망(王莽)이 일찍이 단명한 신(新) 왕조(기원후 8-23) 때에 그것을 실시한 적이 있었다. 태평군은 매우 현실과 동떨어진 이 이상주의 이념을 회복시켰다. 그러나 불행히도 계속되는 전쟁과 농촌의 불안정한 상황으로 인해서 이런 제도는 실현되지 못했고 단지 소수의 지역에서 잠시 시험되었을 뿐이다.

**군정합일(軍政合一)** 　태평천국 군제의 근원은 『주례』와 명 왕조의 장군이었던 척계광(戚继光)이 발명한 제도로부터 온 것으로, 특징은 군사와 민정관리를 하나로 합친 것이다. 사졸(士卒)은 농민이지만, 군관은 군의 보직과 행정상의 직무를 동시에 맡았다. 1만3,156가구마다 군수(軍帥)를 한 사람 두는데, 군수는 각각 5개의 사(師)를 관할하고, 각 사는 각각 다섯 개의 여(旅)를 관할한다. 각 여수(旅帅)는 다섯 명의 졸장(卒長)을 관할하고  각 졸장은 네 명의 양사마(兩司馬)를 관할하며, 각 양사마는 각각 다섯 명의 오장(伍長)을 관할하고, 오장은 각각 4명의 사졸을 관할한다. 이렇게, 1개의 군(軍)은 1만 명의 사졸과 3,156명의 군관으로 구성되어 있어서 모두 합하면 1만3,156명이 된다. 더욱 많은 가정이 형성되면, 새로운 군사단위가 결성되었다.

　군관도 민정관리자로서, 25개 가정으로 하나의 기본적인 사회단위를 조직하는데, 각 단위에는 하나의 국고와 한 채의 예배당 시설이 갖추어져 있으며 양사마가 관리한다. 그는 휘하의 25개 가정의 민사, 교육, 종교, 재무 및 사법업무를 관리하고, 소송과 혼례와 장례의 사무를 책임졌다. 이런 사무비용들은 모두 국고에서 지출되며 모든 일의 경비는 각각 금액이 정해져 있었다. 평소에는 사졸과 오장이 공공업무를 집행했다. 25개 가정의 아동들은 매일 예배당에 가서 양사마가 성서와 홍수취안이 저술한 기독교 저작을 강의하는 것을 들었다. 일요일에 오장은 각자의 부하들을 데리고 예배당에 갔고, 남녀가 따로 앉아서 양사마의 설교를 들었다. 태평천국의 찬송가와 개신교의 찬송가는 달랐으며 비록 그 예배의식은 기본적으로 개신교의 전통을 지키고는 있었으나 일부분은 달랐다. 예를 들면 불교와 도교에서처럼 징이나 북, 폭죽을 사용하고, 떡이나 과일 등을 바쳤다.

태평군은 조상에게 제사를 지내는 것을 엄금했고, 우상과 불당을 발견했을 때는 즉시 부수어버렸으며, 군관들은 통상 그들의 부대가 이르는 곳마다 새로운 지역의 주민들에게 교리를 전도했다.

**문화와 종교의 합일** 태평천국의 가장 중요한 한 가지 임무는 민중에게 기독교 사상을 주입시키는 것이었다. 홍슈취안의 성서에 대한 해석에 근거하여 아이들을 위해서 478구 1,434자로 된 신판『삼자경(三字經)』을 편찬했는데, 그 첫머리에서 "하느님이 하늘과 땅을 창조하시고, 산과 바다를 창조하시고, 만물을 마련하셨는데, 6일 동안에 모든 것이 이루어졌다.……"고 했다. 그 외에 또『유학시(幼學詩)』그리고 하느님과 예수를 인류의 진정한 구세주로 찬양하는 찬미 시가 몇 가지 있었다. 이런 시문은 모두 백화문(白話文)으로 썼으며, 구두점을 붙여서 읽기에 쉽고, 널리 전해질 수 있도록 했다. 현재 일부 진보적인 작가들은 이런 통속적이고 명료한 창작 스타일은 20세기 초의 신문화운동을 선도했다고 여기고 있다.

태평천국은 과거시험을 실시했는데, 태평과거시험에는 백화문이 청나라 조정의 과거시험이 요구했던 고문 작문을 대체했다. 태평과거시험의 문제는 청조의 과거시험처럼 유가경전에서 출제한 것이 아니라 성경, 기독교 저작, 태평천국조서로부터 뽑았는데, 예를 들면 "진정한 유일신 하느님", "하느님 아버지께서 인간 세상에 내려오신 것은 누구를 위해서인가? 예수는 왜 목숨을 버리셨는가?" 등이었다.

태평과거시험은 남녀 전체에게 개방했는데, 맨 처음에는 홍슈취안과 유천왕(幼天王 : 홍슈취안의 장남 홍텐꾸이푸)의 탄생일에 과거를 실시했다. 그러나 그후 태평천력의 3월 5일과 3월 13일을 각각 매년 문수재(文秀才)와 무수재(武秀才)의 과거를 실시하는 날로 설정했다. 그리고 5월 5일과 5월

15일은 문무 거인의 과거시험일로 했으며 9월 9일과 9월 19일은 각각 문무 진사의 과거시험일로 정했다.[15] 수험생들은 점쟁이와 무당도 포함된 온갖 부류의 사람들이었다. 미루어 알 수 있는 것은 이 과거시험의 기준이 그다지 엄격하지 않았다는 것이다. 전해지는 말에 따르면 후베이 성에서 치러진 과거시험 중 한번은, 놀랍게도 1,000명의 수험생 중에 800명이 합격한 적도 있었다고 한다. 이 때문에 이 시험은 많은 사람들의 환심을 샀지만 재능 있는 인재들을 선발한다는 최초의 의도와는 어긋나는 것이었다.

**새 역법** 태평군이 채택한 역법은 독특한 풍격을 가지고 있었는데, 그것은 음력도 아니고 양력도 아니었으며, 음력과 양력의 중간이었다. 1년이 366일로 나뉘어졌으며 홀수의 달은 31일이었고 짝수의 달은 30일이었다. 이 달력의 결함은 그것이 4년마다 한 번씩 3일이 많아지거나 40년마다 30일이 많아진다는 것이었다. 이 불완전한 점을 보완하기 위해서 40년마다 1년간의 "윤년"을 두었는데, 태평천국은 매 40년을 알선(斡旋)이라고 불렀다. 윤년에는 매월을 28일로 나누고 1년을 모두 336일로 하여 정상적인 해보다 30일이 적게 했다. 태평원년의 1월 1일은 1852년 2월 4일이다.

**사회정책** 태평천국 내에서는 남녀는 평등하고, 여성이 군정기관에서 재직하는 것이 허락되었다. 전해지는 말에 따르면 홍슈취안 여동생의 휘하에는 10만 명의 여병(女兵)과 여관(女官)이 있었다고 한다. 태평천국 초기에는 난징에 있는 미혼의 젊은 여자들 그리고 전사하거나 밖으로 나간 남편을 둔 부녀들을 위해서 여관(女館)을 설립했고, 홍슈취안의 여동생이 그녀들을 전적으로 관리했으며 외부의 간섭을 받지 않았다. 난징을 방문한 선교사는 태평군의 여자 구성원들이 큰길에서 자유롭게 산책하거나 말을 타는 모습에 대해

---

15) 더욱 정확히 말하면 이런 직함들의 명칭은 적합하지 못한 것으로 간주되어 태평군은 수재를 수사(秀士)로, 거인을 박사(博士)로, 진사를 대사(大士)로 개칭했다. 국사(國士)는 한림을 대체하는 명칭으로 사용되었다.

서 깊은 인상을 받았다. 태평천국은 또한 사회복지 대책을 채용해서 병자와 신체장애인, 고아와 과부 등을 돌보아주었다. 이 운동의 평등주의와 금욕주의 정신은 앞에서 언급한 아편을 피우는 것, 전족을 하는 것, 노예, 매춘 등을 금지하는 정책 속에 반영되었다. 결론적으로, 태평천국의 사회는 분명히 청조 사회와는 판이하게 달랐다.

## 외국의 중립입장

태평천국 초기에 기독교 신앙은 서양인들, 특히 개신교 선교사들의 동정을 받았지만 그들은 태평천국의 그런 모독의 의미를 농후하게 함유하고 있는 새로운 "삼위일체"에 대해서 매우 걱정했다. 외국 상인들은 태평천국지역에서의 상거래 확장 전망에 대해서 관심을 가졌지만 태평군의 아편을 엄금하는 율령에 대해서는 걱정했는데, 왜냐하면 아편은 이미 대(對)중국 무역에서 가장 이익이 큰 품목이 되었기 때문이다. 총체적으로 말하면, 외국 정부는 태평천국에 대해서 복잡한 감정을 품고 있었는데, 이런 상황에서, 현명한 정책은 바로 관망하는 태도를 취하는 것이었다. 영국의 중국 주재 전권대표인 조지 보넘 경은 영국은 중국의 내부 충돌에 대해서 중립을 지킬 것이며 상하이에 거주하는 영국 신민의 생명과 재산을 보호하는 선을 넘지 않겠다고 선포했기 때문에, 영국이 청군을 지원할 예정이라는 인상을 없애버렸다. 태평군에 대한 1차 정보자료를 얻기 위해서 보넘과 통역자인 토머스 T. 메도스는 1853년 4월 영국 선박인 허미스 호를 타고 난징으로 갔다. 북왕과 익왕이 메도스를 접견했고 그리고 보넘이 동왕을 알현할 수 있는 자리를 마련해주었다. 보넘은 동왕 양슈칭을 알현하지 못하고 오직 1통의 편지만 바쳤는데, 그는 편지 속에서 영국의 입장은 중립이라고 설명하고 태평군이 영국의 조약 권리를 인정할 것을 요구했다. 이상한 것은 태평군은 거들먹거리는 자세로 천왕은 "속국"의 인민이 먼 길을 온 것을 찬양하여 그들이 상업활동을 하거나 티엔징에 이르러 충성을 다하는 것을 허락한다고 선언한 것이다. 태평균은 또 편지와 함께 태평천국 소책자 몇 권을 주면서 이 영국인에게 열심히 연구하여 진리를 깨우칠 것을 요구했다.

보넘의 방문은 약간의 정보를 수집한 것 이외에 별다른 성과가 없었다. 그가 티엔징에 온 것은 태평군에게 영국의 조약 권리를 존중해줄 것을 요구한 것이지만 천왕은 영국을 하나의 속국으로 대하려고 했다. 보넘은 난징을 떠나서 귀국했는데 떠나기 전에 만일 영국인의 생명과 재산이 침해를 당하면 그의 정부는 10여 년 전의 아편전쟁에서와 같은 수단을 취할 것이라고 경고했다. 보넘은 영국 정부에 자신은 태평군이 청 왕조를 대체할 수 있는지 의심스럽다고 말하고 중립정책을 취할 것을 건의했다. 메도스의 태평천국에 관한 소책자와 이 운동에 대한 분석은 외국인의 복잡한 감정을 반영하는 것이었다.

상술한 책자들 속에서 보여주고 있는 의인화의 색채는 매우 놀라운데, 하느님을 아주 높은 곳에서 군림하는 상태에서 모셔 내려와 속세의 일을 잘 알게 하고 있으니, 그 의인화의 정도는 우리에게 약간 반감을 가지도록 한다.……우리 앞에 있는 저작물 중 아주 훌륭한 것들은 우리가 그것들의 저자들이 신학의 가르침을 받았다고 예측하도록 하고 상당수의 사람들이 이 진리들을 통하여 천국으로 통하는 길을 찾을 수 있다는 기대를 품도록 유도하고 있다. 그렇지만 그 속에는 또 우리가 절대로 동의할 수 없는 것들이 몇 개 있는데, 특히 하느님으로부터 직접 전수받았다는 것과 같은 주장들이고, 그 외에 하느님에 대해서 묘사한 몇몇 글들은 우리가 몸에 배일 정도로 익숙하게 알고 있는 성서의 내용과 판이하게 다를 뿐만 아니라 개인의 팽창과 야심을 만족시키는 데에 사용되고 있다.……

만약 기독교 국가가 이 운동을 진압하는 데에 참여한다면 매우 슬픈 일이 될 것이다. 그 이유는 봉기를 일으킨 자들은 진보를 쟁취하려는 격정과 전면적인 개혁을 하려는 의향을 품고 있었는데(그들의 역법이 바로 증거이다), 반면 청 조정 측은 이런 의향을 나타낸 적이 없어서 청 조정이 이런 의향을 보여주기를 기대할 수 없기 때문이다. 비록 봉기를 일으킨 자들이 말하는 기독교 형식은 의문의 여지가 많지만 지금까지 중국인이 줄곧 하고 있는 어리석은 우상숭배보다는 훨씬 더 낫다고 생각된다. 만약 유럽 국가가 적대적인 편에 선다면 어느 면에서 그들 자신보다 더욱 좋은 사람들과 전쟁을 하게 될 것이다.……현재 비교적 바람직한 유일한 정책은 중국 내전에 가일층의 개입도 하지 않고 쌍방과 일체의 정치적 차원의 분규를 피하는 것이다.16)

미국인은 태평천국의 초기에 중립정책을 취함으로써 청 정부를 지지한 것이 아님이 분명하다. 프랑스는 천주교의 해외 보호자이자 전파자로서 태평천국의 신교 이념에 대해서 동의하지 않았다. 그러나 1853년 12월 난징을 방문한 중국 주재 프랑스 공사인 M. 드 부르불롱은 태평군의 질서와 기율에 대해서 깊은 인상을 받았기 때문에 그 역시 본국 정부에 중립정책을 취할 것을 건의했다. 러시아와 중국의 무역은 주로 신장, 몽골, 만주 등 변방지역에서 이루어졌기 때문에 태평천국 운동의 영향이 비교적 작았다. 정치 면에서 볼 때, 태평천국이 승리하는 것은 정치의 중심이 러시아가 반(半)외교적, 반(半)종교적인 사절단을 두고 있는 베이징에서 난징과 영국 세력이 매우 강한 남방으로 전환하는 것을 의미하게 된다. 때문에 러시아의 이익은 청나라 조정을 유지하는 활동을 하는 데에 있었다. 그러나 러시아 정부도 잠시 중립을 유지했다.

태평군이 왜 외국의 승인을 추구하는 적극적인 정책을 취하지 않았는지는 시종 의문으로 남아 있다. 더욱 당혹스러운 것은 그들이 한편으로는 모든 사람은 하느님의 자식으로서 모두 평등하다고 말하면서도 다른 한편으로는 외국의 대표를 비천한 속국에서 온 사절로 대하는 태도를 고수한 것이다. 아마 태평천국의 지도자들이 서양인을 신뢰하지 않아 그들과 제휴하는 것을 두려워했기 때문일 것이다. 만일 태평군이 외국과 동맹하여 공동으로 청나라 정부(이 정부는 외국 열강과 의견이 충돌되고 있었다)와 맞섰더라면 이

---

16) McNair, I, pp. 345-346.

혁명의 미래의 진행과정은 아마 크게 달라졌을 것이다.

## 쩡궈판과 상군

태평군의 초기의 승리는 수많은 요소에 기인한다. 첫째, 만주의 이민족 통치에 반대하는 민족주의적-종족혁명으로서 광범위한 동조를 얻었으며 비밀결사가 그들에게 상당한 도움을 주었다. 둘째, 태평군은 신앙이 있는 군대로서 "구세(救世)"의 사명을 가지고 있었으며 태평군 전사들은 홍슈취안이 하느님이 속세의 요마를 박멸시키기 위해서 파견한 사람이며 이 사업을 위해서 헌신하면 천당에 들어가서 영원히 하느님과 함께 있을 것이라고 믿었다. 그들은 싸우다 죽는 것을 두려워하지 않고 용감하게 희생했으며 성전(聖戰)을 치르는 군대가 가진 충성심과 용감한 기개를 가지고 싸웠다. 셋째, 태평군의 군제(軍制)는 명 왕조의 명장인 척계광이 창립한 여러 차례의 시험을 거친 방법으로 구성되었다. 기율이 엄명한 그들의 부대는 교만 방자하고 부패한 관군보다는 훨씬 더 많은 민심을 얻었으며 기병과 녹영병은 투지를 상실하여, 열정이 충만한 혁명가들을 만나자 붕괴되고 말았다.

이런 상황에서 조정은 백련교 봉기 기간(1796-1804)에서처럼 단련을 조직하여 지방을 보호하는 것에 의존할 수밖에 없었다. 1852년 중반 태평군이 후난 경내까지 석권하여 성도인 창사를 포위공격하자, 매우 곤경에 빠진 조정은 황급히 부모상을 당하여 집에 머물고 있는 학자형 관원인 쩡궈판에게 단련을 조직하여 그의 고향 성을 보위하도록 명령했다.

후난 성 샹샹 현 출신의 쩡궈판(1811-1872)은 결코 재능이 남달리 출중하지는 않았지만 신념을 지키는 부지런한 지식인이었다. 그는 1838년 진사에 합격하고 점차 승진하여 1849년에는 예부우시랑(礼部右侍郎)이 되었고, 1851년에는 형부좌시랑(刑部左侍郎)을 겸직했으며, 1년 후에는 이부좌시랑(吏部左侍郎)도 겸직했다. 수도에 거주하고 있는 기간에 그는 송파(宋派) 이학의 주요 인물들과 사귀었고 그들로부터 "고요함[静]", "끈기[耐]", "자제

[約]"를 터득하게 되었는데, 이런 이념들은 실제업무에 적용되었을 때 처변불경(處變不驚 : 변란이 닥쳐도 놀라지 않음), 임위불구(臨危不懼 : 위기가 닥쳐와도 두려워하지 않음), 무실극기(務實克己 : 실무적이고 자제력이 있음)를 의미했다. 그는 이후 생애에서 이와 같은 품격의 덕을 많이 입었다.

1852년 중기에 쩡궈판은 장시 성 향시의 주임 시험관에 임명되었는데 임지로 부임하는 도중 모친의 사망 소식을 듣고 당시의 사회습속에 따라서 고향으로 돌아가서 집에서 근신하고 있었다. 집에서 근신하고 있는 기간에 조정은 그를 소환하여 후난 을 위해서 단련을 조직하게 했다. 효자이고 경건한 유학자인 그는 근신 기간을 단축시키고 싶지 않았지만 결국 국사를 가사보다 더 우선시해야 한다는 친구들과 후난 순무의 설득에 응하여 창사로 갔다. 쩡궈판은 녹영병과 단련은 태평혁명군의 적수가 아니라는 것을 잘 알고 있어서 공적을 세우려면 반드시 황제의 명령을 초월하여 신군(新軍)을 조직해야 했다. 태평군은 일찍이 단련에 의해서 진압된 백련교 반도(叛徒)들이 절대로 아니었으며, 신앙을 가진 군대로서 명 왕조의 장군이 발명했고 오랜 시험을 통해서 효과가 입증된 방식으로 조직된 군대였다. 성전을 행하는 대군과 맞서기 위해서는 반드시 단련을 훈련이 뛰어나며 확고한 신앙을 구비한 군대로 전환시켜야 했다. 가장 재미있는 것은 쩡궈판이 이 목표를 달성하기 위해서 명 왕조의 장군인 척계광이 발명한 군제를 채용하고 그 외에 별도로 다시 이 군대에게 공맹(孔孟) 전통의 중국 문화를 수호한다는 사명감을 주입한 것이었다. 쩡궈판은 또한 공통적인 지방배경을 기초로 하여 신중하게 병사를 모집함으로써 단체정신을 확실하게 구비하게 했다.

상술한 관념에 의거하여 쩡궈판은 이미 계획한 대로 3개 영(營)의 부대를 모집했는데, 1개 영은 360명이어서 모두 1,080명이었다. 각 영의 군관은 유생(儒生) 중에서 선발하고, 사병은 교활한 도시주민이 아닌 소박한 농민 유형의 사람들 중에서 선발했다. 군관과 사병들이 모두 쩡궈판 본인과 마찬가지로 후난 성 출신이어서 "상군(湘軍)" 혹은 "상용(湘勇)"이라는 명칭이 붙게 되었는데 "용(勇)"은 비정규군이나 임시로 모집한 사람들을 호칭하는 데에 사용하여 정규적인 상비군과 구별했다. 상군은 점차 13개 영으로 확충되었고 각 영의 인원수도 500명으로 확대되었으며 별도로 각종 잡일을 하는 180명의 잡역부들이 배치되었다. 사병들의 급여는 매월 4.5냥으로서 일반 하인들 급여의 10배였다. 영의 군관의 봉급은 매월 50냥이고 별도로 150량의 경비가 추가되었다. 육군을 조직함과 동시에 쩡궈판은 10개 영으로 구성된 해군을 하나 조직했는데, 좀더 정확히 말하면 "수사(水師 : 수군)"로서 모두 5,000명이었으며 이는 양쯔 강에서의 대결을 위해서였다. 그는 두 개의 부두를 건립하여 240척의 전쟁용 정크선(junk船)을 제조했다. 쩡궈판이 상군과 수군을 부양하는 자금을 조달하는 출처는 (1) 내지의 이금(厘金)으로서 이는 이론상으로는 상품가격의 1퍼센트였지만 실제로는 4-10퍼센트였다.[17] (2) 관세, (3) 청 조정의 지출금, (4) 기부금, (5) 염세, (6) 조량, (7) 각종 잡세 등이었다.

상군의 병사는 군관이 모집했으며 병사는 그들을 모집한 군관에게 충성을 다했고, 군관들은 쩡궈판에게 충성을 다할 것을 맹세했기 때문에 상군은 사설군대였다. 이때까지 청 왕조의 관원이(일반 백성들은 더욱 말할 필요도 없다) 사적인 군대를 보유한 적은 없었으며 기병과 녹영병은 모두 중앙정부에 속해 있었다. 그러나 이제 형세가 급박해지자 쩡궈판은 부모상을 당하여 집에 있는 사대부와 한인의 신분이었음에도 불구하고 놀랍게도 이 관례를 타파한 것이다.

조정은 끊임없이 쩡궈판에게 군대를 후베이 성으로 보내어 구원하도록 재촉했으나 거절당했다. 그 이유는 쩡궈판은 당지의 도적 떼를 일소하고 육군과 수군에 대한 훈련을 끝내기 전에는 후난을 떠나고 싶지 않았기 때문이다.

---

17) 몇몇 성(省)에서 이금은 20퍼센트에 이르렀다. 이금은 최초에는 일종의 "100분의 1"의 부가세를 가리켰지만 그것의 함의를 해석한 명문규정이 있었던 적은 없으며, 이 세금의 발명자인 레이이청(雷以誠)조차도 설명하지 않았는데 그는 "부과한 정액은 대체로 단지 100분의 1(물품가치의 1퍼센트를 부과하는 것)이었고 또한 1리 미만의 사례도 자주 있었다"고 썼다. Edwin George Beal, Jr., *The Origin of Likin, 1853-1864*(Cambridge, Mass., 1958), p. 26을 참조하라.

황제는 그가 오직 고향인 후난 성만을 보위하고 전체 국면을 무시하고 있다고 질책했다. 1854년 초에 태평군이 다시 우한을 위협하자, 초조하고 불안해진 조정은 쩡궈판에게 후베이 성을 구원해줄 것을 "간청하고" 조정의 통제를 받지 않고 형편에 따라서 적절히 일을 처리할 수 있는 권한을 부여했다. 그해 2월, 쩡궈판은 1만7,000명의 군대를 후베이 성으로 파견했다. 상군의 육군과 수군은 자기 성을 떠난 후 대부분의 지방 색채를 상실하고 전국적 성격을 띤 새로운 전투부대가 되었다. 쩡궈판은 격문을 발표하여 태평군이 향촌의 질서를 어지럽히고 토지사유를 폐지하며 사찰을 파괴하고 유가의 예강(禮綱)과 중국인의 생활방식을 파괴했다고 질책했다. 이 문구들 중의 앞의 두 문구는 농민을 향하여 한 말이고 뒤의 두 문구는 신사(紳士)들을 향하여 한 말임이 매우 분명했다. 그는 태평군이 대대적으로 선전하고 있는 민족주의와 종족주의를 무시하고 문화전통의 수호자로서의 자신들의 역할을 강조하면서 태평군을 반대했다. 지식인들이 그의 휘하로 모여든 것은 태평군의 반만 입장을 전혀 찬양하지 않아서가 아니라 중화유산을 보호하려고 하는 경향이 더욱 강했기 때문이다. 그 이외에도 만청 왕조는 건립된 지 이미 300여 년이 되었는데, 이 기간에 한족 출신 지식인[士人]들은 줄곧 이 왕조를 위해서 혼신의 힘을 다 바쳐 일을 해왔기 때문에 그들에게 이제 종족혁명을 지지하라고 요구하는 것은 그들로서는 납득할 수 없는 일이었다. 사실상, 지식인들의 이익은 청 왕조의 이익과 상당히 서로 잘 부합하여 지식인들이 실제로 제국의 사업을 지지하는 것이 바로 그들 자신의 이익을 지키는 것이었다.[18] 농민들도 쩡궈판의 호소에 호응했는데, 그 이유는 태평군이 평온한 향촌생활을 어지럽히고 난폭하게 사찰과 사당을 파괴하여 그들을 몹시 실망시켰기 때문이다.

상군과 태평군의 최초의 대결은 결코 쩡궈판에게는 고무적이지 못했다. 그는 수차례 좌절을 당하여 각 성의 총독과 순무들은 그의 작전이 요란하기

---

18) 羅爾綱, 『湘軍新志』(上海, 1939), p. 66.

만 하고 아무런 성과도 없다고 비평했다. 전기(轉機)는 1854년 5월 1일에 왔다. 그날 그의 수군은 샹탄에서 대승을 거두었다. 쩡궈판의 행운의 신이 서서히 모습을 드러내기 시작하여 10월에 그는 6월부터 줄곧 태평군에 의해서 점거당해 있던 요새지인 우한을 수복했다. 황제는 이 사태의 전환에 대해서 크게 기뻐하고 안도감을 느껴서 쩡궈판에게 반란을 토벌할 절대적인 권위를 부여했다. 이는 병권이 만주인의 수중에서 한인의 수중으로 넘어가기 시작했음을 뚜렷이 보여주는 것이었다.

뒤이어 상군은 승세를 타고 당당하게 장시 성으로 진군하여 요새지인 주장을 포위했는데, 태평군은 강력하게 저항했을 뿐만 아니라 실제로 상군을 둘로 갈라놓는 데에 성공하여 쩡궈판의 군대를 크게 곤경에 빠지게 했다. 이때 태평군에게 다시 행운이 오기 시작했다. 태평군은 1855년 4월에 세 번째로 우한을 점령하고 후베이와 장시를 석권하여 쩡궈판을 장시 경내에 묶어두었다. 이와 동시에 난징에 있던 태평군은 1856년 중반에 출격하여 청군의 장난 대영과 장베이 대영을 완파함으로써 흠차대신 샹룽(向榮)은 자살로 생을 마감했다. 양쯔 강 유역 전체가 태평군의 수중에 떨어지게 된 것은 운명이 그들을 잘 돌보아주었기 때문인 것이다. 그러나 그들의 승리가 절정에 달했을 때, 엄청난 타격이 내부로부터 모습을 드러냄으로써 혁명운동은 복원이 불가능할 정도로 약화되었다.


## 태평천국의 내분

1856년, 난징에서 심각한 내분이 한 차례 발생하여 태평천국을 강하게 뒤흔들었다. 이 재난의 근본적인 원인은 동왕 양슈칭의 억누르기 어려운 야심 때문이었으며, 이런 야심은 시작과 동시에 명백해졌다. 양슈칭은 홍슈취안의 신성한 사명과 그의 새로운 삼위일체의 거짓을 꿰뚫어보고는 신이 빙의된 것처럼 가장하고서, 하느님이 그에게 은총을 내려 그를 인견(引見)했다고 주장했다. 홍슈취안은 보복이 두려워 감히 그의 계략을 폭로할 생각도 하지 못했다.

대략 1851년 1월경, 진티엔 봉기가 일어나기 6개월 전에 양슈칭은 갑작스레 병으로 몸져누웠는데, 귀가 먹고 말도 하지 못했기 때문에 결국 봉기의 기획에 참여하지 못했다. 그는 소극적인 저항을 한 것이 분명했는데, 그 목적은 다른 지도자들이 그에게 한층 더 높은 지위를 주게 하려는 것이었다. 그는 정군사(正軍師)가 되어 홍슈취안 다음으로 높은 지위에 올랐다. 이때부터 그는 방침과 전략을 결정하고 명령을 발포했다. 그는 난징에서 정군사 겸 태평천국의 수상으로서, 모든 중대한 정책을 결정하고 명령을 내리고 천왕에게 접근하는 경로를 장악했다. 천왕은 황궁 안에 은거하고 있었기 때문에 천왕을 알현할 때에는, 오직 동왕 한 사람만이 서 있고 다른 모든 사람들은 꿇어앉아야 했으며, 동왕은 천왕의 앞에서 당당하고도 친근한 별칭으로 자신을 "신하 소제(臣下小弟) 양슈칭"이라고 했다. 난징 사람들은 홍슈취안보다는 양슈칭을 더 많이 알고 있었기 때문에 조금도 의아해하지 않았고, 그의 지명도는 천왕과 마찬가지로 높아서, 태평천국운동도 자주 홍양의 난(洪楊之亂)으로 불리고는 했다.

양슈칭은 태평군이 승리를 거두는 데에 그가 한 역할에 대해서 매우 자부심을 가짐으로써—그리고 그의 역할이 굉장히 매우 컸음은 의문의 여지가 없다—마음속에 홍슈취안을 대신하려는 욕망이 싹트게 되었다. 이 계획을 실행하기 위해서, 그는 북왕 웨이창후이와 익왕 스따카이를 티엔징에서 내쫓았고, 북왕 웨이창후이를 장시로, 익왕 스따카이를 후베이로 보냈다. 동왕의 신령 빙의(神靈憑依)는 더욱 잦아졌고, 게다가 하느님의 이름을 빌려 홍슈취안을 꾸짖기도 했다. 1856년 청군의 장난 대영을 격파한 후, 그의 활동은 절정에 이르렀다. 이 대승에 고무되고 아울러 자신의 리더십을 굳게 믿었기 때문에, 동왕은 천왕을 폐위시킬 시기가 도래했다고 단정했다. 그의 추종자들이 그를 만세주로 추앙하도록 획책했는데, 이 칭호는 오직 천왕에게만 주어지는 것으로, 기타 상황에서는 오직 왕조의 황제만이 누릴 수 있는 것이었다. 홍슈취안은 결판을 지을 순간이 도래했음을 알고, 북왕과 익왕에게 밀지를 내려 동왕의 천국에 대한 위협을 깨끗이 제거하라고 지시했다. 북왕은 그날 밤 서둘러 난징에 돌아와, 9월 2일에 동왕부를 습격하여 동왕과 2만여 명의 추종자들을 살해했다. 그러나 상황을 개선하려고 한 일이 오히려 상황을 더욱 악화시키게 되었는데, 북왕의 행위는 이전의 동왕과 마찬가지로 견디기 어려운 것이었다. 익왕은 급하게 티엔징에 돌아와서 살육이 너무 지나쳤음을 원망했으며, 처벌은 동왕 한 사람에게만 그쳤어야지 그의 다른 추종자들에게까지 화가 미쳐서는 안 되었다고 말했는데, 북왕은 이때 결국 익왕까지 죽이려고 했다. 익왕은 어두운 밤을 틈타 위험에서 벗어났으나, 그의 가족과 친척들은 모두 주살되었다. 천왕은 이런 무차별 살육을 용인할 수 없었기 때문에, 동왕이 죽은 지 3개월도 지나지 않아서 북왕을 처단했다. 홍슈취안은 동지들에 대한 신뢰를 완전히 잃어버리는 지경에 이르렀고, 평범한 능력의 소유자인 두 형에게 권력을 넘겨주었는데, 이 두 사람은 천국을 온전하게 지켜내기가 매우 어려웠다. 홍슈취안 아래서 최초에 왕의 칭호를 하사받은 5명 가운데 유일한 생존자인 익왕은, 티엔징으로 돌아와 잠시 동안 국무를 장악했지만 자신이 천왕의 신임을 받지 못하고 있음을 알아차렸다. 익왕은 자신의 안전과 장래에 대한 불안으로 안절부절 못하다가 드디어 많은 병력을 이끌고 그곳을 떠나서, 7년간 몇몇 성을 전전하다가 결국 1863년에 쓰촨 성에서 살해되었다.

1856년의 내분은 태평천국 운동의 사기와 힘을 매우 크게 약화시켜서 다시는 원기를 회복할 수 없게 했다. 홍슈취안 자신은 번뇌를 잊기 위해서 실컷 향락을 즐김으로써 그의 운동은 완전히 지도력을 상실하게 되었다. 만약 모든 태평군 투항자를 사형에 처하게 하라는 청 조정의 상비명령이 없었다면, 많은 태평천국의 장병들은 이때 모두 떠나갔을 것이다. 1859년, 천왕의 사촌이자 최초의 신봉자인 홍런깐이 홍콩에서 오랫동안 칩거하고 있다가 난징에 옴으로써 이때부터 태평군은 비로소 조금 활기를 되찾았다. 홍런깐은 간왕(干王) 겸 총리로 임명되었지만, 정권이 너무 심하게 쇠락하여 이를 막기가 어려웠다. 그럼에도 천국의 최종 붕괴는 지연되었는데, 주요 원인은 천재 장군인 리슈청(李秀成)이 일련의 전투에서 눈부신 활약을 했기 때문이다.

리슈청이 충왕(忠王)이라는 칭호로 유명해진 것은 그가 1860년 5월에, 재건된 청군의 장난 대영을 두 번째로 격파함으로써 티엔징의 치척에 있는 눈엣가시를 뽑아버렸기 때문이다. 그는 승세를 틈타 계속 소탕작전을 전개하여, 1860년 8월에 상하이 근교에까지 이르렀고 연도에 있는 쑤저우와 창저우를 함락시켰다. 태평군은 그의 지휘 아래 장쑤 성 전역을 수복했고 오직 상하이와 전장만이 남았다. 충왕의 용맹함과 완강함은 태평천국운동의 붕괴를 모면하게 했지만, 태평천국운동이 분열되어 와해되는 것을 막을 수 있는 사람은 아무도 없었다.


## 전쟁의 전환점

이와 동시에 청군의 지휘서열과 외국의 중국 내전에 대한 태도에는 중요한 변화가 생기고 있었다. 태평군의 두 번째 장난 대영의 격파로 인해서 조정은 더욱 많이 상군에게 의존하지 않을 수 없었다. 1860년 5월, 쩡궈판은 사람들이 부러워하는 흠차대신 겸 양강 총독의 직함을 제수받아, 전권을 가지고 태평군 진압을 위한 지휘를 하게 되었다. 수년 동안 그는 줄곧 출정했지만 권력이 수반된 어떤 구체적인 관직도 제수받지 못했다. 이런 원인으로 인해서 각 지방당국은 결코 그를 지지하거나 혹은 그와 협력할 책임이 있다고 생각하지 않았다. 사실상 많은 사람들은 그의 계획을 방해하여 그를 궁지에 빠지게 했다. 그러나 이제 쩡궈판은 새로운 직함과 권력으로 일련의 통일된 전략을 수립할 수 있는 능력을 가지게 되었다. 또한 행운이었던 것은 권세가 막강한 이번원의 만주인 상서인 쑤순이 그를 지지하여 황제 곁에서의 그의 대변자가 되어준 것이었다.

쩡궈판이 보다 높은 직위로 승진한 것은 토벌전의 전환점을 명확히 보여주는 것이었다. 상군은 12만 명이나 되는 강대한 전투부대로 확충되었으며 소수의 학자적인 풍격을 가진 장수들이 통솔했다. 그의 대본영에는 많은 계획가, 전략가, 모사들이 있었는데 이들은 모두 뒷날 빠른 출세와 영달이 보장되어 있었다. 그러나 충왕 휘하의 태평군은 여전히 적극적으로 효과적인 작전을 수행했다. 1861년 중반에 그들은 저장 성과 안후이 성에서 다시 한번 단기간의 승리를 거두어 안후이 성 치먼에서 쩡궈판에게 거의 궤멸될 정도의 큰 타격을 주었다. 그해 9월에 이르러 쩡궈판의 동생인 쩡궈췐(曾国荃)이 요새지인 안칭을 점령한 이후 정세는 다시 반전되었다. 이후 상군의 육군과 수군이 우위를 차지하여 양쯔 강 연안의 여러 도시들을 수복하고 계속하여 난징을 향하여 전진했다. 그의 승리를 기리기 위해서 조정은 쩡궈판에게 태자소보(太子少保)라는 직함을 추가하고 1년 후에는 또 협판대학사를 제수했다. 쩡궈판은 이때 그의 주요한 막료 중의 한 사람인 리훙장에게 장쑤 성의 군사업무의 책임을 맡겼고, 또 한 사람의 유능한 막료인 쭈어중탕(左宗棠)에게는 저장 성의 군사업무를 책임지게 했다. 사람들이 부러워하는 난징 공격의 중임은 포상으로 쩡궈판의 동생에게 맡겨졌다. 그는 상군 소속 수군의 협조하에 1862년 6월에 난징 근처까지 들어가 2만 명을 거느리고 티엔징에 대한 장기간에 걸친 포위를 시작했다.

이때, 외국의 중국 내전에 대한 태도에도 급격한 변화가 생겼다. 외국인은 초기에는 태평군이 기독교를 신봉하고 있고 상거래를 확장할 가능성이 있었기 때문에 태평군에 동조했다. 그러나 그들은 태평군이 성공적인 통치체계를 건립할 능력이 없으면서도 자신을 천하공주로 자처하면서 오만한 태도를 취하고 있고, 아편수입을 단호히 반대하고 있으며, 상하이에서의 외국무역과 서양인의 생명의 안전을 지속적으로 방해하고 있었기 때문에 태평천국에 대한 흥미를 잃게 되었다. 1860년에 그들은 또 청나라 조정과 일련의 새로운 조약들을 체결했으며, 그후 서양 열강들은 그들이 맺은 조약들이 부여하는 특권을 누리려면 반드시 청 왕조를 존속시켜야 한다는 사실을 깨닫게 되었다. 청 조정과 서양과의 관계가 개선되고 있는 것과는 대조적으로, 태평군은 이 방면에서 훨씬 더 부족했다. 그들은 서양인과 청 왕조를 이간시키려는 노력을 전혀 하지 않았을 뿐만 아니라 그들의 군대는 외국 무역 및 서양인들이 거주하는 중심지인 상하이를 부단히 교란했다. 이와 동시에 난징의 생활은 최저점을 경신할 정도로 악화되었다. 1861년 3월 티엔징을 방문한 영국인 알렉산더 미키는 당시 난징의 상황을 다음과 같이 기록했다.

> 나는 반란자 측에게 어떤 호전이 있으리라고는 기대하지 않는다. 올바른 관념을 가진 중국인 중에서 반란운동과 관계를 맺으려는 사람은 아무도 없을 것이다. 그들은 오직 방화, 살육, 약탈을 자행하고 있으며 그 이외에 그들은 달리 할 수 있는 일이 거의 아무것도 없다. 그들은 향촌민중들로부터 증오를 받고 있으며, 티엔징 시내에서 "태평군 형제"가 아닌 사람들은 그들을 몹시 혐오하고 있다. 그들은 난징을 8년 동안 점거하고 있지만 이곳은 재건의 기미가 조금도 없다. 상업과 공업은 금지되어 있다. 그들이 받는 토지세는 청 조정의 3배이며, 그들은 민중을 선무(宣撫)하는 조처를 전혀 취하지 않는다. 그들은 토지에 대해서도 지속적인 관심을 보여주지 못하고 있다. 그들은 어떻게 하면 지속적으로 오랫동안 사용할 수 있는 재정수입을 확보할 것인가에 대해서는 관심이 없고 강탈에 의존할 뿐만 아니라 오직 강탈에 의해서만 생존을 유지하기를 바란다. 내가 꼭 하고 싶은 말은 나는 그들이 사는 곳에서 어떤 안정적인 요소도 보지 못했으며 또한 우리가 동정할 만한 것도 전혀 보지 못했다는 것이다.[19]

일찍이 천왕의 초청에 응하여 1861-1862년 사이에 난징에서 15개월을 보냈던 로버츠 목사는 또다른 기록을 제공했다. 그는 1861년 12월 31일에 한 보고서에서 다음과 같이 말했다.

> 천왕[홍슈취안]이 거대한 열정을 가지고 선전하는 종교적 관점을 하느님의 입장에서 보면 대체적으로 혐오스러운 것이라고 본다. 사실상, 나는 특히 종교문제에 대해서 그가 미쳤다고 생각한다. 그뿐만 아니라 나는 그가 일에 대해서 건전한 이지(理智)를 가지고 있는지 의심스럽다.……나는 그들이 짜임새 있는 정부를 전혀 갖추고 있지 못하고 있다고 생각하며, 정부를 정상적으로 운영하는 방법을 모르고 있다고 생각한다.

---

19) McNair, I, p. 349.

　　그[홍슈취안]는 나를 오도록 요청하여 내게 예수 그리스도의 복음을 전파하게
하고 사람들에게 하느님을 신봉하도록 한 것이 아니라, 내게 관리가 되게 하고
그의 교의를 선전하도록 하고 외국인을 설득하여 그를 신봉하도록 했다. 나는
차라리 사람들에게 모르몬교나 성경의 원칙과 일치하지 않는다고 생각되는 이단교
파를 신봉하게 하겠다. 만일 이 교파들이 사악한 것이 아니기만 하면 되는 것이다.
그들은 심리적으로 사실상 복음을 반대하고 있는데, 정책적인 원인 때문에 그것을
용인할 뿐이라고 믿는다.……그래서 나는 그들을 떠날 결심을 하고 있다.[20]

요컨대, 외국인의 초기의 태평군에 대한 동정은 그에 대한 실망과 청나라
조정을 원조하려는 결심으로 바뀌었으며, 청나라 조정의 존재는 그들의 중
국에서의 이익에 필수적인 것으로 인정되었다.

　외국이 최초로 중국의 내전에 개입한 것은 1860년 충왕이 상하이를 공격
했을 때로, 이 도시의 부유한 상인들과 실업가들이 자금을 조달하여 "외인군
단(外人軍團)"을 조직했고, 매사추세츠 주 세일럼 출신의 미국 모험가인 프
레더릭 T. 워드가 부유한 전상(錢商)인 양방(楊坊, 그의 은호[銀號]의 명칭
인 "태기[泰記]"는 사람들에게 더욱 많이 알려져 있다)에게 초빙되어 외국인
도망자들과 실업한 선원들을 모집하여 "양창대(洋槍隊)"를 조직했다. 이 외
국 고용군은 처음부터 승리하여 쑹장 시를 점령하여 태평군을 상하이에서
다른 곳으로 향하게 했다. 1861년 9월 워드는 군대를 재편성하여 4,000-
5,000명의 중국인 사병을 모집했는데, 이 사병들은 유럽 방식으로 훈련받고
무장되었으며, 100명의 유럽인 장교들이 통솔했다. 그 이외에 양창대 속에는
200명의 필리핀 사람들이 있었다. 이 군대는 소송태(蘇松太) 지역을 전전하
면서 약탈을 하고 많은 전투에서 승리를 거두었다. 1863년 3월 그들이 두
번째로 태평군의 상하이에 대한 공격을 격퇴했을 때, 황제는 그들에게 아부
의 의미가 농후한 "상승군(常勝軍)"의 칭호를 하사하고 워드를 "총병"의 지

---

20) McNair, I, pp. 349-351.

위로 승진시켰다. 워드가 1862년 9월 21일에 치명상을 입고 다음 날 사망하자, 상승군의 통솔권은 또다른 미국 모험가인 헨리 A. 버지바인이 넘겨받았는데, 이 사람은 원칙도 없고 기개도 없었다. 그는 급여와 보급품 문제로 태기라는 은호와 다투었으며 은화 4만 달러를 강탈했기 때문에 해직당하고 저명한 영국군 장교인 찰스 G. 고든이 새로운 상승군 통솔자로 임명되었다.

## 태평천국의 붕괴

조정은 쩡궈판의 추천을 거쳐 리훙장에게 신군을 조직하는 권한을 주어 상군을 지원하도록 했다. 쩡궈판은 그의 휘하에 있는 3,000여명의 향용을 신군의 기간(基幹)으로 했고 리훙장은 별도로 수천 명을 모집하여 상군의 편제에 따라서 그들을 조직했다. 이 응모자들은 대다수가 안후이 성의 화이허(淮河) 지역 출신이어서 회군(淮軍)으로 불리게 되었다.[21] 1862년 충왕이 두 번째로 상하이를 공격하는 동안 리훙장은 회군을 이끌고 이 도시를 구원하러 달려갔고 시 외곽에서 한 차례 승리를 거두었다. 리훙장은 장쑤 순무를 제수받았다. 1863년 11월 다른 방향으로부터 달려온 상승군의 지원을 받아 회군은 태평군의 요새지인 쑤저우를 탈환했다. 오직 난징과 소수의 몇몇 거점을 제외한 장쑤 성 전역이 수복되었다.

쭈어중탕의 저장 성에서의 승리는 리훙장의 장쑤 성에서의 성공과 견줄 수 있는데, 그들은 서로 협력하여 티엔징의 공급원을 차단했으며 그 당시 이 도시는 쩡궈췐에 의해서 마치 철통처럼 포위되었다. 충왕은 홍슈취안에게 장시 성과 후베이 성으로 가서 새로운 기지를 개척할 것을 촉구했지만, 홍슈취안은 자신은 하느님으로부터 인간 세상에 내려가 왕이 되라는 명령을 받았기 때문에 지역을 선택하여 도망할 생각이 없다고 답변했다. 1864년 초에 이르러 난징의 음식물은 이미 바닥이 나버려서 천왕은 백성들에게 "감로

---

21) 회군의 흥기에 대한 연구는 Stanley Spector, *Li Hung-chang and the Huai Army: A Study in Nineteenth-Century Chinese Regionalism*(Seattle, 1964), 제2-3장을 참조하라.

(甘露)"(야생초)로 연명하라고 격려했다. 홍슈취안은 그의 혁명사업이 실패한 것을 알고는 병이 났다는 것을 구실로 정사에서 완전히 손을 떼고 간여하지 않았으며, 종종 혼잣말로 "자고이래로 죄수가 된 황제가 어디 있는가?" 하고 말했다. 1864년 6월 1일 그는 52세에 자살했다. 16세인 아들 홍푸가 등극하여 유천왕이라고 칭하고 간왕 홍런깐이 섭정이 되었다. 7월 19일 쩡 궈쿠엔이 인솔하는 부대는 난징을 무너뜨리고 살육을 마구 자행했다. 태평군 장병들은 필사적으로 저항했으며 투항한 자는 한 사람도 없었다. 충왕은 유천왕을 도와 급속히 도망하여 난징을 빠져나왔지만 혼란스러운 와중에 유천왕이 탄 말이 놀라서 그를 바닥에 내동댕이쳐버렸다. 충왕은 자기가 탄 말을 그에게 내주고 자신은 생포되고 말았다. 유천왕은 방법을 강구하여 장시 성으로 도망했지만 그곳에서 결국 발견되어 처단되고 말았다. 태평천국혁명은 1864년 연말에 이르러 종결되었다.

충왕은 수감되었을 때, 쩡궈판의 예우를 받았다. 그는 충왕이 가진 군사상의 천재적 능력을 매우 높이 평가해서 그에게 자백서를 쓰도록 요청했다. 1864년 7월 30일부터 8월 7일까지, 충왕은 매일 수천 자씩 써서 태평군의 역사를 회고하고 태평천국과 청 조정의 잘못을 비평했으며 쩡 씨 형제와 상군을 찬양했다.22) 쩡궈판은 이 자백서에서 청 조정에 대한 비평을 빼버린 글을 베이징의 청 조정에 제출하고 원본은 자기 집 서재에 소장했다.23) 8월 7일 자정, 충왕은 향년 40세의 나이에 처형되었다. 1856년 이후 혼자의 힘으로 붕괴 직전에 이른 태평천국을 8년 동안이나 지탱한, 군사상의 뛰어난 천재의 생애는 이렇게 끝났다. 만일 그가 없었다면 태평천국은 이미 오래 전에 와해되었을 것이다.24) 쩡궈판은 1등 후작을, 그의 동생과 리홍장은 1등 백작

---

22) 내용의 일부를 삭제한 이 자백서의 영문본에 대해서는 W. T. Lay(tr.), *The Autobiography of Chung-wang*(Shanghai, 1865)를 참조하라.
23) 이 자백서의 원본은 약 100년 후에 비로소 출판되었는데 제목은 『李秀成自供手迹』(臺北, 1962)이다.
24) 수감되어 있을 때의 충왕의 행위는 1964년 태평천국 실패 100주년에 중국 대륙에서 격렬한 비판을 받았다. 역사학자인 치번위(戚本禹)는 앞장서서 이 비판을 시작했는데, 그는 충왕이 후안무치한 반역자로서 수감 중에 그의 원래의 적에게 꼬리를 치며 생명을 구걸하고 아첨했

을 하사받았는데, 이 당시 쩡궈판은 아마도 전국에서 가장 존경을 받았고 가장 권세가 있던 인물이었을 것이다. 수군과 육군으로 구성된 그의 상군은 12만-13만 명을 보유하고 있는 것으로 알려져 있었으며 그의 휘하에는 80여 명의 가장 탁월하고 유능한 모사들, 전략가들, 기획가들, 유능한 장군들과 막리(幕吏)들이 모여 있었고 그가 명령을 내리면 수천 명의 관리가 따르도록 되어 있었다. 진실한 유학자이고 충신이었던 그는 한인의 권력과 명성이 지나치게 커지면 만주인 상전들이 시기하리라는 것을 잘 알았다. 그래서 그는 난징을 수복한 이후 겨우 17일 만에 본래의 목표를 달성한 데다가 이미 피로의 기미를 보이기 시작한 상군을 해산할 것을 제의했다. 쩡궈판의 정치가로서의 기품, 품격 및 개인적인 수양을 보면 그와 필적할 만한 인물은 매우 적을 것이다. 그는 아마도 19세기 중국에서 가장 존경을 받은 가장 위대한 학자형 관리일 것이지만, 마르크스주의 계통의 학자들에 의해서는 만주 이민족 통치자의 이익을 위해서 동포를 배반하고 도살한 민족반역자와 앞잡이로서 질책을 당하고 있다.[25]

## 태평천국 실패의 원인

태평천국혁명은 중국 18개 성 중에서 16개 성에 영향을 주었고 14년 동안

---

다고 비난했다. 반면에 평생 태평천국운동을 연구한 로얼강(羅爾綱)은 충왕은 태평천국을 구하기 위해서 "거짓 항복했으며", 그의 자수는 일종의 전략으로서 그 목적은 쩡궈판을 기만하여 그에게 유천왕을 살해하고 태평군 잔여 부대를 섬멸할 절박한 필요가 없다는 것을 믿게 하는 것이었다고 주장했다. 토론에 참여한 몇몇 역사학자들(웬수이[苑書義]와 뤼이쥐[呂翼祖])은 충왕에 대해서 조건부의 찬양을 하고 있는데, 그가 생명을 구걸한 것은 "반혁명적이고 마땅히 규탄해야 하지만" 태평천국운동이 이미 실패했고 그의 초기의 공적은 그의 막판의 유감스러운 행위를 훨씬 더 능가하기 때문에 크게 문제될 것이 없다고 주장했다. 이 평론가들이 모르고 있는 한 가지 사실은 그들이 논거로 삼고 있는 자백서는 진본이 아니고 쩡궈판에 의해서 내용이 일부 삭제된 간략본이라는 것이다. 원본에는 처음부터 끝까지 "항복"이라는 글자는 없을 뿐만 아니라 주지하듯이 충왕은 자백서를 완성한 후 이미 목숨을 바칠 준비를 하고 있었다. Stephen Uhalley, Jr., "The Controversy over Li Hsiu-ch'eng: An Ill-timed Centenary", The Journal of Asian Studies, XXV : 2 : 305-317(Feb. 1966)을 참조하라.
25) 范文瀾, 『漢奸郇子手曾國藩的一生』(上海, 1949).

계속되었다. 태평천국의 흥기는 생기가 넘치고 격앙된 것이었지만 그것의
쇠망은 매우 슬프고 애처로웠다. 역사를 회고해보면 이 운동이 결국 실패하
게 된 몇 가지 주요 원인이 적나라하게 밝혀진다.

**전략상의 착오** 난징 점령 이후 태평군은 단숨에 북상하여 베이징까지 석권해
야 했으며 그렇게 했으면 청 조정을 쫓아낼 수 있었을 것이다. 그러나 린펑샹
이 이끄는 북벌군은 결코 태평군의 주력도 아니었고 단지 적지(敵地)에 깊이
침투하여 멸망을 자초한 비주력부대였다. 그리하여 청 왕조는 다행히 난을
면했고 계속하여 정치권력의 합법적인 중심과 저항세력이 될 수 있었다.
　비록 베이징을 점령하지는 못해도 태평군은 최소한 역량을 집중하여 양쯔
강 양안에 있는 청군 대영을 철저히 분쇄하여 그들에게 재건할 어떤 기회도
주지 않음으로써, 난징의 안전을 확보해야 했다. 그들은 또한 중요한 무역중
심지인 상하이를 포함한 장쑤 성 전역을 점령하고 외국 대표와 안정되고 우
호적인 관계를 수립해야 했다. 홍슈취안이 1853-1854년에 상하이의 구시가
를 1년 반 동안 점령하고 있던 삼합회의 분파인 소도회(小刀會)의 구조 요청
을 무시해버린 것은 아주 중대한 실수로서, 태평군은 이로 인해서 청 왕조로
부터 서양인과 접촉할 중요한 거점 및 작전기지를 빼앗을 기회를 상실했다.

**이데올로기상의 모순** 태평천국의 반만에 대한 호소는 기독교 이념으로 인해
서 손상을 입었다. 사당과 신상(神像)을 파괴하고 농촌생활을 어지럽히는 방
법은 지식인과 농민의 공감을 얻지 못했고, 태평군의 사람들은 모두 형제자
매라는 개념은 유가의 예의와 사회의 등급사상과 상충했으며, 부부 동거 금
지의 규정은 기본적인 인륜에 위배되는 것이었다. 그 이외에, 태평 기독교의
비정통성도 서양인의 반감을 일으켰다. 확실히 그들의 종교이념은 중국인을
저버렸고 서양인도 저버렸다.
　처음에 홍슈취안은 일찍이 종교를 이용하여 반만 민족혁명을 지지했으며
자신이 신성한 사명을 짊어지고 있다고 선언하고, 자신의 주위에 싸우면 반

드시 승리하는 초자연적인 후광을 조성하기 위해서 신식 삼위일체 학설을 만들었다. 그는 병사들에게 전사하면 승천할 수 있다고 믿게 했는데, 이렇게 하여 그는 두려움을 모르는 군대를 얻었다. 이런 술책을 통해서 그는 성공적으로 종교를 그의 혁명을 추진하는 수단으로 삼았다. 그러나 그후 그가 점점 종교에 빠지게 되고 비밀사회 구성원들이 기독교도가 아니라는 이유로 그들과의 협력을 거절함으로써, 그리고 1853년 소도회가 상하이를 점령했을 때 그들을 돕는 것을 거절함으로써, 그는 원래의 목표를 상실하여 종교상의 문제를 민족혁명 위에 두었다. 그가 혁명을 종교에 종속시켰을 때, 민족주의 혁명가로서의 자신의 이미지를 욕되게 함으로써 자신을 백련교 봉기를 일으킨 자와 같은 "교비(敎匪)" 등급으로 전락시킨 것은 확실하다.

**지도층의 무능**  홍슈취안의 휘하에 있던 최초 5명의 수령 중에서 남왕과 서왕은 1852년에 전사했고 동왕 양슈칭과 북왕 웨이창후이는 1856년의 내분에서 피살되었으며 오직 익왕만이 요행히 살아남았지만, 그는 난징을 떠나 타지로 가서 자신의 판도를 개척하게 되었다. 홍슈취안은 그를 보좌하던 그들을 잃게 되자 어찌할 바를 몰라 갈팡질팡하게 되었다. 그는 일찍이 남왕 펑원산의 도움으로 배상제회를 조직하고 봉기를 일으켰으며 동왕의 도움으로 군사와 정무를 처리했다. 1856년 이후, 유일하게 지략과 용기를 겸비한 사람은 충왕이었지만 중국인들이 형용하는 것처럼, 큰 건물이 무너지려고 할 때 1개의 목각으로는 감당할 수 없듯이 망해가고 있는 나라를 한 사람의 힘으로는 지탱할 수 없었다. 1859년 난징으로 온 간왕 홍런깐은 대체적으로 보아 사상가였지 실무적인 인물은 아니었고, 게다가 현명하고 능력 있는 사람을 시기하는 결점이 있었다.

홍슈취안은 리더십이 부족하여, 이러지도 못하고 저러지도 못하는 처지에 놓이게 되었다. 그는 장기적인 건설적인 정책이나 전체 국면을 아우르는 군사전략을 제정할 수도 없었을 뿐만 아니라 행정관리를 적절하게 지도할 수도 없었기 때문에, 아예 모든 책임을 회피해버렸다. 반면에 홍슈취안의 적수,

예를 들면 쩡궈판, 리훙장, 쭈어중탕 같은 인물들은 모두 박학하고 유능하며 지혜와 이성을 겸비한 학자들이었다.

**태평천국생활의 자체 모순** 태평천국혁명가들은 사유제를 폐지한다고 선언했지만, 지도자들 자신은 막대한 재물을 축적했다. 그들은 부부가 거처를 분리하여 거주할 것과 남녀평등과 일부일처제를 제창했지만 홍슈취안 자신은 88명의 후궁이 있었고, 동왕은 36명, 북왕은 14명, 익왕은 7명의 후궁이 있었다. 여관이 해산되었을 때, 여관에 있던 여인들은 태평군 군관들에게 분배되었는데, 분배는 군관의 직위에 따라서 정해져서 관직이 높을수록 분배되는 여인들의 수효도 많았다.

홍슈취안은 한편으로는 백성들에게는 "요서(妖書)"라고 질책을 받는 공맹의 저작을 읽는 것을 금지했지만, 한편으로 자기 자신은 자유자재로 이런 서적들을 읽었고, 『주례』에서 견해를 가져왔으며 유가의 용어로 그의 기독교 교의를 해석했다. 말년에 이르러 홍슈취안은 약간 정신이상이 되어, 전능하신 주께서 그의 모든 어려움을 해결해 줄 것이므로 자신은 그저 아무 일도 할 필요가 없다고 믿었다. 난징이 머지않아 함락될 즈음, 홍슈취안은 성명하기를 그의 "천병(天兵)"은 "물"보다도 많아, 티엔징을 "철통"처럼 수호할 것이라고 주장했다.

**수준 낮은 외교** 태평군은 처음에는 외국 열강의 동정을 얻었었지만, 이 점을 이용하여 외국의 인정과 후원을 쟁취하는 기점으로 삼지 못하고 오히려 열강을 속국으로 대하는 것을 고수했는데, 이런 태도는 외국과 양호한 관계를 맺을 모든 가능성을 말살시켰다. 외국 열강들은 태평군이 만주인보다 상대하기가 더 쉽지 않다는 것을 발견하고 실제로 그들이 상하이의 대외무역에 피해를 끼치자, 동정심을 거두고 1860년 이후에는 청 왕조 측으로 기울었다. 이런 이유들로 인해서 외국인들이 1860년과 1862년에 상하이를 방어하여, 충왕이 이 풍요로운 도시를 점령하는 것을 막음으로써 티엔징의 중요한 공급원을 빼앗고 티엔징의 최후의 함락을 가속화시켰다.

## 태평천국혁명의 유산

비록 태평천국은 실패로 끝났지만, 태평천국의 경험은 중국에 심원한 영향을 끼쳤다. 정치적인 면에서 보면 정치권력의 소재가 만주인에게서 한인에게로 바뀌었다. 태평천국의 봉기 이후, 상군과 회군의 군관들은 공훈으로 인해서 중요한 직위로 승진했는데, 과거에는 만주인이 차지하고 있던 중요한 총독과 순무의 직위가 이제는 한인의 수중에 들어가게 되었다.26) 몇 가지 사례가 이 점을 입증해주고 있다. 즉, 쩡궈판은 양강 총독으로서 저장 성의 군무를 지휘했는데, 이렇게 되어 그는 가장 풍요롭고 중요한 4개의 성(장쑤 성, 장시 성, 안후이 성, 저장 성)을 관장했으며, 리훙장은 장쑤 성의 순무가 되었고, 쭈어중탕은 저장 성의 순무가 되었다. 이들 세 사람은 결국 모두 대학사로 승진했는데, 특히 리훙장은 즈리 총독과 북양 대신(北洋大臣)의 신분으로서27) 1870-1895년에 중국의 실질적인 "수상"이었다. 쭈어중탕도 총독이 되었는데, 처음에는 푸젠 성과 저장 성의 총독이 되었고 그후에는 산시(陝西) 성과 간쑤 성 총독이 되었다. 그의 긴 생애에서 가장 눈부신 업적은 1870년대에 회교민 반도의 수중에서 신장 성을 수복한 것이다. 조정에서 가장 핵심적인 기관인 군기처에서조차 갈수록 많은 한인들이 직책을 맡게 되어, 결국에는 그들의 수효가 만주인을 초과해버렸다. 요컨대, 정부의 권력이 만주인에서 한인으로 바뀐 것이다.

---

26) 1864-1866년에 모두 15개의 순무 직위를 한인이 맡았고 1867-1869년에 14개의 순무 직위를 한인이 맡았으며 만주인은 오직 1개만 맡았는데, 이에 비하면 1840년에는 7개는 만주인이, 8개는 한인이 이 직책을 맡았다. 만청 시기(1851-1911) 전체를 놓고 보면 65.4퍼센트의 총독과 77.8퍼센트의 순무는 한인이었고 이에 비하면 만주인(몽골인과 한군기인)은 각각 34.6퍼센트와 22.2퍼센트를 차지했다. Lawrence D. Kessler, "Ethnic Composition of Provincial Leadership", p. 500, 표 4를 참조하라. 또한 S. Y. Teng, "Some New Light on the Nien Movement", pp. 65-66을 보라.
27) 이 관직은 1861년에 창설되었는데 톈진, 뉴쫭(잉커우), 즈푸가 3개의 북방 항구를 관장했다.

이런 변화의 필연적인 결과는 지방 각 성 고관들의 국사에 대한 영향력이 날로 커지게 한 것이다. 청대 초기와 중기에 정부는 고도로 중앙집권화되어 있어서 조정이 각 성의 정책을 결정했지만, 태평천국 이후에는 중앙정부가 지방 각 성의 고관들과 국가의 기본방침을 협의할 필요가 있다는 것을 발견하고 그들의 의견에 귀를 기울였다. 베이징의 아문은 지방관헌들로부터 자신의 입장에 대한 지지를 얻어내기 위해서 자주 그들의 견해를 구했으며, 세력이 강대한 순무와 총독은 중앙정부의 규제에서 벗어나 제멋대로 행동하는 경우가 자주 있었다. 예를 들어 1898년 "백일"유신 이후, 양강 총독 류쿤이(劉坤一)는 황태후가 황제를 폐위시키는 것을 격렬히 반대했고, 1900년의 의화단 사건 기간에 동남부의 각 성 당국은 의화단을 지지하라는 조정의 명령에 복종하는 것을 거부했으며, "스스로를 보호하기" 위해서 단독으로 외국 열강들과 협정을 체결했다. 각 성이 독자적으로 행동한 가장 뚜렷한 예증은 1911년 쑨원 선생의 혁명군이 우창을 점령했을 때 발생했는데, 각 성의 당국이 혁명에 대한 지지를 선언하고 공공연히 조정에 대항했으며 이 결과 청 왕조의 붕괴를 가속화시켰다.

군사적인 면에서 상군과 회군은 사병(私兵)의 선도자였는데, 사병은 바로 이후에 등장한 군벌의 전형적인 특징이다. 쩡궈판과 리훙장은 다음과 같은 4가지 원칙에 따라서 그들의 군관들을 징집했다. (1) 같은 성(省) 출신이고, (2) 같은 해, 즉 같은 때에 같은 명단에 올라 공명을 얻은 사람, (3) 친지와 친한 친구, (4) 정이 두터운 스승과 제자였다. 사병(士兵)은 군관들이 모집하여 훈련했고, 군관들에 대해서 충성을 다했다. 바로 『상군지(湘軍志)』의 작가가 평한 것과 같이, "장수가 죽으면 군대는 흩어지고, 장수가 살아 있으면 군대는 온존했다." 위안스카이(袁世凱)는 쩡궈판과 리훙장의 사병(私兵) 전통을 계승했다. 위안스카이는 한때 리훙장의 문하생이었으나 훗날 중화민국 초년(1912-1927)에 중국을 유린한 북양 군벌의 수령이 되었다.

마지막으로 태평천국의 경험은 후대의 혁명가들을 격려했는데, 바로 그 태평군의 잔여 부대들이 지하로 들어가 천지회에 가입함으로써 종족과 민족주의 형식의 반만 혁명사상이 계속될 수 있게 되었다. 태평천국은 또한 중화민국의 국부 쑨원 선생의 영감의 원천이 되었는데, 쑨원은 바로 태평천국이 멸망한 지 2년이 되는 해에 태어났다. 그는 어린 시절에 태평군의 고사에 대해서 들었으며, 12세 때 제2의 홍슈취안이 되기로 결심했다. 이후 그의 혁명은 비밀결사들로부터 지원을 얻었고, 초기의 추종자 중에서 수많은 사람들이 가로회의 신도였으며, 심지어 그의 혁명이론인 삼민주의(三民主義)도 태평천국이념의 영향을 받았다. 쑨원은 홍슈취안의 실패는 그가 민족의 독립은 알았지만 민중의 주권을 알지 못했고, 군주제도는 알았지만 민주는 몰랐기 때문이라고 여겼다. 이런 이데올로기의 결함들을 바로잡기 위해서 쑨원은 그의 첫 번째 두 항목인 민족(民族)과 민권(民權)의 원칙을 제창했고, 그리고 제3항목인 민생주의(民生主義)에는 "평균 토지소유권"과 "자본절제"의 사상이 포함되어 있는데, 이 부분은 태평천국의 토지제도와 재산공유제로부터 영감을 얻은 것이다. 그로 인해서 태평군이 실현하지 못한 사회혁명은 쑨원과 그의 추종자들에 의해서 부분적으로 시행되었다.

중국에서뿐만 아니라 유럽에서도 태평천국혁명은 교훈의 원천이 되었다. 1848년 유럽혁명의 실패에 대해서 실망한 카를 마르크스는 태평천국운동에서 희망을 찾았고, 농민혁명의 가능성에 대한 새로운 견해를 얻었다. 오늘날 중국의 마르크스주의 계통의 사학가들은 태평천국이 중국 근대사에서 첫 번째의 농민혁명이라고 찬양하고 있다.[28]


## 염군 반란과 회교도 반란

태평군은 1864년에 진압되었지만, 그 밖의 몇 차례의 규모가 비교적 작은 반란이 다른 지역에서 여전히 가열되고 있었다. 1853년에 발발하여 1868년까지 지속된 염군 반란은 주로 화북의 남부 지역에서 활기를 띠었다. 윈난의

---

28) 그러나 Vincent Y. C. Shih, *The Taiping Ideology: Its Source, Interpretations and Influences*(Seattle, 1967)는 태평천국운동은 혁명도 아니고 농민혁명은 더욱 아니라고 주장한다.

회교도 반란은 1855년부터 1873년까지 지속되었고, 서북의 동간인(회족)반란은 1862년부터 1878년까지의 시기에 발생했다. 오랜 기간 지속된 이 반란들은 그 영향에 대해서 말하면 지극히 파괴적이었지만 그들은 베이징 조정과 맞설 만한 어떤 적대정부도 세우지 못했으며 이 때문에 태평군만큼 그렇게 큰 위협성은 결코 없었다.

"염(捻)"은 산둥, 허난, 장쑤, 안후이 등지의 비밀결사의 명칭으로서, 그 구성원들은 주로 유민, 부랑자 및 강탈과 약탈을 생업으로 하는 비적의 무리였으며 수십 명이나 때로는 수백 명이 하나의 "염"을 결성했는데, 그것의 문자상의 뜻은 "무리"이다. 그들은 가경 연간(1796-1820)에 금지를 당했다. 1853년 태평군이 난징에 수도를 정했을 때 소속이 서로 다른 염 결사들이 일어나 향응했다. 이 염 결사들 중에서 세력이 가장 큰 지도자는 장뤄싱(張洛行)이었는데 그의 군대 속에는 북벌을 감행하다 실패한 이후 살아남은 일부 태평군부대가 가세되어 있었다. 장뤄싱은 천왕에 의해서 옥왕(玉王)으로 봉해졌고 그의 부하들은 장발을 하고 태평군의 군제를 모방하려고 시도했다. 염군과 태평군은 자주 합동작전을 펼쳤는데, 1855년에는 상호간에 협력이 효과적으로 이루어지지 못하고 각개 작전하던 염군 부대들이 연합하여 5개의 분파를 형성하고, 각자 색깔이 서로 다른 다섯 개의 깃발로 식별하게 되었다. 즉, 홍색, 황색, 남색, 흰색, 검은색으로서 과거 청나라 초기의 팔기제도와 유사했다.

염군은 대체로 사방을 떠돌아다니는 도적들의 집합체로서, 그들의 세력은 주로 기마병의 쾌속적인 움직임에 의존했고 청군과 정면으로 직접 겨루는 것을 피하는 유격전술을 채택하여, 적군의 방비가 소홀한 틈을 타서 불의의 공격을 개시했다. 그들은 바람과 같이 오가는 기마병에 힘입어 청군을 한바탕 다급한 상황에 빠지게 했다. 아무 성과도 거두지 못한 다년간에 걸친 토벌 후에, 조정은 몽골족 출신의 용맹스러운 장수인 성거린친(僧格林沁) 친왕을 파견하여, 1863년에 봉기의 주도자인 장뤄싱을 참수하는 데에 성공했다. 그러나 염군의 투쟁은 계속되었을 뿐만 아니라 사실상 1864년 이후에는 더더욱 강대해졌는데, 그때 태평군의 잔여 부대가 그들의 대업에 참가했다. 성거린친이 1865년에 전사한 후, 조정은 쩡궈판이 나서서 토벌작전을 책임지도록 요청했다.

쩡궈판은 1년 동안 싸웠지만 아무런 성과가 없어서, 어사들의 예리한 비판을 받게 되었다. 쩡궈판은 자신이 연로하여 쓸모가 없다고 여기고 또한 상군의 투지가 상실된 것에 실망하여, 1867년 초 리훙장을 추천하여 그의 직무를 인계했다. 그해 말 리훙장의 회군은 동쪽의 염군을 토벌하는 데에 성공했고 서쪽의 염군도 쭈어중탕에 의해서 심한 타격을 받았는데, 그때 쭈어중탕은 이미 산시(陝西) 성과 간쑤 성의 군무를 책임지는 흠차대신에 임명되었다. 1868년 8월, 염군은 진압되었다.

윈난의 회교도 반란은 서양의 문헌에서는 판사이 반란(Panthay Rebellion)이라고 불리는데, 이른바 "판사이"는 버마어로 회교도를 칭하는 말의 발음이 와전된 것으로서 이 봉기는 1855년부터 1873년까지 지속되었다. 일반적으로 윈난의 회교도는 몽골족의 원나라 시대(1280-1368)에 서역(신장)에서 이주해온 것으로 여겨지며, 윈난 인구에서 차지하는 비율은 20-30퍼센트이지만 굳게 단결된 집단인 그들은 분명히 강대한 소수민족이었다. 종교와 생활방식이 달랐기 때문에 그들은 한인과 만주인의 멸시를 받았으며 사회적 배척과 정치적 차별의 대상이 되었다. 관리들의 압박을 받고 한인이 그들의 권리를 침범하는 사건이 자주 발생했으며, 회교도들이 소송을 걸 때는 패배당하는 경우가 자주 발생했다.

1855년에 한족과 회족 모두 소유권을 주장하는 일부 광산물을 둘러싼 분쟁이 하나의 공개적인 반란을 유발했다. 반란의 주모자인 두원슈(杜文秀)는 다리를 점령하고 자신을 하나의 새로운 회족 왕국의 총통병마대원수(總统兵馬大元帥)라고 칭했다. 윈난 성의 관군은 진압할 능력이 없었으므로 만주족 출신 총독은 자살했다. 1868년에 이르러 두원슈는 36만 군대를 거느리고 있었고 53개의 도시를 점거하고 있었다고 한다. 1872년에 이르러서야 새로운 윈난 성 당국이 통솔하는 관군이 비로소 그를 저지할 수 있었다. 두원슈의 아들은 영국과 터키에 가서 원조를 구했으나, 아무런 성과를 얻지 못했다. 봉기는 18년 동안 지속되다가 1873년 1월이 되어 비로소 끝이 났는데, 그때 몹시 실망한 두원슈는 가족들을 죽이고 스스로 독약을 먹고 난 후에 나와서 항복했다.

그 이외에 청 왕조를 괴롭히는 반란이 또 하나 있었다. 동간인이라고 불리는 서북의 회족은 산시(陝西) 성에 600만 명, 간쑤성 남쪽 지역에 800만 명이 있었다. 그들은 이미 한화(漢化)되어, 한족의 풍속과 언어와 복식을 받아들였지만 여전히 사회적, 정치적으로 차별대우를 받고 있었다. 그들 가운데 신파[新敎]29)에 속한 회족이 특히 투쟁적이었다. 그들은 닝샤의 진지바오와 간쑤 성의 장자촨에 그들의 본부를 설립하여 구파[老敎]인 허저우의 본부와 맞서게 되었다. 사회와 정치의 불공정에 대한 불만이 두 파벌 간의 충돌로 인해서 가중되어, 이로 인해서 1781년과 1783년에 신파는 반란을 일으켰는데 두 차례 모두 관군에 의해서 무자비하게 진압되었다.

1862년 태평군이 산시 성을 침공했을 때, 회족은 윈난 봉기에 참가한 적이 있는 몇몇 지도자들의 인솔 아래 다시 일어나 호응했다. 그중 한 열광적인 지도자는 마화룽(馬化龍)인데 그는 신파 창시자의 직계 후예였다. 태평천국을 진압하느라 바빴던 청 조정은, 유능한 장군이나 군대를 파견하여 동간인을 대적할 수 없었다. 1864년까지 서북 지역 전역이 전쟁에 휩싸이게 되었는데, 간쑤, 산시, 닝샤, 신장 지역이 반란자의 수중에 떨어졌다. 1866년 염군이 산시 성에 돌입하여 회족 부대와 합류했을 때, 위협은 더욱 커졌다. 근심으로 가득 차 있던 조정은 쭈어중탕을 산시 성 총독으로 임명하여, 남쪽의 두 성의 반란자들을 소탕하는 특수한 사명을 맡겼다. 전술했듯이 쭈어중탕은 그 당시 염군을 토벌하고 있어서 곧바로 부임할 수 없었다. 1868년 8월에 이르러 염군을 진압한 후에야, 그는 비로소 주의력을 산시 성과 간쑤 성의

---

29) 마명심(馬明心. 馬明新이라고도 함)이 1762년에 창건했다. 이와 관련된 상세한 상황은 Immanuel C. Y. Hsü, *The Ili Crisis: A Study of Sino-Russian Diplomacy*, 1871-1881(Oxford, 1965), pp. 22-24를 참조하라.

회족 문제로 돌릴 수 있었다. 이후 5년간에 걸친 힘겨운 토벌을 거친 뒤, 1873년에 이르러 드디어 두 성의 회족의 반란을 평정했다. 상술한 이 내부반란들이 평정됨에 따라서, 청 정부는 중화제국 대부분 지역에 대한 권위를 새롭게 확립하게 되었으며 청 왕조는 액운을 반전시켜서 일종의 중흥의 모습을 드러내는 듯했다. 문제는 이런 일종의 중흥이 요컨대 왕조의 제2의 흥성의 시작인지 아니면 단지 전반적인 쇠락 중에 나타나는 잠시 동안의 호전일 뿐임을 나타내는 것인지의 여부였다.

# Ⅲ
# 외국 제국주의가
# 격렬하던 시기의 자강운동
# 1861-1895년

# 11
# 청 왕조의 중흥과 자강운동

1860년에 영국 및 프랑스와 강화하고 1864년에 태평천국을 진압한 청 왕조는 내외의 2개의 치명적인 위협을 제거하여 한숨 돌리게 되었다. 그후 한동안 청 왕조는 일종의 상당히 현저한 부흥의 기세를 보여주었다. 이런 기세는 염군과 회교도의 반란을 진압하고, 전통질서와 유교를 통치이념으로 하는 정부를 회복하고, 외국 열강과의 평화를 유지하고, 서양의 외교관습과 군사 및 기술수단을 받아들여 자강운동을 개시하는 것으로 나타났다. "내우외환"이 뒤엉킨 왕조의 쇠퇴현상은 저지되었지만 이것은 단지 잠시에 불과했다.

1860-1870년대의 사대부들은 재빨리 이런 왕조의 "제2차 번영"을 "동치(同治) 중흥"이라고 불렀다. 여기에서 말하는 "중흥"에는 일본의 메이지 유신(明治維新)과 같은 의미는 없었다. 메이지 유신이 가리키는 것은 국가권력이 군사독재자(막부장군)와 봉건영주로부터 천황에게로 되돌아온 것이지만, 동치 중흥은 주로 지식인의 꿋꿋한 기개를 강화하고 경세치용을 통해서 전통질서를 회복하는 각종 노력을 가리키는 것이다. 이 시기에 조정은 몇몇 정책조치를 시행하여 황폐해진 농업지역을 원상회복시키고 유능한 인재들을 천거하여 국가를 위해서 힘쓰게 했다. 행정기관은 농촌의 조세를 감면하거나 낮추어주었고, 종곡(種穀)과 농기구를 나누어주어 농업의 회복을 도왔으며, 개인의 근검절약의 습관을 대대적으로 제창했다. 서당과 사설 도서관이 다시 개방되었고 과거시험도 재개되었는데, 특히 내란 기간 중 과거시험

을 실시하지 못한 지역들에서 거행되었다. 이 과거시험들은 여전히 팔고문의 형식을 취했지만, 당시의 현실 문제를 강조했다. 매관매직을 제한함과 동시에 조정은 군공과 헌납에 대한 보답으로 각 성의 과거시험의 합격 인원수를 확대했다. 관료사회 내에서는 기강을 더욱 엄격하게 실시하고 독직과 부패를 엄벌에 처했다. 이와 동시에, 국가에 재건과 자강의 기회를 주기 위해서 대외적으로는 서양 열강과의 평화롭고 우호적인 관계를 유지하는 데에 전심전력했다.

중국 역사상 성공한 중흥1)들은 통상적으로 강력하고 예지가 있고 현명한 통치자들과 관련이 있지만 동치제는 그의 13년의 통치(1862-1874) 중 11년이 어린 시기에 해당하며, 나머지 2년 동안에도 약자에 불과했다. 국가대권은 모친인 자희태후(서태후)의 수중에 단단히 장악되어 있었는데, 그녀는 1908년에 세상을 떠날 때까지 48년 동안 조정을 장악했다. 동치제 개인에 대해서 말하면, 그의 통치는 확실히 중흥의 시기라고 부를 것이 못 된다. 그러나 이 황제는 주로 한 개인으로서가 아니라 일종의 메커니즘으로 존재했고 그의 수하의 유능하고 노련한 대신들이 뛰어난 업적을 이룩함으로써 급격한 변화를 일으켰는데, 이런 성과들은 중흥의 요소로 간주될 수 있다.2) 그러나 동치중흥은 분명히 단지 중국 역사상에서 비교적 낮은 수준의 부흥이다. 그것은 비록 잠시 쇠락을 제지했지만, 청 왕조의 체면을 유지하면서 현대 세계에서 생존할 수 있는 데에 충분한 수준에는 이르게 하지 못했다. 동치 중흥 시기의 서양의 무기, 기술과 외교에 대한 모방은 일종의 표면에 나타난 피상적인 현대화의 모습이었고 서양 문명의 정수, 즉 정치체제, 사회이론, 철학, 예술과 음악은 전혀 언급되지 않았다. 역사적인 시각에서 보면, 그것은 기껏해야 청 왕조의 국운이 지속적으로 쇠락하는 중에 잠시 나타난 한 가닥의 왕성한 기운일 뿐으로서 마치 초가을의 무더위 같은 최후의 무더위와 같은 것이었다.

---

1) 예를 들면 서주(西周) 왕조의 선왕(宣王, 827-782 기원전) 중흥, 동한(东漢) 왕조의 광무제(光武帝, 25-57) 중흥, 당 왕조의 남종(南宗, 756-762) 중흥 등이다.
2) Mary C. Wright, *The Last Stand of Chinese Conservatism: The T'ung-chih Restoration, 1862-1874*(Stanford, 1957), p. 50.

그럼에도 동치 중흥은 구질서를 회복하고 새로운 질서의 시작을 열려고 노력을 아끼지 않는 대담하고도 상당히 성공적인 노력을 보여주었다.

## 새로운 지도자들과 신유정변

한 새로운 정치지도자가 베이징에 출현하여 새 시대를 이룩하는 데에 지극히 중요한 역할을 했다. 여기에서 잠시 역사를 회상하며 이야기해보려고 한다. 1860년 9월, 함풍제가 외적의 공격에 직면하여 러허로 도주했을 때, 공친왕은 베이징에 남아 엘긴 경과 그로 남작을 상대하고 있었다. 이 친왕은 서양 오랑캐와 화친조약을 맺고, 수도인 베이징에서 그들을 철수하게 했는데, 이 모든 것은 군대 혹은 해군의 지원이 없는 상황 아래에서 이루진 것이어서 많은 한인들과 만주인들은 이것을 기적으로 생각했다. 공친왕이 베이징의 새로운 지도자로 부상한 반면 조정은 여전히 러허에서 체류하고 있었다.

외국 군대가 베이징을 떠난 후, 공친왕은 고관들을 데리고 황제에게 돌아올 것을 주청했다. 황제는 망설이며 결정하지 못했는데, 그 이유는 한편으로는 그의 비겁한 순행(도주)이 부끄러웠기 때문이고, 다른 한편으로는 아마도 적군이 되돌아와서 그에게 고두의 예절을 거부하는 사절들의 알현을 받아들이도록 핍박할지도 모를 것을 두려워했기 때문이다. 1860년 12월에 이르러서, 공친왕이 영국과 프랑스 전권공사에게 황제를 알현하겠다는 요구를 포기하도록 약속하는 데에 성공한 이후에야 함풍제는 비로소 1861년 2월 11일에 그가 다음 달에 순행에서 돌아올 것이라고 선포했다. 그러나 건강이 악화되어 순행에서 돌아오지는 못했다.

1851년에 등극한 함풍제는 줄곧 몸이 허약했는데, 러허에 피난해 있는 동안 그는 향락의 추구를 통해서 비애와 수치를 잊기 위해서 지나치게 주색에 빠진 결과 정신과 기력을 모두 탕진해버렸다. 주색에 빠진 방탕한 생활을 하는 동안에 그의 총신(寵臣)과 측근은 이친왕, 정친왕(鄭親王)과 협판대학사(協辦大學士)인 쑤순이었는데, 특히 쑤순은 그에게 강력한 영향력을 행사했다. 1861년 8월 21일, 함풍제는 병으로 죽었다. 그리고 그가 임종할 즈음에 6세의 아들 짜이춘(載淳)을 황태자로 지명했다.

쑤순과 상술한 두 친왕은 즉시 유조(遺詔)를 기초하여 자신들 및 또다른 5명의 고관을 정사를 보좌하는 찬양정무왕대신(贊襄政務王大臣)으로 임명했다. 공친왕은 냉대를 받았으며 그가 러허로 가서 선제(先帝)를 조문하도록 해달라고 요구했을 때, 거절을 당하여 상황은 더욱 심상치 않게 되었다. 선제의 두 황후(당년 27세이며 후사가 없는 자안황후와 새 황제의 생모이며 25세인 자희황후)도 마찬가지로 냉대를 받았다. 그녀들은 비록 8월 23일에 태후로 책봉되었지만, 찬양정무왕대신이 기초한 조서를 윤허할 합법적인 권리를 박탈당했다. 이후 러허에서 태후와 찬양정무왕대신들 간에 격렬한 투쟁이 전개되었는데, 태후는 결국 찬양정무왕대신들을 고립시키기 위해서 베이징에서 제3의 권력의 중심을 유지하고 있는 공친왕과 협력하기로 결정했다.

자희태후는 재능과 지혜가 탁월하고 음흉하고 교활한 여인으로서 대행황제가 병중인 동안 황제가 상주문을 읽고 처리하는 것을 도와준 적이 있고, 동시에 암암리에 쑤순이 황제를 좌지우지하는 영향력에 대해서 몹시 시기하고 있었다. 그녀는 커다란 개인적인 야심을 품고 있어서, 황제가 세상을 떠나자 옥새를 차지했을 뿐만 아니라 쑤순이 기초한 유조의 진실성을 의심하여 또다른 태후를 설득하여 그녀와 함께 "수렴청정"하도록 하는 데에 성공했다. 태감인 안더하이(安德海)라고 전해지는 한 특사가 베이징으로 파견되어 공친왕의 의사를 타진했는데, 공친왕은 태후의 힘을 빌려서 찬양정무왕대신들을 대체하려는 의도에서 협력에 기꺼이 동의했으며, 이때 그는 황태후로부터 러허로 와서 황제의 관에 참배하는 것을 허락받았다.

한 차례의 비밀접촉에서 두 태후와 공친왕은 찬양정무왕대신들이 상황을 완전히 장악하고 있는 러허에서는 아무 행동도 취하지 않았고 공친왕이 우위를 점하고 있는 베이징에서 행동을 개시하기로 했는데, 대행황제의 영구(靈柩)가 수도인 베이징으로 호송될 때 신속한 행동을 취하기로 결정했다. 자희태후는 외국의 반응을 걱정했지만 공친왕은 분명히 외국의 지지를 확신했으며, 그뿐만 아니라 외국 열강의 간섭을 제지하겠다고 자신 있게 표명했다.

영국인들은 공친왕을 지지하는 데에 은밀한 역할을 한 것이 확실하다. 베이징 협정의 서명자인 공친왕은 호의적이고 기민하며 거동이 세련되었고, 조약 의무의 이행에 협력하기를 원하는 태도를 가지고 있었기 때문에 외국 사절들에게 깊은 인상을 남겨주었다. 영국인들은 그가 권력을 잡도록 보증해주는 것이 영국의 이익에 부합된다는 것을 알았다. 영국 공사[3]는 1863년 3월 12일 런던에 보낸 한 보고서에서 영국이 이 정변에서 한 역할을 다음과 누설했다. "……지난 12개월 동안 우호적인 교제를 할 가능성의 경향이 있고 그렇게 할 가능성을 믿는 **한 파를 양성했을** 뿐만 아니라 **이 파가 권력을 장악하도록 효과적으로 도와주었는데**, 이것은 결코 아주 작은 성공이 아니다. 우리는 이미 베이징에서 만족스러운 관계를 건립하고 이미 어느 정도는 정부의 고문이 되었는데, 18개월 전에는 이 정부와 전쟁을 하고 있었다." 한편, 공친왕은 톈진에 주둔하고 있는 5,000-6,000명의 외국 군대를 "……그의 정적을 물리치는 든든한 후원자"로 보았다.[4] 1861년 9월 11일, 공친왕은 베이징으로 되돌아왔다. 이와 동시에 쑤순의 권력독식에 대해서 분개하고 있어서 조정에 나와서 수렴청정하겠다는 태후의 소망을 열렬히 지지하고 있던 대학사인 저주페이(周祖培)와 베이징에 체류하고 있던 기타 관원들은 저명한 유학자인 리츠밍(李慈銘)을 청하여 역사상의 태후섭정의 선례를 일일이 열거한 섭정비망록을 준비하게 했다. 리츠밍이 비망록을 완성하기 전에 한 어사[5]가 선수를 쳐서 러허에 상소문을 올려 두 태후가 조정을 장악하고 한두 명의 종실친왕을 임명하여 정무를 보좌하도록 할 것을 요청했다. 쑤순은 대청 왕조는 아직까지 태후가 집정한 선례가 없다는 이유로 이 견해를 비웃었다.

10월 26일에 두 태후는 찬양정무왕대신들의 강한 반대에도 불구하고 이친왕과 정친왕의 수행하에 어린 황제를 모시고 수도로 되돌아왔지만, 함풍

---

3) 프레더릭 브루스.

4) Masataka Banno, *China and the West: 1858-1861: The Origins of the Tsungli Yamen* (Cambridge, Mass., 1964), p. 241. 강조된 부분은 본서의 저자에 의한 것이다.

5) 똥위엔춘(董元醇).

제의 영구는 쑤순과 순친왕(醇親王)이 호송했는데 조금 늦게 출발했다. 11월 1일, 두 태후는 수도에 도착하자마자 대학사 저주페이 및 호부상서와 형부상서가 연명한, 두 태후가 어린 황제를 도와 조정을 맡도록 간청한 상주문을 받았는데 이것은 공친왕이 사주한 것이 분명했다. 그들은 8명의 찬양정무왕대신들이 조정을 보좌하고 있는 것이 아니라 좌지우지하고 있다고 성토했다. 하루가 지난 뒤에 두 태후는 공친왕, 대학사 및 기타 고관들을 궁궐로 불러들여서 8명의 찬양정무왕대신들의 죄행을 일일이 열거하고 그들을 즉시 해직시키도록 명령했다. 이친왕과 정친왕은 이런 행위는 법도에 맞지 않는다고 항의했지만 두 태후는 이에 대해서 두 번째 의지(懿旨)를 하달하여 그들과 쑤순의 작위를 박탈하고 그들을 종인부에 넘겨 처벌하게 했다. 공친왕의 시위들은 전격적으로 두 친왕을 체포하고, 영구를 호송하여 베이징으로 오고 있던 쑤순은 도중에서 체포하여 종인부 감옥에 가두었다. 이친왕과 정친왕은 자살하는 것이 윤허되었고 쑤순은 11월 8일 참수되었으며 나머지 5명의 섭정들은 해임되었다.

이 신유정변(辛酉政變)에서 승리를 거둔 두 태후는 공친왕과 연합하여 집정했는데, 모후에게 정사를 관장하게 하는 방식은 청 왕조에서는 확실히 선례가 없었다. 순치제(1644-1661)는 어린 시절에 그의 숙부인 도르곤이 섭정왕을 맡았고 강희제(1662-1722)는 어린 시절에 오보이를 수반으로 하는 4명의 섭정이 보좌했다. 이제까지 태후가 수렴청정한 선례는 없었지만 그 사실이 결코 확고한 의지를 가지고 있는 자희태후를 방해하지는 못했다. 그녀는 공친왕을 그의 간판으로 삼아서 그에게 의정왕(議政王), 군기대신, 내무부 총관대신 및 신설된 총리아문6) 대신 등의 직함을 주었고, 공친왕도 자신의 권력의 기초를 건립하기 위해서는 태후의 지지가 필요했다. 이렇게 하여 그들은 상호이용에 기초한 제휴를 하게 되었다. 어린 황제의 연호는 동치(同治, 아마도 두 태후의 공동통치를 암시하는 것일 것이다)이고 이듬해인 1862

---

6) 총리각국사무아문(總理各國事務衙門)의 약칭.

년을 원년으로 했다. 자희태후는 모후라는 칭호를 좋아하지 않았는데, 그 이유는 그 말은 그녀가 합법적 권력의 원천과는 비교적 동떨어져 있는 지위에 안배되었음을 은연중에 내포하고 있었기 때문이다. 그래서 그녀는 자신이 거주하는 서궁(西宮)의 명칭을 따서 서태후로 불리게 되었고 동궁에 거주하고 있는 또다른 태후인 자안은 동태후가 되었다. 비록 두 태후가 함께 수렴청정하고 대신들의 상소문을 받았지만 통상적으로 서태후가 상소문을 읽고 질문하고 결정을 내렸고, 능력보다는 덕성이 뛰어난 동태후는 정사를 처리할 때 매우 신중했다.

이 정변에 대해서 외국은 대체로 인정하는 반응을 보였다. 영국의 외교차관인 A. H. 레이어드는 1862년 3월 18일 하의원에서 "아주 짧은 기간에 중대한 변화가 발생하여 이미 실행된 정변은 대신들의 교체를 야기했다.……공친왕과 두 태후는 새 정부를 조직하고 새로운 정책을 제정했는데, 중국 정부가 처음으로 외국인의 권리를 인정하고 그들을 평등하게 대우하는 데에 동의했다"라고 말했다.[7] 공친왕과 총리아문은 진보와 외국인에 대한 우대의 상징이 되었다.

## 협력적인 정책과 외교현대화

1860년의 영국 및 프랑스와의 강화에서 얻은 쓰라린 교훈은 외국인에 대한 공친왕의 태도를 철저히 바뀌게 했다. 이전에는 그도 격렬한 배외주의자여서 외국인의 요구에 대해서 단호히 거부하고 해리 파크스를 사형에 처할 것을 주장했지만, 강화 이후 그에게는 이무(夷務)에 대한 새로운 개념이 형성되었다. 그는 점차 영국의 힘을 존중하고 심지어 숭배하여 중국은 선택의 여지없이 오직 서양과 공존하는 방법을 배우는 수밖에 없다고 확신했다.

공친왕은 엘긴 경 및 그로 남작을 응대하면서 서양 무기의 우수성을 분명

---

7) Banno, pp. 240-241.

히 알게 되었다. 그를 놀랍고도 기쁘게 한 것은 이 과거의 적들이 중국에 대해서 그들의 군사기밀을 숨기려고 하지 않는다는 것과, 그리고 공개적으로 서양식 모델에 따라서 중국의 군대훈련과 무기주조를 도와주겠다고 공언한 것이었다. 영국과 프랑스 점령군이 강화조약을 체결한 이후 베이징에서 즉각 철수한 것은 외국 열강이 중국의 영토에 대한 야심이 전혀 없을 뿐만 아니라 중국인들이 그들에 대해서 습관적으로 말하는 바와 같이 그들이 사리를 따지지 않고 신의를 지키지 않는 것이 아니라는 점을 한층 더 보여준 것이었다. 공친왕은 오직 중국이 조약 의무를 준수하고, 호의적이고 편견이 없는 태도로 외국인을 대하고 그들에게 어떤 불평의 이유를 주지 않는다면 평화를 유지할 수 있다는 결론을 내렸다. 이런 낙관적인 견해에 의해서 과거에는 치욕으로 여겨졌던 조약이 이제는 최대 양보 기준을 확정하는 데에 사용하는 유용한 도구가 되어, 이 기준을 넘으면 중국은 동의하지 않으며 외국인은 법률상으로 이 기준을 초과할 수가 없었다. 이런 이해에 근거하여 이 28세의 친왕은 중국을 위해서 하나의 새로운 정책을 제정했는데, 즉 중국은 한동안의 평화를 얻기 위해서는 서양을 받아들여야 하며 이 기간에 서양의 도움으로 군사력을 강화시켜야 한다는 것이었다. 그래서 외교를 통해서 평화를 달성하는 것이 정부의 직접적인 목표[標]가 되었고 자강갱생이 궁극적인 목표[本]였다. 이런 이중 수단은 수도에서는 만주 군기대신인 원상(文祥)의 전폭적인 지지를 받았고 지방의 각 성에서는 쩡궈판, 쭈어중탕, 리훙장 등과 같은 실력파 지도자들의 지지를 받았다.

중국을 위해서 새로운 발전방향을 설계한 것은 결코 공친왕 한 사람만은 아니었으며 서양인들도 마찬가지로 노력했다. 그들은 조약 권리를 누리는 전제조건으로 이 권리를 부여해준 정부가 계속 존재해야 한다는 것을 인정했다. 서양 열강들은 안정된 중국이 부단히 증가하는 대외무역에 유리하다고 믿었기 때문에 청 조정의 존재를 유지하고 그들의 현대화를 돕기로 결정했다. 이런 정책상의 전환에 따라서 영국의 원래의 중립적인 태도는 앞 장에서 언급한 대로 청 조정의 태평천국에 대한 진압을 적극적으로(비록 제한적이기는 했지만) 지지하는 쪽으로 바뀌게 되었다. 이미 베이징에 주재하고 있는 외국의 외교관들 역시 중국인의 관점을 더욱 잘 이해할 수 있게 되어 부지불식간에 어느 정도 중국화되었다. 미국 공사인 앤슨 벌링게임과 영국 공사인 프레더릭 브루스는 이제 중국에 대한 "협력적인 정책"을 제창하여 다음과 같이 주장했다. (1) 서양 열강 간의 협력, (2) 중국 관리들과의 협력, (3) 중국의 합법적인 권익 인정, (4) 조약 권리의 고수였다.[8]

중국과 서양이 해낸 정책전환은 10년간의 상대적인 평화, 조화, 우호 및 협력을 가져다주었으며 중국이 외교 및 군사현대화를 시작하는 데에 좋은 환경을 제공했다.

외교의 개혁은 1861년 1월 11일 공친왕과 원샹이 상주한 「통주전국작의 선후장정(统筹全局酌拟善后章程)」에서 시작되었는데, 이 장정(章程)은 이무를 총관하는 새로운 부서를 설립하고 현재 상하이에 주재하며 원래의 5개 항구의 관리책임을 맡고 있는 판리통상대신 이외에 다시 톈진에 판리통상대신을 두어 3개의 북방 항구를 관리하게 하며[9] 광둥과 상하이에 명하여 외국어에 정통한 사람을 각각 두 명씩 베이징에 파견하여 임무를 맡기고, 팔기 중에서 타고난 자질이 총명하고 연령이 13-14세 이하인 자를 선발하여 외국어 교육을 시키며, 각 조약 항구 내외의 무역거래 상황과 각국의 신문을 매달 총리아문에 보내게 할 것을 건의했다. 이 장정은 외교방면에서의 자강운동의 시작을 상징하는 것이었다.

**총리아문**  청나라 조정은 이전에는 외교부서를 둔 적이 없었다. 그 이유는 중국은 여태까지 외교적으로 평등한 수준에서 다른 국가를 승인한 적이 없고 오직 번무(藩務)와 상거래 업무의 기초 위에서 그들을 대했기 때문이다. 조정은 외교기구 설치의 필요성을 배격했으며 이런 번무와 상거래 업무는 몇 개의 정무기구를 통해서 취급했다. 아편전쟁 이전에는 조공업무는 예부

---

8) Wright, *The Last Stand*, pp. 21-22.
9) 톈진, 우장, 즈푸.

가 관장했는데, 그 이유는 그것들이 본질적으로 예의관계를 반영했기 때문이다. 러시아와의 국경에 관한 업무는 이번원이 관할하고 서양 해양국가와의 무역은 광저우에 주재하고 있는 총독에게 위임하여 처리하게 했다. 광저우의 총독은 광둥 성 세관에 대한 감독(호부[戶部])과 상관의 상인들을 통하여 외국인들을 "관리"했다. 제1차 아편전쟁과 제2차 아편전쟁(애로 전쟁) 사이의 기간, 즉 1842-1856년에 전적으로 실용적인 목적에서 양광 총독과 양강 총독은 중국의 비공식 외교대신과 외교부 대신을 맡았다. 1860년에 체결된 베이징 협정은 서양의 외교대표가 중국의 수도에 주재할 권리를 재차 천명함으로써, 이후 외교업무를 전반적으로 다룰 외교기구를 두는 것이 실제로 필요한 상황이 되었다. 외국 사절을 받아들이고, 사절단의 관사를 배분하고, 배상금을 지불하고, 새로운 항구를 개방하는 것 및 새로운 조약 의무와 상관된 수많은 기타 문제들은 즉각 관심을 기울이지 않으면 안 되었다. 공친왕의 주청을 거쳐서 1861년 3월 11일, 베이징에 총리아문이 설립되었다. 외국인들은 일반적으로 이를 외교부라고 부르지만 실제로 그것의 직책과 기능은 정규상의 정부부문이 아니라 군기처의 하부기구와 더욱 비슷했다. 총리아문의 기구와 특징은 약술하면 다음과 같다.

1. 그것은 최초에는 황실친왕이 책임지고 따로 몇몇 대신들[10]이 보좌하는 임시부서로 구상되었는데, 이 대신들은 동시에 내각부원(內閣部院) 관원인 군기대신, 대학사, 각 부의 상서 및 시랑을 겸직하고 있었다. 그들 밑에는 문서를 처리하는 16명의 장경이 만주인과 한인 각각 8명씩 모두 16명이 있었다. 공친왕은 총리아문의 초대 대신이고 또한 장기간 이 부서를 책임졌는데, 군기대신 겸 호부시랑인 원샹은 이 부서의 주요 대신으로서 1876년 세상을 떠날 때까지 봉직했다.

2. 정부기관이었지만 그것은 편제가 없었고 등급을 정하지도 않았으며 다만 일시적인 필요에서 창립한 임시기구일 뿐이었다. 이론적으로 그것은 오

---

10) 최초에는 대체로 3-5명이었으나 이후에 9-11명으로 증가했다.

직 외교정책의 집행에만 관심이 있었고 정책의 제정과는 무관했는데, 그 이유는 최고 정책결정권은 황제와 그의 수석 고문인 군기대신이 장악하고 있었기 때문이다. 그러나 실제로는 총리아문의 주청이 일반적으로 허가를 받았는데, 그 이유는 공친왕과 원샹 두 사람이 모두 군기대신을 겸직하고 있었기 때문이다.

3. 총리아문은 5개의 계(係)로 나누어져 있었는데, 즉 러시아계, 영국계, 프랑스계, 미국계, 해안방어계였다. 그리고 따로 2개의 부속기구가 있었는데 세관총세무사서(海關總稅務司署)와 동문관(同文館)이었다.

4. 총리아문은 외교업무를 처리할 뿐만 아니라 현대화 사업도 전개했다. 그리고 신식 학당, 서양의 과학, 공업 및 교통을 제창하여 이로 인해서 강경 수구파들의 공격을 받았으며 외국인들은 자주 그 속도가 신속하지 못하다고 비판했다. 이 때문에 총리아문은 양쪽으로부터 비난을 받는 처지에 놓이게 되었는데, 외국인은 총리아문이 낡은 방법을 답습하고 있으며 일 처리를 지연시키고 있다고 비난했고 외국 혐오자들은 중국의 이익을 외국 오랑캐에게 팔아먹는다고 비난했다.

5. 총리아문은 1860년대에는 적극적인 역할을 했지만 1869-1870년 이후로 영향력은 나날이 줄어들어서 당시 자희태후는 재차 공친왕을 질책했고, 올콕 협정도 영국의 비준을 얻지 못했으며(제12장 참조), 바로 이 2년 사이에 리훙장이 즈리 총독과 북양 3항구 통상대신의 직책을 맡게 되었다. 이 이중 신분을 가진 리훙장의 권력이 총리아문을 능가하게 되었다(다음 절 참조).

6. 총리아문은 비록 외교부서의 기능을 효과적으로 해내지는 못했지만 현대화의 제창자로서는 상당히 성공했으며, 중국이 서양의 충격에 대응할 때 설치된 최초의 중대한 부서[11]였다.


**통상대신** 총리아문 이외에 별도로 톈진에 북방의 3개 항구의 업무를 관장하

---

11) Ssu-ming Meng, *The Tsungli Yamen: Its Organization and Functions*(Cambridge, Mass., 1962).

는 통상대신을 두고 만주 귀족인 충허우(崇厚)를 초대 대신으로 했는데, 1870년에 이르러서야 리훙장이 이 직무를 이어받았다. 이 직책은 상하이에 주재하고 있는 흠차대신과 나란히 하기 위해서 설치되었다. 상하이의 흠차 대신은 최초의 5개 항구 및 근래의 조약에 의거하여 개방된 양쯔 강 연안과 남방 연해항구의 업무를 관장했다. 1862년에 상하이의 흠차대신은 통상사무 대신(通商事務大臣)의 직함을 부여받았고 장쑤 순무가 겸임했으며 1866년 하반기에는 양강 총독이 이를 겸임했다. 이렇게 톈진과 상하이에 둔 두 사람 의 통상대신은 각각 북양 대신과 남양 대신으로 불렸다.[12]

이 통상대신들을 둔 이유는 베이징 이외의 지방에서의 무역을 관리하여 수도인 베이징에서 외교업무가 너무 많이 생기는 것을 막기 위해서였다. 외 국 사절이 베이징 주재를 강행하려는 것을 조정이 두려워하고 분개하고 있 다는 것을 안 공친왕은 북양 대신이라는 직책을 둔 개인적인 동기를 다음과 같이 밝혔다. "톈진이 일을 합당하게 처리하면 오랑캐의 대표가 수도에 주재 한다고 할지라도 처리할 일이 없어 시간이 지난 뒤에 반드시 낙심하여 돌아 갈 생각을 할 것입니다."[13] 이 계책은 상당히 성공하여 1870년에 북양 대신 을 이어받은 이후 리훙장은 실제로 총리아문의 직권을 빼앗아버리기에 이르 렀다. 예를 들면 그는 1870년에 톈진 기독교도 학살사건을 해결했고, 1871 년에는 일본과 공식적인 관계를 수립하도록 주청했으며, 1875-1876년에 마 거리 사건(Margary murder)을 해결했고(제12장 참조) 1884년에는 프랑스인 과 안남 문제에 대한 협상을 했으며 1880년대 초기 조선의 개방 문제와 청일 전쟁 이후 일본과의 협상을 관장했다. 1870년 이후 25년간 톈진에 있는 리훙 장의 관아는 실제로 중국의 외교부가 되었지만 외국 사절들은 결코 베이징 을 떠나지는 않았다.

**동문관**  동문관은 1862년에 공친왕의 제의로 베이징에 개설되었는데 외국인

---

12) 이곳 직함의 "양(洋)"이라는 글자는 실제로 "항구(港口)"를 가리킨다.
13) Hsü, *China's Entrance*, p. 107.

은 이를 번역 학원 혹은 외국어 학원이라고 불렀다. 동문관은 원래는 서양 언어와 중국어를 함께 가르치는 학교로 설계되었기 때문에 동문관이라는 명칭을 가지게 되었다. 동문관은 영국 및 프랑스와 체결한 톈진 조약 중에서 영어와 프랑스어를 조약의 유일한 원본으로 규정한 것에 관한 조항에 대처하기 위해서 개설되었고, 그래서 중국은 외국인 통역과 오직 피진 영어만을 할 수 있는 아주 어설픈 광둥의 통역에 대한 의존에서 벗어나기 위해서 유능한 언어전문가를 훈련시킬 필요가 있었다.

외국어를 가르칠 중국인이 한 사람도 없었기 때문에 처음부터 영국인 선교사와 프랑스 선교사 및 러시아 외교사절단 중 한 명의 통역을 초빙하여 동문관에 와서 각자 국가의 언어를 가르치도록 요청했으며, 이후에 독일어가 추가되었다. 동문관은 중국어도 가르쳤다.[14] 1864년 미국 선교사 겸 교육가인 W. A. P. 마틴이 영어교사로서 동문관에 참여했다. 1866년 수구파인 수석 대학사 워런(倭仁)의 반대를 극복한 후에 천문학과 수학이 교과과정표에 열거되었으며, 이듬해에는 저명한 학자형 관리인 쉬지위가 전임대신으로 임명됨으로써 이 학교는 점차 소형 문과대학의 규모를 갖추게 되었다.

1867년 마틴은 미국으로 돌아가 인디애나 대학교에 들어가서 국제법과 정치경제학 부문에서 2년간에 걸쳐 연수를 받은 후에 박사학위를 획득했다. 1869년 마틴은 중국으로 되돌아와 일약 동문관 총교습(總教習)으로 승진했으며, 세관총세무사인 로버트 하트로부터의 재정적인 지원을 확보했다. 마틴의 지도하에서 동문관의 8년 학제에는 각종 과목이 추가되었는데, 처음 3년간은 언어를 전공하고, 이후의 5년간은 각종 과학 및 종합과정을 공부했다. 1879년에 동문관에 등록된 재학생은 모두 163명이었는데, 그중 38명이 영어, 25명이 프랑스어, 15명이 러시아어, 10명이 독일어, 33명이 수학, 6명이 천문학, 7명이 물리학, 9명이 만국공법(국제법), 12명이 화학, 8명이 생리학을 전공했다.[15] 그러나 학생들의 자질은 매우 낮았다. 그 이유는 만주인과

---

14) 쉬수린(徐樹琳)이 강의했다.
15) W. A. P Martin, *Calendar of the Tungwen College*(Peking, 1879), p. 10.

한인의 명문대가는 자기들의 자제들을 거의 보내지 않았으며 그 결과 학생 중 대부분이 보조금을 받아 공부하러 온, 연령이 너무 많은 범재들이었기 때문이다.

그럼에도 동문관은 중국에서 최초로 서양식 교육이 실시된 곳이었다. 수많은 외국인 교사들이 그들의 중국인 제자들의 협조하에 번역에 종사했으며 동시에 동문관도 외래의 학식을 전파하는 원시적인 연구기구의 역할을 했다. 1873년, 동문관은 소형 인쇄소를 개설했는데 이것은 "대학교 출판부"의 초기형태로서 이곳에서는 국제법, 정치경제학, 화학, 물리학, 자연철학 등의 부문에 관한 중요 저서를 17권 출판했다.

기타 지역에서도 이와 유사한 외국어 및 서학 학당이 개설되었는데, 1863년에 상하이에 광방언관(廣方言館)이 하나 개설되었고, 1864년에는 광저우에 하나 개설되었으며 1866년에는 푸저우에도 개설되었다.[16) 베이징의 동문관은 1902년까지 지속되다가 경사대학당(京師大學堂)에 합병되었다. 베이징 동문관의 비교적 뛰어난 졸업생 중에는 두 명의 외국 주재 공사와 몇몇 외교관들이 있었다.

**세관**  공친왕은 총리아문의 수장의 신분으로 1861년 4월 7일 허레이쇼 N. 레이를 세관총세무사로 임명하여, 그에게 책임을 지워 "각 항구의 외국 상인들의 세금납부 사항에 대한 검사를 총관하고 각 항구의 감독위원들과 협력하여 수출과 수입물품을 정확하게 분별하고 뒤섞이지 않도록 힘쓰며, 또한 각 항구의 세무사와 그곳에서 근무하는 외국인 등이 전력을 다하여 공평하게 일을 처리하도록 단속하게 하고 만약 문제점이 있다면 오직 레이에게 물어 처리하게 한다"고 했다.[17) 이 임명을 통해서 1854년에 이미 상하이에서 발전하기 시작한 관례, 즉 외국인이 세관의 세무를 감독하는 관례가 확정

---

16) 동문관과 장난 제조국 및 푸저우 선정국 내에서의 기타 학당에 대한 상세한 상황에 대해서는 Knight Biggerstaff, *The Earliest Modern Government Schools in China*(Ithaca, 1961)를 참조하라.

17) Wright, *Hart and the Chinese Customs*, p. 151.

되고 제도화되었다. 역사를 회고해보면, 1853년 9월 소도회가 상하이의 구시가를 점령하여 청나라의 세관감독[18]이 업무를 처리할 수 없게 되자, 서양 상인들은 매우 기뻐하며 이 틈을 타서 이익을 챙기게 되었는데, 그들은 수입 관세를 전혀 지불하지 않았다. 그러나 상하이에 주재하고 있던 영국 영사인 러더퍼드 올콕은 10년 전, 헨리 포틴저 경이 영국 영사에게 영국 공민은 반드시 관세를 납부하게 하라고 요구한 훈령을 기억하고 있었다. 그는 중국 주재 미국 공사인 험프리 마셜과 협력해 일련의 임시제도를 만들어, 그것에 의거하여 양국 영사는 중국 정부를 대신하여 그들 각자 국가의 공민들로부터 관세를 징수했다.

영국, 프랑스, 미국 등 3국 영사는 다른 지역의 상거래가 손해를 입을까 걱정하여, 결국 양강 총독과 협상을 해서 하나의 합의를 보았다. 즉 상하이에 외국 세무사(外國稅務司) 한 사람을 두어, 청나라 정부가 모든 외국 상인들로부터 공평하게 세관관세를 징수할 수 있도록 도우며, 중국 측은 이 협정에 대한 보답을 표시하기 위해서 내지의 관세를 폐지하기로 했다.

1854년 7월 12일, 중국 세관총감독의 완전한 동의를 거친 영국의 토머스 웨이드, 미국의 루이스 카트와 프랑스의 아르튀르 스미스가 상하이 세관세무사에 취임했다. 많고 고된 일상의 업무가 웨이드에게 떨어졌는데 이 세 사람 중에서 오직 웨이드 한 사람만 중국어와 세관절차를 알았다. 웨이드는 업무가 너무 많고 고되어 한학에 대한 연구를 할 수 없을 정도라는 것을 깨닫고 1년 후에 사직했다. 뒤이어 1855년 6월 1일, 상하이 주재 영국 대리 부영사인 23세의 허레이쇼 N. 레이가 이 관직을 차지했다. 강력한 감독으로써 그가 중국 정부를 위해서 징수한 관세는 이전의 청 정부의 세관감독이 거둔 액수보다 훨씬 더 많았다. 1858년 레이는 텐진 조약 협상에서 엘긴 경을 도와 일하기 위해서 잠시 이직했지만 이후 그는 새로운 세관의 기반을 다지기 위해서 세관세무사 직위로 복귀했다. 상하이 유형의 외국인 감독제도는 기타

---

18) 과거에는 광저우의 행상이었던 우잰짱(吳健彰).

조약 항구들로 확대되었는데, 세관마다 한 사람의 외국인 세무사가 책임을 지고 이 외국인 세무사들은 후에 관장(關長)으로 불렸으며, 그들은 상하이 총국의 총세무사인 레이 본인의 지령을 받았다. 1861년 4월의 공친왕의 레이에 대한 임명은 이미 실행 중인 제도를 정식으로 확인하는 것과 같았다.

레이의 이 임명에 대한 반응은 매우 이상하고 지극히 무례했다. 그는 그 임명을 받아들이지도 않았을 뿐만 아니라 거절하지도 않았으며, 건강을 구실로 삼아 영국으로 돌아갔다. 그는 상하이 세관세무사인 G. H. 피츠로이와 광저우 세관 부세무사인 로버트 하트에게 위촉하여 자신이 직책을 떠나 있는 동안 총세무사 직책을 자신이 돌아올 때까지 쭉 대행하도록 했다. 하트는 공친왕의 위임명령을 받기 위해서 베이징으로 파견되었다. 성격과 풍격에 대해서 말하면, 하트는 재치가 있고 인내심이 강하여 레이와는 정반대였다. 중국인은 레이보다 하트를 더욱 친절하게 대했다. 레이가 오즈번 선박 구입 사건(다음 절 참조)에서 너무나 원칙이 없고 지나치게 독단적인 태도를 취했을 때, 하트는 1863년 그의 후임으로 임명되어 총세무사를 맡게 되었다. 하트의 지휘 아래 국제적인 중국 세관기구가 탄생되었으며, 1875년 당시 중국 세관은 252명의 영국 국적 및 156명의 기타 서양 국적을 가진 직원을 고용하고 있었다.[19]

1864년 6월 21일자의 공고문에서, 하트는 외국 국적의 직원들을 위한 "수칙"과 같은 각종 규정을 상세히 밝혔다. 그는 그들에게 중국어를 공부하고, 인내심을 가지고 일하며, "우월감을 가지지 말 것", 일할 때 "다른 사람을 설득하는 데에 힘쓰고, 일방적으로 명령하여 시행하지 말 것", "화를 내면 결점을 드러내기 쉬우므로 화를 내지 말고 바로잡는 데에 힘쓸 것"을 건의했다. 그는 과단성 있고 분명한 어조로 그들에게 다음과 같이 말했다.

항상 명심해야 하는 것은 세무관서는 중국 세관의 소유이지 외국 세관의 소유가

---

19) John K. Fairbank, K. F. Bruner, and E. M. Matheson(eds.), *The I. G. in Peking*(Cambridge, Mass., 1975), 2 vols.

아니라는 것이며 이 때문에 본 관서의 직원 각자가 마땅히 해야 할 의무는 중국의 관민을 상대할 때 모든 무례한 짓과 악의의 원인을 피하도록 하는 것이다.……중국 정부의 관록을 받고 있으므로, 이 정부의 고용원인 사람은 일을 처리할 때 그들의 금기사항을 범해서는 안 되고 또한 그들의 질투와 증오심을 불러일으키지 않아야 한다. 그러므로 본 관서의 외국 국적을 가진 직원이 중국 관원과 교류할 때 꼭 기억해야 하는 것은 **여러분들은 그들과 동료라는 것**이며 또한 중국 평민 등과 교제할 때 기억해야 할 것은 **여러분들은 잠시 그들의 동포가 되어줄 의무와 책임**이 상당히 있다는 것이다. 이런 관념을 가지고 있는 사람은 관리를 예의바르게 대하고, 일반 평민들을 우호적으로 대할 수 있을 것이다.[20]

하트는 부지런히 사고하고, 일 처리가 적절하고 정확했기 때문에 조정의 총애를 받았으며, 조정은 그를 충성스러운 신하와 외교고문으로 여겼다. 그가 살아 있는 동안 청 조정은 더 이상 다른 총세무사를 임명하지 않았는데, 청 조정은 이 외국 관원을 이처럼 중시했던 것이다. 하트 본인도 역시 1880년대에 중국 주재 영국 공사로서의 임명 초빙을 정중히 거절하고, 계속해서 중국 세관에서 봉직했다. 수많은 뛰어난 외국인들이 그의 추천을 받고 중국의 국제세관에서 열심히 일했다. 그중 비교적 유명한 한 사람은 1876년에 하버드 대학교를 졸업한 H. B. 모스이다. 그는 퇴직한 이후 중국 무역, 행정과 외국 관계에 관한 여러 권의 좋은 책을 썼고, 행정과 외국 관계에 대한 선구적이며 권위 있는 논저를 저술했다.

**국제법의 도입**  아편전쟁 이전에 흠차대신 린쩌쉬는 미국 선교사인 피터 파커를 초빙하여 바텔이 저술한 『국제법』 중에서 3개의 장절(章節)을 번역하게 했지만, 아직 중국어로 된 국제법의 완역본은 없었다. 국제법을 몰랐던 초기 중국의 협상자들은 많은 잘못을 범했다. 즉 그들은 관세 자주, 치외법

---

20) MacNair, I, pp. 384-385. 강조된 부분은 본서의 저자에 의한 것이다.

권 및 최혜국 대우 등과 같은 중요한 문제들에 대해서는 쉽게 양보를 하고 외교대표의 베이징 주재와 황제를 알현할 때 고두례를 행하지 않는 것처럼 주된 취지와는 아무런 관계가 없는 평범한 문제를 가지고 필사적인 논쟁을 벌였던 것이다. W. A. P. 마틴은 중국이 외교지침을 급히 필요로 하고 있음을 보고는, 국제법 저서를 번역하기로 결심했는데, 그는 국제법을 기독교 문명의 가장 훌륭하고 성숙된 성과로 보았다. 중국인 필사자의 도움으로, 그는 1862년에 헨리 휘턴의 『국제법 원리(*Elements of International Law*)』를 번역하기 시작했다. 그는 이것을 통해서 서양인이 국제관계를 규제하는 원칙을 가지고 있으며 결코 무턱대고 야만적인 무력에만 의존하고 있지 않음을 밝히기를 희망했고, 또한 그의 번역서를 통해서 기독교를 믿지 않는 중국 정부가 기독교 정신을 인정하게 되기를 희망했다.

서양 외교를 몹시 알고 싶어했던 공친왕은, 은밀히 아주 절실하게 국제법을 알려고 했다. 미국 공사인 앤슨 벌링게임의 호의적인 도움으로 마틴의 번역서는 1864년 총리아문에 제출되었다. 번역서의 친필원고의 격식과 어휘 선택이 조잡하고 무미건조했기 때문에, 그것은 총리아문의 4명의 장경에게 넘겨져서 철저히 교정되었다.

친필원고를 교정하던 중에, 총리아문은 그것의 실용성을 검증할 기회를 얻게 되었다. 신임 프러시아 공사인 레푸에스가 1864년 봄에 군함을 타고 중국에 도착했다. 그는 다구 밖에 3척의 덴마크 상선이 있는 것을 발견했다. 당시 프러시아는 유럽에서 덴마크와 교전 중이어서 레푸에스는 즉시 이 3척의 상선을 전리품으로 나포할 것을 명령했다. 공친왕은 새로 얻은 국제법 지식에 의거하여 이런 유럽의 분쟁을 중국과 중국의 "내수(內水 : 중국어의 영해를 가리키는 용어)"로까지 확대하여 선박을 나포하는 행위에 대해서 항의했다. 공친왕은 프러시아 공사가 잘못을 시정하기 전까지 그를 받아들이는 것을 거절하고 또한 그가 이렇게 부적절한 방식으로 그의 사명을 시작한 것을 질책했다. 입장이 난처해진 레푸에스는 이 3척의 상선을 석방하고 1,500 달러의 배상금을 지불했다. 공친왕은 마틴의 번역서의 유용한 가치를 검증하고는, 이 번역서 300권을 각 성 당국에 배포했다.

이런 새로운 지식을 활용하고 기타 외교 현대화 조치로 보완하는 방법을 통하여 중국은 1860년대의 10년 동안 계속, 외국 열강과 평화관계를 유지함으로써 겨우 숨 돌릴 시간을 얻어 자강계획을 실시하게 되었다.


## 군사현대화와 초기 공업화

공친왕의 외교현대화와 필적할 만한 것은 신식 수군을 창건하고자 하는 노력, 지방 성의 지도자인 쩡궈판, 쭈어중탕, 리훙장과 함께 시도한 외국의 선박 및 외국 대포의 시범적 운용, 군비공업화, 신식 학당 설립으로 군사현대화를 추진하고자 하는 노력이었다. 그들의 조치는 자강운동 발단의 상징이 되어 이 운동은 1895년까지 35년간 지속되었다. 그러나 서양을 본보기로 삼으려는 생각은 일찍이 이들 지도자들보다 20여 년 이전에 이미 출현했다.

**선구자** 흠차대신 린쩌쉬는 처음으로 서양의 사상을 참고할 것을 제창했던 사람이었다. 그는 마카오, 싱가포르, 인도의 신문을 번역하여 서양의 지리, 역사, 정치, 법률 쪽의 정보를 수집하도록 명령했다. 그의 제창으로 바텔의 『국제법』 중의 몇몇 장절이 번역되었고, 머리가 저술한 『세계지리대전 (*Cyclopaedia of Geography*)』 중의 일부 장절이 1841년에 중국어로 번역되어 『사주지(四洲志)』라는 제목이 붙여졌다. 이런 서양에 대한 얕은 지식의 도움으로 린쩌쉬는 영국의 힘에 대해서 약간의 경의를 가졌다. 그는 200문의 양포를 구매하여 광저우의 방어를 강화했으며 서양식 대포 주조 설명서를 번역하게 했는데, 이런 사실들은 그가 외국인의 무기의 우수함과 그 비밀을 알 필요가 있다는 것을 예민하게 인식하고 있었음을 분명하게 보여주는 것이다.

중국 대다수의 사대부들은 아편전쟁에서의 대패를 역사상의 우연한 사건으로 간주했다. 그러나 린쩌쉬와 친분이 있거나 그의 영향을 받은 몇몇 학자들은 중국과 외부세계의 관계에서 하나의 새로운 시대가 이미 도래했음을 의식하고 있었는데, 그중 가장 저명한 사람은 웨이웬(1794-1856)이었으며, 린쩌쉬는 일찍이 외국의 정황에 관한 모든 자료를 그에게 넘겨주었다. 웨이웬은 1844년 이런 자료들을 편찬하여 총 50권으로 된 방대한 저작21)을 완성하여『해국도지』라고 명명했다. 이 저작의 목적은 이 책의 서문에 다음과 같이 분명하게 표현되어 있다. "이 책은 왜 지었는가? 이민족(異民族)을 이용하여 이민족을 공격하기 위함이고, 이민족을 이용하여 이민족과 사귀기 위함이며 **이민족의 우수한 기술을 배워서 이민족을 제압하기 위해서 만들어졌다.**"22) 이 책은 네 부분으로 나누어져 있는데 첫 번째 부분은 서양 각국의 역사, 지리 및 최근 정치형세를 약술했고, 두 번째 부분은 서양 대포의 주조와 사용에 관한 것이고, 세 번째 부분은 조선, 채광 및 서양의 실용기술에 대한 기술(記述)로 나뉘어져 있다. 네 번째 부분은 웨이웬과 그와 동시대 사람들이 제기한 서양에 대처할 방법에 대한 건의였다. 이 책은 서양에 관하여 중국어로 쓰인 최초의 중요한 저서이다.

기타 선구적인 저서로는『합중국설(合衆國說)』이라고 하는 미국 정치제도를 찬양한 서술성을 띤 서적 및『이분문기(夷氛聞記)』라는 최근 외국 오랑캐의 중국 침략의 상황을 연구한 서적이 있는데 이 두 서적은 모두 량팅퉁(梁廷桐)이 저술했다. 뒤이어 쉬지위가 저술한 저명한 세계지리 저서인『영환지략(瀛環志略)』 및 허추타오(何秋涛)가 저술한 러시아 및 기타 북방 국가의 지리, 역사와 정치를 약술한 80권의 대작인『삭방비승(朔方備乘)』이 있다. 마지막 저서를 제외한 각 저서들은 모두 해안방어를 강화하여 서양 해양국을 막아내는 것의 중요성을 강조했다. 그들의 핵심관념은 중국이 충분한 연해방어를 발전시켜야 비로소 해상으로부터 들어오는 적에게 제압을 당하지 않는다는 것이었다. 그들은 한창 발전 중인 민족주의, 자본주의 및 신속하고 맹렬한 공업화에 의해서 추진된 구미의 해외 확장이 중국의 지역성을 띤 방어로는 저지하기 힘든 것이라는 사실을 잘 모르거나 인정하지 않

---

21) 1852년에 100권으로 확대 개편되었다.
22) 강조된 부분은 본서의 저자에 의한 것이다.

았다. 서양 연구의 최초의 단계는 오직 해안방어라는 좁은 주제를 둘러싸고 빙빙 돌기만 했고, 그뿐만 아니라 이 민간학자들의 편저들은 그들의 국가에 큰 영향을 주지 못했다.

1860년의 패전은 더욱 맹렬하게 학계와 관료사회의 인물들에게 큰 충격을 주어 일찍이 한때 린쩌쉬와 교류한 적이 있는 펑구이펀(馮桂芬, 1809-1874)은 앞장서서 자강에 대한 주장을 제창했다. 그는 1860-1861년 사이에 저술한 『교빈려항의(校邠廬抗議)』에서 중국이 이전까지 알던 구세계와 이미 중국에게 강요된 신세계 사이에는 거대한 차이가 있음을 매우 현실적으로 지적하고, 서양의 군함과 대포를 받아들이고 통상항구에 선창과 무기제조 공장을 설립할 것을 적극 주장했다. 그는 더욱 단언하기를, 일본과 같은 소국도 서양식 모델에 따라서 자강하고 있는 이상, 중국은 더욱 분발하여 강성해지도록 노력해야 한다고 했다. 최근 서양 열강과 맺은 강화조약을 보고 펑구이펀은 중국은 반드시 하늘이 준 좋은 기회를 이용하여 자강해야 하며 그렇지 않으면 기회를 잃고 매우 후회하게 될 것이라고 경고했다. 펑구이펀은 웨이웬이 제창한 이이제이(以夷制夷)라는 생각은 절대 불가능하다고 생각했다. 이민족의 언어는 이해하기 어렵고, 외국인의 습관을 잘 알지 못하기 때문에 중국이 이민족 사이를 이간하고 선동하는 것을 방해한다고 여겼다. 웨이웬의 유일한 이치에 맞는 말인 "외국 오랑캐의 우수한 기술을 배워 외국 오랑캐를 제압하자[師夷長技以制夷]"23)는 명언은 1861-1895년 사이의 자강운동의 정신적 원동력이 되었다.

**공친왕과 레이-오즈번 함대**　수도에서 자강운동을 추진한 주요 인물은 공친왕과 원샹이었는데, 그들은 조정에 다음과 같은 관념을 주입시켰다. 즉 중국이 패전한 이유는 결코 군관과 병사가 모두 목숨을 걸고 용감하게 싸우지 않아서가 아니라 장비가 좋지 않았기 때문이라는 것이었다. 그리고 중국이

---

23) 馮桂芬, 『校芬廬抗議』(上海, 1897), 권2, pp. 4-6. 여기에서의 "항의(抗議)"의 실제적인 의미는 "기탄없이 솔직히 말하는 것"으로 『후한서(後漢書)』에서의 항의(抗議)의 의미와 같다.

장래에 외국의 침략과 억압을 막아내려면 반드시 서양의 화기, 군함 및 군사훈련을 받아들여야 한다는 것이었다. 1862년은 이 방향으로 나아가려고 노력한 첫걸음을 디딘 해였다. 그 당시, 공친왕은 세관총세무사 로버트 하트에게 명령하여 영국에 있는 허레이쇼 N. 레이에게 위탁하여 기선함대를 구입하고 장비를 갖추도록 했다. 레이는 8척의 증기선을 사들였고 영국 해군함장인 세라드 오즈번을 고용하여 이 함대를 관리하도록 했다. 레이는 베이징 조정에 알리지도 않고 더욱이 동의도 얻지 않은 상황에서 1863년 1월 16일 오즈번과 계약을 체결했다. 이 계약에 의거하면 오즈번은 유럽인이 조종하는 군함의 총사령관을 맡게 되며 오직 중국 황제의 대표인 레이의 명령만을 따르게 되어 있었다. 이렇게 독단적으로 일을 처리한 레이는 그의 행동에 대해서 그는 중국의 보편적인 행동규칙과 정상적인 사무절차의 속박을 받지 않는다고 변명했다. 또한 그는 "나의 지위는 중국 정부에 고용된 외국인으로서 그들을 위해서 일을 하고 있지만 결코 그들의 수하(手下)는 아니다. 내가 자세히 설명할 필요 없이, 한 영국 신사가 아시아의 야만인 밑에서 일을 하고 있다는 관념은 말도 안 되는 소리이다"라고 말했다.24) 레이는 자신을 중국의 "해군대신" 겸 세관총세무사가 되게 하기로 결심했는데, 전자의 직책은 그에게 누구도 대적할 수 없는 해군병권을 부여해줄 것이고 후자의 직책은 그가 약 700만 냥의 세관세입을 통제하도록 해주는 것이었다. 그의 중요한 지위를 분명하게 드러내 보이기 위해서 그는 베이징에 그가 거주할 공관을 요구했고, 중국인은 그의 소행을 용인하기 어려웠다.

오즈번이 1863년 9월 함대를 이끌고 중국에 도착했을 때 공친왕이 그에게 분명히 알리기를, 그의 직함은 부관대(副管帶)로서 단지 함대에 소속된 외국인을 통솔하는 권한만 있으며 그는 반드시 그가 활동하는 지역의 총독과 순무, 즉 양강 총독 쩡궈판과 장쑤 순무 리훙장의 명령에 따라야 한다고 했다. 이에 대해서 레이는 그가 온 것은 "황제를 위해서 일하러 온 것이지 지방의

---

24) Lay, *Our Interests in China*, p. 19.

각 성 총독과 순무 같은 이들의 시종이 되기 위한 것이 아니며", 특히 리훙장 같은 "도덕적 수양이 없는 관리"의 명령을 따르러 온 것이 아니라고 항변했다. 공친왕은 전혀 동요하지 않았고, 이런 상황에서 오즈번은 이 함대가 태평군 혹은 적대적인 일본의 다이묘(大名) 혹은 심지어 미국 남부연맹의 수중에 떨어지는 것을 피하기 위해서 함대를 해산할 것을 건의했다.

쩡궈판은 거칠고 말도 잘 듣지 않으며 예측할 수 없는 분규를 일으킬 외국인 수군을 용납하는 것보다는 그들을 해산하고 장교들에게 너그럽게 사례하는 것이 더 낫다는 것을 인정했다. 미국 공사인 앤슨 벌링게임이 중재를 자원했고 오즈번은 1만 냥의 특별 보상금을 받았으며, 레이는 그가 중국 정부와 언쟁하는 기간에 마땅히 받았어야 할 봉급과 수당으로 1만4,000파운드를 받았다. 뒤이어 그가 맡았던 세관총세무사의 직위는 하트로 교체되었다. 중국 정부는 55만 파운드를 들여 함대를 하나 사들인 후 해산시킴으로써 온통 골칫거리를 야기한 것 이외에는 아무런 소득이 없었다. 첫 신식 해군을 창설하려는 시도는 완전히 실패했다고 할 수 있다.[25]

**각 성에서의 자강운동의 시작**　대부분의 자강계획은 쩡궈판, 쭈어중탕, 리훙장 등 지방 각 성의 총독과 순무들에 의해서 추진되었는데, 그들은 태평천국을 토벌하는 기간 중에 양창대 및 상승군과의 교류를 통해서 서양의 견선이포(堅船利炮)의 우수함을 직접 눈으로 보았다. 그러나 이들의 기이하고 교묘한 발명품들[奇技淫巧]은 유가 사대부의 정상적인 이해 능력을 초월하는 것이었다. 일설에 의하면, 쩡궈판과 동시대 인물인 후린이(胡林翼)는 2척의 서양 기선이 강에서 아무런 힘도 들이지 않고 빠르게 역류하여 올라가는 것을 보고 매우 놀라서 "이것은 우리가 이해할 수 없는 것이구나!" 하고 탄식했다는 것이다. 장래에 이런 깊이를 알 수 없는 적수를 직접 상대해야 한다는

---

25) 상세한 상황에 대해서는 John L. Rawlinson, *China's Struggle for Naval Development, 1839-1895*, pp. 34-37; Katherine F. Brunet, John K. Fairbank, and Richard J. Smith(eds.), *Entering China's Service: Robert Hart's Journals, 1854-1863*(Cambridge, Mass., 1986), pp. 257, 316-317을 참조하라.

것에 생각이 미치자, 후린이는 너무 두려워 어쩔 줄 몰랐으며 태평군을 토벌하는 기간에 과도한 피로로 몸이 쇠약해진 그는 얼마 가지 못하여 세상을 떠났다.

만약 기선이 후린이에게 그렇게 강렬한 충격을 주었다면, 그만이 그렇게 느낀 유일한 사람은 아닌 것이었다. 원대한 안목을 가진 사람들이 보기에 선박의 건조는 활로를 모색할 필수 불가결한 것이 되었다. 1862-1863년 사이에, 쩡궈판은 안칭에서 시험 삼아 배 1척을 건조했으나 이 배는 흔들리지 않고 신속하게 항해하지 못했는데, 그는 실패했음에도 결코 낙담하지 않고 서양인의 군사력 독점을 타파하기 위해서 군함과 총포 제조의 비결을 파헤치기로 더욱 굳게 마음먹었다.[26]

쩡궈판의 제의로 1865년 상하이에 장난 제조국(江南制造局)이 건립되었는데, 이 제조국의 기기(機器)는 롱훙(容閎)이 미국에서 구매한 것으로, 롱훙은 최초로 예일 대학교를 졸업한(1854) 중국인이었다. 그는 1863년에 쩡궈판의 막부에 들어갔다. 장난 제조국은 무기를 주조할 뿐만 아니라 선박도 제조했고 번역관(翻譯館)도 개설했으며, 그곳에서 제조한 첫 번째 선박은 1868년에 준공된 것으로서 길이는 185피트, 넓이는 27.2피트였다. 이 제조국은 총 5척의 선박을 건조했으며 그중 마지막 1척은 1872년에 완성되었는데 400마력과 26문의 대포를 갖추었다. 장난 제조국의 번역관은 10년도 안되는 기간에 98종의 서양 저작을 번역했는데, 그중 47종은 자연과학 분야에 속한 서적이었고, 45종은 군사와 기술류의 서적이었다. 장난 제조국은 의심할 여지없이 자강운동 초기의 주요 성과라고 불릴 만하다.

만약 쩡궈판이 서구화의 길을 열어놓았다고 하면, 쭈어중탕과 리훙장은 드높은 투지로 줄기차게 서구화의 횃불을 높이 든 인물들이다. 쭈어중탕은 줄곧 지행합일을 신봉했는데, 그의 사유훈련(思維訓練)은 린쩌쉬와 웨이웬의 영향을 받았다. 선박 제조에 대한 그의 관심은 1866년 저명한 푸저우의

---

26) Teng and Fairbank, *China's Response*, p. 62.

선정국(船政局)을 설립하도록 했으며, 두 명의 프랑스인인 프로스페르 지켈(1835-1886)과 폴 데그벨(1831-1875)이 각각 정감독과 부감독을 맡았으며, 이곳에서 40척의 배를 건조했다. 선정국에 소속된 선정학당(船政學堂, 구시당예국[求是堂藝局])은 일단의 능력 있는 군관들을 배출했는데 그중에는 매우 노련하고 총명한 옌푸(嚴復, 1853-1921)도 있었다. 그는 일찍이 영국에서 공부했고 이후에 많은 서양의 사상, 사회학, 논리학, 법학 방면에 관련된 중요한 저작들(제17장 참고)을 번역했다. 푸저우 선정국은 자강운동의 두 번째로 중요한 성과였다.

자강운동의 주요 인물은 리훙장이다. 그의 상승군 및 워드와 고든 등과 같은 많은 서양인 장교들과의 교류는 그에게 총포와 군함의 무서운 위력을 알게 해주었다. 그는 서양 대포와 탄약이 "천하무적의 공방(攻防) 무기"라고 과장되게 찬양했고, 오직 기선과 대포와 탄약만 있으면 외래의 침입을 막을 수 있을 것이라고 매우 단순하게 생각했다. 리훙장의 서양 군제와 기계에 대한 숭배는 그가 1863년 2월 쩡궈판에게 보낸 다음과 같은 어느 서한에서 볼 수 있다.

제가 일찍이 영국, 프랑스 제독의 군함에 가서 보니 그곳에 있는 대포의 훌륭함, 탄약의 정교함, 무기의 정확함, 군인들의 기백은 참으로 중국이 따라잡을 수 없는 것이었습니다. 그들 육군은 비록 장점은 없지만 그들이 성을 공격하고 적진을 습격할 때마다 사용하는 각종 무기는 모두 중국에는 없는 것이었습니다. 그들의 부교, 사다리, 포대의 남다르게 정교하고 신묘한 효용은 역시 여태껏 본 적이 없는 것이었습니다.……중국의 무기가 서양에게 한참 뒤져 있는 것을 수치스럽게 느낍니다. 저는 또한 장병들에게 이득을 얻기 위해서 겸허하게 치욕을 참고 서양인의 비법을 하나둘 배우라고 훈계합니다.……상하이에 오래 머물면서 서양인의 우수한 기술을 취득하지 않으면 그 잘못을 크게 후회할 것입니다.[27]

---

27) Teng and Fairbank, *China's Response*, p. 69.

리훙장은 만일 중국이 선박 제조와 총포 제조 방면에서 분발하여 따라가지 않는다면 얼마 가지 않아 일본이 서양을 배워서 중국을 앞지를 것이라고 경고했다. 정세의 위급함으로 인해서 중국은 즉각 자강계획을 시행하게 되었는데, 1872년에 리훙장은 중국이 3,000여 년 만에 처음으로 비상시국에 직면해 있다고 보았다. 즉 서양인이 인도에서 동남 아시아로 도래하고 이어서 중국으로 도래하고 있으며, 한 발짝 한 발짝 압박하면서 들어오는 진격을 막아낼 수 없기 때문에 중국은 반드시 서양식 선박과 대포를 받아들여 자신을 강화함으로서 이 도전에 정면으로 맞서야 한다고 소리 높여 외쳤다.

쩡궈판이 1872년 세상을 떠나고 쭈어중탕이 1868년에서 1880년 사이에 서북과 신장의 회교도 반란 사건 진압에 헌신함에 따라서, 리훙장이 자강운동의 중심인물이 되었다. 그는 1870년 이후 25년이라는 오랜 기간 동안 즈리 총독과 북양 대신의 직위를 맡았다. 따라서 그는 화북 지역에 그가 전권을 행사할 군사 및 공업기지를 건립하게 되었다. 그는 비록 오직 성의 고위관리일 뿐이었지만 실제로는 중앙정부의 몇몇 직권을 행사했고, 전국적인 자강 계획의 "조정자"와 유사한 역할을 맡고 있었다.28) 그는 30년 동안 줄곧 중국의 "양무(洋務)"29)의 주요 설계자 및 제창자였다. 그의 주요 공적은 1867년의 진링 기기제조국(金陵機器制造局), 1872년의 윤선초상국(輪船招商局), 1880년과 1885년 각각 텐진에서 개설된 수군학당과 무비학당(武備學堂) 및 1888년의 북양 수군을 건립한 것이다.

그러나 리훙장의 선박과 대포에 대한 과도한 전념과 서양 정치제도 및 문화의 상대적인 경시는 자강운동의 범위를 제한시켰다. 그의 이런 태도는, 일부는 무기를 제외하고는 중국이 모든 것에서 서양에 앞서 있다는 그의 신념

---

28) K. C. Liu, "Li Hung-chang in Chihli: The Emergence of a Policy, 1870-1875." 1966년 4월 4일 뉴욕에서 열린 제18회 아주학회(亞洲學會) 연회에서 낭독한 논문이고, 나중에 Feuerwerker, Murphey, and Wright(eds.), *Approaches to Modern Chinese History*, pp. 68-104 에 발표했다.

29) 예컨대 함선, 총포, 철로, 동선(銅線 : 즉, 전보[電報]) 및 기타 몇몇 서양식 기업이다. 그것을 "양무"라고 부르는 것은 "이무"와 구분하기 위해서이다.

으로부터 비롯되었고,30) 일부는 그가 여전히 군비와 해안방어를 책임지는 고관이라는 사실 때문이었다. 그는 중국이 군사력의 증강을 급박하게 필요로 한다는 것만 의식하고, 더욱 크고 더욱 원대한 정치와 사회의 개조는 생각하지 않았다.

**수구파의 반대**  비록 자강운동의 범위에 한계가 있었고 중국이 직면한 문제를 보는 지도자들의 안목도 매우 한정되어 있었지만, 양무의 제창자들은 이미 현대 세계에 귀를 막고 현대화에 대해서도 못 본 체하는 그들 동년배의 사대부들보다 훨씬 더 앞서 있었다. 1867년, 공친왕은 황제에게 동문관에 천문 수학관을 하나 증설하고 서양 교사를 초빙하여 이미 한학에 통달한 생원들에게 이런 과목들을 가르칠 것을 허락해달라고 주청했다. 이때 그는 보수파 지도자이고 이학의 종사(宗師)인 대학사 워런(1871년 사망)의 맹렬한 비난을 받았다. 워런은 "오랑캐가 거병(擧兵)하여 우리의 수도를 능욕하고 우리의 원유(園囿)를 불태웠는데, 무릇 우리나라 사람들이 어찌 하루라도 이 원한과 치욕을 잊을 수 있겠는가? 어찌 또 총명하고 준수한 중국의 유능한 인재들을 변화시켜 오랑캐를 따르도록 한단 말인가?" 하고 질문했다. 공친왕은 워런에게 나라를 구할 더 좋은 계책이 있으면 주청해보라며 다음과 같이 직설적으로 반박했다.

> 대학사[즉, 워런]께서 우리의 행위를 잘못된 것으로 생각하고 있으니 반드시 스스로 좋은 계책이 따로 있을 것입니다. 만약 실제로 외국을 제압하고 외국에게 제압을 당하지 않는 묘책이 있다면, 신은 자연히 응당 대학사의 뒤를 따를 것입니다.……만약 좋은 계책이 없이, 오직 충신으로 갑옷을 삼고 예의를 보조방패로 삼는다는 말로서 외교담판에서 적을 이길 수 있고 충분히 적을 제압할 수 있다고 하시면 신등(臣等)은 감히 믿지 못하겠습니다.31)

---

30) 리훙장은 "중국의 문물제도는 모두 서양인의 것보다 훨씬 더 뛰어나며 오직 화기(火器)만이 뒤떨어져 있다(中國文物制度, 事事遠出西人之上. 獨火器万不能及)"고 기록했다. Teng and Fairbank, *China's Response*, p. 71.

서태후는 서양을 배우는 것이 중요하다는 것을 이해했지만 수구파의 기분을 상하게 하고 싶지는 않았기 때문에, 한편으로는 수학관 설립에 동의하면서도 다른 한편으로는 워런에게 동문관 내에 독자적인 한학관을 개설하도록 위임했다. 그녀의 수법은 진보파의 세력이 커져 그녀가 통제할 수 없게 되는 것을 피하기 위해서 보수파를 이용하여 진보파를 견제하려는 것이었다. 워런은 동문관과 한패가 되고 싶지 않았기 때문에 말을 타고 동문관으로 가다가 일부러 안장에서 떨어졌으며 이리하여 동문관에서 직무를 맡지 않을 구실을 가지게 되었다. 보수적인 유가사회와 정부인사들의 혁신과 개척에 대한 적의가 매우 강렬했기 때문에, 자강파 인사들은 자강운동을 전개하는 과정에서 각종 어려움과 장애요소를 극복하지 않을 수 없었다.

## 자강운동의 각 단계

**제1단계**  중점의 변화와 이념의 변천에 근거하여 자강운동은 3개의 단계로 나눌 수 있다. 제1단계는 대체로 1861년부터 1872년까지로서, 번역관과 신식 학당을 건립하고 유학생을 파견함으로써 서양의 화기, 기기, 과학지식을 흡수하고, 기술과 외교의 전문인재를 양성하며, 중국이 이들 국가들의 조선과 군수장비의 비결을 얻을 수 있도록 하기 위해서 일부 서양 열강과 양호한 관계를 확보할 수 있는 외교조치를 시행할 것을 강조한 시기이다. 전술한 바와 같이 이 당시의 원동력은 "외국 오랑캐의 우수한 기술을 배워 외국 오랑캐를 제압하기[師夷長技以制夷]"를 바라는 마음이었으며 자강파는 서양의 다른 것들도 필요하다는 것을 조금도 인정하지 않았다. 이 단계에서 간절한 의욕을 가지고 추진한 지도자는 수도에서는 공친왕과 원상이고 지방의 성에서는 쩡궈판, 쭈어중탕, 리훙장 등 여러 인물이었는데 그들의 주요 성과는 아래와 같다.

---

31) Teng and Fairbank, *China's Response*, pp. 76-79.

1861년  공친왕의 제의로 베이징에 총리아문을 설립하고 톈진과 상하이에
통상대신 관서를 설립했다.

1862년  공친왕의 제의로 베이징에 동문관을 설립했다.
리훙장은 상하이에 3곳의 양포국(洋炮局)을 설립하고, 별도로 아랫
사람들에게 영국군 장교에게서 화포를 사용하는 방법을 배우고 독
일군 장교에게서 보병총을 사용하는 것을 배우라고 명령했다.

1863년  리훙장이 상하이에 외국어 학당을 설립했다(광방언관).
레이-오즈번 선대(船隊)가 도착했다.
쩡궈판이 룽훙을 미국에 파견하여 기기를 구입하게 했다.

1864년  리훙장이 쑤저우에서 소형 양포국을 창립했다.
광저우에 외국어 학당(동문관) 한 곳을 설립했다.

1865년  쩡궈판과 리훙장이 상하이에 장난 제조국을 개설하고 번역관을 하
나 부설했다.

1866년  쭈어중탕이 푸저우 성 밖에 있는 마웨이에 푸저우 선정국을 설립하
고 기기는 프랑스에서 구입했다. 선정학당을 부설하고 그 내부를
전후 2개의 당으로 나누었는데, 즉 전당에서는 프랑스어와 조선(造
船)을 전문적으로 가르치고 후당에서는 영어와 항해를 전문적으로
가르쳤다. 빈춘(斌椿)이 인솔하는 탐색적인 성격을 띤 사절단을 유
럽에 파견했다.

1867년  리훙장이 진링 기기제조국을 개설했다. 충허우가 톈진 기계국을 개
설했다.

1868년  사절단을 각국에 파견하고 앤슨 벌링게임을 각국의 중외교섭 사무
대신으로 삼아서, 만주족과 한족 출신 사신들을 돕게 했다(제12장
참조).

1870년  리훙장이 톈진 기계국을 4개의 공장으로 확충했다.

1871년  다구에 서양식 포대를 1개 구축할 것을 계획했다.

1872년  쩡궈판과 리훙장의 제의로 30명의 청소년 학생들을 미국에 유학시

켜 코네티컷 주에 있는 하트퍼드에서 공부하게 했다. 1872-1881년에 120명의 어린 학생들을 4개 집단으로 나누어 유학을 보냈다.

리훙장이 군관들을 독일에 유학시켰다.

리훙장이 석탄과 철광산의 개설을 주청했다.

이 단계에서의 자강의 현저한 특징은 군수기업의 발전을 강조한 것인데, 이 기업들은 다음과 같은 특징들을 가지고 있었다. 첫째, 모두 "국가가 경영하는" 그 기업들은 관료기구가 일반적으로 가지고 있는 무능함과 연줄 타기의 풍조 때문에, 신식 생산을 했지만 행정관리 절차는 여전히 구식이었다. 둘째, 그들은 기업운영과 재료 분야에서 서양인에게 의지했는데, 그 당시에는 서양인들의 학식과 경험이 어떤지는 상관하지 않고 서양인의 능력을 맹목적으로 신뢰하는 모습이 있었던 것 같다. 진링 기기제조국은 영국인 홀리데이 매카트니에게 맡겨 관리되었는데, 이 사람의 직업은 의사였다. 푸저우의 선정국은 프랑스 사람 지켈과 데그벨 등 두 사람이 관리하고 있었는데, 이들은 배를 만들어본 적이 전혀 없었다. 건축자재들은 전부 국외에서 수입했다. 비효율적인 지도와 관리들의 부패로 인해서 건조된 선박과 대포는 품질 면에서 서양의 제품들과 전혀 비교할 수 없었다. 셋째, 이런 군수산업들은 그것들을 창립한 각 지방 성들의 총독과 순무들의 권력의 기초가 되었기 때문에 강력한 지방색과 "봉건적" 특징을 가지고 있었다. 리훙장은 양강 총독에 재임하고 있을 때, 진링 기기제조국을 설립했고, 쭈어중탕은 푸젠 성과 저장 성 총독의 신분으로 푸저우 선정국을 설립했다. 각 지역단체 사이에는 협력과 조정은 거의 없었으며, 이들 고관들은 다른 곳으로 전임한 후에도—쭈어중탕은 1868년 서북으로 부임하고 리훙장은 톈진으로 가서 그들은 그곳에서 새로운 권력의 기초를 건립했다—이전에 설립한 기업들과 개인적인 연락을 계속 유지했다.[32]

---

32) 牟安世, 『洋務運動』(上海, 1961), pp. 79-86.

**제2단계** 자강운동이 추진되면서 중국인들은 부가 권력의 기초라는 것을 점차 깨달았다. 즉 한 나라가 강대해지려면 반드시 부유해야 한다는 것을 깨닫게 된 것이다. 신식 국방은 전통식 국방보다 경비의 부담이 훨씬 더 크고, 더욱 좋은 교통체계와 공업 및 기업이 뒷받침되어야 했다. 1876년 9월 리훙장은 "중국의 오랜 쇠퇴와 부진은 모두 빈곤하기 때문이다"라고 공언했다. 그 때문에 1872-1885년의 제2단계에서는 비록 국방공업이 여전히 주요 사업이었지만 이윤을 추구하는 기업에 더 많은 관심이 기울어졌다. 예를 들면 해운, 철도, 채광, 전신 등이었다. 이런 "양무"는 점차 "시무(時務 : 당면한 과업)"로 간주되었는데 그 이유는 그것들이 급박한 국사(國事)에 초점을 맞추어 다급히 창설된 것이기 때문이었다.

"관영(官營)" 군수산업 외에 이 당시에 또다른 유형의 기업이 나타났는데, 그것은 전통적인 염정(鹽政)을 모델로 한 것으로, "관리가 감독하고 상인이 경영하는 것[官督商辦]"이었다.[33] 그들 중 가장 중요한 것으로는 윤선초상국, 카이핑 광무국(開平礦務局), 상하이 기기직포국(上海機器織布局)과 전보총국(電報總局)이었다.[34] 이 기업들의 자본의 출처는 개인자금이었는데, 비록 정부는 후원자로서 처음에는 일부의 자금을 제공하거나 혹은 나중에 갚아야 한다는 조건으로 대출을 해주었지만, 리훙장이 공개적으로 규정한 바와 같이 "모든 손익은 모두 상인이 감당하고 정부와는 아무런 관련이 없었다."[35] 출자하여 주주가 된 상인들은 경영으로부터 배척되었고 경영권은 행정기관이 지정한 관원 혹은 출자금이 없는 개인의 수중에 장악되어 있었다(이들은 나중에 주식을 구입할 수 있었다). 예를 들면 윤선초상국의 초대 총책임자는 관원[36]이었고 그의 뒤를 이은 사람은 예전의 영국 이화양행(사전

---

33) 이 말은 흔히 "government supervision-merchant management"로 번역되고 있지만, 이 번역은 대단히 부정확하다.

34) Albert Feuerwerker, *China's Early Industrialization: Sheng Hsüan-huai(1844-1916) and Mandarin Enterprise*(Cambridge, Mass., 1958), pp. 9-10.

35) Kwang-ching Liu, "British-Chinese Steamship Rivalry in China, 1873-85" in C. D. Cowan(ed.), *The Economic Development of China and Japan*(London, 1964), p. 53.

36) 주치앙(朱其昂).

양행[渣甸洋行]이라고도 불렀다)의 매판[37]이었으며, 1884년 이후 이 초상국은 또 1명의 관원[38]이 관리했다. 관리가 감독하고 상인이 경영하는 이런 기업들은 일종의 혼합체제로서, 강한 관방(官方) 색채와 그들이 보편적으로 가지고 있는 무능함, 부정부패와 연줄에 의한 임용이 존재했다. 이윤추구를 목적으로 하기 때문에 그들은 정부의 우대 혹은 간섭을 통해서 민간의 경쟁에 타격을 주고 업종을 독점하는 방향으로 나아가는 경향이 있었다. 그들도 외국인의 지원에 의존했는데, 즉 "중국 상인"들은 외국인을 초빙해서 해운 관리자, 선장 및 기사로 임용했다.

쩡궈판이 1872년에 세상을 떠나고 쭈어중탕이 서북 회교도 반란의 진압에 전념하고 있었기 때문에 이 제2단계에서 리훙장은 현대 공업과 기업의 주요 창도자로 부상했다. 공친왕은 1865년과 1869년에 2번의 질책을 당한 이후 이미 자희태후에 대한 영향력을 크게 상실했고, 원상도 이미 1876년에 세상을 떠났다. 리훙장은 자강운동에서 타의 추종을 불허하는 지도자로 상승했을 뿐만 아니라, 비록 그가 성급(省級) 고관일지라도(즈리 총독) 그의 임지가 베이징과 가까웠을 뿐만 아니라 태후의 총애와 신임을 받았기 때문에 중앙정부의 일부 직권을 행사했다. 90퍼센트가 넘는 현대화 계획은 그의 협조 아래 착수되었다.


1872년   리훙장의 후원 아래 "관리가 감독하고 상인이 경영하는" 윤선초상국이 개설되었다.

1875년   철갑선 건조를 계획했다.
　　　　　푸저우 선정국의 학생들을 프랑스에 유학 보냈다.

1876년   리훙장이 7명의 군관을 독일에 파견했다.
　　　　　푸저우 선정국에서 30명의 학생과 견습공을 선발하여 영국과 프랑스로 보냈다.

---

37) 탕팅수(唐廷樞, 자[字]는 징싱[景星]).
38) 성쉬엔화이(盛宣懷).

영국과 프랑스에 외교사절단을 파견하고 그후 수년 동안 기타 국가에도 외교사절단을 파견했다.

1877년　리훙장이 톈진에 카이핑 광무국을 설립했다.

딩바오정(丁寶楨)이 쓰촨 성에 기기제조국을 설립했다.

1878년　쭈어중탕이 간쑤 성에 방직국을 세웠다.

리훙장이 상하이에 기기직포국(机器織布局)을 세웠다.

1879년　다구와 톈진 사이에 전신선을 개설했다.

1880년　리훙장이 톈진에 수군학당을 창설했다.

리훙장이 철도부설을 허가해줄 것을 주청했다.

신식 수군 건립계획을 채택하고 외국 군함을 구입할 것을 계획했다.

1881년　전보총국을 개설했다.

상하이에서 톈진까지의 첫 번째 전신선을 개통했다.

톈진에서 북쪽으로 20리(6마일) 길이의 철도를 부설했다.

10명의 수군학생을 파견하여 외국에 유학 보냈다.

1882년　리훙장이 뤼순에 군항과 선거(船渠)를 1개씩 건설했다.

1883년　리훙장이 13명의 수군학생과 4명의 견습공을 영국, 프랑스와 독일에 보내서 선박 제조를 공부하게 하고 13명의 학생은 영국에 가서 항해를 배우게 했다.


**제3단계**　1885년에서 1895년까지 육해군 건설이 지속적으로 중시되어 1885년 해군관서를 설립했고 1888년에는 정식으로 북양 수군을 창설했다. 동시에 경공업을 개설하여 국가를 부강하게 하려는 생각도 점차 인정을 받아, 그 결과 섬유사업과 면방적업이 빠르게 발전하기 시작했다. 리훙장은 계속해서 상황을 장악하고 있었지만 그는 당시 호광 총독 장즈둥 및 양강 총독 류쿤이와 날이 갈수록 강력해지는 경쟁관계에 있었다. 이와 동시에 광서제의 부친이면서 새로 설립한 해군관서의 대신인 순친왕이 베이징 내에서의 실권자로 부상한 반면, 공친왕은 1884-1885년 중국-프랑스 전쟁 이후 정계에서 뜻을 이루지 못하고 있었다.

경제체제 분야에서 2종류의 신형 공상(工商) 기업인 "관원과 상인이 공동으로 경영하는(官商合辦)" 기업과 "상인이 경영하는[商辦]" 기업이 지금까지 주도적 위치를 차지하고 있던 관료형의 "관리가 감독하고 상인이 경영하는" 기업과 생존을 다투었다. 그러나 상인에 대한 행정기관의 전통적인 경시와 질투 때문에 이 두 종류의 기업은 모두 발전하지 못했다. "관원과 상인이 공동으로 경영하는" 기업 중 비교적 규모가 컸던 것은 1891년에 건립된 구이저우 성의 제철공장과 1894년에 건립된 후베이 성의 소사국(繅絲局)이다. 이 두 개의 사례에서 보면 정부관원들은 개인자본은 환영하지만 민간이 기업을 통제하는 것을 싫어했다. 후베이 성 소사국 통제권을 쟁탈하기 위한 투쟁이 매우 격렬하여 결국 상인자본은 퇴출되었고 후베이 성 소사국은 완전히 관영기업으로 변모했다. "상인이 경영하는" 기업들은 매우 미약하여 전체 산업기업과 투자에서 매우 작은 비중을 차지하고 있었는데, 메이지 시대의 일본인들이 개인자본을 조달하던 방식과는 매우 큰 차이가 있었다. 1880년대 중기에서 1890년대 중기까지 10년간의 주요 활동은 아래와 같다.


1885년   리훙장이 톈진에 무비학당을 세웠다.

　　　　베이징에 해군 관서가 설립되었는데 순친왕을 수장으로 하고 리훙장을 부수장으로 했다.

1886년   장즈둥이 광저우에 1개의 방직국을 세웠다.

1887년   장즈둥과 리훙장이 광저우와 톈진에 각각 몇 개의 제조국을 세웠다.

　　　　리훙장이 헤이룽 강에 모허 금광(漠河金礦)을 세웠다.

1888년   리훙장이 관할하는 북양 수군을 창설했다.

1889년   장즈둥이 광저우에 직포국과 철정국(鐵政局)을 개설했다.

1890년   장즈둥이 다예 철광, 한양 철광과 핑샹 탄광을 설립했다.

1891년   리훙장이 상하이에 룬장 제지공장을 세웠다.

　　　　"관원과 상인이 공동으로 경영하는" 성격의 구이저우 제철공장을 개설했다.

1893년　리훙장이 기계방직총국을 설립했다.

　　　　장즈둥이 우창에 4개의 면방적공장을 세웠다.

1894년　후베이 성에 2개의 성냥 회사를 세웠다.

　　　　"관원과 상인이 공동으로 경영하는" 성격의 후베이 소사국을 창립했다.


## 자강운동의 한계와 영향

이상에서 열거한 사례들은 자강운동을 위해서 필사적으로 분투한 생동적인 모습을 제공할 수는 있지만, 실제로 그런 것들은 단지 피상적인 현대화의 시도를 나타냈을 뿐이다. 그 활동범위도 화기, 군함, 기기, 통신, 채광, 경공업에 국한되었고 서양의 제도, 철학, 예술, 문화를 본받으려는 어떤 시도도 하지 않았다. 자강의 노력은 겨우 현대화의 표피를 건드렸을 뿐 산업화에서의 획기적인 진전을 이루지는 못했으며, 이 근본적인 결함은 1884-1885년의 중국-프랑스 전쟁에서 드러났다. 당시 중국은 20년간에 걸친 준비에도 불구하고 속국인 안남을 보호하지 못했다. 10년 후, 중국의 청일전쟁에서의 패배는 자강운동의 실패를 더욱 확실하고 분명하게 입증하는 것이었다. 마르크스주의 계통의 사학자들은 농업화되어 있는 유가사회의 기초 위에 현대자본주의와 공업을 이식함으로써 내부적인 모순이 생겼음을 강조하지만, 다음의 관점들도 자강운동이 활기를 전혀 띠지 못한 원인을 밝혀줄 수 있을 것이다.

**협조의 결핍** 태평천국혁명 이후 청 왕조의 중앙권력은 급격히 쇠락하여 동치제(1862-1874) 시기에 약간 활력을 띤 것 이외에는 정부 내에서 거의 아무런 방향도 없었다. 현대화는 성급의 총독과 순무가 중앙의 지도, 계획 및 협력 조정이 없는 상황에서 솔선하여 시작한 것이며, 비록 리훙장이 1870년 이후 중앙정부의 몇 개의 직능을 행사했지만 그는 기본적으로 여전히 한 지역의 고위관리였고 중앙정부를 대신할 수는 없었다. 각 성의 자강 제창자들은 서로 협력한 것이 아니라 서로 경쟁했으며 그들의 업적을 자기 개인의 권력의 기초로 간주했다. 그들은 지방주의 의식과 자기 보호에 급급한 경향이 매우 확고하여 북양 수군과 남양 수군은 1884년의 중국-프랑스 전쟁 기간에 적의 공격을 받고 있는 푸젠 성 수군을 지원하기를 거절했으며, 1894-1895년의 청일전쟁 기간 중 북양 수군이 독자적으로 일본 해군의 공격에 저항하고 있을 때 남양 수군은 "중립"을 지켰다. 이 두 전쟁의 결과는 물론 참담하기 이를 데 없었다.

**좁은 안목**  자강운동의 제창자들이 현대화 계획을 추진한 것은 주로 국가가 외래침략을 막아내고, 국내의 소요를 진압하도록 하기 위함이었고, 그들 자신의 권좌를 강화하기 위해서였다. 그들은 중국을 현대국가로 개조하려고 갈망한 적이 없었고 사실상 그들은 기존의 질서를 대체하는 것이 아니라 전력을 다하여 공고히 하려고 했으며, 그뿐만 아니라 경제발전, 산업혁명 및 현대식 변혁의 개념은 전혀 없었다. 이로 인해서 그들의 노력은 한 전통국가 속에 분산되어 있는 몇몇 고립된 현대식의 외딴 지역을 만들어낸 것에 불과했으며 이 나라 안에서 주도적인 것은 여전히 구식제도였다.

그 이외에 대중참여의 결핍은 현대화의 범위를 제한시켰다. 자강운동의 지도자들이 취한 것은 위로부터의 개혁방식이었으며 메이지 시대의 일본과 같은 하층민중의 지지를 구비하지 못하고 있었다. 전통이라는 부담을 짊어지고 있는 중국 관리들은 유래가 오래된 상인에 대한 경시를 벗어나지 못했다. 그들은 민영기업과 민간인의 경쟁을 억제했을 뿐만 아니라 관영공업 혹은 관리가 감독하고 상인이 경영하는 기업에 개인의 적극성을 불어넣어주지 못하여. 기업들은 관료사회에 흔히 있는 무능함, 연줄, 부정부패 등의 현상이 만연함으로 인해서 끊임없이 어려움을 겪었다.[39]

---

39) 全漢升, 「甲戰争以前的中國工業化運動」, 『歷史語言研究所集刊』, 中央研究院, 제25권 (1954. 6), p. 74.

**자본의 부족**  중국은 빈곤한 국가로서 자본의 공급이 제한되어 있었기 때문에 정부자본과 민간자본이 모두 부족했다. 이것은 공업과 기업의 창설 및 증가를 제약했고, 정부가 세수를 높여 신흥 사업을 창설할 때 그것은 대중이 원래 가지고 있던 제한된 투자능력을 약화시켰다. 단지 동일한 사람들이 각양각색의 기업 즉 윤선초상국, 상하이 기기직포국, 전보총국 및 한-예-핑(한양-다예-핑샹) 등 여러 광산에 간여하고 있는 사실을 보면 우리는 실업가들의 범주가 작고 그들이 장악하고 있는 자금이 제한되어 있음을 알 수 있다.[40] 그 이외에 이들 기업들의 자본형성 역시 매우 곤란했는데, 그 이유는 대략 연 8-10퍼센트의 이윤이 기업성장을 위한 재투자에 사용된 것이 아니라 보너스로서 주주에게 분배되었기 때문이다.

**외국 제국주의**  자강운동은 바로 외국 제국주의가 강화된 시대와 연대가 서로 일치한다. 즉 일본이 1874년에 타이완을 침략했고 1879년에는 류큐 열도를 병합했고, 1875년에는 영국이 윈난의 문호를 열려고 시도했으며, 1871-1881년 사이 러시아의 신장 성의 이리 강점, 프랑스의 안남 점령과 중국-프랑스 전쟁, 일본의 조선 침략과 청일전쟁이 있었다. 이런 충격적인 사건들은 정부와 현대화 분자들의 주의력을 분산시켰을 뿐만 아니라 거액의 군비지출과 배상금을 야기함으로써 본래 자강에 사용할 수 있는 대량의 자금을 흡수해가버렸다.

**기술의 낙후와 사대부 기풍의 타락**  서양의 기기와 기업관리는 중국인의 전통적 사유의 입장에서 보면 낯선 것이며 기술의 낙후를 극복하는 것은 하나의 거대한 문제였다. 특히 서양의 고문들과 교사들이 해당 분야의 전문가가 아닌 경우는 더욱 그랬다. 자강계획이 제조해낸 총포와 함선은 성능이 매우 뒤떨어져, 외국으로부터 끊임없이 함선과 총포를 구입하게 되었다. 북양 수

---

40) Feuerwerker, p. 249.

군의 9척의 대형 함선은 모두 외국에서 제조했고 뤼순 항구와 웨이하이웨이의 수군기지의 대포는 크루프 사(社) 제품이었다.

그 외에 재덕을 겸비하고 정직한 사람들은 일반적으로 양무를 피했으며, 오직 몇몇 인격이 저열한 사람들이 현대화 계획에 참여함으로써 자주 부패와 부정을 야기했다. 리홍장 본인조차도 인품이 고매한 것으로 인식되지 않았는데, 전해지는 말에 의하면 그는 4,000만 냥의 가산을 남겼다고 하며 그의 추종자들은 자기들이 책임지고 있는 공장과 기업을 마구 착취했다. 가장 악명 높은 사례는 은퇴한 서태후의 환심을 사기 위해서 3,000만 냥의 해군군비를 유용하여 이화원을 건축한 것이었다.

**사회적 및 심리적인 타성**  대부분의 사대부들은 이무와 양무를 "저속하고", "상스러운" 것으로서 그들의 존엄을 손상시키는 것으로 간주했다. 수구세력은 매우 강대하여 조정은 그들을 무시할 수 없었다. 리홍장이 친구[41]에게 보낸 서신 중의 한 단락은 현대화 분자의 곤경을 잘 말해주고 있다.

내가 일찍이 공친왕을 찾아뵙고 철도의 이익을 역설했는데, 공친왕께서는 나의 견해에 동의하시면서도 그것을 감히 맡아서 하려고 하는 사람이 없다고 하셨소. 그래서 다시 기회를 보아 두 분의 태후께 말씀드려달라고 요청했더니, 그분이 두 분의 태후는 그런 중대한 계획을 세울 수 없다고 하셔서 나는 더 이상 입을 다물고 말하지 않았소.……관료와 신사(紳士)들이 서양인의 기기를 사용하는 것을 금하여 결국은 손을 놓고 아무것도 할 수 없게 되었소. 나는 문인과 학사들로부터 걸핏하면 이단과 기괴한 것을 숭상한다는 질책을 당하고 있소. **일부 중국인들의 마음은 참으로 이해할 수 없소.**[42]

---

41) 1876-1878년의 영국 및 프랑스 주재 중국 공사는 꿔충따오였다.
42) Li Chien-nung, *The Political History of China, 1840-1928*(New York, 1956), ed. and tr. by S. Y. Teng and J. Ingalls, pp. 108-109. 강조된 부분은 본서의 저자에 의한 것이다.

수구파가 현대화를 반대한 사례는 매우 많다. 기관차가 한 구경꾼을 치었다는 이유로, 영국인이 부설한 상하이-우쑹 간의 단거리 철도는 1874년에 폭도들에 의해서 노반(路盤)이 뜯겨져버렸다. 2년 후에는 양강 총독이 현지의 신사(紳士)들의 압력으로 이 외국 철도를 구매하고는 그것을 철거해버렸으며, 1876년에는 꿔충따오(郭嵩燾)가 공사의 직함으로 영국에 갈 때, 문인들은 그가 성현의 국가를 버리고 서양 오랑캐를 추종한다고 매몰차게 비웃었다. 꿔충따오의 일기는 2,000년의 역사를 가진 서양 문명을 찬양했다고 하여 수구파들에 의해서 이단사설(異端邪說)이라고 비난받았으며 그들은 이 일기의 인쇄판을 폐기하도록 정부에 강요했다. 이 적은 사례는 서구화 제창자들이 처해 있던 불리한 사회 및 정치 분위기를 밝혀주기에 충분하다. 그리고 이들 서구화 제창자들과 반대세력 사이에 존재하는 현격한 힘의 차이를 대비해보면, 그들이 감히 이런 한 차례의 인심을 얻지 못한 사업들을 지지하여 이룩한 성과—비록 결코 완벽하지는 못했지만—는 참으로 기적인 것이다.

자강운동은 비록 각종 결점을 가지고 있었지만 산업화의 시작을 상징하고, 중국에 현대 자본주의의 종자를 뿌려놓았으며 그것은 다음과 같은 심대한 영향을 끼쳤다. 첫째, 대다수의 제조국, 선정국, 기기국, 학당 및 현대식 기업들이 모두 조약 항구와 연해 및 양쯔 강 연안의 도시에 설립되었으며, 그곳에서 서양인들의 도움을 얻을 수 있는 가능성이 가장 높았다. 이들은 상하이, 난징, 톈진, 푸저우, 광저우, 한커우 등의 대도시가 발전하는 데에 도움을 주었다. 둘째, 주위 농업지역의 영농 인구가 이 도시들에 흡수되어 산업 노동자나 일반노동자가 됨으로써 이 도시들의 규모는 비약적으로 팽창했으며, 그 결과 점차 새로운 노동계급이 형성되었다. 셋째, 이런 새로운 산업과 기업들은 엔지니어, 경영자, 실업가와 같은 새로운 전문직업인들을 양성했으며, 외국 유학을 다녀온 인사들은 귀국 후에 육군, 해군, 학당 및 외교기구에서 리더가 되었으며 중국의 새로운 관리 및 실업계층의 탄생에 기여했다.

**12**

# 대외관계와 궁정정치,
# 1861-1880년

## 대외문제

자강운동 기간에 중국은 여전히 외국으로부터의 건의 및 격려를 받고 있었
는데, 세관총세무사 로버트 하트와 베이징 주재 영국 공사인 토머스 웨이드
는 중국의 진보를 끊임없이 촉구했다. 그들의 끊임없는 요구로 인해서 총리
아문은 1866년 탐색성을 띤 외교사절단을 유럽에 파견했다.

**1886년의 빈춘 사절단**  1865년, 하트는 총리아문에 「국외의 방관론」이라는
제목의 상주문을 올렸다. 그는 이 상주문에서 철도, 증기선, 전신, 채광, 서
양에 대한 외교실시의 장점을 강조했다. 맨 마지막 것의 이점이 특히 중요한
데, 그 이유는 중국이 외국에 공관을 둠으로써 중국은 난폭한 중국 주재 외
교사절을 피해서 외국 정부와 직접적인 교섭을 하게 될 것이기 때문이었다.
하트는 다음과 같이 썼다. "저는 외국 주재 사절을 파견하는 것이 지극히
중요하며 이 자체가 진보라고 생각합니다. 그리고 그것이 중국이 자유와 독
립을 유지하기 위한, 이의를 제기해서는 안 되는 지극히 합당한 방식일 것이
라고 생각합니다. 아울러 저는 그것이 중국과 서양을 긴밀하게 연결하는 연
결고리를 형성하고, 또한 중국이 올바르게 사업을 개선하도록 해줄 것이라
고 생각합니다."[1] 1년 후(1866), 토머스 웨이드도 공친왕에게 「신의략론(新

議略論)」이라는 제목의 상주문을 올렸는데, 마찬가지로 중국은 철도, 증기선, 전신, 채광, 신식 학교, 서양식 군대의 훈련과 외교 대표를 외국에 파견하여 주재시키는 것이 필요하다는 것을 강조했다. 중국이 영감을 얻기 위해서 미래를 바라보아야지, 지도(指導)를 얻기 위해서 과거를 회고해서는 안 된다고 경고했다. 어쨌든 하트와 웨이드의 요점은 중국이 서양의 방법과 제품을 채용하여 진보를 추구하도록 하는 것이었다.

그들의 촉구가 가져온 직접적인 결과는, 총리아문이 1866년 비공식적인 탐색성을 띤 외교사절단을 유럽에 파견하기로 한 것이고, 휴가 중인 하트가 안내를 하게 된 것이었다. 이 사절단은 63세의 빈춘이 인솔했는데, 그는 일찍이 지부를 맡은 적이 있으며, 당시에는 하트의 중국어 비서였다. 청나라 조정은 사절단의 지위를 높이기 위해서 그에게 임시로 3품의 직함을 수여했고, 수행자 중에는 동문관의 학생 몇 명이 있었다. 공친왕은 이것은 공식 외교사절단이 아니며, 단지 비공식적으로 서양에 가서 자료를 수집하는 국비 관광단에 불과하다고 분명히 밝혔다. 이 사절단은 런던, 코펜하겐, 스톡홀름, 상트페테르부르크, 베를린, 브뤼셀, 파리를 방문했고, 가는 곳마다 체면이 서는 환영을 받았다. 귀국 후 사절단원들은 당시 외교사절로 외국에 갔던 일을 세 권의 일기로 기술했는데, 그들은 유럽에서 보고 들은 것들을 일기에 상세하게 서술했다. 불행한 것은, 그들의 관찰은 주로 서양의 사회 풍속, 빌딩, 가스 램프, 에스컬레이터와 기계 등의 신기한 사물에 국한되었으며 영국의 의회와 기타 정치체제는 단지 간단히 언급만 하고 지나갔다는 것이다.

**미국공사 앤슨 벌링게임 사절단과 조약 수정, 1868-1870년**  1860년대에 서구의 정부들이 "협력적인 정책"을 실시할 때, 조약 항구, 특히 상하이의 외국 상인과 노련한 중국통들은 계속해서 더욱 침략성을 띤 정책의 실시를 부르짖었고, 그뿐만 아니라 중국 전역을 서양 상업에 개방하고 철도, 전신, 채광과

---

1) Robert Hart, "Notes on Chinese Matters" in Frederick W. Williams, *Anson Burlingame and the First Chinese Mission to Foreign Powers*(New York, 1912), p. 285.

많은 다른 현대 기업의 채택을 통하여 "진보"를 촉진하도록 부추겼다. 그들의 선언에 하트와 웨이드의 상소까지 더해져서, 총리아문은 곧 다가오는 조약 수정 때 영국이 중국에 더 많은 새로운 요구사항—영국과 체결한 톈진 조약 제27조에 10년 후(1868)의 조약 수정을 규정하고 있는 것—을 제시할 것을 염려했다. 이 불운한 순간에 대처하기 위해서 총리아문은 조급히 지방 성들의 총독과 순무들—이들은 태평천국 혁명 후에 강대해졌다—에게, 아래와 같이 분쟁의 실마리가 될 수 있는 문제들에 대한 그들의 견해를 구했다. 즉, 철도부설과 전신 설치, 광산물 채굴, 선교사 활동, 내륙 수운사업과 중국이 외국에 사절을 파견하는 문제에 관한 것이었다.

쩡궈판은 당시 가장 중요한 정치인으로서, 난징에 주재하는 양강 총독이었다. 그는 중국은 마땅히 완곡하고도 단호하게 외국의 철도, 전신, 내륙운송, 중국 수역 내의 소금 운송과 화물창고 설립 등의 모든 요구를 거절할 것을 건의했다. 왜냐하면 이런 활동들은 중국 국민의 생계에 크나큰 위험을 미치게 할 것이기 때문이었다. 다른 한편으로 광업은 오히려 큰 이익을 얻을 수 있는 사업으로, 초기 가동단계에서 중국은 외국의 기구를 이용할 수 있었다. 그는 분명히 적임자를 선발하고 자금을 갖출 때 중국은 외국에 사절을 파견해야 한다고 믿었지만, 선교활동에 대해서는 결코 관심이 없었을 뿐만 아니라 선교는 단지 어떤 때는 성공하고 어떤 때는 실패하는 것—자금에 따라 결정되는 것이며 당시에는 침체 상태였다—이어서 선교사의 존재는 어떤 이익도 피해도 없다고 믿었다. 쩡궈판의 관점은 비교적 신뢰할 수 있고 진보적인 관원들의 견해를 대표하는 것이었다.

실제로 총리아문의 두려움은 근거가 없는 것이었다. 왜냐하면 영국 정부가 중국통들이 중국에서 서두르는 시의적절하지 못한 "진보"를 서두르는 것을 찬성하지 않았기 때문이다. 1867년 8월 17일, 외교대신 스탠리 경은 베이징의 영국 공사 러더퍼드 올콕에게 다음과 같이 통지했다.

우리는 결코 중국 정부나 민중이 즉각 우리와 같은 관점으로 사물을 대한다고 기대해서는 안 된다. 우리는 반드시 우리가 오랜 세월 동안 얻은 경험을 명심해야 하고, 그뿐만 아니라 중국이 우수한 제도를 채택하도록 인도해야지 강요해서는 안 된다. 우리는 그런 제도들의 점차적인 형성을 안심하고 기다려야만 한다. 우리는 1868년의 조약 수정에서 얻을 새로운 성과를 참을성 있게 기다려야 한다.[2]

영국 정부는 중국에서 이미 취득한 지위를 공고히 하기 위해서 "안전한 방침"을 실시할 뿐만 아니라 도덕적 영향과, 절제와 인내심으로 가일층의 발전을 이루는 것에 찬성했다.

그러나 총리아문은 런던에 외교대표가 없었기 때문에 영국의 정책에 대해서 아무것도 몰랐다. 그러나 만약 그들이 참고할 만한 좋은 정보가 없을 경우에 그들은 상식에 따라서 "이이제이(以夷制夷)"라는 기존의 원칙을 활용할 수밖에 없었다. 공친왕과 원샹은 이임하는 미국 공사 벌링게임이 기꺼이 중국 외교사절처럼 중국과 외국 열강의 분쟁을 중재할 용의가 있다고 암시를 했기 때문에, 중국의 서양화 속도를 강행하지 못하도록 각국 정부를 설득하기 위해서 그를 초빙하여 서양으로 가는 외교 순회 사절단에 참여시켰다.[3] 벌링게임은 매사추세츠 주 출신의 천재 연설가였는데, 그는 다음과 같이 선언했다. "인류 인구의 3분의 1을 차지하는 세계에서 가장 오래된 국가가 처음으로 서양과 관계를 맺으려고 할 때, 세계에서 가장 역사가 짧은 국가의 대표에게 이런 전환의 중개를 맡을 것을 요구했으니 이 사명은 도의상 거절할 수 없는 것입니다."[4]

벌링게임과 그를 수행한 만주족 출신 부사(副使)와 한족 출신 부사[5]는 사절단을 인솔하고 1868년 5월 미국에 도착했다. 캘리포니아 주지사는 열렬히 환영하고서 벌링게임을 "우리의 손님, 가장 역사가 짧은 정부의 아들, 가장 역사가 오래된 정부의 대표"라고 칭했다. 벌링게임은 답사에서 중국은 "서양

---

2) Hsü, *China's Entrance*, p. 167.
3) 연봉은 8,000파운드이고 그 이외에 별도로 비용이 첨가된다.
4) *Foreign Relations of the United States*, 1868, I, p. 494.
5) 즈깡(志剛)과 쑨쟈꾸(孫家穀)이다.

문명의 찬란한 기치"를 환영하고 있으며, "그날, 그 시각이 이미 도래했다"고 선언했다. 뉴욕에서 벌링게임은 과장하여 중국은 장차 선교사를 초청하여 "중국의 광활한 강산 곳곳에 반짝이는 십자가를 세울 것입니다"라고 선언했다. 벌링게임의 웅변과 매력은 미국인의 마음을 사로잡았고, 아마도 자신의 마음도 사로잡았을 것이며, 앤드루 존슨 대통령과의 각별한 만남 이후, 1868년 7월 28일 그는 국무장관 수어드와 한 조약에 정식으로 서명했다. 이것은 그가 제멋대로 결정한 행동으로, 사전에 중국 정부의 허가를 받지 않은 것이었다. 미국은 이 조약에서 중국의 발전에 간섭하지 않을 것을 약속했으며, 또한 중국이 영사와 노동자를 미국에 보내는 것, 양국 국민이 서로의 국가 내에 거주하는 것, 종교, 여행, 학교입학의 권리를 소유할 것을 규정했다. 비록 사전에 협의하지는 않았지만, 중국 정부는 뜻밖에도 몹시 감격하여 이 조약을 승인했다.

사절단은 런던에 도착해서 빅토리아 여왕의 접대를 받았다. 스탠리의 뒤를 이은 외교대신 클래런던 경은 영국은 중국에게 "지나치게 빠르게 발전하도록 강요하지 않을 것이고, 중국의 발전이 안전하고 합당하고 적절하여 중국의 신민의 감정에 부합하게 하겠으며" 아울러 어느 유럽 국가든지 중국에 대해서 새로운 체제를 채택하게 하는 정책을 강요하는 것을 반대한다고 거듭 강조했다.6) 베를린에서, 벌링게임은 비스마르크 공작에게 북독일연방(Norddeutscher Bund)은 중국이 자신의 이익에 가장 부합한다고 생각하는 방식으로 중국과 교류할 것이라고 선언하도록 촉구했다. 상트페테르부르크에서는 벌링게임은 차르를 알현한 이후 폐렴에 걸려, 1869년 2월 23일에 사망했다. 이후, 사절단은 두 명의 부사가 인솔하고, 브뤼셀과 로마를 방문했으며, 1870년 10월에 중국으로 돌아왔다.

벌링게임 사절단은 그들의 직접적인 목표에 대해서는 아주 큰 성공을 이루었는데, 그 이유는 이로 인해서 서양 열강이 곧 닥쳐올 조약 수정에서 절

---

6) Hsü, *China's Entrance*, p. 169.

제 있고 온화한 정책을 취했기 때문이다. 그렇지만 장기적인 관점에서 볼 때 그것은 중국의 보수주의를 조장했는데, 그 이유는 이 사절단에 16만 냥을 사용한 만주족 관원들은 결국 돈을 씀으로서 서양인을 대처할 수 있다고 생각하기 시작했기 때문이다. 그들은 더욱 자만하게 되어 외부로부터 오는 자극에 무감각해졌다. 이 사절단은 의외로 중국의 현대화를 가로막는 작용을 했다.

실제의 조약 수정 협상은 대포와 군함의 위협이 없는 조건하에서 대등하게 진행되었는데, 이는 아편전쟁 이래 처음 있는 일이었다. 그 결과 1869년에 올콕 협정이 이루어졌는데, 이 협정의 내용은 중국이 홍콩에 영사관을 건립하는 것을 허락하고, 아편의 수입관세를 단(擔)당 30냥에서 50냥으로 높이고, 생사 수출관세를 단당 10냥에서 20냥으로 높이며 최혜국 대우를 제한하는 것이었다. 이것은 만일 중국이 조건부로 다른 국가에게 이익을 줄 때, 가령 영국도 동일한 이익을 누리기를 희망할 경우에 영국은 필히 동일한 조건을 받아들여야 한다는 것이었다. 이 조항들은 영국 상인들의 강력한 반대에 부딪혔다. 그들은 특히 중국이 홍콩에 영사를 주재시키는 것에 대한 규정에 반대했는데, 이 영사는 세금징수원 및 간첩으로 여겨졌다. 영국 정부는 강대한 압력을 받자, 올콕 협정의 비준을 거절했다. 총리아문은 외국에 대한 호의적인 믿음이 배신당했다고 생각했고, 보수파와 배외파들은 즉각적으로 오랑캐는 그저 수탈만 할 줄 알지 주는 것은 모르며, 일단 협의한 조약이 다소 불리하면 그들은 부인해버린다고 지적했다. 이리하여 1870년대가 시작되자, 배외주의의 물결이 다시 일어났다.

**1870년의 텐진 기독교도 학살사건**  마침 벌링게임이 선교사들을 초빙하여 중국의 광활한 강산에 밝은 십자가를 세우게 했을 때, 중국 국내에서는 한 차례의 서양 종교 반대운동이 발생했다. 이단신앙인 기독교는 유가와 서로 대립하고 있었다. 남녀가 함께 뒤섞여 어울리는 그들의 관례는 중국의 남녀가 서로 얼굴을 마주하지 않고 피하는 습속과 서로 충돌했기 때문에, 이것은 서양 종교의 음란과 타락에 관한 유언비어를 야기했다. 선교사들은 중국 신자들이 지방의 사법적인 제재를 받지 않도록 비호하고, 교회를 지을 때는 오랫동안 매우 중시되던 풍수 관념을 무시했는데, 이런 것들이 중국인의 감정을 끊임없이 자극하여 서양 종교를 반대하는 소책자들이 속출했다.[7] 널리 유포된『피사기실(辟邪記實)』이라는 책자는 자칭 "이 세상에서 가장 마음이 아픈 사람"이 1860년대 초기에 쓴 것이다.[8] 신사(神士)들이 불러일으킨 선교사 반대활동은 흔한 일이었으며 이것은 중국에 주재하고 있는 외국 대표의 즉각적인 보복을 야기했다. 베이징 주재 영국 공사인 올콕은 거만한 태도로 "일단 요구를 했으면 반드시 관철시켜야지, 물러서는 것은 우리가 동양에서 일을 할 때 의존하고 있는 신망과 영향을 심각하게 손상시킬 가능성이 있다"고 말했다.[9] 1868년 8월 양저우의 폭도들이 중국 내륙회 선교사인 J. 허드슨 테일러가 새로 세운 선교처를 약탈하고 불살라버렸을 때, 올콕은 W. H. 메드허스트 영사를 파견하여 4척의 군함을 거느리고 난징으로 가서 총독인 쩡궈판에게 양저우 관원을 해임하고 배상을 하라고 압력을 가했다. 포대와 함대로 압박하는 정책과 모욕적인 징벌은 효과가 빨랐지만 대중의 감정을 격노하게 하여 외세 배척의 감정을 불러일으켰다. 영국 정부조차도 올콕과 메드허스트의 행동은 영국의 정책에 위배된다고 생각했다.[10]

1870년의 톈진 기독교도 학살사건은 대규모적인 서양 종교 반대폭동을 일으키는 도화선이 되었다. 톈진이 사건 발생의 지점이 된 것은 우연이 아니었는데, 그 이유는 1858년의 톈진 조약과 1860년의 베이징 협정의 협상과정에서 톈진은 외국 군대에게 두 번 점령당한 일이 있었기 때문이다. 강화를 한 이후에도 영국과 프랑스는 계속해서 그곳에 5,000-6,000명의 군대를 주

---

7) 선교사 문제에 대한 연구는 Paul A. Cohen, *China and Christianity: The Missionary Movement and the Growth of Chinese Anti-Foreignism, 1860-1870*(Cambridge, Mass., 1963), 제3-7장을 참조하라.

8) John K. Fairbank, "Patterns Behind the Tientsin Massacre", *Harvard Journal of Asiatic Studies*, 20 : 34 : 501(Dec. 1957).

9) *Ibid.*, pp. 482-483.

10) *Ibid.*, p. 488.

둔시켜서 중국이 조약 의무의 이행을 보장하도록 했다. 프랑스 군대는 1861년 11월에, 영국은 1862년 5월에 톈진에서 철수했지만 영국과 프랑스의 일부 병력은 1865년까지는 계속하여 다구에 주둔하고 있었다. 외국 군대의 주둔이 언제나 자극의 원인이었으며, 1860년 프랑스는 톈진에 있는 황실의 장원[11]을 점령하고 그곳을 영사관으로 변모시킴으로써 상황은 더욱 걷잡을 수 없게 되었다. 1869년, 프랑스인은 한 파손된 불교사원에 "승리의 노트르담 성당"을 세우고 그 안에서 고아원을 운영했다. 중국인들이 고아들을 외국 기구에 보내는 일은 거의 없었기 때문에 수녀들은 고아원에 들어오는 어린이에게 사례금을 제공함으로써 "아동 브로커"라고 불리는 불량배들이 어린이를 납치하도록 부추겼다. 더욱이 수녀들은 병들어 죽어가는 어린이들에게 세례를 주는 데에 특히 관심이 있었다. 높은 사망률과 사례금의 제공은 의심을 불러일으켰다. 다음과 같은 소문이 퍼졌다. 깊숙이 자리잡은 큰 저택 안에서 서양인들이 마법으로 그들의 몸을 상하게 하고 심장과 눈을 도려내어 약을 만든다는 것이었다. 한 차례의 외국인 배척 소요가 발생하려 하고 있었다. 북양 통상대신 충허우는 고아원을 조사했지만 터무니없는 고발의 확실한 증거를 결코 발견하지 못했는데, 민중의 감정은 계속해서 고조되고 있었다. 공격적인 성격의 프랑스 영사 앙리 퐁타니에와 일등 서기관인 M. 시몽은 총기를 차고 와서 수녀를 위해서 공정한 평가를 하려고 했다. 현지의 지현이 감정이 격분된 민중을 해산시키려고 한 것을 보자, 퐁타니에는 매우 화가 나서 사격을 했는데, 총탄은 지현을 명중시키지는 못하고 대신 지현의 하인이 죽고 말았다. 감정이 끓어올라 걷잡을 수 없게 된 민중은 퐁타니에와 그의 조수를 살해하고 성당과 고아원을 불살라버렸다. 수녀 10명, 선교사 2명, 프랑스 관원 2명이 목숨을 잃었고 러시아 상인 3명이 실수로 살해되었으며, 영국 및 미국의 교회 4곳이 파괴되었다. 이에 외국의 포함들이 재빨리 톈진으로 진입했으며, 7개국 공사들이 총리아문에 강렬하게 항의하고 배상과 폭

---

11) 망해루(望海樓).

도의 징벌을 요구했다.

조정은 가장 존경을 받는 대신이며 당시 즈리 총독을 맡고 있던 쩡궈판에게 이 사건을 조사하도록 명령했다. 이 60세의 정치가는 당시 바오딩에서 병으로 쉬고 있었는데, 그는 자신에게 이 어려운 임무를 완성할 수 있는 정력이 있는지 의심했다. 톈진에서 그는 상황이 그가 예상한 것보다 해결하기가 훨씬 더 어렵다는 것을 알았다. 프랑스 대리공사인 쥘리앵 드 로슈수아르는 천궈루이(陳國瑞) 장군과 톈진 지부와 지현을 사형에 처할 것을 요구했고, 보수적인 중국 관료와 지식인들은 어떤 양보와 회유도 반대한다고 소리치고 있었다. 쩡궈판은 프랑스와의 결렬을 피하려면 반드시 조사가 공정하게 이루어져야 하지만 이렇게 하면 완고한 보수파의 공격을 초래할 것이라는 것을 알고 있었다. 요컨대, 그는 정직 그리고 명망의 상실 중 하나를 선택해야 했다. 여기서 쩡궈판의 성품과 용기가 또 한번 드러났다. 그는 안전하게 대중의 감정에 영합하지도 않았고 그의 정치적 미래도 걱정하지 않았으며, 조정이 사건의 진상을 분명하게 밝히고 먼저 영국, 미국, 러시아에게 배상을 하여 프랑스 문제와 한데 얽히지 않도록 해야 한다고 공정하게 건의했다. 뒤이어 그는 고아원을 직접 방문하여 150명의 아동들로부터 직접 실정을 듣고서 그들은 유괴당한 것이 아니라 그들의 가정이 자원하여 보내왔다는 사실을 알았다. 쩡궈판은 조정이 성명을 발표하여 아동들의 몸을 불구로 만들고 심장을 도려냈다는 것에 관한 모든 유언비어를 부인하고 수녀들의 명예를 회복시킬 것을 요구했다.

이 사건을 종결시키기 위해서 쩡궈판은 소요에 관련된 자들을 중벌에 처할 것을 건의했는데, 즉 따오타이(道台), 톈진 지부와 지현을 해임하고 15명의 주요 선동자들을 사형에 처하고 21명을 유배시키도록 건의했다. 쩡궈판은 만일 이런 처리가 프랑스를 만족시키지 못한다면 더욱 엄중한 처벌을 가하라고 상주했다.

보수파들은 즉각 쩡궈판을 반역자라고 비난했다. 워런은 죄인을 처벌하는 문제에 관해서 프랑스와 흥정하겠다는 생각을 비웃었는데 그는 조정이 생긴

이래 범죄증거가 없는 사람을 징벌한 사례는 없었다고 격렬하게 주장했다. 조정도 쩡궈판의 건의는 조금 받아들이기 어렵다고 여겼다. 이 중대한 시기에 호광 총독 리훙장이 절충적 입장을 취한 상소문을 올렸는데, 그는 문명적인 기독교 국가인 프랑스는 아마도 중국 관원을 지나치게 엄중히 처벌하는 것에는 관심이 없을 것이며 8명을 사형에 처하고 20명을 유배시키는 것으로 충분할 것이라고 건의했다. 조정은 리훙장을 톈진으로 전임시켜 이 조사를 인수하도록 했으며, 쩡궈판은 총독으로 임명되어 난징으로 파견되었다. 그는 좌절을 당하여 매우 고통스러워 깊은 우울증과 고뇌에 빠졌다. 그는 친구에게 편지를 쓸 때 자주 "밖으로는 사람들의 비난이 두렵고 안으로는 양심에 부끄럽다"고 썼다.

리훙장은 재빨리 프랑스와 이 사건을 해결했는데, 죽은 자와 재산 손실에 대해서 40만 냥을 배상하고 사과 사절단을 파견하며 톈진 지부와 지현을 유배시키고 18명에게 사형판결을 내리며 25명을 변방으로 보내어 중노동을 시키는 것에 쌍방은 동의했다. 사과 사절단은 충허우가 인솔했는데, 프랑스에 도착한 후에 그들은 프랑스가 프러시아와의 전쟁에 전념하고 있어서 사절단을 접대할 수 없다는 사실을 알았다. 뉴욕을 거쳐 귀국하는 도중에 충허우는 또 프랑스로 불려갔다. 1871년 11월 23일 임시 대통령인 M. 티에르는 베르사유 궁전에서 그를 접견했다. 티에르는 중국인 가해자들을 사형에 처하는 것에 대해서는 관심이 없고 지속적인 평화와 질서를 유지하는 것에 관심이 있다고 선언했다. 티에르가 중국 황제의 사과 서신을 받아들임으로써 이 사건은 정식으로 종결되었다.[12]

**1873년의 알현 문제**  외국의 외교관이 1861년부터 베이징에 거주했지만, 황제를 알현하겠다는 그들의 요청은 거듭 거절당했다. 공친왕은 섭정왕의 신분으로서 그들을 접견했을 뿐만 아니라 그들에게 황제가 유년기이기 때문에

---

12) Knight Biggerstaff, "The Ch'ung Hou Mission to France, 1870-71", *Nankai Social and Economic Quarterly*, 8 : 3 : 633-647(Oct. 1935).

황제를 알현하는 것은 현명하지 못하며 상이한 사회습속으로 인해서 두 황태후와 상견하는 것도 지극히 커다란 불편을 야기할 것이라고 해명했다. 중국이 접견을 지연시킨 진짜 원인은 이들 외국 외교관들이 1858년의 톈진 조약에 따라서 고두례를 행하는 것을 면하게 될 것이라고 주장했기 때문이다. 이 조약은 사절이 자신의 명예와 존엄을 떨어뜨리는 예절을 행사하도록 요구당해서는 안 된다고 명확히 규정하고 있다. 외국 공사들도 미래의 어떤 알현에서도 그들은 고두례를 행하지 않을 것임을 부단히 표명했다.

총리아문의 전략은 알현을 지연시키는 것이었지만 이 문제를 해결하지는 못했는데, 그 이유는 어린 황제가 성장할 것이기 때문이었다. 1867년의 조약 수정 협상 중 총리아문은 이 문제에 대해서 주요 지방의 정계요인들에게 의견을 구했다. 호광 총독 리훙장은 외국 사절은 자기 본국의 통치자 앞에서 행하는 것과 동일한 예절을 행하도록 허가되어야 한다고 주장했다. 양강 총독 쩡궈판은 강희제가 러시아를 속국의 방식으로가 아니라 대등한 적국의 방식으로 대한 것과 마찬가지로 조정도 외국 공사를 대등한 적국에서 온 사절로서 대하여 그들이 중국의 예절을 행하지 않는 것을 허락해야 한다고 주장했다. 다른 한편으로 수많은 보수적인 관원들은 중국은 오직 외국인의 편리에 부응하기 위해서 자신의 체제와 관례를 바꾸어서는 안 된다고 주장했다.

1872년에 황제가 이미 성년에 이르렀고 결혼을 했지만, 외국의 외교사절을 초청하여 이 축전에 참가시킨 적은 없었기 때문에 예법 문제를 피하게 되었다. 이듬해 2월, 황제는 친정(親政)을 하기 시작했다. 외국 대표들이 알현에 대한 요구를 다시 언급하여 총리아문은 이 문제를 더 이상 연기할 수 없음을 알고 결국 적합한 예법 문제에 대해서 외교사절과 오랜 기간에 걸친 논의를 했는데, 결국 그들은 외국 대표가 허리를 굽혀 절을 하는 것으로 고두례를 대체하는 데에 동의했다. 그때 일본 외상인 소에지마 다네오미(副島種臣)가 1871년의 비준서를 교환하기 위해서 중국에 도착했는데, 그는 그 자신이 대사의 신분이기 때문에 공사 등급인 서양 사절들보다 먼저 접견을 받아야 한다고 주장했다. 이것은 분명히 일본이 서양의 외교관례에 정통하며 일본과 서양 열강이 동등함을 알리는 것이었다.

1873년 6월 29일 일요일, 오전 5시 반에 집합하라는 요구를 받은 외교관들은 9시가 되어서야 비로소 자광각(紫光閣)에서 동치제의 접견을 받았다. 일본 외상이 먼저 접견을 받고 뒤이어 경력의 정도에 따라서 접견을 받았는데, 러시아 공사 블랑갈리, 미국 공사 로, 영국 공사 웨이드, 프랑스 공사 드 조프로이, 네덜란드 공사 페르휘손, 독일 통역관 비스마르크의 순서였다. 그들은 국서를 황제 앞에 있는 탁자 위에 놓았고 황제는 공친왕을 통해서 각국 공사대표들에 대해서 우호의 정을 표시했다. 서양 외교관들이 12년간 기다린 알현은 겨우 30분 만에 끝나게 되었다.13) 이 회견은 뭇사람들의 기대를 저버렸는데, 외국 대표들은 이후에 그들이 접견을 받은 자광각이 바로 조공사절을 소견하던 장소임을 알고 그들은 더욱 실망했다.14)

**1875년의 마거리 사건**  1870년대 초에 관세전쟁이 유럽의 대공황을 야기함으로써, 중국에 대한 무역은 불리한 영향을 받아 1872년 이후 지속적으로 쇠퇴했다. 홍콩의 상하이은행은 그 역사상 최초로 적자가 났음을 선언하고 1874년과 1875년에는 분배할 수 있는 상여금이 없다고 밝혔다. 무역에서의 밝은 전망을 위해서 영국은 하나의 방안을 마련했는데, 즉 버마에서 윈난 성에 이르는 철도와 무역경로를 건설하여 중국의 뒷문을 열어서 중국 내부로 깊숙이 들어가는 것이었다. 1874년 디즈레일리 정부의 인도부 대신인 솔즈베리 경은 인도 정부에 대해서 건의된 경로를 조사할 것을 명령하고 외교부는 베이징 주재 공사에게 버마로부터 오는 탐험대가 중국에 들어갈 수 있도록 중국 정부의 비준을 얻어줄 것을 요청했다. 웨이드는 이 경로를 무역에 이용

---

13) 이 알현에 대한 재미있는 서술에 대해서는 *British Parliamentary Papers*, China, No. I(1874) *Correspondence respecting the Audience granted to Her Majesty's Minister and the other Foreign Representatives at peking by the Emperor of China*를 참조하라.

14) 1839-1843년, 1845-1848년, 1864년에 조선, 류큐, 라오스, 시암, 베트남에서 온 조공사절이 이곳에서 연회를 베푸는 대접을 받았다. Fairbank(ed.), *The Chinese World Order*, p. 262를 참조하라.

할 수 있는지에 대해서 의심을 품었는데 그를 놀라게 한 것은 중국 정부가 그의 요청에 기꺼이 동의했을 뿐만 아니라 28세의 영국 부영사인 오거스터스 마거리가 양쯔 강을 거슬러올라가 탐험대를 영접하는 것에 동의했다는 것을 알게 된 것이었다. 마거리는 중국과 버마의 변경지역에는 비적들이 출몰할 뿐만 아니라 그들이 외국인에 대해서 적의를 품고 있다는 것을 알고 있었다. 그는 중국 지방관원의 경고를 무시하고 위험을 무릅쓰고 변경지역인 바모에 이르러 호러스 A. 브라운 대령이 인솔하는 탐험대가 버마로부터 오는 것을 기다리고 있었다. 1875년 2월 21일, 마거리는 그곳에서 매복에 의한 습격을 당하여 피살되었다.

국제법은 외국인이 스스로 위험을 무릅씀으로써 위험한 지경에 빠질 때, 해당 국가는 그의 안전을 보증할 책임이 없다고 규정하고 있다. 그러나 영국 정부는 중국 정부가 이 살인사건에 대해서 책임을 져야 한다고 주장했으며, 그뿐만 아니라 웨이드에게 배상을 요구하라고 지시했다. 야심만만한 웨이드는 이 기회를 이용하여, 살인사건을 조사하고 사망자 가족에게 보상하며 사건 발생지 소재 관할구의 운귀 총독(雲貴總督)을 재판에 회부할 것을 요구했다. 그는 그 외에도 수많은 별도의 의제들을 제시했는데, 예를 들면 미래의 황제 알현 절차, 통행료, 외국 외교관에 대한 예우, 사과 사절단을 영국에 파견하는 것 등이었다. 중국 정부는 조사를 하고 배상을 하는 데에 동의했지만 기타 관련이 없는 문제에는 찬성하지 않았다. 웨이드는 한시도 참지 못하고 사절단을 상하이로 철수시키고 외교관계를 단절하겠다고 위협했다. 결렬을 피하기 위해서 1875년 8월 29일, 조정은 꿔충따오에게 사과 사절단을 이끌고 영국으로 가게 하고 조정이 신임하는 외국인 고용원인 로버트 하트를 상하이로 보내서 협상을 재개하도록 웨이드를 설득했다. 하트는 재치 있게 만일 중국에서 협상을 재개하지 않으면 꿔충따오가 런던에서 외교활동을 전개하여 그곳에서 분쟁을 해결함으로써 웨이드는 공을 세울 수 없을 것이라고 암시했다. 웨이드는 리훙장과 피서지인 옌타이에서 만나는 데에 동의했다. 옌타이 조약의 첫 번째 부분은 영국에 사과 사절단을 파견하고 사망자

가정에 백은 20만 냥을 배상한다고 규정하고 있다. 두 번째 부분은 중국 정부와 외국 사절 간의 예절 조문을 제정해야 한다고 규정하고 있다. 세 번째 부분은 새로 4개의 항구를 개방하고 이금(厘金) 면제구역을 조약 항구로 한정할 것을 규정했다. 그러나 다음과 같은 반대, 즉 (1) 미국, 독일, 프랑스, 러시아가 영국의 일방적인 행위를 비판한 것, (2) 이금을 완전히 폐지하라고 외치는 영국인 상인단체, (3) 아편에 대한 세금증가를 반대하는 인도 정부 때문에 이 조약은 1885년에 이르러서야 비로소 영국의 비준을 얻게 되었다.

마거리 사건의 중요한 결과는 중국이 사과 사절단을 파견한 것인데, 이 사절단은 중국의 국외에서의 첫 번째 상주사절단이 되었다. 사절단의 인솔자인 꿔충따오는 리훙장의 친구로서 그 당시 나이가 60세였으며 진보적 사상을 가지고 있었다. 영국으로 가기 전에 그는 병부시랑이라는 직함을 제수받았다. 1877년 2월 8일 그는 청나라 황제의 사과 서신을 빅토리아 여왕에게 올렸고, 이후에 그는 런던에 최초로 중국 공사관을 세웠다. 이어서 2년 동안에 또다른 공관들이 파리, 베를린, 에스파냐, 워싱턴, 도쿄, 상트페테르부르크에 세워졌다. 1880년이 되어서야 중국은 비로소 뒤늦게 국제사회에 진입하게 되었다.

중국이 서양의 외교대표 관례에 호응하는 데에 재빠르지 못했던 원인은 다음 몇 가지로 정리할 수 있다. 즉 체제상으로 중국은 과거에 국외에 상주사절단을 파견한 일이 없고 다만 특별 사절단을 파견한 적만 있었다. 그들의 사명은 강성하고 번영할 때에는 천자의 위세와 명망을 확장하여 변방국가들을 조공체제 속에 포함시키는 것이고 허약하고 혼란한 때에는 오랑캐에게 평화를 구걸하거나 그들과 동맹을 체결하는 것이었다. 심리적으로 대다수의 만청 관리들은 외교업무를 자신들의 품위를 떨어뜨리는 것으로 생각했고, 외국으로 나가 재직하는 것을 유배로 여기고 이를 피해버렸으며 예민하고 총명한 관계인사(官界人士)들은 서양인과 연계를 가지는 것을 극력 피했다. 벌링게임의 두 조수들은 귀국 후 처지가 좋지 못했는데, 그중 한 사람은 중국 서부로 파견되어 하급관리가 되었고 또다른 한 사람은 몽골 변방지역에서 여생을 마쳤으니 그들은 이 외국여행으로 인해서 악영향을 받은 것 같다. 어사, 한림 및 보수적인 신사와 관료들이 상투적으로 하는 말은 역사적으로 중국이 오랑캐를 변화시켰으며 오랑캐가 중국을 변화시켰다는 말을 듣지 못했다는 것이다. 그들은 보수주의를 제창하여 현대화를 반대하고 외교를 수치스러운 것이라고 비난했다. 보수주의의 분위기가 이처럼 강력하고 혁신을 반대하는 타성도 막강하여 중국은 15년이란 세월을 소모한 후에야 비로소 이런 장애를 극복하고 서양의 외교대표제도에 찬동하고 이를 실행했다.

## 자희태후와 그녀의 정치

1861년부터 1908년까지 자희태후는 중국을 거의 50년간 통치함으로서 일정 기간 동안 막강한 권력을 행사했다. 그녀는 승부욕이 강하고 일을 처리하는 데에 과단성이 있었으며 타고난 지혜가 많았지만, 교육을 별로 받지 못하고 식견이 좁아 현대 세계의 본질에 대해서 전혀 몰랐다. 근본적으로 말하면 그녀는 편협하고 이기적인 여인으로서 개인의 이익을 그 어느 것보다도 소중히 했으며 그것이 왕조와 국가에 미치는 영향은 무시해버렸다. 그녀는 왕조를 흥성시키지 못하고 국가를 혁신시키지 못한 것에 대해서 매우 큰 책임을 져야 한다. 사람들은 자연히 다음과 같은 의문을 제기할 것이다. 즉, 한 사람의 부녀자가 어떻게 조정의 기강과 관례를 위반하고 최고권력을 장악했을 뿐만 아니라 권력의 정상에서 이렇게 오랜 기간을 머물 수 있었는가라는 의문이다. 이에 대한 답안은 아마도 부분적으로는 최고의 경지에 이른 그녀의 권모술수에 있을 것이다.

**공친왕 징계** 앞 장에서 언급한 바와 같이 자희태후와 공친왕은 임시적인 편의에 의해서 신유정변과 그후의 시기에 서로 협력했다. 자희태후는 정치 일선에 있는 공친왕을 이용하여 열강과 상대하고 국내의 지지를 획득함과 동시에 그녀 본인도 그 기회를 이용하여 정사를 파악할 수 있는 시간을 쟁취할 수 있었다. 공친왕도 물론 강대하고 고귀한 지위를 지키기 위해서는 그녀가 필요했다. 그는 야심이 만만한 인물로서 실제로 그는 나이가 어린 동치제의 유일한 섭정자—마치 왕조 초기에 순치제의 유년 시기의 도르곤처럼—가 되어 두 황태후가 수렴청정하기를 희망했다. 그러나 너무나 영악한 자희태후는 공친왕이 유일한 섭정자가 되게 하지 않았다. 그녀는 아주 총명하게도 그에게 존귀하고도 영예로운 지위는 주었지만 국가의 최고권력은 매우 철저하게 자기 수중에 장악했다. 공친왕의 소망은 깨져서 자연히 뜻을 이룬 이면에는 약간의 실망이 있었다.

공친왕[15]은 도광제(1820-1850)의 여섯째 아들이고 세상을 떠난 함풍제(1851-1861)의 아우로서 총명하고 재치가 있었으나 지적인 소양이 부족했다. 1861년 정변 이후 그는 급격히 정부수장으로 승진하여, 두 황태후의 "신임"을 얻었고—그러나 금방 상실했음—외국 외교사절의 지지를 얻었다. 그의 권력과 지위는 청 왕조 초기의 도르곤처럼 높고 크지는 않았지만 조정 내에서는 그와 필적할 만한 사람이 드물었다. 의정왕, 수석 군기대신, 총리 아문대신, 내무부 총관대신으로서, 그는 수도에서 가장 인기 있는 인물이었다. 매일 수백 명의 관원과 방문자들이 그의 관저 밖에서 줄을 서서 그의 결정과 은총을 기다리고 있었는데, 적지 않은 사람들은 뇌물을 써야 비로소 그에게 접근할 수 있었다. 그는 그 자신의 성공에 대해서 득의양양했고 권력의 향유에 빠졌으며 대단히 오만하고 신중하지 못했다. 자희태후조차도 그를 접견할 때 그가 매우 오만하다고 생각하게 되었다. 그의 친구가 그에게 신중하고 자제하고 절제할 것을 권유했지만 그는 조금도 개의치 않았다. 임박한 재난의 분위기가 그를 감싸고 있었는데, 1865년 한 한림편수가 상소하여 그를 탄핵했는데 그 당시 자희태후는 국가의 정사를 관리할 능력을 완전히 갖추고 있어서 그를 징벌하기로 결심했다. 그녀는 대학사인 저주페이와 이부, 형부, 호부, 형부의 고위관리를 왕궁으로 소집하고 공친왕에게 뇌물수

---

15) 그의 이름은 이신이다.

수, 정실인사, 권력절취, 당파결성, 전횡 등의 죄명을 확정 지으려고 했다. 그러나 이 관원들은 그들이 황숙과 형수 사이의 가정분규라고 본 사건에 말려들려고 하지 않아 두 황태후에게 스스로 결단을 내릴 것을 요청했다. 자희태후는 이들의 비겁한 행위에 몹시 화가 나서 의지(懿旨)—오자(誤字)가 많은 것으로 유명하다—를 기초하여 공친왕의 모든 직위를 박탈해버렸다. 갑자기 강력한 지도력을 상실했기 때문에 정부의 정상적인 작동은 심각한 손상을 입었다. 돈친왕(惇親王)과 순친왕 및 기타 고관들은 공친왕을 대신하여 두 명의 황태후에게 용서를 구했고 대중들 앞에서 "가정의 화목"을 유지하는 것의 중요성을 강조했다. 자희태후는 징벌의 목표가 이미 달성되었다는 것을 알았을 뿐만 아니라 외국인과 접촉할 때도 공친왕이 필요하여, 그의 총리아문대신의 직무를 회복시켰다. 이렇게 하여 자희태후는 공친왕에게 너그러운 마음을 보여주었고, 그를 위해서 용서를 구한 사람들의 체면을 유지시켜주었으며, 절대적인 권력을 과시했다. 공친왕이 참회하며 궁정에 들어와 그의 일부분의 지위를 회복시켜준 은전에 감사하자, 자희태후는 의도적으로 관대한 자태를 취하여 그를 다시 군기대신으로 임명했다. 그러나 그래도 의정왕의 직함은 그에게 부여하지 않았다. 이런 질책을 받은 후로 의기소침해진 공친왕은 정사에 대한 열정을 상실하여 소심하게 행동하게 되었다.

1869년, 공친왕은 두 번째로 타격을 입었다. 이 일은 1861년 정변 이전부터 자희태후의 심복 환관이었던 안더하이와 관련이 있다. 안더하이는 일찍이 공친왕에 대한 첫 번째 징계 이후에 그에게 의정왕의 직함을 부여하지 않는 결정에 개입했는데, 이는 누구나 다 아는 사실이었다. 더욱 공친왕을 노하게 한 것은 기회주의적인 태도를 취하는 관료들이 무리를 지어 안더하이의 집으로 가서 아첨하며 비위를 맞추는 일이 갈수록 많아진 것이었다. 1869년, 복수할 수 있는 기회가 왔다. 이 환관은 베이징을 떠나 자희태후를 위한 물품을 구입했는데16) 이것은 조정의 규정에 위배되는 것이었다. 조정의 규정에 의

---

16) 일부 기록에 의하면 그의 목적지는 광시라고 하며 또다른 기록에 의하면 쑤저우라고 한다.

하면 환관은 수도인 베이징을 떠날 수 없으며 수도를 떠나면 참수하도록 되어 있었다. 산둥을 지날 때 그는 순무인 딩바오정에게 체포되었는데, 딩바오정은 조정에 지시를 요청했다. 또 한 사람의 황태후인 자안태후는 공친왕이 관장하고 있는 군기처와 협의한 이후 즉각 안더하이를 사형에 처하라고 명령했다. 자희태후는 미처 손을 쓸 새가 없었다. 자희태후는 공친왕이 배후에서 이 일을 조정했다고 비난했으며 이로 인해서 그들 간의 관계는 더욱 긴장 상태에 놓이게 되었다. 좌절 속에서 공친왕은 집에만 틀어박혀 좀처럼 외출하지 않는 생활을 하기 시작했으며, 1876년 그의 유능한 보좌관인 원샹의 사망으로 인해서 정부 역시 중요한 지도자를 상실하게 되었다.

자안태후는 1881년 세상을 떠났는데, 전해지는 말에 의하면 그녀는 자희태후에 의해서 독살되었다고 한다. 공친왕은 한 사람의 지지자를 잃었고 정부에서 그의 지위는 더욱 위험해졌다. 1884년 중국-프랑스 전쟁 기간 중에 보수 관료들은 그가 우유부단하다고 비난했고, 다른 4명의 군기대신은 자희태후에 의해서 이유 없이 해임되었다. 세 번째의 타격을 받은 공친왕은 정사에 대해서 완전히 흥미를 잃고 점차적으로 정계를 떠났다. 예친왕(禮親王)이 명의상으로 수석 군기대신이 되고 자희태후의 매제인 순친왕은 1885년에 해군아문의 대신이 되었다. 두 사람은 모두 평범하고 무능했으며, 이후 강력한 영도력과 효과적인 지도의 부족으로 인해서 정부의 상황은 갈수록 악화되었다.

**왕위계승 조종** 1872년, 동치제는 성년이 되자 어머니인 자희태후가 그를 위해서 선택한 여자를 고르지 않고 자안태후가 추천한 젊은 여자를 황후로 선택했다. 자희태후는 온갖 수단을 사용하여 황제와 황후가 만나는 것을 가로막고 황제가 자주 그녀가 선택한 후궁의 처소로 가도록 부추겼다. 황제는 그녀의 간섭에 몹시 화가 나서 황후와 후궁을 모두 거부하는 것으로 보복했을 뿐만 아니라 자주 궁 밖에 있는 기생집에 가서 위안을 찾았다. 1873년 2월 친정(親政)을 시작한 그는 모후가 정치에 간섭하는 것을 혐오하여 기발한 생각을 해냈다. 1860년에 엘긴 경에 의해서 불타버렸던 원명원을 재건하여 자희태후의 정계 은퇴 이후의 거주지로 삼으려고 했다. 그러나 1874년 9월, 투기(投機)를 일삼는 광저우의 상인과 프랑스 목재상이 관련된 추문으로 인해서 건설공사는 중지될 수밖에 없었다. 얼마 지나지 않아 젊은 황제는 질병에 시달리다가 1875년 1월 12일에 세상을 떠났는데, 향년 19세였다. 병을 앓는 동안 자희태후는 건강을 회복하도록 그를 도와주지 않고 도리어 전력을 다하여 그가 속히 사망하도록 했다.

동치제는 후사가 없이 사망했지만 이때 황후는 이미 임신 중이었다. 왕위 계승 문제는 아주 미묘해졌고, 비밀스러운 모의로 충만해졌다. 자희태후는 즉시 다시 섭정할 기회가 보이자, 동치제가 세상을 떠나기 전에 방법을 궁리하기 시작했다. 그녀는 조정의 대신들을 부추겨 두 태후가 수렴청정할 것을 요청하게 했다. 그녀는 성년이 된 친왕을 선택하여 왕위를 계승시키면 섭정의 필요성이 없어지며, 만일 대행황제의 다음 세대의 어린 친왕을 선택하면 그녀가 "태황태후(太皇太后)"가 되어 권력의 합법적인 내원인 황제와 2세대 차이가 난다는 것을 알았다. 그래서 이 두 종류의 방안은 모두 피해야 했다. 그녀의 섭정 지위를 유지하기 위해서, 새 군주는 반드시 대행황제와 같은 항렬의 어린아이이여야 하며 그렇게 되면 그녀는 황제와 1세대밖에 차이 나지 않게 되는 것이었다. 이런 고려에서 그녀는 대행황제의 임종 시의 선택17)을 거부하고, 왕위계승은 황후가 아이를 낳은 후로 연기해야 한다는 공친왕의 건의도 묵살해버렸다. 1875년 1월 12일, 27명의 친왕이 참가한 회의석상에서 자희태후는 독단적으로 생질인 짜이티엔(載湉)을 선택했음을 선포했다. 그는 자희태후의 여동생과 순친왕(이랑[奕譞]) 사이의 아들로서 나이는 겨우 4세이고 대행황제와 같은 항렬이었다. 황위를 같은 세대 사이에 전승하는 것은 왕조의 계승법에 위배되었지만 어느 누구도 감히 그녀에게 도전하지 못했다. 오직 무모한 한족 출신 이부주사(吏部主事)인 우커두(吳可讀)만이 항의를 표시하기 위해서 목매어 자살했는데, 이런 행동은 "시간(屍諫 : 죽음

---

17) 짜이주(戴洙).

으로써 간언하는 것)으로 불린다.

아이러니컬한 것은 새 황제의 연호가 "광서(光緒)"로 명명되었는데, 광서는 영광의 연속이라는 의미이다. 1875년 1월 두 황태후는 여러 친왕과 고관들의 요청을 허락하여 아직 미성년인 황제를 대신하여 공동으로 섭정하는 것에 동의했다. 동시에 또 하나의 의지(懿旨)를 선포했는데, 그것의 대체적인 내용은 황태후는 황제가 성년이 될 때 정권을 돌려주고 새 황제가 이후에 낳은 아들이 대행황제의 아들로 입양되어야 한다는 것이었다. 이런 수법을 통하여 자희태후는 자신의 재차 섭정을 확보하고 다시 한번 수렴청정하여 권력을 장악했다. 그러나 그녀가 통제할 수 없었던 한 가지 일은 어린아이인 황제가 성장하는 것이었다.

1886년 광서제가 16세가 되자, 그는 다음 해부터 친정(親政)하겠다는 의도를 선포했다. 그의 부친인 순친왕은 자희태후를 아주 잘 알고 있었는데, 그는 그녀가 권력을 포기하기를 원하지 않는다는 것을 알고 재치 있게 권력의 이행을 늦출 것을 건의했다. 1887년 2월 7일 황제는 오래 전부터 기다리고 있던 성년에 이르렀지만 친정은 또 2년 늦추어졌으며, 이 2년 내에 그는 황태후의 훈정(訓政)을 받아들여야 했다. 1889년 3월 4일, 황태후가 결국 이화원으로 "은거한다"고 선포했음에도 불구하고 그녀가 여전히 국가의 최고 권력을 장악하고 있다는 것을 의심하는 사람은 아무도 없었다. 그녀는 그녀 자신이 정사를 감독할 뿐만 아니라 정사에 직접 참여하기 위해서 황제에게 자기가 선택한 황제의 이종사촌 여동생과 결혼하기를 강요했다. 그녀는 심복 환관인 리리엔잉(李蓮英)을 통해서 궁정을 단단히 장악하고 군기대신 쑨위원(孫毓汶)을 통해서 정부를 단단히 장악하고 있었으며, 황제는 단지 허수아비에 불과했다.

조정이 그녀의 조종을 받지 않도록 하기 위해서 광서제와 순친왕은 이화원 재건공사를 재개하여 그녀가 이곳에서 여생을 편히 지내고 국사에 대해서 좌지우지하는 것을 포기하기를 희망했다. 공사에 소요되는 자금은 대략 3,000만 냥으로서 해군아문의 예산에서 나온 것이었으며 이것은 순친왕이 고개를 끄덕여 동의한 것이었다. 이 자금이 유용되었기 때문에 1888년 이후로는 더 이상 새로운 선박을 구입할 수 없었다. 이로 인해서 1894-1895년의 청일전쟁에서 중국 해군이 참패한 것은 놀랄 일이 아니었다.

어떤 이는 아마도 한 여인이 어떻게 그렇게 커다란 권력을 장악할 수 있었으며 관원들은 무엇 때문에 그녀가 권세를 마구 부리는 것을 거부하지 않았는가라고 물을 것이다. 그녀의 목적 달성은 다음과 같은 3개의 전략으로 귀결할 수 있다. 첫째, 그녀 본인은 조정의 기강과 관례를 위반했지만 모든 기타 만주인들에게는 이를 엄격히 준수하도록 강요했다. 그녀는 황실의 종법으로 황실의 구성원들을 단속했으며 위반자는 사정없이 종인부로 보내어 징벌했다. 그녀는 그들을 가혹하게 대했고, 그들을 공포로 몰아넣음으로써 그들이 그녀에게 머리 숙여 복종하게 했다. 둘째, 한족 출신 관원들에 대해서 그녀는 유가의 올바른 군신관계(君臣關係)와 효도를 근본으로 하는 것의 중요성을 강조했다. 그녀의 뜻은 아주 분명했는데, 즉 두 어린아이 황제가 나의 말을 모두 받아들이고 나를 조금의 오차도 없이 존경하고 있으면 너희들 관원들은 나를 더욱 존경해야 한다는 것이었다. 셋째, 그녀는 만주인의 부패와 타락을 알고 있어서 쩡궈판, 리홍장, 쭈어중탕 같은 한족 출신의 유능한 관리들에게 의존했지만, 그녀는 그들의 권력이 향상되고 서양인들과 한패가 되어 신식 육해군과 현대 기업을 통제할 것을 걱정했다. 그녀 자신의 지위를 보호하기 위해서 그녀는 높은 벼슬과 많은 녹봉으로 그들의 비위를 맞추어 주었지만, 암암리에 그들을 견제하기 위해서 보수파가 그들을 공격하는 것을 용인했다. 자희태후는 이런 방법들을 사용하여 성공적으로 중국을 반세기 동안 지배했다.[18] 그러나 그녀 개인의 성공은 청 왕조와 국가에 대해서는 거대한 재앙이었다. 그녀의 전제적인 통치하에서 청 왕조는 갱생하지 못했으며 중국은 날이 갈수록 외국 제국주의의 늪에 깊이 빠져버리게 되었다. 그녀가 1908년에 세상을 떠나고 막 3년이 지나서 청 왕조는 전복되었다.

---

18) 李方晨, pp. 381-384.

**13**

# 외국의 타이완, 신장, 안남 침략

19세기의 마지막 30년은 외국 제국주의가 중국에서 확장을 강화하던 시기였다. 이 당시 유럽은 "물질주의 세대"를 경험하고 있었으며 민족주의, 종교적 열광, 자본주의 및 다원주의의 촉진으로 인해서 아시아, 아프리카, 중동에서 활동을 강화하고 있었다. 경제적으로 영국 및 프랑스뿐만 아니라 독일, 이탈리아, 미국도 산업화를 성공적으로 실현시켰는데, 이것은 원료 생산지와 해외 시장에 대한 수요를 야기했다. 문화적으로 사회 다원주의는 당시 유행한 사상으로서 그것이 제시한 자연도태와 적자생존의 이론은 종(種)에 적용되고 국가에도 적용되었으며, 이런 사상은 국가의 해외 확장을 인정했다. 종교적으로 각파 교회의 신도들은 신성한 사명의 열광에 의해서 격려를 받아 이교도에게 복음을 전파했다. 그 이외에 "백인종의 의무(White Man's Burden)"가 표현된, 자신을 과대평가하고 자신만이 옳다고 생각하는 종족적 우월감도 제국주의 확장의 원인 중 하나였다.[1]

확실히 대부분의 요소가 이전에 이미 존재했지만 1860년대의 몇몇 새로운 사태의 진전은 이런 요소들을 위해서 효과적인 방향을 제공하고 추진을 가속화시켰다. 즉 1865년의 미국의 내전 종결, 1868년의 일본의 메이지 유신,

---

1) 제국주의에 관한 두 편의 뛰어난 연구는 William Langer, *The Diplomacy of Imperialism, 1890-1902*(New York, 1950); Carlton J. H. Hayes, *A Generation of Materialism, 1871-1900*(New York, 1941).

1870년의 이탈리아와 독일의 통일 및 그해의 프랑스 제3공화국의 흥기 등 이런 획기적인 사건들은 원심력이 밖으로 확장되게 했고, 동시에 1869년의 수에즈 운하의 개통은 아시아에서의 유럽의 확장을 조장했다. 이 당시 영국, 프랑스, 러시아 등 기존의 침략국들뿐만 아니라 이후에 일어난 국가들—그들 중 가장 두드러진 것은 일본과 독일이다—도 제국주의 대열에 참가했다. 이와는 반대로 자희태후 통치하의 중국은 자강과 부흥 면에서 진전이 거의 이루어지지 않았다. 즉 동치제 시대(1862-1874)의 잠시 동안의 중흥을 거친 이후 청 왕조의 국세는 나날이 악화되었다. 외국 열강은 중국의 쇠약을 이용하여 변방지역과 조공국을 잠식했고 그후에는 이 "동아시아의 병자[東亞病夫]"의 심장지대를 향하여 정면공세를 전개했다. 19세기 말에 이르러 중국은 분할될 액운에 직면했다.

## 일본의 타이완 침략, 1871-1874년

1871년 이전에, 중일 간의 정부왕래는 이미 중단된 지 300년이 되었다. 일본은 일찍이 명 시대(1368-1643)에 중국의 조공국가가 된 적이 있었다. 그때 일본의 막부장군인 아시카가 요시미쓰(足利義満)는 무역을 통한 국고수입을 증가시키기 위해서 조공국의 지위를 받아들였는데, 1433년에서 1549년까지 모두 11개의 조공 및 통상 사절단이 바다를 건너 중국에 왔다. 그러나 16세기 중엽 이후, 민족적인 감정을 가지고 있던 일본 정치가들은 이런 관계가 아주 떳떳하지 못하다고 느껴서 대륙과의 정부 간 왕래를 종결시켰다. 그러나 왜구(倭寇 : "키가 작은 해적"을 뜻한다)라고 불리는 일본 해적들이 여전히 끊임없이 중국 연해를 소란스럽게 하여 명 왕조를 매우 분노하게 했다. 1644년 청 왕조 건립 이후에도 정부 간의 관계는 여전히 회복되지 못했고, 청나라 통치자들은 명대의 황제와는 달리 일본을 조공체제 속에 집어넣으려고 시도한 적이 없었다.

　19세기 중엽 중국과 일본이 상업과 외교상에서 서양에 개방됨에 따라서,

일본 상인도 영국과 네덜란드의 선박을 타고 상하이에 왔다. 1870년에 이르러 메이지 정부는 청 왕조와 정부 간의 관계를 수립하기로 결정하고 야나기와라 사키미쓰(柳原前光)를 베이징에 파견하여 조약 체결을 모색했다. 총리아문은 일본과의 통상에는 찬동했지만 정식조약을 체결하는 것은 원하지 않았다.

리훙장과 쩡궈판 같은 진보적인 관리는 조약 관계를 맺는 것을 찬성했는데, 리훙장은 일본은 비록 명 왕조의 조공국이었지만 청 왕조의 조공국이었던 적은 없으므로 조선과 안남의 지위와는 전혀 다르다고 생각했다. 정부간의 관계를 맺자는 일본의 요구는 결코 어느 서양 강국의 주선이나 도움을 받은 것이 아니고 일본의 독립성과 호의를 보여준 것이므로 중국은 일본의 요구를 무시해서는 안 된다는 것이었다. 리훙장은 만일 일본과 비우호적인 관계가 되면 일본은 중국과 더욱 가까이 있기 때문에 서양 열강보다 더욱 큰 말썽을 가져올 것이라고 경고했다. 게다가 중국은 매년 일본으로부터 대량의 구리를 수입해야 하며 더군다나 아주 많은 중국인이 일본에 거주하고 있다는 사실을 잊어서는 안 된다고 했다. 이런 고려에서, 리훙장은 일본과의 평등한 조약관계를 맺을 것을 건의했다. 쩡궈판은 상술한 관점에 찬동했고 별도로 중일 무역이 상호간에 이익이 있으며 이것은 한쪽에만 유리한 중서 무역관계와는 크게 다르다는 것을 강조했다. 그는 조약관계를 맺는 것에는 동의했지만 최혜국 대우는 부여하지 말 것을 건의했다.

이런 제의에 힘입어, 청나라 조정은 1871년 7월 24일 일본과 통상장정을 체결하는 것을 승인했는데, 그것은 다음과 같은 중요한 조항을 포함하고 있었다. (1) 서로 상대방의 영토를 침범하지 않는다. (2) 제3국과의 충돌이 발생할 경우 서로 돕는다. (3) 상호간에 영사재판권을 가진다. (4) 오직 통상항구에서만 세관세칙에 따라서 통상을 할 것을 허락한다. (5) 일본은 중국에 상무 담당 영사를 임명하지 않는다.

1873년 일본 외무대신인 소에지마 다네오미가 베이징에 왔다. 표면적으로는 조약 비준서를 교환하기 위해서였지만 실제로는 동치제를 알현하는 활동에 참가하고, 타이완 사건에 대한 중국의 입장을 타진하기 위해서였다.

1871년 말, 항해를 하다 조난을 당한 류큐 선원들이 타이완 원주민에게 살해 당하자, 일본은 이 기회를 잡아 일본의 류큐인을 대변하는 **독점권**을 확립하려고 했다. 일본의 행동은 2세기 반 동안 비밀스럽고 모호했던 류큐 지위의 문제를 부각시켰다.

1372년 이래로, 류큐는 계속 중국의 정식 조공국이었다. 청나라 시대에 이 나라는 2년에 1번씩 공물을 바침으로써 조선, 안남과 함께 가장 중요한 조공국이었다. 1609년 일본의 사쓰마 번(薩摩藩)은 중국이 모르게 류큐를 정복하고 류큐 북부를 그의 직접 관할하에 두고 남부는 여전히 류큐 국왕이 다스리게 했다. 류큐는 사쓰마 번의 속국이 되어, 매년 그에게 공물을 바치고 또 정기적으로 에도(江戶 : 도쿄의 옛 이름/역주)에 설립된 막부에 공물을 바쳤다. 그러나 사쓰마 번은 중국과의 무역에서 이익을 얻을 수 있도록 하기 위해서 류큐에 계속 중국과 조공관계를 유지할 것을 지시했다. 사쓰마 번은 류큐의 왕위계승을 결정했지만 중국이 사절을 파견하여 류큐 왕을 책봉하고 그의 합법적인 통치를 인정하는 것은 허락했다. 청 시대에는 모두 8개의 책봉사절단이 류큐에 갔으며 마지막으로 간 것은 1866년이었는데, 이 사절들이 류큐에 체류하는 기간에 사쓰마 번은 섬에 있는 일본 관원들과 물품이 발각되지 않게 매우 조심했을 뿐만 아니라 류큐 주민들에게 일본의 존재를 숨기는 방식으로 중국인의 질문에 대답하도록 가르쳤다. 류큐는 이런 이중적인 예속관계에 빠져서 중국을 아버지로 일본을 어머니로 하여, 중국과 교섭할 때는 중국 역법을 사용하고 일본과 교섭할 때는 일본 역법을 사용했다. 중국의 책봉사절이 이미 개인적으로 이 섬에 일본인의 영향이 있는 흔적을 감지했지만, 청나라 조정은 류큐의 이중 지위에 대해서는 아무것도 알지 못했고 그저 중국에게 조공하는 속국으로 여겼다.[2]

그래서 소에지마 다네오미가 1873년 류큐를 대변할 권리가 있음을 공개

---

2) 류큐의 이중적 지위에 관한 연구는 다음 두 편의 우수한 글을 참조하라. Robert K. Sakai, "The Ryūkyū(Liu-ch'iu) Islands as Fief of Satsuma" in Fairbank(ed.), The Chinese World Order, pp. 112-134; Ta-tuan Ch'en, "Investiture of Liu-Ch'iu Kings in the Ch'ing Period", *ibid.*, pp. 135-164.

적으로 주장했을 때, 총리아문은 그에게 류큐는 중국의 조공국이고, 타이완은 중국의 일부분이기 때문에 한쪽의 선원이 다른 쪽의 원주민에게 살해당한 것은 일본과는 아무런 관계가 없다고 딱 잘라서 말했다. 더군다나 중국은 원주민이 많은 자유를 누리는 것을 허락하여 여태껏 그들의 내부 일에 간섭하지 않았기 때문에 원주민의 행위에 책임을 질 수 없다는 것이었다. 소에지마 다네오미는 반박하기를, 어떤 영토에 대한 주권은 그 영토에 대한 효과적인 통제에 근거하는데 이미 중국이 타이완의 원주민을 지금까지 통제하지 못한 이상, 그들은 분명히 중국의 관할을 받지 않은 것이 분명하기 때문에 일본이 그들의 모든 행동을 징벌해도 중국의 관할권을 침범하게 되는 것이 아니라고 했다. 내상(內相)인 오쿠보 도시미치(大久保利通)의 지원하에, 소에지마 다네오미는 일본 정부가 군대를 파견하여 타이완을 징벌할 것을 권유했다. 이런 행동은 한편으로는 메이지 정부의 기본적인 대외정책은 서양의 제국주의를 본받아 아시아 대륙에서 확장을 추진하겠다는 것을 표시하는 것이고, 또다른 한편으로는 하나의 영리한 수법으로서, 국내에서 대의제 의회를 실행하라는 요구의 주의력을 전이시키고 조선을 원정하라고 외치는 무사들을 만족시키는 것이었다. 1874년 4월 일본 정부는 타이완 원정 통수부(統帥部)를 창설하여, 오쿠마 시게노부(大隈重信)를 통수로 임명하고 사이고 쓰구미치(西鄕從道)를 원정군 총사령관으로 임명했다.

일본군은 매우 빠르게 타이완에 상륙했고, 중국 정부는 푸젠 성 선정대신 선바오정(沈葆楨)에게 타이완을 방어하라는 명령을 내렸다. 리훙장과 정세를 자세하게 검토한 후, 선바오정은 효과적인 방어가 불가능하다는 것을 깨달았다. 예를 들면, 진링 기기제조국의 홀리데이 매카트니가 주조한 대포는 다만 예포를 쏠 수 있을 뿐이고, 만약 실탄사격을 하여 포신이 터지면 폭사하는 것은 적군이 아니라 포수(炮手)였던 것이었다. 그래서 중국 측은 소에지마 다네오미와 한 가지 합의를 보았다. 이 합의서는 중국이 타이완을 효과적으로 통제하도록 보장하며 원주민과 계약을 맺어 이후에 재난을 만난 선원들은 그들이 부당한 대우를 받지 않도록 확실히 보장하고 사이고 쓰구미치가 두 개의 부락 내에서 원주민을 징계하는 것을 허가했다. 그러나 사이고 쓰구미치는 이 합의를 지키는 것을 거절했다. 1874년 9월 10일, 내상인 오쿠보 도시미치가 직접 베이징에 도착하여 이 협상을 주재했다.

프랑스의 법학자인 귀스타브 부아소나드의 도움으로 오쿠보 도시미치는 주장하기를, 중국은 타이완을 효과적으로 통치한 적이 없었는데, 이것은 바로 중국에 이 섬에 대한 주권이 없다는 것을 입증하는 것이므로 일본의 타이완 상륙은 중국 영토에 대한 침범으로 보아서는 안 된다는 것이었다. 그러나 공친왕은 중일 관계는 국제법의 일반규범의 구속을 받아서는 안 되고, 서로가 상대방의 영토를 침략해서는 안 된다는 1871년 조약을 근거로 해야 한다고 주장했다. 이에 대해서 오쿠보 도시미치는 1871년 조약에서 언급한 것은 단지 중일 관계일 뿐이며, 중국의 관할권 밖에 있는 타이완 원주민은 아니라고 반박했다. 쌍방이 모두 양보를 원하지 않았으므로, 양국은 외교상의 교착 상태에 빠졌다. 영국 공사 토머스 웨이드가 나서서 중재하겠다는 의사를 밝혔다. 오쿠보 도시미치는 처음에는 중국 측에 500만 냥을 배상할 것을 요구했다가 후에 200만 냥으로 낮췄다. 토머스 웨이드는 이 액수가 결코 지나치게 많은 것은 아니라고 여겼다. 여러 차례의 협상을 거친 후 공친왕은 결국 침략자에게 50만 냥의 백은을 배상하는 것으로 사건을 마무리 짓는 것에 동의했다. 그중 10만 냥은 류큐의 피해자에게 배상하고, 40만 냥은 일본 측이 타이완에 건조한 병영을 구입하는 데에 사용하는 것이었다. 그 외에 중국은 일본의 행위에 대해서 비난하지 않는 것에 동의했는데, 이 양보는 중국이 일본의 류큐에 대한 주권을 승인했음을 암시한 것이다.3) 일본 주재 영국 공사인 해리 파크스 경은 이 사건에 대해서 중국은 자신이 받은 침범에 대하여 기꺼이 돈을 들여 해결했는데, 이는 다만 외국이 가일층의 침략을 하도록 요청한 것과 다름없다고 풍자적으로 묘사했다.

---

3) 1879년 중국이 신장에서 러시아와의 이리 위기에 빠졌을 때(다음 절을 보시오), 일본은 류큐를 합병하고 오키나와 현(沖繩縣)으로 명칭을 바꾸었다.

## 러시아의 이리 점령, 1871-1881년

이리는 중국의 하나의 부(府)로서 러시아에 속한 투르키스탄과 접경하고 있
는 신장 성 북부 경내의 9개 도시를 관할하고 있었다. 9개의 도시 중 하나인
이닝은 서양인과 러시아인에 의해서 쿨쟈(Kuldjia)라고 불렸는데 그들에 의
해서 자주 성(省)으로 잘못 표시되었다. 이리의 강 유역은 농업이 발달했고,
광물이 풍부할 뿐만 아니라 전략적으로도 중요한데, 그곳의 무차르트 고개
의 높이는 1만2,208피트이고, 신장 성의 남부 지역으로 통하는 요충지이다.
이리를 장악하는 것은 신장 전체를 장악하는 것이나 다름없어서 그로 인해
서 많은 서양의 군사전문가들은 이리를 중국령 투르키스탄의 보루라고 말했
다. 이런 전략적이고 상업적인 요충지는 자연히 강대한 이웃나라들의 주의
를 끌게 되었다. 1851년, 러시아인들은 중국과 이리 조약을 체결하여 이리
및 몽골 변방에 있는 초호초(탈바하타이)에 영사관을 설치하고 면세무역을
하는 것을 허가받았다. 이후 이리의 상업은 급속하게 발전하기 시작하여
1850년대 중기에는 거래액이 매년 100만 파운드에 달했다. 동시에 러시아의
중앙 아시아에서의 끊임없는 확장으로 인해서 그들은 날로 이리에 접근하게
되었다. 러시아령 투르키스탄의 제1대 총독 K. P. 폰 카우프만 장군은 신장
에서 발생한 한차례의 회교도 폭동을 이용하여 하나의 새로운 정복활동을
전개할 것을 계획했다.

**청 시대의 신장의 통치와 회교도 반란**　신장 회교도 반란의 근원은 청 제국
지방행정의 부패에 있었다. 1759년 건륭제가 신장을 정복한 이후 신장은 계
속해서 군사식민지로서 관할되었고, 행정수반은 이리에 주둔하고 있는 장군
이었으며, 그 밖에 몇몇 요충지에 부장(副將)과 왕조의 관원들이 파견되어
있었다. 약 1만6,000명의 사병들이 톈산 북로에 배치되어 있었고, 약 5,760
명은 톈산 남로에 있었다. 고위 문무관원은 거의 모두 만주족 출신의 기인이
었고, 그들은 벡(beg)이라고 불리는 270명의 현지수령들을 통해서 백성을 통

치했는데, 이들은 대부분 돌궐어를 말하고 터번을 쓴 위구르족 회교도였다. 만주 정복자들은 이런 회교도 신민들을 개화되지 않은 토착민으로 간주하여 경멸하고, 자신들의 방탕무도한 생활을 만족시키기 위해서 그들에게 많은 세금을 징수했으며, 강제로 공물을 바치게 했다. 회교도의 불만이 반란을 야기한 강력한 동기이지만, 청 제국에 의해서 호한(浩罕)으로 쫓겨난 과거 통치자인 호자[和卓]들은 줄곧 그들의 개인적인 통치지위를 재건하는 데에 열중했다. 선지자(先知者) 무하마드의 후예인 호자들은 현지의 종교지도자들로서, 1759년 청 제국에 의해서 정복되기 이전에는 카슈가르(신장 성 남부)를 통치하고 있었다. 그들은 끊임없이 신장 경내에 거주하는 같은 종교를 믿는 교민이 반란을 일으키도록 종용하고 그들 스스로도 침입을 준비했다. 청 제국의 정복 이후 1세기 동안 폭동과 침입은 12차례나 되었다. 1864년, 청 왕조의 쇠락과 중국 서북부에서 한 차례의 회교도 반란이 발생할 무렵에 신장의 회교도는 재차 봉기를 일으켰다. 청 정부의 지방당국은 몹시 나약해서 그것을 진압할 수 없었으며, 베이징의 중앙정부는 이 당시 전력을 다해서 태평군과 염군 및 그 외의 반란들에 대응하고 있어서, 짬을 내어 징벌적인 조치를 취할 수 없었다.

이 어지러운 시기에 호한의 모험가 야쿠브 베그(1820-1877)가 1865년에 신장을 침입하여 일련의 군사 및 정치활동을 거쳐, 1870년에 자립하여 카슈가르 및 신장 성 북부 지역의 통치자가 되었다. 인도에 있는 영국인들은 러시아인들의 영향이 남쪽으로 확대되는 것을 저지하기 위해서, 그가 제국을 세우도록 격려했으며, 우호관계를 맺기 위해서 사절단을 파견했다. 카우프만 장군은 야쿠브 베그가 영국의 지지를 받아 이리를 침입할까 염려하는 동시에 무역이 중단될까 초조하고 불안했고, 중국령 신장에서 러시아의 영향을 확장하려고 열망하고 있었다. 그래서 카우프만은 1871년 7월에 이리를 점령하도록 명령을 내렸다. 제정 러시아는 전 세계에 대해서 어떤 영토상의 의도가 있음을 부인하고, 단지 국경을 지키고 회교도의 침입을 받지 않기 위해서 점령했다고 주장했으며, 중국이 신장에서의 통치를 회복하기만 하면 러시아는 이리를 반환할 것이라고 했다. 러시아는 자국이 이 어지러운 시기에 이리를 관리 및 감독하는 것은 중국에 대한 우호적인 행동인 것 같다는 일종의 관대한 인상을 조성했다. 그러나 러시아가 연약하고 무능한 청 왕조가 다시는 신장을 수복할 수 없을 것이라고 생각한 것은 분명하다. 소요가 지속되어 그들이 무기한으로 이리를 점령할 수 있도록 하기 위해서 러시아는 1872년에 야쿠브 베그와 통상조약을 체결했고, 1년 후에 영국도 러시아를 답습했다. 양국은 야쿠브 베그 정권에 대한 승인을 몇몇 상업특권과 바꾸었다.

중국은 반드시 먼저 산시(陝西) 성과 간쑤 성 두 곳의 회교도 반란을 진압한 이후에야 야쿠브 베그 문제에 관여할 수 있었다. 1866년 청 조정은 푸젠 성과 저장 성 총독인 쭈어중탕을 산시 성과 간쑤 성의 총독으로 임명하여 오직 그곳의 반란군 진압에 전념하도록 했다. 그러나 그는 지휘봉을 잡기 전에 염군 반란을 진압하기 위해서 타지로 전임되었는데, 이에 대해서는 제10장에서 이미 논술했다. 1868년에 이르러 염군 반란이 진압된 후에야 쭈어중탕은 비로소 회교도 반란을 정벌하는 중책을 맡을 수 있었다. 1873년, 그는 유능하고 노련한 지도력, 교묘한 전략과 힘겨운 전투로 이 두 성의 반란을 진압했으며, 모두 4,000만 냥의 군사비를 소비했다. 뒤이어 쭈어중탕의 승리부대는 신장 성을 공격할 태세를 취했다. 이 결정적인 시기에 중국과 일본 사이의 타이완 위기가 갑자기 발발했는데, 중국이 사태를 처리하는 과정에서 드러낸 연약함은 긴급히 해안방어를 강화해야 함을 분명히 드러냈다. 이때 중국은 매우 곤란한 문제에 직면해 있었는데, 즉 중국은 더욱 방대한 해군계획을 실시함과 동시에 비용이 많이 드는 신장 전쟁을 동시에 할 수 있을 것인가의 문제였다. 이어서 양자 중 어느 것이 더 중요한 문제인가에 대해서 한바탕 큰 논쟁이 전개되었다.


**해안방어와 변경방비의 논쟁**　10년의 자강운동을 거친 후, 공친왕과 원샹은 우선 해안방어력의 부족에 대해서 몹시 놀랐다. 연해의 고위관원들은 48척의 함정을 보유한 해군을 창설하여 3개 함대로 편성하고 중국의 북부, 중부, 남부 해안에 나누어 주둔시킬 것을 제의했다. 그들은 일본의 위협이 러시아보다 더욱 직접적이라고 느꼈다. 이 해안방어론파의 지도자인 리훙장은 대담하게 청 조정이 신장 전쟁을 취소하여 그 비용을 해안방비로 전이시킬 것을 요청했다. 그는 외국의 군함과 대포를 구입하고, 해군군관과 사병을 훈련하고, 새로운 형식의 "양무" 시험을 통해서 인재를 모집하며, 무기를 제조하고 연간 1,000만 냥이 소요되는 것으로 추측되는 해군비용을 지급하는 것을 돕기 위해서 아편의 수입관세를 늘릴 것을 요청했다.

해안방어론파는 5가지 논거를 제기했는데, 그 내용은 다음과 같다. (1) 베이징은 해안과 가까이 있지만, 신장은 수도에서 멀기 때문에 국경수비는 해안방어만큼 중요하지 않다. (2) 조정의 재정형편은 곤란하고 신장 전쟁의 승리 가능성이 매우 낮으므로, 이 전쟁을 할 수 있는지 재차 고려하지 않을 수 없다. (3) 신장의 토지는 척박하여 중국에 실제적인 가치가 없으니 이렇게 높은 대가를 치러서 수복할 만한 가치가 없다. (4) 신장의 주위는 모두 강대한 이웃 국가들이어서, 오랫동안 고수할 수 없다. (5) 신장 수복을 연기하는 것은 결코 전대(前代)의 황제가 출정하여 얻은 영토를 포기하려는 것이 아니라, 장래를 위해서 힘을 보존하는 현명한 조치이다.

다른 한편 기타 수많은 관원들은 비록 해안방어의 중요성에 대해서 이의를 나타내지는 않았지만, 국경수비를 희생하는 방법으로 해군을 발전시켜서는 안 된다고 주장했다. 만약 중국이 신장의 반란자를 평정할 수 없다면, 러시아는 계속 진출하게 되어 서방 열강들도 이에 고무되어 연해를 공격하는 것으로 호응할 것이라는 이야기였다. 이 관원들은 러시아의 위협이 일본이나 서방 열강들보다 더 크다고 주장했는데, 그 이유는 러시아와 중국은 공동 국경선이 있어서 러시아는 육로를 통해서도 해로를 통해서도 중국에 진입할 수 있지만, 일본과 서방 국가들은 단지 해상으로만 중국에 들어올 수 있기 때문이라는 것이었다. 그들은 러시아의 침범을 심복지환(心腹之患 : 내부에 숨어 있는 치명적인 화근)에, 그리고 서방 국가의 위협을 단지 지체(肢體)의 병으로 비유했다. 쭈어중탕은 서양 열강들은 항만과 항구를 점유하기 위해서 전쟁을 벌였으며, 이는 또한 일반적으로 항상 오직 상업상의 특권을 위해서였지만 러시아는 상업상의 양보를 얻고 싶어했고, 영토에 대한 요구도 있었다고 말했다.

변경방어론파도 조정에 5가지 논거를 제시했는데, 그 내용은 다음과 같다. (1) 신장은 서북 국방업무의 제1선으로서 베이징의 보호벽인 몽골을 지키고 있고, 신장을 상실하면 몽골을 지킬 수 없으며, 수도 역시 위협을 받는다. (2) 서양 열강은 지금 아직 직접 침입할 위험을 야기하고 있지 않지만, 신장에서의 러시아 진출은 이미 직접적인 위협이 되었다. (3) 해안방어에는 이미 고정적인 군비가 배정되었기 때문에 변경방어에 드는 군비를 해안방어에 전용해서는 안 된다. (4) 역대 조상들이 수많은 전쟁을 통해서 일구어놓은 영토를 포기해서는 안 된다. (5) 우루무치와 아커쑤와 같은 전략적 요충지는 우선적으로 수복해야 한다. 변경방어론파의 지도자인 쭈어중탕은 만약 지금 신장 전쟁을 중단한다면, 외국인이 신장을 통치하는 사태를 초래할 것이라고 경고했다.[4]

이 두 파가 제시한 논거는 모두 사리에 합당하고 적절했으며 일리가 있었다. 그러나 이때 연해에는 아직 직접적인 분쟁이 없었던 것이 분명하지만, 신장에는 반란이 일어나 진압이 필요한 동시에 이리가 점거되어 있어서 역시 수복해야 했다. 그로 인해서 청 조정은 해군을 창설한다는 계획을 비록 포기하지는 않았지만, 1875년 4월 23일에 쭈어중탕을 흠차대신으로 임명하여 신장 전쟁을 수행하게 했다.

쭈어중탕은 간쑤 성 란저우 현지에 주재하며 이번 전쟁을 준비하기 위해서 전력을 다했다. 그의 전략은 "완진속전(緩進速戰)"이었다. 1876년 초에 이르러 그는 출격 준비를 마치고, 3월 중에 사령부를 난저우로 옮겼다. 류진탕(劉錦棠) 장군은 맹공을 가하면서 신속하게 신장으로 쳐들어가, 11월에 이르러

---

4) Immanuel C. Y. Hsu, "The Great Policy Debate in China, 1874: Maritime Defense vs. Frontier Defense", *Harvard Journal of Asiatic Studies*, 25 : 212-228(1965).

신장 성 북부를 정복했다. 이 당시 여전히 신장 성 남부를 고수하고 있던
야쿠브 베그는 자신의 앞날에 대해서 몹시 불안했기 때문에, 1877년 늦봄에
영국의 중재를 구하기 위해서 런던에 사신을 보내어 그가 중국의 속국의 지
위를 수락하기를 원한다는 것을 암시했다. 그러나 쭈어중탕 군대의 전진속도
는 런던에서의 논의보다 더 빨랐다. 야쿠브 베그는 철저히 패배당하여 1877
년 5월 29일에 자살했다. 그의 아들들은 계속해서 싸웠지만, 형제간의 다툼으
로 인해서 그들은 효과적인 저항을 할 수 없었다. 1877년 말에 이르러 여전히
러시아가 점거하고 있는 이리를 제외한 신장 성 전역이 수복되었다.

청 제국이 신장에 대한 통치를 회복한 이상, 중국은 러시아에 이리 반환을
승낙받을 조건을 갖추게 되었다. 그러나 베이징 주재 러시아 공사5)는 지연
전략을 취하여 이 문제에 대한 논의를 미루었다. 그때 해외에 공관을 세우고
있던 총리아문은 러시아에 파견될 외교관에게 이리 반환의 문제를 교섭하라
는 책임을 맡겼다. 사절단을 인솔한 충허우는 1870년에 프랑스에 가서 사과
의 뜻을 표했는데, 이번에 그는 일등 흠차대신의 직함, 즉 대사직을 수여받
아 마음대로 일을 처리할 권한을 부여받았다.


**충허우 사절단과 리바디아 조약, 1879년**  충허우는 어리석고 무능한 만주 귀족
으로서, 외교사절로서 러시아에 갈 준비가 전혀 되어 있지 않았다. 상트페테
르부르크에 도착했을 때, 그는 국제외교상의 복잡한 상황과 이리의 지리상
황에 대해서 아는 것이 아무것도 없었고, 러시아인의 아첨으로 몸 둘 바를
모르게 되어 경계는 해이해졌다. 이 외에도 그는 임무를 끝마치고 돌아가는
것에 급급했다. 어떤 사람은 그가 무시무시한 러시아인을 두려워했을 뿐만
아니라 서둘러 자신의 긴급한 가사(家事)를 처리하고 싶어했다고 추측했다.
그의 무지와 무심 때문에 그는 기만을 당하여 서둘러 리바디아 조약을 체결
했는데, 조약은 명의상으로는 이리를 중국에 돌려주는 것이었지만 실제로는

---

5) 예브게니 K. 부초프(Evgeny K. Butzow)이다.

이 지역의 10분의 7의 토지를 러시아에 할양하는 것이었으며, 그중에는 전략적 의미가 있는 터커쓰 강 유역과 무차르트 고개가 포함되어 있었다. 이 밖에도 이 조약을 통해서 러시아는 500만 루블의 배상금을 받을 수 있게 되었고, 7개의 중요한 장소에 영사관을 설립할 권한을 가지게 되었을 뿐만 아니라 만주 지역 내의 쑹화 강을 따라서 600베르스타(400마일)를 항해할 수 있게 되었다.6) 이런 조항들이 베이징에 알려졌을 때, 깜짝 놀란 총리아문은 충허우에게 조약에 서명을 하지 말도록 지시하는 전보를 보냈다. 충허우는 황당하게도 조약은 이미 체결되었고 문건도 이미 정서했으니, 개정하거나 새로 협상하는 것은 이미 불가능하다고 회신했다. 1879년 10월 2일, 그는 조약에 서명하고는 조정의 비준을 거치지 않고 자기 멋대로 귀국했다.

이 소식은 중국의 관계(官界)를 대경실색하도록 만들었다. 총리아문은 이리를 되찾기보다는 차라리 되찾지 않는 것만 못하다고 확신했다. 쭈어중탕은 그가 심혈을 기울여 이룩해낸 신장의 전과가 충허우의 어리석은 행동으로 인해서 수포로 돌아갈 것을 염려하여, 조정이 무력을 준비하는 기초 위에서 강경한 외교로 제정 러시아에 대처해야 한다고 전력을 다하여 설득했다. 즉, "먼저 논쟁을 하여 시비를 가리고……그다음에 전쟁으로 결판을 내야 한다는 것"7)이었다. 한편, 리훙장은 신장 전쟁과 러시아에게 무리하게 이리를 돌려주도록 요구하는 정책을 줄곧 반대해왔었다. 그는 단지 이 조약을 가볍게 비판했지만 결코 조약 폐기를 주장하지는 않았다. 그는 "이번 충허우의 사절단은 명을 받들어 전권을 가지고 일을 처리하라는 지시를 받았으니 조약 체결을 협상할 권리가 없다고 말해서는 안 된다. 만약 우리가 먼저 윤허하고 나서 이후에 그것을 뒤집는다면 그 잘못은 우리에게 있다. 자고이래 이웃과 사귀는 방법에 따라서 먼저 옳고 그름을 따진다면 잘못은 우리에게 있으므로 반드시 모욕을 자초하게 될 것이다"라고 말했다.8)

---

6) 보두나(伯都訥)까지이다.
7) Hsü, *The Ili Crisis*, p. 62.
8) *Ibid.*, p. 64, 약간의 수정이 있다.

리훙장은 당시 소수파였고 인망이 없었다. 비록 청 정부는 이에 대해 취할 입장을 아직 마련하지 못했지만 사대부들 사이에서는 전쟁을 하여 치욕을 씻으려는 마음이 컸고, 무수한 상소문이 빗발치듯 날아들어 조약을 체결한 사람을 엄중히 처벌하고 동시에 조약을 취소할 것을 요구했다. 그중 가장 설득력 있는 상소는 젊은 첨사부 우서자(右庶子)인 장즈둥의 손에서 나온 것으로, 그는 아름다운 변려문을 사용하여 군주에게 상주하기를 "러시아가 이리를 취하려고 하는 것은 지극히 탐욕스럽고 지극히 방자하다고 할 수 있습니다. 충허우가 이를 윤허한 것은, 지극히 그릇되고 지극히 어리석다고 할 수 있으며……이 조약을 고치지 않으면 반드시 아무 일도 없을 것이지만 이 조약을 고치지 않으면 국가라고 할 수 없습니다"라고 했다.[9] 그는 이 조약을 절대로 인정하지 않는다는 중국의 결심을 보이기 위해서 충허우를 참수형에 처하고 전쟁을 불사할 것을 요구했다. 장즈둥이 사대부의 마음의 소리를 설파했기 때문에 그의 명망은 일시에 높아졌다.

청 조정은 쩡궈판의 아들로서, 당시 영국 및 프랑스 주재 공사인 의용후(毅勇侯) 쩡지쩌(曾纪澤)를 두 번째 외교사절로 러시아에 보내어 다시 조약을 맺는 수석 대표로 임명했다. 이와 동시에, 충허우는 가을 추수 후에 참수되는 판결을 받았다. 이것은 영국, 프랑스, 독일, 미국 등 각국 외교대표들의 항의를 받았는데, 그들은 한 외교관 동료가 비인도적인 대우를 받는 것에 강렬히 반대했고, 심지어 빅토리아 여왕도 직접 서태후에게 너그러이 용서를 바라는 편지를 써서 보냈다. 청 조정은 1880년 6월 26일 충허우의 사형집행을 잠시 연기한다고 선포했지만, 그는 두 번째 외교사절단이 결과를 얻기 전까지 수감되어 있었다.

중국의 조약 부인, 서명한 자에 대한 처벌 및 도전적인 언사는 러시아를 격분시켜서 러시아는 23척의 전함을 중국에 파견하여 해군의 위력을 과시했다.[10] 베이징 상공에는 전운이 감돌았다. 청 조정은 러시아 해군이 연해에서

---

9) *Ibid.*, p. 71, 약간의 수정이 있다.
10) S. S. 레소프스키(S. S. Lesovski) 대장이 거느리고 있었다.

공격을 개시하고 육군은 시베리아를 횡단하여 만주와 베이징을 공격할까 두려워했다. 청 조정은 충돌을 격화시키고 싶지는 않았지만 여론의 부추김 아래 부득이하게 본의에 어긋나는 강경한 입장을 취하는 수밖에 없었다. 만일에 전쟁이 발생하는 것을 예방하기 위해서 청 조정은 리훙장의 회군의 군관이 아니라 태평군을 평정하는 데에 이름을 날린 몇 명의 상군 군관을 기용하여 요직을 맡겼으며, 별도로 청 조정이 신임하는 외국 고문인 로버트 하트를 통하여 찰스 고든을 중국으로 초청하여 적을 막는 것을 돕게 했다.

고든은 일찍이 상승군의 수장을 맡은 적이 있는데, 빅토리아 시대의 영국의 전설적인 인물인 이 사람은 1880년 봄부터 줄곧 인도 총독의 비서를 맡고 있었다. 그는 문서만 취급하며 보내는 생애는 "생고생을 하는 것"이라는 것을 발견하고 이 직책을 사직했는데, 사직한 지 이틀 후에 하트의 초청전보를 받았다. 고든은 곧바로 이 기회를 잡았고, 톈진에서 리훙장을 만났으며, 그와 리훙장은 중국이 경솔하게 전쟁을 일으켜서는 안 된다는 것에 의견이 일치했다. 그는 베이징으로 가서 정부가 베이징에 세워져 있는 한 중국은 일등 강국과 전쟁을 할 수 없는데, 왜냐하면 다구의 포대가 배후로부터 아주 쉽게 돌파되어 베이징이 무방비 상태가 될 것이기 때문이라고 경고했다. 그는 만약 중국이 반드시 전쟁을 하려고 한다면, 조정은 마땅히 내륙으로 옮겨가서 장기적인 소모전을 할 준비를 해야 한다고 말했다. 비록 이런 거리낌 없는 솔직한 권고는 호전적인 분위기로 가득 찬 베이징에서 환영받지 못했지만, 전쟁은 바람직하지 못하다고 여긴 고든의 견해는 확실히 아주 강력한 영향을 끼쳤다. 리훙장은 그를 이용하여 한편으로는 국내 주전파에 대해서 찬물을 끼얹어 그들에게 재앙을 초래할 모험을 하지 말도록 요구했고, 또 한편으로 러시아 측에 대해서 어려움에 처했을 때 중국을 도와줄 친구가 결코 없는 것이 아님을 보여주었다.11)

---

11) Immanuel C. Y. Hsü, "Gordon in China, 1880", *Pacific Historical Review*, 23 : 2 : 147-166(May, 1964).

**쩡 후작과 상트페테르부르크 조약, 1881년** 고든이 중국에게 평화적인 해결수단을 취할 것을 권고했을 때, 쩡 후작(쩡지쩌)은 상트페테르부르크에 외국 사절로 가기 위한 준비를 하고 있었다. 전임자의 전철을 밟는 것을 피하기 위하여 그는 이번 외교사절단의 외교전략을 전반적으로 수립하고, 이리의 지도를 상세히 연구했다. 그는 국경분쟁에 대해서는 조금의 땅도 양보하지 않지만, 통상문제에 대해서는 흥정을 하고, 배상 부분에 대해서는 타협을 하기로 결정했다. 쩡 후작은 러시아로 출발할 때 영국 외교부로부터 비공식적인 협조를 보증받았는데, 영국의 상트페테르부르크 주재 대사[12]가 비밀리에 그에게 좋은 계책을 제공하겠다는 것이었다.

러시아는 처음에 상트페테르부르크에서 협상하는 것을 거부하고, 중국의 호전적인 태도를 징계하는 차원에서 협상의 지점을 베이징 지역으로 옮기자는 입장을 고수했다. 협상이 적 함대의 위협하에서 진행될 것을 염려한 청 조정은 어떻게 해서든 러시아에서 협상할 것을 쩡 후작에게 강력하게 지시했다. 러시아 측은 자국의 수도에서 협상을 시작하는 것에 암묵적으로 동의했지만, 자신들이 체면을 잃지 않고 이리를 반환할 방법을 찾을 수 없어서 협상은 더디게 진전되었다. 1876-1877년까지의 터키 전쟁은 러시아의 경제 불황을 야기했으며, 1878년 베를린 회의 이후로 러시아는 또한 국제적으로 고립무원의 상태에 놓이게 되어 자신들이 원거리 전쟁을 할 능력이 없다는 것을 분명히 알게 되었다. 그러나 그들은 중국으로부터 떳떳하게 벗어날 방법이 없었기 때문에, 반년에 걸친 효과 없는 협상을 거친 후에야 비로소 차르는 마침내 이리 전체를 중국에게 돌려주는 것에 동의하여 이 분쟁을 종결시키기로 결정했다. 그중에는 터커쓰 강 유역과 무차르트 고개가 포함되어 있었지만 서부의 일부 지역은 포함되지 않았는데, 그 이유는 그곳은 중국으로 돌아가지 않으려는 회교도 난민들을 수용하고 있었기 때문이었다. 그리고 러시아 영사관을 2개[13]로 줄이고 배상금은 "군사비"라는 그럴듯한 명분

---

12) 로프터스 더퍼린 경(Lord Loftus Dufferin).
13) 투루판(吐魯番)과 난저우에 설치했다.

을 붙여서 900만 루블로 증가시켰는데, 이 금액은 대략 500만 냥에 해당하는 것이었다. 리바디아 조약은 유명무실해졌기 때문에 이 조항들은 모두 1881년 2월 24일에 체결된 상트페테르부르크 조약 속에 삽입되었다.

일반적으로 이와 같은 평화적인 해결은 중국의 외교적 승리로 생각되었는데, 그것이 야기한 중대한 결과는 2가지이다. 첫째는 중국 보수주의 세력의 대두를 조장한 것이다. 비록 쩡 후작은 자만하고 낙관하고 오만해서는 안 된다고 경고했지만 서양의 강국으로부터 승리를 거두었다는 생각은 자신감과 자만을 불러일으켰다. 무책임하게 마구 논평을 하는 지식인들은 이번 승리는 그들의 확고한 입장에서 비롯되었다고 믿었기 때문에 그들이 중국의 대외관세에서의 난제를 해결할 능력이 있다고 지나치게 자신했다.

이 협정의 두 번째 중요한 결과는 신장 위구르 지역의 지위에 변화가 생긴 것이다. 신장 위구르는 줄곧 서역으로 간주되어 이제까지 중국의 본토가 아니라 변방지역으로서, 중국이 강성할 때에는 이 지역을 소유했지만 중국이 쇠락했을 때는 상실했던 것이다. 상트페테르부르크 조약 이후 청나라 조정은 쭈어중탕의 건의를 받아들여, 1884년 신장 위구르 지역을 행성(行省)으로 바꾸고 신장 지역 수복에 공적이 탁월한 젊은 용장 류진탕을 초대 순무로 임명했다. 이것은 역사상 유례가 없는 하나의 제도혁신으로서, 중국 변방역사상의 중대한 이정표를 건립했다.[14]


## 안남 쟁탈을 위한 중국과 프랑스의 전쟁, 1884-1885년

이리의 위기가 막 해결되자, 프랑스가 조공국인 안남을 침략하는 문제가 생겼다. 안남은 고대에는 월남이라고 칭해졌으며, 일찍이 기원전 3세기부터 중국의 영향을 받았는데, 북부는 기원전 111년 한 무제(漢武帝, 140-87 기원전)에 의해서 정복되었다. 안남이라는 명칭은 당 시대(618-907)에 설치한 이

---

14) Hsü, *The Ili Crisis*, pp. 189-196.

곳을 관할하던 안남도호부(安南都護府)에서 얻은 것이다. 비록 당 왕조의 멸망 이후 안남은 독립을 했지만, 안남은 여전히 강대한 중국 문화와 정치의 영향하에 있었다. 명 시대(1368-1643)와 청 시대(1644-1911)에, 안남은 중요한 조공국이었다. 1644년부터 1881년까지 약 50개의 사절단이 베이징에 왔다. 서양의 영향은 1615년 예수회 선교사가 들어오면서 안남에 서양의 영향이 미치기 시작했지만 유가가 통치 지위를 차지하고 있는 이 나라에서 교회의 활동은 진전이 더디었다. 프랑스 동인도회사는 17세기 말엽 안남과 무역을 하려고 시도한 적이 있었으나 실패했다.

그러나 17세기 말에 이르러 프랑스의 영향이 대두하기 시작했다. 1788년 구체제 정부가 전복된 후의 유일한 생존자인 응우옌 안이 프랑스군 장교의 지원하에 이 나라를 장악했다.15) 그는 응우옌 왕조의 가륭제(嘉隆帝)로 즉위했는데, 응우옌 왕조는 1802년부터 1945년까지 통치했다.16)

**프랑스의 침입**  가륭제 및 그 뒤를 이은 황제들은 모두 유가사상을 신봉하는 보수적인 인사들이었으며, 그들은 중국의 학술과 제도를 제창하고, 서양을 증오하는 폭동을 지지했을 뿐만 아니라 선교사와 본국의 기독교 신도들을 반대했다. 루이 나폴레옹은 프랑스령 인도차이나 제국을 건립하려는 환상을 가지고 있었을 뿐만 아니라 해외에서의 천주교 전파에 대한 지지자로서의 태도를 보였다. 그는 1859년 군대를 사이공으로 파견하여 기독교 반대사건을 징벌했다. 이 군대는 바로 1858년 톈진 조약 체결 후 중국에서 철수한 군대였다. 1862년 프랑스는 에스파냐와 공동으로 안남이 사이공 조약을 받아들이도록 강요하여 양국은 2,000만 프랑, 즉 400만 달러의 배상금을 받았다. 프랑스는 동시에 무역권과 선교권, 안남의 대외관계를 통제하는 특권을

---

15) 응우옌 씨 3형제인 응우옌 낙, 응우옌 루, 응우옌 후에 의해서 전복되었다.

16) 베트남의 이 당시와 그 이전의 역사를 고찰하려면 D. G. E. Hall, *A History of Southeast Asia*(London, 1964), 제9장, p. 22; 또한 Truong Buu Lam, "Intervention Versus Tribute in Sino-Vietnamese Relations, 1788-1790" in Fairbank(ed.), *The Chinese World Order*, pp. 165-179를 참조하라.

얻었고, 별도로 코친 차이나로 불리는 남부 안남 동부의 3개 성을 할양받았다. 탐험을 계속해본 결과 프랑스는 메콩 강과 비교하여, 통킹에 위치한 송꼬이 강이 중국 윈난 성으로 가기에 더 좋은 경로라는 것을 발견했다. 이 발견은 프랑스에 안남 북부를 쟁취하려는 야심을 불러일으켰다. 1874년 체결된 새로운 조약은 프랑스의 코친 차이나에 대한 점령과 안남의 대외관계에 대한 지도 및 프랑스의 송꼬이 강에서의 항행권을 명확히 인정했다. 이 조약은 명의상으로는 안남의 독립을 인정했지만, 실제로는 안남을 프랑스의 보호국으로 전락시켰다. 중국은 이때 타이완 위기에 대응하고 마거리 피살 사건을 처리해야 했기 때문에 프랑스의 진출을 저지할 적극적인 조치를 취하지 못하고 단지 안남은 줄곧 중국의 속국이었다는 것을 이유로 삼아 1874년 조약의 승인을 거절했다.[17]

프랑스가 동양에서 식민지제국을 건립하려는 행동은 독일의 지지를 받았다. 전해지는 바에 의하면 1878년의 베를린 회의 석상에서, 비스마르크는 프랑스 대표에게 독일은 프랑스가 유럽에서 실지(失地)의 수복을 시도한다면 반격하겠지만 해외에서의 확장은 기꺼이 지지하겠다고 말했다고 한다. 그러므로 프랑스의 안남에서의 행동 강화는 이상할 것이 없었다. 1880년에 이르러 프랑스는 이미 하노이와 하이퐁 항에 군대를 주둔시키고 송꼬이 강 연안에 요새지들을 건립했다. 안남 정부는 프랑스의 진출에 항거하기 위해서 중국과의 연계를 더욱더 강화하여, 프랑스의 반대에도 불구하고 계속해서 1877년과 1881년에 중국에 공물을 바치고, 안남 국경지대에 주둔하고 있는 비정규 중국 군대인 흑기군(黑旗軍)[18]의 도움을 청했다. 1882년, 흑기군은 이미 프랑스와 교전을 하기 시작했다. 이듬해에 청 조정은 또 정규군을 통킹에 진입시켜 안남에 대한 종주 지위를 보위하려고 시도했으나, 프랑스와 공개적인 교전은 하지 않았다.

---

17) 프랑스의 안남에서의 활동에 대한 상세한 상황에 대해서는 J. F. Cady, *The Roots of French Imperialism in Eastern Asia*(Ithaca, N. Y., 1967), 제16장; *Southeast Asia: Its Historical Development*(New York, 1964), 제18장; Hall, 제34장을 참조하라.
18) 천지회와 연계가 있는 태평군 잔당인 류융푸(劉永福)가 거느리고 있었다.

이때, 자강운동 지도자인 즈리 총독 리훙장은 중국이 해군건설과 해안방위 계획을 완성하기 전에 프랑스에 도전하는 것을 반대했다. 리훙장은 중국은 프랑스와 안남의 협정을 폐기시킬 힘과 프랑스를 안남에서 축출할 힘이 없기 때문에 큰 화를 초래하지 않기 위해서 경솔하게 전쟁을 운운해서는 안 되며, 중국은 공격을 받을 때에만 비로소 응전할 수밖에 없다고 강력히 주장했다. 그는 설령 그렇더라도 전망은 암담한데, 그 이유는 중국 측의 승리는 단지 프랑스가 새로 전쟁을 지속하도록 힘쓰게 할 뿐이며 프랑스 측의 승리는 중국 군대를 중국으로 쫓아 보내게 할 것이기 때문이라고 경고했다. 그래서 리훙장은 협상을 통하여 신속하게 분규를 해결할 것을 주장했는데, 그 당시 총리아문의 수석 대신과 군기처의 수석 대신인 공친왕도 중국이 조급하게 서양의 일등 강국에 도전해서는 안 된다는 것에 동의했다.

**청류당의 흥기** 리훙장과 공친왕의 신중한 태도는 뜻을 같이하는 일단의 젊은 관원들로부터 회유주의자와 패배주의자라는 비난과 조소를 받았다. 이 사람들은 우수한 학자들로서, 한림 출신이며 상주문 작성에는 뛰어났으나, 외교와 군사상으로는 실제적인 경험과 탁견이 없었다. 그들은 이리 위기 중에서처럼 호전 방침을 주장하여 사람들의 호감을 얻었다. 그들은 스스로를 청류당(清流黨)이라고 불렀는데 그중 가장 영향력 있는 사람은 우선 이리 위기 중에 높은 명성을 얻었던 장즈둥이고, 다른 한 사람은 현재의 중국-프랑스 위기 중 장즈둥을 모방한 장페이룬(張佩綸)이었다.

청류당은 프랑스를 "이미 쇠약해진 대국"이라고 경멸하고 프랑스를 붕괴에 직면한 국가로 보았다. 그들은 전쟁을 하여 중국의 영예와 조공국을 수호할 것을 주장하고, 지나친 관용은 필연적으로 욕심이 끝없는 적들에게 더 많은 요구를 제기하도록 용인할 것이라고 질책했다. 그들은 주장하기를, 중국이 만약 안남 문제에 대한 입장을 확고히 한다면 일본의 조선에서의, 제정 러시아의 만주에서의, 영국의 미얀마에서의 모험적 행동을 저지할 수 있을 것이라고 했다. 그들은 전쟁의 승부는 주로 사람의 담력 및 용기와 도덕적 자질에 의해서 결정되는 것이지 무기에 의해서 결정되는 것이 아니라고 했는데, 즉 사람의 정신이 승부를 결정한다는 것이었다. 그들은 리훙장을 비웃으면서 "프랑스의 간계는 부녀자와 어린이조차도 알고 있는데, 오직 리중탕(李中堂 : 리훙장)만 전혀 모른다. 리중탕은 프랑스인에게 우롱당하고 있으며, 조정은 또 리중탕에게 우롱당하고 있다"고 비난했다. 그들은 리훙장을 경멸하여 그를 악명 높은 송대의 간신 진회(秦檜, 1090-1155)에 비유하고 기타 몇몇 주화파(主和派)를 마구 위협했다. 리훙장은 한 친구에게 원망하며 말하기를 "관련된 일을 맡은 자가 아닌 무리들이 경솔하게 망언을 하고 있어서 나는 걱정이 되어서 견딜 수 없소.……그들은 국사를 경솔하게 비평하고 이어서 인물을 평가하는데, 대다수의 말들이 능멸하는 말들이오"19)라고 했다.

청 조정은 전쟁과 평화 사이에서 주저하며 결정하지 못하여, 명예와 두려움의 딜레마에 빠지게 되었다. 즉, 명예를 위해서는 자신의 조공국을 보위할 필요가 있었지만 서양의 일등 강국과 전쟁을 하는 것에 대해서는 두려움이 존재하고 있었다. 런던에 주재하고 있는 하트의 대리인20)이 보내온 보고서를 통해서 청 조정은 안남에 있는 프랑스 군대가 아마도 성급하게 대규모 전쟁에 돌입할 리 없고, 오직 하노이와 송꼬이 강의 무역과 항행을 개방하기만 하면 분쟁의 근원을 제거할 수 있다고 믿게 되었다. 그래서 청 조정은 리훙장에게 프랑스 공사 A. 부레와 회담을 하라고 지시했다. 그들이 이룩한 합의를 통해서 안남은 중국과 프랑스 두 국가의 공동보호국으로 바뀌었지만, 프랑스 정부는 즉시 이 합의를 거절하고 이어서 원정군을 안남으로 파견했다. 흑기군과 청나라 군대가 통킹에서 패배했기 때문에 자희태후는 근심하여 애가 탔으며, 프랑스가 중국 본토를 공격할까 두려웠다. 그녀는 분노하여 공친왕과 기타 4명의 군기대신을 해직했다.21) 그녀는 다시 리훙장에게 해결

---

19) Lloyd E. Eastman, "Ch'ing-i and Chinese Policy Formation during the Nineteenth Centuary", *The Journal of Asian Studies*, XXIV : 4 : 604-605(Aug. 1965).
20) J. D. 캠벨(J. D. Campbell)이다.
21) Lloyd E. Eastman, *Throne and Mandarins: China's Search for a Policy during the Sino-French Controversy, 1880-1885*(Cambridge, Mass., 1967), 제4장.

방법을 찾도록 명령했다. 뒤이어 리훙장과 프랑스 해군대령 F. E. 푸르니에는 1884년, 중국은 프랑스가 안남과 체결한 모든 조약을 승인하고, 통킹에 주둔하고 있는 중국 군대를 철수시키며, 프랑스는 배상을 요구하지 않고 중국을 침략하지 않기로 약속하며, 미래에 안남과 체결한 모든 조약에서 중국의 위엄과 명망을 해치는 말을 사용하지 않는다는 것에 동의한다는 내용에 합의했다. 프랑스 의회는 이 합의의 비준을 거절했는데, 그 이유는 마지막 조문은 프랑스가 안남이 중국의 종주국이라는 지위를 인정하는 것을 암시하고 있기 때문이었다. 다른 한편으로 이 협정 역시 청류당의 큰 분노를 야기했으며, 청류당은 47통의 상소문을 올려 리훙장을 탄핵할 것을 요구했다. 난처해진 리훙장은 협정 내용 중에서 중국 군대가 안남을 철수하는 기한에 관해서는 감히 조정에 상주하지 못했다.

**전쟁발발** 통킹에 주둔하고 있던 중국 군대는 철수 명령을 받지 못했기 때문에, 그들에게 랑선을 떠나도록 요구하는 그 지역 프랑스인의 요구를 거절했으며, 그로 인한 접전에서 중국 군인들이 몇몇 프랑스 사병을 살해했다. 프랑스 정부는 중국이 약속을 어겼다고 비난하며 1884년 7월 12일에 최후통첩을 보내고 거액의 배상금을 요구하고, 즉시 리훙장-푸르니에 협정의 이행을 요구했다. 중국과 프랑스는 협상을 했으나 아무런 결과 없이 끝났다. 청 조정은 프랑스가 중국 본토를 공격할까 두려웠기 때문에 청류당 지도자인 장즈둥과 장페이룬을 각각 방어요새지로 전임시켰다. 즉, 장즈둥은 양광 총독으로 전임시키고, 장페이룬에게는 푸젠 성 해안방어를 맡겼다. 8월 23일, 프랑스 해군제독 쿠르베는 프랑스 군함 12척을 인솔하고 푸저우에 대한 전면적인 공격을 가하여 1시간 이내에 11척의 중국 함선을 격침시키거나 파괴해버렸고, 1866년 프랑스의 도움으로 건조한 푸저우의 마웨이 조선소를 전부 파괴해버렸다. 장페이룬은 산꼭대기에서 이 모습을 보고 제일 먼저 도주해버렸다. 그러나 그는 애매하고 화려한 말로 사실을 왜곡한 상소문을 조정에 올림으로써 중국이 이번 해전에서 승리했다고 생각하게 만들었다. 며칠 후,

진상이 완전히 밝혀지고 장페이룬은 변방으로 추방되었으며, 청 조정은 마침내 주저 없이 프랑스에 정식으로 선전포고를 했다.

**평화적인 해결**  1884년 8월부터 11월까지의 3개월 동안, 자희태후는 전쟁을 하는 것을 과감하게 지지했다. 12월 초에 몇 가지 사건이 그녀의 마음을 번거롭게 하고 정신을 산만하게 했다. 즉, 통킹 전세의 승부는 예측하기 어려웠고, 프랑스군이 양쯔 강과 요새 항구를 봉쇄함으로써 중국 남방의 조운(漕運)이 막힌 것이다. 기대했던 영국과 독일 두 국가의 지원은 결코 실행되지 않았고, 그 밖에도 북쪽 국경지대에서 러시아가 활동을 재개했으며, 일본의 조선 진출의 위협이 여전히 존재하고 있었다. 프랑스도 자희태후와 비슷한 평화에 대한 희망을 품고 있었는데, 그 이유는 프랑스 국내정국의 불안정과 원거리 작전지원의 곤란으로 인해서 프랑스 정부는 무거운 부담을 감당할 수 없게 되기 시작했기 때문이었다. 런던에 주재하고 있는 하트의 대리인의 중재를 통해서 중국과 프랑스는 파리에서 초보적인 평화협정을 체결했다. 중국은 리훙장-푸르니에 협정을 승인하기로 결정하고, 프랑스는 다시는 새로운 요구를 제기하지 않는다는 것에 동의했다. 다행인 것은 바로 이 협정이 정식조약으로 체결되기 전에 프랑스군이 랑선에서 참패한 것으로,22) 이것은 중국 정부에 체면이 서는 평화를 쟁취할 기회를 주었고 또한 프랑스의 호전적 정신을 꺾어버렸다. 1885년 6월 리훙장과 중국 주재 프랑스 공사는 정식조약을 체결했는데, 즉 중국은 프랑스와 안남이 체결한 모든 조약을 승인하고 프랑스는 타이완과 펑후 제도에 주둔하고 있는 군대를 철수시킨다는 것이었다. 중국은 배상금을 지불하지는 않았지만 경제적으로 1억 냥 이상의 손실을 입었으며 부채가 약 2,000만 냥이었다.23)

청 조정이 사건 전반에서 우유부단하고 우물쭈물한 태도를 취한 것은 애처로운 일이었다. 청 조정은 결코 전쟁을 하고 싶지 않았지만 청류당의 압박

---

22) 이 전투에서의 중국 측 장성은 펑쯔차이(馮子材) 장군이었다.
23) 邵循正, 『中法越南關係始末』(北平, 1935).

으로 전쟁에 말려들었다. 만약 처음부터 청 조정이 입장을 확고히 하여 지구전을 하기로 결심했다면, 프랑스 군대는 아마도 감히 공격을 하지 못했을 것이다. 만약 시종여일한 평화정책을 추구했다면, 푸젠 함대와 마웨이 조선소는 아마도 파괴되지 않았을 것이다. 지도층의 무능이 푸젠 함대와 마웨이 조선소를 순식간에 잃게 하고, 안남이라는 조공국을 잃게 한 것이다. 청류당 일파는 이 비현실적이고 감정적인 이유에 좌우된 전쟁을 하도록 부추긴 것에 대해서 반드시 아주 큰 책임을 져야 한다. 정치적으로, 그들 중 단지 장즈둥 한 사람만의 관운(官運)이 이 재난의 영향을 받지 않았으며 기타 사람들은 점점 자취를 감추어버렸다. 얄궂게도 장페이이룬은 한동안 유배생활을 거친 후 결국 리훙장의 막료가 되었고 이후에는 그의 사위가 되었다.

중국이 프랑스와 단기간이지만 막대한 피해를 가져다준 충돌을 한 이후 안남을 상실한 것은 20년간의 자강운동이 실패했음을 보여주는 것이었다. 외교, 군사 및 기술상의 제한된 현대화로 인해서 중국은 외국 제국주의를 충분히 막아낼 정도로 강성하지 못했다. 중국이 쇠약해짐으로써, 영국이 프랑스를 모방하여 버마가 1885년에 중국을 이탈하여 독립하도록 유도했다. 1년 후, 영국은 중국에게 조약을 체결하도록 강요하여 버마를 자신의 보호국으로 전락시켰지만, 버마가 10년마다 한 번씩 중국에게 공물을 바치는 것은 허락했다. 남방에 위치한 이들 조공국들이 상실되면서, 중국 동북부의 주요 조공국인 조선의 운명 역시 미묘한 상태였는데 이것을 일본이 호시탐탐 엿보지 않을 리 없었다.

**14**

# 제국주의의 확장 강화 :<br>일본의 조선 침략과 "중국의 분할 위기"

중국 북부와 이웃하고 있는 조선은 명청 시대에 매우 중요한 속국이자 주요 조공국이었다. 이씨 조선(1392-1910)은 매년 3번 명나라에 조공사절단을 파견했고, 청 왕조 때에는 매년 4번이었으며, 별도로 수많은 소규모의 사절단을 파견했다. 1637년부터 1894년까지의 2세기 반 동안 507개의 조선 사절단이 베이징에 왔고, 169개의 중국 사절단이 조선에 갔다.[1] 조선은 매우 중요했으므로, 명 왕조는 국고의 적자와 군사력 감소에도 불구하고 21만1,500명의 군대를 조선에 파견하여 일본의 침략에 맞섰다. 명 왕조는 이를 위해서 1,000만 냥을 소비했고, 1597년의 제2차 항전 비용도 앞서의 항전 비용에 못지않았다. 이 비용들은 명 왕조의 국력을 완전히 소모시켜 명 왕조의 멸망을 가속화시켰다. 조선은 물론 중국에 대해서 존경과 감사의 정을 가지게 되었다. 정치와 문화상으로 중국의 영향을 받았기 때문에, 조선인은 중국인의 각종 제도와 생활방식을 모방했을 뿐만 아니라 중국과의 관계를 "사대(事大)"로 표현하여 일본과의 비교적 평등한 "교린(交隣)" 관계와 구별했다. 그리고 1637년부터 조선은 쇄국정책을 실시하여 중국에 조공사절단을 파견하고 이따금 일본에 사신을 파견하는 것 이외에 외부세계와는 전혀 교류를 하지 않아서 서양인들은 조선을 "은자(隱者)의 왕국"이라고 불렀다.

---

1) 상세한 자료는 Hae-jong Chun, "Sino-Korean Tributary Relations in the Ch'ing Period" in Fairbank(ed.), *The Chinese World Order*, pp. 90-111을 참조하라.

## 조선의 개방

1635년, 네덜란드 배 1척이 표류하여 조선의 해안에 이르렀는데, 이것이 조선과 서양의 접촉의 시작이었다. 기독교는 18세기 하반기에 조선에 전파되기 시작했지만 1786년부터 조선 조정에 의해서 사교(邪敎)로 간주되어 금지되었다. 그다음 세기에 기독교 선교사와 조선의 신도들은 때때로 박해를 당했다.

중국과 일본의 개방 이후, "은자의 왕국"은 나날이 서양 국가로부터 무역과 포교 및 외교관계 수립 요구의 압력을 받았다. 그러나 조선은 조난당한 항해선박을 우호적으로 대하는 것을 제외하고는 서양과 연계를 맺는 것을 거절했다. 조선인은 은둔 생활을 소중히 하여 지키고 있었으며, 국가가 너무 작고 가난하여 대외무역에 참여하기에 부족하고 백성들은 "너무 어리석어" 기독교를 이해하지 못한다고 주장했다. 1864년, 어린 왕인 고종(高宗)[2]의 부친인 흥선대원군(興宣大院君)의 섭정 이후, 조선의 비타협적인 태도는 더욱 경직화되었다. 대원군은 보수주의를 제창하고 변혁을 반대했다. 1866년 2월, 그가 다시 기독교를 박해하여 외국 선교사들이 대대적으로 학살되었다. 10월에 중국 주재 프랑스 대리공사 벨로네는 아시아 함대 사령관인 로즈에게 600명의 군인과 7척의 군함을 이끌고 조선에 대한 징벌성을 띤 토벌을 하게 했다. 그들은 강화도를 점령했지만, 오히려 성 밖에서 패전하여 3명이 사망하고 32명이 부상을 당했다. 같은 해 8월, 미국 상선 제너럴 셔먼 호가 대동강을 거슬러올라와 평양에 이르러 통상을 요구했지만, 썰물에 좌초된 배는 불태워지고, 선원들은 모두 살해되었다. 1871년, 미국 국무원은 중국 주재 공사인 프레더릭 F. 로에게 로저스 장군이 지휘하는 5척의 함선을 거느리고 가서 이 사건을 조사하라고 명령했다. 강화도 부근에서 협상하자는 요구가 거절된 이후, 로는 군함을 거느리고 서울로 통하는 한강으로의 진입을

---

2) 성명은 이희(李熙)이다.

강행할 것을 명령했다. 조선의 강기슭의 포대가 포격을 하자, 미국인은 6월 10일과 11일에 강화성을 마구 포격하여 보복했다. 그후, 그들은 전쟁을 개시하는 권한을 얻지 못했기 때문에 철수해버렸다. 조선인은 프랑스인을 물리치고 또 미국인도 물리쳤다고 자만했다.

청 조정의 총리아문은 그 당시 변화하고 있는 동아시아 국제형세에 어떻게 적응할 것인지 연구하고 있었는데, 총리아문은 중국에게는 조선이 서양의 침범을 받지 않도록 보위할 능력이 없음을 알고 있었기 때문이다. 1867년부터, 총리아문은 교묘하게 조선에게 서양과 화해할 것을 권고하기 시작했지만, 1879-1880년에 이르러서야 중국은 비로소 과단성 있는 행동을 취하여, 날로 증가하는 일본의 영향에 맞서기 위해서 조선에 서양 열강과 조약관계를 수립하도록 강력히 촉구했다.3) 도쿠가와 시기(1609-1867)에 일본과 조선의 관계는 대마도의 봉건영주4)가 책임을 맡고 있었지만, 1868년 메이지 유신 이후에는 일본 정부가 직접 조선에 대한 정책을 관장했다. 일본은 조선에 3개의 사절단을 파견하여, 이런 정치변화들을 선포하고 쌍방관계를 수정하려고 시도했다. 그러나 흥선대원군은 일본이 실행하는 현대화와 서양을 모방하는 행위를 멸시했기 때문에 양국관계 수정을 거부하고 일본 국서가 격식에 맞지 않는다고 하여 일본 사절을 문전박대했다.

일본 지도자들5)은 이 고의적인 모욕에 보복하기 위해서, 1873년에 조선 토벌대를 파견하기로 결정했다. 이 행동에는 또다른 목표가 있었는데, 즉 (1) 국내의 불만을 품고 있는 무사들에게 울분을 발산할 기회를 제공함으로써 그들의 주의력을 주로 국내문제에서 국외문제로 전이시키고, (2) 조선에서의 중국의 종주권 지위에 도전하여 아시아에서의 일본의 지도적 지위를 도모하

---

3) 이 당시의 조선의 완고한 입장과 청조의 외교조정에 관한 간명한 연구는 Mary C. Wright, "The Adaptability of Ch'ing Diplomacy: The Case of Korea", *The Journal of Asian Studies*,, XVII : 3 : 363-381(May 1958)을 참조하라. 중국의 조선 문제에 대한 개입과 결국 일본과의 교전을 초래한 것에 대해서는 王信忠, 『中日甲午戰爭之外交背景』(北平, 1937)을 참조하라.
4) 대대로 대마도를 통치한 집안(宗氏家門).
5) 사이고 쓰구미치, 이타가키 세이시로, 소에지마 다네오미 같은 인물들이다.

고, (3) 영국과 러시아가 일본 부근에서 근거지를 찾는 것을 저지하고, (4) 1592년과 1597년의 도요토미 히데요시의 조선 침입 실패를 설욕하기 위함이었다. 그러나 국외에서 돌아온 치밀하고 신중한 일본 지도자들6)은 이 결정을 거부했다. 그들의 견해에 의하면 일본 국내의 낙후된 상황으로는 현재 대외로의 모험을 할 여지가 없으며, 국내를 발전시키고 공고히 하는 것이 해외확장보다 우선되어야 한다는 것이었다.

비록 원정은 실현되지 않았지만 일본은 그래도 1875년에 소형포함을 갖춘 탐사대를 파견했다. 일본인은 강화만에서 습격을 받자 반격을 가하여 조선의 수비요새를 파괴했다. 이 승리 이후, 일본은 또 군함 6척을 조선으로 파견하고7) 동시에 베이징에 사절8)을 파견하여 중국의 반응을 살폈다. 총리아문은 조선은 비록 중국의 속국이지만 그들의 내정과 외교는 여태껏 그들 자신이 해왔다고 언명했다. 책임을 회피하는 이런 나약한 성명은 일본을 고무시켜, 마치 1854년에 미국의 페리 제독이 일본에게 개방을 강요한 것처럼 일본이 조선의 개방을 강요하도록 했다. 청 조정은 오직 충돌을 피하려고만 했고, 그 당시 마거리 사건에 대처하기에도 바빴으므로 조선에 일본과 협상하도록 명령했다. 1876년 2월 24일, 일본과 조선은 강화도 조약을 체결했다. 조약이 규정하고 있는 것은 다음과 같다. (1) 조선이 독립국가임을 승인하고, 일본과 평등한 권리를 누린다. (2) 서로 사절을 파견한다. (3) 부산, 원산, 인천 등 3개 항구를 개방한다. (4) 일본은 이들 항구에서 영사재판권을 가진다. 중국은 조선의 독립에 대해서 항의하지 않았기 때문에, 실제로 조선에 대한 유일한 종주권 지위를 이미 상실했다.

조선에서 강경한 행동을 취한 이후, 일본은 1879년에 류큐 열도를 병합했다. 이런 침략행위들은 중국의 주일 공사9)와 국내의 관원들10)을 경악하게

---

6) 이와쿠라 도모미(岩倉具視), 기도 다카요시(木戸孝允), 이토 히로부미(伊藤博文) 같은 인물들이다.
7) 구로다 기요타카(黑田清隆)와 이노우에 가오루(井上馨)가 지휘했다.
8) 모리 아리노리(森有礼).
9) 허루장(何如璋).

했다. 그들은 나날이 증가하는 일본의 영향을 상쇄하기 위해서, 조선이 서양 열강에 개방되도록 할 것을 청 조정에 촉구했다. 중국 정부는 조선과 관련된 업무를 리훙장에게 관장하게 하여 전통적으로 조공관계를 책임지던 예부를 대신하게 했다.

리훙장은 조선이 서양에 상업과 외교를 개방하도록 추진하기로 결정했다. 1882년, 그는 자신의 부하이며 프랑스에서 국제법을 공부한 마지앤중(馬建忠)과 제독 딩루창(丁汝昌)에게 3척의 군함을 인솔하여 조선으로 가게 했다. 그리고 미국 해군 준장 R. W. 슈펠트를 소개하여 조선과 조약 체결에 대한 협상을 하게 했다. 1882년 5월 22일, 조미 조약을 체결했는데, 이 조약에 의거하여 양국은 서로 외교관을 파견하고, 통상항구에 영사관을 설치하며, 서로 평등하게 대우한다는 것에 동의했다. 미국은 조선이 독립국임을 인정했지만 조선은 자진하여 별도로 단독성명을 발표하여 조선은 중국의 속국이라고 선언했다.

이어서 수년 동안 마지앤중은 영국, 프랑스, 독일 등의 국가들의 대표들을 소개하여 조선과 조약을 체결하게 했다. 이로써 은자의 왕국은 결국 서양에 개방되었을 뿐만 아니라, 중국식으로 서서히 현대화 작업을 추진하게 되었다. 리훙장의 적극적인 외교활동은, 총리아문이 조선에 대한 책임을 회피함으로써 상실되었던 명성과 명예를 부분적으로 회복시켰다.


## 국내폭동과 국제정치

**1882년의 임오군란**  조선의 고종이 1873년에 친정을 하기 시작한 후, 명성황후(明成皇后)는 흥선대원군의 세력을 제거하고 갈수록 더 큰 권력을 가지게 되었다. 그녀는 개혁을 지지하고 일본 장교들을 고용하여 조선 군대를 훈련시켰다. 대원군은 이것을 시기하고 불만스럽게 생각하여, 그녀의 영향력을

---

10) 푸젠 순무(福建巡撫)인 띵르창(丁日昌) 같은 인물이다.

약화시키기로 결정하고 심지어는 기회를 봐서 그녀를 제거하려고까지 생각했다. 이 권력투쟁은 1882년에 정면충돌로 발전했다. 흥선대원군은 해산된 병사들의 불만을 이용해서 그들이 궁궐과 일본 공관을 공격하도록 부추겼는데, 그들은 명성황후의 군사개혁의 희생양들이었다. 명성황후는 변장을 하고 도망하여 요행히 죽음을 면했으나, 일본 공관은 불타버리고 일본군 장교들 7명이 살해되었으며 일본 공사11)는 본국으로 도망쳐버렸다. 이 정변으로 흥선대원군은 다시 권력을 장악하게 되었다.

중국 정부는 또 한번 딩루창과 마지앤중을 조선에 파견하여 이 사건을 조사하도록 했다. 조선 조정의 한 대신이 마지앤중에게 솔직하게 말하기를, 모든 혼란의 근원은 대원군에게 있고 대원군은 군왕과 외부와의 연락을 차단시켰으며 또한 외교와 관계가 있는 관원을 사형시켰다고 했다. 그 대신은 만약 대원군이 마땅한 처벌을 받지 못한다면 일본은 아마도 징벌적인 행동을 취할 것이라고 경고했다. 이리하여 마지앤중은 신속히 대원군을 체포하고 중국으로 보내어 감금시켰다.

이와 동시에 더욱 많은 일본과 중국 군함들이 조선으로 왔다. 마지앤중의 권고에 따라서 조선 국왕은 일본과 협정을 체결하고 일본에게 5만 달러의 배상금을 지불하여 피해를 입은 장교들을 위로했다. 그리고 별도로 50만 달러를 일본 정부에 배상하며 도쿄에 사절단을 파견하여 사과하는 데에 동의하고, 일본 측이 대사관 내에 군대를 주둔시키고 병영을 축조하는 것을 허가했다. 이 협정은 조선에 파병을 할 수 있는 권리를 일본에 줌으로써, 일본 외교의 중대한 승리를 나타낸 것이었다. 이 조약은 이후 아주 큰 골칫거리가 되었는데 마지앤중은 비록 국제법의 훈련을 받았지만 이것을 당초에는 예상하지 못했다.

1882년 임오군란(壬午軍亂) 이후, 리훙장은 중국의 조선에서의 지위를 강화하기 위해서 적극적으로 행동하기 시작했다. 중국과 조선은 통상조약을

---

11) 하나부사 요시모토(花房義質).

체결했는데, 이 조약으로 중국은 치외법권을 얻었고, 조선 정부에 차관을 제
공하고 서양 소총을 기증했다. 그 외에 리훙장은 또 한 사람의 중국 상무관을
임명하여 조선 무역을 감독하게 했다. 또 젊은 관원인 위안스카이에게 조선
군대의 훈련을 책임지도록 지시했다. 전 독일의 톈진 주재 영사였던 묄렌도
르프는 조선의 세관세무사와 외교고문을 맡았다. 중국의 6개 대대의 군대가
치안을 유지하고 뒷날의 일본 침략에 대비하기 위해서 조선에 주둔했다. 리
훙장의 적극적인 정책 때문에 조선에서 중국의 세력은 크게 확대되었다.

**1884년의 폭동** 이때 위안스카이는 명성황후와 협력하여 날로 강해지는 일본
의 영향력에 대항했다. 이후 수년 동안, 조선인 사이의 친중파와 친일파 간
의 투쟁은 갈수록 더 심해졌다. 일찍이 도쿄에서 열정적인 환대를 받은 사과
사절단 단장이 조선 국왕에게 일본의 도움을 받아들여서 개혁을 행할 것을
건의하자, 고종은 2명의 일본 고문을 임명했다. 일본 정부도 우호적인 반응
을 나타내어 조선에 주둔시키고 있는 군대를 감소시키고, 배상금 일부를 반
환하여 조선의 행정개혁에 사용할 것을 제안했다. 조선으로 파견된 신임 조
선 주재 일본 공사[12]는 조선과 일본의 우정을 증진시키는 데에 전력을 기울
이고, 김옥균(金玉均)이 이끄는 친일파를 조종했다.

이때 위안스카이와 조선의 친중파는 조선 정부를 장악하고 있었다. 그러
나 1884년에 중국이 중국-프랑스 전쟁으로 인해서 조선에서 3개 대대의 병
력을 철수시키자, 친일파는 정변을 일으키기로 결정했다. 1884년 12월 4일,
서울에서 열린 신임 우정장관의 취임 만찬에 모든 외국 대표들과 중국, 조선
의 고위층 인사들이 참석했다. 그러나 주목을 끈 것은 일본 공사가 나타나지
않은 것이었다. 연회가 끝나기 전에, 조선의 친일파는 불을 질러 성을 불태우
고 일본군의 도움으로 궁궐로 쳐들어가서 국왕을 붙잡았고, 친중 관원들을
마구 살해했다. 위안스카이 군대는 명성황후의 요청으로 궁궐로 들어갔으며,

---

12) 다케조에 신이치로(竹添進一郞).

일본군과 변절자들보다 훨씬 더 많은 중국 병사들이 반란을 평정하고 국왕을 구출했다. 이 계략이 실패한 후, 일본 공사는 공사관을 불태워버리고 한 항구[13]로 도망쳤으며 반란의 주요 선동자였던 김옥균은 일본으로 도주했다.

일본 정부는 즉시 토벌부대와 특사[14]를 조선으로 파견하여, 조선 정부에게 희생자와 재산 손실에 대해서 11만 달러를 배상하고, 사과 서한을 보내고 2만 달러를 들여 대사관을 재건할 것을 강요했다. 이와 동시에, 이토 히로부미(伊藤博文)는 톈진으로 가서 리훙장과 협의했다. 리훙장은 당시에 중국-프랑스 전쟁에 대처하느라 매우 바빴기 때문에 즉시 타협하여, 1885년 4월 18일 중일 특별조항이 붙은 톈진 협약을 체결했는데, 그 내용은 다음과 같다. (1) 중일 양국은 4개월 이내에 각자의 군대를 모두 철수시킨다. (2) 쌍방은 조선에 외국인을 교관으로 초빙할 것을 권고하는데, 중일 양국인은 모두 조선 군대를 훈련시켜서는 안 된다. (3) 이후에 양국 중에서 어느 한 나라가 조선에 파병을 하여 반란을 평정하고자 한다면, 먼저 상대방에게 공문을 보내서 통지하고, 사태가 진정되면 즉시 군대를 철수시켜야 하며 남아서 방어를 해서는 안 된다. 이 협정은 사실상 조선을 중일 양국의 공동보호국으로 전락시켰고, 조선에 대한 중국의 유일한 종주국 지위를 취소시킨 것이다. 그뿐만 아니라 일본이 조선에 파병할 권리가 있음을 확인시킨 것이었다.

한편, 러시아가 1885년 조선 동북 해안(북위 39도)의 부동항(不凍港)인 원산 항을 점령하자, 영국은 그 보복으로 조선 남단 밖에 위치한 거문도를 점령했다. 이런 국제분쟁들로 인해서 정세는 더욱 혼란스러워졌다. 조선에서의 서양 국가의 영향력이 장차 자신들의 조선에서의 이익을 위협할 것임을 알아차린 일본은 중국이 조선에 대한 통제를 강화하도록 하는 새로운 정책을 취했다. 일본은 만약 중국이 성공적으로 외국의 영향을 약화시킨다면, 일본은 장래에 중국과 상대하기만 하면 된다고 생각했다. 리훙장은 일본의 음모를 간파하지 못하고 조선에 대한 통제를 강화했다. 그는 조선인의 불만을

---

13) 인천.
14) 이노우에 가오루.

416

무마하기 위해서 흥선대원군을 조선으로 돌려보내고, 게다가 위안스카이를 조선 주재 대신으로 임명하여 조선의 상업과 외교업무를 전면적으로 장악하고 내정을 감독하게 했다. 젊고 결단력 있으면서 정력이 왕성한 위안스카이는 재빨리 조선의 조정, 세관, 무역, 전보의 업무를 장악했다. 1885-1893년 사이에 위안스카이는 온 힘을 다해서 중국의 영향력을 확대시켜, 조선 국내에서 가장 권세 있는 인물이 되었지만 자신이 일본의 이익을 위해서 봉사하고 있다는 것을 전혀 모르고 있었다. 그와 리훙장은 이런 독자적인 통제정책이 그들이 이전에 서양의 세력을 끌어들여서 일본에 대항한 정책을 바꾸는 것임을 깨닫지 못했다. 마침 중국의 세력이 조선에서 한동안 크게 확대되었으며, 일본은 경제와 군사적인 면에서 장족의 발전을 거두었고, 1894년에 일본은 이미 충분히 현대화를 실시하여 언제든지 중국에 도전할 준비가 되어 있었다.

사태를 더욱 심각하게 만든 하나의 사건은 바로 1884년 정변 중에 일본으로 도주한 조선 친일파 우두머리인 김옥균이 암살당한 것이었다. 조선은 김옥균이 귀국하여 재판을 받을 수 있도록 그를 인도해줄 것을 여러 차례 요구했으나, 모두 실패했다. 1894년 3월, 그는 아마도 위안스카이 대리인의 부추김을 받아 상하이에 온 것 같다. 상하이에서 그는 1884년 정변 희생자의 아들에게 암살당했다. 상업운수선이 부족하여 중국 군함이 그의 시체를 싣고 조선으로 돌아왔는데, 반역자에 대한 경각심을 불러일으키기 위해서 대중이 보는 앞에서 능지처참되었다. 일본인은 이 사건이 그들에 대한 직접적인 무례라고 여기어 전쟁으로 징벌할 준비를 하고 있었다. 그러나 일본 외상 무쓰무네미쓰(陸奧宗光)는 국회에서 한 조선인이 중국에서 다른 조선인에게 죽임을 당했는데, 이것은 법리상으로 일본과 무관하므로 전쟁을 일으킬 구실이 되지 못한다고 설명했다. 그러나 일본인은 여전히 감정이 격앙되어 있어서 겐요샤(玄洋社) 등의 비밀조직은 행동을 취할 것을 선동했다. 출병의 구실을 조성하기 위해서 그들은 조선 동학당(東學黨)의 반란을 부추겼다.

**1894년의 동학 농민운동** 동학당 운동은 원래 종교적 성질의 것이었으며, 민족주의 색채를 띠고 있었지만 정치의식은 함유되어 있지 않았다. 그러나 이후에 정부 측의 박해로 인해서 비로소 정치색채를 가지게 되었다. 그 창시자인 최제우(崔濟愚, 1824-1864)는 태평천국 운동의 지도자인 홍슈취안처럼 뜻을 이루지 못한 지식인이었다. 정부의 압박과 기독교의 확장이 불교와 유교에 가져다준 충격에 대해서 고뇌하다가 수년간의 사색을 한 후, "불사의 방법(不死之方)"을 얻었으며 명을 받고 전도한다고 주장했다. 그가 전수한 교의는 유, 불, 도의 정수를 집대성한 것으로 알려져서 "동학"이라고 불렸는데, "서학"으로 불리는 기독교와 구분한 것이다. 비록 동학당원들은 "동학"만을 강조했지만, 그들은 여전히 금지된 천주교 속에 있는 것과 유사한 신령을 존경하고 숭배했다. 그래서 조선 정부는 그것을 사람의 마음을 미혹시키는 사교로 간주하여 금지시켰다. 1864년, 최제우는 체포당했고 참수형에 처해졌다. 동학당은 비록 지하로 숨어들어가 활동했지만 여전히 약 10만 명의 비밀교도를 끌어들였다. 1892년, 천주교에 대한 금지명령이 취소된 것을 고려하여 동학당원들은 정부에 해금 및 동학교 창시자의 죄명을 씻어줄 것을 요구하는 청원을 했다. 그러나 정부는 그것을 받아들이지 않았을 뿐만 아니라 그들에게 교파를 해산하라고 명령했다.

그후 얼마 뒤에 동학당은 한 차례의 반란을 획책했다. 조선 왕실은 위안스카이에게 지원을 요청했다. 일본 공사는 자국 출병의 구실을 만들기 위해서 위안스카이에게 적극적인 행동을 취하여 반란자를 진압하도록 부추겼다. 또 일본의 유일한 목적은 단지 무역을 보호하는 것일 뿐, 군사적 개입의 의도는 전혀 없는 척했다. 도쿄에 주재하고 있는 중국 공사도 보고하기를, 일본 정부는 전쟁을 일으킬 가능성이 크지 않은데 그 이유는 1890년에 헌법이 효력을 발생한 이후 일본 정부는 계속 국회와의 충돌로 분쟁 중이기 때문이라고 했다. 리훙장은 이 보고에 속아서 일본이 전쟁을 일으킬 리 없을 것이라고 생각했다. 그러나 사실상 중국이 조선에 파병했을 때, 일본 정부는 이미 충분한 행동준비를 완료한 상태였다.

중국인들이 동학당 사람들을 소멸시키자마자, 8,000명의 일본 병사들이 즉각 조선에 들이닥쳤다. 반란이 진압되어가자 일본인은 조선의 내정개혁을 요구했다. 리훙장은 조선 정부에 지시하여 일본군이 조선에서 철수해야 비로소 개혁을 할 수 있다고 선언하게 함으로써 일본을 저지하려고 했다.

## 전쟁의 발발

외교적인 해결을 모색하려고 결심한 리훙장은 서양 열강의 지지를 얻어 일본에 분규를 평화적으로 해결하도록 강요하기를 희망했다. 러시아 주중 공사 카시니는 그에게 상트페테르부르크가 중국을 대표하여 직접 나서서 간섭할 것임을 보증했다. 그러나 러시아 정부는 행동을 취하지 못했는데, 그 이유는 러시아 주일 공사로부터 만약 러시아가 중국을 지지한다면 영국은 일본을 지지할는지도 모른다고 경고했기 때문이다. 리훙장은 태도를 바꾸어 영국에게 중재를 요청했고, 영국은 중일 쌍방에게 동시에 철군할 것을 건의했다. 영국은 중국은 북쪽으로, 일본은 남쪽으로 철군하여 중간에 있는 조선 수도 주변에 중립지대를 둘 것을 건의했다. 일본은 이 제의를 거절했지만 전쟁 중 상하이의 중립을 보증하고 중국에서의 영국의 상업이익을 존중하겠다고 영국 측에 보증했다.

리훙장의 외교는 아무런 긍정적인 성과를 거두지 못했을 뿐만 아니라 군사를 준비하는 작업은 지체되었다. 외교적 해결의 희망이 전부 깨지자 그는 그제야 군대를 파견해서, 증원해달라는 위안스카이의 긴급 요청에 동의했다. 청나라 정부는 영국 기선 3척을 임대하여 중국의 전투함 3척의 호위를 받으며 조선으로 병력을 수송했다. 1894년 7월 25일, 일본 해군은 조선 만(황해도와 평안도, 중국 단둥과 다롄의 앞바다)에서 기선 고승호를 격침시켜 950명의 중국 사병들을 익사시켰다. 8월 1일에 중일 양측은 동시에 선전포고를 했다.

이 전쟁은 실제로 1세대에 걸쳐서 현대화를 추진한 두 나라 사이의 중대한 대결이었다. 육지에서 일본은 평양에 주둔하고 있는 리훙장의 회군을 산산이 부수어버린 뒤, 흥선대원군을 수반으로 하는 괴뢰정부를 세워 조선의 독립을 선포했다. 해상에서의 중국의 상황은 더욱 비참했다. 중국 해군은 65척의 군함이 있고 일본은 상대적으로 32척밖에 없으며, 중국 해군의 군사력은 세계에서 8번째를 차지하고 일본은 11번째밖에 되지 못한다고 자랑했지만, 중국 측은 모든 군함을 동원하여 전투에 투입시키지 않고[15] 오직 리훙장의 북양 함대만 일본과 교전했을 뿐이었다. 남양 함대 및 기타 2개의 함대[16]는 자신을 보호하기 위해서 "중립"을 지키고 있었다. 일본인들은 군함 21척을 동원했는데, 그중 9척은 1889년 이후 건조된 것으로 시속이 23해리에 달했다. 북양 함대는 1888년 정식으로 창설될 때 25척의 군함이 있었으며 그중 철갑선 2척의 배수량은 7,000톤인 반면, 일본의 가장 큰 군함의 배수량은 4,000톤에 불과했다. 그러나 중국 선박의 시속은 겨우 15해리 혹은 16해리밖에 되지 않았다. 요컨대 중국 함대는 방대하지만 낡고 속도가 느렸으며 일본 함대는 작지만 정교하며 새것이었고 속도가 매우 빨랐다.

두 함대는 1894년 9월 17일 압록강 하구 밖에 있는 황해에서 조우했다. 5시간에 걸친 교전에서 중국은 4척의 군함을 상실했고 1,000여 명의 군사들이 전사했지만 일본은 군함 1척을 상실했을 뿐이었다. 아직 침몰되지 않은 7척의 중국 군함은 수리를 위해서 뤼순 항으로 후퇴했으며 10월 18일에는 웨이하이웨이의 해군기지로 가버렸다. 11월, 일본군은 육지에서 다롄과 뤼순을 점령함으로써 그곳 요새에 있는 수많은 대포들이 기능을 상실했다. 리훙장은 일찍이 이들 해군기지를 건조하기 위해서 수백만 냥의 자금을 들였지만 조금도 유용하게 사용하지 못하게 된 것이다. 1895년 2월, 일본 측은 배후에서 습격하여 웨이하이웨이를 점령하고 요새의 포대로 항구 내에 있는 중국 군함을 포격했다. 이에 중국의 참패는 이미 확정적이어서 해군제독 딩루창은 자살하고 부하들은 잇따라 항복했으며 11척의 전함을 일본에 넘겨주었다.

---

15) 蔣廷黻, 『中國近代史大綱』(臺北, 1939), p. 139.
16) 광둥과 푸젠에 주재하고 있었다.

30년간에 걸쳐 자강운동을 전개했지만, 중국의 육지와 해상에서의 치욕적인 패배로 인해서 리홍장은 호된 비평과 비난에 직면하게 되었다. 이에 대해서 그는 북양 함대와 회군만으로는 일본 전체의 힘에 대항하여 승리할 수 없었다고 변명했다. 그렇지만 리홍장은 해직당하고 좌천되었으며 황제의 총애를 상징하는 황마괘(黃馬褂)도 박탈당했다.

## 평화협정

일찍이 중국 해군이 패배하기 전에 베이징 조정은 이미 강화를 위한 준비를 시작했다. 조정은 일찍이 총리아문에서 재직하고 있는 호부시랑 장인환(張蔭桓)을 일본에 파견하여 강화의 사명을 수행하게 했는데 미국의 전직 국무장관 J. W. 포스터가 동 사절단의 고문을 맡았다. 1895년 2월 1일 이토 히로부미와 무쓰 무네미쓰는 히로시마에서 장인환을 만났는데, 고의로 그를 냉대하고 그에게 강화담판을 위한 전권이 없다고 주장했다. 그들은 공친왕 혹은 리홍장처럼 지위가 더욱 높은 인물을 파견하라고 암시했다. 이때 북양 해군은 이미 투항했으며, 강화요청이 절실했던 청 조정은 2월 13일 리홍장을 수석 전권대신으로 일본에 파견하여 강화협상을 하게 했다.

일본 정부가 내놓은 평화조항은 국내의 각종 상이한 집단들의 각종 요구들을 모두 모은 것이었다. 육군은 랴오둥 반도의 할양을 고집했는데, 그렇게 되면 일본이 조선과 중국을 통제하기가 편리하다는 것이었다. 해군은 타이완을 취득하여 이곳을 이후 남아시아로 진군하는 기지로 삼기를 희망했으며 동시에 랴오둥 반도를 임대하려고 했다. 재계는 중국 측에게 2억 냥의 백은을 배상하도록 할 것을 요구했다. 진보당은 머지않아 닥쳐올 중국 분할 행동에 비추어 일본은 산둥 성, 장쑤 성, 푸젠 성, 광둥 성을 점거할 것을 건의했고, 자유당은 만주와 타이완의 할양을 강력히 주장했다. 일본 정부는 이런 입장들을 10개의 평화회담 방안으로 종합하고 중점을 배상금, 영토할양, 조선의 독립 및 상업과 항해방면의 특권에 두었다.

시모노세키 평화회담이 시작되었을 때, 리홍장은 일본 측 협상자인 이토 히로부미와 무쓰 무네미쓰에게 서양 제국주의 시대에는 아시아의 이익이 더욱 크다는 것을 명심하도록 역설했고, 중일 양국은 같은 문자를 사용하고 같은 인종이므로 서로를 궁지에 몰아넣지 말 것을 요청했다. 리홍장은 젊은 상대방 앞에서 나이 먹은 행세를 했는데, 그는 이미 73세의 고령이었고 이토 히로부미는 55세였으며 무쓰 무네미쓰는 52세였다.[17] 그러나 실제 협상에서 상대방에게 자비심을 베풀도록 설득하기가 매우 어려웠는데, 특히 배상금에 대해서 일본은 계속 3억 냥을 요구했다. 이 어려운 시기에 리홍장이 갑자기 그의 외교에 대한 노력으로 얻을 수 없는 "불행 중 다행"인 일이 생겼다. 어느 날 회의장에서 숙소로 돌아가던 중, 한 일본의 광신분자에게 저격을 당한 것이다. 탄알은 그의 왼쪽 눈 아래쪽에 명중했지만 부상 정도는 결코 치명적이지 않았다. 이 사건으로 일본 정부는 매우 난처해져서 주동적으로 휴전을 선포했다. 일본 천황은 어의(御醫)를 보내어 리홍장을 진료하게 했으며 일본 신문의 리홍장에 대한 태도도 비방에서 칭찬으로 바뀌었다.

리홍장이 저격을 당한 다음 날, 일본 외상인 무쓰 무네미쓰가 리홍장의 아들(사절단의 수행원)을 방문하고는 "춘부장의 불행은 대청(大淸)의 행운입니다. 이제부터 평화조항의 협의는 전보다 훨씬 더 쉬워질 것이고, 일청(日淸) 전쟁도 중지될 것입니다"라고 했다.[18] 1895년 4월 17일, 시모노세키 조약이 체결되었다. 이 조약은 다음과 같은 것을 규정했다. (1) 청나라 정부는 조선국의 자주독립을 승인하여 다시는 중국에 조공하지 않도록 한다. (2) 일본에 배상금으로 2억 냥의 백은을 지불한다. (3) 타이완, 펑후 제도와 랴오둥 반도를 할양한다. (4) 충칭, 쑤저우, 항저우, 사스를 개방하여 통상항구로 한다. (5) 일본 신민은 중국에서 공장을 개설하여 공업 및 각종 제조업에 종사할 수 있다.

중국 국내는 이 조약에 대해서 호되게 비판했다. 수많은 학자들은 리홍장

---

17) 「馬關議和中日談話錄」, 程演生編, 『中國內亂外禍歷史叢書』(上海, 1936), 제5권을 보라.
18) 李守孔, pp. 464-465.

부자가 자신을 보호하기 위해서 국가를 팔아먹었다고 비난했다. 양강 총독 장즈둥은 이 조약 비준을 강력히 반대했다. 3년마다 한 번씩 거행되는 회시에 응시하기 위해서 베이징에 모여 있던 수백 명의 각 성의 거인들이 공동명의로 황제에게 조약을 폐기하고 내지로 천도하여 계속해서 싸울 것을 수차례 요청했다.[19] 그러나 청 정부는 이런 분노에 찬 항의에도 불구하고 일본의 압력하에 1895년 5월 8일 조약의 비준서를 교환했다.

타이완 섬의 주민들은 타이완 할양에 강렬히 저항했다. 이 도서는 중국-프랑스 전쟁 이후 행성(行省)으로 바뀌었고 1885-1891년까지 초대 순무[20]의 노력으로 현대화 면에서 꽤 커다란 진전을 이룩하여, 당시 타이완인들은 도서를 일본에 할양하는 것에 반대했다. 1895년 5월 25일, 주민들은 독립을 선포하여 타이완 공화국을 건립하고 당시의 순무[21]를 총통으로 추대했다. 6월 2일 청 조정은 리훙장의 아들인 리징팡을 타이완으로 파견하여 인수인계하게 했고 대규모의 일본군 병력도 타이완에 도착했다. 1895년 현지의 저항운동은 결국 진압되었으며 타이완 공화국은 다시는 존재하지 않게 되었다.


## 청 왕조 패배의 원인

이 전쟁에서 중국이 패배하게 된 원인은 다방면에 있다고 볼 수 있다. 첫째로, 일본은 당시 이미 현대화된 국가였고, 민족주의 의식은 정부와 국민들을 하나로 단결시켰다. 중국이 전쟁 중에 직면한 것은 일본 민족의 대동단결된 힘이었다. 중국은 정치체제가 여전히 중세적이어서, 정부와 국민이 따로따로였다. 전쟁은 일반 민중들에게 전혀 영향을 주지 못하여, 이 전쟁은 거의 리훙장의 북양 수군과 회군이 싸운 것이었다. 서양 정치평론가들은 이 전쟁을 리훙장 한 사람과 일본이라는 국가와의 전쟁이라고 불렀는데 이것은 예

---

19) 그들은 모두 7번에 걸쳐 상서를 올렸는데, 그중 4월 30일에 올린 상서가 규모가 가장 컸으며 1,200-1,300명이 서명했다.
20) 류밍촨(劉铭傳).
21) 탕징숭(唐景崧).

리한 지적이다.

둘째, 중국에서는 권한과 책임이 명확하지 않아서 지휘가 통일되어 있지 않았으므로 전국의 국력을 동원하지 못했다. 리훙장은 외교와 조선의 군무를 관장했지만 정책결정에 대한 사항을 결정할 권한은 없었으며, 또한 북양 수군과 회군 이외의 함선과 군대를 통제할 권한도 없었다. 물론 오랜 세월에 걸친 훈련과 준비를 한 후인데도 리훙장의 해군과 육군이 이렇게 형편없이 패배한 것은 용서할 수 없는 일이었다. 그러나 단지 리훙장의 자기 지역 내부만을 통제하는 힘으로 일본 전체의 힘과 겨루었으므로 그의 실패는 불가피한 것이어서, 상술한 리훙장의 변명도 사실이었다.

셋째, 청나라 조정과 북양 수군 지도층의 부패로 인해서, 전쟁이 시작될 때부터 중국이 헛수고하리라는 것은 운명적으로 이미 결정되어 있었다. 서태후가 해군의 군비를 유용(流用)하여 이화원을 건조하고 내시를 총애한 것, 사회기풍의 보편적인 타락 같은 것들은 모두 중국의 패배를 운명적으로 결정해버렸다. 전쟁이 일어나기 전, 영국인 고문은 일찍이 2척의 쾌속정을 구입할 것을 건의했지만 청 조정은 자금부족으로 인해서 이 건의를 중시하지 않았다. 오히려 일본이 이 2척의 배를 구입했는데, 그중의 한 척인 요시노는 해전에서 탁월한 전공을 세웠다.

북양 지휘부 내부는 한동안 부패와 오래된 악습에 젖어 있었다. 리훙장 자신은 그다지 바르고 청렴하지 못한 사람이었는데, 아랫사람을 선용(選用)할 때 오직 자기의 개인적인 친소관계와 자기 개인을 위해서 충성을 다할 것인가의 여부만 보았지, 품행이 바른지의 여부는 상관하지 않았다. 많은 육해군 군관들은 환관의 우두머리인 리리엔잉에게 아부했고, 스스로를 그의 "제자"로 비하시켰으며, 횡령한 공금으로 그에게 선물을 주었다. 리리엔잉은 그래서 그들의 불법행위를 비호했다. 전해지는 말에 의하면, 두 척의 장갑함에는 10인치 구경의 대포가 있었는데 대포 한 문마다 겨우 3개의 포탄만 갖추고 있었고, 많은 작은 포에는 구경이 다른 포탄이 장착되어 있었다고 한다. 무기와 탄약을 장착하는 데에 사용될 자금은 리훙장의 조카22)인 병참 군관

개인의 호주머니 속으로 흘러들어갔다는 것이다. 비록 북양 수군이 겉으로 는 강대해 보였지만, 페인트를 갓 칠한 선체나 군관의 단정한 제복 같은 것 들은 단지 보기에만 좋지 실용적이지는 못했고, 항구를 순찰 항해하는 데에 는 적합했지만 현대식 해전을 치를 수는 없었다. 리홍장은 북양 수군의 단점 을 잘 알고 있었기 때문에 전쟁이 시작되는 것을 원하지 않았으며, 그 대신 외교수단에 의존하여 조선의 위기를 해결하려고 했다.

넷째, 리홍장의 외교에는 자체적인 한계성이 있었는데, 그는 "이이제이(以 夷制夷)"라는 전통적인 전략을 지나치게 신뢰했다. 그는 카시니에게 오도되 어 러시아가 중국을 위해서 이 일에 개입하여 일본에게 평화적인 해결을 강 요하리라고 생각했다. 약속한 것이 실행되지 못하게 되자, 리홍장은 마지막 으로 영국과 미국으로 방향을 돌려 그들에게 필사적으로 중재를 부탁했는데, 양국은 모두 일본에 대해서 효과적인 영향을 미치지 못했다. 리홍장의 외교 는 철저하게 실패했는데, 그 이유는 그가 현대의 국제정치의 본질을 몰랐으 며 자기 개인의 설득력을 지나치게 높이 평가했기 때문이다. 결국 그가 외교 적 노력이 무익하다는 것을 깨달았을 때, 군사적인 준비 작업은 이미 크게 지체되어 있었다.

결론적으로 말하면 이 패전이 자강운동의 실패를 증명하는 것임은 부인할 수 없으며, 이 실패는 10년 전의 중국-프랑스 전쟁에서 이미 드러났다. 이런 외교, 군사, 기술상의 제한된 현대화 노력은 그것에 상응하는 체제와 사상변 혁이 없었기 때문에 국가를 진흥시킬 수 없었고 또한 중국이 현대국가로 나 아가는 것을 가로막았다. 따라서 중국의 실패는 피할 수 없는 것이었다.


## 전쟁의 반향

이 전쟁의 패배는 청 왕조의 멸망이 임박했다는 것을 알린 것일 뿐만 아니라

---

22) 장스옌(張士衍).

제국주의의 팽창강화와 국내 정치운동의 대두를 유발했다. 이 영향들 중에서 비교적 중요한 것은 다음과 같은 몇 가지이다.

**제국주의의 팽창 강화**  중국의 패배는 만청 왕조의 부패와 무능을 드러내어 열강이 중국에서 서로 다투어 영토를 분할, 점거하도록 유도했다(다음 절 참조). 외국 제국주의는 중국 전체를 각자의 조차지와 세력 범위로 분할하여 이 지역들 내에서 철도를 부설하고, 광산을 채굴하고, 공장을 설립하고, 은행을 개설하며, 그리고 각양각색의 착취기구를 설립했다. 제국주의는 팽창을 강화하여 중국을 더욱 심각한 반(半)식민지 상태에 빠지게 했는데 1943년에 이르러서야 비로소 이 상태에서 해방되었다.

**민족공업의 억제**  일본은 강화조약에서 중국에 공장을 설립할 권리를 획득했는데, 각국은 최혜국 대우를 누리고 있었기 때문에 그들도 이 권리를 가지게 되었다. 이로 인해서 제국주의자들은 중국에서 생산에 종사할 수 있게 되어 관세를 면제받고 운수비용을 낮추게 되었다. 당시 맹아 상태였던 중국 상공업자와 비교하면 외국 투자자와 개발상은 대량의 자금과 공예기술과 특권적인 지위를 보유하고 있었기 때문에 뚜렷한 우위를 차지하고 있었다. 외래의 경제제국주의는 중국 본토의 자본주의의 자발적인 성장을 방해하고 중국의 공업을 종속적이며 부속적인 지위로 전락시켰다.

**일본의 부상**  일본은 중국을 대신하여 극동의 1등 강국이 되었는데, 일본의 남쪽에는 타이완이 있고 북쪽에는 조선이 있어서, 이후 동남아로 진출하는 안정된 기지를 취득했으며 만주로 진출하는 발판을 마련했다. 이 전쟁은 일본이 1904년 러시아에 도전하기 위한 길을 닦아놓았고, 세계대국으로 부상하고, 이후 중국을 침략하고 제2차 세계대전 중에 동남아를 지배하기 위한 기초를 닦았다.

**중국의 신정치운동**　전쟁에서의 패배는 만주인이 시대의 도전에 대처할 능력이 없음을 입증했고, 자강운동과 같은 표면적인 현대화로는 상황이 점점 악화되어가는 통치에 새 생명을 불어넣을 수 없었다. 그뿐만 아니라 새로운 제국주의의 위기는 중국 분할의 위기를 낳았다. 이 당시 중국의 사상계는 오직 한 차례의 급진적인 개혁, 혹은 더 나아가서는 혁명만이 중국을 구할 수 있다는 것을 인식하게 되었다. 진보적인 인사들은 표트르 대제와 메이지 천황을 본받을 것과 체제의 개조를 제창했으며, 극단주의자들은 혁명을 하여 중화민국으로서 만주족 왕조를 대체할 것을 주장했다. 전후에 중국에서의 정치운동은 주로 이 두 조류로 나뉘었다.


## 전후의 대외관계

**삼국간섭**　1895년 4월 23일, 즉 시모노세키 조약이 체결된 지 겨우 6일이 되는 날에 러시아, 프랑스, 독일의 3개국이 공동으로 일본 정부에 각서를 보내어 일본의 랴오둥 반도 점령은 중국의 안전을 위태롭게 하여 조선의 독립을 기만할 뿐만 아니라 극동 전체의 평화를 위태롭게 할 것이라고 경고했다. 삼국간섭(三國干涉)의 선동자는 제정 러시아였는데, 왜냐하면 제정 러시아는 일본이 아시아 대륙에서 근거지를 얻는 것에 대해서 위협을 느꼈기 때문이다. 러시아 재정대신인 비테 백작은 "급선무는 일본이 중국의 심장부에 침투하고 랴오둥 반도에서 근거지를 얻는 것을 제지하는 것이다"라고 공개적으로 발표했다.[23] 1895년 3월 30일 열린 어전회의에서 러시아는 랴오둥 반도를 전전(戰前)의 원래 상태를 유지하도록 노력하고 일본에 이 지역을 탈취하는 것을 중지하도록 건의하고, 만일 일본이 이 경고를 무시한다면 러시아는 국가이익의 각도에서 일본 항구 폭격을 포함한 모든 필요한 행동을 취하여 일본을 굴복시키기로 결정했다. 대외적으로 러시아는 중국에 대해서 어

---

23) Abraham Yarmolonsky(tr. and ed.), *The Memoirs of Count Witte*(New York, 1921), p. 83.

떤 영토적 야심이 없음을 선언했다.24) 프랑스는 러시아-프랑스 동맹의 일원으로서 의무상에서 러시아를 지원했으며, 독일은 오직 러시아를 아시아 문제에 휩쓸려들게 하여 러시아의 유럽에 대한 압력을 감소시키기 위해서 이 간섭에 참여했다.

일본 정부는 랴오둥 반도를 중국에 반환하기로 결정했는데, 그 대가는 이전의 2억 냥 이외에 5,000만 냥을 더 지불하는 것이었다. 세 국가는 이 규정된 배상액 이외의 배상금 총액을 3,000만 냥으로 축소시켰다. 1895년 11월 4일 리훙장과 중국 주재 일본 공사인 하야시 다다스(林董)는 정식으로 랴오둥 반도 반환협정을 체결했다.

러시아는 중국의 눈에는 영웅이었으며 주동적으로 일본에 대한 배상금차관을 중국에 제공했기 때문에 중국은 매우 고맙게 생각했다. 제1차분 배상금은 6개월 내에 5,000만 냥을 지불하는 것이었고 제2차분은 그후 6개월 후에 다시 5,000만 냥을 지불하는 것이었다. 당시 청 정부의 세입은 8,900만 냥으로, 청 조정은 거액의 배상금을 감당할 수 없어서 차관을 얻는 길 이외에는 다른 방도가 없었다. 제1차분의 5,000만 냥의 배상금과 3,000만 냥의 랴오둥 반도 반환비용을 조달하기 위해서 중국 정부는 러시아-프랑스 은행단25)으로부터 4억 프랑의 차관을 도입했는데26) 이자는 4퍼센트였다. 이 차관을 마련한 비테 백작은 중국에 대해서 러시아의 차관은 신뢰할 수 있음을 보증했다. 이후 1896년과 1898년에 청 조정은 또 영국-독일 은행단으로부터 두 차례에 걸쳐 차관을 도입했는데, 매번 1,600만 파운드였으며 이자는 각각 5퍼센트와 4.5퍼센트였다.


**중러 밀약**  우호의 손길을 내민 러시아의 행동으로 인해서 중국의 고위관원들은 몹시 감격했다. 장즈둥과 류쿤이 등의 고위관원들은 잇달아 러시아와

---

24) *Ibid.*, p. 84.
25) 파리 은행, 페이 바 은행, 리앙 신용회사, 러시아-아시아 은행 등이 포함되어 있다.
26) 약 1억 냥, 즉 1,582만 파운드에 해당한다.

연합하여 이후에 일본과 서양 국가들의 침략을 저지하는 것에 찬성했으며, 이런 주장은 리훙장의 지지를 얻었다. 영국이 청일전쟁을 수수방관한 것에 대해서 대단히 실망한 리훙장은 그 어느 때보다도 더욱 강력하게 러시아와 연합하는 것이 미래의 중국 외교의 주요 원칙이라고 여겼다. 리훙장은 줄곧 친러와 반일의 입장이었는데, 이 점은 1874년의 해안방어와 변방방어 논쟁과 1878-1881년의 이리 위기 중에 그가 취한 입장에서 아주 분명하게 드러났다. 자희태후는 결국 중러 동맹방침에 전적으로 동의했다.

러시아의 비테 백작은 러시아가 만주를 경유하여 블라디보스토크까지 시베리아 횡단철도를 확장하는 것에 청 정부가 동의하기를 희망했기 때문에, 중국과 더욱 긴밀한 관계를 맺는 것을 환영했다. 이 공사는 1891년에 기공되어 이미 자바이칼 지역까지 진척되었다. 문제는 철도가 헤이룽 강 북부 기슭을 따라서 일부 아주 어려운 지대를 통과하게 하느냐 아니면 만주를 가로질러 블라디보스토크에 이르게 하는 것이냐 하는 것이었는데, 후자를 택하면 철도의 길이를 514베르스타(350마일)를 단축시킬 수 있었다. 비테 백작은 후자의 노선을 택하여 금전과 시간을 절약하고 중국에 대한 **평화적인 침투**를 추진하는 정책을 채택할 것을 강력히 주장했다. 중국 주재 러시아 공사인 카시니는 명을 받고 리훙장에게 이 철도는 러시아 군대를 이동시켜 중국을 보위하는 데에 편리하다고 설명했다. 쌍방은 초보적인 논의를 했지만 정식 조약은 체결하지 않았는데, 그럼에도 불구하고 영국의 「노스 차이나 데일리 뉴스(*North China Daily News*)」지는 "카시니 협정"을 보도했다.

러시아의 철도부설 특권을 얻겠다는 생각과 중러동맹의 결성에 대한 소망은 결국 1896년 니콜라이 2세의 대관식 때 실현되었다. 전해지는 말에 의하면 제정 러시아 황제는 자희태후에게 전보를 쳐서 중국이 리훙장을 축하사절로 파견한다면 기쁘기 이를 데 없겠다고 했다고 한다. 전후에 총애를 상실했던 리훙장은 1등 흠차대신과 축하사절단 단장으로 임명되어 외교사절로서 서양에 가게 되었다. 74세의 고령인 리훙장은 생애 처음으로 외교사절로 서양으로 가서 제정 러시아 황제의 대관식에 참석했으며, 영국, 프랑스, 미국

등 여러 나라의 지도자들을 두루 방문했다.

상트페테르부르크에 머무는 동안, 비테는 리홍장에게 다음과 같은 것을 믿게 하려고 전력을 다했다. 긴급한 상황 시에 중국의 영토보전을 수호하고 중국에 군사원조를 제공하기 위해서, 러시아는 러시아의 유럽 부분에서 블라디보스토크로 직행하며 몽골과 만주 북부를 가로지르는 최단 철도선이 필요하다는 것이었다. 비테는 리홍장에게 이 노선은 철도가 통과하는 지역의 생산능력을 향상시킬 수 있을 뿐만 아니라 일본의 반대에 직면할 리가 없는데, 그 이유는 이 노선이 일본과 유럽을 연결시킬 수 있기 때문이라는 것을 보증했다.[27] 비테와 리홍장은 다음 3가지 원칙에 합의했다.

1. 중국은 러시아가 치타에서 직선으로 블라디보스토크에 이르는 철도를 부설하는 것을 허가하며 철도는 민간에서 운영하는 중동 철도국(中東鐵道局)이 관리한다.
2. 중국은 토지를 떼어서 철도부설을 위한 건물건조와 관리에 사용하게 하며, 철도국은 이 지역 내에서 경찰권을 포함한 전권을 소유한다. 36년 후에 중국은 7억 루블을 들여 철도를 회수할 수 있고, 80년 후에는 무상으로 중국에 반환할 수 있다.
3. 일본이 만일 중국, 조선 혹은 러시아의 극동지역을 공격하면, 중국과 러시아 양국은 서로 지원하는 것에 동의한다.

러시아가 강조한 것은 앞의 두 조항이고 중국이 강조한 것은 제3조항이라는 것은 분명했다.

이후에 리홍장이 러시아로부터 150만 달러의 뇌물을 받았다는 소문이 있었으나 비테는 이를 부인했다. 그러나 그것이 사실이라고 할지라도 이 뇌물은 리홍장이 합의를 한 결정적인 요인이 아니었는데, 그 이유는 그가 러시아

---

27) Yarmolinsky, pp. 85, 87.

에 온 명확한 비밀사명은 바로 동맹조약을 체결하려는 것이었기 때문이다. 리훙장은 이이제이(以夷制夷) 정책—이번에는 러시아를 이용하여 일본에 대응하는 것—에 심취해 있었기 때문에, 그는 이 당시 우쭐하여 이 조약은 20년 동안 중국의 평화를 보증할 것이라고 선언하기에 이르렀지만[28] 평화는 2년도 유지되지 못했다.

**치열한 조차지 쟁탈 경쟁** 삼국간섭 사건 이후 독일은 그 대가로 해군기지를 하나 얻을 것을 요구했는데, 그 이유는 기타 모든 열강들이 동아시아에 기지를 보유하고 있기 때문이었다. 예를 들면 영국은 홍콩에, 프랑스는 통킹 만에 기지가 있었고 러시아의 월동항구는 자오퉁 지역에 있었다. 중국은 이 요구를 거절했다. 이후 1897년 독일 황제가 러시아를 방문했을 때, 그는 러시아 황제에게 독일이 자오저우 만(灣)을 점령하는 것에 대해서 반대하는지 여부를 물었는데, 이것은 해군대장인 티르피츠가 선택한 훌륭한 해군기지였다. 러시아 황제는 입장이 난처하여 거절하기가 거북했다. 그는 러시아가 차라리 더욱 북쪽에 위치한 곳에서 해군기지를 찾는 것이 낫다는 것을 알고 있었기 때문에 애매모호하게 독일 황제의 요청을 승낙했다. 독일은 뒤이어 독일 선교사 2명이 1897년 7월 11일 산둥에서 살해된 사건을 이용하여 자오저우 만을 점령하고 중국 정부에게 자오저우 만을 조차해줄 것을 강요했는데, 조차 기간은 99년이었다. 별도로 독일은 또 산둥 지역 내에 두 개의 철도를 부설하는 특권을 취득했다. 러시아 외교대신인 무라비예프는 독일의 이런 성공에 고무되어 뤼순과 다롄을 점령할 것을 건의했는데, 러시아 황제는 이 방안을 지지했지만 비테와 해군대신은 반대했다. 비테는 중국의 영토보전을 존중하겠다는 약속을 이행하는 것은 매우 중요하다는 것을 강조했고, 해군대신은 조선에 기지를 건립할 것을 주장했다. 1897년 12월, 러시아는 중국이 독일의 침략을 받지 않도록 보호한다는 것을 구실 삼아서 이 두 항구

---

28) 桃溪漁隐编,「李傅相游歷各國日記」, 左舜生编『中國近百年史資料續編』增编, 重印本 (臺北, 1958), p. 387에 수록되어 있다.

를 강제로 점령했다. 1891년 1월 1일 A. K. 쿠로팟킨 장군이 육군대신에 취임했는데, 그는 점령 지역을 두 항구의 주변 지역으로 확장할 것을 주장했다. 3월에 제정 러시아는 중국에 조약을 체결하도록 강요하여, 뤼순과 다롄을 25년간 조차하는 권리를 얻어내고 동시에 중동 철도로부터 이 두 항구에 이르는 남만 철도를 부설하고 다시 잉커우와 압록강까지 통하는 지선을 부설할 권리를 획득했다. 비테는 사후(事後)에 러시아가 이 협상에서 중국 측 협상자인 리훙장에게 50만 루블을, 장인환에게는 25만 루블을 주었음을 시인했다.29) 이제 러시아가 랴오둥 반도를 점령하게 되었는데, 랴오둥 반도는 3년 전 3,000만 냥을 지불하고 일본의 수중에서 반환된 지역이었다.

　이 선례들이 있은 후 조차지를 쟁탈하려는 경쟁이 마치 들판의 불처럼 만연되었다. 영국은 독일과 러시아 양국에 못지않게 25년 기한으로 웨이하이웨이를 조차했고, 이미 개발된 주룽, 신계(新界)를 99년 기한으로 조차했으며 그 이외에 영국은 또 청 정부로부터 양쯔 강 유역을 타국에게 양도하지 않겠다는 보증을 얻음으로써 이 지역은 영국의 세력 범위가 되었다. 일본은 푸젠 성을 기타 국가에게 양도하지 않겠다는 동일한 보증을 얻었다. 프랑스는 99년을 기한으로 광저우 만(灣)을 조차하여 윈난과 양광(兩廣)에 그의 세력 범위를 구축했다. 오직 이탈리아가 저장의 싼멍 만(灣)에 대해서 제기한 요구만 세관총감독 하트의 건의로 거절당했는데, 청 조정은 이로 인해서 징벌을 받지 않았다. 미국은 당시에 미국-에스파냐 전쟁과 쿠바 혁명에 휩싸여 이 격렬한 쟁탈전에 참가하지 못했지만 미국 해군은 일찍이 한번 싼사 만(灣)을 탐낸 적이 있었다. 중국의 분할로 인해서 청 제국은 분열될 위협에 직면했다. 사실상 나날이 강화되는 외국의 확장은 중국 내부의 유신운동을 촉진시켰고 미국에 문호개방정책을 제시하게 했다.

**문호개방정책**　영국은 중국에서 특수한 이익 범위를 보유하고 있었지만 영국

---

29) Yaymolinsky, p. 103.

은 또 기타 열강이 특수세력을 가지고 있는 지역에 대해서 자유무역을 개방하도록 요구했다. 조차지 쟁탈 참여자의 하나인 영국은 타국이 자기의 세력 범위 내에서 영국 무역에 대해서 문을 닫겠다는 주장에 반대하기가 매우 거북했는데 1899년 영국의 대(對)중국 무역총액 5,500만 파운드 중 3,500만 파운드가 기타 열강의 세력 범위에서 온 것이었다. 그래서 영국은 방향을 돌려 미국에게 지지해줄 것을 요청했는데, 그 이유는 미국이 이 방면에서 유일하게 "깨끗한" 대국이었기 때문이다. 1898년 3월과 1899년 1월, 워싱턴 주재 영국 공사인 줄리언 폰스포트 경은 두 차례에 걸쳐 미국 국무원에 중국에서의 상업기회 균등을 지지하는 운동을 공동으로 발기할 것을 요청했지만 성공하지 못했다. 그러나 미국은 미국-에스파냐 전쟁을 종결시키고 필리핀을 겸병한 이후 이 문제에 대해서 적극적인 반응을 보이기 시작했다. 이 당시 영국은 여전히 계속해서 문호개방을 촉구했다. 찰스 베레스포드 경은 이 문제를 위해서『중국의 붕괴(*The Breakup of China*)』라는 책을 저술하고 미국으로 가서 자기주장을 피력하며 이 정책을 제창했다. 또 한 사람의 영국의 중국통이며 중국 세관세무사인 A. E. 히피슬리 역시 그의 미국 친구인 W. W. 록힐에게 이 주장이 현명하다고 믿게 했다. 미국의 전 중국 주재 공사인 록힐은 당시 미국 국무장관인 존 헤이의 극동문제 담당고문이었는데, 그는 히피슬리가 제공한 규약의 기초 위에서 중국에서의 상업기회 균등을 주장하는 문건을 기초했다. 헤이 장관은 1899년 9월에 이 문건을 영국, 독일, 러시아, 프랑스, 이탈리아, 일본 등 여러 나라에 보냈다. 그 주요 내용은 이하의 3가지 사항이다.

1. 한 국가는 자기의 이익 범위 혹은 조차지 내에서 어떤 통상항구 혹은 기타 국가의 기득 이익에 간섭하지 않는 데에 동의한다.
2. 한 국가는 자기의 세력 범위 내에서 항만세 혹은 철도운송비 등에 관해서 타국의 국민을 차별대우해서는 안 된다.
3. 중국의 현행조약에 의한 세칙은 각국의 중국에 있는 세력 범위에 적용되며

중국 정부는 관세를 징수할 수 있다.

이 각서에 대해서 명확하게 태도를 표시한 나라는 하나도 없었으며 각국은 이 각서를 받아들일지의 여부를 여타 국가의 태도를 보고 결정하겠다고 모호하게 주장했다. 그러나 헤이는 1900년 3월 20일 각국이 이미 "단호하고 명확하게" 각서의 내용에 동의했다고 선언했다. 오직 일본만이 미국의 해석에 대해서 이의를 제기했다. 그후 의화단 사건 시기 중 문호개방의 원칙이 열강의 위협을 받게 될 조짐을 보이자, 미국은 1900년 7월 3일 제2차 선언을 발표하여 문호개방정책은 중국 영토와 행정권력의 보전을 보호하는 것을 포함하고 있다고 선언했다. 이 성명은 단지 의향을 표시한 선언이었기 때문에 다른 국가들에게 회신을 요구하지는 않았다.

문호개방은 단지 원칙을 선언한 것이지 미국 정부의 정식정책은 아니었고, 미국은 강제적으로 이를 추진할 생각이 없었으며 그렇게 할 힘도 없었다. 그러나 이상한 것은 이 정책을 선포한 이후 중국을 분할하는 추세가 완화된 것인데, 그것은 열강이 미국의 호소에 호응했기 때문이 아니라 그들 상호간에 대결과 충돌이 발생할 것을 두려워했기 때문이다. 이로 인해서 형성된 세력 균형이 청 제국을 구하여 청 제국이 즉시 멸망되는 것을 피하게 해주었다.

# IV
## 개혁과 혁명
## 1898-1912년

# 15
# 1898년의 유신운동

분할 위기는 1898년의 유신운동의 도래를 가속화시켰는데, 실제로 이 운동은 10년 동안의 동력이 축적된 것이다. 그 이유는 1885년 중국이 중국-프랑스 전쟁에서 패배한 이후 부분적 현대화의 약점이 이미 아주 확연히 드러났으며, 청일전쟁에서의 중국의 패배는 자강운동의 실패를 분명하게 입증했기 때문이다. 학자, 관원, 심지어 황제와 황태후까지도 모두 한차례의 더욱 철저한 개혁이 필요하다고 인식했지만 그들은 개혁의 본질, 범위, 지도권의 문제에 대해서는 의견이 일치하지 않았다. 자강운동의 주요 인물인 리훙장은 이미 정치적으로 세력을 잃기 시작했고, 그를 대체한 것은 오랜 기간(1889-1894, 1896-1907) 호광 총독을 맡았던 장즈둥 그리고 영향력이 큰 황제의 스승이며 호부상서(1886-1898)인 웡퉁허(翁同龢)였는데, 이 두 사람은 모두 중체서용(中體西用)의 방식으로 제한적인 행정개조를 기초로 하는 보수개혁을 제창했다. 제3세력인 급진세력은 이상주의 사상가인 캉유웨이가 이끌고 있었는데, 그는 표트르 대제와 메이지 천황의 모델을 본받고 격렬한 제도개혁을 할 것을 제창했다. 최초에 웡퉁허의 지도하에 보수개혁을 하던 광서제(1875-1908)는 결국 유능하고 활력이 넘치는 캉유웨이에게 포섭되어버렸다. 다른 한편으로 급진파를 자기의 권세를 위협한다고 보고 있던 자희태후는 그녀의 지고무상의 권력을 사용하여 개혁을 반대했다.

이 변화가 심한 소용돌이 속에서 황제와 태후 사이의 권력투쟁, 보수파와 급진파 사이의 논쟁, 온건개혁자와 급진개혁자 사이의 충돌 및 만주인과 한인 사이의 민족적인 원한이 눈앞에 선명하게 대두되었다. 외국의 중국에 대한 분할이 임박했기 때문에 이런 충돌들은 더욱 격렬했다. 1898년, 청 제국은 역사상의 전환점에 놓이게 되었다. 즉, 한 차례의 성공적인 개혁은 청 제국의 붕괴를 늦출 수는 있지만 개혁의 실패는 단지 왕조의 멸망을 예시할 뿐이었다.

## 초기 유신파와 선교사의 영향

제도변혁의 동기는 펑구이펀으로 거슬러올라갈 수 있는데, 그의 『교빈려항의』에 대해서는 본서 제11장에서 이미 얼마간 언급한 적이 있다. 그의 견해에 의하면, 중국에게 강요된 새로운 세계는 고대와는 전혀 다르므로 중국은 서양의 우수한 수학, 물리학, 화학, 기하학을 채용해야 할 뿐만 아니라 교육과 과거제도를 개혁하고, 팔고문을 폐지하며 지방정치조직을 강화하고 공업생산을 장려하며, 황무지를 개발하고 채굴과 농업수단을 개선하는 조처를 취해야 한다는 것이었다. 1860년 이후에 최초로 발표된 이런 선견지명이 있는 뛰어난 식견은, 펑구이펀이 처해 있던 시대에서 보면 당시 사람들보다 훨씬 더 앞서 있었다. 그러나 쩡궈판은 이는 현실에 부합되지 않는다고 여겼고, 리훙장도 단지 일부분만을 채택했을 뿐이었다.

중국의 초대 영국과 프랑스 주재 공사(1876-1878)인 꿔충따오는 점진적으로 개혁하는 것을 제창한 사람이며, 서양에 대한 직접적인 관찰을 통해서 그는 서양 국가들이 그들 자신의 독특한 2,000여 년의 역사와 우수한 정치체제와 도덕학설을 가지고 있다는 것을 인정했다. 그는 자강운동의 한계성을 비난함과 동시에, 일본이 학생을 영국에 파견하여 법률과 경제학을 공부시키는 것을 찬양하고, 리훙장에게 서양의 교육체제, 정치제도, 법학, 경제학을 받아들이도록 촉구했다. 꿔충따오는 군사(軍事)보다는 이런 지식들이 훌륭한 정부와 번영하는 국가의 초석이라고 주장했다. 그의 호소는 별로 관심을 끌지 못했다. 왜냐하면 리홍장은 자신에게는 이미 국가를 방위하는 중임이 맡겨져 있어서, 군사방면의 현대화를 강화하는 것밖에는 달리 선택할 방법이 없다고 생각했기 때문이다. 만일, 꿔충따오의 진보적인 관점이 리홍장의 입장에서 볼 때 시기적절하지 못하다고 한다면, 유가사상 옹호자의 눈으로 볼 때 그들 두 사람은 더욱 이단으로서, 공자와 아무런 관계가 없는 문명은 어떤 것이든지 상상할 수 없었다. 그들의 입장에서 보면, 꿔충따오는 중국 문화의 배반자여서 마땅히 배척해야 하는 존재였다.

관료가 아닌 인사들 중 왕타오(王韜, 1828-1897)는 그의 진보적인 관점 때문에 명성이 자자했는데, 그는 이전에 태평군을 동정하여 청조의 의심을 받았다. 1862년, 그는 홍콩으로 도망하여 외국인이 주관하는 「홍콩 신문(Hong Kong News)」의 편집장을 맡았다. 1867년 그는 제임스 레그의 요청에 응하여 스코틀랜드로 가서 중국의 고서를 번역하는 위대한 작업을 도왔다. 유럽에 머무는 2년 동안, 왕타오는 서양의 문화와 제도를 알게 되었다. 1870년, 그는 홍콩으로 되돌아가서 「순환일보(循環日報)」 편집장을 맡았고, 그 후에는 영향력이 매우 큰 상하이의 신문인 「신보(申報)」에 글을 썼다. 이 유리한 지위에 힘입어 왕타오는 그의 개혁운동을 전개했다. 꿔충따오와 마찬가지로 그는 일본이 서양의 제도를 본받은 것을 찬양했고, 그의 동포들에게 과거시험제도, 군사훈련, 교육, 사법의 방식을 변경할 것을 촉구했다. 그는 청 정권 내부의 부패, 정부의 남아도는 인원 및 이금(厘金)을 비난했다. 그는 광산물 개발, 방직공장 건설, 기선, 철도, 전보선의 건조, 해군의 발전을 건의했다. 그는 얄팍한 서양의 제조기술에만 과분하게 의존하지 말라고 경고했을 뿐만 아니라 서양이 강대한 것은 그들의 법률, 공정함, 정치체제, 민주선거, 입헌정부에 있다고 말했다. 그러나 왕타오는 급진적인 인물은 아니어서, 중국의 오래된 제도의 전면적인 서구화를 절박하게 요구하지는 않았으며, 그는 점진적으로 서양의 유용한 것들을 중국의 기초와 결합시킬 것을 주장했다.

갑오년에 발발한 청일전쟁 이후, 제도상의 변혁의 주장은 적지 않은 학자,

시사평론가, 작가, 관원들을 사로잡았다. 그중 가장 유명한 사람은 쩡꽌잉(鄭觀應)과 허치(何啓)였다. 쩡꽌잉은 이전에 영국 태고양행(太古洋行, Butterfield and Swire Company)의 매판을 맡았고, 그후 저술에 종사하여『성세위언(盛世危言)』을 저술했으며, 허치는 개혁의 필요성과 관계 있는 몇 권의 저서를 저술했다. 그들은 예컨대 의회와 입헌군주제와 같은 외국 제도를 채택할 것을 강력히 제창했다.

사람들은 개혁의 필요성을 보편적으로 인식했는데, 그렇게 된 원인은 일부분은 선교사의 영향이었다. 1870년대 이래로 비교적 진보적인 수많은 영국과 미국의 개신교 선교사들은 그들의 일은 반드시 "세속화"되어야 한다고 생각하여, 그들의 일을 종교의 선전에서 서양의 문화에 대한 소개로 확대했다. 과거의 중점은 항상 "이교도들을 지옥의 고난으로부터 구출하는 것"이었지만, 지금의 문제는 "다른 종교인들을 현세에 있는 고난의 지옥으로부터 구출하는 것"이어야 한다는 이야기였다.[1] 그들은 학교를 설립하고 공개강연을 하고, 도서관과 박물관을 개설했으며, 신문과 잡지를 출판했는데(이 마지막 항목은 외국인들의 특권이었다), 지금까지 중국인은 신문과 잡지 등의 간행물을 발행할 수 없었다. 1875년에서 1907년 사이에(1883-1889년을 제외하고), 영 J. 앨런[林樂知]은 상하이에서 저명한 월간지인『만국공보(萬國公報)』를 창간했는데 주로 "지리, 역사, 문명, 정치, 종교, 과학, 예술, 공업과 서양 여러 나라의 개론에 관한 지식을 널리 보급하는 것"이었다. 1889년까지 약 1만6,000명의 중국인이 교회에서 설립한 학교에서 공부했다.

1887년 광학회(廣學會)가 상하이에서 창립되자, 선교사들은 중국의 많은 독자들과 상류사회 인사들과 접촉하는 것이 더욱 쉬워졌다. 학회가 열심히 행한 수많은 활동들은, 번역을 통해서 개혁사항을 추진하고, 시사평론을 발표하고, 공개강연을 하고, 학자들 및 관원들과 토론하는 것을 통해서 서양 문명을 소개하는 것이었다. 영국인 알렉산더 윌리엄슨, 티머시 리처드[李提

---

1) Timothy Richard, *Forty-Five Years in China*(New York, 1916), p. 197.

摩太] 그리고 미국인 영 J. 앨런, W. A. P. 마틴과 같은 학회의 주요 회원들은 모두 중국어에 능통했다. 특히 티머시 리처드(1845-1919)는 몸과 마음을 다하여 제도상의 변혁 사업에 몰입했다. 1891년 이후, 그는 학회의 비서와 1895년 학회의 베이징 대표를 맡았으며, 『시사신론』을 발표했고, 표트르 대제와 메이지 천황에 관한 저서를 저술하고 로버트 매켄지가 쓴 『서양의 새 역사개요(The Nineteen Century: A History)』라는 책을 번역했다. 선교사들의 노력은 중국 지식인들의 사상적 경지를 넓혀서, 그들에게 외국인에 대한 새로운 존경심을 일으키게 했다. 공친왕 이신, 웡통허, 리훙장 같은 중요한 정치가들이 여러 차례 리처드를 방문했을 뿐만 아니라 캉유웨이, 량치차오 같은 급진적인 개혁자들도 그렇게 했다. 실제로 캉유웨이의 많은 개혁사상은 선교사로부터 나온 것이었다.2)

## 보수적인 개혁자 : 웡통허와 장즈둥

보수적인 개혁을 제창한 황제의 스승인 웡통허(1830-1904)는 베이징의 강력한 세력을 가진 인물로서, 중일 갑오전쟁(청일전쟁) 후, 각각 베이징과 지방에 있던 그와 장즈둥은 리훙장을 대체하여 현대화의 지도자가 되었다. 그들의 가문과 교육배경은 매우 비슷했다. 웡통허는 한 내각대학사의 아들로서 1856년 전시에서 장원급제를 했고, 그후 동치제의 스승을 맡았으며, 두 황태후에게 고서와 역사서를 강술(講述)하는 책임을 맡았다. 1876년 그는 어린 광서제의 스승으로 임명되어 20년 동안 재직하고, 황제와 친밀한 관계를 맺었다. 그는 이런 유리한 직무를 맡았기 때문에 황제에게 영향을 줄 수 있었고, 자희태후와 좋은 관계를 유지할 수 있었다. 웡통허는 전통적인 학자로서 급격하게 쇠락한 청 왕조의 영토가 분할될 위기에 직면해 있는 것을 매우

---

2) 캉유웨이는 한 외국인과 면담할 때 "내가 변혁에 뜻을 두게 된 주요 원인은 두 선교사, 즉 존경하는 티머시 리처드와 Y. J. 앨런 박사의 저서 때문이다."라고 말했다. Cyrus H. Peake, *Nationalism and Education in Modern China*(New York, 1932), p. 15.

걱정하여 하나의 결론을 얻어냈다. 즉, 중국은 개혁하지 않으면 존속할 수 없다는 것이었다. 그 역시 매우 기민한 궁정 정치가로서, 개혁을 통해서만 리훙장과 장즈둥의 수중에서 현대화의 주도권을 빼앗을 기회가 있다고 보았다. 그는 이 일을 성취하려면 황제와 황태후 양쪽의 지지가 절대적으로 필요하다는 것을 알고 있었다. 이 때문에 그의 행동 하나하나는 그들의 지지를 얻으려는 것이었고, 운동 중 자신의 지도적 지위를 확보하려고 했다. 웡통허는 주의 깊고 신중하게 제한적인 행정개혁을 추진하고 있었다. 그는 매우 자긍심이 강한 유학자였고 매우 영리한 정치가여서, 개혁이 더욱 심화되어야 한다고 생각하지는 않았다. 1899년, 황제가 친정을 하고 태후는 이화원으로 완전히 물러났으며, 웡통허는 그들에게 펑구이펀의『교빈려항의』의 필사본을 증정하여 보수적인 개혁사상을 심화시켰다. 그러나 그는 중국의 도덕 규범과 윤리교화가 변함없이 꼭 국가의 기초가 되어야 하고, 중국이 필요로 하는 것은 서양 지식을 보충하는 것이지 절대로 서양 지식으로 대체하는 것이 아니라고 언명했다. 황제는 개혁사상에 이끌려서 1889년에 서양의 번역서를 읽기 시작했으며, 1891년에는 동문관의 졸업생이며 W. A. P 마틴의 학생이었던 두 사람에게 영어를 배웠다.

웡통허의 적수인 장즈둥도 온건한 개혁가이자 뛰어난 학자였다. 1852년 그는 즈리 성 향시에서 1등을 차지했고, 1863년 전시에서는 탐화랑(探花郎)에 합격했다. 그는 중국 문화와 전통도덕 방면에 심오한 조예가 있어서, 한 선교사는 그를 "철두철미한 중국인"이라고 묘사했다. 그에게는 "중국과 비교할 만한 국가도 없고, 중국인과 비교할 만한 사람도 없으며, 유교와 비교할 만한 종교도 없었다."3) 비록 그는 매우 많은 현대화 사업을 창설했지만, 중국의 정치제도와 도덕교화를 바꾸자고 제창한 적은 없었다. 장즈둥은 외국의 장비와 기구들을 채용했는데,4) 그는 이런 것들이 서양 국가들을 부강하

---

3) Hsiao Kung-chüan, "Weng T'ung ho and the Reform Movement of 1898", *Tsing-hua Journal of Chinese Studies*, New Series, 1 : 2 : 153(April 1957).
4) 陳鑑, 「戊戌政變時反變法人物之政治思想」, 『燕京學報』, 제25기, p. 61(1939. 6).

게 만들었다고 생각했다. 그러나 실제로 그의 방법은 여전히 원래의 체제를 강화하는 것이지 진보를 위한 것은 아니었다. 그는 일련의 행정개혁이 효율을 높이는 데에는 필요한 것이지만 기본적인 구질서는 바꿔서는 안 된다고 생각했다.

장즈둥은 유가(儒家)를 부흥시키고, 교육과 공업 및 서양 과학기술과 기능의 사용을 통해서 중국을 구제할 수 있다고 생각했다. 1898년, 그는 『권학편(勸學編)』이라는 명저를 발표하여, 국민들에게 "오지(五知)"의 중요성을 깊이 인식시켰다. 오지란, (1) 수치를 아는 것이다. 즉, 일본, 터키, 태국, 쿠바보다 더 낙후되었음을 아는 것이다. (2) 두려움을 아는 것이다. 즉, 베트남, 버마, 조선, 이집트, 폴란드의 끔찍한 운명을 아는 것이다. (3) 변화시키는 것을 아는 것이다. 즉, 습속을 고치지 않으면 변법을 할 수 없다. (4) 요지(要旨)를 아는 것이다. 즉, 중학과 서학의 요지를 아는 것이다. 전자는 고고학 연구가 아니라 실용적인 것이고, 후자는 기술이 아니라 정치체제이다. (5) 근본을 아는 것이다. 즉, 해외에서 나라를 잊지 않고, 다른 관습을 만나도 부모와 친족을 잊지 않으며, 매우 총명하더라도 성현을 잊지 않는다. 앞의 두 가지는 외국 침입의 위험을 강조했고, 그다음의 두 가지는 개혁의 방법, 마지막은 전통도덕의 중요성이었다. 본질적으로 그의 요지는 여전히 중국 도덕전통의 우월성을 재차 긍정한 것이고, 아울러 도덕전통을 대체하는 것이 아니라 서양의 과학기술을 이용하여 도덕전통을 완벽하게 하는 것이었다.

중체서용5)이라는 이 간명한 구호는 장즈둥의 사상을 구현한 것으로서, 즉 유가사상의 부흥을 국가의 도덕기반으로 하고 서양의 기구들을 채용하여 실용화시키는 것이었다. 여기에서 그는 사실상 체(體 : 물질, 원칙)와 용(用 : 용도, 실용)의 개념을 정확하게 인식하고 있는 것이 아니라 이용하고 있는 것이었다. 중학과 서학 모두 자체의 체와 용이 있는데, 후자는 반드시 전자에게 어느 정도 영향을 줄 수 있기 때문에 그가 제기한 체와 용의 혼합물은

---

5) 중학위체(中學爲體), 서학위용(西學爲用)의 줄임말.

지속될 수 없는 것이었다. 총명하지만 부정확한 장즈둥의 원칙은 보수파 공격에 대항하는 효과적인 방패였으며, 설령 완고파라고 할지라도 그가 유가와 중국의 전통을 배반했다고 책망할 수는 없었다. 이런 논박의 여지를 주지 않는 논거에 입각하여 그는 계속 변혁의 필요성을 변호했다.

장즈둥은 "바꿀 수 없는 것은 기본적인 대인관계이지 법률과 제도가 아니고", "성인의 도이지 기기와 도구가 아니며", "사람의 사상과 의도이지 그런 사악하고 음험한 기교가 아니다. 외국인에게 배우는 것은 결코 수치스러운 것이 아니니 공자 자신도 '세 사람이 같이 길을 가면 그중에는 반드시 나의 스승이 될 만한 사람이 있다'고 하지 않았는가?"라고 말했다. 중국 역사 자체는 제도변혁의 사례로 가득 차 있는데, 즉, 제후의 난립으로부터(봉건국가들로부터) 통일제국에 이르기까지, 고용병에서 부병제(府兵制)에 이르기까지, 전차전(戰車戰)에서 보병전(步兵戰)에 이르기까지, 고문에서 금문에 이르기까지, 물물교환에서 현금매매에 이르기까지 허다했다는 것이다. 상앙(商鞅, 기원전 338년에 사망) 변법, 왕안석(王安石, 1021-1086) 변법과 역사상의 기타 변법들은 모두 매우 유명했는데, 청대에도 혁신이 적지 않았다는 것이다. 초기에 만주 일대에서 기병과 사수(射手)에 의지해서 전쟁을 한 여러 왕들은 대포를 사용하여 삼번의 반란을 진압했고, 건륭제는 과거체제를 부분적으로 수정했으며, 가경제는 팔기병과 녹영병 외에 지방의 단련제도를 창립했다는 것이다. 기타 유명한 변혁에는 이금의 창설, 양쯔 강의 수군 창설, 신장 성 설립, 기선 건조, 전보 선로 개통들이 있었는데, 이런 모든 것이 변혁은 거역할 수 없다는 것을 나타낸다는 것이다. 장즈둥은 이런 사상과 무한에 있는 강력한 기반에 의지하여 근대 변혁에서의 웡통허의 지도적 지위에 도전했다.

1895년 이후, 극단적인 보수파를 제외하면 변혁은 관원과 학자들의 공통된 인식이 된 것 같았다. 궁내의 "북파(北派)" 지도자인 대학사 쉬퉁(徐桐)과 같은 반동적인 인물도 변혁의 유용성을 인정하여 장즈둥을 베이징에 오게 해서 이 운동을 이끌게 하려고 했다. 그러나 "남파(南派)" 지도자인 웡통허는 이 의도를 저지하는 데에 성공하여 변혁 지도자의 지위를 지켰다. 그의 지위를 공고히 하기 위해서, 그는 젊고 유능한 지식인들과 관원들에게 지지를 구했는데, 이들은 지위와 연령 면에서 모두 그보다 못했기 때문에, 그의 지도적 지위를 위협할 수 없었다. 캉유웨이는 그중의 한 사람으로, 웡통허는 이 온건한 변혁을 도와줄 자신의 중요한 조수로 삼고자 그를 황제에게 추천했다. 그러나 캉유웨이는 웡통허가 상상한 것과는 전혀 다른 인물이었는데, 사실 그는 자신의 계획을 가진 급진적인 개혁자였다.

## 급진적인 개혁자 : 캉유웨이와 량치차오

캉유웨이(1858-1927)는 비범한 인물이었지만 그의 사상은 두 개의 극단 사이에서 격렬하게 흔들리고 있었다. 그는 광둥 성 난하이의 한 부유한 가정에서 출생했으며 7세에 글을 잘 지어 신동으로 불리었다. 그는 성인(聖人)의 도에 전심했으며 자주 성인의 가르침을 인용했기 때문에, "성인 (캉유)웨이"라는 별명을 얻게 되었다. 그는 18세 때, 광둥의 이학(理學)의 대가인 주츠치의 제자가 되었다. 주츠치는 중국의 정치사와 학문을 세상사와 연계시키는 것의 중요성을 강조했다. 캉유웨이는 그의 문하에서 여러 해 동안 가르침을 받았기 때문에 이학에 대한 탄탄한 기초를 닦았다.

스승의 곁을 떠난 후 그는 산6)에 은거하여 독학을 하며 자기 자신의 학파를 창건하려고 했다. 이때까지 그의 사상배경은 완전히 전통적인 것이었고 서양의 영향을 받지 않았다. 2년 후7) 그는 자아강박적인 은둔생활에서 벗어나와 베이징으로 갔다. 그는 귀로에 그가 이전에 홍콩으로 갈 때처럼 상하이 조계(租界 : 19세기 후반에 중국의 개항도시에 있던 외국인 거주지/역주)를 참관했다(1882). 영국이 지배하고 있는 이 두 도시에서의 시정(市政)의 질서 정연함과 효율은 그에게 깊은 인상을 남겨주었다. 서양의 식민지 관리가 이

---

6) 시챠오산(西樵山).
7) 일설에는 4년이라고 한다.

렇게 좋은 결과를 낳을 수 있다면 종주국은 또 얼마나 많이 진보했겠는가? 그는 서양에 대한 흥미가 절로 생겨나서 급히 『만국공보』를 포함하여 강남 제조총국과 선교사조직이 출판한, 구입할 수 있는 역서들을 모두 구입하여 읽었다. 완전히 새로운 광경이 갑자기 그의 눈앞에 나타났다. 즉, 그는 중국의 낙후와 제국주의 시대의 중국의 위험한 처지를 깨달은 것이다. 그는 선교사의 관점을 받아들였는데, 즉 서양 국가들이 보여준 진보는 필요할 뿐만 아니라 동경할 만한 것이라는 것이다. 1883년 그는 과거시험에 참가하겠다는 생각을 단호히 포기하고 주의력을 새로운 서학으로 돌렸다.[8]

1888년, 아직 평민이었던(즉, 아직 관직이 없었던) 그는 황제에게 글을 올리려고 시도했다. 글 속에서 그는 서양 열강의 방법을 모방하는 일본의 현대화를 찬양하고 중국도 이를 본받아야 한다고 주장하고 나날이 증대하는 외국의 침입의 위협에 대해서 경고했는데, 이 상서(上書)는 국자감으로 보내졌다. 국자감 관원은 캉유웨이의 정신이 비정상인 것으로 의심하여 상서를 황제에게 전달하는 것을 거절했다. 캉유웨이는 개혁을 성공적으로 추진하려면 반드시 (1) 학술계에서의 학술 주도권을 취득해야 하고, (2) 황제의 지지를 얻어야 한다는 것을 깨달았다.

캉유웨이는 광둥으로 돌아와서 학술강연을 하고 책을 쓰며 이단자라는 명성으로 젊은 학자들을 매혹시켰는데, 량치차오(1873-1929)는 그중의 한 사람이었다. 량치차오도 신동이었으며, 17세 때 거인의 지위를 취득하고 즉시 캉유웨이에게 매료되어 그의 제자가 되었다. 캉유웨이는 제자들의 격려하에 1891년에 광둥에서 만목초당(萬木草堂)을 개설하고 이곳에서 경학을 해설하고 개혁사상을 촉구했다. 그는 또한 자주 부근에 있는 성공회 도서관에 가서 대의제 정부와 입헌군주제에 관한 서적들을 읽었다.

**금문경학운동**　이때, 캉유웨이의 사상경향은 한바탕 격렬한 변화를 겪었다.

---

8) Lo Jung-pang(ed.), *K'ang Yu-wei: A Biography and a Symposium*(Tucson, 1967), p. 38.

그는 아주 많은 동시대 사람들과 마찬가지로, 처음에는 이학학자였지만 이제는 정치개혁에 대한 열정으로 불타고 있었다. 랴오핑(廖平)은 금문경학파의 지지자로서 그의 저작9) 중 개혁에 도움이 되는 사상은 캉유웨이를 크게 감동시켰으며 이 때문에 캉유웨이는 과거의 이학사상을 포기하게 되었다. 캉유웨이는 금문경학운동을 이용하여 자신의 사업을 추진할 수 있다는 것을 발견했다. 금문경학(今文經學)이 가리키는 것은 진(秦, 221-206 기원전), 한(漢, 기원전 202-기원후 220)시기의 경전과 비평 및 주석으로, 그보다 더 이른 시기의 고문경학과 서로 대립되었다. 기원전 213년, 진시황의 분서(焚書)로 모든 고대 전적이 소각되어 그다음 왕조인 전한의 학자들은 당시의 글자체인 "소전체(小篆體)"로 쓴 고전경서를 진본 작품으로 보았다. 이 금문학자들이 전한 시기의 사상계를 장악했지만, 전한 말에 공자의 후예 중 한 사람10)이 선조의 집의 벽 속에서 "과두문(蝌蚪文)"으로 쓴 고대 전적을 발견했다고 주장했다. 비록 당시 수많은 학자들이 이런 고전문본 즉, 고문경학의 진실성을 의심했지만, 왕위 찬탈자인 왕망의 통치하의 단명한 신(新) 왕조 시기에, 유흠(劉歆)이라고 불린 학자는 이 문본들을 입증하려고 전력을 다했다. 신 왕조가 멸망하고 한 왕조가 부흥함에 따라서(후한으로 불리게 됨) 고문경학파는 쇠락했다. 그러나 후한 말에 이르러 위대한 고문경학자들이 출현했는데, 그중에는 학술계를 주름잡고 있던 대가인 정현(鄭玄, 127-200)이 포함되어 있었다. 그로부터 고문경학의 지위는 상승하고 금문경학은 쇠락했다.

청나라 시대의 금석학의 부흥과 그후의 교감 방면의 흥미는 아주 오래된 금고문 대립의 화제를 새롭게 바꾸었다. 청대 금문학자들이 집중하여 관심을 가진 주제는 이미 유실된 지 2,000년이 된 학문인 공양학(公羊學)이었다.

캉유웨이는 금문경학운동의 주도권을 빼앗기로 결정하고, 공양학의 중요한 사상을 자신의 저서 속에 혼합시켜서 그가 제창한 개조를 뒷받침했다. 1891년, 그는 첫 번째 주요 저서인 『신학위경고(新学僞經考)』를 완성하여

---

9) 廖平, 『今古學考』(1886).
10) 공안국(孔安國).

『주례』, 『의례(儀禮)』, 『좌전(左傳)』, 『모시(毛詩)』 같은 고서가 위작이라는 것을 밝혀냈다. 캉유웨이는 대담하게도 (1) 진시황의 분서는 결코 그 화(禍)가 육경에는 미치지 않았고 유가전적은 손상 없이 완전무결하게 후세에 전해졌으며, (2) 그리하여 전한 시기에 고문과 같은 것은 없었고, (3) 공자 시대에는 진한 시대와 동일한 "소전체"를 사용했으며, (4) 소위 고문은 유흠이 위조한 것으로, 유가의 "미언대의(微言大義)"를 왜곡한 음모의 한 부분으로서 목적은 "경서를 각색하여 찬탈을 도우는 것"[11]이었다고 주장했다. 역사적인 정확성은 차치하고, 캉유웨이의 정곡을 찌른 관점 그리고 대담한 가설과 신랄한 비평은 마치 허리케인이 청나라의 사상계를 휩쓸어버리는 것과 같았다. 그의 고문에 대한 공격은 의심하는 정신을 불러일으켰고, 동시에 고대 전적을 새로 평가할 필요성을 분명히 밝힌 것이었다.

1897년, 그는 두 번째 작품인 『공자개제고(孔子改制考)』[12]를 완성했다. 그의 논단은 대담했는데, 즉 옛사람이 공자가 오직 육경을 편찬만 했다고 생각한 것은 잘못된 것이며 실제로 공자는 육경을 저술하여 이것으로 제도개혁을 추진했다는 것이었다. 주 시대(1122-256 기원전)와 진 시대(221-206 기원전) 사상가들 역시 공자와 마찬가지로 제도개혁을 제창했는데, 이 사람들은 모두 과거를 본받는다는 구실로 자기들의 행동을 정당화시켰다는 것이다. 그래서 그들은 역사적인 사실과는 상관없이 이상화된 휘황찬란한 과거를 조작해내어 당시의 통치자에게 변법은 요(堯) 임금(2357-2256 기원전)과 순(舜) 임금(2255-2206 기원전)이 한 것처럼 현명한 것이라고 믿게 했다는 것이다. 추론을 통하여, 캉유웨이는 실제로 제도개혁이 성인인 공자와 과거의 기타 사상가들의 지지를 받은 이상, 그것은 도덕적으로 거의 잘못이 없을 것이라고 주장했다. 이런 교묘한 곡해를 통해서 캉유웨이는 이 지성선사(至聖先師)의 사상을 가져와 개혁반대론자에게 대처하는 방패로 삼았다.

캉유웨이는 금문학파의 몇 개의 모호한 개념들을 자기의 사업을 추진하는

---

11) Liang Ch'i-Ch'ao, Intellectual Trends, p. 92.
12) 영문으로는 때로는 Confucius as a Reformer로 번역한다.

데에 사용했다. "통삼통(通三统)"의 개념을 해독할 때, 그는 하(夏, 2205-1766 기원전), 상(商, 1766-1122 기원전)과 주(1122-256 기원전)라는 이 3개의 위대한 고대왕조들은 서로 전혀 달랐기 때문에 변혁은 역사의 내재적인 본질임을 의미하는 것이라고 했다. 다른 하나의 개념인 장삼세(張三世)는 그에 의해서 세계가 거란세(据亂世)에서 승평세(升平世)로 진보했으며 결국에는 대동세(大同世)에 도달한다는 것을 뜻하는 것으로 해석되었다. 간단하게 말하면, 변화가 많으면 많을수록 진보가 더욱 커진다는 것이다. 실제로, 이 개념들은 결코 캉유웨이가 창조한 것이 아니고, 랴오핑에게서 빌려 사용한 것이었다.13) 그러나 그는 현존하는 금문의 개념을 종합하고 명백히 밝힌 후, 그의 뛰어난 해석으로 사상계에 충격을 주었으며, 인류의 발전에서 변혁은 피할 수 없는 것이라는 것을 증명했다. 그의 첫 번째 저서가 허리케인이라면 두 번째 저서는 지진이었다. 지식층은 도통에 맞지 않는 그의 해석에 몹시 놀랐다. 즉, 완고한 보수파들은 그가 "혹세무민(惑世誣民)"하고 있다고 비난했고, 정통 유가학자들은 그의 해석에 "여우"라는 오명을 씌웠다.14) 비록 이와 같은 비난을 받았고 두 번째 서적이 금지를 당했지만, 캉유웨이는 금문학파의 주요 제창자로서 명성이 일시에 높아졌다.

이 두 책은 기본적으로 고대의 저작을 새로 해석했지만 1887년 초에 완성된 그의 또다른 저서인 『대동서(大同書)』는 그 자신의 독창적인 것으로 내용이 매우 급진적이었다. 그러나 그 책 속의 많은 사상은 고서인 「예운」의 영향을 받았는데, 그중 어떤 부분에는 다음과 같이 쓰여 있다.

큰 도가 행해지자 천하가 공평무사하게 되었으며……그러므로 사람들은 오직 자기의 어버이만을 친애하지는 않았으며 오직 자기의 아들만을 사랑하지는 않았다. 노인이 그 생을 편안히 마칠 수 있게 하고 장년이 쓰일 곳이 있게 하며 어린

---

13) 顧頡剛, 『當代中國史學』, 修订版(香港, 1964), p. 42.
14) 그의 독특한 관점에서 보면 캉유웨이는 그래도 유가의 틀 속에 있었는데, 그는 전통주의자가 아니라 유가의 수정주의자였다. Hsiao Kung-chuan, "K'ang Yu-wei and Confucianism", *Monumenta Serica*, Vol. XVIII(1957), pp. 100, 200을 보라.

이가 의지하여 성장할 곳이 있게 하고 홀아비, 과부, 고아, 자식 없는 노인과 병들어 몸을 쓰지 못하는 사람들이 모두 부양을 받을 수 있게 하며 남자는 모두 일정한 직분이 있고 여자는 시집갈 곳이 있었다. 재물이 땅에 버려지는 것을 싫어하지만 자신의 소유로 하려고 하지 않았고 힘이 자신의 몸에서 나지 않음을 싫어했으나 [오직] 자기를 위해서 쓰려고 하지는 않았다.……이런 세상을 대동의 세상이라고 말하는 것이다.[15]

이 유토피아식 사상의 격려를 받아서 캉유웨이는 하나의 이상세계를 구상했는데, 그 내용에는 다음과 같은 것들이 있다.

1. 국가라는 것은 없고 전 세계가 단일정부 아래 다른 지역들로 나뉜다.
2. 중앙과 지방정부는 민선으로 탄생된다.
3. 가정이나 가족은 없으며, 남자와 여자는 1년간 동거한 이후 각자는 동반자를 교환할 수 있다.
4. 임산부를 위한 출산 전 교육제도를 건립하고 갓난아기를 위한 탁아소를 설립한다.
5. 이동은 연령에 따라서 유아원 및 각급의 학교에 들어간다.
6. 성인은 정부의 분배에 따라서 농업, 공업과 기타 생산사업에 종사한다.
7. 병이 있으면 병원에 가고, 늙으면 양로원에 간다.
8. 작업수입에 근거하여, 공공숙소와 식당은 모든 계층의 사람들이 누릴 수 있도록 한다.
9. 발명자와 발견자 및 출산 전의 교육, 탁아소, 유치원, 병원과 양로원의 건립에서 공헌이 뛰어난 사람들에 대해서는 특별상금을 준다.
10. 사람이 죽으면 화장하며, 화학비료 공장은 화장장 부근에 세운다.[16]

---

15) James Legge, *The Sacred Books of China*, Part III, The Li Ki(Oxford, 1885), pp. 364-366. 약간의 변동이 있다.
16) Liang Ch'i-Ch'ao, pp. 96-97.

그의 학생들은 이 유토피아식 사회주의 저작을 보았지만, 그것은 대중에 게는 공개되지 않았다. 그 이유는 캉유웨이가 현 단계는 혼란한 시대로서, 오직 "소강" 단계만을 말할 수 있을 뿐이며, "대동"이 아니라고 단언했기 때문이다. 만목초당의 학생들은 이런 새로운 관념의 격려를 받아 즐거워서 피곤한 줄도 모르고 토론했다.

**인정을 받기 위한 캉유웨이의 노력** 캉유웨이는 커다란 명성을 확립했지만 아직 벼슬을 하기 위한 비교적 높은 공명을 이루지 못했다. 그의 천재적인 제자인 량치차오는 이미 1889년에 거인의 칭호를 획득했지만 캉유웨이는 1893년에 이르러서야 비로소 거인의 칭호를 획득했다. 1895년에 그들 두 사람은 함께 베이징으로 가서 3년에 1번 열리는 회시에 참석했다. 이 당시는 국가가 굴욕을 당하던 때였는데, 그 이유는 일본이 중국을 패배시키고 시모노세키에서 오만한 태도로 강화회의를 멋대로 좌지우지하고 있었기 때문이다. 비분강개한 캉유웨이와 량치차오는 1만 자로 된 청원서를 기초하고 603명의 거인[17]의 서명을 결집하여 강화조약에 항의했는데, 이를 "공거상서(公車上書)"라고 한다. "공거"란 관아의 역참으로 베이징에 가서 회시에 참가하는 거인의 별칭인데, 어떤 사람들은 이번 공거상서(公車上書)를 근대 중국의 최초의 "대중성을 띤 정치운동"으로 간주하고 있다. 그들은 청 조정에 대해서 (1) 강화를 거부하고 (2) 수도를 옮겨 다시 싸우고 (3) 변법할 것을 촉구했다. 그뿐만 아니라 다음과 같이 "만일 이전에 변법을 할 수 있었다면 오늘의 화(禍)는 없었으며, 오늘 변법을 할 수 있으면 장래의 화를 면할 수 있으며 오늘에도 여전히 변법을 하지 않으면 훗날의 화는 오늘보다 더 심할 것입니다" 하고 통렬하게 의사표시를 했다.[18] 이 상서는 도찰원으로 보내졌으나 거리낌이 없는 통렬한 언사와 몹시 격앙된 어조 안에 숨은 뜻이 있었기 때문

---

17) 1,200명 혹은 1,300명으로 자주 틀리게 언급되고 있다. 劉鳳翰, 『袁世凱與戊戌政變』(臺北, 1964), p. 197을 보라.
18) 李守孔, p. 591.

에 도찰원은 그것을 황제에게 올리는 것을 거절했다.

캉유웨이가 대담하게 거인을 동원하고 경서에 대해서 전통과는 다른 해석을 하며 개혁을 제창한 것은 보수분자들을 지극히 격노하게 하여, 회시의 주임 시험관인 쉬통은 그를 합격시키지 않기로 결정했다. 모든 시험지에는 이름이 밝혀져 있지 않았기 때문에 쉬통은 단지 풍격이 괴이하고 관점이 이단적인 시험지를 하나 찾는 수밖에 없었는데 그는 그것이 캉유웨이의 특징이라고 생각했다. 합격자 명단을 공표할 때, 쉬통이 거부한 시험지는 량치차오의 것이었고 캉유웨이의 시험지는 유가의 도덕 및 중국의 전통과 엄격히 일치한 모범적인 답안이었다. 캉유웨이와 량치차오는 쉬통을 속이는 데에 성공했지만, 뒤이어 거행된 전시에서 시험관[19]은 고의로 캉유웨이를 차별대우했다. 그 결과 그는 진사의 칭호는 얻었지만 사람들이 탐내는 한림원에 임명되지 못하고, 6부 중에서 가장 하찮은 공부의 주사로 임명되었다. 캉유웨이는 자신의 재능을 믿고 그 직책을 깔보아서 부임하지 않았고, 오히려 정력을 집중하여 일련의 상서를 통해서 황상의 주의를 얻기로 결정했다. 겨우 6품 주사인 직위로 인해서 그에게는 황상에게 직접 상서할 자격이 없었기 때문에, 그는 자기가 소재하고 있는 부 혹은 기타 부문에 요청하여 상서를 전달하는 수밖에 없었다.[20]

캉유웨이의 1895년 5월 29일자 세 번째 상서는 도찰원이 6월 3일 황제에게 직접 올렸는데, 이 상서는 부국(富國), 양민(養民), 지식인 육성[士人育成] 및 연병(練兵)을 건의했다. 황제는 이런 관념들에 감동받고 이를 베껴서 태후, 군기처 및 각 성의 고위관리들에게 올리도록 명령했다. 이것은 황제가 캉유웨이를 알기 시작했다는 것을 의미하는 것이었다. 그러나 그의 다음번 1895년 6월 30일자의 상서는 도찰원과 공부 두 부처에 의해서 저지되었는데, 이 상서는 지속적으로 변혁을 하고 의회를 개설할 것을 건의했다.

---

19) 리원티엔(李文田).
20) 국자감과 도찰원은 전술한 상서, 즉 그가 1888년과 1895년에 올린 앞의 두 상서를 황제에게 전달한 일이 없다.

이때, 캉유웨이와 량치차오는 그들의 주의력을 "학회"와 신문을 조직하고 참여하는 데로 돌렸다. 1859년 9월, 그들은 강학회(強學會)에 가입했는데, 기타 구성원으로는 황제의 스승이며 몇 개 부처의 상서를 맡았던 쑨쟈나이 (孫家鼐), 위안스카이와 수십 명의 영미(英美) 인사들이 있었다. 보수적 개혁자인 웡퉁허와 장즈둥은 학회에 대한 흥미가 대단했으며, 장즈둥은 5,000 냥을 기부했다. 학회는 10일에 한 번씩 개혁에 대한 강연을 주최하고 각양각색의 활동을 했는데, 예를 들면 서양 및 일본 서적을 번역하는 것, 신문을 발행하고 도서관, 박물관, 정치학회를 설립하는 것과 같은 일이었다. 캉유웨이 개인은 량치차오가 편집장을 맡고 있는 『만국공보』에 돈을 기부했는데,21) 이 신문은 발행량이 2,000부였다. 신문에 실린 수많은 개혁과 관련된 사상은 선교사조직인 광학회에서 빌린 것이었다. 캉유웨이가 직접 티머시 리처드를 만났는데, 량치차오는 그 당시에 그의 비서를 맡고 있었다. 이로 인해서 광학회와 개혁자들 사이에는 어느 정도의 상호지원이 이루어지고 있었다.

상하이에는 개혁을 추진하는 신문과 잡지가 30종류 있었고, 톈진에서는 1897년 11월에 옌푸(1854-1921)가 편집을 주관하는 유명한 『국문보(國聞報)』가 출판되었는데, 그는 푸저우 선정국 부설 해군학교의 졸업생이고 대량의 서양 저작 번역자였다(제17장 참조). 이곳에서 그는 토머스 헉슬리의 저서인 『진화와 윤리(Evolution and Ethics)』의 역서를 출판하여, 사물은 경쟁을 통해서 자연스럽게 선택되며, 환경에 적응하는 것만 살아남고 그렇지 못한 것은 도태된다는 다윈의 사상을 소개했다. 후난 성에서는 진보적인 순무인 천바오전(陳寶箴)이 량치차오를 초빙하여 새로 창립된 창사의 시무학당 (時務學堂)의 총교습을 맡게 했다. 실정(失政), 개혁의 필요, 국민주권에 대한 량치차오의 사상은 이곳에서 충분히 상세히 논술되었다. 진보적인 인사들은 뒤이어 남학회(南學會)를 창립하고 『상보(湘報)』와 『상학보(湘學報)』

---

21) 경의를 표하기 위해서 선교사잡지의 명칭을 따서 명명했다.

를 출판했다. 일관된 보수성으로 유명한 내륙의 성인 후난 성은 하룻밤 사이에 진보의 중심지가 되었다.

캉유웨이 본인은 몇몇 성에서 여행하고 강연하며 개혁운동을 촉진시켰다. 3년 동안에 그는 수많은 학회, 학교 및 신문의 창설 및 창간을 추진했는데, 대부분 후난, 장쑤, 광둥, 베이징에서였다.

**캉유웨이의 부상** 1897년 독일의 자오저우 조차와 뒤이은 기타 열강의 특권 탈취행위는 한 차례의 민족위기를 가속화시켰다. 캉유웨이는 급히 베이징으로 가서 다섯 번째 상서를 하여 분할의 위험에 대해서 경고하고 개혁은 필연적이라고 주장했다. 그는 3개 방면에서 행동할 것을 황제에게 건의했는데, (1) 러시아와 일본을 본받아 국시를 정한다. (2) 모든 인재들을 모아서 변법을 한다. (3) 지방관리에게 각자의 관할 구역 내에서 각자가 변법하도록 맡긴다는 것이었다. 상서의 결말 부분에서 어떤 지체라도 가일층의 외국의 침입과 왕조의 최종적인 멸망을 초래할 것이라고 경고했다. 이 상서는 솔직하고 노골적이었기 때문에 공부상서는 황제에게 올리는 것을 거절했지만, 상서의 내용은 상하이와 베이징에서 아주 빠르게 유포되었다. 그렇지만 상서는 여전히 황제에게 전달되지 못했다. 캉유웨이는 이 때문에 남방으로 돌아가려고 생각했지만 웡퉁허의 설득으로 그대로 머물렀다. 웡퉁허는 자신의 외교 업무의 지식에는 한계가 있었고 장즈둥의 도전을 받고 있었기 때문에 속으로 캉유웨이가 자기의 조수를 맡아주기를 희망했다. 웡퉁허는 캉유웨이는 황상의 접견을 받아야 한다는 급사중(給事中)인 가오시에(高燮)의 1898년 1월 11일의 진언을 지지했다. 웡퉁허는 황제에게 캉유웨이의 재능은 자기보다 100배나 뛰어나므로 개혁사항에 대한 그의 의견을 직접 들어야 한다고 말했다. 광서제는 뒤이어 캉유웨이를 접견할 준비를 했으나 공친왕 이신이 황제에게 궁중 안에서는 4품 이하의 관원을 접견하는 것이 허락되어 있지 않다고 주지시켰다. 황제는 마지못해 양보했지만 대신들에게 총리아문에서 캉유웨이를 접견하라고 명령했다.

이 유명한 회견은 1898년 1월 24일에 거행되었는데 캉유웨이는 처음으로
자기의 관점을 홍보했으며, 그 자신이 말한 회견의 멋진 부분은 다음과 같다.

롱루22) : "조상의 법도는 고칠 수 없다."

캉유웨이 : "조상의 법도로 조상의 땅을 다스리는 것인데, 이제 조상의 땅을 지킬
수 없게 되었으니 조상의 법도를 어디에 사용합니까?"

병부상서 랴오서우헝(廖守恒) : "어떻게 법도를 고치는가?"

캉유웨이 : "법률과 관제를 먼저 고쳐야 합니다."

리훙장 : "그러면 6부를 모두 없애는 것인데 그렇다면 기존의 모든 제도와 법을
폐지하는 것인가?"

캉유웨이 : "오늘날 각국은 병립하고 있는 시대이지 통일되어 있는 세계가 아닙
니다. 그런데 지금의 법률과 관제는 통일되어 있는 것이어서 중국을 약하게 하고
망하게 하는 것이니, 이런 것들은 모두 이제 폐지해야 하며, 일시에 모두 폐지할
수 없으니 심사숙고하여 개정하면 신정(新政)은 시행할 수 있습니다."23)

회견은 황혼까지 지속되었으며 롱루(榮祿)가 제일 먼저 자리를 떴는데, 그
는 그가 들은 내용을 증오하는 것이 분명했다. 웡퉁허도 회장에 있었는데,
캉유웨이의 급진적인 관점으로 약간 곤혹스러워진 그는 캉유웨이를 "과장을
잘 하고", "아주 광적(狂的)"이라고 형용했다.

황제는 보고서를 보고 캉유웨이를 접견하고 싶었지만 또 한번 공친왕에
의해서 저지되었다. 그러나 1월 29일, 광서제는 캉유웨이가 수시로 상서하
는 것을 허락하고 궁중 관원은 그것을 가로막거나 지체하지 말라고 명령했
다. 캉유웨이가 황제에게 접근하는 통로는 이로 인해서 보증되었다. 황제에
게 전달되지 않은 이전의 상소문 하나가 이때 황제 수중으로 들어갔다. 만일
개혁을 하지 않으면 황제는 장래에 평민이 될 기회조차도 없을 뿐만 아니라

---

22) 한족 장군이고 태후의 심복으로서 1895년에 병부상서에 임명되었고 전임 베이징 구문제독
(北京九門提督)이었다.
23) Hsiao Kung-ch'uan, "Weng Tung-ho", pp. 175-176.

명대의 마지막 황제처럼 비참하게 자신의 생명을 마감하게 될 것이라는 캉유웨이의 솔직하고 노골적인 진술에 황제는 크게 감동받았다. 황제는 오직 진실한 마음을 가진 사람만이 자기의 생명을 무릅쓰고 솔직한 말을 한다고 평가하여, 광서제의 캉유웨이에 대한 신임은 계속되었다.

1월 29일 캉유웨이는 여섯 번째 상서에서 황제에게 국가의 기본정책을 선정하고, 유능한 인재를 선발하여 공직을 맡기고 "제도국(制度局)"을 창립하여 개혁을 돕고 헌법을 기초할 것을 요구했다. 별도로 12개 관리국을 건립해야 하며 각 관리국은 유럽의 부와 유사해야 하는데, 즉 사법, 금융, 교육, 농업, 공업, 상업, 철도, 우정, 광무, 문화, 국제교류, 군비의 관리국이 있어야 한다는 것이었다. 그리고 각 성에는 각급 민정국(民政局)을 창립하고 각 지역에 분국을 설립해야 한다는 것이었다. 각 국의 국장은 총독과 순무와 동등한 지위를 가져야 하고 지방분국의 관원은 교육, 공공위생, 농업, 경찰업무와 같은 관리업무를 책임져야 하며, 다만 소송과 세수는 일반 지방관원에게 책임지도록 해야 한다는 것이었다. 이런 새로운 묘안들에 대해 깊은 인상을 받은 광서제는 친왕과 총리아문의 대신들에게 이를 논의하도록 요구했다.

1898년 2월, 캉유웨이는 일곱 번째 상서에서 다시 황제에게 표트르 대제와 메이지 천황을 본받을 것을 건의했다. 황제가 서양의 개혁을 알도록 하기 위해서 캉유웨이는 자신의 저서인 『일본변정고(日本變政考)』와 「러시아 표트르 대제의 변정기(變政記)」를 황제에게 올렸고, 티머시 리처드의 『서양의 새로운 역사 개요(*An Outline of New Western History*)』의 번역본과 기타 각국의 개혁에 관한 서적을 올렸다. 매일 이 소책자들을 읽은 황제는 제도개혁을 실시하겠다는 결심을 더욱 굳게 가지게 되었다.

1898년 5월 30일 공친왕 이신이 세상을 떠나자, 캉유웨이는 윙통허에게 즉각 개혁을 가속화할 것을 촉구했다. 윙통허는 캉유웨이의 급상승하는 명망과 갈수록 커지는 황제에 대한 영향력을 자신의 지위에 대한 위협이라고 여겼다. 윙통허는 보수파의 공격과 탄핵을 피하기 위해서 베이징을 떠나라고 촉구했지만 캉유웨이는 개의하지 않았다. 6월 8일, 여덟 번째의 상서를 올린 이후 얼마 지나지 않아 그는 또 한번 황제에게 국가의 기본정책을 명확히 결정하는 결정적인 조치를 취할 것을 요구했다. 1898년 6월 11일 광서제는 그의 요청에 동의하여 첫 번째 개혁법령을 발포하고, 친왕과 관원 및 일반 백성들에게 중국의 기본적인 도덕교화를 포기하지 않는 상황하에서 외국의 유용한 지식을 배우도록 노력할 것을 촉구했다. 그후 한림원 학사인 쉬즈칭(徐致清)은 황제가 친히 캉유웨이를 접견하도록 권고했다. 회견은 6월 16일에 이루어졌다. 4시간에 걸친 회견 중의 몇몇 멋진 장면은 량치차오가 말한 것에 의하면 아래와 같다.

황제가 그[캉유웨이]의 나이와 경력을 물어본 후에 캉유웨이가 "사방의 오랑캐가 동시에 압박해오고 있어서 분할이 불가피하게 되었으며 멸망할 날이 멀지 않았습니다" 하고 말했다.

황제 : "이제는 정말 변법을 하지 않으면 안 되오."

캉유웨이 : "최근 수년 동안 변법을 말하지 않은 것은 아니지만 전체적으로 하지 않고 있는데, 첫 번째 것을 개혁하고 두 번째 것을 개혁하지 않으면 연이어 실패하여 반드시 아무런 성과가 없게 될 것입니다.

이른바 변법이라는 것은 법률제도로부터 차례로 개정하는 것이며 그래야 이를 변법이라고 하는 것입니다. 오늘날 변법을 말하는 사람들은 변법을 하는 것이 아니라 오직 구체적인 몇 가지 사항들만 변화시키는 것입니다."

황제는 캉유웨이의 국을 설립하고 각종 체제를 연구하라는 건의에 동의하고 말했다. "그대의 개혁계획은 매우 상세하다."

캉유웨이 : "황상의 슬기로움이 이를 알아차리셨는데, 어째서 오랫동안 행하지 않으셨습니까?"

황제는 병풍 밖을 한번 획 둘러본 후 탄식을 하면서 말했다. "방해를 하니 무엇을 할 수 있겠는가?"

캉유웨이 : "황상의 현재의 권한으로 개혁할 수 있는 것을 행하십시오. 비록 개혁할 수 없어도 핵심을 잡고 시도하면 중국을 구하기에 충분합니다. 오늘날의 대신

들은 모두 연로하고 보수적이며 외국에 관한 일을 모르기 때문에 황상께서 그들에게 의존하여 변법을 하려는 것은 마치 나무 위에 올라가서 물고기를 구하려고 하는 것과 같습니다."

상당히 오랜 시간이 지난 후 황제는 고개를 끄덕이며 말했다. "그대는 내려가서 쉬도록 하라.……그대가 아직 할 말이 있으면 상주문을 작성하여 조목별로 상세히 진술해도 좋다."

캉유웨이가 일어나서 자리를 뜨니 황제는 그가 문밖으로 나가는 것을 바라보았다. 궁 안의 시종들은 이렇게 오랜 시간의 접견은 여태껏 없었다고 말했다.[24]

같은 날, 즉 6월 16일에 캉유웨이는 총리아문의 장경으로 임명되었다. 3일 후에 그는 총리아문을 통해서 변법을 하나의 국가정책으로 채택하고 정부제도국을 설립할 것을 요구하는 내용의 상서를 올렸다. 황제는 완전히 캉유웨이에게 포섭되어 이후 캉유웨이는 어떤 기구를 통할 필요 없이 상서하거나 직접 전달할 수 있다고 지시했다. 그 이외에 황제는 캉유웨이가 지은 몇 권의 책인 『폴란드 분할 멸망기(波蘭分滅記)』, 『프랑스 개혁고(法國變政考)』, 『독일 개혁고(德國變政考)』와 『영국 개혁고(英國變政考)』를 요구했다. 광서제는 이제 제도개혁의 긴박성을 완전히 확신했다. 캉유웨이는 40세에 이르러 황제의 마음을 사로잡아 급진적 변법의 지도자가 되었다.

## 백일유신

1898년 이전 10년간의 캉유웨이의 변법사상의 발전은 아래와 같이 귀납할 수 있다. 즉 그는 중국에 현존하는 정치제도와 관리체제는 중국에서 스스로 통일된 체계를 이루어 서양 열강과 아무런 연계가 없을 때 제정된 것이라고 믿었다. 통치왕조가 주로 고려하는 것은 내부의 반란과 봉기를 방지하는 것

---

24) Teng and Fairbank, *China's Response*, pp. 177-179, 약간의 수정이 있다.

이기 때문에, 중앙과 지방관리에서의 번거로운 제약과 감독제도 및 과거시험에서의 비실용적인 성질이 나타났다는 것이다. 이제는 시대가 변해서 내부안전은 더 이상 국가의 유일한 우려가 아니라는 것이다. 낡은 제국체제는 완전히 시대에 뒤떨어진 것이니 정부는 반드시 대외관계와 공업화라는 새로운 문제에 대해서 신경을 써야 하며, 이에 상응하여 그 구조를 현대화시켜야 한다는 것이다. 그러나 이 기본적인 개혁을 실현하기 위해서 황제는 반드시 황태후의 수중에서 권력을 빼앗아 와야 했다. 캉유웨이는 황태후를 진보의 주요 장애로 보았다. 일찍이 1888년, 첫 번째 상소문에서 캉유웨이는 이미 "정사가 곤란한 상황에 빠져 있는 것은 궁중에서 여자와 내시들이 권력을 마구 휘둘러서 생긴 결과입니다"라고 말했고, 1895년 6월 30일의 네 번째 상소문에서 캉유웨이는 행정을 정돈하고 황제 개인의 예지에 근거하여 결단을 내리라고 재촉했다. 광서제가 본보기로 삼도록 하기 위해서 표트르 대제와 메이지 천황의 개혁을 끊임없이 인용했고, 중국과 일본은 지리상으로 근접해 있고 문화와 사회가 유사하다는 점에 비추어서 캉유웨이는 일본의 경험이 본받을 만하다고 특별히 강조했다. 더욱 구체적으로 캉유웨이는 다음과 같이 건의했다. (1) 과거제도와 법률규범을 혁신할 것, (2) 정부제도국을 설립하고 12개의 새로운 관리국을 창설함으로써, 쓸모없는 군기처와 6부 및 기타 현재의 기구를 대체할 것, (3) 각급의 민정국과 지역본국을 설립하여 지방자치의 시작단계 형태로 삼을 것, (4) 베이징에 입법원을 설립할 것, (5) 국회를 설립할 것, (6) 헌법과 행정, 입법, 사법의 삼권분립의 원칙을 사용할 것이라는 내용이었다. 요컨대 캉유웨이는 오래된 "유가왕조"의 체제를 입헌군주제로 대체할 것을 구상했다.[25] 이런 웅대한 계획은 보수파 개혁자들이 꿈에도 감히 생각하지 못했던 것으로, 웡통허는 경악을 금하지 못했다. 웡통허는 개혁의 주도권과 황제의 총애가 캉유웨이에게 넘어간 후, 보수파들이 그가 황제에게 캉유웨이를 소개시킨 것을 질책했기 때문에 속을 끓였다. 그

---

25) Hsiao Kung-chüan, "Weng T'ung-ho", pp. 162-164.

래서 웡통허는 태도를 바꾸어 캉유웨이가 하는 일을 방해했다. 1898년 5월 26일에 황제가 그에게 캉유웨이의 저서 1질을 수집하도록 요구하자, 웡통허는 캉유웨이를 헐뜯어 말하기를 "신은 평소에 캉유웨이와는 왕래하지 않습니다.⋯⋯이 사람은 속마음을 헤아리기 어렵습니다"라고 했다. 이에 황제가 그에게 왜 이전에는 그것을 언급하지 않았냐고 묻자, 그는 대답하기를 "신은 최근에 그의 『공자개제고』를 읽고 나서야 비로소 발견했습니다"라고 했다. 황제는 웡통허의 태도가 갑자기 변한 이유를 알지 못했고 그의 캉유웨이에 대한 경멸적인 평가에 크게 상심했는데, 자신은 이미 캉유웨이를 존경하고 좋아했기 때문이다. 웡통허와 제자인 황제 사이의 장기적인 신임과 친근한 관계는 눈에 띌 정도로 금이 가서, 황제는 웡통허를 면직하라는 제의를 받아들일 수 있게 되었다. 이 제의는 캉유웨이의 지지자들이 그들의 지도자를 위한 길을 닦아놓기 위해서 획책한 것이었다. 그들은 뇌물을 받았던 것부터 호부를 장기간 주관하는 동안 그가 저지른 비행에 이르기까지를 포함한 죄목을 나열하여 웡통허를 탄핵했다. 자희태후는 웡통허가 황제를 그릇된 길로 끌어들이고 캉유웨이를 소개시킨 것을 몹시 증오했고, 이렇게 되어 자희태후의 허가하에 웡통허는 6월 15일 모든 관직을 삭탈당했다.

이제 황제와 캉유웨이의 대담한 변법계획은 속도를 내게 되었다. 광서제는 자희태후가 두려워 감히 캉유웨이를 매우 중요한 군기처에 진입시키지는 못했지만, 캉유웨이의 조수 몇 명을 중요한 직위에 안배했다. 즉 7월 3일에, 량치차오에게 6품의 관직을 수여하여 번역국의 직무를 책임지게 했고, 9월 5일에는 양루이(楊銳), 류꽝띠(劉光第), 린쉬(林旭), 탄스통(譚嗣同) 4인의 개혁파 인사에게 4품 관직을 수여하여 그들을 군기처 장경으로 임명했다. 린쉬와 탄스통은 캉유웨이의 제자였다. 이 네 장경이 황제와 캉유웨이 사이의 연결 고리가 되었기 때문에, 그들은 사실상 개혁 집행자로서 모든 주요 법령의 초안을 잡고 개혁과 관련된 모든 상소를 읽었으며, 변법에 대해서 무관심한 군기대신은 무시당하게 되었다. "신정(新政)"의 정신은 1898년 9월 12일의 법령 속에 나타났는데, 이 관점들은 이전에는 있었던 적이 없으며 또한 진보적이었다. 즉, 중국과 외국의 정부에 대한 기본원칙은 중국과 서양이 일치하며 변법은 오직 서양에서 정확하고 효과적이고 유용하다고 증명된 방법과 원칙만을 실시한다는 것이었다.

국가를 진흥시키고 다스리는 데에 서양의 방법을 아울러 채택한다. 참으로 백성들을 위한 정부를 세우는 것은 중국과 서양이 모두 같은데, 서양인들은 비교적 자세히 연구했기 때문에 우리의 미흡한 점을 보충할 수 있다. 오늘날 사대부는 외국에 대해서 무지하여 그들 중에는 교육할 수 있는 사람이 거의 없는 것 같으며, 서양 국가들의 정치학은 풍부하고 다양한 내용을 가지고 있고 그것의 주요 목표가 백성들의 지혜를 개발하며 가정을 풍요롭게 하는 것이라는 점을 모르고 있다. 이 학문의 정수는 인간의 성품을 좋게 하고 인간의 수명을 길게 하는 것이다.[26]

6월 11일부터 9월 20일까지의 103일 중 교육, 행정관리, 공업, 국제문화 교류영역에서 약 40–55개에 이르는 항목의 변법법령이 매우 빠르게 잇따라 공포되었다.

1. 교육
   (1) 팔고문을 폐지하고 책론으로 바꾼다(1898. 6. 23).
   (2) 경사대학당을 설립한다(6. 11, 8. 9).
   (3) 각 성에 신식 학당을 설립하여 한학과 서학의 연구에 힘쓴다. 각 성도의 서원을 대학으로 바꾸고 부, 주, 현 학교를 중학당으로 바꾸고 향학은 소학당으로 바꾼다(7. 10).
   (4) 편역학당(編譯學堂)을 설립한다(8. 6).
   (5) 경사대학당 부속 의학당(醫學堂)을 개설한다(9. 8).
   (6) 국영신문을 출판한다(7. 26).

---

26) Hsiao Kung-chüan, "Weng T'ung-ho", p. 165.

(7) 정치경제의 특과고시를 실시한다.


2. 행정관리

(1) 불필요한 인원을 줄이고 불필요한 기구를 철폐한다. 여기에는 다음과 같은
  것들이 포함된다. ① 첨사부, 통정사, 광록시, 홍전시(鴻臚寺), 태상시, 태
  복시, 대리시(大理寺). ② 후베이 성, 광둥 성, 윈난 성 순무. ③ 동하하도총
  독(东河河道總督), 조운둔위(漕運屯衛)와 염운사(8. 30).

(2) 정부의 진보적인 인사 임용(9. 5).

(3) 질질 끌던 악습을 없앨 뿐만 아니라 옛 관습을 수정하고 별도의 새로운
  규칙을 정하여 행정효율을 제고한다(6. 26).

(4) 사민(士民)이 상서하여 말을 하는 데에 조금도 막히는 일이 있는 것을 허
  용하지 않는다(9. 11).

(5) 만주인이 상업에 종사하는 것을 허용한다(9. 14).


3. 공업

(1) 철도를 건설한다.

(2) 농업, 공업, 상업을 발전시킨다.

(3) 발명을 장려한다.

(4) 수도(首都)를 아름답게 꾸민다.


4. 기타

(1) 고위관리들이 외국을 왕래한다(6. 12).

(2) 선교사를 보호한다(6. 12).

(3) 법규를 개선하고 간소화한다(7. 29)

(4) 예산을 기획한다.


비록 광서제와 캉유웨이는 전력을 다하여 개혁계획을 추진했지만, 대다수

의 중앙정부와 성급의 고위관리들로부터 거절당했다. 팔고문 폐지는 과거시험의 책임을 맡고 있는 예부의 강력한 반대에 부딪혔다. 비교적 진보적인 총리아문조차도 12개의 새로운 관리국의 제안에 대해서는 불쾌해했다. 성급기구로 말하면, 후난 성 순무인 천바오전을 제외하고는 모두 개혁법령을 무시하거나 지연시켰다. 이렇게 중앙정부와 지방관리들이 감히 황제의 명령에 도전하거나 그것을 경시한 원인은 그들은 진정한 국가권력은 황제의 수중에 있지 않고, 개혁에 찬성하지 않는 황태후의 수중에 있다는 것을 잘 알고 있기 때문이었다.

## 자희태후와 정변

1889년 자희태후는 이화원으로 물러났지만 여전히 정부권력을 단단히 장악하고 있었다. 그녀는 최고권력에 대해서 대단히 민감하여, 보수적이든 급진적이든 자기의 최고지위를 약화시키는 어떤 변혁도 참지 못했다.

유가의 도덕규범 개념에 영향을 주는 어떤 정치 및 사회체제의 급진적인 변혁, 특히 자희태후의 지위와 권위가 의존하고 있는 효친(孝親) 개념에 영향을 주는 것은 모두 위협으로 간주했다. 그래서 그녀는 "조상의 위패"를 불태우는 것, 경솔한 행동과 일본을 본받는 것—맨 마지막 것은 너무나 수치스러운 일이었다—에 대해서 경고했다.27) 윙통허나 장즈둥이 제창한 보수적인 개혁은 그녀의 구미에 더욱 적합했으며 그들의 "중체서용"의 구호는 그녀의 마음에 꼭 들었다. 전해지는 말에 의하면 "백일유신"이 시작될 때, 그녀는 황제에게 "황제가 조상의 위패를 보존하고 불태우지 않으며, 변발을 자르지

---

27) 내방한 일본 정객인 이토 히로부미를 황제가 자신의 개혁의 총고문으로 초빙할 것을 고려하고 있다는 사실을 안 이후, 태후는 이 경험이 풍부하고 유능한 일본인이 "신정(新政)"을 성공시켜 그녀의 통제를 벗어나게 하지 않을까 염려했다. 그래서 그녀는 황제가 이토 히로부미를 접견할 때 가려진 장막 뒤에 앉아 있을 것을 고집했다. 이런 방해로 인해서 황제는 내방객과 실질적인 것을 논의할 수 없었고 단지 몇 마디 인사말밖에 하지 못했다. 蕭一山, 『清代通史』, 제4책, pp. 2122-2123을 보라.

않으면 나는 간섭하지 않을 것이오" 하고 말했다고 한다.[28] 간단히 말하면 그녀는 기본제도를 뒤엎지 않거나 그녀의 권위를 위협하지 않는 일종의 적절한 개조를 받아들인 것이었다.

그러나 변법이 추진됨에 따라서 팔고문을 폐지하고, 기관의 불필요한 인원과 3개의 순무 직위를 줄이고, 행정에서 옛 관례와 전통적인 절차 등을 대량으로 없애버리는 등의 기타 급진적인 변혁이 진행됨으로 인해서 자희태후는 경각심을 가지게 되었다. 그녀는 본능적으로 변법을 자기 수중에서 권력을 탈취하려는 비밀모략으로 간주했는데, 이것은 바로 캉유웨이와 개혁파 인사들이 기도한 것이었다. 이제 변법은 황제와 황태후 사이의 권력투쟁이 되어버렸다. 그뿐만 아니라 줄곧 두 사람 사이에서 완충작용을 하던 황제의 모친이자 황태후의 누이동생이 1896년 6월에 세상을 떠난 이후 불화는 격화되었다. 1898년 6월, 줄곧 두 사람을 화해시키려고 시도해온 웡통허가 면직됨에 따라서 타협의 희망은 철저히 깨지고 말았다. 태후는 황제를 응징하기로 결심했다. 이 점에서 그녀는 태감총관인 리리엔잉의 영향을 받았는데, 이 사람의 내궁에서의 부패행위는 진보적인 인사들이 용인할 수 없는 것이었다.

황태후는 롱루의 지원하에 한 어사를 부추겨서 황태후와 황제에게 10월에 텐진에 가서 열병을 하도록 주청하게 하고, 그때 롱루와 그의 군대가 한 차례의 군사정변을 일으켜 황제를 폐출시키려고 했다.[29] 황제는 가서 사열하지 않겠다고 맹세했지만 황제가 곧 폐출되리라는 소문이 베이징에 널리 퍼졌다. 캉유웨이는 황제에게 상하이에 새로운 수도를 건립하고 변발을 자르고 복장을 바꾸며 새로운 국호를 채택하여 새로운 시작을 나타낼 것을 건의했다. 개혁파도 위안스카이에게 접근할 계획을 세웠다. 위안스카이는 롱루의 부하로서 텐진 부근에서 7,000명의 신군(新軍)을 훈련시키고 있었으며 이전에 변법과 강학회에 동조한 적이 있었다. 9월 14일, 위안스카이는 베이

---

28) 蕭公權, 『翁同龢』, pp. 142-143, 145.
29) 최근의 한 연구에 의하면 황제 폐출의 논조는 캉유웨이 일파가 보수파를 중상하기 위해서 날조했다고 한다. 劉鳳翰, p. 169를 보라.

징에 도착했으며 이틀 후에 그는 황제의 부름을 받았다. 황제는 그의 군대훈련의 성과와 신학교에 대한 찬조를 찬양하고 그에게 후보시랑(候補侍郞)이라는 관직을 수여했는데, 이는 그가 이후에 롱루로부터 독립하여 독자적으로 행동할 수 있다는 것을 암시한 것이었다.

9월 18일, 롱루는 병력을 톈진과 베이징으로 이동시키고 위안스카이에게 톈진으로 돌아오라고 명령했다. 위안스카이는 아직 황제와의 또 한 차례의 회견을 기다리고 있다는 것을 이유로 얼버무려 넘겼다. 개혁파는 상황이 심각함을 느껴서 탄스퉁을 그날 밤(9. 18) 위안스카이에게 보내어 그가 곧 닥쳐올 열병식에서 황제를 보호해줄 것을 촉구했다. 탄스퉁은 위안스카이에게 다음과 같이 권고했는데, (1) 이화원을 포위하고 (2) 롱루를 살해하고, 그동안에 자신은 책임지고 자객을 보내어 저 늙은이(황태후)를 해치우겠다고 했다. 위안스카이는 교묘하게 어떤 승낙도 회피하고 탄스퉁에게 너무 황급히 행동하지 말라고 경고했다. 그는 애매한 건의를 하여 탄스퉁을 적당히 얼버무려 넘겼는데, 즉 머지않아 도래할 톈진 사열식에서 황제가 되도록 빨리 자기의 막사에 와서 롱루를 살해하라는 명령을 하달하라는 것이었다.[30] 탄스퉁은 캉유웨이에게 그간 일어난 모든 일을 이야기했다. 위안스카이가 협력할 리 없다는 것은 매우 명확하여 캉유웨이는 수도에서 도피하기로 결정했다.

9월 20일 황제는 위안스카이를 접견하면서, 그에게 그가 사명을 완성한 후에 즈리 총독으로 임명하겠다는 비밀칙령을 내린 것 같았다. 오후 3시에 위안스카이는 톈진으로 되돌아가 비밀음모를 모두 롱루에게 말했으며 롱루는 즉시 5시발 기차를 타고 베이징으로 갔다.[31] 황태후 일파는 지체하면 변고가 생길까 두려워 정변 날짜를 앞당겼다. 9월 21일 서태후는 황제의 궁궐

---

30) 위안스카이는 이후에 일기를 출판하여 자기의 행위의 누명을 벗으려고 했는데, 자기는 이화원을 포위하고 롱루를 살해하자는 탄스퉁의 건의에 지극히 놀랐으며 이에 동의하지 않았다고 했다. 그는 탄스퉁이 신임관리로서 그가 왔을 때 "옷소매가 불룩 튀어나와 흉기가 있지 않은가 의심이 되어" 적당히 얼버무렸다고 했다. 위안스카이는 자기가 한 모든 승낙은 협박에 의해서 한 것임을 암시한 것이다. 袁世凱, 『戊戌日記』(1909, 1922)를 보라.

31) 劉鳳翰, pp. 152, 172, 174-175.

을 습격하여 모든 변법에 관한 문건을 절취했다. 바로 그날 그녀는 황제가 질병에 시달리고 있어서 자기가 정권을 인수하지 않을 수 없다고 공개적으로 선포했다. 황태후는 세 번째로 수렴청정(垂簾聽政)하고 광서제는 궁전 서쪽에 있는 중남해의 잉타이에 구금되었다. 103일 후에 변법은 갑자기 중단되었다.

캉유웨이와 개혁파 인사들을 체포하라는 명령이 아주 빨리 내려졌다. 캉유웨이는 이미 하루 전에 다구에서 상하이로 가는 영국 기선을 타고 베이징을 떠났다. 동시에 영국 정부는 상하이 총영사에게 캉유웨이를 구원하라는 지시를 내렸다. 9월 29일 캉유웨이는 영국 군함의 보호하에 안전하게 홍콩에 도착했다. 캉유웨이는 일본 정부의 보호 약속을 받은 후 홍콩에서 배를 타고 일본으로 갔다.[32] 량치차오는 베이징 주재 일본 공사관으로 피신하여 일본 공사관의 보호하에 일본으로 도망했다. 본래 탄스퉁도 탈출할 수 있었으나 그는 한 사람의 순교자가 되기를 맹세했는데, 그는 "자고이래 피를 흘리지 않고 성공한 변법은 없었다"고 주장했다. 겨우 16일 동안 임명되었던, 군기처에 근무하던 4명의 개혁파 인사들과 감찰어사인 양선슈(楊深秀), 캉유웨이의 동생인 캉광런(康廣仁)은 모두 재판을 거치지 않고 즉시 처형되었다. 그들은 모두 "6군자(六君子)"로 불리고 있다. 진보적인 후난 순무인 천바오전과 웡퉁허는 영원히 벼슬 자격을 박탈당했는데, 그 이유는 천바오전은 4명의 개혁자가 군기처에서 직무를 맡도록 제의했기 때문이고, 웡퉁허는 캉유웨이를 황제에게 소개했다고 하여 이미 면직되었기 때문이다. 모두 22명의 개혁파인사들이 체포되고 감금되고 해직되고 유배되고 재산을 몰수당했으며, 캉유웨이의 저서는 금서가 되었다.

---

32) 1898년 10월 1일, 캉유웨이는 홍콩의 일본 영사인 우에노(上野)에게 자기가 일본에서 일본 정부의 환영과 보호를 받을 수 있는지 문의했다. 10월 9일, 오쿠마 수상은 우에노에게 다음과 같은 내용의 전보를 쳤는데, "캉유웨이에게 그는 일본에서 합당한 보호를 받을 것이라고 통지하라"는 것이었다. 우에노는 별도로 캉유웨이에게 일화 350엔을 여비로 주었다. 手代木公助,「戊戌より庚子に至る革命派と変法派の交渉—当時の日青関係の一断面」,『近代中国研究』, 東洋文庫, 7 : 175-176(1966)을 참조하라.

　대다수의 변법조치는 번복되었으며 "백일유신" 기간에 폐지되었던 7개의 불필요한 관직과 3개의 순무 직위는 회복되고 팔고문도 회복되었다. 조정은 정부출판사를 폐쇄하고 결사를 금지했으며 상하이, 한커우, 톈진의 출판인과 편집자를 체포하도록 명령을 내리고 백성들이 국사에 대해서 상서하는 것을 금지시켰다.

　그러나 어느 정도의 온건한 개혁은 여전히 계속되고 있었다. 베이징의 경사대학당과 성도의 학당은 존속이 허가되었다. 만일 지방 및 향급의 중학교와 소학교도 그것들이 당지의 상황에 적합하면 계속해서 운영할 수 있었다. 각 성의 정부는 명령을 받아 불필요한 기구를 취소하거나 합병하고 유휴관원들을 사퇴시킬 수 있었다. 윙통허와 관련이 있는 일부 인사들은 중요한 직위를 유지했는데, 예부상서인 쑨쟈나이는 협판대학사로 임명되어 경사대학당을 관리했고, 전(前) 즈리 총독 왕원사오(王文韶)는 군기대신, 호부상서로 임명되었고 동시에 총리아문대신도 맡았다. 펑구이펀의 『교빈려항의』를 중간(重刊)하여 보수적이고 제한적인 개혁사상을 선전했다. 황태후는 변법 자체는 결코 나쁘지 않지만 캉유웨이가 그것을 망쳤다고 분명하게 말했다.

　황제가 한 차례의 전통적인 제도를 완전히 무시한 변법을 추진하고, 신뢰할 수 없는 인물들에게 의존했으며, 황태후의 수중에서 권력을 탈취하려고 시도했기 때문에 황제는 자신의 어리석음에 대한 대가를 지불해야 한다는 것이었다. 자희태후가 전국에 황제의 병세가 매우 심하다고 선포하여 황제가 곧 처형되리라는 추측이 널리 유포되었다. 베이징에 주재하고 있는 외교사절들은 황제와 관련된 비밀리에 발생한 어떤 불행한 사건도 모두 간섭을 야기할 것이라고 경고했다. 외국의 압력하에 조정은 프랑스 의사가 황제의 병을 진찰하는 것에 동의했다. 바로 이 의사의 입증으로 외국인은 비로소 황제가 아직 살아 있다고 믿었다. 오직 복수하려고 하는 마음에 사로잡혀 있던 태후는 황제를 폐출하는 것의 타당성에 대한 의견을 각 성에 요구했다. 난징에 주재하고 있던 총독 류쿤이는 이 견해에 격렬히 반대했는데, 그는 "군주와 신하의 구분은 이미 정해져 있고, 국내외의 입은 막기가 어렵습니다” 하고 예리하게 주장했다. 좌절을 당했지만 황태후는 두려운 것이 없었다. 이듬해(1899) 겨울에, 또 황제를 폐출하는 기도가 싹트고 있었는데. 왕조의 관례와는 반대로 자희태후는 광서제의 후계자를 선택했다.33) 다시 사람들은 광서제의 생명을 걱정하게 되었다. 외국 사절들은 계승자 선정을 경하하는 황태후의 초청을 받아들이지 않았으며, 1,200명의 상하이의 명사들은 전보를 쳐서 황제를 보호할 것을 요구했다. 자연히 이 모든 것은 황태후를 몹시 노하게 했다.

## 변법 실패의 원인과 영향

변법이 실패한 원인으로는 주로 유신파의 경험 부족, 치밀하지 못한 전략, 황태후의 대권 독점과 보수파의 강력한 반대를 꼽아볼 수 있다.

**유신파의 경험 부족**  1898년에 캉유웨이는 40세였을 뿐이고, 그의 주요 지지자인 량치차오는 겨우 25세였으며, 두 사람 모두 이전에 정부에서 근무한 경험이 없었다. 변혁 이전에 외국에 나가본 적도 없고, 서양의 문화와 제도에 대한 이해는 오직 표면적인 것에만 국한되어 있었으며, 서양에 대한 인식 역시 그들이 읽은 선교사들의 출판물과 홍콩 및 상하이에 대한 식민통치 관리에 대한 견문에 국한되어 있었다. 장즈둥은 그들이 서양의 문화와 제도를 진정으로 이해하지 못했다고 비웃었는데, 이는 결코 놀랄 것이 못 된다. 특히 캉유웨이는 이상주의자이며 사상가였지, 결코 실천적인 정치가는 아니었다. 그는 현실적인 정치에 대한 인식이 부족했고, 정치권력을 사용해본 적도 없었다. 그는 황제를 자신의 편으로 끌어들여 권력의 법률상의 근원으로 삼을 수는 있었지만, 국가의 명실상부한 권력은 태후에게 있다는 분명한 사실을 등한시했다. 그는 성공에만 급급했고, 변법이 다른 사람들에게 끼칠 영향

---

33) 푸이(溥儀).

을 조금도 고려하지 않았다. 그는 순진하게도 황제의 지지하에 모든 곤란을 극복할 수 있으리라고 믿었다. 그는 급진적인 변법은 사실상 유학자가 통치하는 국가와 사회 전체에 대한 전쟁이라는 것을 깨닫지 못하여, 결국 다방면으로부터의 강력한 반대를 야기할 수밖에 없었다. 팔고문의 폐지는 일생 과거시험을 준비해온 생원들의 장래에 해를 끼치는 것이기 때문에, 그들은 돌연히 자신이 공부한 것들이 정부가 필요로 하는 것이 아님을 알아차렸으며, 그래서 캉유웨이를 "잡아먹어버리겠다"고 맹세했다.

불필요한 기구 폐지, 3개 순무의 직위철폐 및 12개 신국 창설의 건의는 모든 현직 관리들을 해임으로 인한 공황 상태에 빠지게 했고, 경력에 따라서 현직자를 승진시키는 것이 아니라 실제적인 지식이 있는 사람의 임용을 요구한 것은 관료사회에 불안감을 불러일으켰다. 군사개혁은 만주족인 팔기와 한족인 녹영의 특권에 위험이 미치게 했고, 부패에 맞서라는 지적은 환관 우두머리인 리리엔잉이 가장 열중하는 사기행위를 중지시키는 것이었으며, 사원을 학교로 바꾸라는 명령은 승려를 격분시켰다. 황제를 제외한 모든 개혁세력이 다 한족이라는 사실은 만주족 사람들 사이에 두려움을 야기했다. 이런 모든 사람들, 즉 유생, 관료, 군관, 환관, 승려와 전(全) 만주족은 모두 변법을 취소시키려고 들었다.

진보적인 인사들은 그들을 기다리고 있는 위험에 대해서 전혀 모르고 있지는 않았다. 그러므로 캉유웨이의 아우는 일찍이 그에게 몸을 뺄 것을 권유했다. 캉유웨이를 제거하기로 결정한 웡퉁허는 황제가 그가 떠나는 것을 견디지 못할 것이라는 구실 하에 그에게 남으라고 권유했다. 캉유웨이 자신은 황은에 감격하여 떠날 생각이 없었고, 살고 죽는 것은 오직 하늘에 달렸으며 인력으로 통제할 수 있는 것이 아니라고 했다. 캉유웨이의 아우와 량치차오는 캉유웨이를 공사의 신분으로 일본에 보낼 계획을 세웠지만, 정작 광서제가 파견한 것은 다른 개혁파 인사였다.[34] 황제는 캉유웨이에게 너무나 의존

---

34) 황준시엔(黃遵憲).

하고 있었기 때문에 그가 떠나는 것을 허락하지 않았다. 또한 캉유웨이는 지나치게 자부심이 강하여 일을 중도에 그만두고 싶지 않았다. 태후의 공격을 받았을 때, 유신운동은 겨우 103일간 실행되었을 뿐이다.

**자희태후의 권세**  1861년 이후 37년간 황태후는 줄곧 국가의 최고 권력자였다. 그녀는 경험이 풍부하고 지위가 탄탄했기 때문에, 경험이 부족한 극소수의 개혁파 인사들은 그녀를 동요시킬 수 없었다. 비록 그녀가 1889년에 물러나기는 했지만, 그녀는 줄곧 정치와 군사의 업무를 단단히 장악하고 있었다. 군기처에 있는 그녀의 심복이 그녀에게 모든 정책결정 사항을 보고했고, 궁안에 있는 환관들은 황제의 일거수 일투족을 감시했다. 또한 톈진에 있는 그녀의 추종자인 롱루가 북양 군대를 관장했다. 어떤 일도 그녀의 예리한 눈을 피해갈 수 없었다. 롱루의 부대는 다구, 톈진, 퉁저우와 수도 및 그 부근 지역에 주둔하여 수시로 그녀의 이익을 보위했다. 이 병사들은 외국의 침략자 앞에서는 쓸모가 없었지만 개혁파의 국내에서의 모든 행동을 좌절시키기에는 충분했다. 확실히, 1861년의 정변 이래 롱루는 줄곧 황후의 근접 경호원이었다. 어떤 군대도 직접적으로 장악하지 못한 황제와 이상주의적인 개혁자들은 오직 위안스카이에게 도움을 청할 수밖에 없었지만, 위안스카이는 지나치게 총명하고 기회주의적이었으며 황제와 태후 간의 투쟁이 최종적으로는 어떤 결과로 끝날지를 알았다. 위안스카이가 승리하는 쪽을 선택함으로써 변법의 실패를 가속화시켰다.

**보수파의 반대**  유가도덕의 전통적인 수호자임을 자처하는 보수파[35]는 개혁파를 "군주도 없고 아비도 없다"고 공격했으며, 그들이 민권과 개인평등을 제창했을 때 대인관계의 기본원칙인 "삼강"을 혼란에 빠지게 했다고 비난했다. 캉유웨이는 공자를 개혁가라고 말하고, 고문헌의 진실성을 의심했는데,

---

35) 예더후이, 왕신청(王新誠) 같은 인물들이다.

유가도덕의 수호자의 눈에는 이것이 모멸이자 이단으로 보였다. 예더후이 (葉德輝)는 캉유웨이가 성인을 이용하여 사리(私利)를 추구한다고 비난하고 그가 "외모는 공자 같지만 마음은 오히려 오랑캐와 같다.……하물며 지금의 공양학은 한나라의 공양학도 아니다. 한나라의 공양학은 한나라를 숭상했는 데 지금의 공양학은 오랑캐를 숭상한다"고 비웃고 그는 멸시적인 어조로 "그 가 한 말은 쓸 수 있으나 그 사람은 결코 쓰면 안 된다"고 주장했다.[36]

온화한 개혁파와 제도개혁에 찬동한 사람들조차도 모두 캉유웨이의 해설 을 받아들이기는 어려웠다. 캉유웨이가 황제의 관심을 끌도록 해준 웡통허 는 『신학위경고』를 읽고 난 후, "정말 여우 같은 경서 주석자이다", "나는 놀람을 금할 수 없다"고 캉유웨이를 논평했다.

진보적인 후난 순무인 천바오전은 캉유웨이의 『공자개제고』가 유가에 대 한 평범한 학술해석을 뛰어넘었고, 위험하며, 사람이 혐오하게 만드는 정치 적 암시를 함유하고 있다고 평론했다. 쑨쟈나이는 제도개혁의 찬동자이자 경사대학당의 교장이었지만, 그가 황제에게 말한 바 그대로 이 저서를 비판 했다. 그는 다음과 같이 말했다.[37]

제8권 중……「공자제법칭왕(孔子制法稱王)」편은 참위(讖緯)의 서적을 잡다하 게 인용하고 억지로 영향력을 가하여, 필히 공자가 제도를 고치고 왕이라고 칭했 다는 것을 증명하려는 것입니다. 삼가 이것을 가르친다면, 사람마다 제도를 개조 하려는 마음이 존재하고, 사람마다 소왕(素王)이 될 수 있다고 말할까 두렵습니 다. 학당의 설립은 본디 인재를 교육하기 위함인데, 결국 백성의 뜻을 현혹하게 되어 천하를 혼란에 빠뜨리게 되는 것입니다.

그래서 캉유웨이가 재지(才智)를 발휘하여 금문학파 지지자들에게서 큰 명 성을 얻었을 때, 수많은 온화하고도 신중한 학자들과는 소원해졌는데, 그들 은 캉유웨이의 작품 속에 내포된 위험한 의미를 도저히 받아들일 수 없었다.

---

36) 李守孔, p. 546.
37) Hsiao Kung-chüan, "Weng T'ung-ho", pp. 158-174.

캉유웨이가 소왕(무관의 제왕, 공자를 가리킴)에서 취한 호(號)인 "장소(長素)"는 "무관의 제왕의 충실한 추종자" 혹은 완전히 "영원한 무관자"라는 이중적인 의미를 가지고 있는데, 이는 참으로 아이러니컬한 일이다.

요컨대 캉유웨이는 사상가였지, 실천적인 정치가는 아니었다. 그의 급진적인 개혁은 청 왕조를 구하려고 하는 용감한 시도였지만 그것은 1860년대에 자강운동이 시작한 점진적 변혁의 일반적 추세와의 급작스러운 단절을 의미했다. 변법이 그것이 처해 있던 시대를 훨씬 더 앞서간 것은 분명했다. 왕조의 전면적인 쇠락과 노화로 보아, 사람들은 비록 변법이 전면적으로 실시되었다고 해도, 그의 계획이 왕조를 구제할 수 있었을지에 대해서 의심을 품었다.

1898년 유신 실패가 미친 영향은 심대했다. 우선, 그것은 위에서부터 아래로의 진보적인 개혁이 불가능한 것임을 증명했다. 두 번째로, 황태후 그리고 정계에 복귀한 완고한 보수파의 통제하에서 조정은 영도 능력을 전혀 갖추지 못했다. 조정은 배외주의와 의화단 사건을 부추겨, 1900년 8국 연합군의 베이징 점령을 야기했다. 그리고 한족 반대 정책으로 개혁자를 박해했기 때문에 만주인과 한족 사이의 분열을 확대시켰다. 반동적인 군기대신인 깡이(剛毅)는 "개혁은 한족에게는 유리하고 만주족에게는 해로운 것이다. 만일 나에게 재산이 있으면 가복과 그 혜택을 공유하기보다는 차라리 나의 친구들에게 주겠다"라고 했다. 세 번째로, 점점 더 많은 한인들은 그들의 장래는 만주족의 왕조를 철저히 전복시키느냐에 달렸으며, 이런 사업은 평화적인 변혁을 통해서는 실현시킬 수 없고 오직 하층에서 시작된 유혈혁명으로만 실현 가능하다고 느꼈다. 쑨원이 앞장서서 이 사업을 추진했다.

# 16
# 의화단 운동, 1900년

1898년 무술정변은 권력구조 전체를 반전시켜놓았고, 한족 급진파와 온건파의 세력을 약화시켰으며, 반동적인 만주인이 다시 요직을 차지했다. 룽루, 위루(裕祿), 치슈(啓秀)가 군기처에 진입했는데, 완고하고 보수적인 군기대신 깡이가 나날이 자희태후의 총애와 신임을 얻음으로써 태후에 대한 영향력이 룽루보다 더욱 커졌다. 이들은 국제정치의 현실에 대해서 아무것도 몰랐기 때문에, 외교활동 및 각국과 타협하는 것을 거부하고 도리어 완고한 배척정책을 제창했다. 그들의 영향으로 태후도 다시는 외국 열강에 더욱 많은 양보를 하지 않기로 결정했다. 시련의 순간이 도래했다. 즉 1899년 2월, 이탈리아는 저장의 싼멍 만(灣)을 할양하라고 요구했지만, 태후는 저장의 순무에게 지체 없이 적군의 상륙을 격퇴하라고 명령했으며 10월에 이탈리아는 굴복했다. 새로운 비타협정책이 확인된 것이었다. 1899년 11월 21일, 태후는 의기양양해서 각 성의 당국에 더 이상 강화에 대한 환상을 가지지 말라고 훈령했다.[1]


## 의화단 사건의 배경

외국 세력에 대한 강렬한 배척감정은 태후가 있는 궁정에 충만했을 뿐만 아

---

1) Chester C. T'an, *The Boxer Catastrophe*(New York, 1955), p. 32.

니라 지식인[士人], 관리, 신사(紳士)와 광대한 민중 속으로 깊이 스며들었다. 반세기에 걸친, 전쟁이든 평화이든 간에 외국으로부터 받은 치욕은 그들의 민족적 자긍심과 자존심에 깊은 상처를 입혔다. 중국 땅에서 우쭐거리며 거드름 피우는 외국 공사와 기세등등한 영사 및 선교사와 자신의 사리사욕만 챙기려는 상인들은 그들에게 중국의 불행을 연상하게 했다. 사람을 괴롭히는 불공정의 감정이 일종의 강한 복수심을 낳게 하여, 한 차례의 광범위한 외국 세력 배척운동을 통해서 폭발했다. 물론 대량의 사회, 경제, 정치와 종교적 요소들도 이 운동의 발발을 초래했다.

**기독교에 대한 증오**  유가사상, 도교와 불교의 교화의 영향을 받은 중국인들은 포함의 보호하에 침략한 기독교를 증오했다. 1858년의 톈진 조약은 기독교가 내지에서 자유로이 전파되는 것을 허용했으며, 1860년의 베이징 협정은 선교사가 토지를 임대하거나 매입하여 교회를 지을 수 있는 권리를 보증해주었다. 국기와 조약의 보호하에 선교사들은 중국에서 자유롭게 활동했다. 그들은 신도들을 모으기가 힘들었기 때문에 태도를 바꾸어서 신도들에게 보조금을 주거나 그들이 정부 및 비정부기관의 방해와 모욕을 받지 않도록 보호해주었다.2) 중국인들은 이런 자국의 기독교도들을 "교회 밥을 먹는다"고 경멸했는데, 다시 말하면 "교회 밥을 먹는다"는 것은 그들이 교회에서 나오는 수입으로 생활한다는 의미였다. 금전상의 보상을 받고 신앙을 바꾼 사람들에게 어떤 숭고한 목적이 있었다고 말할 수 없는 것은 확실하다. 대다수 사람들은 사회의 하층계급 출신의 빈민들이었고, 선교사들과의 연계를 이용하여 자주 이웃을 괴롭히고 법망을 피했다. 이런 신도들이 골치 아픈 일이나 소송에 휘말렸을 때 선교사들이 자주 와서 그들을 도와주었으며, 그들을 대신하여 지방관에게 너그러이 용서해주기를 청했다. 선교사들의 신도들에 대한 비호 능력과 관아에 대한 영향력, 그리고 금전 및 부를 제공하는 유혹의 힘이

---

2)『해국도지』는 기독교로의 개종자 1인당의 장사 보조비가 130냥이라고 언급하고 있으나『중서기사(中西紀事)』는 1인당 4냥의 보조비라고 보고했다.

민중 앞에 모습을 드러내어 약자와 기회주의자들을 입교하도록 유인했지만, 강자 및 민족 자긍심을 가지고 있는 사람들은 이런 선교사들을 혐오했다.

향신(鄕紳)들은 기독교를 사회의 분열을 일으키는 허무맹랑한 이단교파로 간주했다. 신도들은 보살에게 절을 하지 않고, 공자와 조상을 숭배하고 존경하지 않으며 현지의 귀신에게 제사를 지내는 경축일 활동에도 참여하지 않았는데, 이것은 향신들을 크게 격분시켰다. 유가의 예절과 의식의 수호자를 표방한 그들은 모든 외래 종교와 사상의 노골적인 침범을 증오했고, 그들은 종종 종교사건의 비밀선동자였다. 중국에서 일종의 "이단"신앙인 기독교는 배외주의의 기본 원인이자 초점이었다.

**민중의 제국주의에 대한 분노**　1897년부터 1898년까지 외국 침략의 속도가 빨라지자 일종의 멸망의 위기에 직면했다는 느낌이 날이 갈수록 커졌다. 1898년 4월 17일 보국회(保國會)가 베이징에서 결성되기 전, 캉유웨이는 중국은 제2의 버마, 베트남, 인도, 폴란드가 될 위험에 처해 있다고 경고했다. 진보적인 인사들은 급진적인 개혁을 통해서 민족자구(民族自救)를 추구할 것을 건의했지만, 반대세력과 무지몽매한 무리들은 외국인을 살해하여 그들의 분노를 풀기를 갈망했다.

**외국 경제지배 아래에서의 어려운 생계**　아편전쟁 이후, 외국 수입상품의 대량 유입은 민족경제를 억제하는 결과를 낳았고, 고정불변의 5퍼센트의 종가세는 중국의 보호성 관세를 훼손했다. 외국 면포 판매가는 겨우 중국 무명의 3분의 1로, 국내의 방직자와 방직품 제조자의 파산을 초래했다. 가내수공업은 외국과의 경쟁에 직면하여 상황이 갈수록 나빠졌고, 수많은 노동자들이 실직했다. 태평천국 시기에는, 생활의 어려움이 심해졌으며 기근이 성행했기 때문에, 가난한 사람은 토적, 유민, 소요 분자가 되었다. 수많은 극도로 빈곤한 사람들은 먼저 자신의 불행을 태평군의 탓으로 돌렸지만, 결국에는 증오를 외국인에게로 돌렸는데, 그 이유는 외국인이 외래의 기독교 이데올로기로 폭동을 야기했기 때문이었다.

태평천국 후기에 외국 무역이 가일층 확대된 것은 외국의 중국 시장에 대한 지배를 부단히 가중시켰다. 그뿐만 아니라 자강운동 시기(1861-1895)에는 대량의 서양식 기업 및 공업과 상당히 많은 외국 자본이 도입되었다. 1899년에 중국의 무역적자는 6,900만 냥, 정부의 예산적자는 약 1,200만 냥이었다(1억100만 냥의 지출 : 8,900만 냥의 세수).

적자에 대한 균형을 맞추기 위해서 조정은 세율을 증가시키는 한편, 헌금을 하도록 각 성에 간청했는데, 이 부담은 결국 백성들의 머리 위로 떨어졌다. 심하게 착취당하여 생활고를 견딜 수 없었던 모든 사람들은 도적행위와 비밀결사를 통해서 위안을 추구했다.

그뿐만 아니라 외국 철도시설은 전통적인 운송체계를 크게 파괴했다. 2개의 오래된 남북 간선—대운하와 한커우에서 베이징까지의 육로—은 철도와의 경쟁에서 실패하여 수천수만 명의 선부, 마부, 객잔 주인과 상인들이 직업을 잃었다. 남쪽에서 오는 조공미 운송이 1900년에 현금 지불로 바뀌면서 대운하는 거의 구식의 쓸모없는 것이 되어버렸으며, 이것은 연안 도시와 백성들의 생활을 쇠퇴시켰다.

19세기 말에 이르러, 농촌공업이 파산하고 국내상업은 나날이 쇠퇴했으며, 실업은 나날이 증가하여 민생은 나날이 어려워졌는데, 이런 것들이 모두 중화대지(中華大地)를 괴롭히고 있었다. 수많은 사람들은 이 안타까운 현상을, 외국의 중국경제에 대한 부정적인 영향과 통제의 탓으로 돌렸다. 이로 인해서 생겨난 외국인과 외국 것에 대한 적의는 놀랄 일이 아니었다.

**자연재해** 경제부진 이외에 일련의 자연재해는 생활의 어려움을 한층 더 가중시켰다. 1852년에 허난에서 산둥으로 물길이 바뀐 황허 강은 1882년 이후 자주 범람했다. 1898년, 황허 강은 다시 제방이 무너져서, 산둥 경내의 수백 개의 마을을 물에 잠기게 했으며, 100만 명이 넘는 사람들이 재해를 입었다. 이와 비슷한 수해는 쓰촨, 장시, 장쑤, 안후이에서도 발생했다. 그리고 마치 논밭이 침수되는 재해로는 부족하다는 듯이, 1900년에 베이징을 포함한 화북 대부분의 지역에 한차례의 큰 가뭄이 잇달아 왔다. 자연재해의 피해자들과 미신을 믿는 사대부들은 불행을 외국인의 탓으로 돌렸다. 그들은 외국인이 이단사교를 선전하고 공자, 보살, 조상 숭배를 금지하여 신령들의 비위를 거스르게 했다고 확신했다. 외국인들은 철도를 부설할 때 땅속의 "용맥(龍脈)"을 훼손시키고 채광 시에 산중의 진귀한 기운을 몰아내버렸다는 비난을 받았다. 신사들은 외국인이 토지의 평온을 파괴하고 풍수라는 자연의 작용을 어지럽힌 것에 대해서 책임을 져야 한다고 생각했는데, 그 이유는 그런 행위가 인간과 자연의 조화를 파괴했기 때문이라는 것이었다. 그들은 주장하기를, 만약 중국이 편안하고 행복하게 생활을 하려고 한다면 이런 나쁜 영향을 제거해야 한다고 했다. 문제는 어떻게 하면 강력한 무기를 가지고 있는 외국인들을 몰아낼 수 있는가 하는 것이었다.

중국은 빈곤하고 쇠약한 국가여서 군사적인 수단을 통해서 그들을 쫓아버릴 수는 없었다. 그러나 일부 사람들은 천진난만하게도 중국은 초자연의 힘을 이용하여 총포가 효과를 볼 수 없게 할 수 있을 것이라고 믿었다. 바로 미신, 경제불황, 극도의 빈곤, 외국 제국주의에 대한 대중의 분노와 선교사에 대한 증오의 분위기 속에서 한차례의 대규모의 외국인 배척폭동이 1900년에 발생했다.

## 권민의 기원

"권민(拳民, Boxer)"은 외국인이 의화권(義和拳)이라는 중국의 한 비밀결사의 구성원들에게 지어준 명칭이다. 그 이유는 이 조직의 구성원들이 모두 중국 전통무술인 권술(拳術)을 연마하기 때문이었다. 의화권은 1796- 1804년의 반란을 선동한 반청 비밀교파인 백련교와 관련이 있는 팔괘교(八卦教)의 한 분파였다. 청나라 정부 측이 처음으로 의화권을 언급한 것은 1808년의 한 조령(詔令) 속에서이다. 산둥, 허난, 장난(장쑤 성과 안후이 성)에서 의화권과 팔괘교라는 이름 아래 모인 검을 찬 건달들이 출현했는데, 그들은 시장에서 천막을 치고 도박을 하며 현지인들을 기만하고 있다고 기술했다. 비록 관아의 금지를 당했지만, 1818년에 이르러 의화권은 즈리까지 세력을 넓혀 활동을 계속했다. 1890년대에 이르러 조정에 반대하는 이 비밀단체는 외국 세력 배척의 색깔을 띠었는데 그들은 외국인과 그들의 중국인 앞잡이들을 모두 죽이겠다고 맹세했다. 보수적인 산둥 순무인 리삥헝(李秉衡)은 그들의 활동을 격려했으며 그의 후임자인 위시엔(毓賢) 역시 반동적이어서, 1899년 그들의 명칭을 의화단(정의롭고 화합을 하는 민병)이라는 이름으로 개명해 주었다.3)

권민들은 외국인을 "대모자(大毛子)"라고 부르고 중국의 기독교도들과 양무에 종사하는 사람들은 "이모자(二毛子)", 서양 물건을 쓰는 사람은 "삼모자(三毛子)"라고 불렀으며, 모든 "모자(毛子)"들은 모조리 죽여 없애야 한다고 생각했다.

권민들이 신봉하는 뭇 신들은 전설에 나오는 인물들과 역사상의 인물들로 이루어져 있었다. 그들이 숭배하는 수많은 신들 중에는 옥황상제(도교의 신), 관우(전쟁의 신), 제갈량(총명한 전략가), 항우(서초패왕[西楚霸王])가 있었다. 의화권의 강령과 가장 미신적인 백성을 매료시킬 수 있는 기본요소는 마술이었다. 그들은 그것을 100일간 훈련하면 총상을 입지 않을 수 있고 400일간 훈련을 하면 하늘을 날 수 있다고 주장했다. 그들은 부적과 주문뿐만 아니라 의식을 통해서 초자연적인 힘을 얻으려고 했다. 그들은 한편으로는 작은 목소리로 천병(天兵)과 천장(天將)을 불러들인다는 주문들을 외우고 또다른 한편으로는 맨발을 한 사람이 그려져 있는 작은 노란 종이를 불태우고 전쟁에 임했다. 외국을 배척하기 때문에, 권민들은 구식 칼과 창을 사용하고 총과 대포는 사용하지 않았다.

권민들은 원래는 청조에 반대하던 사람들이었지만 1890년대에 들어와서

---

3) 권민 기원의 설명은 권위 있는 자료에 근거한 것이다. 勞乃宣,「義和拳教聞源流考」(1899).

는 조정을 지지하고 외국을 배척하게 되었다.4) 그들은 "1마리 용, 2마리 호랑이, 300마리 양"을 잡겠다고 맹세했는데, 용이 상징하는 것은 1898년 개혁을 발기한 광서제이고, 2마리 호랑이는 양무에 종사하는 경친왕(慶親王) 혁광과 리훙장이었다. 그리고 300마리 양은 외국인과 관계가 있는 수도인 베이징에 거주하는 관원들이었다. 권민들은 오직 18명의 조정관원만은 살아 있어야 한다고 선언했는데, 이 사람들은 물론 권민을 지지하는 고집스러운 반동분자들이었다.

## 조정이 권민을 감싸주다

1890년대에 산둥 성의 권민들은 대도회(大刀會)라는 명칭하에 특별히 적극적으로 활약했는데, 그들은 이 성에서 반동세력인 순무 리삥헝의 은밀한 격려를 받았다. 리삥헝은 그들이 일으킨 사건을 교묘히 비호해주었고 동시에 진압이 아니라 화해의 정책을 채택했다.5) 그러나 1897년 두 명의 독일 선교사가 살해되었을 때 조정은 독일 공사의 압력으로 리삥헝의 직위를 해제했다.6) 이 사건은 또한 독일이 자오저우 만(灣)을 요구하는 구실을 주어, 이로 인해서 기타 열강의 중국 분할 위기를 촉발시켰다. 1899년 3월 위시엔은 이미 정세가 매우 불안한 산둥 성의 순무로 임명되었다. 그는 리삥헝과 마찬가지로 외세를 배척하며 권민과 대도회를 계속해서 지지했고, 각 부와 현의 관원들과 지방관들에게 선교사와 신도들의 요구와 원망을 마치 휴지 조각 대하듯이 무시할 것을 명령했다. 그의 보호하에 권민은 부청멸양(扶淸滅洋 : 청나라를 일으키고 서양을 내쫓자)의 기치를 내세웠다. 순무는 백은으로 그들을 돕고 권민을 초청하여 그들이 권단(拳壇)을 설립하여 병사들을 훈련시키게 했다. 800여 개의 이런 권단들이 갑자기 생겨났는데, 대운하 이서 지역에 집중되어 있었으

---

4) 상세한 논술은 Victor Purcell, *The Boxer Uprising*(Cambridge, 1963), 제9장, 제10장을 보라.
5) T'an, p. 46.
6) 얼마 후에 쓰촨 총독으로 승진했다.

며 이곳 백성들은 가장 심한 수해를 입었다. 앞에서 말했듯이 위시엔은 "의화단"이라는 새로운 이름으로 권민을 존칭했다. 청 정부 측의 지지에 고무되어 권민들의 선교사와 신도들에 대한 공격은 점차 확대되었다.

그러나 1899년 12월, 다시 외국의 압력으로 인해서 조정은 위시엔을 해직하지 않을 수 없었다. 위시엔은 베이징에 이르러 권민은 이용할 수 있다고 칭찬하고, 이들에 대한 어떤 진압행위도 모두 중국 자신의 이익을 손상시키는 것이라고 주장했다. 반동적인 단친왕(端親王), 장친왕(莊親王)과 군기대신 깡이는 그의 주장에 매우 탄복하여 함께 황태후에게 권민을 이용할 것을 건의했고, 서양인의 침략에 분노하고 있던 황태후는 이 주장을 흔쾌히 받아들였다. 위시엔은 산시(山西) 성의 순무로 승진했으며, 산둥에서의 그의 직무를 이어받아 진압정책을 적극적으로 지원한 순무 서리(署理) 위안스카이는 베이징으로부터 권민을 징벌하지 말라는 경고를 받았다. 1900년 1월 3일, 베이징은 위안스카이에게 진압의 방법이 아니라 설득과 위로를 사용할 것을 지시했지만 그가 이 지시를 거절함으로써 산둥 성의 권민은 진압당했다.

그러나 조정은 계속해서 권민을 총애했고, 1900년 1월 12일에는 자신을 보호하고 촌장을 보호하기 위해서 군사를 훈련시키는 사람을 토적으로 여겨서는 안 된다는 명령을 공표했다. 4월 17일, 조정은 분수에 만족하고 법을 지키는 촌민이 단련을 조직하여 스스로를 지키는 것은 고대의 "수망상조(守望相助 : 인근 마을 간에 서로 망을 보며 위험이 닥쳤을 때 돕다)"의 의의와 부합하기 때문에 이런 활동을 금지해서는 안 된다고 선포했다. 권민은 더욱 대담해지고 열정이 고조되어 외국 노예화의 상징인 철도와 전선을 훼손했다. 1900년 5월 초에 조정은 의화단을 군대로 조직할 것을 고려했지만, 위루와 위안스카이의 반대에 부딪혔다. 권력을 쥔 반동인물들은 이 일을 중지하기를 원하지 않았으며 깡이는 끊임없이 황태후에게 충고하기를, 권민에게는 신의 보우가 있을 뿐만 아니라 칼과 총을 맞아도 다치지 않으니, 중국이 외국인을 쫓아내기 위해서 의지해야 할 것은 바로 이 사람들이라고 했다. 태후는 비밀리에 깡이에게 권민을 베이징으로 불러들여 궁궐에서 시범을 보이게 했으며, 그들이 칼과 총을 막아낼 수 있다는 것을 확인한 후에 그녀는 그들의 수령[7]을 칭찬하고 동시에 시녀를 포함한 궁궐 내의 시종들이 권법을 연마하도록 명령했다. 왕공대신은 즉시 권민을 초빙하여 그들의 주택을 지키게 했을 뿐만 아니라 권민의 신에게 향을 피우고 공양을 했다. 정부 정규군의 절반이 권민에 가입하여 양자 사이의 구별이 사라졌다. 사람들은 미친 듯이 무예를 연마했다.

고조된 외세 배척의 정서로 인해서 베이징의 외교사절은 경각심을 가지게 되었다. 5월 28일에 그들은 이를 방비하기 위해서 톈진 항 밖에 있는 군함으로부터 호위병들을 데려왔다. 총리아문은 처음에는 동의하지 않았지만 뒤이어 마지못해 이 호위병 동원에 동의하고 동시에 모든 국가의 공사관의 이런 호위병 수를 30명으로 한정시키려고 시도했다. 그러나 6월 1일과 3일에 베이징에 도착한 제1분대는 75명의 러시아인과 75명의 영국인, 75명의 프랑스인, 50명의 미국인, 40명의 이탈리아인과 25명의 일본인으로 구성되어 있었다.

권민들은 5월 29일에 조정에서 보낸 또다른 칙령의 격려를 받았는데, 이 칙령은 각 성의 관원들에게 권술을 연마하는 사람들 중에는 좋은 사람도 있고 나쁜 사람도 있으니 무분별하게 권민들을 공격하지 말라고 지시했다. 이런 정부의 허가는 권민의 열정을 불러일으켰다. 6월 3일 권민들이 경진(京津) 철도선을 절단함으로써 형세는 급격히 수습이 불가능한 상태에 빠지게 되었다.

이제 조정은 완전히 반동분자들에 의해서 장악되어버렸다. 단친왕이 경친왕을 대체하여 총리아문의 수장이 되었고 쉬통과 치슈도 총리아문대신으로 임명되었다. 외국 사절들이 얻은 결론은 조정이 베이징에 거주하고 있는 모든 외국인들을 살해하려고 한다는 것이었다. 영국 공사는 톈진의 해군대장 시모어에게 긴급 지원을 요청했다. 6월 10일 새벽, 2,100명으로 구성된 각국 연합군이 기차를 타고 톈진을 떠났지만 베이징과 톈진 사이에 있는 랑팡에

---

7) 리라이중(李來中)과 차오푸티엔(曹福田).

서 권민을 만나게 되었다. 격렬한 전투가 발생하여 외국인의 전진은 저지되었다. 베이징과 톈진 사이의 전보선이 절단되었으며, 베이징에 있는 외국인의 처지가 예측할 수 없게 되어 사람들을 예의 주시하게 했다. 6월 10일 권민은 시산에 있는 영국 공사관의 하계 거처를 불태워버렸으며, 다음 날 일본 공사관 서기인 스기야마 아키라(杉山彬)는 동푸샹(董福祥)의 부대에 의해서 살해당했는데, 이 반동적인 회교도 장군은 이전에 일찍이 자희태후에게 자기에게는 외국인을 죽일 힘이 있다고 큰소리쳤던 것이다. 전쟁의 유령이 풀려나옴으로써 이제 이 굶주린 유령은 화북 땅에서 아무런 통제도 받지 않고 침을 흘리며 한가롭게 돌아다니게 되었다. 6월 13일, 조정은 공사관 요원은 공사관 호위병의 충분한 보호를 받고 있기 때문에 더 많은 외국 부대가 베이징에 올 필요가 없다고 선포했다. 같은 날, 수많은 난폭한 권민이 베이징으로 밀려들어왔다. 그들은 교회와 외국인의 거처를 불태웠고, 또한 그들이 만난 중국인 신도들을 죽이거나 생매장을 시켰다. 그들은 마테오 리치, 아담 샬, 페르비스트 같은 초기 선교사들의 무덤을 포함한 선교사들의 무덤을 파내버렸다. 6월 14일에 그들은 수차례 공사관 호위병들을 습격했고 6월 20일에는 독일 공사 클레멘스 폰 케텔러를 살해했다.

톈진에서도 권민은 마찬가지로 통제 불능이었다. 그들은 교회 및 외국 상품과 서적을 판매하는 상점을 불태워버렸으며, 중국 기독교도들을 살해하고 감옥으로 돌진하여 옥중에 있는 동료들을 풀어주었고, 총독에게 그들이 정부의 병기고에서 자유롭게 무기를 고르도록 허가해달라고 강요했다. 이런 혼란스러운 정세에 직면하여, 항구 밖에 머물고 있던 군함의 외국 군관들은 다구 포대를 점령하기로 결정했다. 6월 16일 그들은 다구 포대를 맹렬하게 포격하고 이튿날 그 포대를 점령했다. 아울러 저지당하여 베이징에 도달할 수 없었던 시모어 분대는 싸우면서 톈진으로 돌아가기로 결정했다.

이때 단친왕과 깡이는 공사관을 전면적으로 공격하는 것이 반세기 동안의 국치를 씻어내는 유일한 방법이라고 주장했다. 태후는 이에 동의했다. 6월 16일에 네 차례의 어전회의 중의 첫 번째 어전회의가 열렸는데, 전쟁을 할 것인가 화해할 것인가를 논의했다. 태상시경(太常寺卿) 위안창(袁昶)은 신중하게 공사관과 공개적으로 적이 되는 것을 반대했다. 그는 권민의 도창불입(刀槍不入 : 칼과 총에 다치지 않음)은 위조된 것이라고 지적했다. 자희태후는 그의 말을 중단시키고 말하기를 "법술이 믿을 수 없다니, 그래 인심도 믿을 수 없다는 것인가? 지금 중국은 쇠약이 이미 극도에 이르렀으니 의지할 것은 인심뿐이다. 만약 인심마저 잃는다면 어찌 나라를 유지할 수 있겠는가?"라고 했다. 회의에서는 아무런 결정도 내려지지 않았지만, "젊고 건장한" 권민을 모집하여 입대시킨다는 조서를 발표했다.

6월 17일의 제2차 어전회의에서 태후는 외교사절들에게 만약에 그들의 국가가 전쟁을 시작하려고 한다면 그들은 귀국해야 한다는 명령을 내렸다. 6월 18일 제3차 어전회의가 열렸지만 여전히 결정을 내리지 못했다. 이튿날 늦게 도착한 위루의 보고서에서는 외국인이 다구 요새의 투항을 요구했다고 했다. 태후는 전쟁은 이미 정식으로 발발했다고 생각하여, 같은 날 제4차 어전회의를 소집하여 각 나라와의 외교관계를 단절한다고 선포했다. 그녀는 권민의 도움을 받아 열강과 전쟁을 하기로 결심했다. 전 주러시아 사절이고 이부시랑인 쉬징청(許景澄)이 명령을 받고 외국 사절들에게 중국인의 무장호위를 받아 24시간 이내에 베이징을 떠나라고 통지했다. 권민에 대해서 조금도 호감이 없었던 광서제는 쉬징청의 손을 잡고 중얼거리면서 말하기를 "더 상의하여 처리하라"고 했다. 이에 태후는 즉각 "황제는 상관하지 마시고, 일을 그르치지 마시오"라고 말했다. 6월 21일 위루의 다른 상소가 도착했다. 말의 표현은 모호했지만 그는 처음 3일간의 다구와 톈진에서의 전투를 아주 유리하게 묘사했다. 자신감이 생기자, 그날로 조정은 외국 열강에게 선전포고를 했다.[8]

이제 조정은 정식으로 각 성에 권민을 조직하여 외국 침입에 저항하여 반격하라고 정식으로 명령을 내렸다. 권민은 정부에 의해서 "의민(義民)"으로 인정받아, 베이징에서 그들에게 쌀과 백은을 하사했다. 장친왕과 깡이는 정

---

8) 蕭一山, 제4권, pp. 196-198.

부가 3만 명의 권민을 장악했다고 여겼고, 단친왕은 총 1,400개의 소대를 지휘하고 있었는데, 매 소대는 100-300명으로 구성되어 있었다. 그들은 동 푸샹 부하의 정부군과 합류하여, 공사관과 서십고(西什庫) 천주교 성당에 대해서 맹렬한 공격을 개시했다. 외국 남자를 한 사람 잡을 때마다 단친왕은 50냥을 상으로 주었으며, 여자는 40냥, 아이는 30냥을 주었다. 깡이는 "공사관이 부서지면 오랑캐는 씨도 없게 된다. 그러면 천하는 자연히 태평스러워진다"고 공언했다. 자희태후는 공사관에 대한 공격을 훤하게 알고 있었고 이를 전폭적으로 지지하고 있었으며, 이것이 정부 내외의 반동분자들을 매우 만족스럽게 한 것은 말할 필요가 없다. 그들은 공사관을 파괴하는 것을 외국 오랑캐에 대한 증오심을 발산하고, 수도인 베이징에 대한 외국의 위협을 해소하고, 조정이 권민을 지지하는 증거를 소각하고, 민중의 보편적인 애국정신을 불러일으키는 일종의 수단으로 보았다.

공사관 구내에는 약 450명의 호위병과 475명의 평민(12명의 외국 공사를 포함)과 2,300명의 중국 기독교 신도들과 50명 정도의 하인들이 있었는데, 그들은 완강하게 저항했다. 권민은 자신들의 신기하고 초자연적인 감응과 걸맞는 이상한 복장을 하고 있었고, 어깨에는 어지럽게 흐트러진 장발을 하고 있었으며 무당처럼 가지런한 발걸음을 내딛고 있었다.


## 동남부 지역의 독자적 행동

6월 21일 조정이 선전포고를 했을 때, 동남부 지역의 성급 관원들, 즉 광둥의 리훙장, 난징의 류쿤이, 우한의 장즈둥, 산둥의 위안스카이는 함께 선전포고의 유효성을 인정하기를 거부하고 그것은 잘못된 명령이며 황실의 적절한 권한 부여를 거치지 않은 불법적인 명령이라는 입장을 고수했다. 그들은 선전포고의 성명 소식을 봉쇄하고 같은 날 권민을 조직하여 외국의 침략에 저항하라는 명령을 봉쇄했다. 장즈둥은 각 총독이 연합하여 그들의 관할 지역을 보위하라는 것에 관한 6월 20일자 명령을, 권민을 진압하고 외국인을 보호하기 위해서 그들이 협력해야 한다고 교묘하게 왜곡했다. 철로 및 전신 독판(督辦)인 성쉬엔화이(盛宣懷)의 건의하에 양쯔 강 유역 총독 장즈둥과 류쿤이는 상하이의 외국 영사와 비공식적인 협정을 체결했는데 그 대체적인 내용은 다음과 같다. 즉, 성의 최고 당국자로서 그들은 외국인의 생명과 재산을 보호할 것이고, 그들의 관할 지역 내에서 권민을 진압할 것이며, 외국 열강은 군대를 파견하여 그들의 지역으로 진입시키지 않는다는 것이었다. 리훙장, 위안스카이와 푸젠 성 및 저장 성 총독은 이 협정에 동의했다. 이로 인해서 동남부 중국 전역은 권란(拳亂)과 외국의 침입을 모면했다.

연합국들은 청 정부가 공사관의 외국인의 생명에 대해서 책임을 져야 한다고 여기면서도 동시에 연합군을 조직하여 포위를 풀려고 했다. 7월 14일 외국군대는 톈진을 점령하고 베이징으로 가겠다고 위협했다. 같은 날 13개의 동남성들의 총독과 순무들은 조정에 권민을 진압하고, 외국인을 보호하며 그들이 최근의 소란 중에 받은 손실을 배상하고 케틸러의 죽음에 대해서 독일에 서한을 보내어 사과할 것을 촉구했다. 총독과 순무들의 압력으로 조정의 태도는 잠시 다소 완화되었다. 외국 사절들과 그들 가족들의 안전을 위해서, 그리고 그들이 장래에 안전하게 귀국하도록 안배하기 위해서 조정은 총리아문이 그들을 아문 안으로 이사하도록 초청하는 것을 허락했다. 의심이 많은 외국 공사들은 자기들은 "왜 아문에 있는 것이 공사관에 있는 것보다 더 안전한지" 알 수 없다고 대답했다. 7월 18일 리훙장은 조정으로부터 외국에 주재하고 있는 중국 사절들에게 중국에 주재하고 있는 그들의 대표들이 평안무사하다고 통지하도록 요구하라는 명령을 받았다. 하루가 지난 후 근심에 싸인 총리아문은 재차 외국 사절을 중국 군대의 호위하에 톈진으로 보내겠다고 제의했다. 외국인은 그래도 미심쩍어하며 총리아문에 "만약 중국 정부가 베이징에 있는 외국 사절의 보호를 보장할 수 없다면, 어째서 그들은 베이징 시외와 톈진으로 가는 길에서 그렇게 할 능력이 있다고 하는지"에 대한 해명을 요구했다.[9] 그들은 차라리 공사관 구역에 머물면서 구원을 기다리기를 원했다. 7월 20일과 26일에 총리아문은 두 번에 걸쳐서 공사관에 몇 대의 차로 야채, 수박, 쌀, 밀가루를 보내주었다. 이 짧은 화해 기간 (7. 14-7. 26) 내에 공사관에 대한 공격은 12일 동안 일시 중지되었다.

그러나 반동적 관료인 리뼁헝이 7월 26일에 베이징에 도착함으로서 전쟁의 폭풍이 재차 발발했다. 깡이와 쉬통의 격려하에 리뼁헝은 서태후에게 싸워야만 협상을 할 수 있다는 것을 통감하게 하는 데에 성공했다. 전쟁과 외국인 소멸정책은 다시 확정되었다. 과감히 평화를 건의한 고관들은 불운하게도, 그들 중 5명이 처형되었다.[10] 이런 끔찍한 사태는 위안스카이가 8월 2일 성쉬엔화이에게 보낸 전보에 반영되어 있는데, 이 전보에서 위안스카이는 "가망이 없소. 말을 삼가는 것이 좋소"라고 했다.[11]

연합군의 증원부대는 7월 말에 다구에 도착했고, 8월 4일에 톈진에서 베이징으로 출발했다. 각국의 연합군은 1만8,000명으로 구성되어 있었는데, 그중 일본인은 8,000명, 러시아인은 4,800명, 영국인은 3,000명, 미국인은 2,100명, 프랑스인은 800명, 오스트리아인은 58명, 이탈리아인은 53명이었다. 독일인은 너무 늦게 도착하는 바람에 이번 연합군에 참가하지 못했다. 강대한 연합군은 톈진-베이징 경로를 맹공하여 그들이 행군하는 경로 전면에 있는 권민과 정부군을 몰아냈다. 서양 강국은 매우 빠른 속도로 중국을 격파하고, 완승을 거두어 위루와 리뼁헝은 각각 8월 6일과 11일에 치욕스럽게 자살했다. 8월 14일 연합군은 베이징으로 돌입하여 포위되어 있던 공사관을 구했다.[12] 약 450명의 호위병, 475명의 평민들과 2,300명의 중국인 기독교도들이 구체적인 수효를 알 수 없는 수많은 정부군과 권민의 약 2개월에 걸친 공격을 막아냈는데, 이것은 참으로 기적이 아닐 수 없었다. 그러나 이 기적은 북양 대신인 룽루에 의해서 이루어진 것인데 그는 권민에 대해서 전

---

9) T'an, p. 120.

10) 전(前) 주러시아 사절이고 이부시랑이었던 쉬징청, 태상시경 위안창, 병부상서 쉬용이(徐用儀), 내각학사 리엔위앤(聯元), 호부상서 싱리산(岑立山)이다.

11) T'an, p. 106.

12) 베이징 점령 후, 연합군 특히 러시아군은 궁전과 사저(私邸)를 마구 약탈했다. 한 러시아군 중장은 10상자의 진귀한 보물을 가지고 귀국했다.

혀 호감을 가지고 있지 않았으며 또한 태후에게 반대할 용기조차 없었다. 그는 겉으로만 공격하는 척하여 공포를 쏘고 구경이 큰 신식 대포는 사용하지 않았다. 그 결과 공사관의 방위선은 돌파되지 않았던 것이다.

자희태후와 광서제 그리고 소수의 시종들은 연합군이 베이징으로 들어온 다음 날에 변장을 하고 도망쳐버렸다. 사실 황제는 베이징에 남아 열강과 강화조약을 맺고 스스로 정권을 인수할 생각이었다. 그러나 궁지에 몰린 태후는 평상시와 마찬가지로 총명하여 황제가 그녀를 희생시키고 새로 자신의 권위를 세우는 것을 허락하지 않았다. 도망치기 전의 마지막 순간에 그녀는 황제에게 남아 있으라고 건의한, 황제가 총애하는 황비13)를 우물 속에 던져버릴 것을 명령하고, 황제를 강제로 자신과 함께 도망치게 했다. 그들은 관리와 백성들이 알아차리지 못하게 하기 위해서 일반 백성들이 입는 무명옷을 입고, 두렵고 불안해하면서 서쪽으로 도망쳤다. 힘들고 기나긴 유랑을 한 끝에, 10월 23일 시안에서 조정은 재건되었다.

화북 지역과 내몽골과 만주를 석권하고, 231명의 외국인의 목숨을 잃게 했으며 수천수만 명의 중국 기독교인들을 처참하게 살육한 의화단 사건은 마침내 평정되었다. 특히 위시엔이 순무를 맡은 산시(山西) 지역의 피해가 유달리 컸다.


## 평화협정

의화단 사건의 재앙 이후, 뭇사람들로부터 많은 신망을 받고 있던 연로한 정치가이자 양광 총독인 리훙장이 상황을 수습하라는 명령을 받았다. 조정은 7월 3일과 6일, 두 차례에 걸쳐서 그에게 북상할 것을 촉구했다. 이어서 7월 8일 그를 즈리 총독 겸 북양 통상대신으로 임명했는데 이 관직은 그가 1870년부터 1895년까지 맡았던 관직이었다. 이때 그는 그제야 서서히 배를

---

13) 전페이(珍妃).

타고 7월 21일에 상하이에 도착했다. 그곳에서 영국 정부의 충고를 받아들여 상하이에서 외국 사절이 안전하게 톈진에 도착할 때까지 기다렸다. 8월 7일에 조정은 그를 전권대표로 임명하여 열강과 협상하게 했지만 그는 그래도 북상하고 싶지 않았다.

8월 20일에 망명조정은 재앙을 일으킨 책임을 인정하여 후회하는 기미를 보였다. 조정은 리훙장에게 북상하여 열강들과 해결방안을 모색할 것을 수차례 "간청했다." 리훙장의 지연 책략은, 조정이 권민을 무력으로 진압하라는 그의 충고를 들을 리 없으며, 공사관에 대한 포위를 풀고 외국 사절이 안전하게 톈진에 도달하지 않으면 평화의 희망은 보이지 않는다고 믿은 것에 기인한 것이었다. 그를 안심시킨 소식은 열강들이 중국과 전쟁 상태에 처해 있다고 생각하지 않고 단지 폭동을 진압하기 위해서 원정군을 파견했다는 것이었다. 러시아는 협상을 준비하기 위해서 그들의 군대와 외교관, 평민들을 톈진까지 철수시킬 것을 제안하고, 기타 열강들이 과분한 요구를 하는 것을 예방하기 위해서 하나의 온화한 기조를 정할 것이라고 은밀히 표시했다. 리훙장은 이때가 북상할 시기라고 단정하고, 경친왕과 룽루를 임명하여 그가 평화를 모색하는 것을 도울 것을 조정에 요구했다. 조정이 그대로 하겠다고 동의한 후 그는 러시아인의 보호하에 북상하여 9월 18일에 톈진에 도착했다.

망명조정은 여전히 단친왕이나 깡이 같은 반동분자의 지배를 받고 있었는데, 그들은 장기적인 소모전을 할 것을 제창했다. 그들을 견제하기 위해서 리훙장은 룽루가 국정에 참여하는 것을 허락하도록 조정에 요청했다. 왜냐하면 룽루는 공사관 공격과 관련이 있어서 연합군은 그가 협상자가 되는 것을 받아들이지 않았기 때문이다. 11월 11일 룽루는 시안에 도착하여 다시금 군기처의 일원이 되었다.

이와 동시에 베이징의 연합군 대표들은 청나라 조정의 황제가 "환궁하기" 전에 평화회담을 시작하는 것을 거절했다. 그들의 의도는 "정권을 황제에게 돌려주는 것"에 있었다. 그들은 이 의제를 제시하여 청 조정이 그들의 기타 요구를 만족시켜주는 수단으로 삼았다. 권력을 꽉 잡고 놓지 않았던 자희태후는 베이징으로 되돌아가는 것을 거절했는데, 그 이유는 자신이 불행한 대우를 받고 받아들일 수 없는 조건들을 강요당할까 두려워했기 때문이다. 그녀는 강화조약 체결 이전이 아닌 이후에 베이징으로 돌아가겠다는 것을 명확하게 밝혔다. 동남부의 각 성 지도자들은 이제 연합군의 주의력을 죄가 있는 대신들을 처벌하는 것으로 전환시키는 전략을 채택했다. 위안스카이는 유달리 이 수단을 사용하는 것을 서둘렀는데, 그 이유는 1898년 유신 기간에 그가 배반한 황제에게 권력을 되돌려주는 것은 그 자신의 이익에 막대한 손해가 될 것이라는 것을 알고 있었기 때문이다. 이들 동남부 각 성 지도자들 이외에 경친왕과 리훙장도 조정에 커다란 압력을 가하여, 조정이 연합군의 요구를 받아들이고 의화단에 동조한 9명의 대신과 그 이외에 위시엔과 공사관 공격을 주도한 둥푸샹을 처벌할 것을 요구했다. 1900년 12월 3일, 조정은 마지못해 둥푸샹의 관직을 삭탈하고 그를 간쑤 성으로 유배시켰다. 죄과와 관련된 모든 논의에 관해서 2명의 주범에 대해서는 언급이 없었다. 즉, 죄가 가장 큰 자희태후 그리고 의화단의 흥기를 제지할 수 있었던 롱루였는데 그들은 아무런 처벌도 받지 않았다.

베이징 협상의 기간 중 목적이 각기 다른 연합군 대표들은 조항별로 의견의 일치를 보기가 매우 어려웠다. 독일은 보복하려는 마음을 품고 있어서 혹독한 처벌을 요구했다. 독일 황제는 혹독한 처벌을 이야기할 때 심지어는 베이징의 파괴까지 이야기했다. 7,000명의 원정군을 파견할 때 그는 선포하기를 "중국이 이런 식으로 독일을 알고 있으니 중국인이 다시는 독일인을 함부로 보지 못하도록 하겠다"고 했다.14) 케텔러가 살해되었기 때문에 독일 황제는 육군원수 발더제를 중국 침략 연합군 총사령관으로 임명하는 권리를 획득했다. 발더제는 일찍이 참모본부에서 몰트케의 조수로 임명된 적이 있었다. 발더제는 10월 17일 베이징에 도착했는데, 이때 베이징은 이미 연합군

---

14) Morse, III, p. 309.

에 의해서 점령된 지 약 2개월이 지났다. 그는 태후의 금난보전(金鑾寶殿)을 자기의 처소로 삼았다. 영국인은 독일인이 러시아의 중국에서의 확장 기도를 견제하는 것을 지지했다. 이와 동시에 러시아인은 동란 기간에 이미 만주를 점령했는데, 이때 러시아인은 청나라 정부의 환심을 사서 만주에서의 특권을 획득하기를 희망했다. 러시아인의 야심 때문에 초조해진 일본인은 일부 군대를 텐진으로 철수하여 중국인의 호감을 사는 전략을 채택했다. 프랑스는 중국을 분할할 의도가 없으며 이에 대한 비밀계획은 없다고 밝혔다. 1900년 7월 3일에 미국은 두 번째로 문호개방정책을 선포하고, 중국의 영토 및 주권 보전과 장기적인 안전과 평화를 지지했다.

끊임없는 논쟁을 한 후 연합군은 마침내 1900년 12월 24일에 12개 조항으로 이루어진 공동각서를 합의해내고, 이 공동각서를 기초로 토론을 거쳐서 최종 해결방법을 마련했다. 그것은 다음과 같은 주요 내용을 포함하고 있었다.

1. 범죄자 처벌: 연합군은 원래 12명의 관원을 처형하도록 요구했는데 여기에는 장친왕, 단친왕, 깡이, 위시엔, 리삥형, 쉬통, 동푸샹 장군이 포함되어 있었다.15) 최후의 결정은 장친왕에게는 사약을 내리고, 단친왕은 신장으로 유배 보내어 종신 감금시키는 형벌에 처하고, 위시엔은 처형시키고, 동푸샹은 파면시키며 이미 죽은 깡이와 쉬통과 리삥형은 사후(死後)에 모욕을 당하고 관직을 박탈하는 것이었다.16) 각 성의 도합 119명의 관원이 사형에서부터 질책까지의 처벌을 받았다.

2. 배상: 1901년 3월 21일 베이징의 미국 전권대표 록힐은 4,000만 파운드의 징벌성을 띤 배상을 제기했다. 그러나 독일 대표는 6,300만 파운드를 요구했다. 4월 25일에 연합군은 배상금을 1901년 7월 1일까지의 점령비용을 포함하여 6,700만 파운드로 확정했다. 5월 7일에 배상금은 한층 더 수정되어 6,750만 파운드, 즉 4억5,000만 냥이 되었으며, 39년으로 나누어 (다시 말해

---

15) 기타 인물들은 보국공(辅国公)인 짜이란(載瀾), 용니엔(英年), 자오수챠오(趙舒翹), 쉬청위(徐承煜), 치슈이다.
16) 보국공 짜이란은 종신감금형에 처해져 신장으로 유배되었다. 치슈와 쉬청위은 처형되었으며 용니엔과 자오수챠오는 자살을 하도록 강요받았다.

490

| 러시아 | 130,371,120(냥) | 전체 액수의 29% |
| 독일 | 90,070,515 | 20% |
| 프랑스 | 70,878,240 | 15.75% |
| 영국 | 50,620,545 | 11.25% |
| 일본 | 34,793,100 | 7.7% |
| 미국 | 32,939,055 | 7.3% |
| 이탈리아 | 26,617,005 | 5.9% |
| 벨기에 | 8,484,345 | 1.9% |
| 오스트리아 | 4,003,920 | .9% |
| 기타 | 1,222,155 | .3% |

서 1940년까지) 청산하며 연 이자는 4퍼센트였고, 관세, 내지 통과세인 이금(厘金), 염세를 담보로 했다. 배상금 지불의 실현을 돕기 위해서 현행의 관세를 현재의 3.18퍼센트에서 5퍼센트까지 올리고, 여태까지 면세였던 상품에 대해서도 세금을 거두는 것에 동의했다. 배상금의 분류는 위와 같았다.

3. 기타 중요한 규정 : 두 가지 조항 외에 열강은 많은 기타 조항에 대하여 의견의 일치를 보았는데, 그 내용은 다음과 같다.

(1) 독일과 일본에게 사과할 것.

(2) 상설 공사관 경비대를 창설할 것.

(3) 다구 포대와 베이징에서 해상으로 이르는 통로에 있는 각 포대를 철거할 것.

(4) 2년 내에 무기수입 금지.

(5) 베이징에서 해로에 이르는 중요 지점에 외국 군대를 주둔시킬 것.

(6) 권민이 기승을 부린 4, 5개 도시에서의 과거시험을 5년 동안 잠시 중지할 것.

이 조항들은 12개의 조항과 19개 부속조항으로 이루어진 신축 조약(辛丑條約)에 정식으로 기입되었다. 리훙장, 경친왕 및 11개국의 대표가 1901년 9월 17일 정식으로 서명했는데, 이때는 청 조정이 공사관의 포위를 해제한 지 1년 24일이 되는 때였다. 연합군은 9월 17일 베이징에서 철수했다. 조정은 1902년 1월 7일이 되어서야 베이징으로 돌아왔다.

## 러시아의 만주 점령

연합군과 중국 사이에는 결국 평화가 회복되었지만 러시아의 만주 점령 문제는 아직 해결되지 않았다. 러시아는 만주에서의 질서 회복과 "폭도"의 진압을 구실 삼아 1900년 7월, 20만 명의 군대를 동원하여 야심만만하게 만주를 제2의 부하라로 만들려고 했다. 그들은 3개월간의 군사행동을 거쳐서 만주 전역의 통제권을 취득했다. 11월 30일에 러시아 랴오둥 반도 총독 알렉세이예프 대장은 선양의 성경장군(盛京將軍) 쩡치(增棋)에게 9개 조항으로 된 임시조약을 체결하도록 강요했다. 그 내용은 쩡치는 만주 군대의 무장을 해제하고 해산시키며, 무기고에 있는 무기를 전부 넘겨주고, 요새와 방어시설을 철거하며 러시아가 선양에 주재관 한 사람을 파견하여 주재시키는 것에 동의해야 한다는 것이었다. 분노, 공포, 수치를 느낀 청 조정은 그 조약의 유효성을 인정하기를 거부하고 쩡치는 그 조약에 서명할 권한이 없다는 입장을 고수했다.

뒤이어 상트페테르부르크에서 협상이 시작되었다. 쿠로팟킨 장군과 재무대신 비테 백작은 베이징에서 협상 중인 일반협정서 이외에 청 조정과 단독으로 만주 조약을 체결하는 것에 찬성했는데, 그 의도는 기타 열강의 만주와 만리장성 이외 지역에서의 영향력과 투자를 배제하려는 것이었다. 1901년 2월 16일에 러시아는 쩡치-알렉세이예프 협약을 대신하는 12개 조항으로 이루어진 조약을 제시했는데, 명목상으로는 만주를 중국에 반환하는 것이지만 실제로는 러시아 군대를 "철도지역 주둔군"으로 위장하여 만주 점령을 합법화하려는 것이었다. 이 조약은 중국이 러시아의 동의를 거치지 않고 만주에 군대를 파견하거나 다른 나라에게 도로건설과 채광의 특권을 부여하는 것을 금지하고 있다. 그러나 가장 치욕적인 것은 중국이 점령비용과 철도와 중동 철도회사의 재산손실액을 지불하고 또 중동 철도로부터 베이징 방향의 만리장성으로 통하는 철도부설권을 러시아에게 부여하는 것이었다.

러시아의 만주 침략은 열강의 깊은 우려를 자아냈는데, 특히 러시아와 이익이 충돌되는 일본이 더욱 그랬다. 베이징 주재 일본 공사[17]는 경친왕에게 러시아의 만주 점령에 대한 어떤 양보도 중국을 분할시킬 가능성이 크다고 경고했다. 즉, 영국은 틀림없이 양쯔 강 유역을 점령할 것이고 독일은 산둥을 점령할 것이기 때문에 일본은 별 수 없이 그 자신의 행동의 자유를 유지할 수밖에 없다는 것이었다. 영국과 독일도 중국이 연합군과 베이징 일반조약을 체결하기 전에 러시아와 어떠한 영토 및 재정 관련조약을 단독으로 체결하는 것에 반대한다고 경고했다. 미국, 오스트리아, 이탈리아는 중국에 러시아의 요구를 거절하도록 강력히 권고했다. 한편 비테는 이미 제시된 조약을 거절하면 러시아는 만주 문제에 대한 협력을 거부할 것이라고 위협했다. 아직 시안에서 망명 중인 불운한 청 조정은 몹시 동요하고 있어서 감히 열강이나 러시아의 비위를 건드리지 못하고, 단지 경친왕과 리훙장에게 방법을 강구하여 러시아 정부도 분노하게 하지 말고 열강도 격노하게 하지 말라고 명령을 내리는 수밖에 없었다. 리훙장의 친러파가 우세를 점하여 조정에 평화회담의 결렬을 피하기 위해서는 조약을 체결할 것을 건의했다. 그러나 기타 각 성의 실력자들, 예를 들면 장강 총독 장즈둥과 류쿤이는 이 조약에 반대했다. 류쿤이는 중국이 이 조약을 받아들이든 받아들이지 않든 러시아는 만주를 중국에 반환할 리 없다고 주장했고, 장즈둥은 만일 중국이 러시아의 위협에 굴복하면 중국은 아마도 분할될 것이라고 경고했다. 이런 상반된 의견들과 러시아, 영국 및 일본 쪽의 압력에 뒤얽혀서 조정은 전혀 결단을 내리지 못했다. 청 조정은 절망하여 결정권을 러시아 주재 중국 공사인 양루(楊儒)에게 넘겨주고 그에게 상황에 따라서 일을 처리하도록 하는 권한을 부여했다. 이제 리훙장은 그에게 이 조약을 받아들일 것을 요구했고, 장즈둥과 류쿤이는 대중의 규탄의 목표가 되지 않기 위해서 이 조약을 거부할 것을

---

17) 고무라 주타로(小村壽太郎).

강력히 권고했다. 양루는 교착 상태에 휩쓸리는 것을 깊이 우려하고 있었는데, 그는 1901년 3월 22일에 생긴 사고로 다리에 중상을 입었다. 이튿날 그는 조정에 전보를 쳐서 만일 명확한 지시가 없으면 그는 서명하지 않겠다고 했다. 이 이전에 도쿄, 런던, 베를린에 주재하고 있는 중국 공사들은 베이징에 잇따라 서명하지 말라고 충고했다. 그중에서도 가장 두드러지게 반대한 것은 도쿄 주재 공사였는데, 그는 러시아는 감히 영국과 일본의 연합세력과 맞닥뜨릴 수 없으며 중국의 양보가 어떤 것이든 영국과 일본의 증오를 야기할 뿐이며 곧 닥쳐올 베이징에서의 전체적인 해결방안을 복잡하게 할 것이라는 견해를 가지고 있었다. 이런 압력 아래 조정은 결국 3월 23일, 러시아가 제시한 조약을 거부하기로 결정했다. 강력한 국제적인 반대세력에 직면한 러시아는 4월 6일에 불쾌한 어조의 성명을 발표했다. 그 내용은 그들은 만주에서 물러나고 싶지만 국제정치의 현실이 지금 그렇게 하는 것을 허락하고 있지 않다는 것이었다. 위태롭게 수개월 동안 미해결로 남아 있던 긴장된 상트페테르부르크 회담이 갑자기 적당히 끝남으로써, 여러 차례 예언되었던 중국에 대한 무서운 결과는 생기지 않았다. 대외적으로는 러시아의 핍박을 받았고 대내적으로는 국민들의 비웃음을 얻은, 연로하고 허약하며 수치를 느낀 리훙장은 11월 7일 향년 78세로 갑자기 세상을 떠났다.

리훙장이 완성하지 못한 일은 경친왕과 대학사인 왕원사오가 계속 추진하여 완성했다. 국제정세는 러시아에게 매우 불리했는데, 특히 1902년 1월 30일 영일 동맹이 체결된 후에는 더욱 그랬다. 결국 러시아는 4월 4일 중국과 협정을 체결하여 3단계로 나누어서 매 6개월을 1단계로 하여 만주에서 철수하는 것을 약속했다. 중국 측은 러시아가 장악하고 있는 중동 철도와 그 고용원 및 재산 그리고 그것이 소유하고 있는 기업연합들을 보호하는 것에 동의했다. 제1단계인 군대철수는 예정대로 행해졌으나, 1903년 4월에 제2단계의 만기가 되었을 때 러시아는 군대의 제복을 "철도경찰 제복"으로 바꾼다는 기만적인 수단을 사용하여 철군을 하지 않았다. 그 외에 그들은 새로운 독점 권리를 요구하고 이미 철수해버린 일부 도시, 예를 들면 선양과 뉴좡을

다시 점령했다. 러시아의 만주 침략은 1904년의 러일전쟁을 예고하는 것이
었다.

## 의화단 사건의 영향

역사를 회고해보면 의화단 사건은 반동적인 만주족 조정과 완고한 보수파
관료와 신사 및 무지하고 미신을 믿는 민중의 연합세력에 의해서 추진된 것
이 분명하다. 이런 외국 제국주의에 반항하는 감정과 분노의 폭발은 어리석
고 비이성적이었지만 그속에 본래부터 내재하고 있는 애국주의의 요소를 무
시할 수는 없다. 오늘날 마르크스주의 계통의 역사학자들은 의화단 사건을
동기는 정확했지만 방법이 잘못된 애국적 농민봉기의 초보적 형식으로 본다.
의화단 사건 및 최종적 해결방법은 수많은 중요한 영향력을 야기했는데 그
내용은 다음과 같다.

1. 연합군의 베이징 점령과 러시아의 만주에서의 세력 확장으로 인해서
중국은 분할의 위협에 직면했으며 국제 간의 시기와 경쟁은 격화되었다. 열
강은 자신들 사이의 충돌 발생을 날이 갈수록 우려하게 되었으며 중국에서
의 평등한 무역의 전망에 깊은 관심을 가지게 되었는데, 이로 인해서 국제적
으로 각국은 보편적으로 긴장된 정세를 완화하고 중국에서의 현 상태를 유
지하려고 했다. 미국은 "중국의 영토와 주권의 보전"을 유지하고 "전 세계를
위해서", "중화제국 전역에서 무역의 혜택을 고르게 누리는 원칙"을 수호하
겠다는 목적에서 1900년 7월 3일 제2차 문호개방정책을 선포했다. 이어서
영국과 독일은 1900년 10월 16일 협약을 체결(기타 열강에 대해서 준수할
것을 요구함)했으며 이 협약 서명국은 중국에서 영토를 추구하지 않는다고
규정했다. 이어서 생긴 제국주의 활동에서의 대치 국면으로 인해서 중국은
즉시 붕괴되는 일은 면하게 되었지만, 중국의 국제사회에서의 국제적인 지
위는 비참할 정도로 보잘것없이 밑바닥으로 추락해버렸다.

2. 신축 조약은 중국의 주권을 심하게 침해했다. 제5조는 무기수입 금지를

규정했고, 제8조는 다구 포대와 기타 포대를 철거할 것을 규정했으며, 제7조
는 외국 군대가 공사관 지역에 주둔하는 것을 규정했고, 제9조는 베이징에서
해로에 이르는 지역에 군대를 배치하는 권리를 부여했는데 이 모든 것은 중
국의 자위 능력을 손상시켰고 중국 주권의 자유로운 행사를 제한했다. 제10
조는 신사계층에 대한 징벌로서 국내의 많은 지역에서 과거시험을 5년간 잠
정적으로 중단시킬 것을 규정했는데, 이것은 중국의 내정에 대한 엄청난 간
섭이었다.

3. 4억5,000만 냥의 백은(3억3,000만 달러)의 배상금은 그 외에 39년간 매
년 4퍼센트의 이자가 가산되어 총액수가 9억8223만8,150냥에 이르렀는데
이는 원래 액수의 2배 이상이었다. 배상금은 중국의 백은으로 상환하는 것이
아니라 외환으로 상환해야 하므로 매년 환전할 때 수백만 냥의 추가적인 손
실이 초래되었는데, 특히 은 값이 크게 하락한 해에는 더욱 그랬다. 예를 들
면, 중국은 1903년에 원래 합의했던 4,250만 냥이 아닌 5,350만 냥을 지불해
야 했다.18) 이런 대규모 자본의 유출은 중국 경제를 마비시킬 정도에 이른
것은 아니지만 중국 경제의 성장을 억제했다.

4. 베이징의 외국 공사들은 이후 강력한 외교사절단을 구성하여 청 정부
의 태상황이 됨으로써 청 왕조의 위신은 밑바닥으로 떨어졌다.

5. 권민의 미개한 야만적 행위는 국제사회에 중국의 미개한 면을 드러냈
다. 다른 한편으로 외국원정군의 잔인한 무력시위는 일종의 무적과 우월의

---

18) 그러나 주의해야 할 것은 W. W. 록힐의 건의하에 미국은 공정함과 호의의 표시로 배상금의
　　과도한 부분을 반환한 것이다. 즉 미국은 미국의 개인손실 총액수는 200만 달러인데 1905년
　　에 모두 완납되었다고 선언했고, 1908년에 미국은 중국에 1,078만5,286달러를 반환하고 장
　　래에 있을지도 모를 조정에 대비하기 위해서 200만 달러를 유보했다. 그리고 1924년 배상금
　　의 나머지 부분을 포기했다. 이 의화단 사건 배상금의 환불금은 미국에서의 중국 학생의 교
　　육에 사용되도록 지정되었다. 기타 국가들도 잇달아 아래에 열거한 연도에 배상금을 면제했
　　는데 영국은 1922년에, 러시아는 1924년에, 프랑스는 1925년에, 이탈리아는 1925년과 1933
　　년에, 벨기에는 1928년에, 네덜란드는 1933년에 면제했다. Chi-ming Hou, *Foreign Invest-*
　　*ment and Economic Development in China, 1840-1937*(Cambridge, Mass., 1965), p. 26을
　　참조하라. 또 Paul A. Varg, *Open Door Diplomat: The Life of W. W. Rockhill*(Urbana, 1952),
　　p. 48, 81-82를 참조하라.

이미지를 조성했고, 중국인의 긍지와 자존심은 산산조각이 되었으며, 중국인의 외국인에 대한 태도는 멸시와 적대에서 두려움과 아첨으로 바뀌었다.

6. 목숨을 부지하기 위해서 만주족 조정은 미온적이고 피상적으로 몇몇 헌정개혁을 했는데, 수많은 한인들은 만주 정권의 전혀 희망이 없는 영도능력을 목도한 이후 혁명으로 방향을 바꿈으로써 혁명이 국가의 유일한 희망이 되었다. 쑨원이 제창한, 신분이 있는 중국인들에 의해서 불법행위로 여겨져 회피되어왔던 청 왕조 타도는 이후 갈수록 많은 인정과 지지를 얻게 되었다. 그의 이미지는 불충한 반란자에서 뜻이 높고 애국적인 혁명가로 바뀌었으며 그 결과 혁명의 맥박이 빨라져 1911년 만주족 왕조의 최종적인 멸망을 가속화시켰다.

# 17

# 청말 신정과 입헌파

자희태후에게 의화단 사건은 고통스러운 경험이었다. 그녀는 자주 눈물을 흘리면서 후회하며 말하기를 "내가 황제의 웃음거리가 되리라고는 생각하지 못했다"고 했다. 자희태후는 정치에 대해서 예민하고 재치 있는 본능을 가지고 있었기 때문에, 자신이 어느 정도 후회하는 모습을 보이고 정치개혁 조치를 실시하지 않으면 다시는 외국인의 존경과 국민들의 공경을 받기 어렵다는 것을 알게 되었다. 1900년 8월 20일 자희태후는 도망 중에 자신을 낮추어 중국의 불행에 대한 책임이 자신에게 있다는 내용의 조서를 발포했다. 조정이 시안에서 재건된 이후 그녀는 자신의 주도하에 개혁을 실시하겠다고 밝혔다.

## 청말 신정(淸末新政), 1901-1905년

1901년 1월 29일자 성명에서 태후는 조정대신과 각 성의 총독과 순무 및 외교사절들에게 개혁에 대한 건의를 해줄 것을 간청했다. 그녀는 이들에게 2달의 시간을 주었을 뿐만 아니라 중국과 서양 정치체제의 기초 위에서 이루어진 건의를 하도록 요구했는데, 그 목적은 어떻게 하면 현존의 정치체제, 행정절차, 국민생활, 교육방법, 군사조직, 재정제도를 가장 잘 혁신하는가에 대해서 밝히자는 것이었다.

1900년 2월 14일에 조정은 개혁을 실행하겠다는 결심을 재확인하고 의화단 사건에 대한 책임을 인정했다. 4월 21일에 청 조정은 독판정무처(督辦政務處)를 창립하여 합리적인 계획을 설계했다. 경친왕, 롱루, 리훙장 및 기타 3인이 주관자로 임명되었고 장즈둥과 류쿤이가 협동판리(協同辦理)로 임명되었다.

장강 총독 장즈둥과 류쿤이는 1901년 7월, 연명으로 세 번에 걸쳐 상주하여 조정의 호소에 응답했다. 첫 번째 상소문에서 그들은 현재의 체제에 충실할 것을 강조했지만 교육을 개혁하여 국가를 위해서 인재를 육성해야 함을 강조하고 다음과 같은 사항을 건의했다.

1. 현대식 각급 학교를 설립하고 교과과정은 중국 경전과 서양 역사, 지리, 정치학, 과학 및 기술을 혼합해야 한다.
2. 과거시험의 내용을 개혁하여 중국과 서양의 양쪽 과목의 문제를 첨가한다.
3. 무과시험을 폐지한다.
4. 유학(留學)을 장려한다.

장즈둥의 상소문은 유창하고 간결하고 세련된 문필로 다음과 같이 결론을 내렸다. 즉, "인재를 육성하지 않으면 국가를 다스릴 수 없고, 학교를 세우지 않으면 인재를 육성할 수 없으며, 문무 양과를 상황에 맞게 개혁하지 않고서는 학교를 세울 수 없고, 유학을 하지 않으면 국내 교육의 부족함을 채울 수 없습니다"라고 했다.[1] 두 번째 상소문은 계속해서 건국의 방법을 논하고 부강을 실현하는 방법을 살폈다. 상소자들은 근검절약을 숭상하고 뛰어난 인재를 모집하며 양렴은을 증가시키고 정부의 누규(陋規 : 지방관이 자신의 필요에 의해서 정부의 묵인 아래 비공식적으로 거두는 세금/역주)를 종식시킬 것을 건의했다. 상소문은 또 연납(捐納)의 폐지와 낡은 녹영의 감축, 관아의 불필요한 서리(書吏)와 차역(差役)을 없애버릴 것을 건의했다. 상주자들

---

1) 李守孔, p. 707.

은 세 번째 상소문에서 그들의 제안서를 총정리하고 "서법(西法)"을 채택할 것을 건의했다. 제안서 속에서 그들은 군사비용을 확대하고 서양식 군사훈련을 도입하고 농업을 발전시키며 공업과 기술을 장려하고 채광, 철도 및 상업과 관련된 규정들을 조직적으로 한데 모아서 편집할 것을 건의했다. 그들은 또 은화를 사용하고 인지세를 실시하고 우편업무를 개선하며 외국서적을 적극적으로 번역할 것을 건의했다. 그들이 건의를 한 것은 "서양의 제도를 실시하기 위해서 중국의 제도를 재조정하는 것"에 있었다.

자희태후는 주로 그들의 건의를 기초로 하여 내용상 1898년의 개혁과 거의 같은 개혁을 시작했다. 이 개혁은 이보다 더욱 오랜 기간 지속되었는데 1901년에 시작되어 1905년에 이르러 종식되었다. 태후는 마지못해 부분적이고 산발적인 개혁은 중국을 구할 수 없으며 완전한 개편과 자강만이 미래의 유일한 희망임을 인정했다. 이 계획의 뚜렷한 특징은 다음과 같다.


1. 낡은 관료기구 폐지

(1) 각 관서의 서리와 차역 감축(1901. 5).

(2) 연납 폐지(1901. 8).

(3) 첨사부의 한림원으로의 편입(1901. 8).

(4) 윈난, 후베이(1904. 12)와 광둥 성의 순무제도(1904. 12) 및 동하하도(東河河道) 총독과 조운 총독 직위철폐(1902. 2).


2. 새로운 관서 창설

(1) 독판정무처(1901. 4).

(2) 외무부로 총리아문을 대체(1901. 7).

(3) 철도관리국과 광무국을 합병하여 상부(商部)로 함(1903. 8).

(4) 연병처(1903. 12).

(5) 순경부(巡警部)(1905. 10).

(6) 학부(1905. 12).

3. 군사개혁

 (1) 무과 폐지(1901. 8).

 (2) 1년 내에 20-30퍼센트의 녹영과 방용(防勇) 삭감(1901. 8).

 (3) 무비학당 창설(1901. 8).

 (4) 티에량(鐵良)과 위안스카이가 베이징에서 팔기병을 훈련시킴.

 (5) 연병처 건립(1903. 12).


4. 교육개혁

 (1) 지위가 찬수(撰修)보다 높은 한림학사를 위한 정치 및 경제시험 실시
   (1901. 5).

 (2) 사절은 귀국해서 근무하려고 하는 유학생 모집(1901. 6).

 (3) 1902년에 각 성과 대도시에서 시행되기 시작하는 시험에서는 시사책론으
   로 팔고문을 대체한다(1901. 8).

 (4) 성급(省級) 서원을 분과대학당(分科大學堂)으로, 부주급(府州級) 서원을
   중등학당으로, 현급(縣級) 서원을 초등학당으로 바꾸고 교과목은 유가의
   사서, 오경, 중국 역사와 서양 정치에 대한 연구로 할 것을 명령함(1901. 9).

 (5) 각 성 당국에 학생을 선발하여 외국에 유학시킬 것을 명령함(1901. 9,
   1902. 10).

 (6) 종인부에 기인(旗人) 자제를 선발하여 유학시킬 것을 명령함(1902. 1).

 (7) 한림편수와 진사의 직함 소유자를 경사대학당 각 과로 가서 공부하도록
   명령함(1902. 2).

 (8) 귀국 유학생에 대해서 매년 시험을 실시(1905. 7).

 (9) 과거시험 폐지(1905년 8).


5. 사회개혁

 (1) 만주족과 한족의 통혼 허용(1902. 2).

 (2) 여성에 대한 전족을 없앰(1902. 2).

(3) 아편을 금지함(1902. 9).

6. 기타 개혁

(1) 조공미제도를 혁신하고, 철도건설을 발전시킴(1901. 6).

(2) 각 성에서의 주류와 담배세 징수(1903. 12).

(3) 상법에 대한 초안 작성 명령(1901. 12).

(4) 유랑자와 실업자를 수용하는 난민대피소를 설립(1905. 6).

(5) 궁궐 비용 삭감(1904. 6).


자희태후 측의 입장에서 보면 이 계획은 의화단 사건에서의 그녀의 치욕적인 역할을 숨기는 하나의 총명한 시도이며 그녀의 위선은 다음과 같은 사실 속에 드러나 있다. 즉, 그녀는 한편으로는 공개적으로 중앙 및 성급 관원들의 건의를 구하고 또 한편으로는 은밀히 자기의 외국 문물에 대한 깊은 혐오를 내비추었다. 군기처는 이로 인해서 관원들에게 교묘한 방법으로 가볍게 서양의 방식을 채택하지 말 것을 권고했다. 장즈둥은 1901년 3월 24일에 한 군기대신에게 보낸 전보에서 실망한 어조로 황실의 표리부동을 다음과 같이 논평하고 있다. "내가 듣기로는 태후의 속뜻은 서법을 많이 말하는 것을 원하지 않는다는 것입니다. 귀하의 전보에 또 '서법의 피상적인 것을 모방하느니보다는 구실을 남기지 않는 것이 낫다'라는 등의 말이 있는데, 나는 그저 낙담하여 긴 한숨만 나옵니다. 만약에 이와 같이 된다면 '변법'이라는 이 두 글자는 제대로 갈피를 잡지 못하게 되어 쓸모가 없어져, 중국은 결국에는 소멸해버릴 것입니다."[2] 태후의 개혁계획은 본질적으로 아무런 내용이 없고 실행할 준비가 되어 있지 않은 요란한 연기였다. 그것은 단지 3개 항목의 구체적인 개선을 한 것에 불과했다. 즉 (1) 과거시험 폐지, (2) 현대식

---

2) 李守孔, p. 713. 이 증거에 비추어볼 때, Meribeth E. Cameron이 주장한 대로 태후가 진정으로 개혁으로 전향했다는 가설은 받아들이기 어렵다. *The Reform Movement in China, 1898-1912*(Stanford, 1931), 제3장 그리고 "The Empress Dowager's Conversion", pp. 199, 201을 보라.

학교 설립, (3) 학생을 외국에 파견시키는 것이었다.

태후의 성의 없는 태도 이외에도 한족에 대한 경시와 무능한 만주족 지도층도 이 계획이 효과를 거두지 못하게 했으며 중요한 직위는 갈수록 많이 만주인에게 주어졌다. 예를 들면 독판정무처3)는 만주족인 롱루가 장악했고 새로 창설된 외무부는 경친왕의 지도하에 놓였으며 그는 연병처도 장악했다. 이런 일방적인 직위 배정은 연로한 한족 정치가인 리훙장과 류쿤이가 각각 1901년과 1902년에 세상을 떠난 후로 더욱 뚜렷해져서, 개혁의 성공에 대한 전망은 더욱 멀어졌다.


## 입헌운동, 1905-1911년

일본이 러일전쟁에서 극적인 승리를 거둔 이후, 1905년에 청 조정의 개혁계획에는 극적인 변화가 일어났다. 많은 중국인들의 입장에서 보면 서양의 전제주의 강대국이 동양의 작은 입헌군주국에 패배한 것은 입헌정치체제가 효과적이라는 것을 증명해준 것이었다. 중국인들은 거의 모든 서양의 중요한 강국들이 모두 입헌정치의 기본원칙 위에서 작동하고 있음을 발견했고, 러시아인 자신들도 두마(Duma : 국회)를 다시 소집하라는 대중의 요구 아래 입헌정치체제의 방향으로 나아가고 있었기 때문에 매우 깊은 인상을 받았다. 고통 속에서 발버둥치고 있던 중국인들은 그들 자신들이 결국 일종의 생존방식을 찾았다고 믿었다. 지식인에서 공업가로 변신한 저명한 장치엔(張謇)은 흥분한 어조로 "일본의 승리와 러시아의 패배는 입헌주의의 승리이며 전제주의 국가의 패배이다"라고 말했다. 입헌주의사상은 갑자기 성행하기 시작했고 지식인, 사회지도자들과 선견지명이 있는 총독과 순무들 사이에 급속히 전파되었다.

개혁가인 량치차오의 설득력이 충만된 외침은 입헌정치체제의 실시를 요

---

3) 그러나 3명의 한족과 3명의 만주인이 주관하고 있었다.

구하는 전국의 함성을 극대화시켰다. "백일유신"이 실패한 이후 량치차오는 일본에 망명하고 있는 기간 중에 새로운 사상을 가진 일본인들과 접촉하고 서양 철학과 정치사상의 번역서들을 광범위하게 탐독했다. 그는 민족주의와 자유와 평등은 박탈할 수 없는 인간의 권리라는 것과 같은 개념을 열성적으로 받아들였다. 그가 창간한 잡지인『청의보(淸議報)』(1898-1902)와『신민총보(新民叢報)』(1902-1907)를 통해서 그는 지속적으로 중국 국민들에게 이 방면의 지식을 주입시키려고 했다. 중국의 쇠약에 대한 그의 진단에 의하면 중국인 개인의 충성 대상은 중국이라는 국가가 아니라 통치자이고, 유학자들은 천하통일을 담론했지 중국이라는 국가의 중요성을 우선 효과적으로 중점적으로 강조하지 못했으며, 독재와 폭정이 중국의 부패와 쇠약의 근원임을 분명히 밝히고 있다. 그는 평등, 자유 및 주권과 같은 권리 행사의 선결 조건으로서 민족주의를 받아들여야 한다고 열렬히 주장했다. 그러나 그는 당시의 중국은 아직 진정으로 민주와 대의제 정부를 실시하기 위한 준비가 되어 있지 않다고 믿었고, 오히려 입헌군주제를 시급한 목표로 삼는 것이 더욱 효과적이라고 생각했다. 그래서 그는 점진적인 정치개혁을 주창하고 격렬한 혁명을 반대했으며, 고문과 구어체를 혼합한 일종의 새로운 글 쓰는 방식을 채용했는데 독자들은 즉각 대대적으로 이것을 모방했다. 그의 잡지는 대단한 각광을 받았으며 청년들은 최신 호를 구매하기 위해서 떼 지어 서점으로 몰려갔는데, 그 목적은 국민 민주주권, 민족주의, 입헌주의 같은 새로운 사상들을 흡수하기 위해서였다. 량치차오는 일약 20세기 초기의 중국의 언론과 정치철학계의 유명인사가 되었다.4)

그러나 쑨원이 이끄는 급진적인 인사들은 량치차오의 입헌군주제 사상에 대해서 강력한 반격을 가했다. 그들은 중국은 새로운 시대를 열기 위해서 만주족이 세운 왕조를 타도하고 공화국을 건립할 필요가 있다고 격렬하게 주장했다. 그들은 1905년에『민보(民報)』를 창간하여 량치차오와 논쟁을 벌

---

4) Liang Ch'i-Ch'ao, p. 102.

504

였다. 자희태후의 혁명에 대한 증오의 정도가 그녀의 입헌군주제에 대한 증오를 능가했기 때문에, 그녀는 자기에게 끼치는 해가 비교적 가볍다고 생각되는 입헌운동을 지지하기로 결정했다. 태후는 헌법을 도입하는 전주곡으로서 만주족 왕공귀족들을 해외로 파견하여 외국의 정치체제를 시찰하게 하는 것에 동의했는데, 그녀는 이런 일은 매우 긴 시간을 필요로 하기 때문에 자기에게 유리하다는 것을 알고 있었다.

만주족 귀족 짜이쩌(載澤)가 이끄는 5인 시찰단이 구성되었다. 그중 3명은 일본, 영국, 프랑스, 및 벨기에를 방문하고, 기타 2명은 미국, 독일, 오스트리아, 이탈리아로 갔는데, 사절단은 1905년 12월 11일에 출발하여 이듬해 7월에 귀국했다.

시찰단은 영국과 독일의 정부체제에 대해서 좋은 인상을 받았다고 보고했지만 중국과 일본 간의 유사성이 매우 크기 때문에 일본의 헌법체제가 중국에 더욱 적합하다는 결론을 내렸다. 시찰단 단장인 짜이쩌는 5년 내에 헌법을 채택할 것을 건의했다. 그는 잘 기획된 헌법은 정권의 도구가 되어 중앙정부가 중앙집권을 이루도록 해줄 수 있다고 말했다. 이 건의는 황실조사단의 지지를 얻어 1906년 9월 1일에 태후의 서명을 받았지만 그녀는 현명하게도 반포 날짜를 지정하는 것을 빠뜨렸다.

정부 내의 다른 파벌들은 입헌문제에 대해서 서로 다른 관점을 가지고 있었다. 태후는 입헌을 그녀 자신의 권력을 실제적으로 손상시키지 않고 대중을 선무하는 데에 사용하는 편리한 도구로 간주했으며, 만주족 사람들은 그것을 집권(集權)을 실시하고 한족 사람들을 핵심집단에서 배제시키는 기회로 삼아서 각 성의 한족 출신 총독들의 권력을 박탈하려고 했다. 그래서 입헌주의는 만주족 사람들이 한족을 반대하는 도구가 되었다. 다른 한편으로 입헌주의는 편협하고 포악한 만주족 사람들의 차별대우와 통치를 벗어나기를 갈망하는 한족 사람들에게 희망을 가져다주었다. 입헌주의의 원칙에 동의한 이후 조정은 입헌군주제를 건립하는 제1보로서 1906년 9월 2일 정부기구의 개혁을 논의할 일단의 관원들을 임명했다. 그러나 이익 충돌과 비난이

두려워 조정은 5개 부문, 즉 군기처, 내무부, 팔기, 한림원, 환관을 논의의
대상에서 배제시키기로 결정했다. 마지막에 제출된 행정개편에 관한 보고서
는 직책의 집중과 정부의 뿌리 깊은 쇠약을 일소하고 효율을 높일 것을 강조
했다. 이에 근거하여 조정은 1906년 11월 7일 개혁법령에 서명하여 단지 6
부를 얼핏 보면 현대화된 것처럼 보이는 11개의 부문들로 확대시켰다. 이
법령은 현대 입헌정치체제의 표상을 창조했으나 기존의 정부절차의 본질을
그대로 남겨놓음으로써 기구를 퇴보적으로 개편했는데, 그 이유는 한족 사
람들의 권력에 비해서 만주족 사람들의 권력이 더욱 커졌기 때문이다. 조직
을 개편한 이후 한족 출신은 정부고위층 직위 중에서 3분의 1도 못 되는 자
리를 차지했다. 만주족 출신과 한족 출신 간의 확대된 불화는 수많은 입헌정
치체제의 지지자들을 실망시켰다.

각 지방정부에서도 만주족 출신의 권력은 공고해졌다. 1907년 조정은 각
성의 사법, 경찰과 농업국장, 공업국장, 상업국장을 직접 임명함으로써 총독
과 순무의 권력을 규제했다. 조정은 상세하게 조치를 제정하고 그대로 시행
하여 각 지방정권의 가장 탐낼 만한 두 개의 권력을 회수했는데, 조정이 각
성의 재정국장을 임명하고 각 성의 군대를 새로 창설된 육군부로 이관시킨
것이다. 위안스카이는 그의 6진의 북양군 중에서 4진을 상실했다. 1907년
8월, 조정은 치명적인 일격을 가하여 가장 권세가 있는 한족 출신 총독인
장즈둥과 위안스카이를 조정으로 전임시켜 군기대신을 맡게 했으며 후자는
동시에 외무부장으로 임명했다. 입헌의 위장하에 만주족 출신들은 그들의
한족 출신 배제계획을 실시하는 데에 성공하여 권력을 유례없이 집중시켰다.

그러나 입헌운동에는 몇 가지 좋은 징조가 있었다. 청 조정은 1907년 8월
에 제헌국(制憲局)을 창설했고, 1907년 9월에 3명의 관원을 일본, 영국, 독
일에 파견하여 입헌정치체제를 배우게 했으며, 한 사람은 만주족, 한 사람은
한족으로 구성된 두 사람을 임명하여 국회를 세우기 위한 준비를 하게 했으
며 성(省), 지(地), 현(縣) 의회를 세우도록 명령했다.

여전히 일본에 망명 중이던 1898년의 개혁파들이 중국에서의 사태 발전

으로 인해서 고무된 것은 분명했다. 량치차오는 입헌운동에 참여하기를 희망하여 『신민총보』의 발행을 잠시 중단하고 이어서 일본에서 정문사(政聞社)를 조직하여 다음과 같은 일을 추진했다. 그것은 (1) 책임제 의회정부, (2) 사법독립을 보증하는 법률개혁, (3) 지방자치 및 중앙정부와 명확한 직권 분담, (4) 신중한 외교를 통한 국제사회 속에서의 평등한 권리쟁취였다. 이 조직의 회원들은 청 조정과 협력하는 것에 대한 흥미를 표시했지만 1898년 개혁파를 배반한 위안스카이는 그들과 연계를 가지기를 거절했고, 캉유웨이와 량치차오를 증오했던 자희태후도 마찬가지였다.

또다른 한편으로 쑨원이 이끄는 혁명파는 량치차오와 그의 동료들이 반동적인 조정과 시시덕거리는 것을 비웃었다. 조정과 혁명파의 배척을 받게 된 정문사는 중간파가 되었다. 그러나 정문사의 몇몇 회원들은 은밀히 중국으로 돌아와 사회적으로 명망이 있는 사람들, 학생 및 해외단체들에게 조속히 의회를 구성하고 즉각 헌법의 반포를 요구할 것을 촉구하려고 시도했다. 각 성에서는 10개의 이른바 "헌우회(憲友會)"라는 것이 생겨났고 그 대표단들이 잇따라 무리를 지어 베이징으로 와서 조속히 헌법을 반포하도록 요청했다. 맹렬한 입헌운동의 물결은 만주족 기인들도 이 대열에 참여하게 했다. 이런 압력 아래 조정은 1908년 8월 27일 "헌법대강(憲法大綱)"을 공포하고 헌법이 효력을 발생하기 이전의 9년간의 예비기간을 규정했다.

태후는 중국에 입헌군주제를 도입한다는 것을 진정으로 고려해본 적이 없었다. 청 왕조의 "헌법대강"은 실제로 황제에게 일본의 모델보다 더욱 큰 권력을 부여했는데, 그 이유는 "헌법대강"이 행정, 입법, 사법권이 신성불가침한 황제에게 속해 있으며 황제는 천추만대에 이르기까지 계속해서 이 제국을 통치할 것을 규정하고 있기 때문이었다. 의회는 정부의 정책을 논의할 수 있지만 결정할 수는 없었다. 의회가 통과시킨 법률과 규정은 황제의 비준을 거쳐야만 비로소 효력을 발생할 수 있었다. 그뿐만 아니라 공민의 권력 및 의무와 상관된 조문은 유명무실한 것이었다. "헌법대강"은 황실이 왕조의 권력을 집중시키고 만주족의 통치를 연장시키려고 시도하는 지연을 위한 도구였다. 이런 예방조처들이 있었음에도 자희태후는 "헌법대강"을 실시하는 것을 원하지 않았기 때문에, 일본의 방식대로 9년간의 준비 기간을 두는 것을 요구함으로써 그녀가 살아 있는 동안 중국에 헌법을 도입하는 것을 지연 시키려고 애썼다.[5]

　당시 이미 73세였던 태후는 자신의 장수와 지연전략에 대해서 매우 자신했던 것이 분명했다. 그러나 3개월도 못 되어서 그녀는 중병에 걸려 1908년 11월 15일에 세상을 떠났다. 태후가 죽은 다음 날, 37세의 광서제가 이상하게도 태후를 따라서 세상을 떠난 것에 관한 소식이 공표되었다. 그가 브라이트 병(단백뇨와 부종이 따르는 콩팥염/역주)에 걸렸다는 보도가 있었지만, 황제와 가까운 궁정 소식통은 황제는 몸이 매우 건강했으며 평생 동안 병을 앓은 적이 아주 드물었다고 말했다. 들리는 말에 의하면 그는 아마도 조심성이 부족하여 태후가 곧 세상을 떠나는 것을 기뻐했는데, 이후 태후가 그 보복으로 "나는 절대로 그보다 먼저 죽지 않겠다"고 맹세했다고 한다. 이것은 태후가 죽기 전에 황제에게 독을 썼을 가능성을 나타내고 있다. 가장 널리 유포된 풍문은, 위안스카이가 비밀모의에 참여했으며 그 이유는 그가 1898년 황제를 배반하여 그가 다시 권력을 장악하는 것을 두려워했기 때문이라는 것이지만 이 견해를 입증할 증거는 없다.

　태후의 세 살짜리 종손 푸이(溥儀)[6]가 그 뒤를 이어 즉위했고, 그의 부친이고 제2인자인 순친왕 짜이펑(載灃)[7]이 섭정을 맡았다. 위안스카이가 광서제를 배반했기 때문에, 순친왕은 오직 그를 제거해버리려고 했던 것 같지만 북양군의 반란을 걱정하여 자제했다. 들리는 말에 의하면 한족 출신 정치가인 장즈둥도 그에게 국상 기간 중에는 고위관리를 살해하지 말 것을 권고했다고 한다. 뒤이어 순친왕은 위안스카이가 다리 병에 걸려 정양이 필요하다고 주장했다. 1909년 1월 2일 위안스카이는 강제로 정부에서 쫓겨나게 되었

---

5) 1881년 일본 천황은 1890년에 국회를 소집할 것을 약속했다.
6) 이후에 헨리(Henry)로 알려진 푸이로서, 마지막 황제이다.
7) 짜이펑은 이미 서거한 광서제의 이복동생이다.

다. 순친왕은 배반을 당한 광서제에 대한 복수를 하고 고유의 반한(反漢)정책을 강화하는 데에 성공한 후, 애써 입헌군주제를 위해서 열심히 뛰어다니는 척했다. 1909년 2월 17일에 그는 성 자의국(省諮議局)을 설립하도록 명령하고, 10월 14일에 관련의식을 거행했다. 이런 대중단체들이 성립됨에 따라서 국회를 소집할 것을 요구하는 기세가 더욱 커졌다. 16개 성의 대표들이 다음해에 세 차례에 걸쳐, 즉 1910년 1월 26일, 6월 22일, 10월 3일에 베이징에 와서 조속히 국회를 소집하도록 요청했다. 조정은 그들이 국사를 방해한다고 질책하고 그들에게 돌아가도록 명령했다. 모욕을 당한 이들 대표들은 대다수가 각 성 자의국의 국장 또는 부국장으로서, 한 차례의 비밀집회에서의 회동 이후 그들의 지지를 조용히 혁명파에게로 돌리기로 결심했다고 한다.8) 성 자의국과 입헌주의자 개개인들로부터 오는 거대한 압력이 있었는데도 순친왕이 한 것이라고는 단지 1910년 11월 4일 헌정에 대한 준비 기간을 9년에서 6년으로 단축시킬 것을 선포한 것뿐이었다. 동시에 그는 1911년 5월 8일 "황족내각"을 조직했는데, 13명 중 5명을 황제의 친척과 외척으로 임명하여 그의 반한정책을 강화했다. 이 내각에는 만주족 출신이 8명, 몽골 기인(蒙古旗人)이 1명이었는데 한족 출신은 단지 4명이었다. 황실이 내각을 주재하는 것을 성 자의국이 반대하자, 조정은 그들에게 드러내놓고 황제의 위임권에 대한 절대적인 장악은 "헌법대강" 속에 명시되어 있다는 것을 상기시켰다. 이에 한인들은 만주족의 통치하에서는 진정한 입헌은 불가능하다는 것을 날이 갈수록 확신하게 되었다.

환멸과 실망은 나날이 증강하는 반만정서(反滿情緒)를 불러일으켰고 대중의 감정을 혁명파의 사업으로 전향하게 했다. 수개월도 못 되어 쑨원의 정치단체가 청 왕조를 역사의 망각 속으로 사라지게 했다.

---

8) P'eng-yüan Chang, "The Constitutionalists", Mary C. Wright(ed), *China in Revolution*, pp. 160-170.

**18**

# 청대 말엽의<br>사상적, 사회적 및 경제적 변화—<br>1895-1911년을 중점적으로

청대 말엽은 일대 전환기로, 변화의 속도는 1895년 이후 더욱 빨라졌다. 이런 변화는 앞의 몇 장에서 서술한 정치개혁에서 구체적으로 나타났을 뿐만 아니라, 사상 및 사회와 경제생활 면에서도 구체적으로 나타났다. 사상의 방면에서는 금문경학운동(제15장 참조) 외에 몇몇 관점과 행위가 근본적으로 새롭게 자리를 정하게 되었는데, 이는 전통학술의 변화 추세와 서양 사조의 유입으로 야기된 것이었다. 사회적으로는 개인이 가정과 가족 대신 사회의 기본 단위가 되었고, 매판과 군벌이라는 두 신흥계급이 매우 주목을 받았다. 동시에 도시의 수효가 급격히 증가했다. 경제 방면에서는, 정부재정에서의 곤란이 증가하고 무역적자가 격심해졌을 뿐만 아니라 중국 경제의 현대화된 부문에 대한 외국의 통제가 심화되었다. 중국은 지금까지 이렇게 짧은 기간에, 이렇게 거대한 사회, 경제와 사상의 변화를 경험해본 적이 없었다.[1]

## 사상의 재정립

**전통사상의 변질** 청대 말엽의 사상조류는 청대 중기와 완전히 다른데, 국내

---

1) 1900년 이후 중국의 신속한 변화에 대한 관점은 Mary C. Wright(ed.), *China in Revolution, The First Phase, 1900-1913*(New Haven, 1968), pp. 1-63, "Introduction : The Rising Tide of Change"에 명확히 나타나 있다.

에서의 봉기와 외국 침략의 이중 도전은 지식인들에게 그들의 사회적 역할을 다시 자세히 살펴보지 않을 수 없게 했다. 고증학파는 오래된 문물에 대한 연구에 힘쓰고, 지식을 위한 지식을 추구하는 행위를 자랑으로 여겼다. 그러나 나날이 새롭게 변화하는 시대에서, 그들은 시대에 어울리지 않는 행동을 하고 있었던 것이다. 두 종류의 새로운 조류가 날로 뚜렷해졌는데, 즉 "격물치용(格物致用)"(즉, 지행합일) 사상의 부흥과 사상 면에서의 포용과 재통합의 추세였다. 외국의 침략과 국내의 혼란 등 중대한 문제가 임박하자 지식인들은 도의적으로 사회와 정치의 안정에 대해서 이바지할 의무가 있다고 느꼈다. 한학을 전문으로 연구하는 학자들도 세상 일을 상관하지 않는 전통적인 태도를 포기했다. 모든 청대 말엽의 지식인들은 모두 공공업무에서 그들에게 필수불가결의 역할이 있다고 굳게 믿었다.

지식인들은 연구의 영역과 방법에 광범위한 흥미를 가지고 있었다. 예를 들면 정치가인 쩡궈판은 송학, 한학, 문학 및 격물치용을 모든 것을 포함하는 기본학식, 즉 예학으로 융합시켜 유가의 예의 개념을 반영했다. 캉유웨이는 이학 연구에서 금문학으로 전향하고, 다시 서양의 정치개혁 저작에 대한 연구로 전향했다. 학문에 대한 광범위한 흥취와 혼합적인 접근 방법이 이 시대의 특색을 이루었다. 그래서 청대 말엽의 학술계는 하나의 학파(한학)의 지배로부터 많은 파가 공존하는 쪽으로 전향하고, 분열에서 재통합으로 나아갔다. 이 전환 과정에서 청대 말엽의 지식인들의 학술적 시야도 이전보다 훨씬 더 넓어져서, 전통의 경계를 타파하고 서학에 대한 연구를 시작했다.2)

**신학(新學)** 서양 사상의 유입은 아편전쟁 이전에, 성경과 종교책자의 번역에서 시작되었다. 1810-1867년 사이에 기독교 전도사들이 번역한 795권의 번역서적 중에서 종교서적이 86퍼센트를 차지했고, 인문과학과 자연과학 서적은 겨우 6퍼센트였다. 1861-1895년의 자강운동 기간에 번역서적의 범위는

---

2) 蕭一山, 제4권, p. 1746, 1748, 1951-1960.

외교, 군사, 자연과학과 기술 방면으로 확장되었다. 1850-1899년간의 567종의 번역서적 중에서 응용과학은 40퍼센트를 차지했고, 자연과학은 30퍼센트를 차지했다. 역사, 지리는 10퍼센트를 차지했고, 사회과학은 8퍼센트를 차지했으며, 종교, 철학, 문학과 예술은 3.5퍼센트를 차지했다.3) 이 기간에는 과학기술 분야가 중점이었으며 영국과 미국의 저작이 주요 정보원으로서 전체 번역저서의 85퍼센트를 차지했고, 반면에 일본의 저작은 겨우 15퍼센트를 차지했다.

1894-1895년 청일전쟁 이후, 이 추세는 변화했다. 중국 현대화 과정의 협소성이 날로 명확해졌는데, 즉 선견지명이 있는 지식인들은 중국은 반드시 서양에 대한 인식과 이해를 넓혀야 하고 그것은 오직 군사와 공업기술에만 국한되어서는 안 되며, 정치체제, 경제체계, 사회구조, 과학과 철학사상 등의 방면의 연구도 포함시켜야 한다는 것을 분명히 인식했다. 이 분야들의 서양 저작들의 번역은, 개혁과 혁신의 가장 중요한 전제조건이 되었다. 의화단 사건 이후, 경사대학당은 동문관 역서국(譯書局)과 합병하여, 대량의 번역저서와 교재의 편찬 작업을 완성했다. 내용은 수학, 물리, 삼각법과 철학과 관련된 것들이었다. 1907년에 청 정부는 정식으로 역서국을 창립하여, 수많은 구식 과거시험에서 출중한 성적을 거둔 사람들을 임명하여 이곳에서 일하게 했다. 왕궈웨이(王國維)는 바로 그중의 한 사람이었다. 그는 성실한 학자였으며 칸트, 쇼펜하우어, 니체의 학설에 대해서 매우 깊이 연구했다. 전반적으로 말해서, 정부 측의 역서기구가 개인번역가들만큼 중국 문화에 비교적 큰 영향을 주지는 못했다. 개인번역가 중에서 옌푸와 린수(林紓)는 특별히 걸출한 사람들이었다.

옌푸(1854-1921)는 푸젠 성의 허우꽌 출신으로, 그는 중국이 현대의 서양을 이해하려고 노력하는 데에 선구적인 역할을 했다. 소년 시절에 그는 철저한 중국 전통교육을 받은 후, 14세에 푸저우에 있는 선정학당에 들어가 신식

---

3) Tsuen-hsiun Tsien, "Western Impact on China through Translations", *Far Fast Quarterly*, XIII : 3 : 311, 315(May 1954).

교육을 받았다. 그는 영어, 산술, 대수학, 기하학, 삼각법, 물리, 화학, 기계, 지리, 천문, 항해 등 많은 분야의 지식을 배우고, 1871년에 아주 우수한 성적으로 졸업했다. 1876년 한 영국 해군학교에 파견되기 위해서 선발된 그는 그다음 해에 영국에 도착했는데, 당시에는 마침 위대한 사상가인 다윈, 헉슬리, 스펜서가 그들의 진화론 그리고 "자연도태와 적자생존"의 이론으로 세계를 뒤흔들고 있던 시기였다. 다윈 이론이 옌푸를 매료시킨 것은 그의 생물학설보다는 오히려 그것이 강조했던 사람의 결정 요소와 "경쟁 상황에서 사람의 잠재능력이 발휘되는 것"이었다.4) 그래서 옌푸는 사회다원주의의 각도에서 중국의 문제와 세계에서의 중국의 지위를 자세히 살폈는데, 이것은 결코 이상한 일이 아니었다.

서양, 특히 영국이 부강해진 원인을 발견하기를 열망하여, 옌푸는 영국의 정치체계, 경제체제, 사회철학, 법률사상을 게을리 하지 않고 열심히 연구했으며, 그는 결국 영국이 강대해진 토대의 근원은 공정함이라는 법률관념에 있다고 생각했다.5)

1879년, 옌푸는 귀국해서 톈진에 있는 리훙장의 북양 수사학당(水師學堂)의 총교습을 맡았는데, 그는 그곳에서 20년 가까이 머물렀다. 비록 1890년에 이 학당의 총판(總辦)으로 승진했지만, 리훙장은 그를 심복으로 생각한 적이 없었다. 그의 해군으로서의 생애 역시 눈부신 적이 없었다. 한편 그와 같은 시기에 영국 유학을 한 일본인들, 예를 들면 이토 히로부미와 도고 헤이하치로(東鄕平八郎)는 모두 일본 현대화의 지도자가 되어 일본을 강국으로 변모시켰다.6) 옌푸는 자신이 조국을 도울 방법이 없다는 것에 매우 낙담했다. 특히 청일전쟁에서 북양 함대가 참패하여 옌푸의 수많은 동료들과 제자들이

---

4) Benjamin I. Schwartz, *In Search of Wealth and Power: Yen Fu and the West* (Cambridge, Mass., 1964), p. 46.

5) *Ibid.*, p. 29.

6) 이토 히로부미는 수상이 되었고 도고 헤이하치로는 청일전쟁과 러일전쟁에서 두각을 나타냈는데, Edwin Albert Falk, *Togo and the Rise of Japanese Sea Power*(New York, 1936)를 보시오.

이 전쟁에서 희생되었던 것이었다. 이후 옌푸는 글을 쓰고 번역을 하는 것을 통해서 중국의 연약함을 규탄했다. 이로부터 그는 결국 자신의 진정한 천직이 그의 가슴속에 억눌려 갇혀 있는 생각을 자유롭게 발표할 수 있는 정치평론가임을 발견했다.

그는 동포들에게 다음과 같이 큰소리로 외쳤다. 즉, 서양 발전의 요체는 "현실에 대한 완전히 다른 관념"이며, 거기에는 이념과 가치관이 포함되어 있다는 것이었다. 한 국가를 강대하고 부유하게 하는 것은 사상이지 군사력이 아니라는 것이었다. 중국 국민이 서양 사상을 직접적으로 이해하도록 하기 위해서 그는 이후 15년 동안 수많은 중요한 저작들을 번역했는데 그중에는 토머스 헉슬리의 『진화와 윤리』(1900), J. S. 밀의 『자유론(*On Liberty*)』(1903)과 『논리학(*Logic*)』(1905), 허버트 스펜서의 『사회학 연구(*A Study of Sociology*)』, 몽테스키외의 『법의 정신(*De l'esprit des lois*)』(1909), 에드워드 젱크의 『정치사(*A History of Politics*)』와 윌리엄 S. 제번의 『논리학(*Logic*)』 등이 있다. 중국인은 처음으로 진화론, 자유무역, 사회법칙, 정부분권 등의 이론을 접촉하게 되었다.

그의 모든 논저 속에서의 핵심관점은 중국과 현대 서양의 근본적인 차이는 사람의 능력에 대한 상이한 태도에 있다는 것이었다. 인간의 무한한 잠재력을 발휘시키기 위해서 서양인은 행동, 자신감, 투쟁, 인간의 활동을 고도로 찬양했으며 정부와 사회는 이를 위하여 유리한 조건, 즉 자유, 나날이 증가하는 평등한 기회, 자치정부, 공공정신, 공평, 정의를 제공하여 개인의 내부 잠재력을 발휘하도록 하고 그들이 집단의 목표를 실현할 수 있도록 인도한다는 것이었다. 정부가 건설적인 이기심을 억압하지 않고 격려함으로써 대중과 개인의 이익이 서로 증진되었기 때문에 영국은 인간의 잠재력 발휘를 위한 사상과 가치를 배양하고 이를 위한 적절한 환경을 제공하고, 자기 국민의 재능, 지혜 및 도덕수준을 향상시키자, 국가는 부유하고 강대해졌다는 것이었다.[7]

그러나 옌푸는 중국의 상황은 오히려 정반대로 성현의 도(道)는 국민의 능력 발전을 격려하지 않고, 국민의 중요한 활력의 자유로운 발휘를 억제했다고 생각했다. 진 왕조(221-206 기원전) 이후, 전통적인 통치자들을 모두 "나라를 훔친 큰 도둑"이라고 불렀고 그들은 백성들의 고혈을 수탈하고 민도(民度)를 향상시키지 않았다는 것이다. 옌푸는 그가 입안한 「황제께 올리는 글」에서 이것이 바로 중국의 근본적인 우환거리라고 지적했다. 이 상서는 짧게 끝난 1898년 개혁 중에 옌푸가 준비한 것이지만 제때에 광서제에게 전달되지 못했다. 그는 대담하게 중국의 70퍼센트의 골칫거리는 내부에서 생긴 것이고, 오직 30퍼센트만이 외부에서 생긴 것이라고 선언했다. 중국이 필요로 하는 것은 결코 지엽적인 문제의 개선이 아니라, 국내의 평화와 질서에 대한 관념의 근본적인 전환이라는 것이었다. 그는 전통적인 통치자들은 국가를 통제하기 쉽도록 하기 위해서, 백성들을 무지하고 허약한 상태에 두는 데에 줄곧 힘써왔다는 입장을 고수했다. 안정을 유지하기 위해서 그들은 경쟁과 혁신을 폄하하고 백성들에게 대대로 내려오는 관례를 따르도록 훈계했다는 것이다. 또한 그들은 검소함을 장려하고, 부의 증진을 반대했으며, 고대를 숭상하고 현대를 폄하했다는 것이다. 그리고 그들은 적극적이고 진취적인 것을 반대하고 자족(自足)을 장려했으며, 반란을 방지하기 위해서 그들은 백성들에게 부드럽고 상냥하고 순종적인 습성을 주입했다는 것이다. 옌푸는 이 모든 것은 서양이 경쟁과 활력의 발휘, 인간의 능력과 지능의 향상을 통하여 진보와 발전을 가속화한 원칙에 위배된다고 주장했다.[8]

옌푸는 서양의 결단력과 활력을 높이 찬양하고 중국의 소극적이며 허약한 면을 비판한 후, 서양의 문명을 동적인 문화로, 중국의 문명을 정적인 문화로 묘사했다.

옌푸의 견해에 의하면 만약 중국의 국내질서를 유지하는 전통적인 방법이 가난과 무지함과 허약함을 초래했다면, 설령 이런 방법이 성인의 도라고 할지라도 마땅히 버려야 한다는 것이었다. 다른 한편으로, 만약 서양의 방법이

---

7) Schwartz, pp. 70-75, 238-243.
8) 蕭一山, 제4권, pp. 2021-2024.

비참한 상황을 바꿀 수 있다면 그것을 채택해야 하는데 그 이유는 지식에는 국경이 없기 때문이라는 것이었다. 중국은 반드시 옛 제도를 바꾸어서 현대 세계의 경쟁 속에서 생존을 추구해야 하고 애국주의와 민족주의를 발전시키고 광범위한 과학기술 교육체계를 육성하며, 민중경제에서의 사사로운 이익을 장려할 뿐만 아니라 "합리적인 국가기관"을 창설해야 한다는 것이었는데,9) 이것이 바로 옌푸가 국민에게 주입한 사상의 핵심이었다.

옌푸가 중시받은 것은 그의 사상뿐만 아니라 그의 뛰어난 문체 때문이었다. 번역작업을 할 때 그는 세 가지 표준에 따랐는데, 즉 진실함, 글의 매끄러움, 우아함이었다. 중국어와 서양 언어의 문장 구성방식의 차이로 인하여 옌푸의 번역서는 기본적으로 문자 그대로 번역한 것이 아니라, 원저를 종합하거나 의역했다. 그는 원저에 몰두하여, 원저의 정신과 본질을 파악한 후에 간결한 고문으로 표현해냈다. 예를 들면, 그는 "the struggle for existence"와 "the survival of the fittest"을 "물경천택(物競天擇 : 사물은 경쟁을 통하여 자연스럽게 선택됨)", "우승열패(優勝劣敗 : 나은 자는 이기고 못한 자는 패함)"로 번역했다.

옌푸의 그와 같은 고상하고, 심오하며, 간결하고, 우아한 글의 풍격은 상당히 호평을 받았지만 대중이 받아들이는 데에는 방해가 되었다. 그의 글은 단지 교육을 받은 소수의 엘리트들만을 매료시켰는데 량치차오가 그중의 한 사람이었다. 그래서 그의 영향 범위는 극히 작았지만 옌푸의 불후의 공적은 그가 중국과 서양의 교류사에서의 이정표라는 것이다. 그는 처음으로 두 종류의 다른 문화에 대해서 깊은 비교연구를 했을 뿐만 아니라 유래가 오래된 문제에 대해서도 대담하게 대답했는데, 예를 들면 "무엇이 서양에는 있고 중국에는 없는가?", "서양의 부강의 원천은 무엇인가?"라는 문제에 대해서였다.

린수(1852-1924)는 옌푸와 같은 시대의 또 한 사람의 위대한 번역가로서, 서양 소설을 번역하는 데에 뛰어났다. 1872년과 1882년에 각각 수재와 거인

---

9) Schwartz, p. 185.

에 합격했지만, 갈망하던 진사 시험에는 여러 차례 실패했기 때문에 뜻을 이루지 못한 문인으로서 그는 체념하고 교사의 생애를 시작했다. 린수는 결핵환자여서 민감하고, 긴장하고 있었으며, 비애에 잠겨 있었고, 충동적이었다. 가족의 잇따른 죽음(1895년에 모친이 세상을 떠났고, 1897년에는 아내가 죽었으며 뒤이어 2년 내에 두 자녀도 죽었다)은 그를 절망과 고독 속에 빠져들게 했다. 그를 절망에서 구해내기 위해서 그의 친구[10]는 두 사람이 협력하여 알렉상드르 뒤마의 『카멜리아의 여인(*La Dame aux camélias*)』이라는 책을 번역하자고 제의했는데, 그의 친구는 이전에 푸저우 수사학당의 수강생이었으며 이후에 파리 대학교에서 법률을 공부했다. 린수가 외국어를 모른다는 것을 알기 때문에, 그의 친구는 원서를 구두로 번역하고, 동시에 린수가 그것을 이해하기 쉬운 중국어로 번역했다. 이런 "구두 번역"은 대단히 성공하여 린수의 이후 번역의 일정한 패턴이 되었다. 린수는 글 쓰는 것이 아주 신속하고 민첩하여, 그의 번역문은 종종 구두 번역과 동시에 완성되었다.[11] 그의 역서의 범위는 광범위하여, 애정소설, 사회소설, 우화, 전기, 극본 및 탐정소설 등이 있었고, 그의 가장 저명한 역서로는 앞에서 말한 『카멜리아의 여인』 외에 찰스 디킨스의 『올리버 트위스트(*Oliver Twist*)』, 『데이비드 코퍼필드(*David Copperfield*)』, 『골동품 상점(*The Old Curiosity Shop*)』과 『돔비와 아들(*Dombey and Son*)』, 『니콜라스 니클비(*Nicholas Nickleby*)』(이 작품들은 모두 1907년에서 1908년 사이에 출판되었다), H. 라이더 해거드의 『솔로몬 왕의 보물(*King Solomon's Mines*)』, 『몬테수마의 딸(*Montezuma's Daughter*)』, 『베아트리체(*Beatrice*)』, 월터 스콧 경의 『아이반호(*Ivanhoe*)』, 『부적(*The Talismans*)』과 『약혼자(*The Betrothed*)』 등이 있다. 일생 동안 그는 159권, 1,200만 자의 번역서를 완성했다.

린수는 자신의 구두 번역이 그다지 정확하지 못하다는 것을 기꺼이 인정했지만, 그는 자신의 민감하고 뛰어난 문학적 재능 때문에 직감으로 원작의

---

10) 왕자인(王子仁).
11) 그의 가장 성실한 협력자는 웨이한(魏瀚)과 정수꽁(鄭叔恭)이다.

정신과 어투, 유머를 파악했으며 그 때문에 원작의 본질에 특별히 가깝게 접근할 수 있었다. 그가 그렇게 할 수 있었던 것은 번역과 동시에, 자연스럽게 스스로를 역할 속으로 녹아들어가게 하여 그가 "책 속의 인물이 금방 나의 제일 가깝고 친밀한 친척처럼 되어, 그들이 곤란에 처했을 때 나는 절망을 느끼고, 그들이 성공할 때 나는 득의양양했다. 나는 이미 살아 있는 사람이 아니라, 작가가 줄로 조종하는 꼭두각시와 같았다"[12]라고 설명한 것처럼 되었기 때문이다. 그는 신중하고 고전적인 스타일을 사용하여 원작의 감정을 표현하는 데에 아주 성공했기 때문에 이따금 사람들은 그의 번역문이 원작보다 한층 더 낫다고 생각했다. 당대의 동양 작품의 영문 번역의 제1인자인 아서 웨일리는 디킨스의 작품과 린수의 번역을 비교한 후에 평론하기를 "번역문 중의 유머가 더 정확하고 간결하며 디킨스의 작품 중 지나치게 잡다한 결점이 린수에 의해서 부지불식간에 효과적으로 수정되었다"고 했다.[13] 그러나 다른 한편으로 린수의 번역문 중에도 약간의 틀린 곳과 원문을 왜곡한 현상이 있는데, 예를 들면 그가 셰익스피어의 일부 극작을 산문식 이야기로 번역한 것이다. 그러나 전체적으로 말하면, 막 외국어를 배우기 시작한 중국 학생이 원작을 통해서 직접적으로 얻을 수 있는 것과 비교할 때, 린수의 번역서는 서양 문학작품의 원래 정신을 더욱 많이 반영했다.

서양 문학은 린수를 통해서 다방면으로 중국에 소개되었고, 그의 번역을 통하여 중국인은 서양의 풍속, 사회문제, 문학사조, 윤리관념, 가정관계 및 문학 자체의 멋진 세계에 대해서 귀중한 인식을 가지게 되었다. 번역서 외에도 작품의 서언과 소개를 통해서 린수는 애국주의, 민족주의, 사회진보, 대인관계의 개선을 제창하여, 그가 젊은이들에게 끼친 영향은 아무리 강조하더라도 지나치지 않다. 비록 그가 고집스럽게 고문을 사용하는 것을 견지하여 시대에 낙후되기는 했으나, 그의 공헌은 그를 옌푸와 함께 세기가 바뀌는

---

12) Leo Ou-fan Lee, "Lin Shu and His Translations: Western Fiction in Chinese Perspective", *Papers on China*, East Asian Research Center, Harvard University, 19 : 186(December 1965).
13) *Ibid.*, p. 187.

시점에 중국 번역계의 두 유명인사가 되게 했다.

**일본어 번역서**  서양 작품 외에도 서양을 주제로 한 많은 일본어 번역서들도 중국어로 번역되었다. 백일유신 중에 캉유웨이와 량치차오는 최대한 일본어를 매개체로 사용하는 것을 적극적으로 추진하여 서양 사상의 본질에 접근하는 지름길로 삼았다. 왜냐하면 일본은 이미 수많은 중요한 서양의 고전작품들을 번역했고, 그뿐만 아니라 일본어를 배우는 것이 서양 언어를 배우는 것보다 더 쉽기 때문이었다.

비록 개혁계획의 실패는 곁들여 일본어 저서의 번역을 제한하는 영향을 끼쳤지만 캉유웨이와 량치차오 두 사람은 일본에 망명해 있던 기간에 계속해서 이 사업을 적극적으로 추진했으며, 그들은 일본에 거주하는 수많은 중국 유학생들에게 영향을 주었다. 청 조정의 각 성 당국과 개인 및 단체는 갈수록 많은 사람들을 일본에 유학보냈는데, 1906년까지의 인원수가 1만 3,000명에 달했다. 일본 유학생들은 대량의 일본 서적과 서양 서적 번역서들을 중국에 소개했을 뿐만 아니라 철학, 경제학, 사회학 등과 같은 중요한 학문에 관해서는 일본어로 된 전문용어를 많이 빌려 썼으며, 청대 말엽의 신교육체제와 대다수의 교재들은 모두 일본을 본떠서 만든 것이다. 1902년에서 1904년까지의 역서 중에서 출처가 일본인 것은 전체 573권 중에 62.2퍼센트를 차지했고, 영국의 것은 10.7퍼센트로 감소했으며 미국은 6.1퍼센트를 차지했다. 573권의 역서 중에 사회과학이 25.5퍼센트를 차지했고, 역사와 지리가 24퍼센트를 차지했으며 자연과학이 21퍼센트, 응용과학이 10.5퍼센트, 철학이 6.5퍼센트, 문학이 4.8퍼센트를 차지했다.[14] 일본이 영국과 미국을 대신하여 사상의 주요 공급원이 되었고, 중점도 자연과학과 과학기술 공정에서 사회과학, 철학, 문학으로 바뀌었다. 중국의 서양에 대한 흥미도 의심할 여지없이 이미 군사과학에서 사회연구와 인문학과로 바뀌었다.

---

14) Tsuen-hsuin Tsien, p. 319.

서양과 일본 저서의 번역으로 인해서, 교육을 받고 있는 중국인들 속에 외래의 이념들이 광범위하게 전파되어, 민주, 의회정치, 입헌주의, 분권, 자유, 성별평등, 다원주의와 기타 외래관념들이 지식인들의 토론과 화제 속에 들어옴으로써 이런 관념들은 사회에 중요한 영향을 끼치지 않을 수 없었다.

## 사회적 변화

중국의 가족사회는 오래된 풍속과 습관과 가치 관념을 가지고 있을 뿐만 아니라 가정과 종족이 사회의 기본단위임을 강조하고 있지만, 청대 말기 마지막 10년 동안에 이 기초는 흔들렸다. 유가사상 중 가정의 충의(忠義), 효도, 정조, 삼강오륜 등과 같은 관념들은 이미 서양 사상의 개인주의, 자유주의, 남녀평등 등의 관념들로 대체되었다. 사람들은 개인은 가정의 일원이고 더욱이 사회와 국가의 일원일 뿐만 아니라 개인은 가정의 어른이라고 할지라도 박탈할 수 없는 권리를 가지고 있다는 것을 점차 깨닫게 되었다. 중국의 젊은 세대는 가정으로부터의 독립을 선포하기 시작했고 유가가 가르친 각종 인륜관계를 시대에 뒤지고 봉건적인 것이라고 배척했으며 가장의 전능적인 지위도 도전을 받게 되었다.

**가정 중심 사회의 와해** 청대 말엽에 이르기까지 전통적인 중국 가정은 마치 소형 왕국과 같아서 군주의 권위를 가진 가장은 가법을 실시할 권한이 있었고 가족 구성원의 생사 결정권을 가지고 있었다. 정부는 가장의 이런 전능적인 역할을 인정했을 뿐만 아니라 가정 내부의 부자, 부부, 형제자매 간의 관계에 간섭하지 않았다. 그러나 외국의 학설과 정치철학이 전래됨에 따라서 서양 학문을 연구하는 많은 학자들은 다음과 같은 몇 개의 기본관념을 보급하기 시작했다. 즉 가장의 권리는 논리적으로 국가에 예속되어 있고, 개인은 박탈할 수 없고 가장의 통제를 받지 않는 권리를 가지고 있으며 남녀는 국가의 기본분자로서 평등하다고 하는 것이었다. 이런 관념들이 가정관계의 기초를 뒤흔들면서 젊은이들 사이에서 광범위하게 유행했다. 그뿐만 아니라 세기가 바뀌자, 현대적인 학교의 설립은 실질적으로 정부가 이미 가정을 대체하여 교육의 책임을 담당하게 되었음을 말해주는 것이었다. 따라서 정부가 가정관계에 간섭하자, 가족사회의 정치적 지주도 무너져버렸다.

이어서 가족을 중심으로 하는 사회의 법률적 지지도 붕괴되었다. 기존 사법제도의 설립 목적은 혈연을 위주로 하는 사회구조를 보호하기 위해서였는데, 그것은 가장의 특수지위와 남녀의 불평등을 인정했고, 여성에게 재산계승권이 없는 것, 첩이 낳은 아들과 사생아인 아들은 족보에 올릴 수 없는 것, 한 사람이 범죄를 저지르면 가족 전체가 연좌되는 것, 그리고 이른바 "십악불사(十惡不赦 : 열 가지 악은 용서할 수 없음)"를 인정했다.15) 부부싸움에 대해서 이런 사법제도에서는 아내에 대한 처벌이 남편보다 무거웠다. 이 사법제도는 부자(父子)는 서로 비호하여 사법심판을 면해야 한다는 유가의 가르침을 인정했다. 봉건적 사회관계를 반영하는 이런 준칙들은 급속히 변화하는 시대와 조화를 이룰 수 없는 것이 분명했다. 청대 말엽과 민국 초기의 신(新)법전16)에서는 개인의 박탈할 수 없는 권리와 남녀평등, 여성의 재산계승권 등을 인정하여 가족사회의 오래된 사법적 기초는 와해되었다.

마찬가지로 구사회의 경제기초도 심하게 흔들렸다. 특혜관세하에서 외국 상품이 유입되고, 1895년 이후 외국인이 중국에서 공장을 설립하여 생산하는 데에 특권을 누리게 됨으로써 국내 수공업과 농업경제에 파멸적인 영향이 미치게 되었다. 외국인은 중국의 공익사업, 통신업, 광산업, 은행업 및 기타 현대 기업을 주재했고 외국 기업은 거액의 자본과 강대한 생산력으로 인해서 편벽한 산간촌에서조차도 그들의 제품은 중국 상품보다도 더 잘 팔렸다. 면화와 같은 일반 농업제품도 외국인이 파는 것이 중국인 자신이 생산한 것보다도 훨씬 더 저렴했다. 전통적인 방직을 부업으로 삼았던 농촌여성

---

15) "십악(十惡)"은 모반(謀反), 모대역(謀大逆), 모반(謀叛), 악역(惡逆), 부도(不道), 대불경(大不敬), 불효(不孝), 불목(不睦), 불의(不義), 내란(內亂)을 가리킨다.
16) 선쟈번(沈家本)의 주관하에 발행되었다.

들은 일거리를 없어져서 농민들은 날이 갈수록 입에 풀칠하는 것조차도 어려워졌다.

이런 경제적인 곤경은 가정관계에 불리한 영향을 끼쳐서, 종족과 가정은 더 이상 실업을 하고 병에 걸리고 빈곤한 가정구성원에게 도움과 위안을 줄 수가 없게 되었다. 밥그릇을 박탈당한 수공업자와 농민들은 고향을 떠나 도시로 들어가서 생계를 도모했고 동시에 가족과 가정의 통제를 벗어나게 되었다. 다행히 새로운 생활을 시작한다고 해도 그들의 보잘것없는 수입으로는 자기 한몸을 유지하기도 어려웠으며 자기 가족을 돕는 것은 더 말할 필요도 없었다. 사람들과 종족과의 관계는 매우 희박해졌으며, 이런 사람들의 처자들은 종종 다른 도시에서 일하며 생계를 위해서 몸부림쳐야 했기 때문에 가족들뿐만 아니라 심지어는 직계 가정구성원들조차도 헤어져 도처를 유랑하게 되었다. 의심할 여지없이 외국 경제의 침입하에 기존의 가족관계가 와해된 것이다.

정치적, 법률적, 경제적 지주를 박탈당한 가족관계를 위주로 하는 사회는 자연히 존재할 수 없는 것이다. 그뿐만 아니라 서양식 소(小)가정 모델을 채택하는 것이 사회조류와 경제적인 이익에 부합했다. 중국이 농업, 전근대적인 국가에서 준(準)공업화, 현대 사회로 매진하자, 대(大)가정체계와 가족사회는 다시는 존재하지 않게 되었다.[17]

**신흥계층**  두 번째로 큰 사회적 변화는 두 개의 새로운 사회세력의 대두인데, 즉 매판과 군벌이다. 전자는 신흥부호계층이고 후자는 신흥권력계층으로서 양자는 지식인 출신의 관료계층에게 위협이 되었다. 이 때문에 사, 농, 공, 상의 네 개의 전통적인 사회계층은 다시는 사회의 기본적인 기능등급을 충분히 반영할 수 없게 되었다.

매판계급은 외국 상인의 무역대리인 혹은 외국 기관의 관리인의 역할을

---

17) 蕭一山, 제4권, 제1기, pp. 455~459.

맡았는데 그들은 언어상의 강점과 현지의 상황을 잘 알고 있었기 때문에 외국 기관, 무역회사, 공업기업 및 공장의 없어서는 안 되는 부분이 되었다. 그들은 그들의 외국 고용주를 도와서 상업장소를 물색하고, 공장의 종업원을 모집하고 완제품을 판매하며 투자를 할 뿐만 아니라 중국 정부와 개인단체에 대한 대출도 안배했다. 계약에 따라서 그들이 받는 보수는 두둑한 봉급과 상당한 액수의 중개수수료였다. 중간상으로서 그들은 외국 상인과 내국인 간의 교역조항을 조종할 수 있었기 때문에, 재빠르게 많은 이윤을 얻었다. 그들은 정부 및 개인단체와 연계되어 있었기 때문에 과거의 공행상인들보다 생활이 더욱 풍족했다. 그들의 권력조종, 각 방면과의 교류 및 재부(財富) 등이 그들을 신흥 사회세력으로 만들었다는 것은 의문의 여지가 없다.

상업거래에서 매판은 반드시 계약에 따라서 외국 고용주의 이익을 위해서 일을 해야 하기 때문에 그들은 종종 국가와 국민들의 이익에 손해를 끼쳤다. 그들은 외국 은행이 중국인에게 고리대를 놓는 것을 도왔고, 외국 상품을 배척하는 모든 애국운동을 반대했으며 외국인이 중국 시장에서 최대이윤을 착취하는 것을 도왔다. 그래서 매판은 당대 중국 사학자들과 마르크스주의 계통의 학자들로부터 애국심이 없고 매국노이며 기생충이라는 호된 규탄을 받았다. 그러나 많은 매판들은 일단 충분한 자본을 획득하고 관리기능을 보유하게 되면 자신의 공업기업을 발전시켰다.18) 매판이 실로 국가경제의 발전에 공헌을 한 것은 분명하기 때문에 단순히 그들을 죄인 또는 기생충으로 여겨서는 안 된다.

두 번째 신흥사회세력은 군벌이다. "좋은 쇠로는 못을 만들지 않고, 훌륭한 남자는 군인이 되지 않는다"19)라는 속담이 있다. 중국 전통사회에서 병사는 무시당했다. 그러나 청 말에 이르러 새로운 군사계층이 부상했는데, 전통적인 거칠고 무식한 이미지와는 달리, 그들은 모두 현대식 군사교육과 훈련을 받았다. 리훙장의 회군이 청일전쟁에서 와해된 이후, 청 정부는 신군(新

---

18) 탕징신이 바로 그 하나의 사례(事例)이다.
19) 好鐵不打釘, 好人不當兵.

軍)을 훈련시켰는데, 군벌은 신군과 관련되어 있다. 위안스카이는 군사를 훈련시키는 책임을 진 중요한 관원 중의 한 사람으로서, 그는 톈진에서 70리 떨어져 있는 곳에 있는 샤오짠에서 7,000명의 신군을 훈련시키고 있었는데, 훈련방법은 다소 독일 모델을 따랐다. 위안스카이의 부하는 대부분 톈진 무비학당 졸업생으로서 그들은 위안스카이 개인에게 충성을 다했다. 1900년 산둥 순무 직위를 맡고 있는 동안 위안스카이는 산둥 성이 의화단 사건의 소요를 당하지 않도록 했고, 이로 인해서 그의 유능하고 노련함에 대한 명성은 급상승했다.

1901년 리훙장이 세상을 떠난 후, 위안스카이는 가장 중요한 즈리 총독직을 승계했다. 비록 이후에 그가 만주 귀족의 미움을 받아 지휘권을 포기했지만, 그에게 충성하는 부하 군관들이 여전히 군대에 대한 통제권을 가지고 있었다. 이 군관들 중에는 돤치루이(段祺瑞), 펑궈장(馮國璋), 장쉰(張勳), 차오쿤(曹錕)이 있었는데 그들은 필연적으로 1910-1920년대 전후의 시기에 실권을 장악한 중요한 인물들이 되도록 예정되어 있었다. 위안스카이와 그의 일당인 베이양시(北洋系)는 그들 수중에 있는 병권을 통해서 거대한 영향력을 행사했다. 위안스카이의 직계조직에서 이후에 5명의 총통 혹은 총장(總長, 민국 초기에는 장관[長官]을 총장이라고 했다/역주), 1명의 총리가 탄생했고, 중국 북방에 많은 군벌들이 출현했는데, 이는 그들이 이미 신흥 사회 및 정치세력으로 부상했음을 나타내는 것이며 위안스카이는 "군벌의 아버지"로 불렸다.[20)]

**도시의 성장** 세 번째의 새로운 사회현상은 대도시의 출현이다. 정부가 발기한 자강운동은 주로 연해 및 조약 항구에 집중되어 있었다. 이 지역들은 외국의 도움을 얻기가 더욱 용이하여 외국인과 그들의 은행, 무역회사, 공장 같은 그들의 기업들도 주로 이 항구들과 조차지에 분포되어 있었다. 그뿐만

---

20) Ralph C. Powell, *The Rive of Chinese Military Power, 1895-1912*(Princeton, 1955), pp. 76-80.

아니라 이 지역들은 비교적 안전하고 외국 자본이 집중되어 있어서 중국 상인들은 모두 이곳으로 이주했고, 동시에 생계수단을 상실한 농민들도 도시로 와서 일자리를 찾았는데, 그들은 종종 외국인 혹은 중국 기업가들의 공장에서 잠시 세월을 보냈다. 갈수록 많은 조약 항구들이 중국의 금융, 공업 및 인구의 집중지가 되었는데, 예를 들면 상하이, 난징, 광저우, 한커우, 톈진은 모두 상당한 규모와 일정 정도의 부를 가진 중심도시로 발전했다. 도시 그리고 도시를 중심으로 한 공업의 성장은 부상하고 있는 현대 중국의 자본주의의 윤곽을 그려냈다.

## 경제적 곤경

**예산적자** 청대 말기의 재정은 청조의 초기 및 중기와는 완전히 다른 상황이었는데, 수입이 종종 지출을 초과했다. 강희제 시대(1662-1722)에는 끊임없이 세금을 감면하여 그 총액수가 1억2,000만 냥을 초과했음에도 불구하고 국고에는 아직도 800만 냥의 잉여금이 있었다. 건륭제 시대(1736-1795)에는 비록 비용 지출이 거대하고 군사비가 차지하는 비용이 높았지만, 비축된 재정은 여전히 7,000만 냥으로 증가했다.

그러나 19세기 초부터 상황이 악화되면서, 국내반란, 대외전쟁, 가뭄, 홍수, 아편유입, 백은의 해외유출로 인해서 1850년의 백은 잔고는 겨우 800만 냥이었다. 2년 후 태평천국운동을 진압하기 위한 비용의 지출로 또 재정이 감소하여 백은의 잔고는 300만 냥으로 감소했다. 정상적인 수입으로는 비용이 많이 드는 군비를 감당할 수 없었기 때문에, 1853년 하나의 새로운 세금인 상품통과세(즉 이금[厘金])를 징수하기 시작했는데, 매년 1,000-2,000만 냥의 수입을 올렸다. 이후 20년 동안 태평천국, 염군 및 회족 반란 진압에 모두 7,000만 냥을 소모했다. 이 거액의 비용들은 정부재정에 타격을 주어 예산의 불균형 초래가 예사로운 일이 되게 했다. 동치제 시대(1862-1874)에 매년 평균적자는 1,000만 냥으로 증가했는데, 즉 총수입은 6,000만 냥이었는데 총소비는 7,000만 냥이었던 것이다.

광서제 시대(1875-1908)에는 비록 정부수입이 급속히 증가했지만, 지출이 이보다 더 빠르게 증가하여 수입과 지출 간의 격차가 갈수록 커졌다. 재정지출의 급격한 상승은 대외전쟁의 배상, 외채상환 및 새로운 자강운동을 위한 지출 때문이었다. 몇 가지의 중대한 재정지출로 정부가 지고 있던 무거운 부담을 설명하면 아래와 같다. 즉 1875-1881년에 신장 위구르의 군비지출 비용은 5,200만 냥이었고, 이리의 배상금은 500-600백만 냥이었으며 1884-1885년의 중국-프랑스 전쟁은 3,000만 냥, 1894-1895년의 청일전쟁 비용은 6,000만 냥, 대일 배상금은 2억3,000만 냥, 경자배상금[庚子賠款]은 4억5,000만 냥이었고 치수 비용은 1,000만 냥, 이재민 구제비는 3,000만 냥이었다. 그 이외에 또 기타 다양한 명목의 배상이 있었는데, 예를 들면 톈진 기독교도 학살사건에 대한 배상 및 외국재산 훼손에 대한 배상이 있었다. 이 밖에 또 매년 500만 냥의 해군비용도 있었다. 1899년에 정부의 지출은 1억100만 냥에 이르렀는데, 그해 총수입 8,840만 냥[21])에서 외채상환액이 2,400만 냥, 즉 총수입의 30퍼센트를 차지하여 이 또한 적자의 주요 원인이었다. 1874년부터 1911년까지 계약에 근거한 정부차관은 1억7,140만 파운드였으나[22]) 1911년에 청 정부가 붕괴될 때까지 겨우 3,230만 파운드만을 상환했으며, 1억3,900만 파운드는 미납이었다. 돈을 빌려서 과거의 차관을 상환하는 방식으로 인해서 청 정부는 절망의 깊은 수렁에 빠졌으며 신(新)중화민국 정부는 1912년 탄생 시에 막중한 재정부담을 지게 되었다.

**무역의 균형상실**　대외무역도 마찬가지로 실망스러운 모습이었는데, 수입이 계속해서 수출을 초과함으로써 자금이 지속적으로 해외로 유출되는 결과를 낳았다. 다음의 수치는 10년을 간격으로 한 대외무역 개요이다.

---

21) 蕭一山, 제4권, pp. 1534-1536; Chi-ming Hou, *Foreign Investment*, pp. 239-240.
22) 당시 1파운드는 4.86달러였다.

| 연도 | 수입 | 수출 | 차액 |
| --- | --- | --- | --- |
| 1865 | 55,715,458냥 | 54,103,274 | -1,612,184 |
| 1875 | 67,803,247 | 68,912,929 | +1,109,682 |
| 1885 | 88,200,018 | 65,005,711 | -23,194,307 |
| 1895 | 171,696,715 | 14,293,211 | -28,402,504 |
| 1905 | 447,100,082 | 227,888,197 | -219,212,549 |
| 1911 | 471,503,943 | 377,338,166 | -94,165,777 |

반세기라는 짧은 기간에 수입은 5,500만 냥에서 4억7,100만 냥으로 거의 9배가 증가한 반면에 수출은 7배가 증가했는데, 5,400만 냥에서 3억7,700만 냥으로 증가했다. 1872년에서 1876년에 이르는 단기간 내에 무역수지의 아주 미미한 흑자가 생긴 것—250만 냥에서 1,000만 냥으로—이외에 청대 말엽 내내 정부는 무역수지 적자의 곤경에 빠졌으며, 1905년에는 적자가 드디어 백은 2억1,900만 냥에 이르렀다.[23]

매년 약 5,000만 냥에 이르는 중국 해외 교민의 송금액은 수지불균형을 다소 경감시켰으며 동시에 외국 사절, 선교사 및 기타 단체와 조직의 경비도 이 적자를 경감시켰다. 그들의 경비는 1893년에는 모두 1,000만 냥이었고 1894년에는 2,600만 냥, 1895년에는 3,000만 냥이었으며 이후에 매년 평균 1,000만 냥에서 1,500만 냥씩 늘어났다.[24] 이 금액들은 청대 말엽의 재정적자가 야기한 곤란을 일부 완화시켰다.

**외국 투자 및 그것의 지배** 청대 말엽의 경제발전은 외국인이 현대 중국의 공업과 기업에서 한 지배적인 역할 때문이었는데, 이것은 비정상적인 것은 아니라고 해도 독특한 것이라고 할 수 있다. 그들의 지배 정도와 활동범위는 독립국가에서는 지극히 보기 드문 것이었기 때문에, 청대 말엽의 경제를 반

---

23) Chi-ming Hou, pp. 231-232; Yu-kwei Cheng, *Foreign Trade and Industriai Development of China* (Washington, D.C., 1956), pp. 258-259.
24) 蕭一山, 제4권, p. 1591.

식민지라고 부르는 것은 적합한 것이다. 아래의 개략적인 고찰은 현대 중국 경제의 몇 가지 중요 부문에 외국이 진출한 상황을 기술한 것이다.

1. 은행업 : 구식의 중국의 전장(錢莊)은 대외무역 업무를 취급하지 않았기 때문에 조약 항구에 있는 외국 은행 및 그 지점이 중국 수출입 금융업무를 독점했는데, 거의 반세기에 걸쳐, 즉 1842년의 항구 개방부터 시작하여 1898년의 첫 번째 현대식 중국은행이 설립될 때까지 독점했다. 첫 번째로 중국에 개설된 외국 은행은 동방여여은행(東方麗如銀行)인데, 이 은행은 1845년에 홍콩에 지점을 설립했고 1848년에는 상하이에 또 하나의 지점을 개설했다. 가장 세력 있는 은행은 차터드 인도ㆍ오스트레일리아 중국은행과 회풍은행(匯豊銀行)으로서, 각각 1853년과 1864-1865년에 개설되었다. 이 두 곳의 영국 은행이 사실상 계속 중국의 대외무역금융을 독점했으며, 1889년에 이르러 독일의 덕화은행(德化銀行)이 이 영역에 진입하고 나서야 비로소 약간 바뀌었다. 풍부한 대가를 얻기 위해서 기타 외국 은행들도 잇달아 이들을 본받았는데, 즉 1892년 일본이 상하이에 개설한 요코하마 정금은행(橫浜正金銀行)과 러시아의 화아도승은행(華俄道勝銀行, 만주에 세운 중동 철도에 출자하기 위해서 1895년에 세움)과 미국 소유의 커세이 컴퍼니(Cathay Company, 만국보통은행[萬國寶通銀行]이 지배하고 있었다)와 시티뱅크25)가 있었고, 그 이외에도 프랑스, 벨기에, 이탈리아의 은행도 있었다.

이들 진취적인 외국 기구들은 정상적인 은행업무를 했을 뿐만 아니라 동시에 특이한 역할을 했는데, 예를 들면 본국 정부의 재정대리의 역할, 외국 차관을 상환하기 위한 담보로 잡힌 중국 세관의 세수 및 염세 예금의 접수와 심지어는 자기은행의 지폐를 발행하기까지 했다. 비록 지폐 발행은 아직 중국 정부의 명확한 동의를 얻어내지 못했지만 이들 외국 은행들은 그들이 누리는 치외법권이 그들에게 이런 권리를 부여했다는 입장을 고수했으며, 연약한 청 조정은 그들을 제지할 힘이 없었다. 사실상 이 지폐들은 단지 일종

---

25) 영문 명칭은 처음에는 International Banking Corporation이었으나, 1927년에 National City Bank of New York으로 개칭되었다.

의 약속어음에 지나지 않았으며 "중국 백성들의 외국 은행에 대한 무이자 대출이었다."26) 이런 외국 은행은 실제로 양쪽으로부터 이익을 얻었는데, 즉 한편으로는 이 지폐들을 이용하여 중국 상품을 사들였고, 다른 한편으로는 만주와 한인의 개인 및 공적인 예금을 이용하여 중국에서 고액의 이윤투자를 했다. 물론, 은행이 파산하는 일도 발생했다. 예를 들면 제1차 세계대전 기간에, 이들 은행들이 발행한 지폐는 휴지가 되어 아무 쓸모가 없게 되었다. 중국의 예금도 완전히 사라져버렸다. 1910년까지 외국 은행이 발행한 지폐의 전체 유통량은 3,500만 냥에서 1억 냥 사이인 것으로 추산된다.27)

외국 은행과의 경쟁을 위해서 1898년에 청 정부는 중국의 민간은행 창립을 허가함으로써, 중국통상은행(中國通商銀行)이 창립되었다.28) 이 은행의 최초 자금은 500만 냥이었고, 1905년에는 호부은행(戶部銀行)이 설립되었는데 자금이 1,000만 냥이었으며, 3년 후에는 대청은행(大淸銀行)으로 개명했다. 1912년에 중화민국이 성립된 후에는 다시 중국은행(中國銀行)으로 개명했다. 1907년에 정부는 교통은행(交通銀行)을 설립했으며 1919년에는 모두 59개의 중국 은행이 있었다.29)

2. 증기선 운수업 : 무역 이외에도 외국 상인은 계속하여 해운회사를 설립했는데, 이것은 중국 연해와 내륙수역 지역에서의 국제공업의 신속한 확대와 고도의 경쟁을 유발했다. 일반적으로 하나의 독립국가 내에서 외국은 이런 특권을 가질 수 없는데, 이것은 불평등 조약이 중국에게 강요한 것이었다. 1862년에 미국의 기창양행이 창건한 기창윤선공사(旗昌輪船公司, 상하이윤선공사[上海輪船公司]라고도 함)는 외국이 중국에 개설한 첫 번째 해운회사이다. 이 회사의 최초의 창립자금은 100만 냥(즉 135만6,000달러)이었는데, 15년 동안에 이 회사는 중국 최대의 해운회사로 발전했다.

---

26) Chi-ming Hou,. p. 57.
27) *Ibid.*
28) 최초에는 중화제국은행(中華帝國銀行)이라고 불렀다.
29) L. S. Yang, *Money and Credit in China*(Cambridge, Mass.,1952), p. 90; Frank M. Tamagna, *Banking and Finance in China*(New York, 1942), pp. 35-37.

<중국에서의 외국 해운>

| 연도 | 톤수(100만) | 영국 | 미국 | 일본 | 독일 | 기타 |
|---|---|---|---|---|---|---|
| 1868 | 6.4 | 52.2% | 35% | 0.1% | 7.3% | 5.4% |
| 1872 | 8.5 | 46.8 | 41.1 | 0.1 | 7.2 | 4.9 |
| 1877 | 8.0 | 81.1 | 6.9 | 1.4 | 6.2 | 4.3 |
| 1892 | 22.9 | 84.4 | 0.3 | 2.8 | 6.4 | 6.1 |
| 1902 | 44.6 | 60.4 | 1.1 | 16.5 | 16.2 | 5.9 |
| 1907 | 63.4 | 52.5 | 1.6 | 24.6 | 10.5 | 10.8 |

그러나 중국에서 점유율이 가장 큰 외국 해운회사는 영국의 해운회사였다. 1872년 영국의 태고양행은 97만 냥을 투자하여 중국항업공사(中国航業公司)를 세웠고 1년 후에 영국 상사인 이화양행이 여기에 32만5,000냥을 투자했다. 빠르고 클 뿐만 아니라 효율이 높은 이들 외국 증기선들은 속도가 느리고 낡은 중국 범선이 담당했던 대량의 업무를 재빨리 차지해버렸다. 국가의 이익을 보호하기 위해서 1872년 리훙장은 상하이 윤선초상국(上海輪船招商局)을 창립했는데, 그에 대한 최초의 투자액은 47만6,000냥이었고, 1877년에 이 초상국은 미국 기창기선회사의 선박을 구입했다. 나날이 치열해지고 있는 경쟁 속에서 이화양행은 또 두 곳의 해운회사를 건설했다. 즉 1879년에 개설된 양자항업공사(揚子航運公司)와 1881년의 이화윤선공사(怡和輪船公司)였다. 전자의 창립자금은 30만 냥이고, 후자는 137만 냥이었다.[30] 일본은 비록 비교적 이 시장에 늦게 진출했지만, 합병을 통해서 강대한 경쟁자가 되었다. 1907년에 정부의 대량의 재정보조 아래 4개 해운회사를 연합하여 일청기선주식회사(日清汽船株式會社)를 창립했다. 1900년 이후에는 이 시장에서 일본과 독일의 점유율이 빠르게 증대했으며 영국은 청대 말엽 내내 선두 자리를 유지했다. 미국은 겨우 1868-1876년 사이에 비로소 상당한 수량을 차지했을 뿐이다.[31]

---

30) K. G. Liu, *Anglo-American Steamship Rivalry in China, 1862-1874*(Cambridge, Mass., 1962), p. 11.
31) Chi-ming Hou, p. 61.

외국 해운회사가 나날이 우위를 차지하고 있었기 때문에, 중국의 해운업은 점유율이 급격히 하락하여, 1880년의 30.4퍼센트에서 1900년에는 19.3퍼센트로 하락했다.[32]

3. 철도 : 청일전쟁 이후 벌어진 철도특권에 대한 광적인 탈취는 아마도 경제제국주의의 가장 노골적인 행태일 것이다. 저항할 힘이 없던 베이징 정부는 1895년 인도차이나에서 윈난에 이르는 289마일의 철도부설을 프랑스에 허가했다. 이듬해 러시아는 만주를 횡단하는 중동 철도 부설권을 획득했는데, 이 철도는 시베리아 횡단철도를 블라디보스토크까지 연장시키는 간선으로서, 전체 길이는 1,073마일이었다. 2년 후 러시아는 중국 정부로부터 남만 철도부설 특권까지 강탈했는데, 즉 뤼순과 다롄 항까지의 길이 709마일의 철도부설권까지 강탈한 것이다. 1905년 러시아가 전쟁에서 패배한 이후 이 철도 부설권은 일본에 양도되었다. 독일도 물론 뒤지기를 원하지 않았으므로 1897년에 산둥 경내의 자오저우에서 지난 사이의 길이 285마일의 철도부설권을 획득했다. 외국이 단독으로 부설한 이 주요 4개 철도는 총 길이가 2356 마일로서 1911년 중국의 철도 전체의 41퍼센트를 차지했다.[33] 게다가 수많은 중국 철도의 건조는 외국 차관으로 이루어진 것이어서 자연히 외국의 통제나 영향을 벗어날 수 없었다.[34]

중국은 제국주의로부터 모욕당한 것 이외에도 경제손실의 상해를 입었다.

---

32) *Ibid.*, p. 138.

33) *Ibid.*, p. 65.

34) 베이징-한커우 철도(北京-漢口鐵道)는 이 철도의 부설을 위해서 1899년 벨기에로부터 연이율 5퍼센트로 450만 파운드의 차관을 도입하고 두 차례에 걸쳐 영국과 프랑스의 차관을 도입했다. 첫 번째는 1908년 연이율 5퍼센트의 500만 파운드의 차관을 도입했고, 두 번째는 1910년 연이율 7퍼센트의 45만 파운드의 차관을 도입했다. 상하이-난징 철도(上海-南京鐵道)는 1904-1907년 영국으로부터 연이율 5퍼센트의 290만 파운드의 차관을 도입하여 부설했으며, 1905년 광저우-한커우 철도(廣州-漢口鐵道)는 영국으로부터 연이율 4.5퍼센트의 110만 파운드의 차관을 도입하여 건조했고, 상하이-닝보 철도(上海-寧波 鐵道)는 1908년에 영국으로부터 연이율 5퍼센트의 차관을 도입하여 건조했으며, 톈진-푸커우 철도(天津-浦口鐵道)는 영국과 독일으로부터 두 차례에 걸쳐서 차관을 도입하여 건조했는데 첫 번째는 1908-1909년에 500만 파운드를 도입했고 두 번째는 1910년에 300만 파운드를 도입했는데, 두 차례 모두 연이율 5퍼센트였다. Morse, III, p. 449를 보라.

즉, 외국은 그들이 얻은 특권을 중국 정부가 양도한 것으로 간주했기 때문에 아무런 대가도 지불하지 않았고, 동시에 중국 정부의 대리기구가 철도의 재산과 수입에 대해서 세금을 징수하는 것을 허락하지 않았다. 외국이 보유한 철도는 경제제국주의의 도구일 뿐만 아니라 외국의 정치와 군사적 영향을 한층 더 심화시키는 무기로서, 전쟁이 일어났을 때에는 병력의 이동을 편리하게 했다.

4. 광산업과 제조업 : 중국에 거주하고 있는 외국인은 은행, 해운, 철도운송업뿐만 아니라 광산업과 제조업에도 진출했다. 외국인이 경영하는 가장 규모가 크고 저명한 광업회사는 일본인이 1902년부터 장악한 한예핑 매철공사(漢冶萍煤鐵公司)와 영국인이 1900년부터 장악한, 즈리에 위치한 카이핑 매광(開平煤鑛)이었다. 한예핑 매철공사는 1912년에 중국이 경영하는 란저우 광업공사(灤州礦業公司)와 합병하여 개란 광업공사(开滦礦業公司)를 창립했다. 외국의 제조업 및 그것과 상관 있는 활동에 관한 가장 좋은 사례는 바로 다각적 경영을 한 이화양행이다. 그들은 대외무역 이외에도 찻잎 가공, 제사(製絲), 선박수리, 양조, 면직물, 보험, 포장, 냉동, 대부 등의 업종을 취급하는 모든 업종에 진출한 산업 및 경제연합 기업이었다. 기타 외국 기업의 경영활동에는 조선업, 선박수리업, 면직물 제조업, 제당, 제사, 방직, 담배, 공익사업이 있었다. 현대 중국의 경제발전에서 외국 자본의 침해와 외래의 영향과 지배를 받지 않은 단계는 없었다. 1897년에 이르기까지, 중국에 있던 636개의 외국 기업 중 반 이상, 즉 374개의 기업이 영국 기업이었다.[35]

외국의 지배는 심지어 중국의 우편기구에까지 확장되었는데 그 기간은 사 반세기 이상이었다. 중국의 전통역참은 효율이 부족했으므로, 외국인은 이 점을 이용하여 1860년에 조약 항구에 자신들의 우편기구를 건립했지만 청 정부가 이런 특권을 외국인에게 부여한 적은 없었다. 청 정부의 묵인으로 인해서 외국의 우편업무는 연해에서 확장되었을 뿐만 아니라 내지로 깊숙이

---

35) Chi-ming Hou, p. 103.

532

파고들어갔다. 1896년 세관총세무사 하트 경의 책임 아래 청 조정은 대청우편업무시스템(大淸邮政服務系統)을 건립했다. 1911년, 새 부서인 우전부(邮傳部)가 드디어 우편업무의 관리를 인수함으로써 중국의 우편업무는 비로소 외국의 지배를 벗어났다.

**제국주의의 양면성**　1902년 중국의 총 외국 자본은 7억8,800만 달러였고, 1914년에는 16억1,000만 달러에 이르렀다.[36] 1907년에는 84퍼센트의 해운업, 34퍼센트의 방직업, 100퍼센트의 철강업이 외국의 지배하에 있었고, 외국은 1911년에는 중국 철도의 93퍼센트를 지배했는데, 이 수치를 통해서 외국이 중국 경제를 어느 정도 지배하고 있었는지 알 수 있다. 외국이 끼친 영향의 범위는 중국 현대 경제부문과 거의 비슷할 정도로 광범위했다. 이로 인해서 중국 경제가 반(半)식민주의 상태로 전락하자, 민족주의적인 색채를 띤 중국 역사학자, 경제학자 및 마르크스주의 계통의 학자들은 외국이 이렇게 높은 정도로 중국을 지배한 것을 제국주의의 진면목을 그대로 드러낸 증거로 보았다. 그들은 외국인이 중국의 공업을 방해하고, 중국 경제의 발전을 억압했다고 비난했다. 그들은 외국인이 누린 불공평한 유리한 조건을 이 논증의 근거로 삼아, 외국이 중국의 경쟁자들보다 우위에 있었던 것은 그들의 막대한 자본, 기술력, 불평등 조약을 통해서 얻은 특권, 중국 법률의 제제를 받지 않은 것, 세금을 내지 않은 것, 정부의 간섭을 받지 않은 것 등에 있다고 생각했다. 물론 이 모든 것들은 사실로, 외국인의 중국에서의 투자는 돈을 벌기 위한 것으로 중국 경제의 발전을 돕는 것을 고려한 사람은 거의 없었다. 그들은 매년 중국으로부터 10퍼센트를 초과한 이익을 획득하는 동시에 중국 현대 경제의 많은 부분을 지배하여, 이로 인해서 중국인은 돈을 벌고 상업영역에서 적합한 위치를 차지하는 것이 매우 어려워졌다.

　그러나 제국주의의 부작용 중 유익한 것이 전혀 없었던 것은 아니다. 외국

---

36) 또다른 추산금액은 1902년은 1만5,093억 달러였고 1914년은 2만2,557억 달러였다. Chi-ming Hou, pp. 211, 235를 보라.

투자자들은 현대의 기술과 창업정신을 도입했을 뿐만 아니라 많은 현대 공업에 투자했으며, 그들의 성공은 모종의 환경을 조성하여 이런 환경 속에서 산업에 종사하여 이윤을 얻을 가능성이 지극히 컸기 때문에 이것은 중국인에게 그들을 본받게 했다. 그 이외에, 외국 공장과 무역기구들이 중국인 근로자를 고용하여 그들을 훈련시킨 것은 생산기술에 대한 지식과 관리의 재능을 구비한 현지의 인재들을 탄생시키는 이점을 가져다주었다. 매판들이 외국의 상업방식에 익숙해지고 상당한 자금을 축적한 이후 스스로 공업에 투자하고 정부가 개설한 기업에서 직책을 맡기 시작한 것은 놀라운 일이 아니었다. 탕징신(唐景新)이 바로 그중 한 사람으로, 이전에 이화양행의 매판이었던 그는 이후에 중국윤선초상국(中国輪船招商局)을 경영했다. 우리는 다음과 같은 사실을 소홀히 해서는 안 되는데, 즉 외국의 조차지와 조약 항구 지역은 어느 정도 공업발전에 필요한 평화로운 질서를 제공했을 뿐만 아니라 외국 기업 역시 대부분의 "사회비용"을 담당했다는 것이다. 그것은 예를 들면 공공시설, 도로, 통신설비였으며, 이것들은 중국의 공업발전을 더욱 용이하게 했다. 외국의 투자가 중국인에게 "모방"적인 역할을 하고 중국경제의 현대화에 필수적인 전제조건을 제공한 것은 아주 분명했다.[37]

요컨대 제국주의는 해로운 면도 있었고 유익한 면도 있었는데, 한편으로는 현지의 공업성장을 방해했고 다른 한편으로는 민족경제의 보호와 공평한 경쟁을 향한 욕망을 격발시킴으로써 애국주의를 불러일으켰고 경제현대화에 동력을 제공했다. 제국주의가 고조에 도달했던 시기에 수많은 중국의 공장과 기업들이 탄생한 것은 제국주의의 유익한 면을 보여주는 증거이다. 1904-1908년에, 정부에 등록된 현대 중국회사는 227개였으며 1912년에 이르러 가동 중인 중국인 공장은 2만749개였다. 그러나 그중 절대다수는 소형 혹은 중등 규모였으며 이중에서 겨우 750개의 기업만이 고용노동자의 수가 100명을 초과했다.[38] 이들 중국 기업들은 대형 외국 기업의 그늘 밑에서 생

---

37) Chi-ming Hou, pp. 217, 221.
38) Feuerwerker, pp. 3-5.

존을 위해서 전력을 다하여 분투했지만, 다음과 같은 사실의 존재를 부인할 수 없었다. 즉 그들은 외국의 자극으로 인해서 비로소 생겨났다는 것이다.

청일전쟁 이후 15년간은 대단히 불안한 시대로, 이 15년 동안에 낡은 사상, 사회 및 경제의 질서는 완전히 사라져버렸고 새 질서가 태동되고 있었다. 이런 급속한 전환은 한 차례의 커다란 정치적인 불안이 급속하게 도래할 것을 예시하고, 또 2세기 반 동안 지속된 대청 왕조가 역사의 중요한 시기에 놓여 있다는 것을 예시했으며, 만일 대청 왕조가 시대와 함께 나아갈 수 없고 폭력혁명을 대체할 방법을 제공하지 못하면 필연적으로 멸망하도록 되어 있었다.

# 19

# 역사적인 관점에서 본 청 왕조

앞에서 살펴본 청대 역사에 대한 고찰은 사람들에게 반드시 이 시기의 의의와 성과 및 과실 등을 묻게 한다. 사실상, 연속적으로 존재한 중국의 25개의 왕조 중 최후의 왕조인 청 왕조를 객관적으로 고찰해보면 청 왕조가 중국 역사상에서 차지하는 독특하고도 중요한 지위를 발견하게 될 것이다. 원 왕조의 89년의 통치와 비교해볼 때, 청 왕조는 268년이나 지속된 이민족의 통치 가운데서 가장 긴 수명을 가진 왕조였다. 청 왕조는 중국 역사상, 원 왕조 다음으로 두 번째로 큰 대제국이 출현했음을 입증했고 이 나라에 장구한 평화와 번영을 가져다주었다. 이런 태평성세는 역사상 유례가 없을 정도의 인구성장을 가속화시켜서, 1650년의 1억5,000만 명에서 1850년에 4억3,000만 명으로 증가했다. 청대가 남긴 영토와 인구라는 두 부분의 유산은 오늘날의 중국 국력의 기초를 닦아놓았다.

이 밖에도, 청 왕조는 전통 중국에서 현대화된 중국으로 나아가는 획기적인 전환을 겪었다. 19세기 중엽 이후 유가국가와 사회 그리고 청대 전기와 중기까지 지속된 오래된 생활방식은 서양의 충격으로 인해서 근본적인 변화를 겪었다. 오직 청대 역사를 아는 것만으로도 새로운 질서 탄생의 어려움을 알 수 있으며, 이는 중국이 현대 사회로 조정될 때의 어려운 발걸음을 이해하는 데에 도움이 된다.[1] 청 왕조는 중국에게 눈부신 성과도 가져다주었지만, 굴욕과 고난도 가져다주었다. 그러나 명대의 군주들과 비교할 때 청대의 통치자들은 비교적 훌륭한 편이었다.2) 청 왕조에 대한 역사적인 분석을 할 때 하나의 확실한 교훈을 얻을 수 있는데, 그것은 바로 생존의 관건은 시대적 도전에 대한 건설적이고 창조적인 대응능력에 있다는 것이다. 만주족이 17세기에 성공을 거둔 것은 그들이 이런 적응을 해냈기 때문이지만, 2세기 반 후에는 상응하는 조정능력이 부족했기 때문에 실패를 초래했다.

만주인의 정권 탈취는 누르하치와 아바하이 같은 뛰어난 지도자들의 웅대한 계획을 통해서 실현된 것인데, 그들은 명 왕조 정권이 정치적 부패, 환관의 권력독점, 막대한 세금징수 및 치명적인 민중반란으로 인해서 심한 고통을 당하고 있던 중대한 시점에 출현했다. 만주족의 지도자들은 융통성 있게 만주족의 부락적 사고방식과 조직을 극복하고 한족의 협력을 얻어냈으며, 명 왕조의 기존체제를 흡수했다. 1644년 청 왕조가 정식으로 건립된 후, 일단의 선견지명을 가진 뛰어난 지도자들이 계속 제위에 올랐는데, 강희제, 옹정제, 건륭제는 현명하고 심대한 영향을 미친 정책을 시행했다.

이로 인해서 장기적인 평화, 번영, 군사적 승리가 뒤따랐다. 유가는 이민족 통치의 근본적인 성공요인으로 생각되어, 유가질서는 보존되었다. 이 밖에도 정부이원제의 체제도 건립되었는데, 즉 행정직책의 직위에 만주족과 한족을 함께 임명하여, 한족의 인재들을 흡수하여 종족 간의 적대감을 감소시키고, 동시에 상호억제와 균형을 이루는 체제를 도입했다. 사실상, 새로 흥기한 청 제국이 의지한 기초는 명 왕조의 행정체제를 계승하고 만주족의 혁신적인 것을 가져와 보충한 것으로, 예를 들면 이번원과 군기처의 건립 등이다. 이학도 고취되었고 충성과 현상유지 등의 관념이 적당히 강조되었는데, 이것은 기존 사회의 안정을 위한 것이었다. 만주인 역시 힘을 다하여 수많은 한족 집단 속에서 자신의 특색을 보존하려고 했으며, 종인부와 같은 기구를 특별히 설치하여 만주족 귀족을 엄밀하게 감시했다. 그들은 한족이

---

1) Ping-ti Ho, "The Significance of the Ch'ing Period in Chinese History", *The Journal of Asian Studies*, XXVI : 2 : 189-195(Feb, 1967).
2) 蕭一山, 『淸代通史』, p. 312.

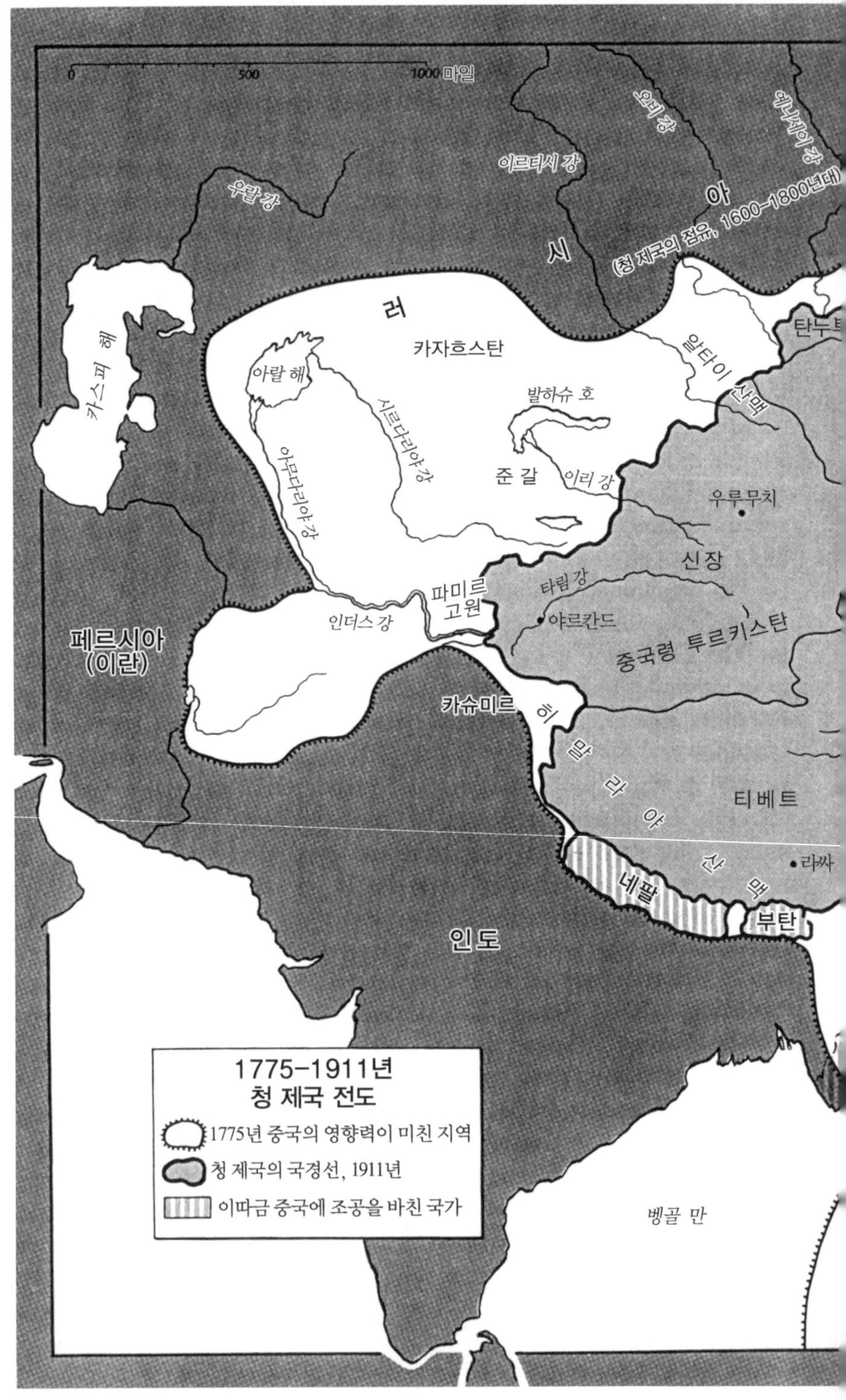



### 1775-1911년
### 청 제국 전도

국
바이칼 호
스타노보이 산맥
사할린
(1853~1875)
(러시아에 의한 점유, 1858~1860)
헤이룽 강
우수리 강
만주
몽골
쑹화 강
블라디보스토크
평톈
내몽골
일본
다롄
베이징
토쿄
산시(山西) 성
텐진
뤼순
교토
즈리 성
조선
옌타이
시모노세키
산둥 성
간쑤 성
산시(陝西) 성
황허 강
장쑤 성
란저우
허난 성
난징
중
국
상하이
안후이 성
후베이 성
닝보
청두
하커우
저장 성
양쯔 강
쓰촨 성
창사
장시 성
푸저우
태평양
후난 성
푸젠 성
타이베이
구이저우성
샤먼
타이완
메콩 강
윈난 성
광시 성
광둥 성
평후
제도
광저우
마카오
홍콩
(포르투갈)
(영국, 1842)
통킹
하이난다오
필리핀
라오스
베트남
시암
남중국해
안남
캄보디아
코친 차이나

만주족의 옛 땅으로 이주하는 것을 금지했고 만주족과 한족, 한족과 몽골족의 결혼도 금지시켰다. 권력은 역사상 유례가 없을 정도로 군주의 손에 집중되었다. 동시에 분리의 추세를 사전에 저지하기 위해서 만주족 귀족의 봉건제 건립운동을 저지하고 만주족 귀족과 기인들이 성(省) 간의 연락을 발전시키는 것을 금지했다. 환관이 승진하는 것을 막고 외척의 영향을 제한했으며 관원들이 작당하고 파벌을 만드는 것을 저지했다. 이 밖에도, 청 조정은 한편으로는 문자옥을 통해서 반항하는 한족 학자들 사이에 공포 분위기를 조성하고, 또 한편으로는 과거제도를 이용하고 구미가 당기는 관직에 임명함으로써, 가능한 한 그들을 무마하여 정부로 끌어들여 관직에 임명했다.

이런 노력들은 중국에서의 만주족의 지위를 공고히 했지만 사물의 발전이 극에 달하면 반전되듯이, 중국 옛 속담에서 말하고 있는 것처럼 "해가 중천에 이르면 지기 시작하고 달이 차면 기우는 법이다[日高而陟, 月盈而虧]." 건륭제 통치하의 휘황찬란함은 이미 쇠락의 빌미를 만들어놓았다. 중국은 지나치게 사치 속으로 빠져들었고, 본질적인 문제를 간과했다. 인구의 증가가 토지의 증가를 초과함으로써 1인당 평균 토지 점유량의 하락을 초래했고 군대의 기강이 문란해졌으며, 부패와 악습들이 관료들 사이에 광범위하게 만연됨으로써 이런 문제들이 왕조순환이라는 역사적 현상의 재현을 조성했다. 1775년에 이르러 청 왕조의 국운은 하락하기 시작했다.

경험이 밝혀주듯이 내부의 쇠퇴는 국내반란과 외부침입을 야기하는데, 중국 역사상 이런 일들은 종종 제국의 권력이 쇠퇴됨과 함께 일어났다. 청 왕조 위세의 감퇴는 백련교 봉기(1796-1804)를 경험하게 했으며 중국을 개방하여 무역과 외교를 하도록 날이 갈수록 강렬하게 요구하는 서양의 공세를 받게 했다. 19세기 내내 청 왕조는 계속 내우외환의 이중 위협에 시달렸다. 청 왕조는 국내반란은 진압할 수 있었지만 서양의 침입을 저지할 수 있는 능력이 있는지는 미지수였다. 태평천국혁명(1850-1864) 이후, 왕조의 해체는 더욱 진행되었고, 정권은 나날이 중앙에서 지방으로, 만주족 주도에서 한족 주도로 전이되었다. 비록 동치 중흥(1860-1874)은 왕조의 쇠퇴를 잠시 억제했으나 청조의 멸망은 이미 확정적이었다.

청 왕조통치의 최종적인 실패는 영향력이 광대한 변혁의 실시를 통해서 중국을 신속하게 현대 국가로 전환하지 못하여, 서양의 충격에 충분히 대처하지 못한 데에 있었다. 비록 17세기의 만주족 지도자들은 한족 체제와 유가 질서를 채택하는 것에서 융통성을 보여주었지만 19세기 말과 20세기 초에 살고 있던 그들의 자손들은 연약하고 무능하여 전통을 초월할 수 없었다. 그들은 혁명 이외의 다른 방도를 개척하여 창조적으로 당시의 도전에 대응하는 데에 성공하지 못했다. 사실상 행정혼란, 국내반란 및 외래의 치욕으로 인해서 청 왕조는 이미 원기를 크게 상실하여, 19세기 말엽에 이르러 청 왕조가 곧 멸망하리라는 것은 자명한 사실이었다. 이것은 17세기 초에 명 왕조의 멸망이 이미 피할 수 없었던 것과 같은 것이었다. 268년 후, 만주족 왕조는 다시는 "진명천자(眞命天子)"가 아니었으며, 중국인이 "천운이 다했다"고 부르는 지경에 이르렀다.

청 왕조의 경험은 메이지 시대의 일본의 경험과 비교하면, 선명하면서도 누구나 아는 대조를 이루고 있다. 그러므로 사람들에게 충분한 토론을 하게 하고 아울러 서로 대립된 관점에서 다양한 해석을 할 수 있게 하고 있다. 중국의 진보를 방해한 주요 원인들은 바로 새로운 관념의 전파를 제한하는 요소들인 것처럼 보이는데, 예를 들면 광활한 국토면적, 낙후된 교통, 자급자족, 외국을 본받는 전통의 결핍 및 보수적인 지식층의 태도이며 청나라의 쇠퇴를 초래한 기타 원인 중 아래의 몇 개의 요소들은 숙고해 볼 만한 가치가 있다.


**연약한 지도자와 불완전한 체제** 청조의 전제통치는 권력을 황제에게 집중시키고 있기 때문에 황제의 영도력은 그의 정력이 왕성한지의 여부가 관건이었다. 강희제, 옹정제, 건륭제와 같은 유능한 군주들은 중국을 위해서 많은 영예와 업적을 이룩하여 빛나는 시대를 열었다. 그러나 평범한 제왕들은 맹목적으로 따라하고 조심스럽고 신중한 태도를 취하며 자기의 힘을 다해서 지키려고 애쓸 뿐 과거의 영광을 빛내고 발전시키지 못했다. 중국과 청 왕조에 대한 불행은, 강하고 창조력 있는 지도자를 가장 필요로 할 때 시대의 요구에 부응하는 지도자가 나타나지 않았다는 것이다. 건륭제라는 이 최후의 위대한 황제 이후 가경제와 도광제가 잇따라 제위를 계승했으나 두 사람은 모두 고지식하고 재능과 지혜가 평범했다. 함풍제 시대 11년 동안의 통치는 태평군혁명과 영국, 프랑스와의 애로 호 전쟁의 참패로 무너졌다. 동치제와 광서제는 모두 어린 황제들로서 그들의 재위 기간 중의 정치권력은 실제로 자희태후에게 속해 있었으며 그녀는 최고통치자로서 거의 반세기 동안 집정했다. 비록 자희태후는 천성이 우둔하고 우유부단한 사람은 절대 아니었으나 기본적으로 식견이 천박하고 보수적이며 돈과 재물만을 추구하고 이기적인 사람이어서 종종 개인의 이익을 국가나 왕조의 이익 위에 두었다. 그녀는 자강운동을 지지했지만 그 목적은 중국을 현대화된 국가로 전환시키려는 것에 있는 것이 아니라 구질서와 그녀 개인의 지위를 보호하기 위한 것이었다. 그녀가 자강운동에서 추구한 것은 국내의 반란을 진압하고 외부의 제국주의를 저지하는 것이었다. 그녀는 지엽적인 수정만 허락했고 전면적인 혁신을 하지 않았는데, 그 부분적인 원인은 현대화를 책임지고 있는 한족 사람들이 모반할까 두려워했기 때문이었다. 따라서 자희태후는 건설적인 지도력을 제공하지 못한 것에 대해서 매우 큰 책임이 있다.

만약 중앙관료체제 속에 활력과 선견지명이 풍부한 정치가로서의 능력이 있는 인재가 있었다면, 왕실의 영도력이 저하되었더라도 아마도 보완할 수 있었을 것이다. 유가국가에서는 대신들이 제왕을 인도하는 것이 아니라 제왕을 위해서 열심히 일을 해야 하지만 그들은 계책을 세우고 나아가서는 정부의 정책에 영향을 줄 수 있었다. 그러나 청대 말엽에는 대부분의 지식인들과 관원들이 이익을 제일 많이 보는 부류들이었다. 그들은 자기의 특권과 기득 이익에 너무나 푹 빠져 있어서 기존질서를 개혁하려고 하는 의지가 없었다. 보수적인 관료사회에 있으면서 양무를 건의하고 지지하는 사람은 극히 적었다. 이들 진보세력은 연합하여 창조력이 풍부한 소수(토인비의 말에서 인용)로 결성되지 못하고 단독으로 일을 하면서 시대의 도전에 대응하기 위해서 서양 기구들의 채용을 추구했다. 그들은 일본의 메이지 유신 시대의 관원들처럼 하나의 긴밀하고 단결된 집단으로서의 역할을 발휘하지 못하고 단지 단독으로 일을 처리할 뿐, 지침으로 삼을 통일되고 조화로운 전반적인 계획이 없었다. 초기 자강운동 지도자 중, 공친왕 이신과 원샹만이 중앙정부에 있었고 쩡궈판, 쭈어중탕, 리훙장은 모두 지방의 인물이었다. 1876년 이신이 다시금 자희태후에게 응징을 당하고 원샹도 갑자기 세상을 떠남으로써 이후 중앙에서의 아주 미미한 지도조차 사라져버렸다. 1870년 리훙장은 즈리 총독 겸 북양 통상대신을 맡았는데, 이후 일정 정도 그는 현대화 사업의 조력자가 되어 중앙정부에서 부분적인 직능을 담당하기 시작했다. 그러나 그는 사법판결권상의 권한이 없었기에 자기가 관할하는 지역 이외의 성에 대해서는 지도할 권력이 없었다. 이후 현대화를 추진한 인물인 장즈둥과 류쿤이 역시 그들이 관할하는 성내에서만 지엽적인 변혁을 추진할 수 있었다. 요컨대 메이지 유신 시기, 일본의 중앙정부의 정책결정과 비교할 때 이것들은 전국적인 계획이 아니라 단지 지역적인 계획들이었다. 이밖에도 이런 지역적인 노력들은 주로 상명하달식으로 추진된 것이라서, 민중참여가 부족했기 때문에 현대공업과 관념의 광범위한 전파를 방해했다.

황제의 효과적인 영도가 없고 또 창조력이 풍부한 소수의 인사들도 없는 상황에서 전국의 역량을 민족부흥이라는 집단목표를 지향하도록 유도하는 것은 결코 불가능한 것은 아니었지만 날이 갈수록 어려워졌다.

**만주인의 한인에 대한 의심** 비록 조정의 공개정책에서는 만주인과 한인을 구분하지 않고 행정기구에서 직무를 맡길 때 만주인과 한인을 모두 채용한다고 공언했지만, 사실상 만주인은 정복자로서 행세하고 한족은 단지 외래인으로 취급되었다. 태평천국혁명 이전에 군정의 요직은 모두 만주인이 맡았는데 설령 한족에게 배분된 직위라도 만주인이 차지할 수 있었으며 반면에 한인에게는 이런 권력이 없었다. 태평천국혁명 이후에 이런 관례가 느슨해졌으나, 만주인의 한인에 대한 의심은 감소되지 않았는데, 리훙장의 일생이 아주 좋은 사례이다.

자강운동의 지도인물인 리훙장은 각계의 반대와 저지를 받았는데, 보수분 자들은 종종 그가 국가이익을 서양인들에게 팔아넘겼다고 조소했다. 자희태 후는 리훙장의 도움이 필요하다는 것은 인식했지만 동시에 리훙장의 권세가 날이 갈수록 높아지면서 황실의 권세가 하락할 것을 두려워했기 때문에, 리 훙장의 현대화 계획을 형식적으로만 지지했고 그의 반대세력이 리훙장을 공 격하는 것을 허용했으며 아무런 처벌도 가하지 않았다. 그녀는 분할통치의 전략을 채택하여, 보수파의 청의(淸議 : 정치나 정치인에 대한 논의, 논평/역 주)를 용인하고 심지어는 부추기기까지 하여 진보적인 인사들을 견제했다. 1874년 리훙장은 공친왕 이신에게 황태후에게 철도의 필요성에 대해서 설명 할 것을 요청했으나 이신은 청의의 강렬한 반대 때문에 두 태후도 결정하기 어렵다고 대답했다.3) 1885년에 해군아문이 창설되었지만, 리훙장, 쩡지쩌 같은 유능하고 노련한 한족 출신은 임용되지 못하고, 식견이 천박한 만주족 출신인 순친왕이 이를 관장했다. 만주족은 한족의 전복을 두려워하고 한족 은 또 만주인의 질투를 무서워했는데, 이런 것들은 쌍방의 효과적인 협력을 저지하여 장기적인 개혁계획은 불가능해졌다. 1898년 캉유웨이가 제시한 체 제개혁에 대한 계획은 만주인을 불리하게 하고 한족을 유리하게 하는 음모 라는 만주인의 질책을 받았다. 청 왕조 통치의 최후 10년 동안 만주인의 한 족의 영향력을 억제하려는 노력은 부단히 강화되었는데, 군기대신 깡이가 "한족이 강해지면 만주족이 멸망하고, 한족이 쇠퇴하면 만주족은 흥성한다" 고 말한 것처럼4) 만주인은 개혁과 헌정은 그들의 권력을 약화시킬 것이라고 여겼기 때문에, 만주인과 한족 간의 종족 적대시는 진정한 현대화의 길을 가로막았다. 의심할 여지없이 만주인과 한족 간의 분열은 민족부흥을 목적 으로 하는 효과적인 협력사업의 탄생을 저지했다.

---

3) Hsü, *China's Entrance*, p. 205.
4) 孫甄陶, 『淸史述論』(香港, 1957), p. 218.

**서양 도전의 본질에 대한 무지** 서양 팽창주의의 특징은 여러 방면에 걸쳐 있었는데, 예를 들면 군함, 대포, 무역, 포교, 제국주의, 민족주의였으며 게다가 여러 방면에서 중화문명보다 우월한 생기 넘치는 일종의 현대 문명에 의해서 뒷받침되고 있었다. 이 문명은 중국에서 극소수의 사람들에게만 알려져 있던 신기한 상황을 중국에 가져다주었는데, 이런 전례가 없던 도전이 내습했을 때 중국에는 아무런 준비도 없었고 대처할 방법도 없었다. 1898년 개혁 이전에, 대다수의 지식인들과 관원들은 중국 역사 경험에 근거하여 오랑캐의 침입은 일시적인 것으로서 곧바로 사라져버릴 것이라고 생각했기 때문에 19세기의 서양의 팽창도 이런 종류에 포함시켜 단지 금방 지나갈 잠시 동안의 불행으로 간주했다. 심지어 중국이 서양에 잇따라 패배한 사실도 우연한 사건으로 해석되었다. 서양의 충격이 가져온 진정한 본질, 정도 및 범위도 이런 식으로 오해했으며, 심지어 진보적인 자강운동 조치의 제창자들도 마찬가지였다. 예를 들면 리훙장은 당시 "참으로 3,000년 동안에 없던 대변화"라는 사실을 알았지만, 서양의 잠재력에 대한 인식은 우물 안의 개구리였다. 그의 현대화 방안은 주로 군사와 외교의 개선에 집중되었고, 청 왕실에 대해서는 단지 방어적인 태도를 취하면서 자강운동에 종사했다. 외국의 압력이 감퇴했을 때, 행동도 완만해져 내정과 외무정책을 천명한 전체적인 강령을 탄생시키지 못했다. 청 조정의 노력은 현재의 처지에 만족하는 것으로서 마치 새 천으로 낡은 옷을 깁고 낡은 병에 새 술을 담는 것과 같았다. 그들이 지불한 작은 노력들은 경제발전 면에서 중요한 돌파구를 이루어내지 못했다. 진부한 유가의 기초 위에 현대 자본주의와 정치혁신을 성공적으로 이식할 수 없었다.

우리가 1898년 개혁 전의 관원들과 지식인들의 전체적인 심리 상태를 고려해볼 때, 청 조정이 당시의 세상일에 대해서 왜 이렇게 무지했는지 이해하기는 어렵지 않다. 그들 관원들과 지식인들은 대다수가 과거 속에 살면서 중국 "문화주의"라는 환상의 세계 속에 깊이 빠져 있었다. 그들은 미래를 개척하기 위한 영감을 얻으려고 한 것이 아니라 과거 속에서 활로를 찾았다.

전통적인 구제도는 칭송되었지만 당대(當代)의 사례는 경멸을 당하여, 기계, 증기선, 총과 대포, 전보통신과 철도교통은 모두 고상하지 못한 사악하고 음험한 기교로 간주되었다. 그들은 중국 지상주의의 오만함으로 가득 차 있었지만 민족주의 정서는 별로 가지고 있지 못했다. 그들은 역사의 가르침을 인용하여 중국의 것으로 오랑캐를 제압하는 자신의 태도에 대한 합법성의 증거를 찾았지만, 오랑캐의 제도를 모방하는 것에 대해서는 분노를 표시했다. 그들의 입장에서 볼 때 서양의 이미지로 천조인 중국을 개조하는 것은 상상할 수 없는 일이었다.

바로 이런 편협하고 퇴보적인 관념에 반대하기 위하여, 옌푸는 신생활 가치를 적극적으로 받아들일 것을 제창하고 서양 사상을 공부하여 현실의 다른 모습을 감지할 것을 건의했다. 마찬가지로, 량치차오도 세기가 바뀌는 시점에서 중화의 "혁신"을 제창했다. 그들의 노력은 훗날의 지식층의 태동을 위한 씨앗을 뿌려놓았다.

**내우외환과 자본의 부족**   현대화와 경제발전을 하는 데에는 장기간에 걸친 평화적 환경과 충분한 자금이 필요했지만, 청대 말기에는 두 가지 모두 절대적으로 부족한 상황이었다. 국가는 계속 내란과 외환, 선교사 학살사건 및 자연재해 등으로 곤경에 처해 있어서, 법률과 질서가 광범위하게 붕괴됨과 동시에 정부의 지출은 급격히 상승했다. 1830년 이래로 중국은 잇따라 아편전쟁, 애로 전쟁, 태평천국혁명, 염군 반란, 회교도 반란, 톈진 기독교도 학살사건, 타이완 위기, 마거리 사건, 이리 위기, 중국-프랑스 전쟁, 청일전쟁, 의화단 사건 등의 사건으로 인해서 평화롭고 안정된 날이 드물었다.

경제발전을 가로막는 끊임없는 동란 이외에도, 전쟁비용과 배상금으로 인해서 자본이 끊임없이 외부로 유출되었고, 재정지출도 외국의 차관과 각 성에서 착취해낸 자금에 의존하기 시작했다. 1842년부터 1895년까지 중국의 대외배상은 배상이자를 합하여 모두 3억 냥이었다. 경자배상 총액은 4억 5,000만 냥이었다. 1902년부터 1910년 사이에 중국 정부는 그중에서 2억

2,500만 냥을 상환했는데, 이 액수 중 1억6,400만 냥(72퍼센트 차지)은 지방 수입에서 나왔고, 3,300만 냥(16퍼센트 차지)은 세관에서 나왔으며, 나머지 2,700만 냥(12퍼센트 차지)은 국고에서 나왔다. 자금의 유실은 자연히 경제 발전을 저해하여, 중앙의 재정이 갈수록 나빠지는 가운데 현대화 성공의 전망은 날이 갈수록 암담해졌는데, 이점은 이미 앞 장에서 논했다.[5]

**외국의 역할**　청대 말기에 형성된 외국의 영향은 하나의 주요한 추진력으로서 개괄적인 분석이 필요하다. 비록 외국 정부와 그들의 대표들은 중국이 진보의 방향으로 나아가기를 희망하고, 또한 그들은 부단히 청 제국의 기구들이 서양의 제도와 문물을 받아들여야 할 긴박성을 의식하도록 했지만, 중국은 영원히 서양에 의존해야 한다고 생각한 것이 분명했다. 적당한 진보와 번영을 이룬 연약한 상태의 중국이 외국에서 제공하는 건의와 우호, 무역과 원조에 의존하는 것이, 장차 완전히 독립되고 과단성이 있는 중국보다는 더욱 서양의 이익에 부합된다고 생각했다. 그래서 그들은 중국의 현대화가 서양 세력을 몰아낼 능력을 획득할 정도로 높아서는 안 된다고 생각했다. 예를 들면 중국 주재 영국 공사인 웨이드는 일찍이 하트의 주도하에 있는 중국세관의 역할에 대해서, 다음과 같은 정책적인 선언을 한 적이 있는데, 이 말은 상술한 입장을 뒷받침해주고 있다.

> 우리 영국인은 특히 그것의(세관에 대한 외국의 감독관리) 운영이 잘될 수 있는지에 대해서 관심을 가지고 있다. 이는 그것이 무역을 규범화할 수 있을 뿐만 아니라 진보를 중국으로 들여오는 통로이기 때문이다. 사실상 중국은 이것에 대해서 전혀 모르고 있어 그들의 의심을 사지 않았다. 끝으로, 만약 내가 큰 잘못을 하는 것이 아니라면 온갖 방법을 다 동원하여 중국이 함대와 군대를 창설하는 것을 사전에 막아야 한다.[6]

---

5) Feuerwerker, p. 45; Chi-ming Hou, p. 164.
6) Foreign Office, 418/I/242, Wade to Granville, very vonfidential, July 25, 1880, Public

만약 이 말이 영국의 대중국 정책을 반영하는 것이라면, 우리는 청 조정의 국력이 해가 갈수록 쇠약해진 것에 대해서 놀랄 필요가 없다. 이것은 마르크스주의의 논점이 더욱 신뢰할 만하다고 여기게 해주는데, 그들의 논점에 의하면 청 정부는 필사적으로 투쟁하지는 않고 외국의 협력에 의지했기 때문에, 중국은 진정한 힘을 획득하지 못했다는 것이다.[7]

국내 외의 이런 요소들로 인해서 현대화의 성공은 물거품이 되어버려, 만주족과 한족 지도자들은 장애를 극복하지 못해서 비난을 받았으며 그 실패의 대가는 왕조의 멸망이었다. 매카트니 경은 건륭제를 알현하고 난 후인 1794년에 예언을 했는데, 이 예언은 지금에 이르러서는 더욱 의미심장하다. 그는 다음과 같이 말했다.

중화제국은 한 척의 노후하고 괴이한 일류 전함으로, 과거 150년간 유능하고도 경각심을 가지고 있는 관원들이 대대로 온갖 궁리를 짜내어 그 전함을 떠다니게 하면서, 그 거대함과 외관으로 이웃나라들을 두려움에 떨게 했다. 그러나 무능한 조타수가 이 전함의 키를 잡고 항해를 인도할 경우, 즉시 규율과 안전을 상실하게 될 것이다. 그것은 아마 즉시 침몰하지는 않을 것이고 마치 난파선처럼 한동안 표류하다가 해안에서 산산조각이 날 것이지만, 낡은 기초 위에서 다시 건조되지는 못할 것이다.

사실상, 중국은 이미 낡은 기초 위에서 건조될 수 없었으며 단지 한차례의 혁명만이 중국을 재생시킬 희망을 가지게 했다.

---

Reard Office, London. 강조는 본서의 저자에 의한 것이다.
7) 黄逸鋒, 姜铎, 「中國洋務運動與日本明治维新在經濟發展上的比較」, 『歷史硏究』, 1963, 제1기, p. 40.

# 서명 목록

# 단체명 목록

가로회(哥老會)

강학회(强學會)

객가(客家)

공제회(共濟會)

광리행(廣利行)

광학회(廣學會)

국민당(國民黨)

남학회(南學會)

단련(團練)

대도회(大刀會)

도미니크 수도회(Dominican Order)

동림서원(東林書院)

동문행(同文行)

미국남방침례회(American Southern Baptist)

배상제회(拜上帝會)

백련교(白蓮敎)

보상(保商)

삼번(三藩)

소도회(小刀會)

신군(新軍)

염군(捻軍)

예수회(Society of Jesus)

의화단(義和團)

정문사(政聞社)

천리교(天理敎)

천지회(天地會)

천지회(天地會, 삼합회[三合會] 혹은 삼점회[三點會])

태평천국(太平天國)

팔괘교(八卦敎)

프란체스코 수도회(Franciscan Order)

헌우회(憲友會)

홍문(洪門)

황상(皇商)

회당(會黨)

# 지명 목록

간쑤 성 甘肅省

광둥 성 廣東省

광저우 廣州

구이저우 성 貴州省

구이핑 桂平

난장 南疆

난저우 南州

난징 南京

난창 南昌

난하이 南海

뉴좡 牛庄

닝보 寧波

닝샤 寧夏

닝위엔 寧遠

다구 大沽

다롄 大連

다리 大理

다예 大冶

단수이 淡水

딩하이 定海

란저우 蘭州

랑바이 浪白

랑팡 廊坊

랴오둥 遼東

랴오양 遼陽

러허 熱河

뤼순 旅順

링띵다오 伶仃島

마웨이 馬尾

마카오 澳門

모허 漠河

바오딩 保定

바이허 강 白河

베이장 北疆

베이즈리 만 北直隸灣

베이징 北京

베이탕 北塘

사르후 薩爾滸

사스 沙市

사오싱 紹興

사오저우 韶州

산둥 성 山東省

산시 성 山西省

산시 성 陝西省

산하이꽌 山海關

상촨다오 上川島

상하이 上海

샤먼 廈門

샤오짠 小站

샹샹 현 湘鄕縣

샹탄 湘潭

선양 瀋陽

성징 盛京

슈닝 休寧

시산 西山

시안 西安

시챠오산 西樵山
시펑커우 喜峰口
신장 新疆
싼멍 만 三門灣
싼사 만 三沙灣
싼위안리 三元里
쑤쑹타이 蘇松太
쑤저우 蘇州
쑹장 松江
쓰촨 성 四川省
아커쑤 阿克蘇
안칭 安慶
안후이 성 安徽省
알바진 雅克薩
양저우 揚州
양쯔 강 揚子江
연해주 沿海州
옌타이 烟臺
옌하이저우 沿海州
와이싱안링 外興安嶺
왕샤 望廈
우란푸퉁 烏蘭布通
우루무치 烏魯木齊
우시 無錫
우쏭 五松
우창 武昌
우타이산 五臺山
원산 元山
웨이하이웨이 威海衛
위에저우 岳州
윈난 성 雲南省
윈타이산 雲臺山
융안 永安

이닝 伊寧
이리 伊犁
잉타이 瀛臺
자오칭 肇慶
장난 江南
장시 성 江西省
장쑤 성 江蘇省
장자촨 張家川
장저우 漳州
쟈오뚱 膠東
저우산 舟山
저장 성 浙江省
전장 鎭江
주룽 九龍
주장 九江
주장 강 珠江
즈리저우 直隷州
즈푸 芝罘
지난 濟南
지룽 基隆, 鷄龍
진링 金陵
진먼 金門
진저우 錦州
진지바오 金積堡
진촨 金川
진티엔 金田
징산 景山
짜푸 乍浦
쯔징산 紫荊山
차오저우 潮州
창사 長沙
창저우 常州
청두 成都

# 인명 색인

556